ハンナ・アーレント

活動的生

森 一郎訳

みすず書房

VITA ACTIVA

oder Vom tätigen Leben

by

Hannah Arendt

First published by Kohlhammer, Stuttgart, 1960

活動的生　目次

目次

凡例

一、本書は、Hannah Arendt, *Vita activa oder Vom tätigen Leben*, Kohlhammer, Stuttgart 1960 のペーパーバック版 *Vita activa oder Vom tätigen Leben*, Serie Piper 217, Piper, München/ Zürich 1981, 8. Auflage, 1994の日本語訳である。以下、このドイツ語版原書を *Va* と略記する。また、二〇〇二年に出て以来普及している文庫特別版 Taschenbuchsonderausgabe, Piper, 2002も参照した。こちらに言及する場合は、*Va* の「新版」と呼び、それまでの「旧版」と区別する。本訳書の欄外には、新版のおおよその頁付け（旧版とは異なる）を付した。さらに、英語版 *The Human Condition*, The University of Chicago Press, Chicago/ London 1958, Paperback edition, 1989を参照するさいには、*HC* と略記する。英語版も一九九八年に新版が出たが（*The Human Condition*, The second edition, With an Introduction by Margaret Canovan, The University of Chicago Press, 1998）、頁付けは変わっていない。

【原語表記について】

一、ギリシア語は、ドイツ語版 *Va* では、ギリシア文字をそのまま載せているが、本訳書では、英語版 *HC* と同様、アルファベット化してイタリック（斜字）体で示す。χ は *ch* と転写。長母音は η と ω のみ長音記号を付けて区別し（*ē* と *ō*）、カタカナ書きする場合もこれに準ずる（固有名詞はこの限りではない）。φ のカタカナ読みは、慣例に従う（例：ピュシス、フロネーシス）。

一、ギリシア語をイタリック体とするほかは、ドイツ語から見た外国語は、ラテン語も含めて、テキスト中にイタリック体で表記されていても、本訳書には再現しない。また、ラテン語の長音は、カタカナ読みのさい、とくに留意しないが（例：レス・プブリカ）、慣例に従った場合もある（例：マテーシス）。

一、ギリシア語、ラテン語が出てくる場合、原語を記し、訳語を添える（例：*praxis* つまり行為、*polemos patēr pantōn* つまり「戦いは万物の王」）。原書にドイツ語訳があてられている場合は、それに沿った訳をつける。ただし、同じギリシア語やラテン語が繰り返し使われる場合は、煩瑣を避けて訳語のみ記す。よく知られた語はカタカナ書きとする（例：ロゴス、ポリス）。カタカナのルビを振って示す場合もある（例：労働する動物《アニマル・ラボランス》）。

一、英語、フランス語については、原則として原語は載せない。ただし、必要に応じて訳語に原語を添えたり、ルビを振ったりする（例：親方 maître、国家《コモンウェルス》）。

一、ドイツ語でも、必要と思われる場合は、原語を添えたり、ルビを振ったりする（例：独居 Einsamkeit、共同体《ゲマインシャフト》）。ドイツ語の原語と日本語の訳語との対応の詳細については、巻末の事項索引を参照されたい。

一、訳者の判断で原語を添える場合、（ ）を付さずそのまま並記する。（ ）内に原語とくに古典語が添えられているのは、原書でそうなっているのを本書でも再現しているわけである（例：家（*oikia*））。

一、ドイツ語から見て外来語として通用している語で、日本語をあてるよりカタカナ書きしたほうが、誤解が少なく日本語としても通りがいい場合は、カタカナ書きを採用した（例：ポリス、プロセス）。これについては、訳者あとがきも参照。

【注について】

一、本文に小さく（ ）内に数字が添えられているのが、原注の付された箇所であり、原書と同じく、章ごとの通し番号とした。原注は、本文のあとに一括して載せた。

一、原注で言及される文献のうち、次に挙げるよく知られた著者の一次文献に関しては、原則として、著者名、書名、章番号、頁付けなど、原文に記載された書誌情報を日本語で記すにとどめた（例：『国家』五八五A）。多くが日本語訳を容易に入手でき、原注に記載された書誌情報（簡略なものには章番号などを訳注で補った）だけで探し当てやすいうえ、複数の訳書があるものも少なくないからである。ただし、既訳に依拠して引用する場合は、訳書を明記するようにした。訳注で出典を補う場合もある。

ホメロス、ヘシオドス、ヘロドトス、トゥキュディデス、ヘラクレイトス、デモクリトス、クセノフォン、プラトン、アリストテレス、キケロ、ルクレティウス、ウェルギリウス、セネカ、旧約・新約聖書、アウグスティヌス、トマス・アクィナス、マキアヴェッリ、ホッブズ、デカルト、ライプニッツ、ロック、アダム・スミス、モンテスキュー、マルクス、ニーチェ。

一、上記以外の一次文献、および二次文献に関しては、著者名、書名を、まず日本語で記し、次に、原注に記されている書誌情報を、原語のまま載せる。管見にふれたかぎりで判明した訳書に関する情報も、訳注として〔　〕内に記す。ただし、訳書の出版年は省略。

一、原注の書誌情報では、「頁」の略号は、すべて「S.」となっているが、ドイツ語の書物以外は「p.」と記す。「第…巻」を表わす略号「Bd.」も、ドイツ語文献を除き、「vol.」と記す。また、書名をイタリックとするのを原則とし、一書中に収録の個別論文のタイトル等は、引用符（ドイツ語も含めて“　”に統一）で括る。

一、文献に再度言及する場合の op. cit. は「前掲」としたが、原注ではこの略号が多用されて分かりづらいため、本訳書では、「前掲」に加えて、煩瑣とならないかぎりで、書名を日本語で記すこととした（例：前掲『古代都市』）。同じ文献に連続して言及する場合の ebenda, ibidem は「同書」や「同上」とし、こちらも必要に応じて、書名を添えた。

一、本文や原注に付す短い訳注は、〔　〕内に記す。ただし、版による小さな相異や原注記載情報の細かな訂正は、必ずしも断わっていない。

一、別途、説明的な（長めの）訳注が必要な本文の箇所には、小さく〔　〕内に数字を添え、原注のあとに一括して載せた。訳注も章ごとの通し番号とした。

一、アーレントが引用文に注記して補足している場合は、原書と同じく［　］で表わす。

序論

母さんの白い胎内で、バールが育っていったとき、
天空は、もうとっても大きく、ものしずかで蒼くて、
潑剌《はつらつ》と、あっけらかんとして、とてつもなく不思議でした。
バールが生まれ、やがて好きになったとき、そうだったように。

……………………

大地の暗い胎内で、バールが腐ってしまったとき、
天空は、まだとっても大きく、ものしずかで蒼くて、
潑剌と、あっけらかんとして、とてつもなく素敵でした。
亡きバールが、むかし好きだったとき、そうだったように。
（ベルトルト・ブレヒト）〔訳注1〕

1

人間、世界、大地、そして宇宙——これらについては、本書で主題的には論じない。人間によって打ち建てられる世界が、いかにして大地を離れて天空へ伸びていくか、さらには天空を離れて宇宙へ乗り出していき、太陽、月、星々の隣りに座を占めるか、ということも論じない。近年のあの事件以来、われわれが絶え間なく考えをめ

ぐらせているからといって、もう速断を下すだけの資格が、いったい誰にあるというのだろうか。つまり、人類によって製造された物体が、はじめて宇宙へ飛び出していき、そこで一定時間、重力によって規定された軌道に沿って動いたという、あの〈最初の人工衛星打ち上げ〉事件以来。この軌道は、天体にその進行方向と回転運動とを永遠の昔から指定してきたのと、同じ軌道であった。以来、人工衛星は次から次に宇宙へと飛び立ち、月の周りをめぐっている。十年前までは、無限に崇高な遠い距離にあったもの、近寄りがたい秘密を有する沈黙の領域にあったもの、それが今では、大地の周りに懸かる天空のはるか彼方に広がる宇宙空間を、地上的－人間的な対象物と分け合うことに甘んじなければならないありさまである。

重要性の点で、一九五七年のこの出来事は、他のいかなる出来事にもひけをとらない。核分裂、つまり原子の炸裂にすら、劣らないほどである。だとすれば、この出来事は、それに伴う軍事的、政治的情勢にどれほど憂慮が示されようとも、人類から歓喜に満ちた歓迎を受けることだろうと想定されてもおかしくなかった。ところが不思議なことに、歓喜の声は上がらず、勝利という言い方もほとんど聞かれずじまいだった。他方で、われわれの上方の星辰またたく天空から、われわれ自身の作った機械装置が、今やわれわれに向かって光を放っている、という一種無気味な事態についての感慨も、ついぞ見られなかった。その代わりに、最初の反応として姿を現わしたのは、「大地という牢獄から逃れるための第一歩が踏み出された」という、奇妙な安堵感だった。人類は地球に飽きて、宇宙の新しい住みかを求める旅に赴くのだ、といったイメージが、どれほどわれわれの空想をかき立てようとも、それは、アメリカのあるジャーナリストが、新聞の大見出し用のセンセーショナルな文句をあみ出そうとしてたまたま口をすべらせたもの、などでは毛頭ない。このイメージは、知らず識らずのうちに、二十年以上前にロシアのある偉大な科学者の墓碑銘として刻まれた次の言葉と、まさに同じことを述べているのである。曰《いわ》く、「人類が永遠に大地に縛りつけられたままだということはないであろう」。

このような発言のひとを驚かすところは、それが、技術の最新の成果に若干の人びとが酔い痴れているといったおもむきの、昨今の思い上がった空想などでは決してなく、むしろ、すでに古くなりつつあるごく月並みな観念だという点にある。こういったたぐいの事態に面前するだけでもう、人間の「思考」は科学的発見や技術的発達の後塵を拝するにすぎぬといった思い込みは、捨てざるをえなくなる。じっさい思考は、科学や技術よりもつねに何十年も先を突っ走っている。しかも、誰もが抱く思考や観念がそうなのであって、べつに、発見を成し遂げる科学者や発達を推進する技術者の思考が、ではない。というのも、科学は、人間が夢見てきたことを実現してきたにすぎないからであり、人間の夢が空想にとどまる必要はないということを確証してきたにすぎないからである。空想科学小説つまりSFのとっぴな発想の不思議さをまじめに考察した者は、残念ながらまだ誰もいないのだが、そういうSFの本をちょっとでも覗けば、現代の発達が大衆の願いとひそかな憧れにどれほどぴったり沿っているか、思い知らされるというものだ。それに、通俗的なジャーナリスト業界用語がいかに大衆迎合的であろうと、次のことを見抜くことの妨げにはべつになるまい。つまり、ジャーナリズムのキッチュな表現によって言い表わされている事柄それ自体は、まったくもって尋常ならざるものであり、決して普通のことではないということ、これである。ただし「普通」という語で、われわれの慣れ親しんでいる物事を指すとしての話だが。というのも、キリスト教はおりにふれて大地を嘆きの谷と名づけてきたとはいえ、また、哲学はおりにふれて肉体を精神や霊魂にとっての牢獄と見なしてきたとはいえ、二十世紀になる前には、大地を人間の肉体の牢獄と捉えることや、月への小旅行を大まじめに企てることを、誰一人として思いつきはしなかったからである。啓蒙思想によって人間の成人宣言と見なされてきたこと、それはじっさいには、神一般からの離反ではないにしろ、人間にとって「天にましま主なる父」たる神からの離反を意味するものではあった。では、この啓蒙の理念は、最終的には、大地からの人類の解放独立に行き着くのであろうか。そういう大地とは、われわれの知るかぎり、生きとし生けるものの母であるというのに、である。

じっさい、「宇宙における人間の位置」に関して事情がどうであろうとも、大地ならびに地上的自然は、宇宙のうちで唯一無比のものであるように見える。少なくとも、人間が現にそうであるような生き物が、わざわざ人工的にあみ出された手段に依存しなくとも、ともかく生き、からだを動かし、呼吸することのできる、そういったさまざまな条件を、大地と地上的自然が提供してくれるかぎりはそうである。動物にとっての環境とは異なり、世界は、人間の手によって形成されたものであり、どこまでも自然のおかげというわけではない。だが、生命それ自体がこの人工的世界のうちへ完全に消え去るということはなく、それは、生命が世界にどっぷり埋没することがありえないのと同じである。人間は、生命体である以上、生物界に結びつけられたままではあるが、そうはいっても人間は、自分自身の打ち建てた人工的世界を拠点として、生物界からたえず距離をとってもいるのである。もうずいぶん前から、自然科学は、生命すら人工的に制作できるのではないかと試みている。この試みが成功したあかつきには、科学は、生きとし生けるものの母たる大地と、人間とを結びつけているへその緒を、ほんとうに断ち切ってしまうことだろう。「大地という牢獄」から、したがってまた、人間がいのちを授かるさいの条件となってきたものから、なんとかして逃れたいという努力は、現代におけるさまざまな実験においても働いている。たとえば、試験管のなかで生命を産み出そうとする試み、人工受精により超人を生育しようとする試み、突然変異を発生させて人間の形状や機能を根本的に「改良」しようとする試み、等々。おそらく、寿命を百歳をはるかに越えるまで延ばそうとする試みにも、同じ努力は表われていよう。

自然科学者の予測では、そうした未来の人類は、百年たらずのうちに地球の住民になるという。もしこの試みがほんとうに実現するとした場合、彼ら新人類は、人間が自分自身の生存に耐えられずに行なった反抗のおかげで現に存在するにいたる、ということになろう。人間は、生まれたとき夕ダで貰った自分の生存という贈り物に耐えられず、それを今こそ、みずから創造した生存条件と取り替えたくてたまらない、というわけである。そういった取り替えが可能性としてはたしかにあることを、われわれは疑うことができない。それは、地上のすべての生命体を絶滅させるだけの能力をわれわれは有している、ということを疑ってみても始まらないのと同様である。問題となりうるのは、われわれは現代の科学的知見と巨大な技術力を、この方向で行使したいとほんとうに願っているのかどうか、これのみである。この問題は、科学の枠組のなかで答えることは決してできない。それどころか、科学の枠組のなかでは、有意味な問いとして立てられたことすら一度としてない。なぜなら、いったん踏み入れた道はどんな道でも最後の最後までたどる、という鉄則が、科学の本質にはひそんでいるからである。ともあれ、この問いは第一級の政治問題であって、この理由からだけでも、専門家に、つまり専業科学者や専業政治家に、問題決定をゆだねたままにしておいてよいはずがない。

こういったことはみな、遠い未来の事柄かもしれない。だがその一方で、科学の偉大な勝利の最初の反動が、自然科学それ自身のいわゆる基礎づけの危機のうちに姿を現わしている。すなわち、現代の科学的世界像の「真理」なるものは、数学的に証明可能であり技術的に例証可能であるのに、言語によって、あるいは思考によって、ありありと描き出すことは、もはや決してできない、ということが明らかとなっているのである。現代科学の「真理」を概念的に把握し、一連の言語的命題に表わして直観的に分かりやすくしようと試みるやいなや、そこに露見してくるナンセンスというのは、「おそらく「三角形の円」ほど無意味ではないけれども、「翼をもったライオン」よりはかなり無意味である」(エルヴィン・シュレーディンガー)〔訳注2〕。この事態が最終的なものなのかどうか、それはまだ分からない。少なくとも、どうやらありそうなのは、地球に縛られた存在でありながらあたかも宇宙を故郷としているかのようにふるまっている人類が、そんなふうにみずから宇宙人然と行なっているものごとを、理解することなど、すなわち、それについて考えつつ語ることなど、永久に不可能であろうということ、これである。それが本当だということになれば、われわれの行なっているものごとを思考によって追遂行することが、われわれに不可能なのは、われわれの頭脳の構造、すなわち人間の思考の肉体的・物質的条件が、それを妨げているからだということになってしまうだろう。――そこからじっさい引き出されてくる結論としては、考えることと語ることをわれわれ人間に免除し、それを肩代わりしてくれる機械を、こうなったらあみ出すしかない、ということになろう。知ることと考えることは、もはやおたがい何の関係もないのだということ、また、われわれが知ることができ、それゆえ作り出すこともできる膨大な範囲に比べれば、われわれが考えて理解することのできる範囲というのは、はるかに見劣りするのだということ、そういったことが判明したとしよう。そのとき事実上われわれは、いわば自分自身の罠にはまり込んでいることになる。もしくは、奴隷、それも――一般に信じられているように、われわれの機械の、ではなく――われわれ自身の認識能力の奴隷、に成り下がっていることになる。つまり、精神という自分の守り神に見捨てられ、およそ理性分別なるものをなくしてしまった哀れな生き物、にである。この生き物は、自分でそもそも作り出したはずの機械装置に――その装置の調子がいかに狂っていようと、はたまた、どんなに殺人的であろうと――身をゆだねるしか能のない自分を見出して、愕然とするばかりなのだ。

だが、この最終的な、まだ不確かでしかない帰結は措くとしても、科学の基礎づけの危機には、深刻な政治的側面がある。言語が重要となる場面ではどこでも、政治が関係してこざるをえない。というのも、人間が政治の能力を賦与された存在であるのは、ひとえに、人間が言語の能力を賦与された存在であるからこそ、なのだから。われわれが愚かにも、近年あらゆる方面から押しよせる忠告に耳を傾けては、科学の現状にみずからを適応させることに努めたとすれば、われわれには言葉でもって語ることを総じて放棄することしか残されていないだろう。というのも、現代科学の用語はもっぱら、数学的な記号言語だからである。なにしろ、記号言語というのは、元来、語られた日常言語を省略し簡略するためだけに作られたものだったが、とっくに日常言語から解放され自立してしまい、日常言語にはまったく変換不可能な数式の集まりから成り立っているのだから。それゆえ、すでに科学者は、言語なき世界に住んでいるのであって、科学者である以上もうそこから抜け出すことはできない。こうした事態は、政治的判断能力に関していうと、一定の不信感を呼び起こさずにはいない。人間事象に係わってくる問題では、科学者としての科学者を信用するわけにいかないが、その理由はといえば、科学者が原子爆弾を作り出すことに賛同したからではないし、あるいは彼らが、自分たちの勧告が世の関心の的となり、原子爆弾を使用すべきかどうか、またそれはどのような形でか、に関して問い合わせを受けるにちがいないと、素朴に思い込んでいたからでもない。はるかに重大なのは、科学者の活動している場がそもそも、言語が力を失った世界であり、言語を駆使しようのない世界だという、こちらの問題のほうである。というのも、人間が行ない、認識し、経験し、知る事柄が、ともかく有意味であるのは、それらについて語りうるかぎりにおいてのみだからである。語る者にとって彼岸にある真理、といったものも存在するかもしれないし、そのような真理も、人間一般にとっては——単数形における人間、すなわち最広義の政治的領域の外部に立つ人間、も存在するかぎり——このうえなく重要であるかもしれない。だがわれわれ人間が、複数形において存在するかぎり、言いかえれば、この世界に生き、活動し、行為するかぎり、そのかぎりにおいて意味をもちうるのは、われわれがその話題についてたがいに語り合うことのできる、あるいは自己自身と語り合うこともおそらくできる、そういった事柄のみである。つまり、語ることにおいて何かしら意味を生み出すもののみなのである。

誰にでもすぐ思いつき、おそらく同じくらい決定的であるものとして、ここ数十年の間に脅威となってきたもう一つの出来事、つまり、まだ最初の段階を迎えているにすぎないオートメーションの普及がある。周知のとおり、とはいえなかなか想像できないのだが、幾年もたたないうちに工場には人間が誰もいなくなってしまうだろうし、人類は、自分たちを自然に直接つないできた最古の枷《かせ》、つまり労働の重荷と必然の軛《くびき》を免れることだろう。ここでも問題となっているのは、人間存在の根本的な一面である。だが、人間のこの生存条件に対する反抗は、つまり、神々のように苦労からも労働からも解放された安楽な生活に対する熱烈なあこがれ自体は、人類の歴史と同じくらい古い。それに、労働から解放された生活というのは、なんら新しいものではない。それはむしろ、かつては、多数者を支配する階層の人びとの特典にして特権の一つであったし、少数者の彼らがそれを享受するのは至極当然なこと、最高度に保障されるべきことですらあった。だからこの場合、技術の進歩によって実現さかに見えよう。

れつつあるのは、人類のあらゆる世代が夢見てきたものの成し遂げるにはいたらなかった当のもの、にすぎない

だが、それはたんなる見かけでしかない。近代は、十七世紀に、労働を理論的に讃美し始めたが、その近代は、二十世紀初頭に、社会全体を労働社会へと変貌させることで、終わりを告げた。太古以来の夢の実現は、メルヘンで願いごとが叶う瞬間と同じく、夢見ていた幸せが呪いとして働くという、不幸なめぐり合わせとなる。というのも、労働の束縛から解放されることになるのは、ほかならぬ労働社会であって、この社会は、それができるからこそ労働から解放された甲斐があるといえるような、より高次の意味ある活動を、ほとんど知らないといってよいからである。労働社会が平等主義的であるのは、平等が労働に適合した生活形式だからであり、そういう平等社会の内部には、人間の多様な能力をふたたび回復させてくれるような、政治的または知的なタイプの、いかなるグループもいかなる貴族階級も、存在しない。共和国の大統領や、大国の国王、首相クラスですら、自分たちのやっていることは、社会が生きてゆくのに必要な労働の一種だと考えている。彼らの役職は、その他大勢の勤め人たちと同類の、勤め仕事どまりなのである。また、知的活動に従事している人びとが、自分たちのやっていることについて思っていることは、「知的労働者」という一語によって表現し尽くされている。他の人びとが手を使って働いている代わりに、自分たちは肉体の他の部分つまり頭を使っているのだ、というわけである。じっさい、労働社会の例外をいまだになしているといえるのは、わずかに「詩人と思想家」のみであり、そのおかげで彼らは、社会の外部に立つほかなくなっている。われわれに差し迫っているのは、労働がなくなってしまう労働社会の前途、つまり、その社会がそれだけは心得ている唯一の活動がなくなってしまう社会の前途、なのである。これ以上に由々しい前途がありうるだろうか。

以上のような疑問、憂慮、問題に対して、本書は、何の解答も与えない。解答に類するものなら、人びとによって毎日あちこちで事実として与えられているわけだし、問題の解決策が求められるとすれば、これはもう実際

の政治のなすべき任務であって、それゆえ多数の人びとの合意に懸っており、またそうでなければならない。このような問題の解決策は、個人が一人で理論的吟味を重ねて決める事柄ではなく、またそうであってはならない。個人の理論的吟味というのは、一人の人間の個人的見解を反映したもの以上ではないのだから。ここでそもそもわれわれは、可能な解決策がたった一つしかない懸案に当面しているのだ、と言い張るわけにはいかないのである。それゆえ、本書で提示しようと思うのは、われわれが知るかぎりこれまで人間が生活するさいの条件となってきた当のものについての一種の省察である。そしてこの省察は、たとえ明言されていない場合でも、現代の状況をあれこれ見聞きし憂慮することによって、導かれている。もちろんそのような省察は、ものを考えじっくり考え直すこと、つまり思考と熟考の領域にとどまるのであって、実践的にいえば、さらなる省察を呼び起こすことしかできない――そうはいっても、この実践的効果は、破廉恥なまでの楽観論やら自棄気味の周章狼狽やら古き良きものの無邪気な反芻やらが横行している現状を思えば、まったく無意味というわけでもなさそうである。そういった現状が、現代の問題が議論される場合の知的雰囲気をあまりにも頻繁に規定しているのであってみれば。それはともかく、私が提示したいと思っているのは、非常に単純なことである。つまり、私が心がけようと思うのは、活動しているときわれわれはいったい何をしているのか、をじっくり考えることであって、それ以上ではない。

「活動しているときわれわれは何をしているか」――これが本書のテーマである。本書がもっぱら扱うのは、活動的なあり方一般がそれらに区分けされる、まったく初歩的な区分であり、それゆえ、伝統的に従っても、われわれ自身の見るところでも、明らかに万人の経験地平の内部に存していると考えてよい区分である。この理由により、また、もっと先で挙げられる他の理由により、人間の知っている最高の、かつおそらく最も純粋な活動である思考という営みは、以下の考察の枠内からは外される。そこから体系的に生じてくることだが、本書の中心をなすのは、労働、制作、行為という、活動的あり方の分析をそれぞれ含む、三つの章である。最終章で歴史的に立ち入って考察されるのは、近代においてこの三種類の活動がいかなる相互関係を演じてきたか、である。他方、最終章以外の章でなされる体系的分析においても、活動的生それ自身の内部でのさまざまな布置に関して、ならびに活動的生と観想的生の間柄に関して、われわれが歴史的に知っている問題地平は、つねに考慮に入れられている。

本書が射程に収めようとする歴史的地平は、近代の終わりまでに限られる。近代と現代世界とは同一ではない。科学の発展に関していえば、十七世紀に開始された近代は、十九世紀末にはすでに終わりに達した。政治的な面に関していうと、われわれが今日生きている世界が始まったのは、最初の原子爆弾がこの地上で炸裂したときであろう。だが、この現代世界は、あくまで本書の考察の背景にとどまる。本書で依然として前提されているように、地上において人間の実存に課されている制約されたさまざまな基本的あり方に対応する、人間の側のもろもろの基本的能力というのは、そう変わったりはしないのである。つまり、人間の側の能力は、それに対応する人間の制約されたあり方が他のあり方によって根本的に取って代わられることのないかぎり、取り返しのつかない仕方で失われることはありえない。歴史的分析のめざすところは、近代の世界疎外をその二重の面、つまり大地から宇宙への逃避行、および世界から自己意識への逃避行、という両面において、その根源へさかのぼって追跡することである。そうすることでおそらく、社会という近代の現象を、よりよく理解することができるだろうし、もしくは、ヨーロッパ人にとって、ひいては地球に住む全人類にとって、ある新しい時代が始まった、まさにその瞬間においてヨーロッパ人の置かれた状況というものを、よりよく理解することができるだろう。

第一章　人間の被制約性〔訳注1〕

1　活動的生と人間の条件

11

vita activa つまり活動的生とは、本書では、人間の三つの根本活動、すなわち労働、制作、行為、を総称する言葉として用いられる。この三つが根本活動だといえるのは、それぞれに対応している条件が、人類がこの地上に生きるうえでの根本条件をなしているからである。

労働という活動は、人間の肉体の生物学的プロセスに対応している。人間の肉体は、おのずから成長し、新陳代謝を行ない、衰えていくそのプロセスにおいて、自然物によって養われている。その自然物を生産し加工しては、生活に必要な物資として、生命体に供給するのが、労働なのである。労働という活動にとっての根本条件は、生命それ自体である。

制作において如実に現われるのは、自然に依存しているはずの存在者のもつ、反自然的側面である。この存在者つまり人間は、人類全体として永久に再生を繰り返すという存続の仕方に甘んずることができない。いくら種としては滅び去ることがないだろうからといって、個体として滅び去ることの埋め合わせとするわけにはいかないのである。制作は、さまざまな物から成る人工的世界を産み出す。この場合、世界を形づくる物は、たんに自然物に仲間として付け加わるのではなく、自然物と次の点で区別される。つまり、物は、ある程度までは自然に逆らって存続しており、生命プロセスによってたんに磨耗してなくなるわけではないのである。そうした物の世界を住みかとして、人間はくつろいだ生活を送ることができる。それにひきかえ自然のうちでは、人間は、自然《おのず》から、つまり本性上、故郷《ふるさと》を失った生活を送らざるをえない。しかも、世界が人間にとっての故郷となるのは、世界が人間の生を超えて存続し、人間の生に逆らい、客観的－対象的なものとして対抗して現われる、その度合による。制作という活動にとっての根本条件は、世界性である。すなわち、人間的実存が対象性と客観性に差し向けられ依拠していることである。

行為は、活動的生のうちで、物質、素材、人工物といった媒介によらずに人間どうしのあいだでじかに演じられる、唯一の活動である。行為に対応している根本条件は、複数性という厳然たる事実である。すなわち、たった一人の人間がではなく、多数の人間が、この地上に生き、この世界に住んでいる、という事実である。なるほど、人間の活動が一定の条件を負っているという意味での人間の被制約性は、どの制約に関しても、政治的なものと関連している。だが、複数性に制約されているあり方は、それに輪をかけて、ある際立った仕方で、人びとのあいだに政治といったようなものが存在することと係わり合いをもつ。つまり、複数性という条件は、行為にとって、conditio sine qua non つまり必要条件のみならず、conditio per quam つまり十分条件なのである。人間にとって、生きているとは――ラテン語、すなわち西洋史上おそらく最も徹底して政治的な民族であった古代ローマ人の言語に示されているように――、「人びとのあいだにとどまること」(inter homines esse) に等しく、死ぬとは、「人びとのあいだにとどまるのを止《や》めること」(desinere inter homines esse) に等しい。こういった「人－間」観と、ある意味で符合しているのが、『旧約聖書』である。つまり、神の人間創造に関する『創世記』第一章の記述によれば、神は単一の人間なるものを創造したのではなく、複数の人間を創造したのだという。曰く、「そして彼らを男と女に作った」。この複数形で創造された人間は、第二章にはじめて出てくる最初の人類アダムとは、原理的に異なる。神はアダムを「地の土くれから」作り、そのあとで神は、この一人の人間なるものの「あばら骨から」、「骨から取られた骨、肉から取られた肉」たるエバを、アダムに娶《めあわ》せるべく作ったのだという。後者の場合、複数性は人間にとってもともと固有なものではなかったことになり、むしろ人間の多数性は原本の複製によるものとして説明される。[1] およそ「人間一般の理念」なるものは、それがいかなるものであれ、人間の複数性を、単一の原型の無限に変更可能な再生産の結果として捉えており、したがって、行為の可能性を、はじめから暗々裡に否定している。行為には、なんらかの複数性が必要なのであり、しかもその複数性においては、なるほど誰もが同じ人間なのだが、それでいて誰一人として、過去、現在、将来における他のどの人間とも同じではない、という奇妙だが注目すべきあり方においてそうなのである。

以上の三つの根本活動と、それらに対応する条件はどれも、さらに、人間の生の最も一般的な被制約性に根ざしている。すなわち、誕生によってこの世界にやってきて、死によってふたたびこの世界から消えてゆく、という被制約性にである。可死性に関していうと、まず、労働は、個体が生きながらえ種として生き続けることを保証する。次に、制作が打ち建てる人工的世界は、その住人たちの可死性からはそれなりに独立しており、住人たちのはかない生存に、存続や持続といったものを提供する。最後に、行為は、政治的共同体を創設し維持することに役立つかぎりにおいて、世代間の連続性のための、つまり想起のための、ひいては歴史のための、条件を生み出す。出生性に関しても同様で、三つの活動はどれも、出生性に定位している。労働にしろ制作にしろ行為にしろ、将来のことを気遣うという責務を有している以上はそうである。この責務は、よそ者として世界に生まれ出ずる新人たちが不断に流入してくることに見合い、その備えをしておくというふうに、そのように生と世界が維持されるべく気遣うという責務だからである。だがこの場合、行為と、出生性という根本条件との結びつきは、労働や制作よりも緊密である。新しい始まりは、誰かが誕生するたびに、それとともに世界にもたらされる。だが、この新しい始まりが世界のうちで本領を発揮しうるのは、当の新人に、何らかの新しい始まりをみずから為す、すなわち行為する、という能力がそなわっているからこそである。率先行動《イニシアティヴ》――何らかの initium つまり始まりを置く――という意味では、どんな人間の活動のうちにも、行為の要素は何ほどかひそんでいる。始まりとしての行為のこの遍在性が意味するのは、その活動を行なう者が、まさしく、誕生によってこの世界にやってき、出生性という条件を負っている存在者だということ、このこと以外の何ものでもない。さらにまた、行為が優れて政治的活動である以上、出生性とは、政治的思考にとって、カテゴリーを形成する決定的事実の一つである、と言ってさしつかえないだろう。ちょうど可死性が、古来、つまり西洋では少なくともプラトン以来、形而上学的‐哲学的な思考をかき立ててきた事実であったように。

ところで、人間の条件、つまり制約された存在であるという意味での人間の被制約性の全体は、人間がこの地上に生きるために課されている諸条件にとどまるものではなく、それ以上のものである。人間が制約された存在であるのは、人間に係わってくる一切のものが、たちまち実存の条件と化すからである。活動的生が繰り広げられる世界は、本質的なところで物から成り立っているが、そういう物とは、人間の手によって形成されたものである。しかもそういった、人間なしに決して出来上がったりするはずもない物が、これはこれで、人間的実存の条件となっている。それゆえ、生きるうえで人間が背負っている条件は、人間がそもそもこの世に実存するための持参金みたいな天賦の諸条件に尽きるのではなく、それを超えて、人間が自分で作り出したもろもろの条件も含まれる。後者の自前の条件のほうは、それが人間に由来するにもかかわらず、条件としてはたらく自然物と同じだけの制約する力をそなえている。人間の生に係わってくるもの、人間の生に入り込んでくるものは、いかなるものであれ、ただちに人間的実存の条件と化す。それゆえ人間とは、何をしようがなそうが、どのみち制約された存在なのである。人間の世界に現われるものは、ただちに人間の被制約性を形づくる部分となる。世界の現実性は、人間的実存の内部で、実存を制約する力として実感されるのであり、そのような力として実存によって感受されるのである。世界の客観性――世界の対象性格および物性格――と、人間の被制約性とは、たがいに補い合う関係にあり、もちつもたれつの間柄にある。つまり人間的実存は、物的に制約《ベディンクト》されているからこそ物《ディンゲ》を必要とするのであり、また物は、おのおの独自に、かつすべてが一緒になって人間的実存を制約するということがなくなるや、バラバラのがらくたの山、もしくは一種の非‐世界になり下がってしまうことだろう。

誤解を避けるために言っておくと、人間の被制約性について語ることと、人間の「本性」について論断することとは、同じではない。いくら人間の活動や能力を、人間の被制約性に対応しているかぎりで片っ端から数え上げたとしても、人間本性の記述といったものにはならない。本書では、思考という活動と理性という能力は、あえて論じないことにしたが、この両者にわれわれがたとえ論及したとしても、それどころか、今日われわれが目のあたりにしている人間のあらゆる可能性を、細大漏らさず列挙したリストを作成できたとしても、だからといって、人間的実存の本質性格を汲み尽くしたことには決してならない。人間であることをやめたくなければ、なしに済ますことが人間的実存には絶対許されない、そういう必要最小限の本性なら見つけ出せたといえる、といった程度の消極的意味においてすら、そうなのである。それほど人間の本質は汲み尽くすことのできないものなのだ。われわれに想像しうるかぎり最も劇的な、人間の被制約性の変化とは、地球以外の惑星へ移住することであろう。じっさい、こうした想像は、今日ではもはや、ひま人のたんなる空想ではなくなっている。この地球外移住のあかつきには、人間はみずからの生命を、地上的に与えられた条件からすっかり引き離し、人間自身が作り出した諸条件に完全に服することとなろう。そのような生の経験地平は、おそらく、劇的に変化するだろうから、労働、制作、行為とわれわれが呼んできたものは、この経験地平においては、ほとんど意味をなさなくなることだろう。それでもやはり、この仮想的な惑星移住者たちが依然として人間であることは否定しがたい。してみると、惑星移住者の人間本性についてわれわれのなしうる論定というものがもしあるとすれば、それは、彼らが相変わらず制約された存在であるということ、これのみであろう。この一点に関するかぎり、人間の被制約性がほとんどもっぱら人間自身の産物であるような、いま仮想された事情のもとであろうと、変わりはない。

人間の被制約性に関してなら、なお不十分ではあるにせよ、論定を下すことができなくもない。それにひきかえ、人間の本質をめぐる問題、つまりアウグスティヌス言うところの quaestio mihi factus sum ——「私が私自身にとって問題となった」——は、解決不可能に思われる。そのさいこの問題を、個人的心理の問題に理解しようと、普遍的な哲学的問題と理解しようと、解決不可能であることには変わりない。なるほど、われわれのまわりには、われわれとは異なる事物が存在しており、それら事物の本質を、あれこれ認識し、規定し、定義することができる。しかも、地球上の事物のみならず、地球をとりまく宇宙に存在する事物すら、おそらく何ほどか本質を探究することができるほどである。だが、自分自身に関しては、それと同じだけのことをわれわれが成し遂げるということは、どう見てもありそうにない。それはちょうど、自分自身の影を飛び越えることがわれわれに実際にはできないのと似ている。そのうえ、そもそも人間は他の一切の事物と同じ意味で何らかの本質または本性を有している、と想定しておかしくないような証拠など存在しない。人間の本質といったようなものが本当に存在する、とかりに仮定したとしても、それを認識し、定義することができるのは、明らかに、神のごとき存在以外にはありえない。なぜなら、「何であるか」についてと同じ意味で、「誰であるか」について論定を下すことは、神のごとき存在にしかおそらくできないからである[2]。人間の認識形態は、総じて「自然的」性質をもつ事物に適用可能なようにできており、したがって、人間自身にも適用可能だとしてもそれは、人間が有機的生命の最高度に発展した種の実例であるかぎりにおいての話である。これと同じ認識形態でもって、「われわれとは何か」ではなく、「われわれとは誰か」と問おうとしても、途端にうまくいかなくなる。もとはといえば、「誰か」の問いがこのように認識適合上うまく行かないからこそ、人間の本質を規定しようとする試みが往々にして、何らかの神的存在を何かしらこしらえ上げることに行き着くということにもなるのだ。哲学者の神とは、この種の神的存在のことであって、よくよく見るとどれも、人間の一種の原型またはプラトン的イデアであることが判明する。言うまでもないことだが、神的存在についての哲学的概念の仮面を剝がし、哲学者の神とはじつは人間の能力や活動が神として崇められているにすぎないのだ、と暴いてみせたところで、神の非存在を証明したことにはならないし、その論拠らしきものになることすらない。だが、人間の本質を規定しようとする試みが、とどのつまり「神的」なものに、つまり人間的なものをあからさまに踏み越えるものを含んでいるという、ただそれだけの理由で、「神的」とわれわれに連想されるイメージに帰着しやすいのはたしかである。この事実は、人間の本質を概念的に規定しようとする試みに、われわれが疑いの目を向ける理由としては、おそらく十分であろう。

他方で、右に挙げた人間的実存の条件——生命それ自体、大地、出生性、可死性、世界性、複数性——によって、「人間なるもの」が説明されるわけでも、われわれとは何であり誰であるか、という問いに対する答えが与えられるわけでもさらさらない。その理由は単純で、上述の条件のいずれも人間を絶対的に制約するものではないからである。こうした見解をつねに哲学はとってきた。哲学が、同じく人間を取り扱う人類学、心理学、生物学等々の個別科学と異なるゆえんも、そこにあった。だが、今日われわれは、次のことが科学的に証明されたと言わざるをえないところにきている。つまり、人類は、地上の条件のもとに現に暮らしているにしても、またおそらくこの条件のもとでいつまでも暮らすことになるとしても、それでもなお、他のすべての生物と同じ意味で、地球に縛りつけられた生き物では決してない、と。では、現代の自然科学が法外な勝利を収めているのなぜだろうか。それは、自然科学がその視点を転換したからであり、つまり、地球に縛りつけられた自然のほうを向いてそれを扱うさいに、その自然がもはや地球上にでなく宇宙に場所を占めるかのように見なしているからである。自然科学は今や、アルキメデスの点を発見することのみならず、その点に身を置き、そこを拠点として行動することにも成功を収めたかのようにふるまっているのである。

2　活動的生という概念

vita activa つまり活動的生という概念は、伝統的なイメージを背負っており、背負いすぎているほどである。この概念は、西洋の政治思想の伝統そのものと同じだけ古いが、だからといってそれ以上古いというわけではない。この概念によって西洋人の政治的経験のすべてを捉えることなどとてもできないが、活動的生というこの概念が生じたきっかけは、西洋人の置かれてきた歴史的なめぐり合わせにさかのぼる。しかも、そこから西洋人はいまだに抜けきれていないのが実情である。そのめぐり合わせとは、かのソクラテス裁判であり、これはもちろん、哲学者とポリスとの抗争のことを意味する。この事件によって生じた政治哲学は、政治上および哲学上の西洋の伝統の基礎をなすこととなり、そのあおりでソクラテス以前のさまざまな政治的経験の大部分は、あっさり抹消されてしまった。なぜかといえば、そういった経験はすぐさま政治上の目的のために役立つものではなく、哲学上の意図にとってはむしろ妨げとなるものだったからである。活動的生という言葉が最初に見出されるのは中世哲学においてであり、そこではこの語は、*bios politikos* つまりポリス的生というアリストテレスの概念をラテン語に翻訳するのに用いられた。だがそのさい、後述のとおり、決定的に意味を歪められて解釈されてしまった。これに対して、アウグスティヌスは、vita negotiosa つまり多忙な生、もしくは vita actuosa つまり活発な生という語を使っており、こちらには、もともとのギリシア的意味がまだ残っている。アウグスティヌスは、政治的事柄に公的に捧げられた生、という意味で使っているからである(3)。

アリストテレスは、三つの生き方―― *bioi* つまり生――を区別した。それらは、自由人なら、すなわち、やむにやまれぬ生活の必要や、それによって生み出される従属関係には煩わされることのない人間なら、選ぶことのできるものであった。この場合、自由な生き方が問題になっている以上、生命それ自体や生命の維持に奉仕する職業は、すべて除外された。とりわけ労働は、奴隷的な生き方であり二重の強制に服している、として除外された。すなわち、ただ生きるには働かなければならないし、主人の命令には従わなければならないからである。他方、自由な職人が制作に従事して生きるあり方も、商人が利益を追求して生きるあり方も、問題外とされた。そんなわけで、みずから進んでであれ、いやいやながらであれ、一時的にであれ、全生涯にわたってであれ、自由に動いたり活動したりすることのできない生き方、人生のどんな一瞬にせよ、自分の時間とそのつどの滞在場所を意のままとすることができない生き方は、すべて問題外とされた。[4] こうした除外をへて残った三つの生き方に共通しているのは、どれも「美《うるわ》しいもの」の領域で営まれるということ、すなわち、必ずしも必須ではなく、それどころか何か特定の目的に役に立つということすら決してない事柄からなる方面で営まれるということ、これである。そうした生き方としてアリストテレスが挙げているのは、第一に、物質的に美しいものを享受し蕩尽することに明け暮れる生であり、第二に、ポリスの内部で美しい行ないを成し遂げる生であり、第三に、過ぎ去ることの決してないものを探究し直観することによって、永久に美しくあり続けるものの領域にとどまる哲学者の生である。この三番目の、永久に美しくあり続けるものの領域は、人間が物を新たに制作し、さらに存在しているものを蕩尽するという、人間による二重の介入を免れている。[5]

　ところで、*bios politikos* つまりポリス的生に関していうと、アリストテレスのこの概念と、後代の中世の vita activa との主たる違いは、アリストテレスにおいてこの語は明確に、本来の意味での政治《ポリス》的なものの領域のみを表わし、それとともに本来の意味でのポリス的活動としての行為 (*prattein*) を表わしていた、という点にある。ギリシア人の考えでは、労働も制作も、*bios* つまり生を形づくるものでは総じてありえなかった。この場合の生とは、自由人が選ぶにふさわしい、自由が輝き現われる生き方、を意味する。労働や制作は、必要なものを調達し有用なものを生産することに役立つので、不自由とされた。言いかえれば、人間の困窮や願望に強制されて行なわれるにすぎない、と考えられた。[6] 必要なものや有用なものに対するこうした否定的評価を、ポリスの領域に生きる生が受けることはありえなかった。なぜなら、ギリシア人の見解では、真にポリス的なものは、人びとが安定して共生しているところではどこでも、どうしても成立せざるをえない、というわけでは決してなかったからである。それはたとえば、人びとが共生すれば何らかの形の組織がつねに生ずるとか、支配者であることそれ自体が傑出した生き方をなすこともありうるとかいったことを、ギリシア人が総じて、したがってアリストテレス個人も、よく知らなかったということではない。そうではなくむしろ、人間の共生にとって組織は必要だからこそ、ギリシア人にとって、そういった意味で組織されているというだけでは、いまだポリス的とは見なされなかったのである。また、専制的支配というのは経験上、ポリスの形成以前のあらゆる共同体において必要であったが、そのような状況のもとで生きるには絶対必要な支配を行使するものであったからこそ、ギリシア人は、支配者として生きることは自由人の生き方にはふさわしくない、との見解を抱いていたのである。(7)

古代の都市国家の消滅とともに――おそらくアウグスティヌスは、ポリス的なものがかつてどのような位階を占めていたかを少なくともまだ知っていた最後の人であった――活動的生という概念は、その真にポリス的な意味を失い、この世の事柄に活動的に従事することならどんな種類であれ言い表わすようになった。もちろん、だからといって、労働と制作が人間の活動の位階秩序において昇進し、ついに政治的なものに匹敵するほどの尊厳を手に入れた、というわけではない。(8)むしろその正反対であった。いまや行為も、この世に生きるために絶対必要な活動の水準にまで押し下げられた。その結果、アリストテレスの挙げた三つの生き方のうち、三番目の vita contemplativa つまり観想的生、ギリシア語でいえば *bios theōrētikos* つまり観照的生だけが、残ることになったのである。(9)

しかしながら、観想が、あらゆる種類の活動に対して、それゆえ行為という政治的活動に対しても、法外な優位を伝統的に有していたとしても、それはべつにキリスト教起源ではない。この優位は、すでにプラトンの政治哲学に見られるからである。プラトンは、ポリスのユートピア的秩序が、哲学者の思慮深い洞察によって導かれるべきだとするが、そればかりではない。プラトンの構想した政治体制からしてすでに、哲学者の生き方を可能にすること以外のいかなる目標ももたないのである。同様に、アリストテレスが三つの生き方を列挙している箇所から分かることがある。その列挙は、観想とそれにふさわしい生き方―― *theōria* つまり観照と、*bios theōrētikos* つまり観照的生――の理想によって、あからさまに導かれているのである。ギリシア世界において自由の前提条件だとふつう見なされていたのは、やむにやまれぬ生命の必要からも他者による強制からも自由なあり方であった。これに加えて哲学者たちは、政治的活動から解放されること、つまり閑暇、言いかえれば、一切の公的な用務を差し控えること（*scholē*）、を自由の条件としたのである。[10] 後代のキリスト教は、政治的な用務に一切煩わされず、公的空間で起きていることを気にすることなく、生きてよいのだと主張した。明らかにそれに先立って、古代後期の哲学諸学派は、政治に対する無関心の態度を意識的にとっていたのである。キリスト教は、それまでは少数の人びとによってのみ主張されていたことを、万人に対して要求したにすぎない。

中世の **vita activa** の概念には、人間のあらゆる活動が含まれる。その場合、労働、制作、行為はいずれも、観想における絶対的静止の観点から理解されている。そのかぎりで、活動的生は、ギリシア的に解された *bios politikos* つまりポリス的生よりも、むしろ、ギリシア語の *ascholia* つまり静止の欠如、に近い語感をもっている。静止の欠如は、すでにアリストテレスにおいて、一切の活動的あり方を特徴づける印であった。静止とは、いわば息を殺して一切の身体運動を停止することであり、静止の欠如とは、ありとあらゆる活動に帰されるものであった。静止と静止の欠如のこの区別は、すでにアリストテレスにおいて、ポリス的な生き方と観想的な生き方の区別立てよりも、重要度の高いものであった。なぜなら、静と動の区別は、観想的生を含む三つの生き方のいずれにおいても立証できるからである。アリストテレスはこの区別を、戦争と平和の区別と比較してこう述べる。戦争が行なわれるのは平和のためであり、それと同様、いかなる種類の活動も、それゆえ思考という活動ですら、絶対的静止のために行なわれ、絶対的静止でもって頂点に達するのでなければならない、と。[11] 外的運動であれ、言論や思考といった内的運動であれ、ともかく身心を動かしているものは、真理を観取したあかつきには静止するのでなければならない、というわけである。そして、真理を前にしての絶対的静止というこの考え方は、存在はおのれを現わす、としたギリシア的真理観に妥当するものであったのみならず、生き生きした神の御言葉によって真理は啓示される、としたキリスト教的真理観にも依然として妥当するものだった(12)。

そんなわけで、近代の始まりまでは、活動的生という観念には否定的な面がつねに付きまとっていた。つまりこの観念は、静止の欠如という烙印を負わされており、ラテン語の nec-otium つまり暇なしであり、ギリシア語の *a-scholia* つまり余裕のなさであった。そういうわけで、活動的生の観念は、いっそう原理的なギリシア的区別立てと、ごく密接な関係に置かれた。つまり、あるがままにおのずからあるものと、人間のおかげで現に存在するもの、ギリシア語では、*physei* つまり自然《ピュシス》によってあるものと、*nomōi* つまり制度《ノモス》によってあるもの、との区別立てがそれである。あらゆる活動に対して観想が絶対的優位を誇ったのは、とどのつまり、次のような確信にもとづいていた。人間の手によって作られたものは、自然的なものや宇宙的なものに比肩しうる美も真理ももちえない、なぜなら、自然的なものや宇宙的なものは、人間の介入や助力を必要とせず、消え去ることも変化することもなく、ひたすら永遠の自己運動を繰り返すのだから、との確信がそれである。まさにこの永遠存在が、移ろいやすい死すべき者たちにおのれを現わしうるのは、死すべき人間が一切の運動と活動を停止し、完璧な静止状態に達したときのみである。完璧な静けさというこの態度を前にしては、活動的生そのものの内部での区別立てや分節化は、ことごとく消失してしまう。観想の観点から見た場合、観想に必要な静止状態を阻害するものは、もはや何の役割も演じない。ここでは、運動とか活動とかいったものは、ひとしなみに阻害要因となる。

それゆえ、伝統的意味においては、活動的生の本質は、観想的生の観点から規定される。活動的生にも、制限つきながら一定の功績はともかく認められたが、そうした評価が与えられるのは、観想がその拘束からついに離れることのできない生身の身体にどうしても必要なものに役立つかぎりにおいてだった(13)。キリスト教では、死後の生がいかに至福に満ちたものであるかは、観想の喜びにおいて予告されるとされるが[14]、死後の生へのこうしたキリスト教的信仰は、活動的生の価値低下を決定づけた。だが、あらゆる種類の活動に対する静止の絶対的優位を確固たるものとしたのは、キリスト教によってではない。むしろそれは、古代ギリシアにおいて *theōrein* という意味での観想が、思考したり論証したりする活動とは独立な能力であることが発見された時点にさかのぼる。ソクラテス学派のこの発見は、近代まで、形而上学ならびに政治哲学を支配してきた[15]。この伝統が事柄上いかなる根拠をもつかを論ずることは、当面の文脈では必要ないように思われる。もちろんこの根拠は、哲学者とポリスとが抗争するに至った歴史上の事情よりも、深いところにひそんでいる。一見すると、哲学者とポリスとが抗争するうちに、そのついでにたまたま、観想的生が哲学者の生き方として発見された、というふうに見えるのだが。この伝統の根拠はおそらく、人間の被制約性の何らかの側面にひそんでいる。だがその側面は、本書で扱う活動的生の分節化によっては汲み尽くされないし、たとえ思考および思考に特有の動性を論じ入れたとしても、網羅的に提示されることはないだろう。

それゆえ、活動的生という概念を私なりに使う仕方が、伝統とあからさまに対立するとしても、それはなにも、活動的生と観想的生の区別に行き着くことになったもともとの経験の妥当性を、私が疑っているからではない。むしろ私が疑問を抱いているのはもっぱら、この区別立てに当初から染みついてきた身分秩序のほうである。だからといって私は、伝統的な真理概念、つまり真理とは、人間に本質的につねに与えられているもの——人間におのずと顕現したり神によって啓示されたりするもの——だとする見方、に異を唱えるつもりはないし、この真理観を議論の俎上に載せるつもりすらない。また私は、人間が知りうるのは、人間によって作られたもの、もしくは原理上作られうるもののみだ、とする近代のプラグマティックな真理概念を奉じる義務のようなものを感じているわけでもない。伝統に対する私の異議は、本質的には、次の点に存する。つまり、伝統的な上下の身分においての観想に認められてきた優位が、活動的生の内部でのもろもろの分節化や区別をぼやけさせ、看過させてしまったこと、しかも、古来のこの実情は、見かけとはまったく裏腹に、近代になって伝統が途切れ、マルクスとニーチェによって伝統的秩序が転倒されても、何ら変わらなかったこと、これである。マルクスやニーチェが、逆立ちしている哲学の体系や現行の価値観をひっくり返して足で地面に立たせようとしたのは有名だが、そうした逆転の本性にひそんでいるのは、価値転換が遂行されるさいの概念枠組そのものは、まったくといってよいほど無傷のままだということなのである。

近代において伝統的秩序が転倒されたとはいえ、その転倒は相変わらず、伝統的秩序と次のような信念を共有している。つまり、人間の一切の活動の根底には、唯一無二の中心的関心事がひそんでいるのでなければならない、なぜなら、そのような統一原理がなければ、そもそも秩序を確立することなどできるはずもないからだ、と。だがこの信念は、何ら自明なものではない。活動的生について語るとき、私がむしろ前提しているのは、活動的生に含まれるさまざまな活動が、「人間一般」の抱く永遠に同一であり続ける根本的関心事に還元されるなどということはありえないこと、さらにいえば、それら多様な活動は、観想的生の根本的関心事より上位にあるわけでも下位にあるわけでもないこと、このことなのである。

3　永遠と不死

西洋の政治哲学の伝統はソクラテス学派に始まる。それ以来、すなわち思考が行為から解放され自立したその瞬間以来[16]、ごく当然と見なされてきたことがある。観想に極まる純粋思考と、この世の事柄に係わりをもちうる一切の活動様式には、人間存在の二つの相異なる中心的関心事が対応している、とする見方がそれである。観想と活動における関心の相違というこの想定にとって決定的なのは、哲学者——おそらくはソクラテスその人——

が、政治的領域は、人間にそなわる高次のすべての可能性を展開するための空間を与えるものでは必ずしもないということを発見し、この発見から次の結論を引き出した、ということであった。つまり、自分たち哲学者が純粋思考において発見したものは、たんに一つの新しい原理というにとどまらず、ポリスで妥当するいかなる原理よりも上位の原理なのだ、との結論がそれである。原理に関して人びとのあいだでそのような抗争が演じられたとき、いったい何が問題だったのか。これをごく簡略に心に思い描いてみようとするなら、不死と永遠という二つの原理はどう違うか、をじっくり考えてみればさしあたり十分であろう。

不死とは、時間のうちで存続し持続することであり、死を免れた生のことである。ギリシア人は、それは自然ならびにオリュンポスの神々に特有であると考えた。自然のそうした悠久の生命のうちへと、また、死も老いも免れた神々の住む天空の下《もと》へと、死すべき人間たちは生まれ出ずる。人間は、不滅の世界《コスモス》にあって唯一可滅的な存在なのである。この世界において、死すべき者たちと不死の者たちとは相まみえるのだが、しかしそこには永遠も、一なる永遠の神の支配も存在しない。ヘロドトスを信頼するなら、不死の神々と一なる永遠の神との区別を、ギリシア人も決して知らないわけではなかった。明らかに彼らは、この区別を参照することで、わずかながらも一定の自己理解をえたのである。存在について思弁をめぐらせたギリシア哲学が、永遠なるものに関するギリシア特有の経験を概念的に解明し、分節化することになる以前に、である。一なる見えざる神を崇めるアジア人の宗教について説明するさいに、ヘロドトスは明確にこう述べている。アジア人の崇拝している、現代人なら超越神と呼ぶであろう（空間と時間の彼岸に存在する）神と比べれば、ギリシアの神々は、神人同形、つまり人間と同じ姿であるというより、むしろ *anthrōpophyeis* つまり神人同生であり、人間と同じ生まれである、と[17]。ギリシア人に不死へのあこがれが生じたのは、死すべき者として不滅の自然に取り囲まれ、死を免れた神々に見下ろされて生を送っている、という意識からであった。人間以外はすべて不死である万有の秩序のうちへ埋め込まれ、可死性はそれ自体、人間的実存の本来的徴表《メルクマール》となった。人間とは、端的に「死すべき者たち」である。すなわち、そもそも可死的である唯一の存在である。人間が動物と違うのは、人間は、動物のように類の一員として実存し、当の類の不死性が生殖によって保証されている、という仕方にのみ実存するのではないからである[18]。可死性は、次の厳然たる事実のうちに含まれている。つまり、人間の場合、生物学的な生命プロセスをはみ出して、見分けのつく生涯の物語を伴う個人の一生がそれぞれ実ってくる、という事実がそれである。個人ごとのこの生涯の物語が、他のすべての自然プロセスと違うのは、それが直線的に進み、生物学的生命の循環運動をいわば切断するからである。可死的である――とは、万物が円をなして動いているために始まりと終わりとがたえず同一であるような、そういった宇宙にあって、何らかの始まりと終わりをもち、それゆえ「不自然」きわまりない形態の直線運動をするように抗しがたく定められている、ということである。アルクマイオンによれば、人間が可滅的であるのは、ひとえに、「終わりに始まりをつなぐことができないから」なのである[19]。

さて、死すべき者たちが何を課題とし、どれほどの偉大さを可能性としてもつかといえば、それは、人間がさまざまなもの――仕事、功業、言葉[20]――を生み出すことができるという点にある。それら生み出されたものは、恒常的にあり続けるものたちの世界《コスモス》のうちに、相応のありかを指定されるし、またそれらのおかげで、死すべき者たち自身も、自分たち以外はすべて不滅である秩序のうちに、みずからにふさわしい場所を見出すことができる。人間によって成し遂げられた功業は、人類が存続するかぎり、世界に不滅の足跡を残す。そうした不死の功業によって、死すべき者たちは、人間ならではの特有な種類の不死性を達成することができ、かくして、自分たちの本性も神的なものだと証しすることができる。そんなわけで、人類とたんなる（動物的な）生き物とのあいだの違いが、同じ種族である人間どうしのあいだにも引かれることになる。つまり、「一等の人びと」（*aristoi*）は、自分が「一等」だということをたゆまず証ししなければならず（一等たろうとするという意の *aristeuein* という動詞は、ギリシア語にしか見出せない）、しかもそのためには、「死すべき定めの事柄よりも、恒常的にあり続ける誉れのほうを優先させる」ことを示さなければならない。不滅の栄光を重んずる彼らのみが、たんなる生き物以上の存在と見なされるのである。それにひきかえ、世の多くの人は、自然が彼らに与えてくれるものに満足し、まるで動物のように生き、死んでいく。ともかく、ヘラクレイトスはまだそういった見解を抱いていた。[21] もっとも、ソクラテス以後の時代の哲学者になると、この見解を支持する証言を見つけるのは、ひどくむずかしくなるのだが。

ところで、形而上学的‐哲学的思考の真の中心としての永遠を発見したのは、ソクラテス自身であったか、それともプラトンが最初であったか。この問題はしかし、目下の文脈では重要でない。ともあれ、ソクラテスに有利なのは、彼だけが——この点でも他の少なからぬ点でも、ソクラテスは偉大な思索者のなかで唯一無比の存在である——書物を後世に遺そうなどとは決して考えなかった、という点にある。というのも、永遠なるものがいかに思考の中心に立つとしても、思索者自身はこの関心事を、彼が腰を下ろし思想を書き記す、まさにその瞬間に放棄するのは、明らかだからである。書くという活動が続くかぎり、当人の第一次的関心事は、もはや永遠なるものではなく、自分が考えたことの痕跡を後世に遺したいという配慮なのである。彼は、彼なりの仕方で、活動的生のなかへ足を踏み入れ、「活動的」となり、活動的生において通用している規則や方式と係わり合うことになる。なるほどそうした規則や方式は、一定の持続を、場合によっては不死を獲得することへ通じてはいよう。だが、永遠へ至ることはありえない。しかるにソクラテスは、書くという活動には携わらなかった。彼自身がいかにポリス的なものの近くに立っていたにしてもである。しかもこのことは、次の事実ゆえにますます驚きである。つまり、永遠と不死のあいだの真の対立を発見し、それとともに哲学者の生活とポリスの生活との、もしくは観照的生とポリス的生との、調停不可能な闘争を発見したのは、間違いなくプラトンであって、ソクラテスではなかったという事実がそれである。

永遠なるものに出会う哲学的経験を、プラトンは「名状しがたいもの」（*arrētos*）、アリストテレスは「言葉を欠いたもの」（*aneu logou*）と見なした。この経験はのちに概念化され、「立ち止まる今」（nunc stans）という逆説的表現に表わされることになる。この永遠経験は、人間事象の領域の外部でしか遂行できず、人間どうしの付き合いの複数性を後にした世捨て人にしか該当しえない。この世からの離脱と単独化というこの条件について論じているのが、プラトン『国家』における洞窟の比喩である。この比喩の伝えるところによると、哲学者は、自分を他の人間たちと繋ぎとめている鎖から身を解き放ち、他の誰にも同行も随行もされず、完全に一人きりになって、洞窟を後にしなければならない。政治的にいうと、すなわち、死ぬとは「人びとのあいだにいるのを止めること」だとしたローマ人の言語に沿って考えれば、永遠なるものの経験とは、一種の死を意味する。政治的なものについてまだそれなりに心得ていたプラトンは（『パイドン』のなかで）、まさにそう語っている。哲学とは死ぬことを学ぶことなのだ、と。もちろん、現実の死と哲学的な死とは違うが、それは、哲学的な死が最終的なものではないからである。どんな生き物も、永遠なるものを時間のうちで経験することには耐え切れない以上は、そうである。生命それ自体が、是が非でも人間を洞窟へ連れ戻し、そこで人間は生き返る。なぜなら、生きるとは「人びとのあいだにいる」ことだからである。中世思想において、活動的生が観想的生と区別されたのも、まったく同様の理由からである。われわれは、活動的生のうちに長くとどまることはできても、観想的生のうちに身を持することには、どうしても耐えられないからである。(22) ここで決定的なのは、永遠なるものの経験は、不死なるものの経験と違って、その対応物をいかなる活動にも見出せず、いかなる活動にも変形できないという点である。たとえ思考という活動であっても、言葉と結びついた人間の内部過程である以上、永遠経験を再現するには不十分であるし、のみならず、思考活動はそもそも永遠経験に伴うことができないからである。思考も活動のうちというまさにその理由により、思考は永遠なるものの観想を中断し破壊することしかできない。

theōria のもともとの意味は、直観することではなく、見物することであった。そういう観照《テオーリア》や観想という言葉によって表わされる永遠なるものの経験は、それ以前から知られていた不死性の経験や、それと結びついているあらゆる種類の活動とは対立している。ポリスの持続性に対する疑いは、哲学者たちによって支持されただけ

ではなかった。不滅のはずのポリスも滅びるのだということが、紀元前五世紀末から前四世紀初めにかけて最高度に立証されたからである。ともあれ、不滅のポリスという考え方に対する疑念が、アテナイ没落期にソクラテス学派により永遠なるものが発見されるさい、決定的に役立ったということはあったかもしれない。しかも、ポリスは不滅ではないのだと洞察し戦慄をおぼえたことと、永遠を発見して驚きつつ恍惚となったこととが緊密に結びついていたからこそ、哲学者たちは、不死を求める一切の努力を、急にののしり出し、さげすみ始めずにはいられなかったのだと、そう考えてよさそうである。これ以後、不死への努力など、たんなる虚栄や傲慢ではないかという嫌疑を、宿命的にかけられるようになる。たしかなことは、哲学者たちが、永遠を発見することによって、古代のポリスとの、そしてその根底にひそんでいた宗教との、もはや調停不可能な闘争状態にのめり込んでいったということ、これである。結局のところ、永遠性を志向する哲学者の側の路線が、確固として不死に与ろうとする一切の努力に比して勝利を収めるに至った。だがこの事実は、本来、哲学的思考や哲学者の影響によるものでは、もはやなかった。死すべき者たちの手によって作られたものは、どのみち不死性を望むべくもないのだということを、ローマ帝国の没落は、このうえなくあからさまに証明してしまったからである。そして、ローマ没落と相前後して、これからは一人一人の個人の生命こそが永遠を手に入れることになるのだと説くキリスト教の福音が、いわばくまなく響き渡ったのだった。その逆に、人間は死すべき定めではあるが人間によって造られた世界のほうは不死でありうる、との信仰に支えられていた古代宗教は、かくして終焉を迎えたのである。こうした情勢にあっては、地上的な不死を求める努力がことごとく虚栄にして余計なものとなるのは必至だった。活動的生は、つまりかつてポリス的生であったものは、観想的生に仕え、その要求に服する用意があるかぎりにおいてしか、総じて維持されえなかったのである。活動的生を観想的生の下位に置くことが、どれほど首尾よく進んだかは、次の事実から推し量ることができよう。つまり、近代が勃興し、それ以前の秩序、とりわけ行為と観想との伝統的な上下関係を、力ずくで転倒したときでも、かつて活動的生および政治一般の源泉にして核心であったはずの不死を求める努力を、忘却のなかから掘り起こすことにすら成功しなかったということ、これである。

第二章　公的なものの空間と、私的なものの領域〔訳注1〕

4　人間は社会的動物か、それとも政治的動物か

活動的生とは、活動的あり方に従事しているかぎりでの人間生活のことである。それは、人間世界および物の世界のうちを動いており、この世界から離れることも、それを超越することも決してない。人間の活動はすべて、物や人に取り囲まれて行なわれる。この周囲環境のうちで、活動はそれぞれ場所を指定されており、この周囲環境がなければあらゆる意味を失ってしまうだろう。人はみな、周囲環境としての世界へ生まれてきたのだが、そういう世界のほうも、これはこれで、本質的に人間あってこそ存在しうる。つまり、人間が物を制作し土地の手入れをし風景を美しく保ち、人間共同体にあっては行為しつつ政治的関係を組織するおかげで、世界は存在しうるのである。人間生活というのは、たとえ砂漠に一人住む隠遁者の生活であろうと、そもそも何ごとかをなしているかぎりは、直接的にせよ間接的にせよ、他の人びとの現存 Anwesenheit を証し立てている何らかの世界のうちに生きているものなのである。

人間の活動はすべて、人間が共生しているという事実によって制約されている。だが、人間社会の外部で行なわれることが想像すらできない活動は、行為だけである。労働という活動それ自体は、他の人間が現に居合わせ

なくともさしつかえない。とはいえ、完全に孤独な状態で労働する存在などというのは、これはもうほとんど人間ではなく、まったく字義どおりの恐るべき意味での animal laborans つまり労働する動物になり下がることだろう。物をひたすら制作し、自分以外には誰も住んでいない世界を建てる存在はどうかといえば、なるほど一個の制作者ではあろうが、homo faber つまり制作する人とは言いがたい。そのような存在は、人間に特有の性質を喪失してしまっており、どちらかといえば神に似ている。──しかもその場合の神とは、創造主たる神ではなく、プラトンが『ティマイオス』のなかで神話的に描いたような、神的職人ということになろう。ただ行為のみが、人間だけに与えられた特権である。動物も神も、行為することができない。(1) 共同世界〔訳注2〕が不断に現存していなくてはそもそも事が進まない活動は、行為以外にない。

こうした特別な関係があってこそ、行為は人間の共存に結びつくのである。それゆえ、次の経緯は完全に正当であるかに見える。つまり、人間とは *zōon politikon* つまりポリス的生き物である、としたアリストテレスの人間の規定は、非常に早くから（セネカにおいて）すでに、animal socialis つまり社会的動物というラテン語に翻訳され、さらにその後、最終的にはトマスが、homo est naturaliter politicus, id est, socialis つまり「人間は本性上、ポリス的すなわち社会的である」と明言した、という経緯がそれである。(2) だが真相は、これとまったく異なる。ここでは、社会的なものが、あたかも当然のごとく、ポリス的なものの代わりに据えられている。この自明性がいかなる理論にも増して暴露しているのは、政治とは本来何であるかについてのギリシア人のもともとの見方が、どれほど見失われてしまったか、ということなのである。そもそも「社会的」という言葉は、ラテン語にしか存在せず、それに相当するものはギリシア人の言語にも思想にもない。この訳語が、それにもかかわらず使われたことは、それだけで誤訳だと決めつけることはできないものの、判別の手がかりにはなりうる。いっそう本質的なのは、societas という言葉がもともとラテン語において、限定的とはいえ、ある明確な政治的意味をもっていたという点である。この語は、一定の目的のために人びとがおたがい取り結ぶ同盟を意味している。たとえば、他の人びとを監視し合うとか、犯罪を犯すとか、そういった目的のためにである。[3] のちに、societas generis humani つまり人間種属の社会といった言い方がされるようになってはじめて、[4]「社会的」であること、社会のなかで生きることは、人間の本性に属する、と考えられることにもなったのである。ギリシア人の考えとの相違は、次の点にある。つまり、プラトンやアリストテレスも当然わきまえていたように、人間は人間種属の外部では生きられないが、だからといって彼らは、社会的であることを、人間に種別的な特性つまり種差とは考えなかった。その反対に、人間の生と動物の生に共通して見られるもの、したがって、人間的なものに特有な基本条件の一つとはどう見ても言えないもの、と考えたのである。人間種属が自然と一緒に生きるという意味での社会的共生は、生物学的に生きてゆくうえで必要なものによって人間に負わされた制限だと考えられてはいたが、その理由は、そういった必要が、人間生活にとって、他の生物の生態にとってと同じ意味をもつのは明白であるからにほかならない。

　ギリシア人の考えでは、政治的組織をつくる人間の能力は、家（*oikia*）や家族を中心として営まれる自然的な共生と区別されるのみならず、紛れもなく対立するほどであった。ポリスとは、ギリシア人の政治理解の枠組をそっくり提供するものであるが、そのポリスが成立した結果、各人が「私生活のほかにもう一つ、いわば第二の生活を、*bios politikos* つまりポリス的生を、送るようになった。市民はみな、それ以後、二つの存在秩序に属することとなり、市民の生活は、各市民が自分自身（*idion*）の生活と呼ぶものと、全市民に共通（*koinon*）の生活、の二つに峻別されることを特徴とするに至ったのである[5]」。アリストテレスによれば、ポリスの創設は、*phratrē* や *phylē* といった自然的な部族単位、すなわち親戚や血縁にもとづく団体を、きれいさっぱり解消したあとに行なわれた。これはなにも、アリストテレスの勝手な意見や理論などではなく、歴史的事実なのである。[6] 人間の共生のあらゆる形態に見出される活動のうち、二つの活動だけが、すなわち行為（*praxis*）と言論（*lexis*）のみが、真にポリス的と見なされた。この二つのみが、かの「人間事象の領域」を、つまりプラトンがしばしば使った言い

方では *ta tōn anthrōpōn pragmata* を、築くのである。この領域からは、必要であったり有用であったりするにすぎないものは、ことごとく排除された。

たしかに、都市国家の創設によってはじめてギリシア人は、生活の大部分を、この政治的領域で、したがって行為と言論とでもって、費やすことができるようになった。人間のこの二つの能力は、このうえなく密接に共属し合い、人間の最高の才能を示すものだ、との確信がそこにはある。だがこの確信そのものは、ポリスの創設よりも古く、早くもホメロスにおいて自明なものとされている。というのも、ホメロスの描くアキレウスの偉大さはすでに、もちろん、彼がじっさい偉大な功業を成し遂げ、偉大な言葉を語ったという点にあるからである[7]。しかも、近代人の考えとは異なり、アキレウスの言葉の偉大さのゆえんは、偉大な思想を表現した点にあるとされたのではなかった。『アンティゴネー』の末尾にあるように、話はむしろ逆だった。*megaloi logoi* つまり偉大な言葉とは、もしくはヘルダーリン訳では「大いなるきらめきとは、しかし／驕りたかぶる肩の大いなる打撃に／報復を加え、／考えることを年老いてから教えずにはおかぬもの〔訳注3〕」。ここでは洞察、またそれとともに思考とは、言論から生ずるものであって、その逆ではない。つまり、思考が言論に先立つのではない。これに対し、言論と行為とは、等しく根源的でおたがい対等なものと見なされ、同等同格のものであった。しかもそのわけは、ポリス的な行為が、暴力手段に訴えないかぎり、どのみち言論によって遂行されるからだけではない。行為が言論で遂行されるのはもちろんだが、行為と言論が同等であるのには、もっと初歩的な理由がある。すなわち、しかるべき瞬間にしかるべき言葉を見出すということ自体が、その言葉が他人に情報を与えるとか伝達内容をもつとかいったことは別にして、すでに行為だからなのである。沈黙しているのは暴力だけである。つまり、口がきけないから暴力をふるうのだ。この理由からだけでも、純然たる暴力というのは、偉大さを決して主張できないのである。のちに、戦争の技術と弁論の技術が似たり寄ったりの仕方で、真にポリス的な教育の前面に躍り出てきたときでさえ、この二つの技術が一組で考えられたこと自体、大昔のいわばポリスに先立つこうした経験によって依然として規定されていた。

かつてブルクハルトは、ポリスのことを史上「最もおしゃべり」な国家形態と形容したが、なるほどと言いたくなる。プラトンに始まる政治哲学にしても、ポリスの言論本位の経験世界から生まれたものだった。ところが、まずはポリスの経験世界そのものにおいて、次いでプラトン以降の政治哲学においていっそう決定的に、行為と言論は、たがいにどんどん切り離されていき、ついには二つのまったく別々の活動となるに至った。そのさい強調点は、行為から言論へと移っていき、言論それ自体が、それまでの性格を変えることとなった。というのも、かつて言論とは、人間が、自分たちに生じたり自分たちの目の前で起こったりしたことに応答したり、それに負けまいとしたり抵抗しようとしたりするさいの、際立ったあり方であった。ところが今や、語ることは弁論となり、その本質は、説得して納得させるための手段にあると見なされるようになったからである。[8] ポリス的であること、つまりポリスに生きることは、説得力をもつ言葉によって一切の案件を処理し、決して強制や暴力に頼らない、ということを意味した。他者を暴力によって強制すること、つまり説得する代わりに命令することは、ギリシア人にとって、いわばポリス以前の人間関係のあり方と見なされた。もっとも、この命令の関係は、ポリス以外の生活では、つまり家や家族に属する者たちを相手とする場合、ふつうのことだった。家長は、彼らに専制的な権力を行使したからである。他方、アジアの野蛮な帝国は、家の場合と同じと考えられた。その専制的な統治形式は、家政や家族の組織としばしば比肩されたのである。

それゆえ、アリストテレスが人間を政治的動物と規定するさいに拠りどころとした経験とは、人間的共生の自然的領域のまったく外側で得られるものだったし、そういう自然的領域とあからさまに対立するものだった。そのうえ、政治的動物という人間の規定の本当の意味が分かるようになるのは、アリストテレスのもう一つの有名な「定義」、すなわち、人間とは *zōon logon echon* つまりロゴスをもつ生き物である、とする人間観と突き合わせてはじめてである。この定義は、ラテン語では animal rationale つまり理性的動物と訳されたが、この訳語は、社会的動物という概念と同じく、根本的な誤解にもとづいている。アリストテレスには、人間を本当に定義するつもりもなければ、彼のいう意味での人間の最高の能力を規定するつもりもなかった。なぜなら、アリストテレスにとって人間の最高の能力とは、ロゴスつまり語ること、また語りつつ議論し、議論しつつ思考すること、ではなく、*nous* つまり観想の能力であったからである。観想の特徴は、語ることや話すことがそれにまったく対応しないという点にこそある。(9) アリストテレスの有名な人間の定義だと一般に信じられているものは、じつは、ポリスの住人でありポリス的であるかぎりでの人間の本質に関する、ポリスのありふれた見解を、分節化し概念的に明らかにして再現したものにすぎないのである。じっさいポリスの見解では、ポリス市民でない者たち――奴隷や野蛮人――は、*aneu logou* つまりロゴスを欠いている、とされた。もちろんそれは、彼らが言葉をしゃべれないという意味ではなく、彼らの生活がロゴスの外部で営まれ、彼らにとって語ることそれ自体は無意義である、という意味であった。そう考えられたのも、ギリシア人の生き方が、語ることによって規定されており、ともに語り合うことが、市民の中心的関心事であったという、そういうギリシア的生の特徴ゆえにほかならない。

「ポリス的」という語を「社会的」と訳してしまうことに表われている深刻な誤解を、このうえなくはっきり示すのは、おそらく、トマスが家内支配の本質を、公的政治的領域における支配と比較しているくだりであろう。トマスの考えでは、家政の長は、王国の長と似ている。ただし、家長の権力の完全性は、国王のそれには劣る、とトマスは付言する。(10) ここには、西洋古代全般と中世にそれぞれ妥当していた共通見解の相違が、事実として明白になっている。むろん、アリストテレスは古代の見解を、トマスは中世の見解を、それぞれ自分にとってごく当たり前のこととして、前提している。というのも、横暴な僭主の権力ですら限界をもっており、家父長権よりも不完全であるということほど、ポリスにとってのみならず、広く古代一般にとって自明なことはなかったからである。paterfamilias つまり家父長は、現に dominus つまり主人なのであって、家内奴隷と家族とを絶対的権力をもって支配した。両権力の完全性に差があるのは、なにも、ポリスの支配者の権力が、一致団結した市民の力によって封じ込まれるからではない。そうではなく、非の打ちどころのない絶対的支配なるものが、ポリス的領域の内部では、contradictio in adiecto つまり形容矛盾と見なされていたからである。(11)

5　ポリスと家政

政治的なものを社会的なものと同じだと考えてしまう誤解は、ギリシア語の概念がラテン語に翻訳されローマ的－キリスト教的思想に適合させられたことと同じだけ古い。とはいえ、近代になって社会という近代的概念が生じたことは、この事態をなおいっそう決定的に複雑なものにした。私的と公的という単純な区別立ては、家政の領域とポリス的なものの空間との区別に対応している。この二つの領域は、はっきり区分された別々の統一体として、少なくとも古代都市国家の開始以来、現に存在してきた。これに対し、真の意味で社会的といえる空間の登場は、新しい出来事である。社会の出現は、近代の誕生と時を同じくしており、その政治形態は国民国家のうちに見られる。

この文脈でまずもって心得ておかねばならないことがある。近代が発展を遂げた結果、公的と私的、ポリスの空間と家政と家族の領域、さらには、生命の維持に奉仕する活動と万人に共通な世界に定位した活動、といった決定的な区分や区別を総じて理解することが、われわれには異常に難しくなってしまった、ということである。この場合、留意を怠ってはならないのは、これらの区分や区別立てが、古代政治思想の総体にとって、ごく当然の基礎的な公理のようなものだったことである。そのような事柄をはっきりとは区分しないことが、現代のわれわれにはごく当然なのだが、それはなぜかといえば、近代の開始以来、いかなる人民組織も政治共同体も、次のような家族のイメージで理解されてきたからである。つまり、その家族の関心事やら日々の生業やらが、巨人のように大きく成長した家政機構のごとく執行され処理されるような、大いなる家族のイメージがそれである。この発展に見合う科学的思考は、もはや政治学とは呼ばれず、「国民経済学」もしくは「社会経済学」と呼ばれる。こういった名称がいずれも示唆しているのは、事実としてこの科学が携わっているのは一種の「集合的家政」だ、という点である。[12] われわれが今日、社会と呼んでいるものは、巨人のように膨れ上がった超‐家族というふうに経済学的に理解された家族的集合にほかならず、その政治組織形態こそが国民を形づくるのである。[13] それゆえ現代のわれわれには、古代人の考えからすれば「政治経済学」などという概念は、自己矛盾のきわみであったということが、なかなか理解できない。およそ「経済的」なもの、すなわち個人の純然たる生および類の存続のために奉仕する活動は、それだけでもう、非ポリス的なものと同一視され定義された。そのことが、しかしわれわれにはピンとこないのである。[14]

都市国家および公的領域の成立が、私的なものや家族、家政が力と意義を失うという犠牲のうえに生じたということは、歴史的にいって非常にありそうなことである。[15] 政治的結合の促進のために家族の結びつきを解消する点において、古代ギリシアはローマ共和国より徹底していた。しかしそのギリシアにおいてさえ、太古から家の竈《かまど》に帰せられてきた神聖さは、つねに維持されていた。市民の私的領域がポリスによって破壊されることを防いだのは、近代的意味での私有財産の尊重というよりは、むしろ、財産が安全でなくなれば誰も共通世界の事柄に手が出せなくなる、との実感であった。[16] なぜなら、自分自身のものと本当に呼べる場所がなければ、共通世界のどこにも場所をもたないに等しいからである。プラトンは、公的領域を大規模に拡張するためには私有財産は廃止すべきだ、との政治的見解を抱いていたし、私生活は本当になくしたほうがいいという議論に行き着きかねないほどだったが、そのプラトンでさえ、境界の守り神たるゼウス・ヘルケイオスのことを、最大の畏敬の念をもって語っている。プラトンは、*horoi* つまり、市民たちの所有する地所と地所とを隔てる境界標柱を、神聖なものと呼んでいるが、だからといって自分自身のユートピア構想に矛盾するとは思っていない。[17]

家政の領域の際立った特徴は、その領域のうちでの共生が、人間の欲求やら生活の必要やらによって主として導かれているという点にあった。そこで人びとをともに駆り立てる力は、生命それ自体であり、つまり個人の生命と類としての生命であった。それゆえ、古代ローマの家の守り神ペナーテースは、プルタルコスによれば、「われわれの生命を保ち、われわれの肉体を養う神々」であった[18]。個体を維持するための配慮は男の務め、類を維持するための配慮は女の務めとされたが、この定めは、自然そのものによってあらかじめ指図されていたかのようである。男が働いて個体を維持し、女が出産して子孫を維持することは、人間の最も自然的な二つの機能であったし、似たり寄ったりの仕方で生命の衝動や本能に服していた。それゆえ、家の中で営まれる自然的共生の起源は、必然にあった。必然こそが、家政の領域に属する一切の活動をすみずみまで支配していたのである。

これと反対に、ポリスの空間とは、自由の領域であった。ポリスと家政という二つの領域のあいだにそもそも何かしら関係があったとすれば、当然ながらそれと目されるのは、家政の内部で生活の必要を賄うことが、ポリスにおける自由を手に入れるための予備条件となった、という関係であった。それゆえ、政治とは社会の安寧のために必要なことだと解することは、とてもできない相談だったのである。――その場合の社会とは、中世では信仰者の社会、ロックでは有産者の社会、ホッブズでは営利社会、マルクスでは生産者の社会、現代の西側諸国では定職者《ジョブホルダー》の社会、社会主義や共産主義の社会では労働者の社会である。これらの事例のいずれにおいても、政治が絶対権をもつことを制限すべしと要求し、それを正当化するのは、社会の自由にほかならない。自由が、社会的なものに位置づけられるのにひきかえ、強制や暴力は、政治的なものに場所を指定され、かくして国家の独占物となる。

ところで、古代ギリシアの哲学者が、ポリス的なもの、つまりポリスのうちで生きることにどれほど反抗を試みたとしても、そういう彼らにも、次のことは自明であった。つまり、自由は、ポリス的領域という場所に、もっぱら座を占めること。必然は、ポリス以前の現象であり、家政という私的領域を特徴づけること。強制と暴力は、私的領域でのみ正当化されるが、それは——たとえば奴隷を支配することにより——必然の主人となり自由になるための唯一の手段だからであること。こういったことは哲学者たちにも自明のことだった。死すべき者たちはみな、必然の強制に服さざるをえないがゆえに、暴力は正当化される。暴力を行使してこそ、人間は、生きているかぎり押しつけられる必然から解放されて、世界の自由へと赴くことができる。この世界の自由とは、古代ギリシア人にとって、彼らが幸福と呼んだもの、つまり *eudaimonia* にとっての条件であった。このエウダイモニアは、世界における客観的状態を全体として形づくる健康や裕福と、どうしても結びついていなければならなかった。貧乏人や病人は、肉体的なものの必然の支配下にとどまるとされた。たとえ彼らが技術のおかげで自由になれたとしても、そのことに変わりはなかった。奴隷は、たんなる貧乏人と異なり、肉体上の必然に加えて、人間による暴力づくの支配に従属しなければならなかった。奴隷になるとは、この二重で二倍の「不幸」に甘んじることであり、そのことは、自分の暮らしは豊かで幸せだと奴隷が主観的に思っているかどうか、には関係ない。たとえ貧乏であっても、自由人にとっては、日々変動する労働市場の不安定な稼ぎのほうが、安定した所得よりも、ましであった。なぜなら、安定した所得と結びついた奉仕義務は、もうそれだけで、自由を制限するものと感じられたからである。重労働であっても、家事に従事する多くの奴隷の安楽な生活よりは、ストレスは少ないと見られたのである。(19)

主人が家族や奴隷に暴力的に行使したポリス以前の強制は、変えようのないものだと考えられていた。その理由は、ほかでもなく、人間とは政治的存在となりうる以前に「社会的」存在だからである。(20) しかしながらこの強制と、十七世紀の政治思想家たちが人間の根源状態と見なしたカオス的な「自然状態」とは、何一つ共通するところがない。自然状態の暴力性と不安定性ゆえに、かの思想家たちは、「国家」に逃げ込むべしと説いた。それというのも、国家はこれはこれで、一切の暴力と権力を独占し、「万人をひとしなみに恐れさせておく」ことにより、「万人に対する万人の戦争」を終息させるからである。(21) われわれ現代人は、支配－被支配、権力－国家－

統治といった概念の組み合わせこそ、政治的なものだと解しているが、現代のその手の政治的秩序の概念の総体は、かつては逆に、ポリス以前的と見なされていた。支配－被支配の関係が正当と見なされたのは、公的なものにおいてではなく、私的なものにおいてだった。この関係は、語の本来の意味において非ポリス的――つまりポリスに属していない――とされたのである。

ポリスと家政の領域とが異なるのは、ポリスにおいては、同等の者のみが存在していたのに対し、家政の秩序は、まさしく同等でないことにもとづいていたからである。自由人であるとは、必然の強制からの自由、および主人の命令からの自由を含んでいたが、それと同じく、命令することもしない、という意味でもあった。自由人であるとは、支配することも支配されることもない、という意味だったのである。(22) それゆえ、家政の領域の内部に、自由はそもそも存在しえなかった。しかもこのことは、家の主人についてもあてはまる。主人が自由人と見なされたのは、ひとえに、自分の家から出て、ポリス的空間へ赴き、そこで自分と同等な者たちと交わる、ということが主人には許されたからであった。ポリスの内部でのこの同等 Gleichheit は、たしかに、われわれのイメージする平等 Egalität とは、ほとんど共通性をもたない。同等とは、自分と同等なものとのみ係わりをもつことを意味したし、それゆえ「同等でない者たち」の存在を、自明なこととして前提していた。なにしろ実際、この「同等でない者たち」は、いつも都市国家の人口の多数を占めていた。(23) 同等は、近代になると、正義の要求である平等をつねに意味することになるが、古代においては逆に、自由の真の本質をなすものだった。自由人であるとは、あらゆる支配関係に内在する同等でないことから自由となり、支配も被支配も存在しない空間のうちを動く、ということを意味したのである。

だが、政治的なものに関する近代と古代の考え方の深い相違を、対立する一対の組として捉えることができるのは、ここまでである。いかなる仕方であれ、両者を比較するさいに最も重くのしかかる困難は、社会的なものを政治的なものから分離し区別するということが、近代にはもともとなされなかった点にある。政治は社会の一機能にすぎず、行為、言論、思考は、第一次的には、社会的利害関心の上部構造をなす、とする見方は、べつにマルクスの発見でも捏造でもなく、その反対に、近代に公理と化した前提の一つにすぎない。マルクスはそれを無批判に近代の政治経済学から受け継いだだけの話である。政治的なもののこの機能化は、政治的なものを社会的なものと分かつ隔たりに気づくということすら、当然のごとく不可能としてしまう。しかもこのことは、なんらかの恣意的な理論やイデオロギーの問題ではない。というのも、近代における社会の成立とともに、すなわち「家政」や「経済的《エコノミッシュ》」(*oikia*) な活動が、公的なものの空間のうちへ昇進していくにしたがって、家政そのものや、かつては家族という私的領域に属していたすべての関心事が、いまや、万人に係わりのあること、言いかえれば「集合的」関心事となったからである。[24] かくして現代世界において、この二つの領域は、たがいにたえず入り混じり、一方から他方へ移行し合う。あたかも、不断に流れる生命プロセスそのものの流れに浮かんでは消える波にすぎないかのように。

古典古代の人々は、家政という狭い区域を乗り越えて政治的なものの領域へ越え出ていくためには、その二つの領域間に横たわる裂け目を、日々いわば跨ぎ越えねばならなかった。この裂け目の消失は、本質的に近代の現象である。というのも、私的なものと公的なもののあいだの隔たりは、中世にはなお一定の仕方で現存していたからである。この隔たりが、その意義の多くを失い、とりわけその位置を完全に変えてしまったとしても、そうである。古代末期の数世紀、とりわけ地方行政の単位で命脈を保っていた公共体への帰属というものの喪失を、ローマ帝国の没落後に、埋め合わせるものとなったのは、カトリック教会であったと言われるが、これは正しい[25]。日常的なものは闇であり、聖なる場所には大いなる光輝が満ちている。俗イコール闇、聖イコール光という、中世に特有なこの分裂は、世俗的なものと、宗教によって神聖化されたもの、との隔たりを作り出した。俗と聖のこの隔たりは、古代における私的なものと公的なものとの裂け目に、多くの点で対応している。中世においても、一方から他方へ移行して領域を変更することは、上昇と超出を意味するものだった。この場合、古代と中世との違いは、もちろん見逃されてはならない。というのも、教会が最終的にどれほど世俗的になったにしても、なんといっても教会は、あくまで彼岸に結びつけられていたからである。ひとえに魂の救済への気遣いのみが、信者の共同体を一つにまとめることができた以上は、そうである。とはいえ、たとえ留保つきにせよ、宗教的なものを公的なものと等置することは可能であったのに対し、世俗的領域は、封建制の数世紀の間に、古代において私的領域に割り当てられていた位置へ、すっかり押しやられてしまった。この時代にひときわ目立つ特徴の一つだが、人間の全活動、すべての日常的、世俗的な出来事が、私的家政の枠内で行なわれ、その結果、真の意味での世俗的－公的な領域は、まったく存在しなかった。(26)

私的領域は、かくして巨大に膨れ上がっていった。この膨張現象に特徴的であり、かつ古代の paterfamilias つまり家父長と中世の封建君主との違いを特徴づけていることがある。中世の領主は、自分の領土内で裁判権を行使できたのに対して、古代には、なるほど優しい主人もいれば厳しい主人もいたし、正しい主人もいれば不正な主人もいたが、主従関係においては法と正義がそもそも存在しなかったのである。というのも、法と正義は、公的に政治的な領域の外側では、まったく考えられないものだったからである。(27) 人間のあらゆる活動の私的性格化 Privatisierung は、あらゆる人間関係の私的性格化をもたらす。こうした私的性格化は、都市における中世特有の職業別組織にまで、広く追跡することができる。ギルドやツンフトといった同業組合がそうであり、これはコンフレリ confrèries〔訳注4〕やコンパニョン compagnons とも呼ばれたが、これらの名称が、家族と家政の関係に準拠して名づけられているのは特徴的である。それどころか、私的性格化の現象は、初期の商業組合にまで遡って追跡することができる。そこでは、「「カンパニー」(companis) といった言葉や……「同じパンを食べる人たち」とか「パンとワインを分かち合う人たち」とかいった言い回しには、もともとは家政が一つであったという事情を、なお窺わせるものがある」(28)。「共通善」という中世の概念は、公的に政治的な領域の存在を表わすものではさらさらなく、むしろ次のことが承認されていたことを証《あか》ししている。つまり、各私人がおたがい共通の利害をもちえ、しかもその利害は精神的なものでも物質的なものでもありうること、また、各個人がそんなふうに私的なもののうちにとどまり、ひたすら自分自身の関心事に専念し続けることができるのは、彼らのうちの誰か一人が、万人に共通する利害の面倒を見ることを引き受ける場合だけだということ、これである。「共通善」の承認ゆえに、政治的なものに対する本質的にキリスト教的なこの態度が、近代の態度から区別されるのではない。むしろ、私的領域の排他的独占と、かの奇妙な中間領域の欠如のゆえにである。私的利害に公的意義が帰されるその中間領域こそは、われわれが社会と呼んでいる当のものにほかならない。

家庭では安全な生活が送れても、ポリスでは各人のあり方が情け容赦なく人びとの目に曝される。中世の政治思想は、世俗的なものにもっぱら関わっていたはずなのに、私生活とポリス的生のあいだに横たわるこの裂け目のことは、何一つ知らなかったし、それゆえ、勇気が政治的なものの枢要徳の一つだということも分かっていなかった。だがこのことは、べつに驚くには当たらない。むしろ、あくまで注目に値するのは、マキアヴェッリの試みのほうである。マキアヴェッリは、政治的なものを復権させ、その由緒正しい尊厳を取り戻すことを主要な関心事とした、古典古代以後唯一の政治思想家であった。彼はその試みにおいて、公私のあいだの裂け目を、それを跨ぎ越えるのに必要な勇気の徳ともども、ただちに再発見した。彼はこの裂け目と勇気を、「低い身分から宮廷の高みへと上昇する傭兵隊長」の姿のうちに描いた。それはつまり、万人に共通するたんなる私人の身分から、偉業の光り輝く名声への上昇であった。(29)

安全な家屋敷から外へ出て行くことは、元来はおそらく、トロイア戦争のような冒険や、名声を約束する壮大な企てに乗り出すためであったし、のちには、ポリスの公事に生涯かけて取り組むためであったが、いずれにしろ、勇気を必要とした。なぜなら、生きることや生き延びることをひたすら心配していられるのは、私的なものの内部においてのみだったからである。ポリス的空間にあえて乗り込もうとする者は誰でも、何よりもまず、自分自身の生命を危険に曝す用意がなければならなかった。生命への愛が大きすぎるのは自由にとって妨げでしかありえず、いのちにむやみに執着するのは奴隷根性の明白な証拠と見なされた。[30] かくして勇気は、ポリス的枢要徳とされるようになり、この徳をもつ人間だけが、ポリス的な目的と内実をそなえた共同体の成員として受け入れられた。したがって、そのような共同体では、人間誰しも――奴隷でも野蛮人でもギリシア人でも――たった一人では生きてゆけないから他者と一緒に助け合って生活せざるをえない式の、たんなる共生は、あっさり乗り越えられることになった。[31] アリストテレスはポリスの生を、「正しく善く生きること」(*eu zēn*) と呼んだが、これは通常の生と比べて、より優秀だとか呑気だとか高貴だとかそういったことではなく、そもそも格と質をまったく異にする生であった。この生が「善い」と呼べるのは、ひとえに、生活の必要にあくせくせず、労働と仕事から解放され、生きとし生けるものにそなわった生存本能をある意味で克服し、その結果、生物学的な生命プロセスの奴隷に成り下がった状態から相当程度抜け出ること、これに成功するかぎりにおいてのみであった。

ギリシア思想は、ギリシア人の政治意識の根底に存していたこの区別立てを、比類のない明晰さと精確さで表現した。生活の糧や生命プロセスの維持という目的に仕えるだけの活動はいずれも、公的空間に現われることを認められなかった。それゆえ、商工業はこれを企業精神あふれる勤勉な奴隷や在留外国人にゆだねる、というあからさまな危険があえて冒されたほどである。その結果、アテナイは事実上、「消費者プロレタリアート」の住む「年金生活者の都市」と化した。これはヴェーバーが印象的に描いているとおりである。[32] こうしたポリスの実相は、プラトンやアリストテレスの政治哲学のうちにも依然はっきりと目に付くが、一方そこでは、家政とポリスとを隔てる分離線が、すでにぼやけ始めてもいる。そのことは、とりわけプラトンが（おそらくはソクラテスに倣って）ポリスに関する対比や例示を行なうさい、私生活や日常生活から具体例を好んで持ち出していることに、よく現われている。アリストテレスはといえば、この点でプラトンより慎重であったものの、プラトンと同じ想定をしている。つまり、ポリスは、少なくともその歴史的起源からすれば、人間の生活の必要を満たすことに関わりがあるにちがいなく、もっぱらその内容や内在的目標 (*telos*) からしてのみ、ただ生きるのではなく、それを超え出て「よく生きること」をめざすのだ、とする想定がそれである[33]。

だが、ソクラテス学派の教えのまさにこの部分──これはたちまち自明の事柄となったので、われわれには平凡陳腐にしか映らない──こそ、当時としては、まったく新しく革命的な考え方だった。それは、当時のポリス的生の現実経験から生じたのではなく、むしろ公的生の重荷から解放されたいという願望から生じた。哲学者たちは、この願望を自分自身に対して正当化できると信じるためにも、周知のすべての生き方のうちで最も自由なこのポリス的生ですら、じつは、必然的なものに相変わらず結びついており、必然の支配に服しているのだ、ということを示さねばならなかった。しかしながら、ポリスの経験地平は、プラトンやアリストテレスにおいてさえ、あくまで強力だったため、家のなかで生きることとポリスに生きることを区別することに、まじめに疑いを差しはさむ余地など、まったくなかった。家政を管理して必然を克服することができなければ、生きることも「善く生きること」も、どちらも不可能である。だが、政治は、たんに生きるためだけに存在するのでは決してない。ポリス市民に関していえば、彼らにとって、家政の領域内に生きることの唯一の存在理由は、ポリスのうちで「善く生きること」だったのである。

6　社会の成立

家政という内《うち》なるものが、それに属する活動、配慮、組織形態とともに、家の暗がりから、公的に政治的な領域の光あふれる外《そと》に出てきたとき、社会的なものの空間が成立した。そのことでもって、私的事柄と公的事柄とを分かつ古い境界線が、ぼやけただけではなかった。公私という概念の意味や、私人としての個人の生ならびに共同体の市民としての個人の生にとってこの二領域のそれぞれがもつ意義も、変化をきたし、見分けがつかなくなった。古代ギリシア人は、自分に最も固有（*idion*）な領域の内部だけに閉じこもって過ごす生というのは、共通世界に何ら関与していないのだから「愚かしい《イディオーティッシュ》」と言って憚らなかったが、現代のわれわれにそんなことが言えるはずもない。古代ローマ人は、私的なものを、res publica つまり公共の関心事から逃れるための、必要でこそあれつねに一時的でしかない避難所、という意味に解したが、われわれはそんなふうには考えない。ローマ市民は、自分たちの都市から隔たったところに、別荘を確保し、そこに私的避難所を求め、見出したのである。現代のわれわれにとって、私的なものとは、古代ギリシアではまったく見知らぬものであった内面性の領域を言いかえたもの、にほかならない。この領域は、発想のうえでは古代ローマ後期にまで遡ることができるものの、ともかくその多種多様さの点で近代以前のいかなる時代にとっても見知らぬものであった。

　これは、たんなる強調の移動などといった生易しいものではない。古代において決定的だったのは、私的なものはどのみち私的でしかなかったということ、私的なものにおいては、言葉からして仄めかしているとおり、ひとは剝奪された状態で生きているのだということ、しかも、最高の可能性と最も人間的な能力を剝奪されているということ、これであった。生の私的な側面以外は何も知らない者、たとえば、公的なものに参加できない奴隷や、皆に共通で公的なものを何一つ樹立したことのない野蛮人は、そもそも人間ではなかった。「私的 privat」という語から、この語は剝奪された状態を元来表わすものだということを、われわれがもはや聞きとれなくなっているとすれば、その理由もまた、近代の個人主義の進展に伴って私的領域がとてつもなく豊かになってきたからなのである。だが、私的なものをわれわれ現代人が理解するうえでいっそう本質的なのは、私的なものが、古代のように公的なものと対比させられているばかりでなく、とりわけ、社会的なものとも対比させられていることである。古代人は、社会的なものを知らなかったし、古代人からすれば、社会的なものの内容は、私的なものの領域に入るものであった。近代において私的なものがおびた特徴にとって決定的だったこと、とりわけ、内面性を保証するという、私的なものの最も重要な機能にとって決定的だったことは、私的なものが、政治的なものとの対立ではなく、社会的なものとの対立において、歴史的に発見されたということであった。それゆえ、私的なものは、社会的なものといっそう緊密で本質的な関係を結ぶ、ということにもなった。

内面的なものの最初の自覚的発見者にして、その理論家とおぼしきは、ジャン－ジャック・ルソーであった。注目すべきことに、ルソーは今なお、姓ではなくもっぱら名前で引き合いに出されることの多い、唯一の大作家である。ルソーをして内面的なものの発見へ導いたのは、国家機構による抑圧に対する反抗ではなく、まずもって、社会のなかで人間の心が耐えがたく歪められることに対する反抗であり、社会とその杓子定規が内奥の領域に入り込んでくることに対する反抗であった。この内奥の領域は、それまでは明らかに、特別の保護を何ら必要としないものであった。心の内面性は、家屋敷と違って、世界の内にいかなる場所ももたない。それと同様に、心がそれに反抗して自己を主張したがる相手としての社会的なものは、公的なものと同じ確かさで場所を指定されるということがありえない。公的に政治的な領域と比べると、社会的領域にはいつも、何か捉えどころのないところがある。それゆえ、内面的なものも、社会的なものも、ルソーにとっては、主観的な何かとして現われ、ルソーが両者をいわば人間的実存の形式と見なしたとしても、当然のことにすぎない。ルソーの場合、あたかも――ルソーが社会に対して反抗しているのではなく――、ジャン－ジャックが、社会がルソーと名づけている男に対して反抗しているかに見えるほどであった。自分自身の社会的存在に対する心のこの反抗において生まれたのが、近代的個人であった。近代的個人は、たえず移り変わる気分や機嫌を引きずっており、その感情生活の根本的な主観性においては、無限の内的葛藤状況のうちへ巻き込まれている。しかも、その葛藤状況がどこから生ずるかといえば、それはすべて、社会のうちで居心地よく感じることも、社会の外部に生きることも、どちらもできないという、二重の無力さから生ずるのである。残念ながらわれわれ現代人は、ルソーという人物について抜群なほど学習させられているのだが、この人物にいかなる態度をとるにせよ、彼の発見の真正さは、彼以降の多くの人びとによって確証させられてきており、疑いの余地がない。十八世紀中葉から、十九世紀の三分の二が過ぎようとする頃まで、詩や音楽が大いに栄え、また、小説が驚くほど発展し、社会的なものを真の内実とする一個の独立した芸術形式となった。他方で、それと時を同じくして、公的な芸術形式、とりわけ建築は、はっきりと没落の憂き目に遭った。――これらはすべて、内面的なものと社会的なものがいかに相互に密接に関係し合っているかを証し立てている。

ルソーおよびルソー以後のロマン主義は、社会に対して反抗することで、内面的なものを発見した。そうした反抗が槍玉に挙げたのは、とりわけ、社会の水平化的傾向であった。われわれは今日それを、画一主義と名づけているが、じつはそれは、あらゆる社会の徴表なのである。その証拠に、そうした反抗が始まったのは、非常に早く、すなわち、トクヴィル以来われわれが往々にして画一主義の責任を負わせる平等の原理が、社会体や政治制度において現実にじわじわと本領を発揮するよりも以前であった。この文脈では、国民が平等な人びとから成るか、不平等な人びとから成るかは、重要ではない。というのも、社会は、それに属する人びと全員に、一個の大家族を構成する成員のようにふるまうことを、つねに要求するからである。しかも、その家族においては、ただ一つの見地とただ一つの利害関心しかありえない、といった具合である。近代になって家族が崩壊する以前には、そうした単一の利害関心も、それに属する世間知も、家長によって代表されていた。家族の内輪での意見の相違や利害関心の衝突は、家父長制によって阻止されていたのである[34]。社会的なものの興隆と、家族の崩壊とは、軌を一にして起こったが、この目立った現象が、はっきり示していることがある。社会の成立が促されたのはとりわけ、家族が、それに社会的に対応する集団に、すなわち家族がほぼ同じ生活水準の状態に居られるような集団に、吸収させられたおかげであった、ということである。社会の構成員間の平等は、それゆえ、対等同格であることの平等、つまり自分と同等の者たちに伍して存在するという状態とは、まったく関係がない。この状態こそ政治的なものの条件だと、われわれは古典古代から教わってきたのだが。社会の構成員間の平等は、むしろ、家父長の専制的権力のもとでの家族の全構成員の平等を思い起こさせる。ただし、共通の利害関心と意見の一致を代表する一個人によって行使されるそのような支配は、社会の内部には必要なかった。社会の場合、家族の利害関心の力がおのずと成長することは、多くの家族が純然と加算されて一個の集団と化すことで、途方もなく強化されたからである。実際ここでは、一者による支配は、もはや必要なかった。なぜなら、利害関心自身の圧力が、それに代わる役割を果たしたからである。まったき自発性において完全な一致が達成される、われわれになじみの画一主義は、この発展の最終段階にすぎない。

一者の支配という君主制的原理は、古代では、家政に典型的な組織形態だと見なされていた。この一者支配の原理はたしかに、近代社会――その発展の初期段階に見られたように、絶対王制の宮廷の家政によってそれが代表されることは、もはやない――の内部では、社会のなかではまさに誰も支配も統治もしない、というところまで変容させられるに至った。だが、この誰でもないということ Niemand、すなわち社会の経済的利害関心が仮説上一つであることは、上流社会のサロンでは仮説上たった一つの意見がまかり通ることと同じく、いかなる人格とも結びついていないからといって、専制的でないということはない。この、誰も支配しないという現象を、われわれは、あらゆる国家形態のなかでも「最も社会的」な形態、すなわち官僚制から、あまりにもよく教わっている。官僚制が、国民国家の発展の最終段階で支配をふるうのは、偶然ではない。これに対して、国民国家の発展の初期段階は、啓蒙専制的な絶対君主制によって特徴づけられていた。誰によるのでもない支配は、非‐支配などではなく、それどころか、事と次第によっては、最も残酷で最も僭主的な支配形態の一つという化けの皮がはがれることさえある。

最終的にこの現象にとって決定的なのは、ひとえに、社会がそのすべての発展段階において、家政と家族の領域がかつてそうしたのとまったく同様、行為を排除するということである。行為の代わりとなるのが、態度ふるまい Sich-Verhalten である。社会は、そのときどきに異なった形態における態度ふるまいを、社会の全構成員に期待する。社会がこの態度ふるまいを規整するために指定する無数の規則は、どれも結局のところ、個々人を社会的に規格化しては社会の務めを果たせる者に仕立て、自発的な行為も卓越した業績も阻止するという点に帰着する。ルソーにおいてなお問題であったのは、上流社会のサロンである。サロンの因襲は、個々人を、社会の身分秩序のなかで当人の占める地位と同一視するからである。個人と社会的地位とのこの同一視にとっては、それが、社会的地位と身分とが合致するいまだ半封建的な秩序の枠内で行なわれるか、それとも肩書きが大事である十九世紀の階級社会において行なわれるか、それとも社会というプロセスの内部での機能のみが重要である現代の大衆社会において最終的に行なわれるか、は比較的どうでもよい。大衆社会において生じている変化は、家族の崩壊から発生した個々の社会的集団が、今や、最も根源的な社会的集団である家族と、運命をともにしているということだけである。というのも、かつて社会が家族を吸収したのと同じく、二十世紀には最終的に大衆社会が、社会的階級と集団形成を吸収し水平化してしまったからである。大衆社会においては、社会的なものは、何百年もの発展のあげく最終的に、共同体の全構成員の一人一人を、同じ仕方で把握し、同じ力で制御するという地点に到達している。大衆社会は、社会一般の勝利を告げる。それは、社会の外部に立つ集団がもはやまったく存在しない段階である。だが、平等化することは、いかなる事情でも、社会に特有なのであり、現代世界における平等の勝利とは、社会が公的なものの領域を征服したという事実が、政治的、法的に承認されたということでしかない。その場合、卓越性と独自性を発揮することは、自動的に、個々人の私的関心事と化すのである。

このように、近代的平等 Egalität は、社会に内属する画一主義にもとづいており、人間関係の序列において、態度ふるまいが行為に取って代わる地位に就くことによってのみ可能である。この近代的平等とあらゆる点で異なっているのが、古来知られ、とりわけ古代ギリシアの都市国家によって周知となった、同等 Gleichheit である。ポリスでは、「同等の人びと」(*homoioi*) の小規模集団に属するということは、同位同格の人びとに伍して生を送ることを許されたということを意味し、それ自体すでに特権に近いことだった。しかるに、ポリスつまり公的空間自体は、このうえなく猛烈で容赦のない闘争の場所であり、そこでは誰もが、たえず他のすべての者たちに抜きん出なければならず、傑出した行ないや言葉、功績によって、自分が「一等」の人間として生きていること(*aien aristeuein*)[35]を証明しなければならなかった。言いかえれば、公的空間は、まさに、平均的でないもののために取っておかれていたのであり、そのなかでは誰しも、自分が平均的なものから突出してそびえ立つゆえんのものを、示すことができるとされたのである。非凡なことをみずから成し遂げることができ、他の人が成し遂げるのを見ることもできるという、この可能性のためにこそ、ポリスの市民たちは、裁判や自衛や行政に参加すること——公事のではなく、公務の負担と重荷——を、程度の差こそあれ、進んで引き受けたのだった。

社会は画一主義を要求し、その画一主義により、行為する人間を、態度ふるまいをする集団へ組織化する。これと同じ画一主義にもとづいているのが、社会の成立と踵を接して興った科学、すなわち国民経済学である。国民経済学の最も重要な科学的武器である統計学では、人間事象の算定可能性が、はじめから自明なものとして前提される。もちろん、経済の理論は、近代が始まる以前にも存在していたが、それは、家政学として、倫理学と政治学の領域に属するものであり、その領域では大して重要な役割を果たしていなかった。かつての経済学は、人間が経済においても依然として行為する存在であると想定していたのである。科学的であろうとする要求を、経済理論がそもそも掲げることができたのは、社会が斉一的な態度ふるまいを押し通し、貫徹させたときにはじめてであった。今や、態度ふるまいの形式を研究し、斉一的に体系化することが、可能となった。なぜなら、どんな不一致も、社会において妥当する規範から逸脱した偏差として、それゆえ非社会的または変則的なものとして、調査簿に記入することができたからである[36]。

統計学の法則がもれなく妥当するのは、非常に大きな数量や非常に長い時間間隔がかつぎ出されるときである。統計学的観点から見れば、個別性をそなえた行ないや出来事は、たんなる偏差や誤差にすぎない。では、この統計学的観点が根拠をもつのはなぜか。それは、行ないや出来事が本質上まれで、それによりつねに中断される日常的なもののほうは、事実として算定可能だからである。その場合、一つだけ忘れられていることがある。この日常性にしても、その固有な意味が引き出されるのは、日常それ自体からではなく、そうした日常とその日常性をまずもって構成している当の出来事や行ないからだ、という点である。これは、歴史の進展がその本当の意義を証示するのも、その進展自体を中断させる比較的まれな出来事に即してだというのと同様である。それゆえ、大きな数量や長い時間間隔の場合にしか妥当性をそもそも証明できないような法則を、むやみに政治や歴史といった対象に当てはめようとすれば、それだけでもう、対象はこっそり消去されてしまう。というのも、そうした対象は、偏差にすぎないとされ、そうした対象がそのうちに現われはするものの当の対象とは別物である媒質のうちへと、平均化されてしまうからである。意味と意義をそなえ、そればかりか、それ自体は意味も意義もないもの――日常的なふるまいや自動的な歴史的プロセス――に何らかの意味をさずけることのできる当のものを、対象として取るに足らぬものと見なし遮断してしまったあとで、政治における意義や歴史における意味を探し求めるのは、どう見ても、意味も見込みもない企てであろう。

　数量の大きな領域では、統計学的法則が、議論の余地なく妥当する。この妥当性から、われわれの住む世界にとって何が帰結するかといえば、残念ながらそれは、人口が増大すれば、それだけ統計学的法則の妥当性は高まり、それと反比例して、行為という「偏差」は取るに足らぬものとなってしまう、ということなのである。これを政治的にいうと、政治的に構成されたそれぞれの共同体《ゲマインシャフト》の人口が、増えれば増えるほど、非政治的で利益《ゲゼル》社会《シャフト》的な要素が、公的領域の内部で優位を占めるという事態が、それだけ起こりやすくなる、ということである。ギリシア人の都市国家は、西洋史上今日まで「最も個性主義的」で最も非画一主義的な政治体であった。彼らギリシア人は、なるほど統計学については何も知らなかった。だが彼らは、ポリスが存立するのは市民の数が限界内に抑えられているときだけだ、という事実ならよく知っていた。ポリスでは、他のどんな活動よりも行為と言論に優位が与えられていた以上はそうであった。人間の数が夥しくなれば、専制的な支配形態へのほとんど自動的な傾向が発動してくる。たとえそれが、一個人の専制支配であるにせよ、多数派の専制支配であるにせよ、そうである。現実というものを数学的に操作しようとする統計学は、近代が始まる以前は、知られていなかった。だが、人間事象の領域内部での数学的操作を可能にする社会的現象――すなわち、人間事象に画一主義、行動主義、自動機構《オートマティズム》を持ち込むことを避けがたくする大きな数量――なら、ギリシア人は初めから知悉していた。それは、ギリシア人の考えでは、ギリシア文明と異なるペルシア文明の特徴にほかならなかったからである。

したがって、行動主義とその理論にどう異議申し立てをするにせよ、現代世界の現実にとって行動主義が重要だということを否定するのは難しいであろう。人間の頭数が多くなればなるほど、態度ふるまい、つまり「行動 behavior」に関する行動主義の「法則」は、それだけ正しいものとなる。すなわち、人間が似たり寄ったりの態度ふるまいしか現実にはしなくなる蓋然性がますます高まり、別なふるまい方をする人びとをせめて黙認だけでもする蓋然性のほうはますます低くなる。これは統計学的には、偏差や誤差を水平化すれば証示されることかもしれないが、現実においてその明白な証拠となるのは、上げ潮のように膨張する態度ふるまいを行為が堰き止める見込みはいよいよなくなり、出来事は意義を失ったあげく、たんなる歴史的進展を中断し明るく照らし出すことが、もはやできなくなることである。というのも、歴史的プロセスの統計学的平均化は、無邪気な科学的理想などではとっくになくなっているからである。むしろそれは、かなり以前からとっくに、社会の公然たる政治的理想なのである。しかもその社会とは、日常的なものの「幸福」しか知ろうとせず、それゆえ、社会科学のうちに、自分自身の実存に見合った「真理」を正当にも求め、見出す社会にほかならない。

均一化された態度ふるまいは、統計学的に算定可能であり、それゆえ科学的に規定可能である。この種の態度ふるまいを説明するためには、古典派経済学の言う意味での利害関心の自動的調和を自由主義的に仮定すれば十分とは言いがたい。「共産主義的虚構」に訴えることを余儀なくされ、「神の見えざる手」（アダム・スミス）でもって万人の社会的な態度ふるまいを導いてやり、対立し合う利害関心の調和を何度も作り出すという、社会そのものの利害関心について語ったのは、マルクスが最初ではなく、むしろ自由主義経済学者たち自身であった。(37) マルクスとその先駆者たちとの違いは、マルクスの場合、対立し合う利害関心という事実を、そのような対立の根底に隠れている調和という科学的仮定とまったく同様に、まじめに受け止めた、という点だけである。また、マルクスがそこから、「人間の社会化」は利害関心の調和化に自動的に至るであろう、との結論を引き出したとき、彼のほうが首尾一貫していただけの話である。それは、一切の経済学理論の根底に存する「共産主義的虚構」を実際に確立しようという彼の提案が、彼の先行者たちの理論よりも、とりわけ気概に富む点で傑出していたのと同様である。マルクスが理解しなかったことは――当時は理解するのが困難だったが――、共産主義社会の萌芽はじつはすでに、国民経済のリアリティのなかにあらかじめ形成されていたということであり、この萌芽の十全な開花は、何らかの階級の利害関心によってというよりは、むしろ、当時すでに古臭くなっていた君主制国民国家の構造によって妨害されていたということであった。社会が「円滑」に機能するのを邪魔したのは、一連の伝統であり、すなわち「時代に立ち遅れた」階級の態度であった。社会の見地からすれば、その場合、「社会的諸力」の発展を妨げる妨害的要因のみが、問題であった。そういった要因は、社会全体の集団的利害関心の科学的で仮定的な「虚構」よりも、ある意味ではるかに虚構的で現実と縁遠いものだったのである。

社会が完全に発展し、他の一切の非社会的要素に対する勝利をさらうところではどこでも、社会は必然的に、形態はさまざまではあれ、そうした「共産主義的虚構」を産み出す。この虚構の徴表は、そのなかでは現実に「見えざる手」による支配がなされ、その支配者は一個の誰でもない者だという点にある。その場合には、たんなる管理運営が実際に国家や政府の代わりを果たす。マルクスがそれを「国家の死滅」と予言したのは、まったく正しかった。たとえ彼が、革命のみがこの発展を助けて勝利を得させることができると信じたとき、間違いを犯したとしても。また、社会の完璧な勝利は最終的には「自由の王国」へ導くと信じたとき、いっそう致命的な間違いを犯したとしても。(38)

近代において社会がどれほど勝利を収めたかを見積もるためには――この勝利は、行為が態度ふるまいに取って代わられることで始まり、生身の人間による支配が官僚制、つまり誰によるのでもない支配に取って代わられることで終わった――、次のことをありありと思い描いてみるのがよかろう。つまり、態度ふるまいとその「法則」によってまずもって規定されたのは、経済学のみであり、ということはつまり、人間の活動のなかの限定された一領域のみであったということ、しかるに、次いで、比較的短い期間のうちに社会諸科学が国民経済学に踵を接して興り、それら社会諸科学は行動主義の科学として意識的に、あらゆる活動において人間を、全面的に条件づけられ一定の態度ふるまいを示す動物の水準へと還元し、人間そのものを理解することをめざしたということ、これである。国民経済学は、初期段階の社会の科学であった。社会のふるまいの規則が、限定された住民層によってのみ、また特定の活動にとってのみ、承認されるにとどまった以上はそうである。これに対して、「行動主義的科学」の出現によって示唆されているのは、この発展の最終段階である。社会科学発展のこの最終段階では、大衆社会が国民の総人口を手中に収め、社会的態度ふるまいが個々人の生活全体を規整する尺度と化している。

　社会の誕生以来、すなわち私的家政とそこで必要とされる経済が公的事柄となって以来、この新しい領域は、抗いがたい拡大傾向を顕著に示して、私的なものと公的なものという古い二つの領域に立ち優ってきた。その拡大傾向とは、政治的領域ならびに私的領域を、あげくは内面的なものという新しい領域をも覆い尽くしかねないほどの、当初から不断にはびこってきた成長ぶりのことである。三百年にわたってこの成長プロセスが不断に速度を速めてきたことが見てとれるが、それがじつに奇妙な膨張現象を呈するのはなぜか。それは、社会によって、生命プロセス自体が、多様このうえない形態において公的なものの空間に導き入れられたからである。かつて私的な家政の領域とは、個体の生命維持と類の存続という二通りの生命の必要が勘案される領域であり、生活が保証される領域であった。内面性の発見以前、私的なものの特徴をなしていたのは、人間が私的領域において存在するのは、そもそも人間としてではなく、同類中の一個体としてだということであった。これこそ、私的領域のみを動いている人間を、古代人がひどく軽蔑していた真の理由であった。ところが、社会の出現は、人間的実存のこの領域全体の評価を、決定的に変えてしまった。しかしそうはいっても、この評価によって、当の領域の本質に何らかの変化があったわけではない。社会にはさまざまな変種があるが、それが自然におびる画一主義は、たった一つの利害関心とたった一つの意見しか知らない。社会のこの一枚岩的な性格は、最終的には、動物種としての人類の単一性に根ざすものである。人類の単一性は空想などではなく、古典派経済学の科学的仮説にすぎない「共産主義的虚構」をはるかに上回るものである。それゆえ、大衆社会は、人間を社会的動物として完全に解放し、見た目には人類の生命維持を世界規模で保証し始めてはいるが、しかし同時に人間性を、つまり人間が真に人間であることを、絶滅しかねない勢いである。あたかも、ほかならぬ人類が、人間性を死滅させることができるかのようである。

じっさい、社会とは、生命プロセスそれ自体が、公的に確立され組織されている形態である。このことをおそらく最も判然と示している事実がある。社会的なものがあれこれの仕方で支配を握ってきた現代の共同体はいずれも、比較的短期間のうちに、労働者または定職者の社会に変貌してしまった、という事実である。それどころか、この事実は、そうした共同体の組織原理が、生命にじかに奉仕し生命プロセスによってじかに強いられる唯一の活動から導き出されていることを意味するものでしかない。(労働社会においても、誰もが労働者や仕事人でなければならないわけではないこと、言うまでもない。ここで決定的なのは、労働者階級の平等解放とか、普通選挙権により国民の大多数に自動的に授けられる途方もない潜在的権力とかではない。そうではなく、どんな仕事に従事するにせよ、社会の成員が自分の活動を主として、自分自身と自分の家族のための生計の維持と見なしているという、この一事である。）社会とは、とにかく生きるというただ一つの究極目的のために、人間どうしたがいに依存し合うこと、ただそのことのみが、公的意義を獲得するような共存の形態である。それゆえ、生命の維持にもっぱら奉仕する活動が、公共性に現われるばかりでなく、公的空間の外観を規定してよいとされるのが、社会なのである。

活動が私的に行なわれるか公的に行なわれるかは、決してどうでもよいことではない。明らかに、公的空間の性格は、いかなる活動が公的空間を満たすか、に応じて変化する。他方で、活動それ自身も、私的になされるか公的になされるか、に応じてその本性を変える。しかもその変化の度合は、非常にはなはだしい。かくして、労働という活動は、どんな条件下でも生命プロセスにあくまで付着したままであるため、労働が縛りつけられている生命プロセス自体が運動を繰り広げているたえざる永遠回帰の円環のうちに囚われたまま、何千年にもわたってずっと変わらずにあり続けることができた。今や労働は、公的領域への入場を許されることになった。しかしそれは、労働の示すプロセス性格を寸毫も変えはせず——このことは少なくとも、ふつう政治体は永続するよう計画されたし、法は人間の動きに対して据え置かれた境界だと解されたことを思い起こしてみた場合、注目に値する——、むしろそれは、労働のプロセスを、同じことの繰り返しの単調な円環から解放して、急激に進歩する発展のうちへ駆り立てたのである。この発展の結果、人間の住む世界全体が、わずか数百年で全面的に姿を変えることとなった。

私的領域内に境界を据え置かれていた労働が、その境界から解放されるやいなや——この自由労働解放は、労働者階級の平等解放の結果ではなく、逆にそれに先行しその前提となった——、生命に内在する成長の要素が、突如として、同じく内属するはずの衰退プロセスを、克服し、いわば覆い尽くすことに成功したかのようであった。あたかも、人間の姿をまとった有機的生命が、自然そのものの秩序のうちで循環しつつ保たれている均衡に、もはや縛られなくなったかのごとくであった。社会という空間では、生命プロセスが自分自身の公的領域を確立するために、社会はいわば、自然的なもの自体の不自然な成長とでもいうべきものを解き放ったのである。そして、社会に対してのみならず、社会的空間自体のこの不断の膨張に対して、身を守ることはできない無力さが明らかとなったのが、一方では、私的かつ内面的なものであり、他方では、(狭義の)政治的なものであった。

われわれがここで、自然的なものの不自然な膨張と特徴づけたものは、ふつうは、労働生産性のたえず加速し続ける上昇というふうに記述される。だが、この生産性の上昇が始まったのは、機械の発明によってではなく、分業という労働の組織化によってであった。よく知られているように、分業は、産業革命に先行したからである。分業に続いて、労働プロセスの機械化が起こり、労働生産性を飛躍的に高めたが、こちらもまた結局のところ、組織化の原理に依然としてもとづいている。だが、この原理は、明らかに、私的なものにではなく、公的なものに由来する。分業とそれに続く労働生産性の上昇は、労働が、公的なものの条件下でのみ成し遂げることのできた発展であり、私的な家政の領域では決して成しえなかったであろう。[39] 見たところ、労働の革命的変革におけるほど、近代に飛躍的に発展した領域は、他にはないように見える。その発展のはなはだしさたるや、労働という言葉自体——この語には昔から「労苦と骨折り」、苦労と苦痛といった意味があり、それどころか肉体の変形という意味すらあり、ひとが労働する気になるのは、貧困や悲惨という圧迫下でしかまずありえなかった——が、われわれにとってその意味を失ってしまったほどである。[40] 生きてゆかねばならぬという辛い必然に強いられて働くことを余儀なくされる以上、労働に何を期待するかといって、卓越性ほど望み薄なものはなかった。

卓越性、ギリシア語では *aretē*、ラテン語では virtus つまり徳の発揮される場はつねに、公的なものの領域であった。そこではひとは、他人を凌いで、彼らより自分が優れていることを見せつけることができたからである。どんなことであれ公的になされる行ないは、それゆえ、私的なものの内部でのいかなる活動にも与えられることのない卓越性を、獲得することができる。卓越性が際立つのは、他者がそこに居合わせるからであり、そのように他者が現前するためには、この目的のために明確に築き上げられる空間が必要であり、それとともに、隔たりを生み出す形式的枠組が、空間的に確立される必要がある。われわれに近しい人びとからなる家族的親密さを事とする生活環境では、卓越性を決して発揮できないし、のみならず、たがいにしのぎを削ったりすれば、それだけで環境はぶち壊されてしまうだろう。[41] 社会的なものは、卓越性を、広範囲にわたって匿名化する。卓越性は、もはや個々人の業績ではなく、人類の進歩のおかげとされるからである。だがそうはいっても、この場合ですら公的業績と卓越性との関係をまったく破壊することは、やはりできない相談である。だとすると説明できることがある。労働が、近代では公的に行なわれるようになり、異常ともいえるほど完成されていったのにひきかえ、行為し言論を交わすわれわれの能力は、近代では私的で内面的なものの領域へ押しやられて、質の点で損害を明らかに被ったのはなぜか、が説明できるのである。この発展については、すなわち、われわれが労働と制作によって獲得するものと、労働と制作によって作られたこの世界の内でわれわれ自身が活動する当の仕方とのあいだの奇妙な不一致については、しばしば指摘されてきた。ここでふつう取り沙汰されるのが、自然科学と技術によって成し遂げられた偉業と比べると、われわれ人類全般の発達は、足どりが重く遅れをとっている、とする議論である。社会科学は最終的には、社会技術——社会工学 social engineering——となるだろう、との希望が述べられたりもする。この技術により、さしずめ科学技術が自然に対するように、われわれは社会を操作し、科学的制御の下に置くであろう、というのである。こうした「希望」に対しては、もう幾度となく異議が唱えられており、無視してもよいから、ここでは措く。現代社会の状態に対するこの種の批判において問題となっているのは、人間のふるまい方が変化しているかもしれないこと、およびその根底にひそむ「心理学」だけである。われわれ人間がそこに住み、そのうちを動いている世界が変化していることは、問題となっていない。社会科学はそうした、人間的実存に関するあくまで心理学的な解釈にもとづくのであり、そういう解釈からすれば、公的空間が現に存在しているか存在していないか、などといった問題は、世界の他の一切のリアリティと同じく、重要性をもたない。だが、傑出した業績を挙げたくても、世界そのものがそれを許容しなければ、したくてもできないという事実を見るにつけ、疑わしくなるものこそ、この心理学的解釈にほかならない。心理学的に把握可能な性質なら、教育したり次第に身につけさせたりすることができるかもしれないが、そういった天分や才能では埋め合わせられないものが、公的なものを形づくる当のものなのである。まただからこそ、公的なものは、人間がおたがいしのぎを削り、卓越性がそれにふさわしい場所を見出すことのできる、そうした世界の空間となるのである。

7　公的空間——共通なもの

「公的」という語によって表わされるのは、次の二つの現象である。両者は密接に結びついてはいるが、決して同一ではない。

「公的」とは、第一に、一般公衆の前に現われるものなら何であれ、誰でもそれを見たり聞いたりすることができること、それにより可能なかぎり広範な公共性が当の現象にさずけられること、このことを意味する。何かが現われ、しかもその何かをわれわれ自身と同じように他の人びとが現象として知覚できる、ということが人間世界の内部で意味するのは、当の現象に現実味 Wirklichkeit が帰せられるということである。聞かれ、見られることにおいて形づくられるそのようなリアリティ Realität に比べれば、われわれの内的生活は、たとえそれがどんなに強力であっても——心を悩ませる情熱であれ、精神の生み出す思想であれ、官能的な快楽であれ——、影のように定かならぬ存在しかもたらさない。もっとも、そういった内的経験が姿を変えられ、いわば私秘性を剥奪され、個人性を剥奪されて、公的現われに適した形態をとるに至るまで変形されれば、話は別である。[42] そのような形態変化は、われわれが日常的にごく頻繁に経験するところであって、ある出来事を単純このうえなく物語るときですら起こることである。芸術的形象に見出せる最高度に個人的な経験の「名状しがたい変身」（リルケ）において、われわれはこの種の形態変換に、たえず出会う。とはいえ、そうした変身現象に注意を向けるためだけなら、べつに芸術を持ち出す必要はない。私的で内面的なもののうちで経験されるほかない事象について、語り始めるやいなや、それだけでもうわれわれは当の事象を、以前は決してもつことのなかった現実味をさずけられる領域へと、内から外に置き移すからである。われわれがその事象を内的にどんなに強烈に経験したとしても、それだけではいかんせん得られなかった現実味が、そこに確保されるのである。他の人びとが居合わせると、彼らはわれわれが見るものを見、われわれが聞くものを聞く。こうした他者の現存 Gegenwart のおかげで、世界ならびにわれわれ自身のリアリティがわれわれに保証されるのである。近代になって公的領域が没落したことと引き換えに、われわれの私的な内的生活の内面性は発展してきた。だが、それによって主観的感情や私的感覚のはたらきがどれほど高められ豊かに拡大したとしても、内面性のそうした強化は、当然のことながら、世界の現実味ならびに世界に現われる人間の現実味に対する信頼を、犠牲にしないわけにはいかなかったのである。

　このことを最もよく示す具体例がある。われわれになじみの最も強烈な感覚である激しい肉体的苦痛の経験は、他の感覚がそっくり消し飛んでしまうほど強烈であると同時に、一切の経験のなかで最も私的な経験である。苦痛の経験は、もはや決して伝達できないし、伝達が通ずるようなものに変形させることもできない。だが、苦痛は、造形不可能であるがゆえに公共性において現われ出ることのできない、おそらく唯一の感覚であるのみならず、同時に、われわれからリアリティ感覚を奪いとるものでもある。その程度たるや、苦痛がわれわれの人生の比較的短い時間もしくは比較的長い時間を文字どおり塞いでしまう、まさにその凌駕しえぬ強烈さ以上に、素早くかつ容易に忘れることができるものなど、ほかにないほどである。私が「人知れない」ものとなっている最も根本的な主観性から、世界と生の外的な客体存在 Vorhandensein へと通ずる橋は、あたかも存在しないかのようである。[43] 言いかえれば、苦痛は、はなはだ「主観的」な感覚であり、「客観的」な物の世界とはあまりにかけ離れているがゆえに、現われ出るということはもはや決してありえない。死は、人間の世界、inter homines esse つまり人びとのあいだにいることから、われわれを脱け出させるが、苦痛は、その死に匹敵するほどの「限界状況」を実際に呈するのである。[44]

　われわれのリアリティ感覚は、現象が存在することに、したがってまた、秘匿されたものの暗闇のなかから何かがそこに現われ出てくることのできる公的空間が存在することに、まったく依存している。それゆえ、われわれの内面的な私生活をやっと照らすだけの微光でさえ、その照明力を、公共性から発してくるまばゆく容赦のない光に負うている。しかるに、他の人びとがつねに居合わせているために公的空間がまばゆさでかすむほどの、その照明の明るさには耐えられない事象も、数多く存在する。なにしろ、公的空間に許容されるのは、それにより重要《レレヴァント》だと承認されたもの、万人に観察され傾聴されるに値すると承認されたものだけであり、それゆえ、公的空間において重要でないものは、自動的に私事と化してしまうからである。もちろんだからといって、私的な事柄は、私的であるかぎり重要ではない、ということにはならない。その反対に、あとで見るように、そもそも私的なものにおいてしか生きることも栄えることもできない非常に重要な事柄が存在する。たとえば、愛は、友情とは違って、公的に展示されてしまえば生きのびることが絶対にできない。(「あなたの心を私に捧げたいと思うのなら、そっと始めておくれ。」〔訳注5〕「あなたの愛を語ろうとするのは、やめなさい。／愛とは語りえないものだから。」)だから、愛とは本性上、無世界的であるがゆえに、世界を愛によって変えたり救ったりしようとする試みも全部、絶望的に偽りだと思われてならない。

この場合、公共性が重要でない《イレレヴァント》と見なす当のものが、逆に、魔法のようにうっとりさせる魅力をもつに至ることもある。あげくは、大衆全体が、それを注視し、そのうちに一個の生活様式を見出し、それでいて、当のものの本質的に私的な性格は失われることがない、ということすらある。「かわいい物」が、『習慣の単純化させるまなざし』から逃れると、現代風の魅力を醸し出す。「誰の目も引かずにそこに横たわったり、凭《もた》れたりしている様子」——「如雨露《じょうろ》、畑に置き去りにされた馬鍬《まぐわ》、日向ぼっこしている犬、うらぶれた墓地、体の不自由な人、小さな農家」など——の前では、「かの謎めいた、無言の、際限のない恍惚感」が、忽然と湧き起こる。そういったものの一切が「啓示の器」となりうることを、(45)われわれは、自分自身から身に沁みてというわけではないが、二十世紀初頭のヨーロッパ文学から、知っている。だがこの魅惑が、一個の生活様式として古典的に実現されるに至ったのは、おそらく、フランスで「小さな幸せ le petit bonheur」と呼ばれるものにおいてのみであろう。繊細でありながらどっしりして民衆的でもあるフランスの日常に特有な、魅惑的な情愛のこまやかさが成立したのは、かつては偉大で栄光に満ちていた国民的公共性が失墜し、その失墜ぶりによって民衆が私的なものへ駆り立てられたときであった。私的なものにおいて民衆は、わが家の四方の壁のなかで、ベッドや戸棚、机や椅子の間に、犬や猫、鉢植えの草花に取り囲まれて、幸せでいられるというわざにかけては、名人であることを示した。とことん狭いこの領域を支配している繊細な綿密さや用心深さが、新しいものを生み出す余地を作り出すためとはいえ、慣れ親しんだ昨日の事物を不断に破壊する急激な産業化を事とする世界のなかで、おそらく催させている気分は、さしずめ、物の世界に対する純粋に人間的な最後の喜びが、その狭い領域のうちへ逃げ場を見出したかのようである。だが、私的なもののこの拡大、つまり全民衆に拡大されて日常を覆ったこの魔法が、公的空間を設置することはない。その反対に、公的なものは民衆の生活からはほぼ完璧に消失し、その結果、偉大さと意義ではなく、魅惑と魔法があまねく支配をふるうことになる。というのも、偉大さにふさわしい公的なものは、魔法をかけるということが決してありえないからである。しかもそれはなぜかと言えば、公的なものには、重要でないものの余地などないからである。

公的なものの概念が表わすのは、第二に、世界それ自体である。世界とは、われわれに共通なものであり、そのようなものとして、われわれが私的に所有しているもの、つまりわれわれの私有財産と呼ばれる場所とは区別されるかぎりは、そうである。しかし、この世界的に共通なものは、大地や自然全体とは決して同一ではない。大地や自然は、動物種としての人類にとって、一定の境界をもつ生活空間として、また人類の有機的生命の条件として指定されている。世界はむしろ、人間の手によって作られた形成物であり、それとともに、制作された世界のうちに紛れもなく現われ、もっぱら人びとの間で演じられる事象すべての総体でもある。世界のうちに共生するということは、本質的に、物の世界が、そこを共通の住みかとしている人びとの間に横たわっている、ということを意味する。しかもそれはたとえば、机が、それを取り囲んで座っている人びとの間に立っている、というのと同じ意味である。どんな間《あいだ》Zwischenもそうであるように、世界は、それをそのつど共有している人びとを、結合させるとともに、分離させるのである。

公的空間は、われわれの共通世界と同じく、人びとを取り集め、それと同時に、人びとがいわば折り重なったり入り乱れたりするのを阻止する。大衆社会の状況は、その構成員全員にとってじつに耐えがたいものとなっているが、そのそもそもの理由は、大衆の量的厖大さにはない。少なくとも、それが第一の理由ではない。むしろ問題は、大衆社会では、世界が、取り集める力、すなわち分離しかつ結合する力を失っているところにある。この状況は、その無気味さの点で、次のような降神術の集会と似たところがある。つまり、その集会では、机を取り囲んで集まった何人かの人びとが、突然、何らかの魔術的トリックによって、彼らの中心から机が消えてなくなるのを目撃する。かくして、面と向かって座っていた二人の人間は、もはや何によっても分離されなくなり、他方、何か摑みどころのあるものによって結合されることも、もはやなくなってしまうのである。

自分たちの共通世界に対する関心を失い、世界によって一緒にまとめられることがもはやなくなり、相互に分離も結合もされなくなってしまった人びとを、一つの社会のうちで一緒にまとめるのに十分強力な原理は、歴史的に見て、西洋ではたった一つしか証しされていない。世界の代理を務めるのに十分強力であることを立証できそうなそのような絆を見出すことが、初期教会が政治的課題にはじめて直面したさいにキリスト教哲学の引き受けた中心課題だったのは明らかである。こうした状況のなかでアウグスティヌスが提案したのは、キリスト教ならではの「同胞愛」や同胞団体のみならず、一切の人間関係を、隣人愛から理解し、隣人愛に根拠づけることであった。もちろん、これが可能だったのは、隣人愛が、なるほどその無世界性の点では愛と同じところがあるものの、愛とは次の点で明確に区別されるからこそであった。つまり、隣人愛は、それが代理を務める世界と同じく、万人の間に現に存するはずだし、それゆえ、隣人愛だけに特有な中間領域を設立することができるはずだ、とされたのである。「強盗でさえ、おたがいの間で（inter se）、彼らが隣人愛と呼ぶものをもっている」[46]。ほかならぬキリスト教の政治原理を分かりやすく示す例として強盗集団が挙げられているのは意外かもしれないが、仔細に吟味してみれば、その例がいかに適切に選ばれているかが、ただちに判明する。なにしろ、本質的な点で問題となっているのが、原理的に無世界的な人間集団に、世界を素通りさせることだとすれば、強盗集団は、ある意味で、聖人の一群とまったく同じく、そういった集団だからである。強盗たちが世界のほうを向こうとしないのは、世界にとって彼らがあまりに悪だからであり、聖人たちが世界のほうを向こうとしないのは、世界にとって彼らがあまりに善だからである。あるいは、もっと一般的に言えば、世界が没落を宿命づけられていることを彼らが知っているからである。というのも、quamdiu mundus durat ——「世界が存続するかぎり」——という条件が、信心深いキリスト教徒がこの世で携わる一切の活動に当然付される、公然たる留保条項であり続けるにちがいないからである[47][訳注6]。

キリスト教の信徒からなる共同体の非政治的、非世界的な性格は、原始キリスト教では、次の要求のうちに表わされていた。教会は一個の corpus つまり「身体」を形づくるべきであり、しかもその各部分が、同じ家族の兄弟のようにふるまうべきだ、と[48]。全キリスト教徒の同胞愛は、初期にはまだ徹頭徹尾、比喩的ではない字義どおりの意味に解されるべきである。教会での生活は、構造的には、家庭での生活に従っていたし、教会での生活に対して課せられた要求は、家族において支配的であった関係に定位していた。しかもそれはなぜかといえば、家族では、非政治的な、それどころか反政治的な共生のモデルが採られていたからである。家族の成員間には、公的な世界空間は決して形成されなかったし、それゆえ、自然的な「愛」を基盤として結びついていた家族構造がひっぱり出されたとすれば、キリスト教会において公的空間が発展したということはありそうにない。その場合、キリスト教の前提のもとでは、同胞愛が隣人愛としてキリスト教的家族のすべての成員に拡張されたことは、まったく自明のこととして現われないわけにはいかなかった。修道会の規定と歴史（隣人愛が政治的秩序原理として試された唯一の共同体）から分かるように、そのような予防措置がどれほど講じられようとも、修道会自身の内部に、ある公的空間が、つまり一種の逆さまの世界が、形成されうるという危険——その理由は単純で、修道士の活動は、たとえそれが「この世の生の必要」（necessitas vitae praesentis）[49]のためにもっぱら行なわれたにせよ、それでもやはり共同体の衆人環視のもとで為されたからである——は、非常に高かった。その結果、卓越性とそこから生ずる傲慢を阻止するために、追加の規則と規定が盛り込まれたほどであった[50]。

無世界性が政治的現象となるのは、世界は必ずや滅びるのだとする信念から無世界性が生ずるときだけである。とはいえ、この信念が支配的となっている場合、無世界性があれこれの形態で政治的空間を席捲することになるのは、ほとんど避けられない。ローマ帝国の没落後、このことが実際起こったのであり、それと似たようなことが、現代にもぶり返すということがありそうに見える。ただし、まったく別の理由からであり、非常に異なるあり方においてであり、とりわけ、新しい信仰という慰めもないままにである。というのも、この世的な財に対するキリスト教的禁欲は、世界つまり人間の手になる形成物はその造り手と同じく可死的なのだ、とする信念から引き出されうる唯一可能な帰結では決してないからである。それと同じ信念が、一切の世界的な物の享受と消費を途方もなく高めるということも、同じだけ大いにありそうなことである。すなわち、その場合に強化されるのは、世界が *koinon* つまり皆に共通なものとしては現われることのないような、世界の物とのあらゆる交渉形態である。世界のうちに公的空間が存在するとき、その空間のなかでもろもろの客体が変貌を遂げて、物世界となり、それによって人間が集まって相互に結びつけられる。ひとえにこの公的空間の存在と物世界の確立のみは、持続性へと差し向けられ、それに依拠している。公共性のための場所を有すべき世界が、一世代のためにのみ、あるいは生者のためにのみ、打ち建てられるなどということはありえない。世界は、死すべき人間の寿命を超越するのでなければならない。

この世で不死となる可能性へ向かうこの超越なしには、政治も、共通世界も、公共性も、まじめな話、存在することはできない。というのも、世界が共通だといっても、それは、キリスト教的な公共の福利つまり各自の魂の救済への気遣いが、全キリスト教徒に共通である、というのと同じ意味ではないからである。世界的に共通なものは、われわれ自身の外部に存しており、われわれは生まれたときそこに入り込むのであり、死ぬときそこから去ってゆくのである。世界的に共通なものは、われわれの寿命を超越し、過去および未来に広がりゆく。それは、われわれが存在する前から、現にそこにあり、われわれがそこに束の間滞在したあとでも、長く存在し続ける。われわれが世界を共有する仲間は、われわれと一緒に現に生きている人びとだけではなく、われわれよりも前に生きていた人びと、および、われわれよりも後にやって来るであろう人びとも、そうなのである。しかるに、そのような世界は、それがどれだけ公的に現われるかという度合に応じてのみ、世代がやって来ては去ってゆくその移り変わりを超えて、長く存在し続ける。死すべき者たちが、時代の自然な衰亡に逆らってなんとか守ろうとするものを、何であれ、受け入れ、何世紀にもわたって保存し、輝き続けさせることができるということが、公的なものの本質にはひそんでいる。人びとが公共性のうちへそもそも乗り出していったのはなぜかといえば、幾百千年もの間ずっと、それこそ近代の始まりに至るまで、その理由は、人びとが自分のものや共通なものを、この世での自分の一生よりも長く持ちこたえさせようとしたからであった。（これは、多くの現代人には、突飛な好みだと思われるかもしれない。だとすれば、おそらく思い起こしてもよさそうな事実がある。つまり、奴隷であることの呪いは、自由の喪失ならびに自由に割り当てられていた人前に現われるという可能性の喪失にあったばかりではなかった。暗がりのなかで無名のまま暮らす奴隷は、自分が生きていたことの証しとなるものを、自分の死後、痕跡すら残しはしないだろうと考えると、恐怖に襲われた。この恐怖もまた、奴隷であることの呪いだったのである。[51][訳注7]）

　おそらく、近代において公的な政治的領域が死滅したことを最も雄弁に物語る証拠は、不死への真正な気遣いがほぼ完璧に消失したことであろう。とはいえ、不死への気遣いの消失は、永遠への形而上学的な気遣いが同時に消失したことによって、いくらかその陰に隠れてしまった。永遠への気遣いの消失のほうは、本質的な点で、哲学および観想的生にとっての関心事であるから、ここでは考察外とせざるをえない。これに対して、不死への気遣いの消失のほうは、不死への努力が虚栄という悪徳に分類されてしまったという周知の事実によって、立証されている。たしかに、近代の実情では、誰かがこの世的な不死を得ようとまじめに努めること自体、とてもありそうにないので、そのような要求を虚栄と片付けるのは、たぶん当然なのだろう。[訳注8] ところでこの場合、次のことを忘れるべきではないだろう。アリストテレスは、「人間事象を考察するさい、たんに自分が人間であるからといって、人間的なものにこだわってはならず、死すべき身であるからといって、死すべきものにこだわってはならない。そうではなく、その反対に、人間の死すべき身がどこまで不死のものを為し能うかを、見きわめなければならない」と言った。アリストテレスのこの有名な命題が、首尾一貫した仕方で、彼のまさに政治学的著作の一つに見出されるということを、忘れてはならない。[52] というのも、ポリスとは、ギリシア人にとって——res publica つまり共和国がローマ人にとってそうであったように——まずもって、個々人の生が滅びやすく空しいものであることに逆らう保証のようなものだったからである。すなわち、ポリスという空間は、滅びやすいものでしかない一切のものから守られ、持続性の比較的あるもののためにとっておかれ、それゆえまさに、死すべき人間たちに不死性をさずけるべく定められていたからである。

　これと違って、近代になって公共性のうちに社会がめざましく興隆してからというもの、古代以来のこの政治的な公的空間がどのように見られてきたかを、とりわけアダム・スミスは、有無を言わさぬあけすけな物言いで書き記している。スミスの語る、「ふつう自由業と呼ばれる、この種の貧乏人」(that unprosperous race of men) の場合、「公的称賛が……つねに、その人の報酬の一部、しかもかなりの部分をなしている。医者の場合がすでにそうだし、法律家の場合、その割合がおそらくはるかに高い。詩作や哲学に身を捧げる連中になると、称賛が報酬のほとんど全部である」[53]。公的名声と金銭報酬とは同水準のものであって、それゆえたがいに交換可能だということは、アダム・スミスにとってはごく当たり前であった。公的名声は、使用されたり消費されたりすることのできるものでもあり、社会的地位——アメリカでは「ステイタス」と言われる——が一種の必要を満たすのは、食事が空腹時の必要を満たすのと変わらない。個人が虚栄ゆえに、公的に認められることを求めるのは、腹の減った各人の胃が、食料を求めるのと同じなのである。この観点からすれば、現実が公然とあらわになるのは、他者が居合わせて、われわれ自身が見るのと同じものを公共性において見聞きする場合ではなく、むしろ、主観的欲求の強度にもっぱら依存するわけである。じっさい、主観的欲求が存在するか存在しないかは、それを現に感じたり蒙ったりしている当人以外には、誰にも関知しえない。それに、食物を求める欲求は、生物学的な生命プロセスに紛れもなく対応しているため、この純粋に主観的な空腹感も、「空しい名誉欲」よりは「現実的《リアル》」だし正当なものだと、当然見なさざるをえない。ホッブズはそんなふうに、公的賞讃を求める後者の欲求を、「虚栄vainglory」という蔑称で呼ぶのがつねだった。だが、奇蹟のような感情移入の力によって、たとえ名誉欲を他者が共感できたとしても、その欲求は一時的ではかないものでしかないから、そうした欲求から、共通世界のように長持ちする確固としたものが生じてくるなどということはありえないと、やはり決めつけられてしまうだろう。だから、ここで問題となっているのは、現代世界が詩作とか哲学とかに十分敬意を払っていない、ということではなく、それらを讃美したとしても、時間による破壊を防いで特定の事柄を保持しうるような空間を造ることはできない、ということなのである。現代世界では、公的賞讃は、日々どんどん膨れ上がって生産され消費されており、むしろそのはかなさが増大しているために、それに比べれば、ありとあらゆる物のなかで最も滅びやすい物の一つであるはずの金銭が、「客観的」で現実的であるように見えるほどである。

　そうした「客観性」の唯一の基盤は、すべての欲求の充足にとっての公分母たる金銭であるが、それとは違って、公的空間の現実性は、無数の位相や遠近法をそなえて他者がそこに同時に居合わせることから、生じてくる。それら無数の位相や遠近法のうちで、共通なものがおのれを現わすのであり、無数のそれらにふさわしい共通の尺度や公分母は存在しえない。というのも、共通世界が皆に共通の集合場所をしつらえたとしても、そこに集まってくるすべての人は、共通世界に各々異なった位置を占めるし、ある人の位置が他の人の位置と重なり合わないのは、二つの対象物の占める位置が重なり合わないのと同じだからである。他者によって見られ聞かれることが有意義なものとなるのは、各人が別々の位置から見たり聞いたりするという事実によってである。これこそが、公的共存の意味にほかならない。これに比べれば、どんなに豊かでどんなに満ち足りた家庭生活であろうと、自分の位置およびそこに含まれた位相や遠近法を拡大し多様化させることしかもたらすことができない。私的なものの主観性は、家族によって桁外れに強化され増強されることがあり、その重みが公的にも感じとれるようになるほど、それほど強くなることすらある。しかしだからといって、この家族「世界」が、現実に取って代わることとは、決してありえない。現実が成り立っているのは、さまざまな位相が集まっているからこそであり、そのおかげで、対象物はその同一性において、多数の観察者に呈示されるのである。物が、その同一性を失うことなく、多数の人びとによって多様な遠近法において見てとられるなら、その物の周りに集まった人びとは、同じものがじつに極端に異なったありさまで彼らに呈示される、ということが分かる。そういうときにのみ、世界の現実味は、危なげなく真に現われうるのである。

共通世界の条件のもとでは、リアリティは、皆に共通な「自然本性」によって保証されているのではなく、位置の違いや、そこから帰結してくる位相の多様性にもかかわらず、皆が同一の対象物と係わり合っていることが公然と明らかだということから、むしろ生じてくる。対象物のこの同一性が解消され、もはや感知できなくなると、「人間本性」の等しさを持ち出しても、大衆社会の技巧的画一主義を持ち出すのではなおさら、共通世界そのものがバラバラに崩壊することを阻止することはできないだろう。むしろこの崩壊は、同一のものが人間の複数性のただなかで同一のものとしておのれを示し保つような多様性が、破壊されてしまうときに、往々にして起こる。そのような破局的崩壊についての歴史的知見が得られるのは、暴君つまり僭主の時代からである。僭主は被治者を徹底して相互に孤立させるため、もはや誰も他者と合意したり意思疎通したりできなくなる。しかるに、同じような出来事は、大衆社会においても、しかも大衆ヒステリーの条件のもとで、起こるのである。その場合、全員が突然、内的に調和した一個の巨大な家族の構成員であるかのようにふるまい始め、たった一つの位相が度を越えて高められ巨怪なものと化すに及んで、ヒステリーが発生する。僭主の場合であれ、大衆社会の場合であれ、われわれが際会しているのは、私秘化の徹底的な現象であり、すなわち、もはや誰も見ることも聞くことも、あるいは見られることも聞かれることも、できなくなる状態である。今や各人は、隔離室のごときみずからの主観性に閉じ込められるのであり、この主観性は、そのうちでなされる経験が果てしなく増強されるように見えるからといって、主観的でなくなるわけではまったくなく、単数でなくなるわけでもない。共通世界は、それがわずか一つの位相のもとで見られるとき、消失する。共通世界がそもそも存在するのは、その遠近法が多様である場合だけだからである。

8　私的領域——財産と占有物〔訳注９〕

このように多様な意味をもつ公的空間と関係しているのが、私的なもの das Private という概念であり、これはもともと欠如を意味する。ひたすら私生活を送るとは、まずもって、本質的に人間的な一定の物事を剥奪された状態で生きる、という意味である。ではその場合、剥奪されるのは何か。見られ聞かれることによって成立する現実味であり、他者との「客観的」すなわち対象的な関係である。そのような関係が生じうるのは、人びとが、共通な物世界によって他者と分離されると同時に結合される場合のみである。結局のところ、剥奪されるのは何かといえば、生命よりも永続的な何かを為し遂げられるという可能性である。私的なものの欠如性格は、他者の不在のうちにひそんでいる。他者に関するかぎり、私人は現われるということがなく、あたかも存在すらしていないかのようである。私人のすることとなすことはみな、意義を欠いたままであり、結果をもたない。私人に関係することは、その他の誰にも関係がない。

現代世界では、こうした剝奪とそれにつきまとう現実喪失《リアリティ》によってもたらされた、見捨てられた状態 Verlassenheit が、ついには大衆現象と化してしまっており、この状態においては、人間関係の欠如が、最も極端で最も非人間的な形態において現われている。[54] ではなぜこの現象は、かくも極致に達してしまったのか。その理由はおそらく、大衆社会が公的空間のみならず、私的領域をも破壊しているからである。つまり、大衆社会が、人びとから世界における自分の場所を剝奪するのみならず、各人が四つの壁に囲まれ安心して過ごせる暮らしをも剝奪するからである。かつては、この暮らしにおいて各人は、世界からまさしく保護されていると感じていたし、公共性から排除された人たちであっても、ともかくも、家族という境目の内なるわが家の暖かな炉辺には、現実の補完物を何かしら見出すことができたのである。炉辺を中心とした家で過ごす家庭生活が、独立した権利と自立した法律とを保障され、一個の内的空間へと完全に発展できたのは、西洋では、政治的なものにローマ民族が与えた並はずれた意味のおかげであった。というのも、ローマ人は、ギリシア人と違って、私的なものを公的なものの犠牲にすることは決してなく、この二つの領域がその存在の点でおたがい依存し合っていることを、理解していたからである。それに、アテナイにおける奴隷の実際の生活状態がローマにおけるそれよりも劣悪だったとは言えないにしろ、しかし特徴的なことには、奴隷にとって主人の家政がいかなる存在であるかは、市民にとって共和国がいかなる存在であるかと同一だと考えたのは、ローマの著作家にほかならなかった。[55] しかしながら、家庭内部での私生活がどれほど耐えられるものであったにしても、私生活はやはり、一個の補完物以上のものではありえなかった。剝奪はあくまで残り続けたのである。たとえ、ローマでもアテナイでも、今日では政治的な活動より高次と評価されていそうな活動——たとえば、ギリシアでは営利的生活、ローマでは学問芸術の涵養——

のための余地を提供したのは、むしろ私的領域のほうであったとしても、そうであった。こうした「自由人的《リベラル》」で気前のよい態度のおかげで、特別に有利な条件下では、奴隷が大金持ちになったり、高い教養を身につけたりすることもあった。しかし、そうした気前よさが何を意味したかというと、ギリシアのポリスの内部では、富は公的名声をなんら享受できず、ローマ共和国では、哲学者であることは大して意味がなかった、ということでしかない[56]。

狭い家の中で生活を送ってばかりいると、人間の本質的な可能性が剝奪される。この感じ方は、すでにローマ帝国の最後の数百年間にどんどん弱まっていき、次いで、キリスト教によって完全にかき消されることとなった。キリスト教道徳は、キリスト教の原理的な教義と無条件に同一ではなく、以下の教えをいつも強調してきた。ひとは自分自身のことにだけ関心を寄せればよいのであり、政治的責任とは重荷でしかない。政治的なものの負担を引き受けてよいとすれば、それはひとえに隣人愛のためにである。なぜかといえば、みずからの魂の救済を気遣う信者を、公共の事柄への気遣いから解放してやることになるからだ、と[57]。驚くべきことに、政治的なものに対するこの消極的態度は、近代の世俗化のあとにも、しぶとく生き残ったのであり、そのしぶとさたるや、マルクスが——他の多くの点と同様この点でも彼は、近代のいまだ語られざる前提を、概念的に捉えて綱領的に語り出したにすぎない——、公的空間の総体がそっくり死滅することを、予言できたのみならず、期待さえできたほどであった。政治的なもののほうから見れば、キリスト教と社会主義との違いなど、大差ない。なぜなら、その違いは、公的なものや世界をどう価値づけるかの違いではなく、人間本性をどう価値づけるかの違いにすぎないからである。一方で、キリスト教では、国家は、人間本性の罪深さゆえに、この世で過ごすかりそめの生のための必要悪の一つとして現われる。他方、社会主義では、国家をこの世でさっさと廃棄することを希望としてよいのである。そのうえ、マルクスが国家は死滅するだろうと予言したのは、公的空間は、すでに死滅しつつある、ないしは、抑圧されて国家機構の狭い領域に押し込められていると、おそらくほとんど無自覚的に認識していたからであった。国家機構および統治機構のかなり広範な死滅は、マルクスの時代にはもう始まっていた。統治行為そのものが、国民全体にまで伸び拡げられた一個の生計維持だとますます解されるようになり、そのあげく二十世紀には、国家機構も、いっそう限定された、まったくもって非人称的な行政機構に解消されかかっている以上は、そうである。

私的領域と公的領域のあいだに存する関係の本質にひそんでいるように思われるのだが、公的なものの死滅はその最終段階において、私的なものが根本的に脅かされることを伴う。近代においてこういった事柄がそもそも論じられる場合、その議論は、私有財産の問題に関するものとなるのがつねであった。これは偶然ではない。というのも、古代の政治思想にとってすら、「私的」という語は、財産と関連づけられて、まさに私有財産として現われる場合には、欠如的性格を失い、もはや公的なものと無条件的には対立しなくなるからである。財産のもつ一定の性質は、私的な本性のものであろうとも、政治的なものにとって最高度に本質的なものであるのは、明らかである。

現代では、財産は、占有物や富に等しく、財産をもたないことは、貧困や悲惨に等しい。われわれにとってこの同一視は自明であるため、私有財産を保護すべしという国家の義務のうちに見られる、私的なものと公的なものとの唯一の積極的関連を、実際に理解することは難しくなっている。財産と占有物とを同一視する現代の風潮が、いよいよもって妨げとなるのは、財産のみならず、占有物や富もまた、他の何らかの私的でしかない利害関心よりは、政治的なものにおいてますます重要な役割を歴史的に果たしてきているからである。周知のとおり、十九世紀の終わりまでは、一定の占有物や資産を資格としてもつことが、政治的空間に参加したり完全な市民権を享受したりするための必須条件であった。そのため、財産と、占有物または富との違いは、見過ごされがちである。両者は、同一ではないばかりか、本性上まったく異なるのに、である。他方で、じつのところまさしく今日の社会では、この二つのものがたがいに係わり合う必要がいかに少ないかは、すなわち、社会の富の異常な上昇が、私有財産の消失とぴったり連携しうることは、明らかすぎるほど明らかである。すなわち、個人が、増大する国民総収入から彼に割り当てられる分け前以外、もはや何も占有していないかぎりは、そうである。

資本主義と社会主義との抗争にあってえてして忘れられがちだが、土地をはじめとする財産が没収される脱固有化の出来事 Enteignung から始まったものこそ、資本主義であった。社会主義もこの点では、近代の経済発展の総体がそれに則って第一歩を踏み出した法則に、もっぱら従うばかりである。近代の開始時に、下層階級の人民が財産を没収される以前は、私有財産の神聖さは、つねに自明の事柄であった。だが、占有物、富、そしてまさに資本の面で、土地をはじめとする没収財産を収用した階層の手中で、莫大な成長が見られた結果、私的所有一般が神聖不可侵なりとはじめて宣言されるに至った。財産とは、元来、世界のなかでの一定の場所に結びついていたし、そうである以上、「不動産」であるのみならず、その場所を占める家族と同一であった。[58]それゆえ、中世でもなお、国外に追放されることは、財産を差し押さえられるばかりか、家屋敷をそっくり壊されてしまうことを、結果として伴う場合があった。[59]財産をもたないとは、世界のなかでの先祖伝来の地所を何一つ自分のものと称することがない、ということを意味し、それゆえ、世界および世界のなかに組織された政治体によって見込まれたことのない誰かである、ということを意味した。このことは、もちろん、在留外国人や奴隷の場合に当てはまることだった。在留外国人や奴隷の場合、占有物も富も、財産の欠如の代わりにはなりえなかったのである。[60]ちょうどその反対に、財産、つまり世界の内での先祖伝来の地所が無傷のままであるかぎりは、貧困ゆえに市民権つまり政治体への帰属が剥奪されることはありえなかったように。昔は、この財産が失われると、今度はそのまま、法の保護も失うはめとなった。[61]財産そのものは、これはこれで、居住地以上のものであった。財産は私的なものとして、その本質からして隠されるべきことが行なわれうる場所を提供するものだったからである。それゆえ財産の不可侵性は、誕生と死の神聖さと、このうえなく緊密に結びついていた。誕生と死が、他のすべての生き物と同じく、暗闇からやって来ては、冥界の暗闇のうちへと戻っていく、死すべき人間たちの隠された始まりと、隠された終わりであってみれば。[62] 私的領域とは、そうした秘匿性 Verborgenheit の場所であって、その庇護のうちで人間は、公的なものの光から保護されて生まれてき、死んでゆく。だが、そこで人生を過ごすわけではない。それゆえ、この秘匿性の場所では、人間の視力や知力の及びもつかないことが、生じているのである。[63] つまり、そのような誕生と死の場所として、家政と財産の領域は、欠如的ではない意味で、まさしく「私秘的 privat」と言える。公的なものや万人に共通な世界によっては侵すべからざる私的領域の秘匿性は、次の冷厳な事実に応答している。つまり、人間は、自分が生まれるとき、どこからやって来るのか知らないし、自分が死ぬとき、どこへ赴くのかも知らない、という事実である。死すべきいのちの始まりと終わりの秘密は、公共性の明るさの及ばないところでのみ、保たれうるのである。

　私的領域の秘密は、公共性とは関係なく、私的領域の内側は、政治的意義をもたない。政治的意義をもつのはむしろ、私的領域の外的形態、つまり内側をかくまうために外から打ち建てられるべきもの、のほうである。公的なものの内部では、私的なものは、境界を引かれ塀で囲まれたものとして現われるのであり、そうした塀と境界を保つことが、公的共同体の責務なのである。市民の最も大切な持ち物である財産を、隣人の財産から分離し、それとは別のものとして保障するのが、塀と境目だからである。われわれ現代人が法と名づけているものは、少なくともギリシア人の場合、もともとは、境界といったようなものを意味し、[64] つまり大昔には、目に見える境界の塀であった。この一種の誰でもない土地は、[65] およそ誰かしらである各人を、柵で取り囲むものであった。なるほど、ポリスの法は、この太古の法観念を大きくはみ出すものだが、ポリスの法にも何らかの空間的意味が依然としてはっきり纏《まと》わりついている。というのも、ギリシアの都市国家の法とは、政治的行為の内実でも結果でもなかったし（政治的活動とはまずもって立法行為だとするのは、ローマ起源の考えであって、次いで本質的に近代的な観念となったのであり、その最大の表現はカントの政治哲学に見られる）、十戒の「汝何々するなかれ」に依然として万事帰する近代法の意味での一連の禁令をなすものでもない。ギリシアの法とは、実際、「法という壁」といったものであったし、そのような壁として、ポリスという空間を築くものであった。なるほど、この壁がなくても、人間の共生のための家の集積という意味での町（*asty*）は、存在しえたが、それなしには、*polis* つまり政治共同体としての都市国家は、存在しえなかった。[66]法という壁は、神聖とされたが、その壁自体がではなく、その柵で取り囲まれたものだけが、真に政治的だったのである。法を定めることは、政治以前の任務だったが、その任務が果たされてはじめて、真に政治的なもの、すなわちポリスそのものが、構成されたのである。[67]法という壁なくして、公的空間が存在しえないのは、財産をなす家屋敷が、それを取り囲む塀なくしては存在しえないのと同じであった。塀が、住人の「私」生活を庇護し保護したように、法は、都市の政治的生を取り囲み、宿らせていたのである。

それゆえ、私有財産は、近代が開始する以前には、市民権を行使するための自明の前提をなした、と言うだけでは、まだ十分ではない。その場合、はるかにそれ以上のことが問題だった。私的なものの暗く隠された空間は、いわば、公的なものの裏側をなすものだった。人間のなしうる最高の可能性を断念することを意味したとはいえ、公的なものの外部で一生を過ごすことは、おそらく可能であった。しかし、財産を持たないこと、つまり自分の家の四方の壁を持たないことは、不可能であった。それゆえ、占有物は持てても財産を持つことはできなかった奴隷の生は、人間にふさわしくない生、つまり非人間的な生と見なされたのである。

それとは歴史的起源がまったく異なり、はるか後代のものであるのが、私的占有物または富に認められる政治的意義である。富とは、自分自身と家族の生計のための手段がそれで賄われる当のものである。前述のとおり、古代では、家政の私的領域つまり生活の必要を克服すべき領域は、必然と同一視された。私有財産を持ち、奴隷のように自分以外の主人に従属してはいない自由人でも、必要に迫られたあげく、貧乏に身をやつすことはありうる。[68]そういうわけで、裕福つまり富が、公的生に参加する条件となったのだが、しかしそれは、富の所有者が、せっせと富を築き上げているからではなかった。その反対に、富者の生計は安定していると或る程度信頼することができたし、富者の生業はあくせくしておらず、したがって富者は公共の事柄にたずさわる自由があったからなのである。[69] それどころか、公的活動が、それよりもはるかに差し迫った問題である生活の必要が満たされてはじめて可能なのは言うまでもない。しかも、その生活の必要を満たしてくれるのは、労働しかありえない。したがって、ある人が裕福か否かは、しばしば、労働者の数に応じて、それゆえ当然、奴隷保有に応じて、算定された。[70] この場合、私的占有物は何を意味するかといえば、自分の生活の必要を克服しているがゆえに、潜在的には一個の自由人でありうること、すなわち、自分自身の生を超越して万人に共通な世界へ参与してゆくだけの自由があるということ、このことなのである。

　そのような共通世界が紛れもなく現実《リアル》に存してはじめて、それゆえポリスが構成されたあとではじめて、世界の内の場所というよりはむしろ、生計の必要からの自由を保証するような種類の私的占有物が、かくも並外れた政治的意義を獲得することができたのである。まただからこそ、ホメロスの世界には、肉体労働に対するギリシア人の名高い軽蔑が、まだ見出されないということも、当然と言ってよいほどなのである。営利的生を軽蔑することも、ホメロス以降に起こったことであり、労働の軽蔑と密接に結びついていた。誰かが、十分裕福で自分の生活を賄うことができるのに、自分の占有物を殖やすことに執着して、それを使い切ることも自分の生活の維持に必要な分だけを確保することもしなければ、その人は、まさにみずから進んで、自分の自由を放棄し、奴隷や貧乏人がやむをえない事情により陥っている状態——必要の奴隷——に、身を落としたも同然であった。[71]

　ところで、この占有物は、近代の初めまでは、神聖不可侵とは決して見なされなかった。生計の源としての富が、家族の生活の拠りどころである地所と同一視されたときにはじめて、それゆえ本質的に農業本位の社会においてはじめて、財産と占有物が、解きほぐしがたいほど相互に乗り入れ合い、あげくは両者が一致するということもありえたのである。もちろん、そのことが意味するのは、占有物が、財産と同様、神聖なものとなったということである。これは、封建制の社会秩序の内部では、限られた範囲内で、正当だったかもしれない。だが、近代における私有財産の擁護論者は、私有財産という言葉で、私的占有物や私的富しか考えていない。伝統的には、じっさい、私有財産の保証なくして公的自由はありえず、私的占有物なくして政治的活動はありえなかったが、その伝統を、近代の私有財産擁護論者が拠りどころとするいわれはないのである。というのも、彼らにとって何より大事なのは、伝統的には隷属状態も同然だった営利の自由であり、蓄積してやまない資本の保護であって、私有財産の保護ではないからである。むしろ、近代社会において資本の蓄積が進み始めたのは、一般に、財産がもはや尊重されないということによってのみである。資本の蓄積の始まりに立つのは、途方もない土地収用という脱固有化の出来事である。――つまり、農民の土地を没収することであり、この出来事は、これはこれで、宗教改革後の教会領や修道院領の土地収用のほとんど自動的な付随現象であった[72]。このプロセスは、まさに私有財産を一切顧慮しなかったし、資本の蓄積と齟齬をきたした場合は、至るところでつねに私有財産を没収してきた。プルードンは、財産とは盗みなり、と言ったが、この格言には、資本主義の起源にまで達する真理が含まれている。なるほど、財産は盗みではなかったけれども、近代社会では資本は財産を盗むことから成立した、ということならある。それだけにいっそう特徴的なことには、プルードンでさえ、一般的な財産没収を要求することは躊躇した。プルードンが知悉していたことだが、私有財産の完全な廃止は、たしかに貧困という害悪を治癒することはできるかもしれないが、その代わり、僭主制といういっそう悪質な害悪を呼び出してしまうということが、いかにもありそうなのである[73]。プルードンは、財産と占有物とを概念的に区別できなかったため、いま挙げた二つの洞察でもって自己矛盾に陥ってしまったかに見えるが、じつは決してそうではなかった。どんどん豊かになっていく社会の蓄積プロセスはやがては、私有財産のあらゆる形態を水浸しにしてしまうが、じつはそのためには、生産手段の露骨な没収は、今では必要ではない。というのも、豊かになりゆく社会の本質にひそんでいることだが、私的なものは社会的生産力の発展のいかなる形態においても邪魔でしかない、ということになりかねないからであり、マルクスの発明とはいえないこの事実を前にして、私有財産への配慮はどのみち引きさがるからである。つまり私有財産は、なおも成長し続ける社会的富に、取って代わられざるをえないのである(74)。

9　社会的なものと私的なもの

社会がいつ成立したか、歴史的に考えたとしよう。すると、私的占有物が私的関心事であることをやめ、公共の事柄となり始める瞬間こそ、その時点だということに同意せざるをえないだろう。社会が公的領域に最初に登場したのは、富裕者たちという形態をとってだった。ところでその場合、富裕者たちは、自分たちの富を拠りどころとして、自分たちにふさわしい発言権を公共の事柄において要求したのではなかった。その逆である。彼らは、より以上の富の獲得を目的として、公的－政治的な性質をおびた一切の責任から放免されることを要求すべく、糾合したのである。ボダンの言い方では、統治するのは国王の任務であり、占有するのは臣民の任務であった。国王の義務とは、臣民の占有上の利害関心が保持され保護されるように統治することだった。大事なのは、富裕者が統治を引き受けたいと願うことではなく、そのつどの政府が富裕階級の利害関心に沿って統治することであった。「国家《コモンウェルス》は、主として、共通《コモン》の富《ウェルス》のために存在した(75)」。

世界そのものと比べれば、世界のうちで富を占有することなどいかに移ろいやすいものであるか、しみじみ実感せざるをえない。しかも、その占有物の獲得が進行したのは、依然として家政という私的領域の枠内においてだった。その占有物がいつしか、公的空間を占拠することに成功したばかりでなく、世界の存立と永続性を内側から掘り崩すことにも成功したというのだから、これはもう驚きというほかない。なるほど、一個人が一生かかっても使い尽くせないくらい、私的占有物が膨れ上がることだってあるだろう。しかしだからといって、富の本性が私的であることに何ら変わりはない。その場合、富の占有者はもはや個人ではなく、数世代にわたって続く家族だというだけの話である。共通世界という尺度で測れば、富という私的なものの寿命が伸びたことなど、取るに足りない。少なくとも、富の占有者が富を使用し消費することしか思いつかないかぎりはそうである。貨幣が資本となったとき、すなわち利潤がより以上の利潤を得るために利用されたときにはじめて、富は、私的領域をいわば脱出して、純然たる持久性の点で、世界ならびに、移ろいやすさに屈しない世界の永続性に、比肩しうるほどになった[76]。だがこの比較は、うわべだけのものにすぎない。世界の永続性は、構造上の安定性のおかげであって、その構造の本来的機能は、プロセスに抵抗することに存する。これに対して、富と占有が保持されるのは、「可動的」となるとき、それゆえプロセスという形態をとるときだけなのである。富が資本および資本プロセスへ持続的に転化するのは、蓄積プロセスにおいてである。占有物は、この蓄積プロセスがなければ、使用と消尽によって、蓄積プロセスよりゆっくりと、あるいはすみやかに崩壊していくという、逆のプロセスに陥ってしまう。この消滅プロセスを停止させることは不可能である。なぜなら、このプロセスは、何かを占有する主体が世界ではなく人間であることの、当然の帰結だからであり、またこの消滅プロセスは、消費し平らげることしか本質上できない対象物を、人間の生命プロセスがわがものとすることによってのみ、占有物はそもそも成立するということの、当然の帰結だからである。そのような消滅プロセスをその反対へ転化させたことこそ、資本主義経済の真の「奇蹟」にほかならない。この奇蹟が成し遂げられえたのは、ひとえに、私的関心事であったはずの占有物が変貌して公共の事柄となったからであった。

　占有物が公共性を占拠したのは、富裕階級の利害関心という形態においてであった。この利害関心とは、経済の自由な発展——この場合の「自由」とは、経済が政治的なものの介入から「自由」だとか、経営者たちが公共の事柄の煩わしい重荷から「自由」だとかいう場合の「自由」と同じ意味である——と今日呼ばれているものへの利害関心のことである。このような利害関心それ自体は、依然として私的な性質のものであり、それは、どれだけ多くの人びとに共有されているかに係わりなく、そうである。富裕者たちのあいだで等しいこの利害関心は、共通なものを何一つ産み出さなかったし、それが公共性へ引きずり入れたのは、誰もが同じものを欲しがる自由競争のみであった。そのように競争し合う人びとにとって共通なのは、利害関心ではなく、国家であった。私的占有者相互の利潤獲得競争を緩衝する役目を、国家は期待されていたからである。なるほど、近代の国家理念には、歴然たる矛盾がひそんでいる。というのも、共通的‐公的なものは、個別的‐私的なものから有機的に成長するはずだ、もしくは、私的なものは公共的なものへと「弁証法的」に転化するはずだ、と考えられているからである。だが、マルクスをなお困惑に陥れたこの矛盾に、もはやわれわれは困惑を感じないですむようになっている。近代の発展のなかに、われわれは、私的なものと公的なものとの古い対立を、最初は矛盾として再発見する。だがこの矛盾は、近代の発展の見かけ上の、もしくは一時的な現象でしかない。この矛盾は、全体としての社会の利害関心によって解消されるからである。とはいえ、この利害関心が姿を現わすのは、社会が、私的なものを公的なものと同じく吸収合併することに成功してはじめてである。その場合、忘れてはならないことがある。この吸収合併は、私的領域の空間的限定を蹂躙するのと同じ仕方で、共通世界の対象性を襲撃するプロセスという形態をとって遂行される、という点である。

　この観点からすれば、近代において内面性が発見されたのは、社会から主観性への逃避というふうに映ずる。外部世界がすっかり社会に占拠されてしまったために、われわれは、昔なら安全なわが家の四方の壁のうちに当然のように保存され、世間の眼に曝されることから保護されていたものを、せいぜい主観性の内部で匿い隠すことしかできないのである。私的空間が社会プロセスへ解消されたことは、不動産であった財産が、占有物という動産へと姿を変えていったことに即して、ごく簡単明瞭に見てとれる。財産と占有物との区別——これはローマ法でいう fungibiles つまり使用財と consumptibiles つまり消費財との区別にほぼ相当する——は、今日意味を失っているが、それはなぜかといえば、摑みどころのあるあらゆる「使用」物が、「消費」対象となってしまったからである。物それ自体に関していえば、物はその私的「使用価値」を失い、その代わりに社会的価値を手に入れた。使用価値は、使用される物が置かれている場所と切っても切れないのに対し、社会的価値は、そのつどの交換可能性に従う。この交換価値は、社会的プロセスの規準に応じて変動するし、それがそもそも規定可能なのは、一切の価値が貨幣という公分母へさらに還元可能だからこそである。[77] 対象的世界のこの無気味な脱物象化 Entdinglichung は、財産と占有物とに関する十七世紀の諸理論によって、このうえなく綿密に先取りされ、「宣言」された。それは、ロックが、あらゆる財産の源泉を、人間自身のうちへ置き移したときのことであった。この原財産 Ureigentum を、人間は自分の肉体、および肉体に内在する自然力のうちに携帯している、というわけである。次いでマルクスは、この自然力のことを「労働力」と名づけたのだった。

近代になって、財産は空間的性格を失い、占有物は世界的‐事物的な性格を失い、どちらも人間それ自身へと還元された。ないしは、死ぬまでは失うことのありえないほど、起源からして人間が自分自身に固有だと見なすもののうちへと、どちらも置き移された。近代のこの出来事は、われわれにとって決定的に重要である。ロックは、すべての財産の起源は労働のうちにあるとしたが、ロックのこのテーゼは、歴史的に見てまことに疑わしい。だが、疑う余地のないことは、このテーゼがとっくの昔から正しさを認められてきたことである。じっさい、頼りになる占有物といえばせいぜい、生命それ自体と同じくわれわれ自身のものである技能や労働力しかない、といった条件のもとで、もう長いことわれわれは暮らしているのだから。ロックがこのテーゼを唱えたのは、私有財産を攻撃から安全に守るためだったし、ロックは、極貧の人が財産を没収されたあとでも当人に残されるものがある、と指摘してみせることで、私有財産の権利のための反論の余地のない基盤を発見した、と信じた。その場合、なお残っているとされた労働力が「財産」だと言えるのは、じつは、比喩的な意味においてでしかない。だがロックは、自分自身の比喩を、理論的にかくも真剣に受けとることができ、背理に巻き込まれなかった。なぜかといえば、それはもちろん、社会によって発展させられた新しい富と占有物が、社会の成員の財産没収が押し進められることと、もはや決して矛盾に陥らなくてすんだからである。それどころか、近代の発展のうちにひそんでいるのはむしろ、公共の関心事と化した社会的富が、私的占有物ともども私有財産という形態を自動的に破壊することと、軌を一にしている、ということなのである。あたかも、私的目的と私的利害のために公的なものを食い物にしようとしている者たちに、公的なものが復讐しているかのようである。だが、近代のこの発展において真に脅威的なのは、私的占有物の廃止ではない。どのみちそれは、いわゆる資本主義経済体制の国々でも絶え間なく続いていることだからである。そうではなく、私的財産の廃止こそ、真に脅威的なのである。財産を没収してやまないこの脱固有化により、人間は、つねに制限されてはいるがその代わりに摑みどころのある取り扱い可能な世界の一部から、切り離されてしまうからである。その世界の一部たる財産が、自分自身のものと呼ばれるのは、当人に本来固有のものであるものに、もっぱら仕えているからなのである。

　現実に起こっているこの脱固有化の出来事、すなわち私的領域の消失は、人間存在一般にとって危険を内蔵している。この危険は、私的なものならではの欠如的ではない性格を思い出してみれば、ただちに明らかとなる。この非欠如的性格は、内面的なものの発見よりも古く、内面的なものとは関係がない。われわれに共通なものと、われわれ各自に固有なものとの違いは、第一に、緊急度の違いである。われわれの共通世界のどんな部分も、日々の使用と消費のためにわれわれに属している世界の小片ほどには、われわれにとって緊急に必要とされるものではない。ロックが言ったように、財産なくしては、われわれは共通の事柄を何一つ始めることができず、共通の事柄は「役に立たない」[78]。生活の必要は、公的なものの見地からすれば、消極的なものにすぎず、自由の剝奪に等しい。だが、それにそなわる緊急性に、力の点で匹敵するようなものは、いわゆる高次の目標を追求するさいにわれわれを駆り立てる衝動のなかには、見出せない。それゆえ、こうした必然の領域に属するものは、人間の心配事や必要事のなかでつねに第一位を占めており、のみならず、明らかに富にひそむ危険である無気力や率先行動の消失に効き目のある唯一の薬だということにも変わりがない[79]。必然と生命は、非常に親密に結びついており、さまざまな面で関係し合っているので、必然が消失すると、生命はその生き生きしたありさまの点で、もろともに消失しかねない。そのうえ、自由とは、必然の消失のいわば自動的な帰結では決してない。必然的なものの衝迫が弱まるところでは、まずもって自由と必然との区別がぼやけてしまうだけである。（近代の自由論に現われる自由は、人間的実存の客観的に確定可能なあり方の一つではない。むしろ、主観性の解決不可能な問題の一つ、つまり絶対的に制約されていることと絶対的に無制約的であることとの狭間で揺れ動く、意志という問題であるか、あるいは、必然の結果がすなわち自由なのだという、かの有名な必然の自由であるか、のいずれかである。そのような近代的自由論の際立った特徴は、ほかでもなく、自由であることと必然に服従することとの客観的に捉えられる相違に気づくことさえ、もはやまったくできないことなのである。）

私的なものの本質的に非欠如的な第二の徴表と関わりがあるのは、それが隠されていることである。つまり、わが家の四つの壁はわれわれが世界から身を引くことのできる唯一の場所だということである。その場合われわれは、世界のうちでたえず起こっていることから身を引くだけでなく、公共性つまり見られ聞かれることからも身を引く。周知のとおり、もっぱら公共性のうちで過ごす生は、特有の平板化を、不可避的に伴う。見られている状態にたえず身を持しているからこそ、そうした生は、より暗い地下から明るい世界へと上昇する能力を失ってしまう。つまり、そのつどさまざまな深みを、非常に現実的な、主観的ではない意味において、生に与えてくれる、暗闇と隠された状態を、生は失ってしまう。公共性の光に対してあくまで隠されていなければならないものに、暗闇を保証する唯一有効な仕方が、私有財産なのである。私有財産とは、誰も入ってこない場所であり、匿われていると同時に隠されている場所だからである(80)。

ところで、なるほど、私的なもののこうした非欠如的な徴表が最も鋭く意識されるのは、それを失う危険な状態にいるときであるのは、言うまでもない。とはいえ、近代以前に、あらゆる政治共同体が財産の維持に払っていた配慮は、かつては私的なものの積極的な特徴もどんなに意識されていたかを、はっきり物語っている。しかしだからといって、この入念な配慮は、私的なものに特有な活動を、つまり、私的領域そのものの内部で行なわれていた営みを、直接に保護することにつながりはしなかった。この配慮が向けられたのはむしろ、個々の財産を他の人びととの財産および皆に共通な世界から、分け隔てる境界線のほうだった。これに対して、特徴的なことには、私有財産を擁護するかぎりでの近代の政治理論や経済理論のなかに見出されるのは、なかんずく、私人という性質をおびた人間がそれに没頭し国家がそれを保護することを必要とする、そのような活動についての議論なのである。しかもそれは、本質的には、社会的な蓄積プロセスに流れ込む、私人の営利活動にほかならない。そのプロセスは、これはこれで、私有財産の基礎ないし保護壁を、根底から掘り崩すものなのである。だが、公的重要性をもつのは、私的経営者の抱く発達度のさまざまな「起業精神」などではなく、市民の家や庭を囲んで守る垣根なのである。なるほど、公共体による直接的な財産没収という脱固有化は、「人間の社会化」と私的領域への社会の侵入とを加速させる非常に効果的な手段ではあるが、一切の人間的な重要事を社会化するうえでの唯一の道というわけではない。他の点と同じく、この点でも、社会主義的、共産主義的な政府の一見革命的に見える措置は、一般的には私的なもの、個別的には財産、の漸次的「死滅」の、いっそう緩慢で「いっそう人間的」ではあるが、確実さにおいて劣らぬプロセスによって、取って代わられることが大いにありうる。

私的領域と公的領域との区別は、最終的には、公開すべく定められている物事と、隠されるべく定められている事物との区別に帰着する。近代になってはじめて、そして社会に対する反抗においてはじめて、隠されるべきものの領域は、内面性において完全に開示され展開された場合、どれほど並外れて豊かで多様でありうるか、が発見されるに至った。しかしながら、私的なものについてのわれわれの見解は、非常に初歩的かつ原則的な点で、そもそも歴史的に遡って調査しうるかぎり、かつて妥当していたことと何一つ変わらないことに、注意を怠るべきではない。つまり、およそ身体的な機能はすべて、「私秘的」であり、隠されねばならないということ、生命プロセスがそうせよとじかに強制してくる営みは、どれもそうだということは、今も昔も変わらないのである。ただし、近代の数百年より以前には、総じて個人の生存維持と類の存続に仕える一切の活動が、そのような強制に含めて数え入れられていた。だからこそ、「自分の身体でもって「身体的生命の」必要に仕える[81]」労働者、ならびに同じく自分の身体によって類の自然的存続を保証する女性は、隠された状態に置かれていたのである。女性と奴隷はともに属し合い、ともに家族を形成し、隠された状態にともに置かれていた。だが、それはたんに、女性や奴隷が財産であったからではない。彼らの生が「労苦に満ちた」ものだったから、つまり、身体の機能によって決定され強制されていたからである[82]。女性と奴隷のこの古来の連関は、近代社会にも依然として表われている。近代社会では、古代ローマの風習に従って、労働者階級は「プロレタリアート」と呼ばれるが、この語はもともと、「子どもを産む者」(proletarii) という言葉であり、自分の家を持たないローマの無産階級の人びとを意味した。子どもを産み、労働によって生計を維持することが、いわば彼らの機能なのであった[訳注10]。近代の初頭、自由の身になった労働が、家政の領域とその保護から解き放たれて、自由市場に現われたとき、「自由」労働者は、共同体からまず切り離されて、共同体からいわば隠され、犯罪者のように監獄の壁の後ろで不断の監視状態に置かれた[83]。よく知られていることだが、労働は、彼らと非常に密接に関係にある貧困と同じく、近代の発展の初期段階において、犯罪のように取り扱われた。当時は、成立しつつあった社会は労働から当然の保護をさっさと剥奪したものの、私的なものの脱私秘化 Entprivatisierung の用意が公的空間にはまだできていなかったからである。犯罪にも労働にも、当時まだ恥ずかしさがまとわりついていたし、その恥ずかしさは、われわれ現代人でも自分の身体の営みを衆人環視から隠すときに覚えるものと、同質である。当時は、そういった営みが他人の視線に突然晒されるようになったことが、「礼儀作法をまだ弁えている」どんな人にも、憤慨の気持ちを起こさせたのである。近代において、労働者と女性が、歴史上ほぼ同じ瞬間に平等解放されたことは、彼らに対する偏見が以前よりなくなったおかげであるばかりではない。近代社会が、生活の必要と結びついた活動や機能を、何千年も昔からの隠し処から、公共性の光へ曝け出したということとも、このうえなく密接に関連しているのである。こういった現象の本質にとってそれだけいっそう特徴的なことに、現代文明でも無条件的に隠すべきものとされているわずかな残りものは、身体そのものの自然に由来する強制的必然に関係している。とりわけ、便所と寝室がそれである。〔訳注11〕

10　活動の場所指定〔訳注12〕

私的と公的の区別は、必然と自由、はかないものと永続、さらには恥と名誉、といった対立概念と、ある程度までは重なる。しかしだからといって、私的なものの領域に落ち着いているのは、必然的なもの、はかないもの、恥ずかしいもの、のみだというわけでは決してない。私的領域と公的領域の最も初歩的な意味とは、隠されるにふさわしい事物もあれば、公的に見られるときにこそ栄えることのできるものもある、ということなのである。こういった現象をつくづく考えてみると、しかも、一定の文明内のどの位置で各現象に出会うかには頓着しなければ、すぐ明らかとなることがある。つまり、人間の活動のいずれにも何かが内在しているように見えるのであり、その何かによって示唆されているのは、人間の活動はあたかも宙に浮いているのではなく、それにふさわしい場所を世界のうちにもつ、ということである。少なくともこのことは、活動的生の分節化されたかたちである労働、制作、行為の主要活動に当てはまる。ところで、場所を指定されているという、活動に内属するこの注目すべき現象を、ありありと思い描くために、恰好の一例がある。その例は、日常的なものではなく、それどころか、極端なところさえあるが、その代わり、政治思想の歴史では相当の役割を果たしてきた。善という問題がそれである。

絶対的意味での善という現象――つまり、卓越し傑出しているという意味でも、たんに有用なという意味でもないもの――は、西洋の歴史では、キリスト教が成立してはじめて知られるに至った。善行という行ないは、人間の行為の本質的な可能性の一つなのだと、以来われわれは意識するようになったのである。res publica つまり公共の事柄に対して初期キリスト教が抱いた深い反感を、テルトゥリアヌスは、“nec ulla magis res aliena quam publica”つまり「公的な事柄ほどわれわれに疎遠な事柄はない[84]」という簡潔な一文で、みごとに定式化してみせた。公的なものへのこの反感は一般に、また当然ながら、紀元後の最初の数世紀に抱かれた終末論的期待の帰結であったと解される。この期待はその後、ローマ帝国の没落でさえ世界の終末をまだ意味しなかった、と経験を通して教えられたとき、重要性を失った[85]。だが、キリスト教の非世界性 Unweltlichkeit には、さらにもう一つの根がある。この根は、おそらくイエス本来の教えにとっても、いっそう重要性をもっていただろうし、少なくとも、世界は移ろいやすく終末はすぐだと信ずることとは、無関係である。それゆえ、キリスト教的な世界疎外が終末論的期待の公然たる挫折を持ちこたえることができたのはなぜか、の内的原因を、この根のうちに見出したくなるほどである。

イエスが言葉と行ないでしかと教えた唯一の活動とは、善意の活動であった。この活動は、人びとに見られ聞かれることから隠されたまま保たれようとする傾向を、明白に示す。初期キリスト教は、公共性に対して敵意をあらわにし、敬虔な生は公共性からできるかぎり身を遠ざけなければならないと頑なに主張したが、この態度にしても、一切の希望や期待とは独立に、善意の活動の態度それ自体からおのずと生ずる、抗いがたいほど明々白々な態度とも解される。というのも、善行は、公的に周知となるやいなや、善意という種別的な性格を、当然失うからである。その場合、当の行為のうちに現われるものは依然として、慈善活動団体の催しがみなそうであるように、大きな利点をもちうるし、もしくは、本当に連帯的な行為がみなそうであるように、大きな価値をもちうるであろう。だがそれは、もはや善意ではまったくない。イエスも戒めるように、「施しを人びとの前で与えて人びとに見られることのないよう、気をつけなさい」。善意は、見られ注目されることには耐えられないのであり、それは、相手が見る場合でも、善行をなす人自身が見る場合でも、そうである。意識して善行をなす人は、もはや善人ではない。役に立つ社会の一員、もしくは自分の義務を弁えている教会員になら、立派になれるのだろうが。だからイエスは言った、「あなたの右手が何をしたかを、左手に知らせてはならない」と。

善意の活動は、この世で行なわれなくてはならないのに、この世に現われてはならない、という奇妙に否定的な面をもつ。だからこそ、歴史の舞台上に登場したナザレのイエスという男は、非常に深遠なパラドックスをもつ出来事として受け止められたのだろう。この否定的な面と間違いなく連関しているのが、イエスが「誰も善人ではありえない」と否定的に考え、教えたということである。「どうして私を善人と呼ぶのか。神様お一人を除いて、誰も善人ではない」[86]。これと同じ文脈に関わる物語が、ユダヤ教の『タルムード』に出てくる。三十六人の義人のために神は世界を救ったのだが、誰がその義人かは誰にも分からないし、当人には一番分からない、というのである。もちろん、以上すべてから連想されるのは、「誰も知者ではありえない」としたソクラテスの大いなる認識であり、なかんずく、この洞察から知への愛、つまり希《フィロ》－哲学《ゾフィー》が生まれたということである。そんなわけで、あたかも、イエスの生涯と事績の物語全体が、誰も善人ではありえないという認識から、それまで知られていなかった善への愛がいかにして成立するか、を証ししているかのようである。

ひとが知への愛や善への愛を為しあたうのは、それに対応する活動たる、哲学することと善意の活動においてのみである。だがこの二つの活動が際立っているのは、そもそも両者が、知者であることや善人であることが存在しない場合にのみ、存立しうるという点である。知者であれば、知を所持しているから哲学することはもはや必要でないだろうし、善人であれば、善意をいわば放出しているから善行をなすことはもはや必要でないだろう。もちろん、善人であるとか賢者であるとか自称したり、他者を模範に仰いで熱心に見習ったりする試みに、事欠くことはなかったが、行ないのはかない瞬間を超えて存続することの決してありえないものを、存在すると述べ立てようとするそうした試みは、決まって不条理な結果に終わった。古代後期の哲学者は、知者であることを自分自身に要求したが、知者であれば、たとえ〔シチリアの僭主〕ファラリス〔が拷問用に造らせた真鍮製〕の雄牛の中で生きながら焼き殺されようと「幸福」であることには変わりない、と不条理に主張するだけに終わった。右の頬を殴られたら左の頬を差し出せ、とか、汝の敵を愛せ、とかいったキリスト教の要求は、比喩的－論争的な内実を脱ぎ捨て実生活で実践される場合には、それに劣らず不条理なものとなる。

だが、知への愛と善への愛、そしてそれぞれに対応する活動のあいだに類似点を指摘できるのは、ここまでである。なるほど、どちらも、公的なものの現われの空間に対立するという特徴をおびるが、善への愛の場合、この点、はるかに極端であり、それゆえ目下の文脈では、いっそう重要性は大きい。自分で自分を不可能とするつもりがなければ、完全に自分を隠さざるをえず、いかなる種類の現象や仮象も避けざるをえないのは、善意の活動だけである。これに対し、哲学者は、たとえプラトンよろしく人間事象の「洞窟」を立ち去ろうと決心したとしても、少なくとも、自己自身の前で自己を隠す必要はさらさらない。それどころか、イデアの天空のもとで哲学者が見出すことになるのは、一切の存在者の真なる本質ばかりではなく、とりわけ、自己自身なのである。というのも、自己自身を見出す「私と私自身」（*eme emautôi*）との対話のうちに、明らかにプラトンは、思考の本質を見てとったからである。[87] 人間たちの洞窟を立ち去る哲学者は、独居 Einsamkeit へと赴くが、独居とは、自分自身と一緒に居ることなのである。思考は、一切の活動のなかでおそらく最も独居的な活動であろうが、対話相手が居なければ決して生じないし、本当に絶対的一者であることは決してない。

これに対し、哲学者が知への愛に捉えられるのと同じように、善への愛に捉えられた人は、独居において生を送るなどというまねはできない。それでいて、他者とともに生き、また他者のために捧げられるその生は、誰にも証しされることがあってはならず、なかんずく、自分自身と仲良く付き合って過ごすことがあってはならない。彼は、独居ではなく、孤独なのである。彼は、他の人びととともに生活していながら、にもかかわらず彼らから身を隠さなければならない。彼はあたかも全世界から見捨てられているかのように生きなければならないのである。彼が見捨てられていることの本質はどこにあるかといえば、見捨てられた状態 Verlassenheit が一般にそうであるように、独居へと乗り出していくことができないという点にある。言いかえれば、自分自身と仲良く付き合うという、要するに思考する能力があるという、不思議な能力が人間にはあることを発見するには至りえないこと、この点にある。哲学者は、自分の思想が彼と仲良く付き合ってくれるだろうと、独居においてつねに信頼を置くことができる。だが善行は、誰とも仲良く付き合うことができないし、そもそも覚えられるということがあってはならない。善行は、それが為されるや、いち早く忘れられねばならないのである。それが思い出されるだけでもう、善であることは台無しにされてしまうからである。そのうえ、思考は、想起されることがありうる以上、いつも結晶して思想となるし、思想は、想起のおかげで存在することのできるあらゆる事象と同じく、物化され、摑みどころのある対象物へと変貌する。その場合、当の対象物のほうは、書き記されたページや印刷された書物と同じく、人間によって制作された物世界を構成する部分の一つとなる。だが善行、つまり善意の活動のいわば産物――思想が活動的思考の産物であるように――は、想起によって物に姿を変えられることがあってはならない以上、世界の構成部分を形づくることも決してありえない。善行は忘れられ、来ては去り、何の痕跡もあとには残さない。まことに、善行とはこの世のものではないのである。

善行に内属するこの無世界性と実体のなさの結果として、善への愛に捉えられた人は、宗教的に規定された枠のなかで生きるほかない。その場合、善意それ自体は――古代哲学における知恵と同じく――、人間に帰せられてはならず神だけに帰せられてよい性質とならざるをえない。善への愛は、知への愛とは異なり、「少数者」の経験ではない。これは、見捨てられた状態が、独居とは異なり、どんな人間にも降りかかりうる経験であるのと同様である。この理由からしてすでに、善および見捨てられた状態という現象は、政治的なものにとって、知や独居より大きな重要性をもつ。政治的なものにあっては、われわれはつねに「多数者」と係わるからである。しかしながら、哲学者という形態をとる独居だけは、世界の内での真正の人間的生き方の一つとなりうるのに対して、見捨てられた状態という、はるかに一般的な経験のほうは、数多くの異なった形をとりながらも、一切の人間的生を総じて制約する条件である複数性と非常に矛盾するために、端的に耐えがたいものとなる。見捨てられた状態の唯一の積極的生き方が、われわれの知るかぎり、善意の活動なのであり、この生き方は、神を相手とする付き合いに逃げ込むほかない。神とは、人間の実存が善行のために破壊されてはならないとすれば、善行を証言してくれる可能性のある唯一の存在だからである。宗教に特有な経験にひそむ非世界性は、その経験において活動という意味での隣人愛といったようなものが現実に経験されるかぎり――そして、啓示された彼岸的真理を受動的に観取するというはるかに頻度の多い経験が問題ではないかぎり――此岸性 Diesseitigkeit の経験であり、この世界の内部で告げ知らされる。つまり、その非世界性は世界を超越することも、世界をあとにして去ることもなく、むしろ、他のいかなる活動と同じく、世界の内で行使されるのでなければならない。他のいかなる活動も、世界の内で生じるが、善行も、それと同じ世界の内で告げ知らされ、世界の此岸性にあくまで依存している。しかしながら、世界への善意の活動の関わり方は、本質的に否定的な性質をもつ。しかも、活動が問題となっているからには、否定活動を活発に行なう関わり方となる。善意の活動は、世界から逃れ、世界の内で世界の住人たちの目から身を隠すことにより、世界が人びとに提供してくれる空間を否定する。とりわけ否定されるのは、どんな物もどんな人も他の人びとによって見られ聞かれる場たる、世界のなかでの公共空間なのである。

それゆえ、善意は、公的領域の限界の内部での調和のとれた生き方としては、不可能であるばかりか、どこで試みられるにせよ、いちじるしく破壊的となる。善意の活動の破滅的性質を、マキアヴェッリほど明確に弁えていた者はいない。マキアヴェッリは、有名であるに劣らず悪名高い文章の中で、善人であろうとするな、と自分は人びとに教えたい、と言い切った(88)。だからといって彼は、悪人であれと人びとに教えたいと言わんとしていたのでは、もちろんない。犯罪と善行は、共通点を一つもっている。すなわち、理由は異なるにせよ、人びとの目と耳から逃れて身を隠さなければならない、という点である。マキアヴェッリの考えた政治的行為の基準とは、古典古代のそれと同じ、すなわち「光り輝く名声」であった。悪事は、善意と同じく、「光り輝く」ことができない。それゆえ彼は、善意と同じくらい悪事を斥けた。悪事によってひとは、権力を得るかもしれないが、名声を得ることはできないからである。(89) 悪事は、その隠れ家から出ていくとき、恥知らずとなる。公的におのれを現わすことが悪事にできるのは、いっそのこと共通世界を無に帰せしめてやろうと試みる場合だけである。だが善意が、隠された状態に嫌気がさして、公的役割を演じるという思い上がった挙に出るなら、それはもはや本来の善ではないのみならず、いちじるしく腐敗しているのであり、しかもそれは、善に固有な尺度の意味においてまったくそうなのである。それゆえ善意は、どこで自分を現わすにしろ、公的領域では腐敗させるという影響を及ぼすことしかできない。それゆえ、これまたマキアヴェッリの考えでは、当時はなはだ時局的な問題であった、教会の影響でイタリアの政治的生が腐敗させられるという問題とは、司教などのカトリック高位聖職者の特定の個人が腐敗しているのは問題だ、といったことよりはむしろ、世俗的な事柄一般に教会が影響力をもつことの結果として生ずる、不可避的な付随現象なのである。世俗的なものを宗教的なものが支配することから生ずる真のディレンマは、それゆえ彼には、次のように映じた。世俗の政治が、教会の制度を腐敗させ、それによってみずから腐敗するか、それとも、教会という宗教体が、世俗的なものによる腐敗の危険に抵抗し、その結果、教会自体が損なわれないために、現われと輝きの公的空間を無に帰せしめるほかないか、のどちらかであると。だから、マキアヴェッリの目には、宗教改革によって一新された教会は、根本において、世俗的なものに伝染して腐敗させられた教会より、危険なものに映った。当時の経験からして、彼には、その危険が分かりすぎるほどよく分かっていたのである。だが、腐敗に対する抵抗から生ずるさまざまな可能性のほうも、彼は知らなかったわけではない。当時の宗教的再生運動を、彼は大いに尊敬しており、そういう「新しい修道会」を標榜したフランシスコ会やドミニコ会の修道士は、「宗教をふたたび宗教本来の原理へと連れ戻し」、宗教感情を「それがもうすっかり消え去っていた心情のうちにふたたび覚醒させた」。だが、この再生運動が、「司教やその他の教会の高位聖職者の放縦ぶりによる破壊から、宗教を救った」とき、その運動は、民衆に善意の活動を説き、「悪には抵抗するな」

と説いたのだった――その帰結として、「悪逆非道な支配者が、やりたい放題に災厄をさんざんやり散らかせる」ことにもなった[90]。

さて、善意の活動という例が、人間の活動が世俗的‐人間的生のさまざまな領域の中で場所を指定されていることを示す例としては、極端なものであることは間違いない。なぜなら、善行という活動は、明らかに、私的なものの領域においてさえ、安心してくつろぐということがないからである。とはいえ、この例に即して判然と示されたことは、人間が活動的であることの意味が、当の活動の遂行される場所にどれほど依存しているか、である。次章以下では、活動的生の日常的活動である労働、制作、行為に目を向けることとなるが、そのような日常的活動に即してよりも、おそらくいっそう判然と、善行の例に即してみると、活動の場所依存性が一目瞭然となるのである。本節でおのずと明らかになったことは、こうも言いかえられる。西洋の歴史において伝えられているかぎりで、さまざまな政治共同体のあいだに、特定の活動がいかなる場所を指定されるかに関して合意が見られ、また、公的に見られ視線を浴びるにふさわしいのは、どの活動であり、私的領域のうちに隠される必要があるのは、どの活動であるか、に関しても合意が見られるが、この合意は、恣意的なものではなく、たんに歴史的事情のせいでもなく、事柄そのものの本性に存しているのだ、と。活動的生の政治的意味への問いを立てるとき、私は、およそ考察の俎上に載せられるすべての活動を、本書であらゆる点から考察し尽くそうなどと意図しているわけではないし、だいいち、そんなことは不可能である。なぜなら、活動的生の内部における分節化そのものが、もっぱら観想的生とその尺度を究明することに定位してきた伝統によって、なおざりにされてきたのだし、そうであってみれば、若干の本質的活動をまなざしに収め、その政治的意義を何ほどか規定することに成功したならば、それだけでもう喜ばしいと言わざるをえないからである。

第三章　労働

まえおき

労働を分析しようとするからには、カール・マルクスと批判的に対決しないわけにはいかない。だがそのような企ては今日、誤解を受けやすい。マルクス批判に従事している現代の論客の多くは、往年のマルクス主義者である。つまり、マルクスとは無関係な理由から、近ごろ反マルクス主義に転向した連中である。そんなわけで、一方では、膨大なマルクス関連文献は、熱狂的に支持するにせよ、熱狂的に拒絶するにせよ、マルクスの著作のなかに豊かに貯蔵されている着想や洞察のおかげで、本質的には相変わらず食いつないでいるのに、他方で、マルクスの著作の核心は、いっこう批判的に解明されないままなのである。そのうえ、こぜり合いやらごまかし合いやらに気をとられて、どれほど多くの世代の著作家たちがマルクスのおかげでたっぷり稼がせてもらってきたか、が忘れられてしまう。あげくは、マルクスは自分の生活費を稼ぐことも全然できなかった、との非難の声が上がるありさまである。やれやれと困惑をおぼえて私は、バンジャマン・コンスタンの言葉を引き合いに出したくなる。コンスタンは、ルソーを批判しないわけにいかなくなったとき、次のように述べたという。「もちろん私は、偉大な人間を中傷する連中の仲間入りをするのは避けたいと思う。何かのはずみで、ほんの一点に関してであれ、私が連中と意見が一致するように見えた場合、私は自分自身に不信感を抱く。そして、連中と同意見であると一瞬でも見えた自分を慰めるために、私はそういったたぐいの援軍とやらを、自分の真の援軍とは認めたくないし、できるだけ糾弾したと思うのだ[1]」。

11　「肉体の労働と、手の仕事[2]」

本書で私は、労働と仕事を区別することを提案したい。だがこの区別立ては、ロックを引き合いに出すことはできるものの、普通に行なわれていることではない。それどころか、古代や中世の基本文献で、そもそも労働とか仕事とかいった事象にふれているものは、わずかしかない。これに対し、近代になると好んで論じられるようにはなるが、古今いずれの場合でも、労働と仕事との区別を支持してくれるような発言は、散見される程度にとどまる。しかもそうした数少ない発言は、伝統的に学問上の影響を及ぼさなかったのみならず、著作家のテクストのなかでしかるべき真価を発揮したということもない。しかしながら、私の見るところ、この区別立てに有利な証拠として引き合いに出せる現象がある。この現象は、数千年にわたりヨーロッパ諸言語に類例のないほどしぶとく沈殿して残っているだけに、説得力がありそうである。すなわち、古典語にしろ近代語にしろ、どのヨーロッパ語にも、語源的にまったく別個の二つの言葉が並存している。この二通りの言葉は、日常の言語使用においては、同義語として用いられる傾向がつねにあるにもかかわらず、現代なお、別々の言葉として保持されているのである[3]。

そんなわけで、ロックが通りすがり的に、「仕事する」手と「労働する肉体」を区別したのは、手仕事職人、つまりギリシア語の *cheirotechnēs* と、「肉体でもって生活上のやむにやまれぬ必要に奉仕する[4]」人びと、つまり肉体労働する——*toi sōmati ergazesthai*——奴隷と家畜、の区別に対応している。もっとも、この言葉遣いにはすでに概念上のある種の混同が見られる。肉体労働を表わす動詞として、ギリシア語の *ponein* つまり労働する、ではなく、*ergazesthai* つまり仕事する、が用いられているからである。古典語でも近代語でも、「仕事する」と「労働する」は、なるほど日常言語では同じ意味で使われるが、一点においては、同義性が成り立たないことが多い。つまり、それぞれに対応して作られる名詞という点では、意味が異なるのであり、この点は、言語学的に決定的である。「労働」という名詞は、ドイツ語の die Arbeit やフランス語の le travail では、労働するという活動を表わすだけでなく、労働によってもたらされる産物をも表わすが、この用法は比較的新しく、——たとえば、英語ではまだ全然浸透していない。つまり、英語の the labour は、活動しか表わさない。これらの名詞が、動詞の不定形が実詞化されたものでしかないのに対して、産物を表わす真正の名詞は、Werk, work, œuvre であり、これらはみな、仕事するという意味の動詞 werken, to work, ouvrer から派生している。ドイツ語やフランス語の場合、このもともとの動詞 werken, ouvrer のほうは、今日では廃《すた》れてしまったほどである。[5]

ところで、古典古代に関していえば、労働と仕事の区別に注意が払われなかったのは、むしろ当然のように思われる。なるほど、労働蔑視の目がもともと向けられていた活動とは、生活上のやむにやまれぬ必要にじかに結びつき、それゆえ何ら痕跡を、つまり記念として残るもの、作品、長持ちする物を、いささかも残さない活動のみであった。だが、ポリスに生きるからにはポリス市民として捧げるべしとされた時間と活力の要求の圧迫度が高まるにつれ、ポリス的活動と直接には見なされないあらゆる活動に対する蔑視と、そうした非ポリス的な活動は差し控える（*scholē*）べきだとするポリス的要求が、ますます大手を振ってまかり通るようになった。あげくの果ては、とにかく肉体的労苦をある程度要する活動なら何であれ、ことごとく蔑視の的となってしまったのである。ポリスが完全に発達を遂げる以前の時代には、奴隷と職人が区別されていたのみであった。その場合の奴隷とは、戦争における他の戦利品と同様、勝者の所有物となった捕虜（*dmōes* または *douloi*）のことであり、主人の

家で *oiketai* または familiares つまり同居人として主人と自分自身の生計を維持すべく「奴隷的」な労働に就くことを余儀なくされる人たちを指す。それと区別される職人つまり *demiourgoi* とは、家事に従事するのではなく、世間で仕事に就き、それゆえ世の中を自由に動き回る人たちのことであった。[6] 手仕事職人は、ソロンにおいてはまだ「アテナとヘパイストスの息子たち」と敬意をもって呼ばれていたが、のちの時代になると、*banausoi* つまり俗業民と呼ばれるようになった。じっさい、バナウソイというギリシア語自体、俗物という意味合いをもっており、手工業にしか関心を示さず公共の事柄などどうでもよいと思っている人びとを指すものだった。とはいえ、ポリスにおいて、すべての職業がそれに必要な肉体的労苦を基準として分類されるようになったのは、ようやく紀元前五世紀の終わり頃になってであった。それゆえアリストテレスは、「肉体を酷使し往々にしてだめにしてしまう」人びとのことを、最下層民だとしている。そんなわけで、アリストテレスは、バナウソイを市民とは認めようとはしなかったが、労苦の少ない羊飼いと画家は、例外的に市民と見なし、肉体労働を要する農民と彫刻師は、市民にふさわしくないと考えた。[7]

ギリシア人は、労働蔑視とは別に、手仕事職人の「俗物根性」、もしくは homo faber つまり制作する人の心性に、不信感を抱いていたが、それはいわれのないことではなかった。この点はあとで見ることになろう。この不信感それ自体は、特定の時代の特殊事情にすぎないが、その一方で、ギリシアの著作家たちは総じて――ヘシオドスのように労働を高く評価しているように見える場合もあるにはあったが[8]――、肉体労働は肉体上のやむにやまれぬ必要に強いられたものであるがゆえに奴隷的だとする点で、意見が一致していた。これに見合った形で、たとえじかに肉体労働を事とするわけではない業務であっても、それ自身のためになされるのではなく、生活の必要を調達するためになされるやいなや、労働なみの卑しい地位に貶められることとなった。現代の歴史家は、古代人が労働や制作を蔑視したのは、それに従事させられたのがもっぱら奴隷だったからだ、と考える。だがこれは偏見である。古代人の発想は逆だった。奴隷が必要なのは、本性上「奴隷的」な必然的業務が存在するから、すなわち生とそのやむにやまれぬ必要に隷属させられた業務があるからだ、というのが古代人の見解だったのである。[9] そう考えられたからには、奴隷制はべつに弁護される必要がなかった。むしろ、事柄の本性からして正当化された。労働するとは、必然の奴隷となることを意味し、その意味での隷属性は人間の生の本質にひそむものであった。人間誰しも生活上のやむにやまれぬ必要に服従させられている以上、自由になるためには、他人を服従させて、生活上のやむにやまれぬ必要を自分の代わりに引き受けてもらうよう、暴力ずくで強制しなければならないのである。奴隷の身に成り下がるのは、死よりも悪しき悲運であった。それに見舞われた者は、本性上の変貌を遂げて、人間から家畜同然の存在に落ちぶれることになったからである。[10] 奴隷の身分から脱したあかつきには――解放される場合であれ、政治的事情の何らかの変化により以前は純粋に私的業務であったものが突如として公的に政治的な重要性をもつに至った場合であれ――、それに伴って当人の「自然本性」も自動的に変貌を遂げる。解放奴隷はたった一晩で、奴隷的本性を脱ぎ捨てるのである。[11]

古代において奴隷制は、後代のように、安価な労働を手に入れたり利潤目当てに人間を「搾取」したりする手段ではなかった。そうではなく、人間が生きるうえで課されている条件から、労働を除外しようとする自覚的企てであった。人間の生が他の動物の生存形態と共有しているものは、人間的とは言いがたいと、そう古代人は考えた。奴隷の本性は人間的とは言いがたいと彼らが考えて怪しまなかったのも、もとよりそういう理由からだった。ポリスにとって自明であったこうした見解を、今日のわれわれが正確に知ることができるのは、アリストテレスが詳細に論じてくれているからである。だがそのアリストテレス自身は、ともかくも死ぬ間際に自分の奴隷を解放したという。してみると、現代の論者が想定したがるほどには、アリストテレスは首尾一貫していなかったということになろう。というのも、人間として存在できる能力が奴隷にはあると、もちろんアリストテレスは信じて疑わなかったが、人類という動物種の一例ではあるものの、生活の必要に完全に屈従しているような存在を、「人間」と呼ぶことに異議を唱えたのもアリストテレスだったからである。[12] 生きることに汲々としている存在は人間とは呼べないという見解にも、どこか正しいところがありそうである。それというのも、animal laborans つまり労働する動物という概念の場合――animal rationale つまり理性的動物という、このうえなく疑わしい人間観とは異なり――、事柄上、動物的なものが前景を占めているからである。労働する動物と定義される場合、事実として人間は本質的に動物同然のものでしかありえず、せいぜい、地球に棲息する動物の種類のうちの最高位どまりなのである。

古典古代において労働と制作の区別が無視されたのは、さして意外なことではない。ポリスにとって本来的だったのは、私的と公的との区別、家政の領域と公的領域との区別、家人であった奴隷と、アゴラを自由に動き回る主人との区別、隠れて行なわれる活動と、見られ聞かれ想起される価値のある活動との区別、のほうであった。この区別が幅をきかせていたために、他の区別はみなその陰に隠れてしまったほどである。その結果、人間の生に関しては、わずかに次の問いが真に残るのみとなった。すなわち、人間の生に割り当てられた時間や生に発揮できる活力を、どちらにより多く費やしているか。私的領域にか、それとも公的領域にか。生の勤《いそ》しむ活動を動機づけているのはどちらか。cura privati negotii つまり私事への気遣いか、それとも cura rei publicae つまり公共の事柄への気遣いか[13]。独自の政治理論を引っさげて哲学が登場すると、今度は、それまで曲りなりにも弁《わきま》えられてきた活動的生内部の区別立てさえ、見失われてしまった。観想の見地により、どんな活動も要は活動状態だと、一緒くたにされ水平化されたからである。これにより、それ以前は活動のうちで最高のものとされていた行為と、それを奮い立たせる公共の事柄への気遣いすら、必然の水準へ引き下げられてしまい、その必然が今や、活動的生に固有な一切の活動を値踏みするための公分母ならびに基準となった。次いでキリスト教は、哲学者の行なった観想と活動状態一般との根本的区別をそっくり受け入れては、その区別を多岐にわたっていっそう洗練させて確立した。ただ、哲学がつねに少数者にしか意味をもたないのに対し、宗教は万人に意味をもつがゆえに、観想的生と活動的生との区別は、キリスト教のおかげで広く一般に通用することとなった。

ところが近代においては、少なくとも一見、意外に思えることだが、伝統的な位階秩序が転倒したにもかかわらず（しかも、行為に対する観想の優位が逆転しただけではなく、労働が一切の「価値」の源泉として讃美されたことにより活動的生自体の内部での上下関係がひっくり返り、労働する動物が理性的動物にはじめて取って代わった）、労働する動物と制作する人、つまり「肉体の労働」と「手の仕事」が、理論的に区別された形跡はどこにもない。その代わりに、近代の発展の初期段階には、生産的労働と非生産的労働の区別がさっそく現われ、次いで熟練労働と非熟練労働の差別化がこれに取って代わり、最終的には、活動全般を知的労働と肉体労働に区分することが幅をきかせるようになった。知的労働と肉体労働の区別は、これらすべての区別のうちで最も基本的であるかに見えるからである。だがじつは、問題の核心にあるのは、ひとえに第一の区別、つまり生産的労働と非生産的労働との区別なのである。アダム・スミスとマルクスは、労働理論の領域における巨星だが、両人とも著作のなかでこの区別を根底に据えているのは、偶然ではない。というのも、近代における労働の地位上昇にとって決定的だったのは、ほかならぬ「生産性」だったからである。（神ではなく）労働こそ人間を造ったとか、（理性ではなく）労働が他のすべての動物から人間を区別するとかいった、冒瀆的底意にみちたマルクスの言い方は、あまりにラディカルで衝撃的に響く。だがじつはそれは、近代全体の一致した意見だったのである。[14]

そればかりではない。スミスもマルクスも、非生産的労働は寄生的だとして蔑視したが、両人のこの意見は、じつは当時の世論と完全に一致していたのである。その共通見解からすれば、労働は世界の現有在庫分を増加させる場合にのみ労働の名に値するのだから、非生産的労働など一種の倒錯した労働にすぎない、というわけである。じっさいマルクスは、「家僕ども」に対する侮蔑を、アダム・スミスとたしかに共有していた。家僕は、「のらくらな客人ども」と同様、「飲み食いするばかりで、それに見合うものをあとに何も残さない[15]」からである。ほかでもない、この「のらくら」な召使たち――家の同居人、ギリシア語では *oiketai*、ラテン語では familiares であり、えんえんと回帰してくるやむにやまれぬ生活の必要を満たし、主人が労せずして消費するために世話をし、あとに残るものをいつも何一つ生み出すことのなかった人びと――こそ、近代以前のいかなる時代においても、労働と隷属状態とが同一視されたとき思い浮かべられていた存在であった。「のらくらな家僕ども」は、「飲み食いするばかりで何も造り出さない」。そうアダム・スミスは言うが、本当を言えば、彼らが「生産していた」のは、彼らの主人の自由にほかならなかった。これを近代風に言い直せば、召使の労働は、主人の「生産性」の可能性の条件だったのであり、それ以上でも以下でもなかった。(16)

だから、労働と制作との原則的区別は、非生産的労働と生産的労働の区別立てに、もともと内含されている。生産性に富むからと言って労働を優遇する近代的偏見の形態においてであれ、そうなのである。(17)というのも、客観的に摑みどころのあるものは何もあとに残さず、その骨折りの結果がすぐさまふたたび平らげられ、ごくごくわずかしか長持ちしないというのは、まさしく労働の特徴だからである。しかしながら、持続的なものを何一つ生み出さないそうした骨折りは、空しいながらも無比の緊急性をもっており、その任務は、他の一切の任務に先立つのである。なぜなら、それを満たすことに生命それ自体が懸っているからである。近代社会における類例のない生産性の増大を前にすると、相も変わらず「非生産的」にとどまっている労働は、過去の遺物として一括処理してしまいたくなるし、制作にのみ帰せられる性質をじつは労働はもっているのだと言いたくなるのも、労働する動物《アニマル・ラボランス》は本当は制作する人《ホモ・ファーベル》なのだと言いたくなるのも、無理からぬところがあった。この混同を基礎にしているのは、マルクスの労働論だけではない。近代における労働の讃美が、総じてそうなのである。そして、この労働讃美の背後に隠れている希望を、比類のない明白さで公言しているのは、これまたマルクスの著作にほかならない。曰く、労働ならびに必然を、人間的なものの領域からきれいさっぱり抹消するためには、あともう一歩前進すれば十分であろう、と。(18)

歴史的発展のなかで、労働は、それが隠された暗闇から公共の光のうちへと登場し、組織化され「分割」(19)されることが可能となった。この歴史的事実が、近代の労働論の成立にとって、ある傑出した役割を演じたのは疑いない。だが、それよりはるかに重要だったのは、古典派経済学によってつとに予感され、次いでマルクスが真に発見して概念的に定式化した事柄のほうであった。つまり、歴史的経緯とはまったく独立に、純粋に事柄だけを考えた場合、労働には、その「産物」こそ一時的であるものの、労働ならではの「生産性」が事実としてそなわっており、そしてこの労働生産性は、私的領域でも公的領域でも同じように当てはまるということ、これであった。ただし、この場合の「生産性」は、労働のそのつどの成果自体にやどるのではなく、むしろ人間の肉体の力にやどるのである。というのも、人間の肉体の作業能力は、自分の生活手段を生み出したとき、それで尽きるのではなく、何らかの「余剰」を、言いかえれば、自分の力と労働力を「再生産」するのに必要な分以上を、生産することができるからである。それゆえ、「労働力」という概念を導入したことは、エンゲルスがつとに指摘したとおり[20]、労働理論へのマルクスの最も本質的な寄与だったのである。労働の真に「生産的」な面をなすのは、人間の肉体の力の余剰であって、労働それ自体ではない。というのも、制作が、世界を形づくる対象の在庫に新たな対象物をたえず付け加えてゆくという意味で、生産性を誇るのとは異なり、労働力によって生産される対象的なものは、労働という生産活動のいわば廃棄物にすぎず、労働は本質的にはあくまで、自己自身を再生産するための手段を確保することをめざすにとどまるからである。労働力は、労働によってくみ尽くされないがゆえにのみ、一個の生命より以上の多数の人びとにとっての生活−手段の再生産を確保することに役立ちうる。だがそれゆえに、労働力は、「生命の生産」に結びつけられたままである。その場合の生命とは、自分自身の生命、もしくはその労働力を「搾取」する他人の生命、である[21]。だからこそ、奴隷制社会における暴力や、資本主義社会における搾取が、活用されることもありうるのである。その結果、人間の労働力のそのつど現存する総量のうちの一部だけで、万人の生命を再生産するには十分だということにもなる。

　近代全般のものの見方を規定してきたのは、全体としての社会という観点であり、その最も偉大で最も首尾一貫した表現は、マルクスの著作に見出される。その近代という観点からすると、およそ労働はすべて、「生産的」

なものとして現われざるをえない。その結果、あとに何も残さない家事労働や家僕労働の非生産性と、蓄積されるだけの持続性をそなえた対象物の生産とを分けて考えてきた従来の区別立ては、妥当性を失う。この純粋に社会的な観点は、すでに見たとおり、動物種としての人類の生命プロセスによってもっぱら規定されている。人類のこの生命プロセスは、生活－手段の再生産によって、不断に自己自身を更新し再生産してゆく。それゆえこの生命プロセスからすれば、対象的なものはすべて「消費価値」として現われる。「社会人類」なるものが出現するとすれば、その唯一の関心事は、生命プロセスの維持と更新にあるだろう(22)——しかもこの、マルクスの理論が公然とまたは暗黙裡に掲げていた理想は、残念ながら空想《ユートピア》的では全然なく、現実味をおびている。そのような「社会人類」の完全体にあっては、事実、労働と制作の区別はもはや存在しないであろう。というのも、制作の産物が、世界を形づくる対象的存続性をそなえた物としてはもはや解されず、生ける労働力として、また生命プロセスの機能として解されるや、あらゆる制作が労働にたちまち変身してしまうからである(23)。

注目すべきことに、熟練労働と未熟練労働との区別立て、ならびに知的労働と肉体労働との区別立ては、古典派経済学においても、マルクスの著作においても、何ら役割を演じていない。労働生産性の観点からすれば、この二種類の区別は、事実、二次的な意義しかもっていない。いかなる活動も、一定の練習を必要とする。掃除にしろ炊事にしろ、本を書くにしろ家を建てるにしろ、すべてそうである。したがって、熟練労働と未熟練労働との区別立ては、活動そのものに関するものではなく、活動を実行するうえでの特定の段階もしくは特定の性質を表示するものにすぎない。なるほどこの区別は、近代に分業が発達するにつれて、重要度を増すことになった。なぜなら、分業においては、以前なら修業中の未熟者にもっぱら割り当てられていた作業が、一生の職業となったからである。分業があらゆる活動を微細このうえない個々の構成要素へ分解した結果、ついには、最小限の技能さえあればその細分化された要素を実行するのに十分となった。しかるに、分業のこの帰結は、マルクスが正しく予言したとおり、熟練労働を総じて撤廃するという事態を伴わないわけにはいかなかった。今や労働市場で売り買いされているのは、技能ではなく「労働力」であり、これは、人間なら誰もがほぼ同じだけ所有している何かなのである。さらに、熟練労働と未熟練労働の区別立ては、どのみち労働者にとってしか成り立たない。「未熟練の手仕事職人」なる考え方は、自己矛盾をきたしているからである。仕事および労働の一切の活動を熟練労働と未熟練労働に区別しようとする試みからしてもう、じつのところ、労働と制作の区別を均《なら》しては労働に一元化してきた近代の動向を物語っている。

肉体「労働」と知的「労働」、あるいは手仕事職人と頭脳労働者という分け方は、現代人の好むところだが、この区別立てに関しては、事情は異なる。近代の発想からして、肉体労働と知的労働とを相互に結びつけているのは、労働プロセスである。労働プロセスは、頭脳によって実行される場合もあれば、それ以外の身体部位によって実行される場合もあるからである。ところで、「思考」は、この区別で言うと、明らかに頭脳に帰される活動ということになるが、じつを言うと、労働との類似性をそれなりに有している。それというのも、思考のはたらきもまた、生命それ自体が尽きてはじめて終わりを迎える一つのプロセスであって、おまけにこのプロセスは、労働に輪をかけて「非生産的」だからである。労働が、持続性のあるものを何もあとに残さないとすれば、思考は、それと異なる活動にあとで助けてもらって「思想」を確立しておかないかぎり、そもそも痕跡を何一つ残さない。思考する人は、自分の思想を公けにして世に知らしめようと欲するなら、職人がみなそうしているように、特定の技能を発揮できる腕前を身につけなければならない。思考と制作は、まったく相異なる二つの活動であるから、一致することは決してない。思考する人は、世の人びとに自分の思想の「内実」を伝達するためには、思考するのをとにかく止めて、これまで思考してきた内容を想起することを始めなければならない。思考のように、摑みどころがなくはかなく消えゆくものは、その他の制作過程と同様に、想起によって、対象化できるよう準備され、いわば標本を作っておかれるのである。制作プロセスを始めるに当たって、制作する人は、作製されるべき対象のモデルをまずもってありありと思い描いておく。この段階では、制作のために必要な材料とまだ係わりをもっていないため、後続の段階からは区別される。思考する人が、これまで思考してきた内容をありありと思い返す場合も同様であって、これは、まだ材料を背負い込まないで物化のプロセスを開始する初期段階にすぎない。次いで、制作それ自体が営まれ、制作に必要な材料が利用に供される。制作する人《ホモ・ファーベル》は、この材料を加工し、世界を形づくる何らかの対象、つまり世界の物に変貌させるのである。それゆえ、知的「労働者」がそもそも何かしら産物を産み出すかぎり、つまり彼の活動が純然たる思考には尽きないかぎり、この生産性は、彼の手の仕事のおかげであって、彼の頭脳の「労働」のおかげではない。彼は、他の制作する人と同様、一個の制作者なのである。

近代社会の職業序列において、知的労働は自由業の一つとされる。そこで、古代の区別立てを引っぱり出してみたくなる。だが、artes liberales つまり自由学芸と、artes sordidae つまり卑俗な技術、というローマ的区別立ては、精神と身体の区別にもとづくものではないし、頭と手の区別にもとづくものでさえない。ラテン語の artes やギリシア語の *technē* は、「芸術」ではなく能力だったのであり、そこに区別が成り立つとしてもそれは、一方には「高級な知能」が必要とされるとか、自由学芸は「頭」を使ってなされるのに対して卑俗な技術は手を使ってなされるとか、そういった違いによるのではなかった。古代の基準は、むしろ純粋に政治的《ポリス》なものであった。「自由業」——すなわち、自由人が従事しても恥ずかしくない職業——は、賢慮 prudentia にもとづく。ラテン語の prudentia は、ギリシア語の *phronēsis* に対応しており、政治家の枢要徳たる判断力のことを表わす。自由業は utilitas つまり有益さに仕えはするが、その有益さは necessitas つまり必要とはまったく一致しない。自由業は、自由市民であるかぎりでの人びとの役に立つ職業であって、自由人と非自由人とを問わず露命をつなぐためにどうしても必要なものに仕える職業ではなかった。[24] ローマ人がそのような自由業と見なしたのは、建築、医術、農業であった。[25] その対極にあると見なされたのが、奴隷的な職業であり、つまり、生計を立てるためにもっぱら営まれる職業であった。それが、書記によって生ずるか、指物師によって生ずるかは、関係なかった。よろしくない代表は、「魚屋、肉屋、料理人、鳥屋、漁夫」といった業種の人びとだった。これらの業種は、なるほどその「有用性」は、誰にも分からないはずはなかったが、あいにく、有用であるのみならず、必要でもあったからである。[26]だが、この下層の職業でもまだ、純然たる労働とは考えられていなかった。さらにその下に、第三位つまり最下位の職業カテゴリーが存在したのである。労働の骨折りそのもの（opus つまり仕事と区別された operae つまり労苦、それゆえ、活動によって出来上がった成果とは異なるたんなる活動状態）が支出されるということが、この最底辺の業種の特徴をなす。ローマ法では、労働契約と仕事契約が区別されたが、労働契約はごくまれだった。労働は奴隷によって行なわれるのが普通だったからである。[27]

それゆえ、肉体「労働」と知的「労働」とを区別するとき、われわれは、典型的に近代的な区別と係わり合っていることになる。とはいえ、この近代的区別の起源なら、中世にまで遡ることができる。[28]決定的に重要なのは、次の二つのまったく別々の事情であり、どちらも近代の特徴、いや近代だけの特徴である。第一に、近代の状況下では、いかなる職業も、社会一般にとって有用だということを証明しなくてはならない。しかも、労働が讃美されたことで、純粋に知的な活動の有用性のほうは、疑いの目どころか軽蔑の目で見られるようになったため、いわゆる知識人層はたちまち、一般大衆の労働者仲間に入れてもらうことを、何にもまして切望するようになった。だから、知的「労働」という区分けが生じたのは、当然のことにすぎない。それと同時に、いま述べた近代の展開とは一見矛盾するかに見えるが、第二に、近代社会においては、一定の「知的」作業の需要が上昇し、したがってまたその威信も上昇した。その上昇度に匹敵しうるのは、ローマ帝国滅亡期の最後の数世紀だけである。この需要上昇とそれに伴う威信上昇の意義を、正しく評価するためには、次のことを想起すべきであろう。つまり、古代では、社会にとって必要不可欠ないわゆる頭脳労働は、もっぱら奴隷によって賄われていたこと、そのような知的奴隷たる書記は、家内奴隷のみならず公僕としても働いていたこと、そして彼らはもちろん奴隷相応の待遇を受けていたということ、これである。ローマ帝国において官僚制が発展し、皇帝家の社会的、政治的地位が向上してはじめて、この種の奉仕業の威信が本質的に高められた。[29] 近代に成立した知識人階級は、現代社会ではますます欠くことのできないものとなり、それゆえその頭数はいよいよ急増している。この知識人階級は、古代ローマの先行者と同様、手を使う仕事の職業とほとんど共通点をもたない。彼らは労働している――のであって制作はしていない――し、なるほど「精神」は使っていないが、頭ならたしかに使っている。しかも、頭とは肉体の一部なのであり、そのことはたんなる比喩ではなく、現実にそうである。それゆえ知識人階級は、どんなに取るに足らない手仕事職人でも、このうえなく偉大な芸術家と通じ合っていることを、成し遂げることもできない。すなわち、人間によって打ち建てられた世界に、新しい物、しかもできるだけ永続的な物を、付け加えること、がそれである。この「労働する」知識人階級は、事実、「家僕ども」に一番よく似ている。じっさいアダム・スミスは、知識人階級を、「家僕ども」と同一の等級に置いた。[30] ただし、知識人階級の機能は、生命プロセスの維持および再生産にではなく、無数の巨大な官僚機構を維持することに存しており、そうした官僚機構によって、現代社会は世話を焼かれ制御されている。なにしろ、知識人階級の「産物」と奉仕業は、生物学的な生命プロセスのむさぼり喰らう胃袋にひっきりなしに補給されねばならない他の消費財に負けないほど、素早く無慈悲に消費されるのである。

12　世界の物的性格

古代において労働が蔑視されたのも、近代において労働が讃美されたのも、本質的な面において、労働する主体の態度または活動に定位してのことであった。労働主体の労苦が、古代では不信の目で見られ、労働主体の生産性が、近代では讃えられたのである。このように主体的なものに定位していることが最も歴然と現われるのは、軽労働と重労働との区別立てにおいてである。もっとも、ほかならぬこの区別が、近代では理論的にほとんど役割を演じていない。少なくとも、近代の労働理論家の最高峰でありこの種の議論にとって事実上の試金石をなすマルクスにおいて、この区別は何の役割も演じていない。むしろ、マルクスが労働生産性を規定するさいに尺度としているのは、生命プロセスがその維持と再生産のために課してくるさまざまな必要条件、もしくは人間の労働力に内在する剰余可能性、のほうである。生産的だとされるのは、労働者が、自分と家族の生命の必要条件を満たしたうえで、なお余計に行なう労働の部分である。言いかえれば、マルクスは、労働の生産性を労働者の生命プロセスを尺度として規定しており、労働の産物それ自体の性質や特性に定位してはいない。生産性の問題を度外視するとすれば、それとまったく同類の態度は、古代にも見出される。古代ギリシアでは、画家は比較的高い地位にあったが、それはもちろん、絵画が一般に彫刻家の仕事よりも高く評価されたからではない[31]。そうではなく、画家のほうが「軽い」労働ですむ、つまり少ない労力と時間を消耗するだけですむ、と考えられていただけの話である。このように、古代人が労働を疎んじたのは、労働の主観的側面ゆえだった。近代でも、とりわけマルクスの著作においては、もっぱら主体の活動に関心が集中し、生産された物が客体として示す世界的特性――物の場所、物の機能、世界内での物の永続性――は無視される。その場合には、労働と制作との区別立てはじっさい、たんなる程度の違いとなる。世界内にとどまる期間という意味での「寿命」は、たとえばパンの場合、一日にも満たない。これに対して、机というのは、何世代にもわたって使われ続けることも少なくない。だとすれば、生産物としてのパンと机との違いが、生産する主体の生活の違い、すなわちパン屋と家具職人との違いよりも、はるかに決定的なのは明らかである。

本章の議論は、言語と理論の奇妙な乖離から始まった。じつはこの乖離は、われわれの日常言語が世界に定位し一定の対象性をもつのに対し、世界を顧慮することなく人間および人間の活動に関心を集中させる理論のほうは主観性を免れないという、主客二つの方向性の乖離に帰着する、ということが分かる。世界の物は、それを生み出す活動と同様に、本質的に並外れて種類を異にしている、ということを理解したいのであれば、われわれは言語それ自体へ、そして言語に結晶している人間の根本経験 Grunderfahrungen へと、遡っていかなければならない。そんなわけで、対象を生み出す活動にではなく、世界を永続的に形づくる客観的対象にまずもって定位してみると、明らかになることがある。労働の産物ではなく、制作の産物こそが、それなくしては世界がそもそも不可能となってしまう持続性と永続性を保証する、ということである。この相対的に永続的な物の世界のただなかに、生命それ自体の存続に資する、本来の消費財も見出される。消費財は、肉体のやむにやまれぬ必要によって規定され、肉体の骨折りによって作り出され、しかしそれ自身は永続することなく、物のただなかに現われては消えてゆく。これに対し、物というのは、消費されるのではなく、使用される。われわれは、物を使用するうちに物に慣れ、使用を通じて物に親しむようになる。物からわれわれに生育してくるのが、世界の親密性であり、風習や慣習の親密性である。人と物との交渉、および人間どうしの交渉は、この風習や慣習によって規整される。消費財が、人間の生命にとってもつ意味に相当するものを、使用対象物は、人間の世界にとって意味する。そもそも消費財がこの対象的な物の世界のうちにも現われるからこそ、消費財一般に物的性格が帰されもするのである。労働という活動を表わす言葉を、名詞として確立するということは、言語にはもともと許されていなかった。言語のこの実情に何といっても示唆されているように、「手の仕事」なしには、われわれはきっと、「物」とはそもそも何であるか、ついぞ知ることがないだろう。

消費財とも使用対象とも異なる、第三の相関者としてわれわれの知っているのが、行為と言論の所産である。こちらは、人間関係や人間事象の網の目を一緒に形づくっている。それだけとってみれば、行為と言論の所産は、手で摑むことのできる物的性格をそなえていないばかりか、消費財のもつ、はかなく消え去る束の間の安定性すら、有していない。行為と言論の現実性は、もっぱら人間の複数性に懸っている。人びとがたえず居合わせていることを、行為と言論は必要とするのである。なにしろ、見られ聞かれ、最終的には想起される、ということがなければ、行為と言論が現実に存在したという事実すら、そもそも証しされえないのだから。とはいえ、その行為と言論にしても、まだしも、人間的実存の外的に知覚可能な現われ方ではある。人間の活動のうち、なるほど外界とさまざまな仕方で関係はするが、世界にそもそも現われ出る必要がなく、見られも聞かれもせず使用も消費もされずに現実的《リアル》でありうるものが、一つだけある。思考という活動がそれである。

しかしながら、行為、言論、思考が、世界的性格に関してもっている共通点は、それら各々と制作や労働との共通点よりも大きい。というのも、行為、言論、思考は、端的に「非生産的」であり、何ものも生み出さないからである。この三者は、活動でありながら、生命それ自体と同じように、一時的ではかない。物として世界へ入っていくためには、つまり、行ない、事実、出来事として、あるいは思想、思考形態、理念として、世界の内に定着するためには、この三者は、まずもって見られ、聞かれ、想起され、次いで、変形されなければならない。すなわち、そもそも対象性格を獲得するために、物化されなければならない――たとえば、創作された詩句、書かれた文面、印刷された書物、絵画や彫刻、さらには人間精神の記念碑や慰霊碑等、に姿を変えなければならない。人間事象の全領域の事実性は、次の二点に懸っている。つまり、一方では、多くの人がその場に居合わせて、見聞きしたということ、したがってまた想起するであろうこと、他方では、攫みどころのないものを、手で攫むことのできる物的なものに首尾よく変形できるということ、これである。物化というのは、想起それ自体から生じてくる。なぜなら想起は、想起するというそれ自身のはたらきのために、物化を必要とするからである（想起こそあらゆる学芸の母なり、とギリシア神話で言われるゆえんである）。では、もし想起や物化がなかったら、どうなるだろうか。行為、言論、思考がその作用の終わりに達するやいなや、生き生きと為されたこと、語られた言葉、考えられた思想は、跡形なく消え去るのみであろう。あたかもそれらは、はじめから存在しなかったかのように見えることだろう。変形され対象化されることは、生き生きしたものが、とにもかくにも世界の内にとどまることを許されるためには、支払わねばならぬ代償なのである。この代償はかなり高くつく。束の間の瞬間とはいえ現に「生き生きした精神」であったものは失われ、「死んだ文字」に取って代わられるのが習いなのだから。行ない、言葉、思想が、世界の内に定着するためには、それらを生み出したのとはまったく異なる活動が、つねに必要とされる。世界の内部で現実性と持続を保証するのは、物的性格のみであり、行ない、言葉、思想にそうした物的性格を授けることができるのは、この「堅実な仕事ぶり」だけである。そのほかの物にしても、まさにこの「堅実な仕事ぶり」のおかげで、世界のうちに現実存在していられるのである。

われわれを取り巻いている物は、それらを生み出した活動よりも大きな持続性をもっている。それどころか、物の持続性は、その造り手の生命よりも長続きすることがある。世界に現実性と頼りがいがあるのは、物のそうした持続性にもとづくのである。人間の生は、それが世界的であり、世界形成的であるかぎり、不断の物化のプロセスに参与している。造られた物は総体として、人間の手になる形成物をなしており、そうした物がどれだけ世界性をもつかの尺度となりうるのは、活発に活動し現われては消えてゆく死すべき人間の生命よりも長続きする世界の物の寿命が、相対的にどれくらい長いか短いかということ、もっぱらこれのみなのである。

13　労働と生命

われわれは世界のうちに、さまざまな対象物を見出し、それらに取り囲まれている。それらすべての対象物のなかでも、消費財は、永続性の度合が最も低い。完成した瞬間にはもう消費されて、あとに残らないほどである。ロックはこれを「良き事物」と呼んだが、それは、人間の生にとって疑いの余地なく「有益」であるため、本来の生活必需品をなすといってよいからである。ほかでもない、これらの「良き事物は、概して持続性に乏しいので、使い切ってなくならなければ、おのずとダメになり腐ってしまう[32]」。世界に束の間とどまってのちは、かつて自分を生み出した自然のふところに還ってゆく。人間という生き物のプロセスによってむさぼり尽くされるにしろ、この中間段階を飛ばして自然本来の生成消滅のプロセスに帰すにしろ、そうである。ともあれ消費財は、人間から一定の形態を与えられては、人間によって制作された物の世界に、その形態を通してごく一瞬だけ、自分もその世界の一員であるかのごとく現われたかと思うと、他のいかなる物よりも素早く消失してしまう。世界の側からみれば、消費財は、世界の物のうちで最も非世界的なものであり、まただからこそ、人間の生み出す一切の物のうちで最も自然的なものでもある。消費財は本来、産出される必要がなく、調理されたり調合されたりするだけでよい。また、世界の内なるそうした自然であるからには、消費財の生成消滅は、自然的なもののたえず回帰する円環運動と一致するのである。自然のように円環運動している点では、生きた有機体や人間の肉体の過程も同じである。すなわち、肉体にしみ渡ると同時に肉体をすり減らしつつ生かしておくプロセスを、肉体が持ちこたえうるかぎりは、そうなのである。生命とは、永続的なものを至るところで使い切り、運び去り、消失させる過程であり、最終的には、死んだ物質は、つまり個々の小さな円環運動をなす生命プロセスの老廃物は、一切を包括して巨大な循環運動をなす自然それ自体のうちへと帰ってゆく。この大いなる自然は、始まりも終わりも知らない。自然においては、一切の自然的事物が、変わることなき無死の永遠回帰のうちをゆれ動いているのである。

自然は、生きた事物をことごとく循環運動のうちへ否応なしに押し入れる。自然とこの循環運動にとっては、人間的意味での誕生と死など、まったく与《あず》り知《か》らぬことである。というのも、人間が生まれ、死んでゆくことは、たんなる自然過程ではなく、世界との関わりにおいてのみ理解されうることだからである。個々人は――一回的で、取り違えようのない取り返しのつかない存在として――、世界へと生まれ落ち、死んで世界から去ってゆく。誕生と死は、世界を前提している。言いかえれば、たえざる運動のうちに存在するのではない何か、その持続性と相対的永続性のおかげで、到着と出発が可能となる何か、それゆえ、そのつどすでにこれまで現存してきたし、個々の事物がそのつど消失していったあとでも存続し続ける何か、を前提しているのである。人間がそこへと生まれ落ち、死んでそこから去ってゆく往来の場としての世界が存在しないとしたら、人間の生存はじっさい「永遠回帰」も同然であろうし、他のすべての種類の動物的生と同じく、動物種としての人類が、無死のまま永久に存在するのみであろう。いかなる生の哲学も、ニーチェに与《くみ》して、「永遠回帰」を最高の存在原理として確立せざるをえないだろう。もしこれに同意しないとすれば、生の哲学は、自分の語っている事柄が分かっていないのである。

だが、「生」という言葉は、世界に関係づけられる場合には、まったく別の意味をおびる。つまり、生まれてから死ぬまでのあいだに世界の内で過ごす時間間隔を表わすのである。この意味での生は、始まりと終わりによって限界づけられており、世界の内に現われ出ることと世界から消え去ることという二つの根本的出来事の間で遂行され、一義的に直線として規定された運動の軌跡をたどる。とはいえこの直線運動自体は、円環運動をなす生物学的な生命プロセスの推進力によって繰り返し支えられている。人間の生が現われ出ることと消え去ることとは、世界の出来事なのであり、この人間の生の主要な徴表《メルクマール》は、それ自体が、最後には一個の物語として物語られうる一連の出来事からいわば組み立てられる、という点に存する。つまりそれは、各自の人間の生に帰される一生の物語であり、それが書き留められて一個の人生－記録 Bio-graphie つまり伝記として物化されると、世界の物としてその後も存続しうるようになる。*zoē* つまり生物学的生命と区別されるこの生つまり *bios* について、アリストテレスは、それは「一個の *praxis* つまり行為である」と述べている。[33] というのも、前に見たようにギリシア人の政治観では行為と言論が緊密な相互関係をなすとされたが、両者は事実、最後にはつねに物語を生ぜしめる二つの活動だからである。すなわち、そこに生ずる過程というのは、個々の出来事や原因の点ではどんなに偶然で出鱈目に見えても、それでもなお最終的には、物語るに足るだけのまとまった筋を示すものなのである。

誕生と死は、自然の出来事ではなく世界の出来事であるが、それと同じく、自然の円環運動が成長と衰退の相を呈するのは、人間界においてのみである。成長と衰退も、厳密に言えば、疲れを知らぬ終わりなき循環運動のうちには、いかなる場所も占めていない。循環運動をゆれ動くのは、自然界の特徴だからである。自然過程は、人間界へ入ってきてはじめて、成長と衰退という性格を有意味に与えられうる。自然事物——木とか犬とか——は、個々の存在者として考察され、それゆえ「自然的」環境からもはや切り離され「人工的」世界へ置き移されてはじめて、成長したり衰退したりすることを始めるのである。人間の内にひそむ自然的なものが、円形をなす身体機能運動によってあらわになるのだとすれば、人間によって作られた世界の内にひそむ自然は、世界に蔓延《はびこ》っては、世界の物の存続を衰退に陥れかねない不断の脅威としてあらわになる。生物学的な身体プロセスと、成長と衰退という世界のプロセスの両者に共通しているのは、どちらも自然の循環運動の部分であり、したがって無限の反復の相で現われる、という点である。この自然的プロセスに逆らわねばならぬという必要から生ずる人間の活動は、したがってそれ自体、自然の循環運動に結びつけられている。そこには、始まりも終わりもありえない。制作は、対象物がそれに適合した形態を得て、完成した物として既存の物の世界に組み入れられうるようになれば、終わりに達する。そのような制作とはちがって、労働の場合、「完成」されることは決してなく、無限に反復され、繰り返し同じ円を描いて回転運動する。労働にこの円運動をあらかじめ指定しているのは、生物学的な生命プロセスであり、この円運動に伴う「労苦と骨折り」は、それぞれの生命体の死でもってようやく終わりを迎えるのである。[34]

マルクスは労働を、「人間と自然の間のプロセス」と定義した。そのプロセスにおいて「人間は、自分と自然との物質交替を、自分自身の行ないを媒介として成立させ、規整し、統御する」。したがって労働の産物は、「人間の必要により形を変えられて獲得された自然素材」なのだという。この場合、労働という活動が、生物学的-生理学的に拘束されているのは明らかである。その明らかさは、労働と消費が、生物学的生命プロセスの循環運動の二つの異なる形態または段階にすぎないのと同じである。[35] この循環運動は、むさぼり尽くすことによって維持されるのであり、そうした消費の手段を調達するのが、労働と呼ばれる。[36]労働の産物は、それが出来上がるやいなや、人間の生命プロセスにいち早く何度も補給されなければならない。生命プロセスを回復させるこの消費は、それ自体、肉体がさらなる自己保持のために必要とする新たな「労働力」を、生産する、いや、より正しくいえば「再生産」するのである。[37]生命の必要――ロックの言い方では「生存の必要 necessity of subsisting」――という観点からして、労働と消費の相互交替は、すばやく行なわれるため、両者は別々の活動とは見なされがたく、さながら、終わるともなくえんえんと繰り返される唯一の運動のようである。生命の必要が、労働をも消尽をも支配しているのである。自然が提供するものを、労働は、摘みとり「集めて」、それを肉体に「混じり合わせる」かと思えば、[38]下拵えしてから「自分の対象物に結びつけ」たりもするが、[39]そのさい労働が「自分の行ないを通して」行なっていることは、肉体が栄養を吸収するときはるかに徹底して行なっていることと同一なのである。労働は、消費と同様、第一次的には、むさぼり尽くすプロセスであり、そのうちで材料は、変化させられるのではなく破壊されるのである。労働がその「材料」に形態を刻印するとしても、それは、次に控えている虚無化のための準備でしかない。

労働が、破壊し‐むさぼり尽くすように見えるのは、もちろん、世界の観点から制作との対比において考察されるときだけである。制作は、素材を摂取吸収するために準備するのではなく、変化させることによって加工し、一定の対象物の形態に変貌させる。自然的なものや自然界の観点からすれば、逆に、制作のほうが破壊的であって、労働はそうではない。自分に必要な素材を、自然から永久にかすめ取っているのは、制作プロセスのみであるのに対して、労働は、大地の「良き事物」によって養われつつも、人体の物質交替という道をたどって幾度となくそれを大地に返しているからである。

生命維持ほど焦眉の課題とはいえないが、それに劣らず自然の循環運動に緊密に結びつけられている第二の課題が、労働にはある。労働のこの第二の課題は、成長と衰退のプロセスを相手どっての終わりなき戦いに存する。

この課題をつうじて自然は、人間によって打ち建てられた世界にたえまなく侵入してきては、世界の永続性ならびに人間の目的にとっての有用性を脅かすのである。肉体の維持管理のみならず、世界の維持管理のためにも、面倒で単調な労働を毎日毎日えんえんと繰り返し行なう必要がある。労働のこの戦いは（肉体の必要に直接強いられた自動的な用務とはちがって）、自然と人間との単純な物質交替よりも、おそらくずっと「非生産的」ではあろうが、しかし、世界のどっしりした存続を自然の侵攻から防衛するという意味では、世界とはるかに密接な関わりをもつ。伝説や神話のなかではこの戦いは、驚くべき英雄的偉業としてしばしば語られている。たとえば、ヘラクレスの物語では、英雄のやってのけた十二の「難行《アルバイト》」のなかに、周知のとおり、アウゲイアスの牛舎の大掃除も含まれていた。中世における労働という語の用例――arebeit や travail など――でも、英雄的な力や偉大な勇気を要求する働きという意味合いをしばしば響かせている。もちろん現実には、世界を維持し清潔に保つために人間の肉体が行なわねばならない日々のささやかな戦いのなかに、そのような英雄的行為はかけらも見られない。前日に乱雑になってしまったものを毎日片付けてきれいにするために求められる根気強さは、勇気とは別物であり、この労苦をはなはだ面倒なものにしているのは、それが危険だからではなく、それを果てしなく反復しなければならないからである。ヘラクレスの「労働《アルバイト》」とすべての英雄的行為とに共通なのは、それが一回限りのものだという点である。ひとたび掃除されれば、いつまでもきれいなままであるという素晴らしい性質をもっているのは、残念ながら、アウゲイアスの牛舎だけなのである。

14　労働のいわゆる「生産性」と似て非なる、労働の多産性

労働は、かつては最も軽蔑され最下層に置かれていたが、突如として立身出世を遂げ、一切の活動のなかで最

高位の身分にのし上がった。この躍進は、理論的には、労働は所有財産の源泉だとしたロックの発見とともに始まった。これに続く決定的な一歩が踏み出されたのは、労働には富の源泉があるとアダム・スミスが見てとったときであった。労働論が絶頂に達したのは、マルクスの「労働の体系」(40)においてであり、そこでは、労働は一切の生産性の源泉にして人間の人間性そのものの表現とされた。しかるに、以上の三者のうち、労働そのものに関心を寄せていたのは、マルクスだけだった。ロックにとっての問題は、社会の基礎として私有財産を据え置くことであった。スミスの本当の関心は、社会的な資本の蓄積と富の蓄積が妨げられずに発展することであった。だが、一点においては三者はみな一致していた。この点の意義を全面的に強調したのは、マルクスがはじめてであったが。すなわち、労働こそ人間の最も生産的で真に世界形成的な能力をなす、という点がそれである。ところで、労働はじつは、人間のすべての活動のうちで最も自然的で、それゆえ最も非世界的なものであるため、三者とも、とはいえ最も明白だったのはマルクスだが、事柄の本性にひそむ一定の矛盾に陥るはめになった。この矛盾の最も単純な解決法は、あるいは同じことだが、三大理論家たちが揃ってこの矛盾に気がつかなかったのはなぜかという理由は、制作と労働の同一視に存する。もしくは、制作だけがもつ特定の能力を彼らが労働に帰したことに存する。この同一視は事柄そのものに矛盾するので、もちろん不条理に到り着かざるをえない。ことに、著作家が現象的明証性《エヴィデンツ》をあくまで堅持し、二流三流の作家がよくやるように理論に好都合に現象的明証性を偽装するなどということはしない場合はそうである。しかるに、矛盾をもたらした現象的明証性が忘却され、概念が空語のうちで凝固してはじめて、当の不条理は、ヴェブレンの次の命題に見られるごとく露骨となりうる。「生産的労働の永続的証拠《エヴィデンス》とは、労働の物質的産物であり——、一般には消費物品である」(41)（強調は引用者）。この文章では、労働の生産性を強調すべく文頭で掲げられる永続的なものという性格は、わずか数語あとの文末でただちに化けの皮が剥がれている。なぜならそれは、永続的であるどころか、むさぼり尽くされてすぐ消費される定めにあるものだとされるからである。

そこまで露骨ではないが、原理的にはそれほど異なっていないのが、ロックの場合である。「長持ちしない事物」以上の良きものをもたらさないことから、労働を救い出すべく、ロックは、「だめにすることなく保存できる持続的なもの」を議論に導入せざるをえなかった。まことに貨幣は、deus ex machina つまり機械仕掛けの神のごとく現われる。最後に急場を救うこの神なくしては、じっさい、生命プロセスに仕える労働する肉体は、永続的で持続的なものの源泉とは決してなりえないだろう。ロックにおいて財産は、長持ちする対象物の集積から説明される以上、それに見合うだけの永続的で持続的なものを、財産は必要とするのである。ロック自身が説明しているように、純然たる労働プロセスがそのような長持ちする事物を産み出すことは決してありえない。ロックが漠然と考えていたのは、もちろん、のちにマルクスが剰余価値説において理論的に展開した労働力の自然的余剰のことであった。ただし、ロックがマルクスとちがって理解していたことがある。それは、労働者の力の余剰はべつに労働それ自体を生産的にするわけではない、ということである。労働の産物は、それが集積されてはじめて財産形成が一般に成り立つわけだが、労働者が食べ尽くせる分以上を産み出したからといって持続的なものになるわけではない。労働の産物がこの安定性を獲得しうるのは、それが交換され貨幣に転化してはじめてであるが、貨幣の本質は、純然たる労働プロセスからは決して導き出せないのである。〔訳注1〕

さて、マルクスは人間を労働する動物《アニマル・ラボランス》だと規定したが、そのマルクスでさえ、紛うかたなき現象の明証性を前にして、次のことを認めざるをえなかった。つまり、労働の生産性は、正確にいえば、「対象化」すなわち「対象的世界の産出」[42]でもって、はじめて始まるのだということ、また逆に、労働の成果によっては、労働をすぐさま最初からやり直さねばならない必然から、労働する動物を解放することはできないということ、これである。それゆえマルクスにとって、労働とはあくまで、「あらゆる社会形態とは独立な、人間の実存条件であり、人間と自然の間の物質交替を、それゆえ人間の生を、仲介するために必要な、永遠の自然必然性」[43]なのであった。これと同じ文脈でマルクスが、労働の「プロセスは産物のうちで消える」〔訳注2〕と言ってのけたとき、彼が思い浮かべていたのは、じつは制作であり、「永遠の」物質交替のことではなかった。物質交替のプロセスなら、産物のうちで消えるなどということはありえない。なぜなら、このプロセスとはまさに生命それ自体であり、むしろ「〔労働の対象物〕と結びつけ」られ、消費において労働の対象物を消化吸収するものだからである。

ロックもスミスもじつは労働には関心がなかったので、つきつめれば労働と制作の原則的区別に帰着したであろう区別立てを、ときおり平気で口にした。その区別立ては、彼らの全著作中でごく些細な役割しか果たしておらず、労働と制作の区別にまでつきつめられることもなかったのである。たとえばアダム・スミスは、消費と連関するすべての活動を「非生産的労働」と呼んだが、スミスがその名称で言い表わそうとしたのは、まさに生産的でないがゆえにまじめに考えるには値しない活動であった。「低次の労働や世話」は、「それが行なわれた瞬間にはもう無に帰してしまい、跡も価値もめったに残さない[44]」とスミスが述べるとき、言外に含まれていた軽蔑の念は、現代の労働讃美よりも、近代以前に通用していた労働観にはるかに近い。すべての労働が「あらゆる物に、それにふさわしい価値を付与する[45]」わけではないという事実、それどころか、「加工される材料の価値に総じて何も付け加えない[46]」労働が存在するという事実すら、スミスとロックにはまだよく分かっていた。もちろんこれらの事実は、労働は自然によって提供された材料だけでは何一つ始められない、ということを意味しない。それが意味するのは、そこからは「価値」は生じえない、ということだけである。じつのところ、労働の産物の場合、自然そのものによって与えられるもの、つまり大地の「良き事物」と、人間の労働の成果との関係は、制作の産物の場合と、正反対なのである。われわれが飲み食いする良き事物は、その自然的性格を完全に失うことは決してない。穀物はパンの材料にされるからといって、木が机の材料にされる場合のように完璧に消失してしまうことはない。「肉体の労働と手の仕事」という言い方でもって労働と制作を区別したロックは、なるほど自分のこの区別立てを持て余してはいるものの、「束の間しか持続しない事物」と、十分持続的であるため「だめにならずに保存され［て蓄積され］る」事物との区別を、まったく考慮しなかったわけではない[47]。だがじっさいは、ロックとアダム・スミスが、この区別立てに対応する活動の違いを立ち入って論ずることはありえなかった。なぜなら、彼らにとって問題だったのはひとえに、摑みどころのある物の世界のなかで一定期間持ちこたえて「価値ある」ものとなりうる産物を発見することだけだったからである。この場合、ロックが「価値ある」という言葉で考えていたのは、保存され所有財産となりうる事物のことであったとか、アダム・スミスが「価値ある」と見なしていたのは、十分長持ちして他の事物と交換されうる事物のことであったとかいった問題は、われわれにとってもはや重要ではない。

これらの問題は、マルクスの陥った原則的矛盾に比べれば、二次的な意義しかもたない。この矛盾は、マルクスの思考全体を一貫して流れる主題ともいうべきもので、初期著作から『資本論』最終巻に至るまで歴然としている。マルクスは、彼の思考と著作の中心にあった労働に対して、終始一貫して、両義的な立場をとっていた(48)。一方で、労働は、「永遠の自然必然性」、「いかなる社会形態とも独立の実存条件」であり、さらには、あらゆる活動のうちで真に人間的で最も生産的な活動とされる。にもかかわらず、他方で、マルクスによれば革命の課題とは、労働階級を平等解放するといったことのみならず、人間をそもそも労働から自由解放することであった。なにしろ、「自由の王国は、必要および外的合目的性によって規定された労働が終わるとき、はじめて本当に始まる」。それは、「必然の王国」の彼岸で始まるのである(49)。かくも根本的で明々白々な矛盾を、二級の作家が犯すことはまれだが、偉大な作家の著作の場合には、こういう矛盾が作品の核心にまで通じている。マルクスの知的誠実さと清廉潔白さは、彼の目に映じたとおりの現象を記述するその筆致からして、疑いの余地がない。マルクスが決定的矛盾を犯していることは、マルクス主義者ならいざ知らず、まじめなマルクス解釈者であれば誰でも気になるところだが、それは断じて、「歴史家の科学的観点と預言者の道徳的関心とのあいだで引き裂かれたすえの内的葛藤(50)」のせいでも、対立し合う主張のうちを動くことを本領とする訴訟か何かのようなヘーゲル主義弁証法のせいでもない。こういった説明をいくら連ねても解決したことにならない露骨な矛盾は、要するにこういうことである。マルクスは、彼の思考のどの段階においても、人間を労働する動物と定義することから出発するのだが、そのうえでマルクスがこの動物を導き入れようとしている当の理想的社会秩序においては、ほかでもない、この動物の最も偉大で最も人間的な能力が、宝の持ち腐れとなってしまうのだ。マルクスの著作は、その偉大さにもかかわらず、結局のところ、生産的な奴隷か、非生産的な自由か、の両立しがたい二者択一に終わっているのである。

かくして、次の疑問が頭をもたげてくる。ロックならびに、マルクスまでの後継者はみな、彼らならではの洞察にもかかわらず、財産や富といったあらゆる価値一般の源泉を、あげくは人間の人間たるゆえんを、ほかでもなく、労働のうちに見てとることに、かくも執拗にこだわったが、どうしてそういうことがありえたのか。言いかえれば、近代にとってかくも決定的重要性をおびることになった、労働に内属する性質や経験とは、何であったのか。〔訳注3〕

十七世紀半ば以降、政治理論は、富の成長プロセスという現象に直面して、ひどく動揺させられた。富、占有物、獲得物のこの成長プロセスは、今日なお間断なく続いているが、当時としては未曾有の出来事だった。この不断の成長を説明しようとした試みにあっては、そのプロセスが見たところ自動的に進歩し続けているという奇妙な現象に、当然ながら、注意が向けられた。じっさいまた、プロセスの概念は、われわれがのちに立ち返ることになる理由からして、(51)近代に発展した自然科学と歴史科学にとっての、真の鍵語となった。そのさい、このプロセスを自然現象の意味に解するのは、当初から当然の成り行きであった。自然現象の自動的進行なら、ごく周知のことだったからである。また同様に、成長プロセスが問題である以上は、有機体の生命プロセスをモデルとし、これに準拠して理解しようとするのも、当然の成り行きだった。貨幣のうちにはより多くの貨幣を産み出す魔術的な力が隠されているだとか、力はおのずと力を生み出すのだとか、そんなふうに信じ込まれたのも無理はない。なぜなら、近代の最も卑俗な信仰である前者も、近代のおそらく最も実り豊かな洞察である後者も、生命の自然的多産性という比喩に訴えるからである。だが、この比喩を現実のものとして理解しようとした場合、もしくは、自然の自動的機制をそれに似通った人間の意識的活動に置き移そうとした場合、思い当たるふしのあった活動は、労働だけだった。労働こそは、生命それ自体と同じほど「有機生命体的」な唯一の労働にほかならないからである。というのも、労働は、生命プロセスにあらかじめ指図された軌道に沿って進行するからであり、意志的に決断したり事前に目的を設定したりしなくてよいからである。

マルクスの思考の水準を、他のどの箇所よりも如実に示しているのは、おそらくここであろう。つまり、社会プロセスと生命プロセスとのこの半ば比喩的でしかなかった等置を、双方の基本的様態へと還元した点であろう。人間の生命プロセスがそのうちで現実に進行し、その生命プロセスに特有な多産性を発揮する、この二様態こそ、労働と生殖にほかならない。マルクスがみずからの出発点とし、つねに凝視し続けていた前提とは、「自分自身の生命を毎日あらたに作る人間は、別の人間をあらたに作り始める」ということ、それゆえ、人間は「労働においては自分自身の、生殖においては他の人間の、生命の生産にそれぞれ励む」ということ、これであった。[52]『ドイツ・イデオロギー』から引用したこの文章中に、事柄に即した形でひそんでいるのは、マルクスの思想体系の根源である。彼はこの根源を、その後の生涯にわたってみずからの思考を傾けて、練り上げていった。「抽象的労働」の代わりに、生き生きした有機体の「労働力」を置き据えたことも、また「剰余価値」を、労働力の余剰へと、つまり自分自身の生活手段の再生産ならびに自分自身の生命力と労働力の再生産が達成されてなお残る力の余剰へと、還元したことも、その一環であった。労働と生殖を同一視したこと――「労働によって人間は自分自身を生産し、生殖によって他の人間を生産する」――によってマルクスは、彼の先行者の誰も、また彼の後継者の誰も、これまで達成したことのなかった洞察の深みに到達したのである。たとえマルクスが彼の先行者たちに、その他個々の点で自分の洞察のほとんどすべてを負うているとしても、である。そのようにしてマルクスは、なかんずく、近代の労働論を、最高度に確証済みの人類最古の経験と、一致させることができたのだった。近代の労働讃美が、この最古の経験と、架橋しえないほどの矛盾に陥ったことは措くとしても。じっさい、労働の骨折りと、子を産む骨折りは、同一の事柄の二つの異なる形態にすぎない、という点に関してなら、古代ユダヤと古典古代という、その他の点では隔絶している両伝統は、意見を同じくしていた。それゆえ、マルクスの著作において明らかにされたように、あらたに発見された労働の「生産性」は、ひとえに、多産性と生産性とが等置されたことにもとづく。人間の生産的な力は、社会的余剰へと発展するとされるが、この有名な発展が服している法則とは、じつは、かの太古の命令と別ものではないし、その発展を拘束している必然性にしても、その命令以外の何ものでもない。すなわち、「産めよ殖えよ」。この命令からわれわれに語りかけてくるのは、いわば自然それ自身の声なのである。

自然的に与えられた労働力の余剰を、各人はもともと自由に使えるのだが、その余剰から溢れるかのようにして、人間と自然との物質交替の多産性が生じてくる。この多産性は、自然界の至るところで観察できる過剰と過多の一部である。労働の祝福のことを、今日ひとは「労働の喜び」と呼んでいるが、それは本来、われわれ人間がすべての動物と分かち合っている純然たる生き物の至福を享受する人間的あり方なのである。そして、労働して力を使い果たす生活を送ることによってはじめて人間は、あらかじめ指定された自然の循環運動のうちにとどまり続けることができ、その循環運動のなかで骨折りと休息、労働と飲食、快と不快のあいだをゆれ動くことができる。妨げられることのない、また妨げることのできない、いわれなき無目的の規則正しさを同一に保ちつつ、昼と夜、生と死を次々に積み重ねながら。労苦と労働の見返りは、自然そのものが払ってくれるのであり、その見返りこそ、多産性にほかならない。労苦と労働という形で応分の責務を果たした者が、子孫繁栄という形で自然の分け前に末永く与《あずか》るのだ、とする無言の信頼のうちに、見返りは存するのである。古典古代とは違って、『旧約聖書』の主人公たちにとって、生命とは、神聖なものであり、労働も死も、災厄とは見なされなかった。(53)

彼らなら、労働や死のうちに人生に対する異議を見つけ出すような思想に行き着きはしなかっただろう。イスラエル民族の族長の物語に示されているように、彼らの人生は、不死の名声を手に入れることも、永遠の生命といったものを願うことも、どちらも必要としないで、死の恐怖を免れていた。また彼らは、大地の「神聖な思いつきともいうべきは、なれ親しんだ死だ」（リルケ）ということを、よく心得ていた。彼らが年老いて「生に飽いた」とき、夜と静寂と休息という、なれ親しんだ形で、死が彼らに訪れたのである。

この祝福は、労働により生の全体にまで広げられるが、しかし制作の能《よ》くするところではない。というのも、ここで問題になっているのは、作業が終わったとき、いつもほんの一瞬だけ沸き起こる安堵と喜びではまったくないからである。労働の祝福とは、たとえば、働くことと食べること、食べ物を調理することと平らげること、といったふうに骨折りと見返りとが同じ規則的なリズムで相次いで生じ、したがってその過程の間じゅう快感が伴う、ということであって、健康な身体の機能するリズムと別物ではない。地上の生命はつねにこの快楽でもって祝福されてきたが、近代になるとこの快楽は、「最大多数の幸福」という定式で一般化され、通俗化されることとなった。だが、近代はこの定式でもって、労働する人間にとっての自明な現実を、理想へ高めたにすぎない。この「幸福」を求める権利は、生きる権利と同じくらい議論の余地のないものであり、それどころか、生きる権利と同一と言えるほどである。ただし、快楽は、祝福と同様、本来の意味での幸福とは何の関係もない。というのも、運命の女神《フォルトゥナ》によって授けられる幸福というのは、まれで、いつもはかなく、追いかけても仕方のないものだからである。幸福は偶然に懸かっており、この偶然をゲーテは、与えもすれば奪いもする「時宜 Gelegenheit」と名づけた。それに、「幸福の追求」は、運命の女神がたまたま微笑んだかに見えたときでも、けっきょく不幸に終わる。なぜなら、幸福を追求する人たちは、幸福ではなく快楽のことを考えているからであり、あたかも、汲めども尽きぬ自然の豊かさが問題であるかのように、幸福を保持し、享受しようとするからである。〔訳注4〕

あらかじめ指定された自然の循環運動のうちで、肉体は疲労しては回復し、労働の骨折りは飲み食いする快楽に、疲れは心地よい休息に、取って代わられる。この循環運動の外部に、永続的な幸福など存在しない。この円環運動の均衡を逸するものは何であれ——たとえば、休養どころか貧困に陥って疲労が持続的状態となったときには、貧しさゆえの苦しみがそれであり、もしくは、もはや肉体的に疲れることがないため、休養どころかむだしの退屈が、多産どころか不能の不毛さが、発生するときには、豊かさゆえの苦しみがそれであって、あげくは、食っては排泄するという純然たる生理学的過程を繰り返す自動挽き器が、肉体をも死ぬまで挽き続けることになる——、生き生きとして働くことの祝福であるはずの基本的な幸福感を、破壊してしまう。

労働本来の力である労働力とは、生命力と同様、多産性のことである。生きた有機体は、自分自身の「再生」を手に入れていれば、汲み尽くされることはないし、有機体の力の自然的余剰は、増殖し繁殖することができるという点に示される。マルクスが労働力を発見できたのは、自然主義の帰結をも辞さなかったからであり、しかもマルクスは労働力のうちに、自然と同じく自家消費分より以上をどんどん造り出し産み出す生命力の、人間ならではの形態を発見した。マルクスが概して関心を寄せていたのは、プロセスとしてのこうした労働と生命のプロセスのみであり、つまり、生き生きした力として働く「社会的生産力」の展開プロセスのみであって、この力の産出能力と消尽能力はつねに均衡を保っている。言いかえれば、マルクスは本当に、自分で述べているとおり、人間を首尾一貫して「類的存在」として見ていたから、マルクスにとっては、反自然的な、すなわち自然に反して立てられた「外界」など、問題とはなりえなかったのである。しかるにその「外界」つまり自然に対する世界は、物的性格のおかげで、むさぼり尽くす生命プロセスに持ちこたえ、そのプロセスを超えて存続することができるのである。類としての生命という観点から見れば、じっさい、あらゆる活動を、労働という公分母で表わし、水平化することができる。というのも、この生命プロセス自体が差し出す唯一の判別基準は、豊かさと乏しさという区別、すなわち、生命が自身に割り当てられて保持する消費財がたっぷりあるか、わずかしかないかという、この区別だけだからである。ありとあらゆるものが消費の対象となってしまったら、真の意味での対象物や物は、もはや総じて存在しなくなる。労働が余剰を産むからといって、労働生産物が「長持ちしない」ことに変わりはないという事実は、そうなるともはや重要性をもたなくなる。すべてはどっちみち消費されることをめざしているからである。マルクスにおいてこの「重要性のなさ」は、生産的労働と非生産的労働、熟練労働と未熟練労働といった区別立てを論ずるさいに、マルクスが露骨に示した軽蔑の念に、如実に現われている。先行者たちのそうした区別立ては、彼の目には、些細な技巧的案出物としか映らなかったのである。

それにしても、マルクスの先行者たちは、本質的には制作と労働の原理的区別に帰着するそのような区別立てに、なぜこだわったのだろうか。その理由は、マルクスが信じたように、彼らが「科学性」の点でマルクス自身ほどには進んでいなかったから、ではない。むしろその理由は、ロックの場合には、私有財産を想定することから出発したという点にある。あるいは少なくとも、スミスの場合には、社会的富を個人が我有化するという前提から出発したという点にある。たんなる余剰だけでは、私有財産の確立には決して行き着かない。労働生産物は、余剰の状態にあるからといって、持続的なものになるのではないし、「山のように蓄えられ」て貯蔵されてから変身して財産となる、などということもありえない。労働生産物は、我有化されはするが、まさにその我有化プロセスによって、消失してしまう。さもなければ、ダメになる前に食べ切られることなく、「むだに腐る」がままに放置されるだけである。

15　「生ける」我有化の促進のための、「死せる」財産の廃止〔訳注5〕

近代になって労働が讃美されたのは、もとはといえばロックが、私有財産を正当化するために、労働を、発見というより「発明」したことに、端を発する。だがマルクスに至ると、一切の財産の廃止で終わることとなり、しかも彼の論理自体は完全に筋が通っていた。一見すると、財産についての見方のこの逆転は、奇異な印象を与えずにはおかない。だがわれわれの奇異の念は、次の点をじっくり考えてみれば、かなりの程度おさまることだろう。つまり、ロック以来の近代所有権論が、当初からひどく論争的で攻撃的であったこと、所有権を正当化し確保することが早くも重要問題であったこと、しかもこの権利は、公的に共通なものの領域に、とりわけその代表たる国家に、はっきり敵対しつつ打ち出されたこと、こうした点をである。社会主義と共産主義の出現以前には、私有財産の廃止を説く政治理論や運動はじっさい存在しなかったし、二十世紀以前には、市民から財産を没収する enteignen ことを国家や政府がまじめに考えたことは一度もなかった。そうである以上、近代所有権論の本来形は、所有権を国家機構による干渉に対抗して確保する必要性によって惹起された、と想定するのは無理がある。ここで肝腎な点は、見かけ上はどうあれ、近代の私有財産論はもともと、守勢的——今日では明らかにそうだが——では断じてなく、むしろ攻勢的であったということ、つまり、およそ国家的なるものに対しこの理論が公然たる敵対心を示したのは、この理論が、所有に関してたんに古めかしい権利を保護することでなく、新しい権利を手に入れることを欲したからだということ、ここにある。だからこそ、近代はかくも激越に、こう宣言したのだった。国家とは「必要悪」にほかならない、と。国家とは「人間性への非難」[54]であり、それどころか、社会という健全な身体に巣食っている寄生虫のようなものだ、と。[55]じっさい、近代においてかくも攻撃的に擁護されたのは、財産そのものでは全然なく、何にも邪魔されずひたすら利得にはげむ権利だった。利得が他の要因を考慮して制限されるということがあってはならない、というわけである。言いかえれば、大事なのは、財産ではなく、我有化 Aneignung であり、占有物の蓄積であった。じつのところこれは、もはや擁護云々の問題ではなく、公然たる闘争の問題だった。生命、それも社会の生命の名のもとに、この闘争は行なわれ、共通世界の「死せる」存続部分の代表格である一切の制度慣習が、その攻撃目標となったのである。

自然の生命プロセスは、肉体のなかでも働いている。だから、このプロセスに奉仕する労働ほど、生きた活動はありえない。ロックの目的からすれば、労働に関する伝統的解釈は十分ではなかった。伝統的解釈によれば、労働は貧困の避けがたい帰結でこそあれ、貧困をなくす手段ではなかったからである。また、所有の起源に関する旧来の説明も、ロックには十分ではなかった。それまで所有とは、侵略や利得の結果、もしくは一切の歴史的発展に先立つはずの共通世界の原分割の結果、生じたものとされていたからである。[56] ロックにとって問題であったのは、おのずから「我有化する」性質を有する活動を見出すこと、つまり、世界の物をわがものとし、それでいてその本性が完全に私的にとどまるという、そういった可能性をもつ活動を見出すこと、これであった。

ところで、じっさい肉体の機能ほど、疑いなく「私的」なものはない。肉体の機能においては、食物を我有化し排泄する活動にしろ、生殖活動にしろ、生命プロセスが如実に現われるからである。この文脈において注意すべきは、「社会化された人類」において疑いの余地なく「私的」なものとしてそれ自体敬意を表される「活動」が、じつは生命プロセスそのものによって一方的に押しつけられる過程だという点である。この肉体の機能の一つに、労働がある。だがそうはいっても、労働はやはり活動的なあり方をうちに含んでおり、その意味では最も私的でない活動といえるものであり、必要に迫られて行なわれる過程のうち公共の場で営まれても恥ずかしくない唯一の事象である。とはいうものの、労働という活動は、生命プロセスにきわめて近いものであるため、私的我有化を弁護するのに有利な論拠——これに対し、私有財産を弁護する理由はまったく種類を異にする[57]——として役立てることができる。ロックは、私有財産の獲得権を確立する基礎として、自分の肉体の所有権を据えた[58]——じっさい自分の肉体は、人間が「所有」できるもののうちで、最も自分に固有で最も私的なものだからである。「肉体の労働と手の仕事」が同一となるのも、どちらも、「神が……人間に共通に与えたもの」を「我有化する」ために用いられる「手段」にほかならないからである。こうした手段、すなわち肉体、手、口など、が我有化の自然な道具であるのは、そうした器官が、「人類に共通に属する」ものではなく、私的使用に供されるべく一人一人に与えられているからなのである。[59]

マルクスは、近代の労働生産性ならびに富の蓄積の発展プロセスを説明するために、人間の肉体にそなわる「労働力」という自然力を、引っぱり出さざるをえなかった。それと同様、ロックが、それほど目立たぬ仕方ながら、所有の由来をたずねて肉体による我有化という自然的起源にまで遡らざるをえなかったのは、世界のうちで私有財産に与えられている確固たる境界線を突破し、これを撤廃するためであった。私有財産とは、各人が自分のものにしている世界の一部のことだが、それを垣で囲み、それと「共通」なものとの境目を確定してきた境界線を、突破し撤廃することが問題だったのである。[60]富の膨張するプロセスを、一個の自然現象として、つまり富に内属する法則に自動的に従うプロセスとして、理解する必要性を、マルクスはなおロックと共有していた。このプロセスにおいて、人間の行ないに総じて何らかの役割が帰されるとして、その人間の行ないはそもそもこのプロセスに介入してはならず、そのうちでいわば共振するのでなければならなかった。それも、あらゆる意識的な意図や定立された目的の彼岸で、である。人間の行ないが「活動」だとしても、それはたかだか、意志や意図による抑制のきかない自然的機能の作動に帰着するところの、身体的「活動」でしかありえなかった。こうした「行ない」を人間の意志の管理のもとに置こうとすれば、それが事実上意味するのは、自然的なものを破滅させようと試みることでしかありえない。そんなわけで、近代は全体として——私有財産の確立にこだわりをみせた場合であれ、逆に、私有財産を社会的富の成長プロセスにとっての障害になるとして廃止しようとした場合であれ——、蓄積プロセス自体を管理し、その活動を封じ込めようとする一切の試みを、社会の生命にとって破壊的であるとして排撃してきたのであった。

近代が発展するにつれ、社会は、人間のすべての活動のなかで最も私的な活動、つまり労働を、ことさら労働の目的のために確立された新しい公的領域に定着させてきた。近代のこの発展を前にしては、そもそも財産が、共通世界の内部にある私的空間として、社会的富の情け容赦のない成長プロセスに持ちこたえることができるかどうか、疑問に思えてくるかもしれない。だが、現に空間に縛られていない私的占有物に関しては、じっさいこう言ってよい。私有の私的性格ならびにその利害関心の独立性を、共通なものに対して理論的に保証するためには、財産を、我有化の意味にすぐさま理解すること、もしくは、「共通なものからの囲い込み」と見なすこと、これに優るものはない、と。その場合「共通なものからの囲い込み」とは、肉体の活動の結果であり、人間の肉体の産物として当人にそのつど帰されるもののことである。この点でたしかに肉体は、一切の財産の原型である。肉体が、われわれがどんなに頑張っても共有できず、他者と分かち合うことのできないものであるからには、そうである。肉体的な喜びや苦しみ、からだで実感する快や不快ほど、人びとに共通でなく、そのような私秘性ゆえに伝達可能性から逃れるものは、ほかにない。身体上の快不快は、ひとに見られ聞かれる可能性から、したがって公共性から、逃れるのである。同様の理由で、本当に自分の肉体にすっかり投げ返され、そのうちに追放されるという状態ほど、世界の内に生きているという意味で「外に在ること」から、人間が徹底して追い払われている状態はない――奴隷状態や、耐えがたい苦痛の場合、まさにこのことが起こっている。いかなる理由からであれ、人間的実存の内実を徹底して剝奪し私的欠如状態に置き、世界とはまったく乖離して自分一人で生きている状態の意識のうちを実存がひたすら動くようにしたい、という願望を抱く人がいるとすれば、その人は理の当然として、そうした身体的経験を引っぱり出すことになるだろう。この場合、耐えがたい苦痛の経験は、言うまでもなく、傑出した位置をつねに占めている。というのも、人間が奴隷状態に置かれるのは、じっさいには「自然必然性」ゆえではなく、他の人間によって行使される暴力ゆえだからである。労働する動物からその自然的な多産性を強奪するのは、人間の暴力なのである。そのような仕打ちを受けて時間と力の余剰を奪われることさえなければ、労働する動物といえど、世界のための自由のいくばくかを、労働と回復という生活の必要の合い間をぬって享受することが、自然なあり方として可能なのである。それゆえ残るところ、苦痛こそは、まったく自然的で完全に徹底した唯一の無世界性経験なのである。したがって苦痛は、ストア派やエピクロス派の唱えた世界からの自主独立とか無世界性とかいった学説が依拠し、基礎を置いているところの根本経験でもある。世界から孤立して自分だけの私的実存の内部で味わう「幸福」というものは、かの有名な「感覚の不在」という仮説につねに帰着するのだが、この仮説は、論理的に整合的ないかなる種類の感覚主義における「幸福」の定義の根底にもひそんでいる前提である。そのような感覚主義の一つに、身体感覚のみを「実在的《リアル》」と見なす快楽主義がある。これは、私事に没入している原理的に非政治的な生の最も徹底した形態にほかならない。そのような生によって論理的整合性のきわみまで実現されるのが、*lathe biōsas kai mē politeuesthai*（「隠れて生きよ、世界のことは気にするな」）というエピクロスの教えなのである。

正常な場合には、苦痛の欠如は、世界経験の身体上の前提条件以上でも以下でもない。身体的なものが障害を受け、その障害によって自分自身へ投げ返される、ということがないときにのみ、身体の感覚器官は正常に機能し、感覚的所与を知覚することができる。苦痛の欠如はふつう意識されることがなく、積極的感覚としては、苦痛が鎮静化するときごく短い時間感じられるだけである。しかもそれは、苦痛の欠如ではなく、苦痛の鎮静化の経験であって、感覚主義の理論の幸福概念の根底にひそんでいるのもこれである。じっさい、苦痛の鎮静化の感覚の強度は、疑いの余地のないものであって、その強烈さたるや、他に比肩できるものといえば、これはもう、苦痛そのものの感覚の強度だけであろう。[61] 世界からの人間の「解放」を約束する一切の学説が要求するところの精神的努力とは、じつは、想像力の作用にその本質がある。多大な訓練をもちろん要求するこの想像力の作用においては、苦痛の欠如が苦痛の鎮静化として経験され、それゆえ、ありうべき苦痛の感覚が持続的に生き生きと保たれる、というのでなければならない。[62] いかなる感覚主義的哲学でも、苦痛の欠如が持続状態として前提されるが、この肉体体験は、自明な所与といったものでは断じてなく、それどころか、極度に鋭敏化された表象力と想像力によってのみ到達可能な想定なのである。

それはともかく、苦痛と、それに対応する苦痛の鎮静化の感覚は、世界とは無縁の感性的経験である。そこまでいかなる世界的対象も総じて出る幕のない経験は、ほかにはない。剣で切られて痛みを感ずる場合にしろ、羽根でくすぐられる場合にしろ、それらの対象がいかなる特性をもっているか、感覚は何も告げてくれない。そればかりではない。そうした感覚だけでは、それらの対象が現実に存在していることの証明には、まったくならないのである。(63) 人間の感覚能力は、世界を仲立ちする特性をもっていないのではないか、との不信感には、抗しがたいものがあり――近代哲学史の発展の総体の起源は、この不信感のうちにひそんでいる――、感官経験の例として異口同音に挙げられるのが、苦痛やくすぐったさのように、まさしく正常な感官機能をあからさまに妨害する感覚だという事実も、同じ不信感によってはじめて説明しうる。かくして、そうした特異な感覚のほうから、感官の「第二」性質は主観的であるとか、いや「第一」性質すら主観的であるとかいった推論がなされるのである。すべての感官知覚が、肉体が自己自身を「感ずる」だけの感覚であったとしたら、世界の実在性についての議論などまったく存在しないことだろう。それどころかわれわれは、外界といったようなものがそもそも存在しうるという観念すら、何一つもたないであろう。

無世界性に、あるいは、より正しくは、苦痛感覚において生ずる世界喪失に、正確に対応している唯一の活動は、労働である。なぜなら、労働を行なうさい、人体は自分自身へと投げ返されるからである。たとえ受動的－受苦的ではなく、能動的－活動的な仕方で働いている場合でもそうである。自然と人間との物質交替としての労働は、労働する者を、当人の純然たる生命状態のうちに囚われの身にしてしまう。労働者は、かりに労働以外の活動を知らなければ、肉体機能の永遠回帰的循環運動を超え出ることも、そこから解放されることも、不可能であることだろう。すでに言及しておいたように、労働と生殖という二重の労苦は、言語上は、しばしば同じ一語で表わされるし、聖書でも、神が人間の両性にかけた二重の呪いとされるが――「おまえは苦労して子どもを産まねばならない」し、「おまえは苦労して一生毎日食ってゆかねばならない」――、この二つは、事柄としても共属している。なぜなら労働と生殖は、個と類という二重の意味での生命の維持に仕えるものだからである。ロックによれば、生きることと産むことという苦痛に満ちた苦労こそ、財産の真の起源だという。ロックのこの主張が正しかったとすれば、われわれの所有する最も私的な経験である肉体感覚と苦痛感覚において与えられるのと同じ無世界性が、私有財産にじっさい帰されることとなろう。

ところで、無世界性というこの私的性格は、なるほど、本質的な点では、我有化の概念のうちにも証示することができよう。とはいえ、伝統を引き継ぐことで概念体系全体を組み立てたロックが、私有財産という語で思い浮かべている観念は、無世界性と同一ではありえない。起源がどうあれ、ロックがこの語で意味しているのは、依然として「共通なものからの囲い込み」なのである。ということは当然それは、私的なものを隠したり、公共性に対してかくまったりすることのできる、世界内に指定可能な場所のことである。そのように隠すべきものとされていた以上、私的なものは、当時はまだ、共通世界それ自体のうちにありかをもっていたことになる。この時代、すでに富と我有化の成長プロセスは、この共通世界の存続をおびやかし始めていたのだが。財産は、労働プロセスの無世界性を強化するのではなく、緩和するが、それは、財産そのものが世界にそれだけしっかりと係留されているからにほかならない。同じ理由で、労働本来のプロセス性格は、つまり、生活の必要から労働せざるをえないという定めの容赦なき緊急性は、私有財産の所有によって本質的に軽減される。有産者の社会では、人間の世話と気遣いが向けられる中心に位置するのは、依然として世界であって、赤裸々な生活の必要ではない。生きてゆくために必要な生活物資が欠乏することの脅威や、それらを持て余す贅沢な悩みにしか関心を示さないのは、労働者や定職者の社会のみであろう。

だが、これとまったく事情が異なるのが、主要な関心が、もはや財産には向けられず、我有化に、つまり占有物の増加と蓄積プロセスそのものに、向けられる場合である。蓄積プロセスは、潜在的には無限であり、動物種としての人類の生命と同じように限界がない。だが、まさにこの潜在的な無限性は、再三再四疑問視される。そうした人類の個別事例である私人は、潜在的に無制限の時間を前方にもち合わせては断じておらず、無限に生きるわけではない、という不都合な事実があるからである。制限つきの個人の生命の代わりに、全体としての社会を生命体として捉え、この社会の生命を蓄積プロセスの真の巨大な主体として据えるときにのみ、蓄積プロセスそのものが、何ものにも邪魔されることなく、個人の一生と私人の財産によって課される限界からいわば解放されて、そのプロセスに見合ったテンポで進捗しうるのである。自分が生き、生きのびることを気遣うのが、私人というものであるのに対し、マルクスがよく使った言葉を借りると、「類的存在」にとっては、個々人の生命の再生産は、動物種としての人類の生命プロセスのうちに埋没してしまう。だとすれば、人間が、もはや私人として行為するのではなく、むしろ「類的存在」として行為する場合にはじめて、「社会化された人類」の集合的な生命プロセスは、当のプロセスに内属する必然性の法則に沿った仕方で展開しうる。言いかえれば、個人の生命を途方もなく複製して増殖させるとともに、それに応じて消費財を途方もなく複製して増殖させるという二重の意味において、多産性の自動機構《オートマティズム》を解き放つことができるのである。

この文脈においてとくに目立つのは、マルクスの労働論がその成立年代からして、十九世紀の進化論と発展説とじつに正確に重なり合っていたことである。エンゲルスはつとにマルクスを「歴史科学のダーウィン」と呼んでいたが、それは、マルクスがじつにあざやかに、ダーウィンの理論を歴史科学の側面から補完し、いわば続行したからであった。ダーウィンの進化論とは、有機的生命の最下位の形態を起点とし、動物類の生命からの人類の生命の発生を経由して、ついにはわれわれになじみの人間種属の最終的発展段階に至るまで、生命プロセスの間断なき発展を理論的に説明するものだったからである。十九世紀に成立したこれらすべての新興学問分野は、プロセスと発展という近代特有の概念を核心としている。自然科学によるプロセスの発見をきっかけとして、近代哲学に自己反省が導入されることになったが、それも当然であった。だとすれば、われわれの「内」に起こっている生物学的プロセスが、最終的にプロセスという近代的概念のモデルの役を務めたとしても、何ら不思議ではない。自己反省に近づきうる経験としては、自己観察に近づきうるただ一つのプロセスしかそもそも存在しない。そしてそれこそは、肉体の内でみずからを告げ、その必要を不断に訴えてくる生物学的プロセスにほかならない。このプロセスをわれわれがそこへ移し入れることのできる唯一の活動、それが労働なのである。なぜなら労働は、生物学的プロセスに追随し、応答する活動だからである。とはいえ、同じく何ら不思議でないのは、生産性と多産性とを等置する近代の労働の哲学が、最終的には、同じ等置を根底にひめているさまざまな意匠の生の哲学で終わった、ということである。[64] 労働の哲学と生の哲学は、近代に典型的な新旧二様の哲学であるが、両者の違いは主として、生の哲学が、生命プロセスを維持するために本当に必要な唯一の活動、つまり労働を、見失ってしまった点にある。しかもこの喪失にすら、それに見合う歴史的発展の事実というものがある。じっさい労働が、かつてより労苦を要しないものとなり、それゆえ、自動的に機能する生命プロセスになおいっそう近づいてきた以上は、そうである。十九世紀末、ニーチェとベルクソンは、もはや労働ではなく、生こそが「一切の価値の創造者」にほかならないと宣言した。そのとき、生命プロセス自体の純粋な力学運動のこの讃美によって、人間が必要に迫られて営まざるをえない活動である労働と生殖に、曲がりなりにも含まれているわずかばかりの率先行動すら、締め出されることとなったのである。

ところで、労働プロセスと生命プロセスの生産性ないしは多産性は、途方もなく上昇したとはいえ、また、その過程は最終的に社会化されたとはいえ、それらに対応する経験がこのうえなく私的なものにとどまり、その他の一切の肉体的経験と同様、伝達可能性を逃れる、ということに変わりはなかった。労働の労苦からすれば、肉体的に生きていること自体が、人間であることの重荷と負担ということになるが、そのような労働の労苦と、「身体組織の救いがたい苦痛」とのあいだには、強弱の度合の差しかない。というのも、その「地獄のような凄まじさ」——労働地獄または苦痛地獄——は、まさに次の点にあるからである。つまり、その凄まじさは、この世的な生き物であるかぎりの人間に関して言うと、「この世のものではない」もの——「この世のものではない地獄の憤怒」——(リルケ)だということ、これである。労働や苦痛の凄まじさは、直接的であり言葉で言い表わせない。なぜなら、言語とは、われわれが言語についてどんな理屈をこねようとも、世界および世界の物的対象性に定位することに、頑なまでにその本領があるからである。しかもその程度たるや、絶対的に私秘的で主観的なもの自体を表わそうにも、言語の比喩の力は無能さをさらけ出すばかりなのである。このことは、目下の文脈で言うと、労働という無世界的な活動の枠内では、贅沢三昧も労働時間の短縮も、共通世界の樹立にはつながらない、ということである。贅沢や余暇をいくら享受しても、労働する動物がそれだけ「私的・欠如的《プリヴァート》」でなくなるわけではない。なぜなら、労働する動物は私有財産を剝奪されてしまっているため、皆に共通な世界から自分が守られ隠される場所を喪失しているからである。マルクスの予言によれば、「社会的生産力」が妨げられずに発展するという条件下では、公的領域は「死滅する」。マルクスのその口吻が満足げなのは、まったく不当な話ではあるが、この予言自体は正しかった。そして、次のような変てこな予言をしたときでも、マルクスはあくまで間違っていなかった。曰く、社会化された労働する動物はそのあり余った自由時間を、それゆえ労働からの部分的な自由解放を、世界における自由に振り向けることには使わずに、自分の時間を、本質的なところで、世界とは無関係な私的道楽三昧に空しく費やすであろう、と。現代のわれわれは、それを趣味《ホビー》と呼んでいる。(65)

16　仕事道具と労働分割〔訳注6〕

人間が生きるうえでの所与の条件の本質には、残念ながら、次のことがひそんでいるらしい。つまり、人間の労働力の多産性から引き出せる唯一のとりえは、たった一人の、もしくは一家族の、生活に必要な分以上の物資を、人間の労働力はそのつどもたらすことができる点にあること、これである。労働の産物というのは、人間と自然との物質交替の成果であるから、世界の一部となりうるほどの持続性には乏しい。また、労働という活動は、生活を維持することにもっぱら忙しく、世界を顧慮しない。制作する人《ホモ・ファーベル》は、自分の手という人間の原仕事道具の主人であるが、それと違って、肉体上の必要を満たすことに駆り立てられた労働する動物《アニマル・ラボランス》は、自分の肉体の主人ではない。だからこそプラトンは、奴隷や労働者は、隷属しているため自由ではありえないのみならず、「魂」の動物的部分に支配されてもいるのだ、と考えた。(66) 必然にマルクスが「社会化された人類」について語ったとき心に描いていた労働大衆社会というのは、類的存在から、つまり動物種としての人類の無世界的個体から、成り立つ。それは、古代のように、家内奴隷として他者の暴力によってそうした状態に置かれている場合であれ、現代のように、「自由」な労働者として自分の職能を進んで満たす場合であれ、変わりがない。

すでに〔第10節で〕見たように、善意の活動もまた、世界の公共性からの逃避を特徴とする。だが、労働する動物の無世界性は、自明のことながら、善行の能動的な世界逃避とはまったく異なる性質のものである。労働する動物は、世界から逃避するのではない。そうではなく、世界から追放されて、他人には立ち入ることのできない自分の肉体の私的性格へ閉じこもるのである。肉体というこの私的なもののうちで、労働する動物は、誰とも共有できず、誰にも十分伝達できない必要や欲求の囚われの身になっている自分を、意識させられる。全般的に見た場合、奴隷状態や家政への放逐が、労働階級の社会的状態を、近代になるまで規定してきたという事実は、まずもって、人間の条件そのものに起因する。人間以外のすべての種類の動物にとって、生命とはその存在一般と同義であるのに、人間という生き物には「空しさへの反感」や無常さ(67)が本来そなわっているがゆえに、人間にとって、生命は自己の実存と必ずしも一致せず、それどころか、人間がまさに人間であることを妨げる重荷のようなものに見えることさえある。しかも、この重荷の耐えがたさは、いわゆる「もっとましなこと」をなすものがどれも、直接的緊急性の点で、基本的な生命の必要にまったく及ばないだけ、それだけますます募る。「もっとましなこと」がとにかく現われうるためには、それ以前に「くだらないこと」がすべて満たされていなければならない。基本的な生命の必要は、かくも強制力をふるうのである。人類のうち労働に従事する階層の社会的状態が、かつて隷属と奴隷の状態であったのも、奴隷状態が、生命それ自体の自然な制約された状態であるからにほかならない。Omnis vita servitium est ——「生きとし生けるものは、奴隷も同然である」[68]。

他の生き物とちがって、人間の生は、誕生と死とのあいだの人生の物語として物語られうる。だが人生もやはり、同時に、生物学的循環運動によって駆動させられ、消耗させられている。人間の場合、生きることのそうした重荷を他者に押しつけることがありうるが、それは、人間の労働によって得られたものが、自然な結果として余剰をもたらすからである。古代の奴隷は、おおよそ、家内労働に従事していた。奴隷は、家の主人から、生命の重荷を、すなわち純然たる消費活動の労苦を、取り除いたのである[69]。商品生産に従事していた奴隷や、公僕として鉱山で働いていた奴隷は、比較的少数にすぎなかった——つまり、数のうえでは取るに足らぬ程度であり、歴史的にも遅まきの現象でしかなく、奴隷制の設置理由としても、また奴隷制の正当化としても、論外である。古代の社会秩序において奴隷労働は、並外れて重要な位置を占めており、当時すでに自由労働も知られていたけれども、どんな奴隷労働も非生産的で空転は避けられないという事実が意識されることはなかった。古代において奴隷労働がかくも枢要であったのは、生産よりもむしろ消費に奴隷労働の比重が置かれていたという事情によってでなければ、そもそも説明できない。まさしく、マックス・ヴェーバーの言うとおり、古代都市は、中世都市とはちがって、まずもって「生産の中心地ではなく消費の中心地」であった[70]。自由市民は全員、生の重荷を免除されていたが、この特権の代償は、とてつもなく高くついた。自由の代償は、必然と労苦の暗闇に強制的に押し込められた人びとに行使される暴力の不正さに、つまり奴隷に鞭打つ理不尽さに、尽きるものでは断じてなかった。この暗闇それ自体は、それなりにまだしも自然的である。なぜならそれは、人間の生を制約する条件に避けがたく属しているからである。この自然的被制約性からの解放を一定数の人類が他の人類の犠牲のうえに実現しようとして行使する暴力のみが、人間の仕業であるにすぎない。だとすれば、必然からの絶対的自由を手に入れるために支払わなければならない現実の代償とは、ある意味、生命それ自体である。もしくは、生き生きした生命である。生きる重荷を免除されるためには支払わなければならない代償とは、いわば代理的生命とでもいうべき人工的生命しかあとに残らず、生き生きした自然的生命力は失われてしまう、ということである。それどころか、主人は、奴隷のおかげで、五官の代理すら見出すことができた。つまり、見ることや聞くことといった「重荷」までも、代理人によって取り除いてもらうことができたのである。そうした「代理人を通して、主人は見たり聞いたりした」とは、ヘロドトスの伝えるところである(71)。

人間の生の直線的で不可逆的な時間の流れは、生物学的循環運動のリズムによって制約されているが、この循環運動の内部にひそんでいるのは、快と不快であり、働いて生計を立てることの労苦と、生きる糧を摂取吸収するさいの満足感である。快苦のこの両面は、密接に隣り合っているので、労苦をそっくり除外しようとすれば、生からその最も自然的な満足感を、不可避的に剝奪してしまうこととなる。こうした生物学的生命こそ人間本来の生の原動力である以上、人間の生が「労苦と労働」を完全に免れることができるのは、人間の生から遠ざけられるとき、人間の生に固有な生き生きした生命力を放棄する用意があるときのみである。労苦と骨折りが人間の生から遠ざけられるとき、それとともに人間の実存も、変化をきたさないではいない。労苦と骨折りは、障害の徴候ではなく、むしろ、生命それ自体が、みずからを束縛している必然の束縛ともども、自己を告げる仕方なのである。かりに「神々の安楽な生活」を人間が手に入れたとしても、それは死すべき者たちにとって生気の抜けた生活でしかないだろう。

というのも、われわれは生きているかぎり生命の現実味に付き合わされる一方、世界に固有なリアリティに信頼を置かないわけにはいかないが、この二通りの現実は、種類を異にするからである。世界のリアリティをわれわれが実感させられるのは、第一次的には、死すべき生を無限に凌駕する永続性と持続性を世界がもっているからである。世界の終わりが近いことをひとが知ったとすれば、世界のまさにこの現実性格は失われざるをえない。たとえば、原始キリスト教では、世界の現実性格はじっさい失われた。信者たちが当時、終末論的な期待と希望が叶えられる日が近いことをあくまで確信していたかぎりは、そうであった。これに対して、生命が現実味をおびて存在していることが告げられるのはひとえに、生命がその現存在のあらゆる瞬間に経験されるその強烈さにおいてのみである。この強烈さは非常に基本的な力を伴って現われるため、強烈な喜びや苦しみが優勢となった場合、世界のリアリティに対する感覚はことごとく抹消されてしまう。富者の生活は、生命力を、つまり大地の「良き事物」への近さを、失ってしまうが、その代わりに、洗練された趣味を、つまり世界にそなわる美《うるわ》しき事物に対する感覚能力を、手に入れる。このことは、しばしば気づかれてきた。世界の内で生きる力が現実化するのは、生命プロセスを超越しこのプロセスから離反するつもりが人間にあるかぎりにおいてでしかない。他方、これと反対に、人間の生に生き生きした生命力が保証されるのは、生の重荷つまり労苦と労働をわが身に引き受ける用意が人間にあるかぎりにおいてでしかない。

ところで、労働機具がとてつもなく洗練されてきたのは、たしかである。――制作する人は、無言のロボットを発明することで、労働する動物を手助けしてきたし、その結果、制作する人なりの仕方で、自由の問題を解決するに至った。これに対し、政治的に行為する人間はかつて、支配と隷属の関係によってしか、つまり人間を抑圧して「声の出る仕事道具」(古代の家内奴隷は、instrumentum vocale つまり声を出す道具と呼ばれた)の倉庫に押し込めることによってしか、この問題に対処するすべを知らなかった。――労働機具のこの洗練化のおかげで、生命の二重の「難儀」、つまり労働と出産という労苦は、以前より容易になった。しかしだからといって、活動としての労働は今や、必然の圧迫をもはや受けていない、とか、人間の生は今や、生命のやむにやまれぬ必要の強制と緊迫を免れて自由になった、とかいったことを意味することにはならないだろう。せいぜい、奴隷保有者の社会では、必然の「呪い」を、奴隷という姿で誰しも日々目の当たりにし、「生とは隷属なり」ということを如実に知らされていたのに対し、今日の社会では、この初歩的条件がもはや完全にはあらわとならず、それゆえ忘却されやすくなった、というだけの話である。もちろん、次のように憶測する向きもあろう。この忘れっぽさは、第二の産業革命、つまり「原子力革命」が近未来に迫り、ひどく空想じみた一大変化がもたらされる直前の、一種の序曲にすぎないのだ、と。だがこれは、あまりありそうにない憶測である。それというのも、近未来に迫っている変化が、これまでの技術がそうであったように、われわれが打ち建てて住んでいる世界を変えてしまうのみならず、それとともに地上での人間の生の根本条件をも変えてしまうと、そうわれわれが考えてもおかしくないようなことは、これまでほとんど見られないし、それが厳然たる事実だからである。そして、そうした所与の根本条件が続くかぎり、人間が自由になれるのは、必然を知り、その重荷を両肩にどっしり感ずるときだけである。労働が容易となったために呪いとはもはやいえなくなったとすれば、そこにはかえって危険がある。それは、もはや誰も必然から解放されたいとは願わなくなる、という危険であり、ないしは、人間が必然に屈していながら、そう強いられていることを自覚すらしない、という危険である。

　機具や道具手段は、労働という活動を並外れて容易にしたが、それ自体は労働の産物ではまったくなく、仕事道具がすべてそうであるように、制作の産物である。なるほど道具は、消費のプロセスにおいて一定の役割を果たすものの、それ自身はあくまで、世界を形づくる使用対象物の一部をなす。のみならず、仕事道具はなるほど労働を容易にするが、労働を遂行するために絶対必要というわけではなく、労働プロセスにおいて仕事道具の果たす役割は、対象物を制作し作製するのに仕事道具が絶対必要であるのに比べれば、二次的な意義しかもたない。というのも、仕事道具がなければそもそも何も制作できないし、機具や道具手段の発明は、事実上、制作する人の誕生ならびに人間によって制作された物の世界の成立と、時を同じくするからである。これに対し、労働に関していえば、労働の機具によって何倍も強化されるのは、自然的労働力のみである。自然的労働力は、せいぜい、家畜、水力、電力といった自然力によって部分的に代替されるだけであり、仕事道具によって代替されることはありえない。労働機具のおかげで倍化されるのは、労働する動物の自然的多産性なのであり、またそのおかげで産出されるのは、消費財の余剰なのである。しかしこうした変化はいずれも、量的な種類のものである。これに対して、制作される対象物は、それを産み出すのに適切な仕事道具なしには、そもそも成立しえない。このことは、芸術作品の成立条件に関しても、ごく単純な使用対象物の成立条件に関しても、等しく当てはまる。

おまけに、労働機具によって容易にされる消費プロセスは、際限なく機械化できるわけではない。主婦なら誰だって知っていることだが、機械装置を百台も台所に据え付け、ロボットを半ダースも地下倉庫に置いたとしても、たった一人の重宝な召使の奉仕作業の代わりすら務まったためしがない。この限界は、事柄の本性に存しているように思われる。なにしろその証拠に、童話や寓話の国で夢見ているかのように機具や仕事道具が信じがたい発展を遂げた現代のはるか何千年も前に、この限界が予言できたからである。すなわち、アリストテレスは、冗談半分に想像を逞しくして、次のように事柄を正しく思い描くことができたのである。アリストテレスが言うには、「仕事道具がどれも、ダイダロスの彫像やヘパイストスの三脚釜のように、命じられるやみずからの仕事を執り行なう」といった世界を想像することは、なるほどできる。じつにホメロスも、三脚釜は「神々の集会にまったくひとりでに入っていく」と歌っている。その場合まさしく、「操縦する人間の手を借りずに、織機の杼《ひ》が布を織り、撥《ばち》が竪琴を弾き鳴らす」ことだろう。このことは――と、アリストテレスは続ける――、手仕事職人がいなくても手仕事が間に合うことを、じっさい意味するであろうが、だからといって、奴隷がいなくても家事を営めるということを意味するわけではない。というのも、奴隷とは対象物の制作のための仕事道具ではなく、生きた労働機具だからであり、その奉仕は、それが仕える生命プロセスと同じく、繰り返し更新され消尽されるからである。[72] 制作プロセスは、時間的に限界づけられており、そのプロセスに必要な仕事道具の機能は、予測可能で制御可能な終わりをもつ。この終わりは、対象物が完成するのと、時を同じくするからである。これに対して、労働を必要とする生命プロセスは、無限であり、そのプロセスに唯一見合った機具があるとすれば、それは一個の perpetuum mobile つまり永久機関でなければならないだろう。instrumentum vocale つまり声を出す道具というのは、まさにこれであり、すなわち、仕える相手である生きた生命体と同じく、生き生きと無限に「活動的」である。労働機具が有用であるのは、それが使用されるという点に尽きるからこそ、労働は、仕事道具に特有な「生産性」に、決してうってつけではありえない。というのも、仕事道具や機械の本質に属しているのは、

「道具手段のたんなる使用以上の何かが、［その］結果として生ずる」ことだからである[73]。

このように、労働機具とは、労働する動物に自由に使ってもらえるよう制作する人が提供する仕事道具であるから、労働プロセスにおいてはつねに二次的な意義しかもちえない。なぜなら、仕事道具の実効性とは、たんに利用されるだけではなく、利用とはまったく異なるもの、利用を超え出るものを生み出すことであるのに、労働プロセスにあっては、この完全な実効性を展開することは、決してできないからである。それとまったく正反対のことが当てはまるのが、近代の労働を革命的に変革した二番目の大原理たる、労働分割つまり分業 Arbeitsteilung である。じっさい分業は、労働プロセスに内属している原理である。これと混同してはならないのが、外見だけ似ている職業上の専門化であり、こちらは制作プロセスに特有である。分業と職業の専門化とに唯一共通するのは、組織化という一般的原理である。組織化はこれはこれで、制作から生じるのでも、労働そのものから生じるのでもなく、政治的領域から生じる。ないしは行為という人間の能力に起因する。分業や職業の専門化といった現象が現われうるのは、政治的共同体の枠組においてのみなのである。政治的共同体においては、人間はたんに共生しているのみならず、相互に行為しているのであり、それゆえそこでは、組織化の原理は周知の事柄だからである。

制作プロセスにおける専門化は、おおむね、制作されるべき対象物に準拠している。当の対象物を製造するには、一つ以上の技能が必要になるから、そこではつねに特定の専門部分が提携し組織化されなくてはならない。それらはおたがい専門をまったく異にする場合もあるが、たがいに調和し協‐働し合う。これと反対に、分業の拠って立つところは、分割された労働の断片がどれも質的に等しいこと、したがってそれら断片のどれ一つにも特定の技能は必要でないこと、である。これら労働の断片のどれも、それだけでは何ものも生じさせることがない。その各々は、一定量の労働力に対応しているだけであって、その一定量が他の一定量と合算されて労働力の総量をなす。このことが可能であるのは、二人の人間がその体力を同時に合致させることができ、しかもその場合二人がじっさいに、「まるで一人であるかのように一体となってふるまう」という事実に帰着する。[74] この一人であることは、協-業する者どうしの相違にまさにもとづく一切の本来的協業の正反対である。分業という形をとって一人であるとは、類的単一性のしるしであって、つまりそこでは、同類のどの個物も、他の個物とそっくりであるがゆえに交換可能なほどである。(各労働者が、彼ら全員に等しく具わっているがゆえに分割可能な労働力という原理に従って、社会的に組織化されているような、労働者集団の形成と、このうえなく鋭い対照を示すのが、手仕事職人の団体である。これには、ツンフトやギルドといった中世の同業組合から、現代の特定の型の職人組合まで、さまざまあり、その組合員は、一定の技能や専門技術等にもとづいて集まり、この技能等によって他の手仕事職人とは区別される。)分割された労働量の各々は、それだけとってみれば、分割された総量とは独立に、目的を有するとはいえないが、目的を達成することで何らかの終わりに達することはありうる。そうである以上、分業における労働プロセスの「自然的」な終わりは、分割されざる労働の場合とまったく同じである。すなわち、その活動が終わるのは、食糧等の必要な生活手段が再生産されたとき、または、労働力が使い果たされたとき、のいずれかである。しかしながら、どちらにしても、終わりは最終的なものではない。生活手段は、つねに繰り返し新たに再生産されなければならないし、力を使い果たすといっても、それは個体としての生命プロセスの一部をなすにすぎず、類としての集団の生命は別だからである。集団的労働力としての分業の場合、労働プロセスの真の主体とは、類にほかならない。集団的労働力は使い果たされるということがありえず、この無尽蔵な労働力は類の無死性に見合っている。類の生命プロセスは、全体として見れば、各個体の誕生と死によって中断されることもない。

　労働能力に限界があるかもしれないことよりもはるかに憂慮すべきであるように見えるのは、それゆえ、消費能力によって労働プロセスに限界が課されていることのほうである。なぜなら消費能力は、たとえ集団的労働力が個人的労働力に取って代わったとしても、あくまで個人に拘束されたままだからである。限界なしに拡大すると原則的にいえるのは、発展し続ける蓄積のみであり、それも、「社会化された人類」という条件の下でのみである。「社会化された人類」であれば、個人の私有財産という限界から生産プロセスを解放するし、個人の我有化のもつ限界を、次のやり方で克服するからである。つまり、「貯め込まれ」「貯蔵され」た物の占有という意味での不動産という形で存続している一切の富を、貨幣ないしは消費財へと転化させ、それを消尽することで経済に還流させては、生産プロセスをさらに増強させる、というやり方がそれである。そのような社会に、われわれはすでに生きている。平均して見れば、資産がもはや、各自の所有する全財産によって査定されるのではなく、収入ならびに支出ないし消尽の総額によって、つまり人体で物質交替が行なわれる二通りの形態によって、査定されるようになっている以上はそうである。それゆえ、現代社会の問題は、個人的な限界をもつ消費能力を、原理的に限界をもたない労働能力と、いかにして合致させることができるか、という点にある。

全体としての人類が、過剰な豊かさのこの限界に到達してしまう地点にまで行き着くのは、まだずっと先のことであるから、社会が、社会に固有な多産性に自然的に課せられた限界を、おそらく克服することになるであろう将来の進路を観察できるのは、今のところ、国家ごとの単位でしかなく、しかも試算のうえでの話でしかない。過剰な豊かさの限界が、最終的に現実となることが立証されるかどうか、は判定しがたい。過剰な豊かさのうちで暮らしている国々の現在の余剰のかなりの割合が、その国や他の国の利益のために、貧困の呪いに依然あえいでいる世界の人びとに、現にもたらされているからといって、それでもう判定の根拠とするわけにはいかないのである。それゆえ、豊かさの呪いは、せいぜい漠然としか感じとれないし、過剰な豊かさのうちで暮らしている社会が、豊かさの呪いに対面するために準備している手段も、それと同じである。この、豊かさの呪いに対面するための手段とは、使用対象物を、あたかもそれが消費財であるかのように取り扱うこと、ないしは、使用を総じて消費に変質させてしまうこと、ここに存する。そうすれば、椅子や机は、かつて衣服や靴が使い古されて捨てられたのと同じくらいすみやかに使い捨てられ、さらに今度は、衣服や靴も、世界にとどまる時間が可能なかぎり短くなって、食品のような紛れもない消費財と似たように「消費」されることになる。世界の物を消費財として取り扱うこうした付き合い方は、それらが生産される仕方からまったく自然に生じてくる。というのも、現代経済を真に特徴づけるのは、商品生産というよりはむしろ、仕事を労働へ転化させることだからである。対象物が労働によって産み出され、かくして労働生産物となったがゆえに、対象物はもはや使用されるのではなく、使い捨てられむさぼり尽くされるのである。また、この転化のための決定的要因は、仕事道具を機械に置き換えることではなく、分業を導入して制作プロセスを労働プロセスに切り替えることである。分業とは本来、労働という活動に合わせて調整された、労働に適合的な生産方式だからである。だが、仕事道具が労働機具や機械という形態をとって労働プロセスに干渉し、労働プロセスがあたかも仕事の「生産的」活動であるかに見えてくるのと同じように、産業革命より古くからあった分業が、逆に、使用対象物を製造するはずの制作プロセスにも波及してくる。古くからの専門的職業を広範囲に余計なものにし、最初の大量生産を可能にしたのは、機械ではなく、まずもって制作プロセスの体系的分業化であった。もちろんその後、産業革命が起こって、機械により大量生産を途方もなく増進させることが可能となった。

　労働機具と仕事道具は、労働の労苦と骨折りを軽減したが、だからといって労働の本質ならびに労働に内属する必然を変えることはなかった。それと同じく、大量生産によって労働生産物が俄然世にあり余るほど出回るようになったからといって、労働生産物はあくまで消費財であって、世界に一定期間とどまり続けるだけの持続性をもつようには出来ていないことには、いささかも変わりがない。だが制作の場合、これとまったく事情は異なる。制作の場合、近代の発展は本質的変化をもたらした。というのも、制作プロセスは、たとえ消費財を生産しなくとも、分業という方式で営まれることにより、事実上、労働プロセスの性格をおびるに至ったからである。このことは、すでに分業によって強制されている操作工程の無限の反復のうちに、判然となっている。また、人間が機械によって強制されて、自然の循環運動によって予定され指定されていたのとは比較にならないほど素早い反復のリズムを強いられるようになったが、現代に特有なこうした加速現象は、次の点を見過ごすことに寄与するのが関の山であった。つまり、機械を用いた労働のみならず、労働というのは総じて、反復によって特徴づけられており、それゆえ機械はここでは労働の本質に沿っているにすぎないこと、これである。だとすれば、機械にしても、労働自体に内属する多産性を高めているだけであり、大量生産によって世に送り込まれる過剰な豊かさのおかげで、生産物は自動的に、消費財に仕立てられてしまう。機械によって稼動する労働プロセスの無限性を保証してくれるのは、ほかでもない、消費の必要が永遠に繰り返されることなのである。そしてそれは、労働プロセスによって産み出される産物が、使用性格を失って消費財と化すことを余儀なくされる、ということである。使用したり消費したりする人間のほうから見た場合、これは要するに、使用と消尽の区別、つまり使用対象物が相対的に長持ちするのに対して消費財は現われてはたちまち消えてゆくという違いが、消えつつあること、もしくは無意味と化していること、を意味する。

　現代経済は、労働と労働者に合わせて出来ている。だから、それが機能するためには、世界を形づくる物はすべて、たえず加速されたテンポで現われては消えてゆくことを要求される。物を使用し、物を尊重し、物に内在する存続性を維持することを人間が始めたら、現代経済はたちまち停滞してしまうだろう。われわれは家屋、家具、自動車といった物を利用し、それに囲まれているが、そういった物もすべて、あたかも大地の「良き事物」であるかのように、できるだけ速く使い古され、いわばむさぼり喰われねばならない。たしかに、大地の「良き事物」の場合は、人間と自然との物質交替の果てしない循環運動へ引き入れられなければ、腐って無駄になってしまう。古来、人間の手になる形成物、つまり世界は、保護壁によって、たえず自然から遮蔽され保護されてきた。その場合の自然とは、一つには、世界を取り囲み円環運動をしている自然プロセスであり、もう一つには、人間の内部を貫いて行き来する生物学的循環運動であった。そういった自然から世界を保護してきた壁を、われわれ現代人は、あたかも取り壊してしまったかのようである。その結果われわれは、そうでなくとも存続が危ぶまれている人間的世界を、自然プロセスに委ね、引き渡してしまった。おそらくそれは、われわれが、自分たちは自然の絶対的支配者になったのだから、地上の自然のただ中の人間特有の故郷《ふるさと》であった世界など、なくても済ませられるはずだ、と信じているからである。

持続、長持ち、存続性は、世界形成者たる制作する人《ホモ・ファーベル》の理想であったが、それに取って代わったのは、労働す《アニマル・》る動物《ラボランス》の理想であった。労働する動物は夢見るとき、過剰な豊かさの逸楽郷を夢想するものである。労働社会の理想とは、過剰な豊かさ、つまり労働にそなわっている多産性を、昂進させることでしかありえない。かくてわれわれは、仕事という活動を労働へ転化させ、その活動を極微の断片へと分解し、ついには、その活動は分業に適合させられ、最も単純な操作という公分母に到達するに至った。その結果、労働力——自然の一部であり、すべての自然力のなかでもおそらく最強の力——から、「不自然」な、すなわち語の最も真なる意味で人工的な、障害物が取り除かれた。だがこの障害物とは、人間の手になる形成物にそなわる純粋に世界的な恒久性だったのである。

17　消費者社会

現代社会は消費社会であると、しばしば言われる。すでに見てきたように、労働と消費とは本来、生活の必要によって人間に押しつけられた同一のプロセスの二つの段階にほかならない。そうである以上、現代社会が消費社会であるとは、現代社会が労働社会であることの言いかえにすぎない。ところで、この労働社会もしくは消費社会が成立したのは、労働者階級の平等解放によってではなく、むしろ労働という活動自体の自由解放によってである。しかも、労働のこの自由解放は、労働者の平等解放より数百年も前のことだった。われわれが現代生きている社会秩序にとって重要なことは、労働する人民が歴史上はじめて平等な権利で公的領域への参入を許されたことよりも、むしろ、公的領域において一切の活動が労働として理解されるに至ったことのほうである。すなわち、われわれが何をなそうと、その活動がことごとく、人間の活動的あり方一般の最下位のレベル、つまり生活の必要や十分な生活水準を確保することへと押し下げられた、ということのほうである。社会の公的判断からすれば、どんな職業であろうと、その主な任務は、相応の収入を確保することなのである。職業を選ぶさいに収入以外の目標に導かれた人びと、とりわけ自由業にたずさわる人びとの数は、激減しつつある。芸術家という職業——正確に言って、労働社会に唯一残存する「職人気質」の職業——は、労働社会が進んで特別扱いをするただ一つの例外なのである。〔訳注7〕

およそ真剣に受け止められるべき活動の一切を、生活の糧を手に入れる形式として、つまり「生計を立てる」(英語で言う to make a living) 仕方として理解するこの同じ傾向は、労働社会に流布しているあれこれの労働理論にも現われている。その種の理論はほとんど異口同音に、労働を遊びの反対として定義する。真剣に受け止められるべき唯一の活動、文字どおりの意味で生命の真剣さであるのが、労働なのであり、労働を捨象したあとに残るのが、遊びなのだ、というわけである。この区別立て自体の基準は、つまり生命であり、個人の生命または社会全体の生命なのである。なるほど、昔からそうであったように、やむをえぬ欲求に隷属していないものはすべて、自由だと見なされる。だが、そのような自由な活動——artes liberales つまり自由学芸——のうち、遊びだけがあとに残った。じっさい遊びのうちにおのずと表われるのは、生命それ自体の自由といったようなものである。すなわち、社会的生産力の状態がそれをもはや必要としない地点に達した場合、遊んでもよいとされる「自由」な力の剰余である。(73) この手の遊戯論は、労働社会では活動をどんなふうに査定することが自明となるかを概念的にはっきり示しているが、これはこれで、社会的な判断や予断を、それらに内属する極端な結論へと論理的に押し進めかねないレベルにまで高める、という帰結を伴う。この帰結にとって特徴的なことに、芸術家の営む

「職人の仕事」つまり作品創造も、そうなるともはや無傷ではすまなくなり、労働に好都合な遊びという反対物に解消され、したがって世界にとっての意義を奪われてしまう。社会全体の営んでいる労働という生命プロセスの内部で、芸術家の「遊び」の果たす機能というのは、個人の生活においてテニスをやったり気晴らしに趣味《ホビー》を楽しむことが果たすのと同じ機能なのである。要するに、労働の自由解放は、労働という活動を、人間の他の一切の活動的生のあり方と等価で同権のものとして据えるのではなく、労働の圧倒的優位をもたらす、という帰結を招いたのである。「生命の真剣さ」とは、労働して生命を再生産し「生計を立てる」ことに存するが、この意味での真剣さの見地からすれば、労働しない活動はすべて趣味と化す(76)。

現代のこのような自己解釈は、われわれの耳にとても説得的に響くし、ほとんど自明に響くほどである。だからこそわれわれは、近代以前のすべての時代の人びとがこういった事柄についてどう考えていたか、じっくり考えてみたほうがよい。現代人にとっての自明事に優るとも劣らず、近代以前の人びとにとって自明であったことがある。「金を稼ぐ技術」というのは、何らかの謝礼つまり金銭報酬をすでにつねに伴った「技術」――たとえば医術、航海術、建築術――の本来の本質そのものとは、いささかも関係なかったということである。プラトンは、金を稼ぐことを、数ある技術のうちの一つ（*technē mistharnētikē* つまり金銭獲得術）に数え上げたおそらく最初の人だったが、彼がそうしたのは、さもなければ、今日なら自由業と呼ばれる職業の本来の目的とは明らかにまったく異なる種類と考えられた金銭報酬を、説明できなかったからにほかならない。じっさい、金銭は、医術の対象たる健康や、建築術の対象たる建物の築造と、どんな関係があるというのだろうか。これらの技術を行使するためには、それらすべての技術に伴う副次的技術の知識を必要とするのは明らかである。この副次的技術によってひとは、曲がりなりにも金銭を得ることになるのだから。だが、この副次的技術が、その他の点では自由な職業に、必然的に内在する労働の要素だと見なされることは、決して なかった。話はむしろ逆で、「芸術家」が労働の必要から解放されるための技術だと考えられたのである(77)。金銭獲得術は、家政術と同じカテゴリーに属する。家政術とは、奴隷を支配するうえでの家長の心得であり、それというのも、奴隷が言いつけにみずから従い家政が円滑に機能する、などということはなかったからである。医術の目的が健康であるように、金銭獲得術の目的は、生計の心配からの自由なのである。金銭獲得術は、労働のあり方の一種であるどころか、その反対に、労働しないですますためには行使できなければならないものだった。金銭獲得術をせいぜい随伴するだけの他の技術のめざす目的が、生活の必要を心配することとかけ離れたものであることは言うまでもない。

　労働の平等解放は、労働者階級の平等解放、つまり抑圧と搾取からの自由解放がそれに続いた以上、疑いの余地なく「進歩」であった。人間社会における暴力行使の減少を尺度として、進歩を査定した場合はそうである。だが、自由の増大を尺度として査定した場合にも、労働の平等解放が進歩であるといえるか、となると、とたんに怪しくなる。拷問を唯一の例外とすれば、人間によって行使される暴力で、力ずくで強制する必然性を伴った途方もない自然力に匹敵しうる暴力など、存在しない。ギリシア語で拷問を表わす語 *anankai* が、暴力を表わす語 *bia* でなく、必然を表わす語 *anankē* から派生したのも、そういう理由によるのだろう。あたかも、拷問においては、人間によって行使される暴力が、必然の強制力に達するかのような名付け方である。ともあれ、古代全般を通じて、拷問という「いかなる人間にも抵抗できない必然」が、どのみち必然に屈服せしめられていた奴隷にのみ課すことを許されたのは、そういう理由による。[78] 暴力の技術――ゲーテの言う「戦争、商売、海賊行為」の三位一体のことだが、これにはもう一つ、奴隷に対する主人の専制的支配が、同類として属していた――のおかげで、かつて征服者は被征服者の奉仕を確保することができた。[79] 有史以来近代まで人類史の圧倒的部分にわたって、必然は私的なものの内部に押し込められてきたが、それも暴力の技術のおかげだった。その結果として、自由が現われるための空間が残ったのである。この場合、暴力の技術を、かつてはまるで覚えがなかったような悪評に追い込む、という決定的転換をもたらしたのは、キリスト教ではなく、近代ならびに近代における労働の讃美であった。[80] 労働の地位が上昇し、労働において遂行される人間と自然との物質交替、ならびにその必然の地位も上昇すると、それと密接に関連して、暴力の行使や暴力の技術の地位は低下することになった。しかも、ここで言う暴力の技術には、強制や抑圧、搾取といった対人暴力のほか、制作の技術も含まれる。のちに見るように、制作にも、暴力の行使が重要な要素としてひそんでいるからである。こうした経緯を考えると、近代の進展とともに暴力行使は目立って減少したが、それによって必然性にあたかも自動的に門戸が開かれたかのようである。これは、西洋の歴史においてすでに一度、すなわちローマ帝国没落期の最後の数百年間に起こった出来事が、もう一度ぶり返したということなのかもしれない。というのも、その古代晩期にすでに労働は、自由人の従事すべきものとなり始めていたからである――結局のところそれは、「自由人が奴隷奉仕の強制に屈する」だけに終わったのだが[81]。

近代における労働の平等解放は、万人にとっての自由の時代の開幕を告げることで終わるとは決してかぎらない。その反対に、人類史上はじめて万人が必然の軛《くびき》に繋がれるという結果をもたらすことも十分ありうる。マルクスはこのことにすでに気づいていた。それゆえマルクスが強調したのは、革命なるものの目標は、労働者階級の平等解放には存せず――だからといってこの平等解放がすでに実際に成功を収めていたからではない――、労働からの人間の自由解放にのみ存する、ということだった。一見するとこの目標は、荒唐無稽のユートピアのように思える。それどころか、かつてシモーヌ・ヴェイユが診断したように[82]、マルクス主義が唯一もっている真にユートピア的な要素だとの印象を抱かせるほどである。マルクスにとって、労働からの自由解放とは、必然からの自由解放と同じことであり、そのような最終的自由解放が意味するのは、とどのつまり、人間が消費の必然からも解き放たれ、それゆえ人間と自然との物質交替から総じて解き放たれて自由になる、ということでしかありえない。ところが、そのような物質交替は、じつに、生命それ自体の前提条件なのである[83]。しかしながら、ここ数十年の発展、とりわけオートメーションの開始とその空想じみた可能性、を眺めるにつけ、昨日のユートピアは明日の現実として正体を現わすのではないかとの疑いが、ことによると頭をもたげてくる。あげくの果ては、人間の生をその生物学的循環に縛りつけていたはずの労苦と労働が何一つなくなってしまい、口を開けて食い物をむさぼり喰らうという消費の「努力」しか残らなくなるということにもなりかねない。

そうはいっても、たとえ「ユートピア的」なものがそんなふうに現実化するとしても、生命プロセスが本質的に世界性をもたない空しいものであるという事実は、何ら変わらない。労働と消尽のあいだを生物学的生命は永遠回帰的に循環しなければならないが、この二つの段階が割合を変えて、人間の労働力のほとんどすべてが飲食等の消費活動に費やされるということもあるだろう。しかしだからといって、その場合われわれのなすべきことが、次のような社会問題を解決することだけ、ということにはならないだろう。つまり、生命とその消費能力一般を維持するのに十分な、毎日の消耗のための機会を作り出すにはどうすればよいか、という問題がそれである。「だけ」といっても、この社会問題つまり余暇問題は、もとより今日、解決不可能に思われるほど深刻なのだが。[84]一切の苦労を免れた消費活動というものがたとえあるとしても、それによって生物学的生命プロセスのむさぼり喰らう性格が変わることはない。それどころか、逆にその性格は強化されるだろうし、ついには、一切の束縛を免れた人間種属が、全世界を日々むさぼり喰らうことになるかもしれない。全世界を日々あらたに再生産できるのだから、それも可能だというわけである。もっとも、世界からすれば、どれだけ多くの物が日々、また時々刻々、そのような社会の生命プロセスのために社会に現われては消えていこうと、そんなことはどう見ても些細なことでしかないだろう。世界とその物的性格が、完全に機械化された生命プロセス一般の情け容赦なき力学運動に抵抗できるかぎりは、そうである。迫りくるオートメーションの時代が危険なのは、機械化と技術化によって自然な生が脅かされるからではない。むしろはるかに重大なのは、まさしく人間の「技術」が、またそれとともに人間の真の生産性が、途方もなく増強された生命プロセスにあっけなく呑み込まれ滅び去ってしまいかねないという、こちらの問題のほうなのである。その場合、生命プロセスは、自動的《オートメーション》に、すなわち人間の労苦と努力をもはや要することなく、生命の自然な永遠回帰的循環をいっせいにグルグル回転するのみであろう。自然的な生命のリズムはその場合、なるほど、途方もなく増強され、それに応じて、並外れて「より多産的」となることだろう。なぜなら、生命のリズムは、機械のリズムによってたえず駆り立てられ、どんどん加速させられるからである。だが、このように機械化され動力化された生命もまた、世界に関するその根本性格を変えはしないだろう。多産性が空しさに取って代わることはないのだから。その生命プロセスにできることといえば、世界を形づくる物を途方もなく迅速かつ猛烈に片っ端からむさぼり喰らい、かくして世界に固有な永続性を破壊することのみであろう。

なるほど、労働時間は次第に短縮されてきた。これは、百年近くのあいだ観察することのできた事実である。それに、消費の「ユートピア」の完成も、たんに荒唐無稽の空想ではなさそうである。だが、労働時間の短縮から この「ユートピア」までの道のりは遠い。のみならず、まさにこの労働時間の短縮に関して、現代における進歩は、かなり過大評価されているきらいがある。というのも、資本主義の発展の初期段階には、じっさいまったく異常な、かつ異常に非人間的な労働力の搾取が特徴的なのだが、現代における進歩は、もっぱらそれを尺度にして査定されるのがつねだからである。労働時間の短縮がどれほどすばらしく進んだかについてわれわれが考察するさい、もっと昔の時代と比較してみるなら、意外にもこう言わざるをえなくなる。各人に割り当てられる自由時間の年間総量に関するかぎり、われわれはこれまでそれほど前進したわけではなく、いくぶん正常な、まずまずの基準にふたたび近づいたにすぎない、と。(85) この点やその他の点を考慮すると、現代社会が疑いなく夢に描いている消費者社会の理想には、今日すでに達成されている現実よりも、いっそう穏やかならぬものがある。この理想自体は、べつに新しくない。それは、古典派経済学の基礎をなし、何ら疑問を呈されなかった当の根本仮定に含まれていたからである。すなわち、活動的生の目標と目的は、ただひたすら、富と豊かさの増大、そして「最大多数の幸福」に存するのだ、と。だとすれば、近代のこの社会理想とは、けっきょく、惨めな貧乏人たちが夢見てきた、大昔からの夢でなくて何であろうか。この夢の大いなる魅力は、童話の世界で、好きな食べ物が望み通りに出てくる魔法の食卓が欲しいとの願望が叶えられるや、阿呆の楽園に終わるのと同じように、実現の瞬間にたちまち消えるのである。

マルクスや、万国の労働運動の指導者たちを鼓舞していた希望とは、自由時間が人間を必然から最終的に解き放って自由にし、労働する動物を生産的にするというものであった。だが、この大いなる希望は、機械論的世界観の幻想にもとづく。つまり、労働力とは、他のすべてのエネルギーと同じく、決して失われることのないものであり、生命の苦労に費やされて尽きることがないかぎり、自動的に解放され、「もっとましなこと」のために振り向けられるのだ、と素朴に仮定されている。マルクスはこの希望を、明らかにペリクレス時代のアテナイをモデルにして考えた。古典古代の自由の王国は、今日、人間の労働の生産性が途方もなく増強されたことにより、奴隷ぬきでやっていけるようになり、万人にとっての現実となりうるだろう。そうマルクスは考えたのである。マルクス以後百年経ってわれわれに分かりすぎるほど分かったことは、こうした議論が推論の仕方を誤っていたことだった。労働する動物の余暇は、消費活動以外には決して費やされず、時間に余裕ができればできるほど、労働する動物の願望と欲求はそれだけ貪欲になり脅威的となるのだから。この貪欲さはたしかに洗練化されてきたので、消費はもはや生活の必要にかぎられなくなり、逆に、不必要な贅沢品を買い占めるほどになっている。しかしだからといって、この社会の性格が変わるわけではない。それどころか、そこには由々しい危険がひそんでいる。つまり、世界を形づくる対象の一切が、ついには使用対象のみならず、いわゆる文化財もことごとく、消尽と虚無化の掌中に帰することになりかねないのである。

近代の発展によってわれわれは、次のようなディレンマに追い込まれており、残念ながらそれは、事柄の本性そのものにひそんでいる。この板ばさみの窮地をありありと思い描いてみるのは避けがたいことだが、だからといってべつに慰めとなるわけではない。そのディレンマとは、こうである。一方では、労働が平等解放され、労働する動物が公的領域を占拠するにいたり、これによってはじめて、労働生産性は途方もなく上昇することができた。生命そのものに重くのしかかる必然から、かくして、近代人の生活は日進月歩で解放されていったのである。このことに異論の余地はないが、他方で、それと同じく異論の余地のないことがある。労働する動物が公共性を乗っ取ってそこに自分の尺度をあてがうかぎり、本来の意味での公的領域は存在しえず、私的なものがこれ見よがしに公然とまかり通るようになるだけでしかない、ということである。ここにディレンマがある。おそらく、望むらくは、われわれが目下置かれている状況は、この発展の第一段階にすぎないのであろう。しかるに、われわれがこれまで達成してきた成果といえば、遠回しの言い方で大衆文化と呼ばれている社会状態であって、これは本当をいうと、空ろな時間をつぶすのに必要な大衆娯楽を目的として、文化が利用され、誤用され、消耗させられている状態のことである。そのうえ、この大衆社会は「最大多数の幸福」の状態を実現するにはまだほど遠いと、とかくするうちあちこちで言い立てられるようになった。もうこれは急性伝染性の不幸症も同然の不快感が蔓延しているが、この一般的不快感こそ、過剰に豊かな現代の大衆に取り憑く気分にほかならない。大衆が悩んでいるのは、要するに、労働と消尽との、活動と休息との均衡が、奥底で妨げられていることによる。この悩みが激化しているわけは、「幸福」と呼ばれるものを要求してやまないのが、労働する動物だからである。この「幸福」とは、じつは、生命それ自体にひそんでいる恩恵のことである。消耗と休息、疲労と回復を繰り返すのが、自然なリズムというものであり、この繰り返しのなかで疲労がだんだんと鎮まるのを、しみじみ味わうこともできるからである。要するに、そういった自然の循環にのみ固有な、不快と快のたえず更新されてゆく均衡のなかでこそ、労働する動物のこだわる幸福、正しくは恩恵が、与えられるのである。現代社会においては、ほとんど万人が、幸福に暮らす権利をもつと信じており、同時に、自分の不幸に悩んでいる。この事態は、消費者社会と化した労働社会にわれわれが現実に暮らし始めているということを、このうえなく雄弁に表わす印である。そういう消費者社会には、もはや労働が不足しているため、労働と消費のあいだに均衡を作り出すことにより、労働者かつ消費者である大衆に、彼らが幸福と呼ぶものを与える、ということができなくなっている。労働と消費の自然な円環のうちをもっぱら動いているかぎり、とにかく大衆にはある意味で、このいわゆる幸福を要求する権利すらあるのに、である。というのも、忘れてはならないことだが、いわゆる幸福に関して言うと、それを要求する特性をもっているのは、労働する動物だけである。制作する仕事にたずさわる職人にしろ、行為する政治的人間にしろ、労働する動物以外は、幸福になりたいとか、死すべき人間たちが幸福になれるとか、そういった考えを抱くことはまずない。

現代経済は必然的に、「浪費経済 waste economy」に向かって著しいテンポで進んでいる。そのテンポほど、労働する動物が不幸にも抱いている幸福の理想とその実現のはらむ危険にわれわれの注意を向けるのに適しているものは、おそらくあるまい。浪費にもとづく経済は、あらゆる対象物をくずのような粗悪品として扱い、物という物を、それが世界に現われるやいなや、すぐさま使い切り、投げ捨てるのである。なぜなら、さもなければ、複雑なプロセス全体が、たちまち破局的な終末を迎えることになってしまうからである。[86] だがこの理想の実現への、つまり内的論理の貫かれた消費者社会の樹立への道のりも、まだまだ遠い。じっさい、そのような消費社会に本当に暮らすようになったとしたら、われわれはそもそも世界にもはや住んでおらず、無世界的なまま、際限のない円環プロセスに駆り立てられるのみであろう。なるほど、その円環のなかで、物は、上昇と下降を繰り返すごとく出現しては消滅してゆく。だが、生命プロセスにとってのささやかな周囲環境の役を中心となって務めるに十分なほどにも、われわれのもとやわれわれのまわりに長くとどまり続けるということは決してない。

世界とは、人間が自分自身のために地上に建てた家である。大地の自然が人間の手にゆだねてくれる素材を用いて、人間はこの自分の家を作り上げる。そのような世界は、次々にむさぼり喰われる消費財から成り立つのではなく、持続的に使用されうる対象や物から成り立つ。自然と大地が、人間の生存条件を供給するように、世界と世界の物は、人間の生がまさに人間らしい生として大地の上に住むことができるための条件を作り出す。労働する動物にとって、ということは、人間誰しも労働する存在でもある以上、もちろん万人にとって、ということだが、大地と自然は、恩恵をめぐみ、あふれんばかりの「良き物」を提供してくれる。この「良き物」は、平等にすべての大地の子たちのものであり、それを大地の子たる人間は、「大地の腕から受けとり[87]」、労働と消尽においてわが身に「混ぜ合わせる」。だが、その同じ自然が、制作する人がみずからの世界を建て始めるときには、大いなる母にして恵みの女神ではもはやなくなる。その場合、自然が与えることのできるものは、「それ自体ではほとんど価値のない素材」でしかなく、加工され制作に用いられてはじめて、なんらかの価値や有用性をおびることになる[88]。自然や自然の恵み物をありがたく受容し飲み食いすることがなければ、また他方で、成長と衰退の自然なプロセスから身を守ることがなければ、労働する動物は、自分の生命を維持することが決してできない。人間とは、他の面も兼ね備えているとともに、そういう労働する動物でもあるのだ。だが、どんな技術を用いれば物の世界に非自然的‐人工的な家を打ち建てられるかを、制作する人がかりに知らなかったとしたら、労働する動物の生が、本質的に人間らしい生になることは決してないだろう。人間の作った家の持続性と永続性というのは、その家の住人たちの寿命と真っ向から対立するほどである。

労働社会でもある消費者社会における生活が、安楽になればなるほど、社会の生命を突き動かし駆り立てている必然的なものからの圧迫と強制を、わずかに感知することさえ、ますます困難になってゆく。なぜなら、必然の外的目印である労苦と骨折りが、ほとんど消え失せているからである。そのような社会にひそむ危険は、多産性が増大してあり余るほどになった豊かさに目がくらみ、無限のプロセスの円滑な機能のさまに囚われて、そもそも何が空しいものであるのかを、この社会が忘れてしまう、という点にある。――アダム・スミスが言ったように、生命が、「確固たる形態をとることは、もはやありえないし、労働の苦労よりも長続きするような存続する対象に物化されることも、もはやありえない[89]」。何が空しいかといって、生命のこのはかなさほど空しいものはないのである。

第四章　制作

18　世界の持続性

手の仕事は、肉体の労働とは異なる。制作する人《ホモ・ファーベル》は、所与の素材を、制作という目的のために加工するのであり、労働する動物《アニマル・ラボランス》のように、労働の素材と自分の肉体とを「混ぜ合わせ」、労働の産物を消化吸収してしまうのではない。制作という活動によって、まったく際限のないほど多種多様な物が、製造される。それら物の集まりの総体が組み合わさって成り立っているものこそ、人間によって打ち建てられた世界にほかならない。[1] こうした物の大部分は、全部がそうだというわけではないが、使用対象物であり、そうである以上、丈夫で長持ちするという耐久性をもっている。この耐久性は、ロックの見立てでは、財産の前提条件であり、アダム・スミスはこれを、市場に登場し交換される「価値」の前提条件として必須であると考えた。またマルクスはこの耐久性に、人間本性に固有な生産性の証拠を見てとった。こういった対象物は、使用されるのであって、消費されるのではない。物を使用することは、使い果たすことではないのである。対象物の耐久性により、人間の手による形成物である世界に、持続性と永続性がさずけられる。この持続性と永続性なくしては、人間という気まぐれな死すべき存在者は、地上にみずからの住まいをしつらえることなどできないだろう。対象物とは、人間の真に人間的な故郷《ふるさと》なのである。

だが、人間によって造られる物の世界が丈夫で長持ちするといっても、この耐久性は絶対的ではない。われわれが物を使用する場合、その使用によって物は、むさぼり喰われはしないにしても、使い古されはするのである。人間の実存を駆り立て染め抜いている生命プロセスは、世界のうちにも浸透している。かりにわれわれが世界の物を利用しないとしても、世界の物はいずれ腐朽し、ついには崩壊することだろう。すなわち、自然の包括的循環運動のうちへとふたたび帰ってゆくであろう。もとはといえば、世界の物は、自然のこの循環運動からもぎ取られ、この循環運動に対抗して、一定の独立した存在として据えられるに至ったものなのだから。人間の世界からほうり出され、ほったらかしにされれば、椅子だって木材に戻るだろうし、その木材は雨ざらしになってボロボロとなり、土に帰るのである。そして、その土からふたたび木が生え、生長する。その木をひとは切り倒し、制作されるべきもののための材料として利用するのである。このことは、世界の物の一つ一つを最終的に待ち受けている終わりであるように見える。あたかもそれは、死すべき人間の産物であることの印であるかのようである。だが、全体としての世界にとっては、そのような終わりは存在しない。個々の物はみな、世代交代につれてたえず置き換えられていくし、それぞれの世代も、この世界に生まれ、そこに一定期間とどまり、そこからふたたび消えていく。だが、全体としての世界に終わりはないのである。のみならず、使用することは、個々の対象物をたしかに使い古すことではあるが、むさぼり喰らうことが消費財の本質に属しているのと同じ意味で、使い古されることが使用対象物の本質に属しているわけではない。使用されることにおいて使い古されてゆくものこそ、持続性と耐久性にほかならない。

さて、この耐久性によって、世界の物に、それを制作し使用する人間の実存から相対的に独立だという性質がさずけられる。この場合の相対的独立性とは、物が製造者たちのあくなき欲求とやむにやまれぬ必要に「対向的に立ち」、そうした欲求や必要をしのいで少なくとも一定期間もちこたえることのできるような「客観的」な対象性のことである。[2] そのように見れば、世界の物は、人間の生活を安定化させるという課題をもっていることが分かる。自然的生命は――同じ人間が同じ川の流れに入ることはありえない、とヘラクレイトスが言ったように――めまぐるしく変化してやまないが、この生々流転に人間的な自同性を提供すること、ここに物の「客観性」は存する。この場合の人間的な自同性とは、同じ椅子と同じ机が、毎日変化を受ける人間に、変わらぬ親密性でもって、対向的に立つ、ということから生じて来るような、そういった同一性のことである。言いかえれば、人間の主観性に対向して立ち、主観性がそれに則して測られる尺度となるもの、それが客観性なのである。これは、人間自身によって制作された世界の対象性のことであって、人間にとって手つかずの自然の超然たる無関心性のことではない。それどころか、自然力という圧倒的な猛威は、生物学的な生命プロセスとその循環運動により、自然的なものの一切がゆれ動く包括的な円環運動のうちへと、人間を押し入れ、組み込む。自然がわれわれに与えてくれるものを材料として、自分たちの世界の客観的対象性を打ち建てたがゆえにのみ、つまり、自然に囲まれつつ、自然に対して自分たちを守ってくれる自分たちならではの周囲環境を築いたからこそ、われわれは今や、自然をも何らかの「対象」として客観的に考察し、操作することができるようになったのである。人間と自然の間にそのような世界がなかったなら、永遠の運動こそあれ、対象性も客観性も存在しないであろう。

使用と消費は、決して同じものではない。それは、制作と労働が同じではないのと同様である。にもかかわらず、両者は似たり寄ったりとなることが多く、ほとんど気づかれないうちに一方から他方へ転ずる。そのため、使用と消費を同一視してよいとする世論ならびに識者の見解のほうが、正当に見えるほどである。じっさい、およそ何かを使うことには、消費するという要素がいつも含まれている。使い古してゆくプロセスが、使用される対象物と、飲み食いする生身の有機体との接触によって成り立っているかぎりはそうである。それゆえ、当該の対象が利用者の身体的領域に入っていけばいくほど、使用と消費との同一視はそれだけ説得的となる。使用対象物のあり方を究明するにあたり、たとえば、身にまとうのに必要なもの、つまり衣服を思い浮かべるとしよう。

その場合ひとは、使用が消費と異なるのはテンポが遅いという一点だけだ、と言われれば、その通りだ、と納得することだろう。これに異を唱える論拠となるものには、すでに言及した。つまり、物が使い古されてゆくことは、使用されることの不可避ではあれ二次的な帰結でしかないのに対し、消費財が消尽されることは、それをめざして消費財がそもそも産み出される当の目的だ、という論点である。どんなに安い工場製品でも、選りぬきの高級食品とはやはり違うが、それは物が、利用されなければ駄目にならないからであり、所有者の気分は変わろうとも、かなり長い期間長持ちしうる、という控え目な独自性をもっているからである。一足の靴は、気まぐれに壊されることさえなければ、履かれようと履かれまいと、世界のうちに一定期間とどまることであろう。

だが、制作と労働とを同じものと見なすのに好都合なものとして挙げることのできる、いっそう有名で、しかもはるかにもっともらしい例がある。人間の労働のうちで最も必要で最も基本的なのは、土地の耕作である。じっさい農耕は、労働がその遂行において一種の制作へと変貌を遂げる活動でもある。というのも、およそ農業という労働はみな、他のどんな活動よりも、人間の生物学的な生命プロセスにいっそう必然的に組み込まれ、また自然の循環運動にいっそう密接に組み込まれてはいるが、しかしそれがあとに残す所産は、当の活動自身を超えて存続し、世界の摑みどころのある恒常的部分となるからである。犂《すき》で耕し、種を播き、収穫するという営みが、年々歳々際限なく繰り返されることで、大地はようやく、自然の荒野から、人間によって耕作される国土となる。もちろんこれこそ、労働があらゆる時代に農業という例にもとづいて尊厳を授けられてきた理由にほかならない。これに対し、労働の奴隷的本性を特徴づけようとする場合には、家事労働が論拠として持ち出されるのがつねだった。食糧の生産をまかなう農業が、食糧の消費のために必要な家事労働よりも、制作に近いことは疑いない。農耕が太古以来尊重されてきた理由は、土地の耕作がまさに食糧を産み出すのみならず、耕作された土地を産み出すという点に帰着するということ、この点も疑いない。耕作された土地において、大地は、畑地へと変貌を遂げ、今や世界の建造にとっての土台となるからである。しかしながらこの場合でも、人間の活動としての労働と制作の違いは、一目瞭然である。農地にしても、じっさいは使用対象物では決してない。使用対象物であれば、それなりに独自に存立しており、その永続性のためには、一定の手入れを必要とするだけである。しかるに、耕作される土地は、農地であり続けるためには、繰り返し繰り返し労働を投入されなければならない。耕地は、人間の労苦から独立したあり方をいささかも有しておらず、いかんせん対象物とならない。耕作された土地が百年もの労苦のすえ、たとえ風景となったとしても、制作された物に固有な対象性を獲得するということはない。物であれば、ひとたび制作されればもうそれだけで世界のうちに存在することを保証される。だが、世界の一部であり続け、自然の荒野に逆戻りしないためには、耕地は、繰り返し繰り返し産み出されなければならない。

19　物化〔訳注1〕

世界の作り手である制作する人《ホモ・ファーベル》の仕事は、物化 Verdinglichung という形でなされる。物は、どんなに壊れやすいものであろうと、制作する人によって一定の堅固さを授けられるが、この堅固さは材料から引き出される。物は材料から製造されるのである。その材料にしても、物と同じく、すでに製造されたものである。材料は、林の樹木に実っている果物のように、ただそこに所与としてあるのではない。果物なら、われわれはそれを、もぎ取ろうがぶら下がったままにしようが、好きにできるし、だからといって自然界に介入するわけではない。材料は、まずいったんは獲得され、自然環境から引き離されなければならない。材料を獲得することで、人間は自然界に介入するが、その仕方には、生きているものを破壊するか――たとえば木材を得るために木を切り倒す――、自然の緩慢なプロセスの一つを中絶させるか、の二通りがある。鉄や石や大理石を大地の胎内から切り出してくる場合は、後者である。およそ制作とはすべて、暴力的なのであり、世界の創造者たる制作する人は、自然を破壊しなければ自分の仕事を果たすことができない。聖書では、アダムという最初の人間は、土地を守る労働という責務を与えられ、生きとし生けるものの主人という地位にある。しかるに、労働する動物《アニマル・ラボランス》は、自分自身の力を、手なずけた家畜によって倍増させることによって、生活の糧を調達することはできるものの、大地と自然そのものの主人には決してなれない。人間は、制作する人でもあるからこそ、大地全体を支配する主人に成り上がることができるのである。人間の生産性は、神の創造力と比べられるのがつねであった。その場合、神は、ex nihilo つまり無から創造するのに対し、人間は、形を与えるべき素材を必要とする。だとすれば、ゼウスに反逆する巨人プロメテウスのイメージは、制作する人のイメージと密接に結びついていることが分かる。これは、神に帰依する敬虔さのイメージが、聖書の意味では、祝福された生――じつは労苦と労働であった――にとっての模範となったのと同様である。いかなる制作にも、何かしらプロメテウス的なものがある。なぜなら、制作によって打ち建てられる世界は、神によって造られた自然の一部を、暴力的に蹂躙することに基礎を置くからである[3]。

人間の力と力量が最も初歩的に現われるのは、暴力行使の経験においてである。それゆえ、この経験は、苦痛に苛まれ疲労に襲われて懸命に働くという労働の根本経験とは、このうえなく対照的である。暴力行使の経験は、自信や自負を生じさせるし、それどころか、生涯にわたる満足感の源泉とすらなりうる。だがこの経験は、労苦と労働に明け暮れる生にやどる祝福とは、原理的に異なっており、労働に時おり伴う強烈な快感には、決して到達しえない。労働にこの快感が伴うのは、とりわけ、懸命の努力がリズミカルな動きで行なわれ、リズミカルな秩序を保つあらゆる運動に特有の快感と同じ快感を、肉体が感じるときである。「労働の喜び」と現代人が記述している現象は、健全な肉体が労働のさいにおぼえる快感以上のものを意味する、としよう。さらに、その「労働の喜び」は、何かを完成させる過程自体に伴うと称される、このうえなく疑わしい「喜び」と、仕事を達成したことへの誇りとを混同することに[4]、たんに起因するわけでもない、としよう。そうした場合、この「労働の喜び」の真正の経験的基礎は、どこに存するだろうか。それは、人間が全面的に暴力を行使して自分自身の潜在力がどの位あるかを、自然の猛威の圧倒的な力と見比べて測るときにつねにおぼえる、ほとんど肉体的な充実感に存するのである。自然の猛威を人間がどこまで持ちこたえることができるかは、人間が術策を弄して自然を欺くことに、すなわち、仕事道具を発明することにより自分自身の力をその自然量を途方もなく超え出て複製することに、どこまで成功するかによる。世界を形づくる対象物には、物的な実体性が内在しており、そのおかげで対象物は抵抗を示すことができるのだが、この実体性は、額に汗してわれわれが日々の糧を食うときに味わう、祝福とか労苦とか喜びとか苦しみとかいったものの帰結などではない。むしろそれは、人為の力強さの産物なのである。そうした産物は、大地の実りのように労せずして人間の懐に転がり込むものではなく、永遠不変の自然が生き物たちに差し出す気前よい贈り物でもない。対象物を作り出すのに必要な材料は、大地の胎内から引き離されなければならない。人間の手による物が、すでにもう、実体であり実体性なのである。

さて、本来の制作はいつも、何らかのモデルの導きのもとで行なわれる。制作されるべき物は、そのモデルにしたがって製造されるのである。そのようなモデルは、制作者の内的まなざしに、ただ浮かんでいるだけのこともあれば、設計図 Entwurf として、すでに試作的に対象化されていることもある。いずれにしろ、制作を導く手本は、制作者自身の外部に存している。手本は、仕事のプロセスに先行し、そのプロセスを制約するのだが、その仕方は、労働者のうちにみなぎっている生命プロセスの衝迫的な衝動が、本来の労働に先行し、その労働を制約するのと、よく似ている。（この記述は、当然ながら、近代の心理学説とは相容れない。その心理学的想定によれば、心的イメージというのは、胃の空腹感と同じように、脳内の具体的部位に局所化されうるものだからである。近代科学のこうした主観化は、近代社会のいっそう過激な主観化の反映でしかなく、その主張に正当性があるとすれば、その論拠は、近代では制作が労働のあり方で事実行なわれるようになった結果、仕事をしている者が、「自分自身のため以上に事象そのもののために」働くということが[5]、たとえ自分では本当にそうしたいと思っている場合でも、まったくできない、という事実にある。なにしろ、仕事をしている本人は、当の「事象」

について、すなわち、自分がその制作に携わっている対象物が最終的にどんな形に出来上がるのかについて、たいていは、微々たる予感すら持ち合わせていないのだから(6)。だが、主観化にとって正当性の論拠となるこの事情は、歴史的には重要な意味をもつとはいえ、活動的生の原則的分節化のさまを記述するという目下の文脈では、問題とならない。）ここで決定的に重要なのは、すべての肉体的感覚、つまり快不快、欲求とその充足など――これらは、非常に「私的」な性質のものであるため、適切に伝達されることはどのみちありえず、いわんや、外界に物として現象することなどありえない――は、心の中のイメージの世界とは、深い溝で隔てられている、という事実である。イメージの世界のほうは、容易にかつ当然のごとく物化に順応するので、われわれは、ベッドを何らかの仕方でまず心に思い浮かべなければ、すなわちベッドの「理念《イデア》」を眼前にもたなければ、ベッドを制作することができない。逆に、感性的な直観記憶にもとづいて特定のベッドに頼らなければ、われわれはベッドを心に思い浮かべることができないのである。

　活動的生の身分秩序において、制作はそれなりの地位を占めてきたが、制作のこの地位にとって大きな意味をもつのは、次の事実である。つまり、制作プロセスを導くイメージやモデルは、このプロセスに先行するばかりでなく、対象物が完成したあとでも、ふたたび消失することなく、そのまま現存し続けるのであり、そのおかげで同一の対象物がその後も制作されうるということ、これである。このように、同じ対象物を複製する潜在力をもっていることが、制作の本性には属しており、そうした複製化は、労働の特徴である反復とは、原理的に異なる。というのも、反復とは、生物学的意味での生命の循環運動に従い、それにあくまで服従するさいの労働のあり方でしかないからである。人間の肉体の欲求や欲望は、リズミカルに連続して行ったり来たり現われたり消えたりするものであって、久しくとどまることがない。これに対して、複製化によって何個も作られる物は、世界の内に相対的に安定し相対的に確保された現実存在 Existenz をすでに有している。このようにモデルや見本は、永続的に存在する――つまり、制作が開始される前にすでにあり、制作が終わりに達したときにも、なお同一のものとして現に存在し、それゆえ、そのイメージに沿って制作された一切の物の生成を超えて存続し、新たな物を制作するために不変かつ無尽蔵に何度でも役立つことができる——ので、この永続的存在という性質は、不断に存続する理念というプラトンのイデア説において、非常に大きな役割を果たした。というのも、プラトンは、理念《イデア》という語——つまり、形態と外見を意味するギリシア語の *idea* と *eidos*——を、哲学的意味で用いた最初の人であったが、この語からイデア説が出発しているのは事実である以上、イデア説が、*poiēsis* の経験つまり制作経験に起因しているのは、明らかだからである。また、プラトンがこの理念という語を用いているのは、当然ながら、まったく別の経験、すなわち「見る」という哲学本来の経験を伝えるためであったが、にもかかわらずプラトンは、自説のもっともらしさを具体例で説明しようとする段になると、手仕事職人と制作の世界に由来する例を持ち出すのがつねである。[7] かくして、不断に存続するただ一つの理念が、数多くの可滅的な物に対して君臨する、というイデア説の主張が、ついに腑に落ちるようになる。なぜなら、永遠の一者と、可変的な多数者との間のこの関係は、永続的で唯一のモデルと、そのイメージに沿って制作されうる多数の生成消滅する物との間に成り立つ関係と、明らかに類比的だということが見てとれるからである。

ところで、制作プロセスそれ自体に関して言えば、このプロセスは、目的‐手段のカテゴリーによって本質的に規定されている。制作された物は、最終生産物 Endprodukt である。なぜなら、制作プロセスは物において何らかの終わり Ende に達するからである(マルクス曰く、「プロセスは生産物において消え失せる」)。また、物とは一個の目的であって、制作プロセス自体はそのための手段にすぎない。なるほど、労働にしても、消費という「目的」のために生産するのは疑いない。だがこの目的は、最終生産物として見た場合、対象物の世界的な永続性を欠いており、そうである以上、労働プロセスの目的かつ終わり《エンデ》を決定しているのは、最終生産物ではなく、労働力の消耗なのである。他方、労働生産物はただちにふたたび手段と化すから、その目的性格はまったく通りすがりの過渡的性質にすぎない。産み出された財がその使命に引き渡され、生活の糧として労働力の再生のために使用されるや、目的性格はただちに消失してしまうからである。これに対して、制作プロセスの産物が終わりかつ目的であることに、疑う余地はない。十分に永続的で自立的な、まったく新しい一個の物が、制作され、その後は人間の助けを借りなくても世界の内にとどまり、人間の手になる形成物に付け加えられることになったそのときには、制作プロセスは目的かつ終わりに至っているのである。こうした物の完了存在に関するかぎり、物の発生原因である制作プロセスは、反復される必要がない。その場合、手仕事職人がこの過程を反復し、物を次々に制作したとすれば、それはせいぜい、職人だって生活費を稼がなければならないということであり、つまり一定の意味では制作と労働は重なり合うということでしかない。もしくは、そのような物に対する需要があって、製造者が営利目的でその需要を満たそうとする、といったようなことでもあろう。これは、その職人が職人的技術と並んで、金銭獲得術なる副業を身につけており、その営業に携わろうとすることにすぎないと、プラトンなら考えるであろう。ここで大事なことは、制作プロセスが反復される理由は、どちらの場合でも、当のプロセス自体の外部にあり、そのプロセスとは無関係だ、という点である。これに対して、一切の労働プロセスには、果てしなく回転して循環する反復が内属している。ひとは働くためには食わなければならず、食うためには働かなければならない。

特定の始まりと特定の予測可能な終わりをもつことが、制作の真の徴表である。これだけでもう制作は、それ以外の人間の活動的あり方とは区別される。労働は、肉体上の循環運動に囚われており、始まりもなければ終わりもない。また行為は、なるほど、はっきりそれと分かる始まりをもっているが、いったん始まったら、のちに見るように、労働とは違った仕方ではあれ、同じく終わりがない。行為は、予測しうる終わりも、確実に追求できる目的も、全然もっていない。制作に固有なこの大いなる信頼性は、行為と違って、制作は取り返しがつかないわけではないという事実のうちに映し出されている。人間の手によって造られたものは、人間の手によってふたたび破壊されることもある。また使用対象物は、生命プロセスにおいてそれほど緊急の必要性をもたないがゆえに、その製造者は、物を無に帰することができないわけでも、物を無に帰したあと生き延びられないわけでもない。じっさい、制作する人《ホモ・ファーベル》は支配者にして主人であるのだが、それはたんに、自然の主人であるから、あるいは、自然を服従させるすべを心得ているから、ばかりではない。制作する人が自分自身の主人であり、およそ自分自身のすることなすことの主人であるから、でもある。――労働する動物《アニマル・ラボランス》の場合、自分自身の生活の必要に従属したままであるから、主人とは言えないし、行為する人間の場合、仲間に左右された状態につねに甘んじているから、やはり主人とは言えない。一切の人や物から自立して、制作されるべき物のイメージを思い浮かべながら、制作する人は、一人だけで思いのままに、物を現実に生み出す。そして、これまた一人だけで、自分の活動の成果を前にして、自分の手の仕事が自分の心中のイメージに対応しているか否か、決定を下すことができる。そして、気に入らないときは、好き勝手に自分の仕事を破壊することができるのである。

20　労働において道具的なものの果たす役割

制作する人《ホモ・ファーベル》は、すべての仕事道具や機具のなかで最も根源的なものである自分の手に、全幅の信頼を置いている。彼にとっては、じっさい人間というのは、ベンジャミン・フランクリンの言う「道具を作る動物 toolmaking animal」、つまり仕事道具を製造する生き物、と定義される。労働する動物《アニマル・ラボランス》が、もっぱら自分の重荷を軽減し労働を機械化するためだけに用いる、その同じ機具を、制作する人は、物の世界を打ち建てるために、考案し発明する。その機具の有能さや精密さは、やむにやまれぬ生活の必要や主観的な欲求に強いられて生じたというよりは、よほど、客観的‐対象的な目的に向くようにできている。そういう客観的目的のために使おうと欲して、またそういう目的をモデルとして心の眼につねに思い浮かべながら、制作する人は、当の機具を作ったのである。

仕事道具、機具、道具手段は、まったくもって世界的な対象物であるため、歴史上の時代区分やその文明は総じて、それら道具に応じて命名されており、それら道具の助けを借りて分類されている。だが、労働プロセスほど、道具の世界的性格が紛れもなく現われる場面はない。事実そこでは、道具は、労働プロセスも消費プロセスもくぐり抜けて存続する唯一の物だからである。労働する動物は、生命プロセスに服属し生命プロセスの維持をたえず気にかけることを余儀なくされる。だからこそ、労働する動物にとって、自分の用いる仕事道具や機具は、持続性と耐久性をそなえた世界一般を代表するのであり、たんなる手段として普通認められているよりもずっと重要な役割を、労働する動物の「世界観」において果たしているのである。労働の営みにとって、仕事道具や機械はその道具的性格を失う。制作する人が、出来上がった物の世界、自分の目的の世界のうちを動くように、労働する動物は、道具のもとを動くのである。

現代社会では、手段が目的と化し、逆に目的が手段に堕している、という嘆きを、われわれはよく耳にする。手段が目的より強固な力を誇り、人間は、自分であみ出した機械の奴隷に成り下がり、機械を人間の目的や欲求に利用するどころか機械の必要とするものに適応しているありさまだ、というのである。こうした目的と手段の転倒の嘆きの根は、労働が事実として置かれている状況にある。というのも、労働の本質は、何といっても第一に、消費財を準備することにあるが、そういう労働にとっては、目的と手段という、制作にとって並外れて本質的な区別立てが、まるで意味をなさないからである。なぜなら、労働においては、目的と手段が別々に現われるということは全然なく、したがって目的と手段を明確に分離独立させておくことはできないからである。それゆえ、道具手段や仕事道具は、制作する人が発明し、労働する動物の労働現場を手助けすべく用いるものなのに、それがひとたび労働プロセスに現実に投入されるや、たちまち道具的性格を失ってしまう。労働は、生命プロセスにその一部として組み込まれており、そうである以上、生命プロセスを超え出ることは決してない。そういう生命と生命プロセスに対して、目的－手段のカテゴリーを前提する問いを立てることは、無駄でしかない。たとえば、人間が生き、必要を満たすのは、労働するための力をもつためなのか、それとも逆に、労働するのはもっぱら、自分の必要を満たすためだけなのか。そう問うても無駄である。

手段と目的を明確に区別できないような状況のうちに存在するとは、人間のふるまいにとって、そもそもいかなることを意味するのだろうか。この点を明らかにしたいと思うのなら、次のような労働する身体の状況を、ありありと思い描いてみなければならない。つまり、その身体にとっては、特定の最終生産物のために仕事道具を自由に配置して自由に使用する代わりに、身体と機具とのリズミカルな一体化が成り立っており、しかもその場合、身体と機具とを一体化させる力が、労働する運動それ自体であるような、そのような労働する身体の状況を、である。制作者の作業ではなく、労働者の作業が、最高の成果を達成するために必要なのは、身体運動をリズミカルに調整することであり、ないしは、多数の労働者の協業の場合には、集団において個々のあらゆる身体運動をリズミカルに調整することである(8)。この動性においては、仕事道具は道具的性格を失ってしまい、人間と、仕事道具つまり手段との区別も、人間と、人間の生産物つまり人間の目的との区別も、消し去られてしまう。労働プロセス――および労働の様式で遂行されるすべての制作プロセス――を支配するのは、前もって考案された目的でも、求められた生産物でもなく、労働プロセスの運動それ自体であり、労働プロセスが労働者を強制的に引き入れるリズムなのである。このリズムのうちへと労働機具はともに引き込まれる結果、身体と仕事道具は、同じ不断の反復運動のうちをゆれ動くことになる。そしてついには、すべての機具のなかでもその動性ゆえに、労働する動物の業務に最も適している機械が、身体運動の率先役を引き受けるに至り、身体はもはや、道具の拍子をとるのではなく、機械の拍子に合わせていわば踊りを踊るようになる。労働プロセスのリズムほど、容易かつ自明に、機械化に沿うものはない。しかもその理由は、労働プロセスのリズム自体を制約している生命プロセスのリズム、ならびに生命プロセスと自然との物質交替が、同じように自動的であり反復の形式をとって進行するからなのである。労働する動物は、仕事道具や道具手段を、世界を打ち建てるという目的のためにではなく、自分の労働を軽減するために使う。だからこそ、労働する動物は、文字通り、機械の世界に住んでいるのである。そしてこれは、産業革命ならびに労働の自由解放が、ほとんどすべての仕事道具を機械に置き換えて以来、すなわち、人間の労働力を自然の威力の助けを借りて途方もなく増大させて以来、そうなのである。

　仕事道具と機械とを分かつ決定的な相違点をありありと思い描くためには、人間が機械に適合すべきか、それとも逆に、機械を人間の「自然本性」に適合させるほうが人間的かという、いつまでも終わりそうにない議論のことを考えてみるのが、おそらく一番よい。そういった議論が不毛なままでしかないのはなぜか。その主要な理由については、本書の第一章ですでにふれた。人間とは制約された存在だという場合、それは、人間が眼前に見出したり自分で作ったりするいかなるものも、人間にとって、たちまち実存を制約する条件となる、という意味であった。それゆえ人間は、機械を発明した瞬間にもう、当然のごとくその機械の環境にも適応してしまっており、機械によって制約されることに身を委ねているのである。機械は今日、われわれの実存にとって、過去のいかなる時代にとっても仕事道具や機具がそうであったのに劣らぬほど、必要不可欠な条件となっている。それゆえ、この議論の面白味は、堂々めぐりの議論のタネになる珍問それ自体というよりはむしろ、こんな問いをそもそも持ち出すことができたということ、ここにある。というのも、人間は、自分の利用している仕事道具に適応してその一部となるか、それとも逆に、仕事道具を人間の本性に適応させていっそう人間的とすべきか、といった問いに頭を悩ませた者など、いたためしがないからである。そういった問いが笑止千万に聞こえるのは、人間とその人の両手とをお互いふさわしい関係に置こうという提案が、お笑い草であるのと同様である。機械の場合は、これと事情がまったく異なる。仕事道具が、制作プロセスのどの瞬間でも手に従属し手段として仕えるのと違って、機械は、労働者が機械に仕え、自然な身体リズムを機械の運動に適応させることを、要求する。もちろんだからといって、しばしば想定されるように、人間自身が機械化されねばならないとか、機械の召使に身を落とさねばならないとか、そういったことには決してならない。とはいえ、労働が機械を頼りに長く続けられるかぎり、身体のリズムは機械のプロセスに取って代わられる、とか、機械といったようなものを頭の中だけで着想したときにはもう、人間は機械のリズムに或る程度なじんでいたに違いない、とかいったことならあろう。どんなに洗練された仕事道具でも、あくまで主人に仕える召使でしかなく、手を導くとか、手の代わりを務めるとかはできない。だが、どんなに原始的な機械でも、肉体の労働を主導するのであり、あげくは、肉体の代わりをそっくり務めるまでになる。

歴史的進展の意味は、それが終わりに達してはじめて現われるのが普通であり、発展が絶頂を迎える以前には、決して見極めることができない。歴史家はこのことを知りすぎるほどよく知っている。目下の場合もそうで、技術 Technik とは、仕事道具や機具を機械に置き換えることだが、その技術の本当の意義が明らかとなったのは、技術の発展の最終段階たるオートメーションの段階においてはじめてであった。この最終段階がすぐ目前に迫っていることを、われわれは先回り的に予想しているが、そこから近代技術の発展を振り返ってみると、おおよそ次の諸段階を経て発展してきたことが分かる。第一段階は、蒸気機関が支配的となって、すぐさま産業革命を迎えた段階であり、機械を頼りに自然プロセスが模倣されたり、自然力がこの目的に直接用いられたりもした。いずれも、原則的には水車や風車と変わらない技術だった。太古の昔から人類は、特定の自然力を、そういった仕方で取り入れ、使用に供してきたのである。新しかったのは、蒸気機関そのものではなく、むしろ、大地を石炭貯蔵庫として発見し、搾取したことであった。これにより人間は、蒸気機関の原理を応用するための燃料をついに獲得したのである[9]。この初期段階の仕事道具的な機械は、自然的所与と同じものをそれなりに模倣してみせ、人間の手の力を模造し増強することも行なった。だがまさにこのことが、今日では、機械の本質に対する理解の欠如とされ、とにかく避けなければならない一種の早とちりだとされる。機械を考案するさいには、労働者の手に取って代わるとか、機械に奉仕される側の人間の手の運動を模倣するとかいった目標に、決して導かれてはならない、というのである[10]。

次の段階において前面に現われるのは、電力ならびに世界の電化である。今日でもわれわれは依然この段階にある。少なくとも、オートメーションあるいは原子力利用にまだまだ規定されていない日常生活の枠内では、そうである。この電力の段階になると、技術的条件のもとで手仕事の可能性を莫大に増強し制作プロセスを技術化するというイメージでは、もはや間に合わない。制作する人にとって仕事道具とは、あらかじめ設定された目的を達成するための手段にほかならないが、制作する人のそのような目的－手段のカテゴリーは、真に技術的に規定されてしまっているこの電力の世界には、もはや適用できない。というのも、電力の段階においては、あるがままの自然から、材料の形でわれわれが必要とし利用するものを、手段として取り出したり引き離したりすることは、もはや問題とはならないからである。われわれが自然に介入したとしても、かつてそれは、自然的なものを破壊し、自然的プロセスを「人為的」に中断させたり人為的に模倣したりする場合にのみであった。このような場合、われわれは、われわれ自身の世界的目的のために、自然的なものを変化させたり、自然を人為的に脱自然化させたりしてきたのであり、しかもそのさい、人間によって打ち建てられた世界と、自然とは、たがいに明確に異なっており、区別されたままであった。これに対して、二十世紀の初頭以来、われわれが技術的に行なっていることは、それとはまったく違ったことである。われわれはいわば、自然プロセスそのものを「作り」始めている。すなわち、われわれ人間がいなければ決して生ずるはずのない自然的過程を、解き放っている。現代以前のいかなる歴史時代においても、人間は、人間の世界を自然の猛威から慎重に守り、自然の猛威はこれをできるかぎり人間の世界から遠ざけてきたが、現代人は、そうするどころか、反対に、まさにこの自然力を、その猛威のまま、人間の世界のただなかへ導き入れているのである。ここでは、純然たる技術的可能性を発展させること以上のことが行なわれ、賭けられている。〔訳注2〕その実例が、現代の都市計画であり、そこには、世界と自然との関係が変化してしまったことが、これ見よがしに証示されている。現代の都市計画の特徴をなすのは、じつのところ、マンハッタン半島にあるニューヨークの高層ビルでも都市景観でもなく、むしろ、人間の住む地区から都市的な要素を解消してしまおうとする近年の試みのほうである。この試みは、アメリカではもう現実となり始めている。ロサンゼルス風の、都市ともつかぬ都市がそれである。そこでは事実、「都市と田舎の均一化」が盛んに行なわれた結果、われわれがふつう理解しているような都市も田舎も、跡形もなく消え去ってしまった。この種の第二次技術革命に関する文献には、今述べたような自然と世界の区別の解消例は触れられていないものの、それと似た解消現象が、制作プロセス自体に生じている、ということなら触れられている。つまり、従来は「一連の相互に独立した操作」から成り立っていた製造作業が、「一個の連続的プロセス」と化し、生産と組み立ての工程がなされるベルトコンベヤーの流れ作業と化しているのである。[11]

　技術の発展の最終段階は、オートメーションであり、その事実が今や、「機械化の歴史全体を照らし出す[12]」。オートメーションは、技術の発展の絶頂をなすものとなろう。たとえ、原子力時代が、核エネルギーにもとづく技術をもってしてオートメーションに早々ともう一度取って代わるだろう、と言われているにしても、そうである。なぜならオートメーションは、べつに原子力を必要とせず、電力を必要とするだけだし、われわれが産業革命以来それに従って歩んできた法則に、依然として従っているにすぎないからである。さまざまな種類の原子爆弾は、いわば原子力技術の最初の応用器械であって、地球上の全生命体を絶滅させるに十分な殲滅能力をそなえているため、原子力への技術転換がわれわれになじみの世界をどれほどの規模で変化させるか、の最初の指標を与える。というのも、そのように原子力技術によって規定された世界で問題となるのは、もはや、自然の猛威を解き放つことでも、自然界には見込まれていなかった自然プロセスを解き放つことでもなく、むしろ、さもなければ地球上の外にしか、つまり宇宙にしか生じていないエネルギーや力を、この地上で、かつ日々の人間的生活のなかで操作すること、このことだからである。ある意味では、それと似たことは今日すでに起こっている。とはいえそれは、原子物理学の実験研究施設という隔離され遮蔽された枠組の中でのみである。[13]現代の技術が、自然力を、人間の打ち建てた世界のうちへ導き入れるという点にもとづくとすれば、来たるべき原子力時代の技術は、われわれがそのうちを回転しつつ浮遊し、かつそれに取り巻かれている宇宙に遍在している宇宙力を、地上の自然に導き入れる、という点に存することになるかもしれない。そのような未来の技術は、現代の技術が人間世界の世界性を変えてきたのと同じ規模で、あるいはおそらくいっそう大規模に、自然界を変化させるのだろうか。それはまだ今日誰にも分からない。

　現代技術が自然力を世界それ自身のうちへ導き入れたために、世界に特有の目的性は、真っ先に壊滅させられてしまった。すなわち、仕事道具や機具は対象物を制作するために考案されるという、今日では古びてしまった事態は、無に帰したのである。自然プロセスという語でわれわれが理解しているのは、人間の助けを借りずに発生する過程であり、自然物という語でわれわれが理解しているのは、「作られる」のではなく、おのずから生じて形をなす一切のものである。（「自然」という語の原義も、これに対応している。生まれるという意味のラテン語 nasci からの由来を考えるにしろ、ギリシア語の語源にまで遡って、生長したものという意味の「ピュシス」を持ち出すにしろ、そうである。）仕事道具を用いるにせよ用いないにせよ、人間の手によって制作され、拵え上げられるものは、一歩一歩作り出されるほかはない。またその場合、産物の現存在は、最終的に、それが制作される過程とはまるで異なるため、産物がそもそも現実存在し始めるのは、制作過程が終わりに達してはじめてである。そのような人工物とは違って、自然物の現実存在というのは、それが生ずる成長プロセスと分離することはできず、のみならず、秘密に満ちた仕方で成長プロセスと同一のものですらある。木の種子は、木を含んでいるばかりでなく、ある意味ではすでに、木である。木は、それが発生した当の成長プロセスが停止するやいなや、「存在する」のをやめる、つまり死んでしまう。人間的な目的性の領域にあっては、あらかじめ設定された目的が、何らかの過程の始まりと終わりを、絶対的な正確さで外部から限界づけるのだが、そうした人間的な目的性の視角から眺めると、自然的な成長プロセスは、自動的《オートマティック》なプロセスに見えるにちがいない。自動的なもの、とわれわれが形容する運動とは、総じて、いったんそれが運動し始めると、おのずと運動し続けるもの、それゆえ、目的によって規定された意図的介入に左右されたりはしない種類の運動のことである。しかるに、オートメーションにおいては、事実として生産が「自動的《オートマティック》」に行なわれ、それゆえ自動的な製造プロセスにおいては、厳密に言えば、生産過程と製造物との区別はもはや存在しない。したがって、オートメーションの場合には、製造された対象物はそれが生じた製造プロセスに対して優位をもつ、とか、製造プロセスは目的のための手段でしかない、とかいった観念もまた、無意味となり古びてしまう。[14] 制作する人の「機械論的」なカテゴリーや概念の体系は、ここでは役に立たなくなるのであり、それはかつて、機械論が有機的自然と自然的宇宙の過程を前にして役に立たなかったのと同様である。だからこそ、オートメーションの唱道者は総じて、機械論的自然観を明確に斥けるのであり、目標ばかりを一面的に重んずる制作する人の職人気質にひときわ特徴的であった十八世紀の実用本位の功利主義に、異を唱えるのである。

　技術の問題が論じられるさい、ないしは、機械の導入による生活と世界の変化という問題が論じられるさい、その議論は奇妙に不適切な地平を動いていることが多い。なぜなら、そのような議論は、技術が人間にとってどんな利便性をもたらすか、という問いにもっぱら定位したままだからである。その議論の仮定によれば、仕事道具や機具というのはみな、人間の生を安楽にし、人間の労働から労苦と骨折りをなくすという使命を負っている、という。目的に役立つという道具の性格は、もっぱら人間中心的に理解されているのである。だが、仕事道具や道具手段が或る目的のための手段として考案されるとして、その場合、直接的に与えられている目的とは、人間ではなく、何らかの対象物であり、この道具類に「人間《ヒューマン》的な価値」なるものがあるとしても、そういうことが語れるのは、せいぜい、自分では仕事道具を製造することのない労働する動物が、当の道具を用いる、その使用の場面に限られる。言いかえれば、制作する人は、仕事道具や機具を発明し、それらでもって世界を打ち建てるのだが、それはしかし、人間の生命プロセスを手助けするという目的のためではない。少なくとも、それが第一目的ではない。したがって、われわれ人間はわれわれの機械の主人なのか、それとも機械の奴隷なのか、という問いは、立て方が間違っているのである。ここで適切に問いを立てるとすれば、こうなる。機械は、今なお世界とその物的性格に役立っているのか。それとも、ひょっとしてその反対に、機械のほうが世界を支配し始めていないか、すなわち、機械によって生産された対象物を自分自身の自動的なプロセスへとふたたび引き戻すことで、まさに物の物性を破壊し始めているのではないか。

今日、一つだけ確かなことがある。つまり、製造プロセスが連続的に自動《オートメーション》化されたことにより、「人間の頭脳に導かれた人間の手の動きが、最高度の達成を収める」とする「不当な想定」[15]のみならず、それよりもはるかに重要な「想定」も、取り除かれてしまった、ということである。つまり、われわれの身の周りにある世界の物は、人間によって考案されるのであり、美と有用性という特定の人間的尺度を満たさなければならない、とする考え方まで、取り除かれてしまった。用途に取って代わったのは、機能であり、製造される対象物の外観は、大部分、機械の動きそのものによって決定されている。機械製品が依然として満たさねばならない「基本機能」とは、もちろん、個人および社会全体の生命プロセスにおける機能のことである。なにしろ、他のいかなる「機能」も、原則的には「必要」ではなくなり、それゆえ、製品そのものが――製品の型式だけでなく「まったく新しい製品への切り換え」も――、ないしは、いかなる対象物をそもそも生産すべきかという問い自体が、機械にどんなことができるかという点に、もっぱら左右されるありさまなのだから[16]。

特定の対象物を製造するのにふさわしい機械を発明する代わりに、対象物が機械的に制作されうるために対象物を考案するとしたら、これはもう、古い目的－手段の関係の転倒以外の何ものでもなかろう。そもそも、この目的－手段のカテゴリーがまだ適用可能だとしての話だが。人間の労働力の解放や、社会的生産性の上昇が、機械の目的として一般に認められるようになったのは、近代になってからのことだが、そのような一般的目的さえ、今日では、時代遅れの二次的なものと見なされるようになっている。なぜなら、そうした目的もまた、「潜在的達成力のあきれるほどの上昇可能性」には適合していないからであり、それどころか、人間の消費能力にはおのずと限りがあるという意味での限界を、この上昇可能性に課すことになってしまうからである。[17] 今日の実情から見て、この機械の世界は何らかの目的のための手段として仕えているのか、と聞きただすのは無意味となっている。それは、自然に向かって、種子を産み出すのは、木を産み出すためか、それとも逆に、木を育んだのは、果実や種子を育むためであったか、と尋ねるのがつねに無意味であったのと同じである。機械プロセスは、それが自動的になればなるほど、それだけ自然プロセスに同化してゆくのであり、それどころか、機械プロセスの連続的自動機構《オートマティズム》がそもそも可能となったのは、始まりも終わりも目的もなく回転し続ける自然プロセスを、人間の目的によって決定された世界のうちへ導き入れたことによってはじめてであった。だからこそ、次のこともまったく想像に難くないのである。つまり、完全に自動化された機械時代は、人間の手による形成物としての世界の世界性を、おそらく壊滅させるであろうが、その一方で、動物種としての人類にとって頼りとなる限りなく生産的な世話係として優秀さを誇ることであろう、と。ちょうどそれは、人間が自然からみずからを「疎外」させ、自然のうちに世界を打ち建てて、そこに住み、人間と自然との間に囲いを設けることになる以前には、自然がそのような世話役であったのと、同じなのである。

労働社会において、機械の「世界」は、現実の世界の代わりを務める。しかしこの擬似世界は、死すべき人間に、彼ら自身よりも永続的で持続的な住まいを提供するという、現実の世界が担ってきた最大の任務を、履行することはできない。機械の発展の第一段階にあっては、近代になって労働者が投入された先であった機械装置の世界は、顕著に世界的な性格を、なお有していた。当時、労働者が突如として生活を営むようになった環境は、いかなる活動よりも長持ちする仕事道具や機具の自立的な存在性格によって、本質的に規定されていたからである。しかるに、現代の工場は、昼夜を問わず連続的に操業する機械工程によって規定されており、往年の世界的性格をすでに失ってしまった。機械の動きに供給される自然プロセスは、その機械の動きを、生命プロセスの亜種そのものに、ますます変えてしまう。われわれ人間がかつて自由に操っていた機械装置は、事実として、われわれの生物学的生命の一部になり始めており、その結果、あたかも人間種属は、もはや哺乳類ではなくなり、甲殻類の一種に変身し始めているかのようである。――われわれをあまねく取り囲んでいる機械装置が、人体に避けがたく属しているさまたるや、さしずめ、「カタツムリの殻がカタツムリに属し、クモの巣がクモに属しているのと同じ」であるかのごとくである。オートメーションへ突き進んでゆく現代技術の発展を先取りして眺めるこのような視点からすれば、「技術は、物質的な力の拡大を求める人間の意識的努力の産物というふうには、ほとんど見えなくなる。むしろ技術は、全体として見れば、人間という有機体にそなわった構造が、人間の環境世界へみるみる置き移されてゆく、一個の生物学的過程であるかのように見える。しかもこの過程は、まさしく生物学的過程だからこそ、人間によるコントロールがきかないのである[18]」。

21　制作にとって道具的なものの果たす役割

制作する人《ホモ・ファーベル》は、制作し製造するために、仕事道具や機具を必要とし、またそれらを考案する。そうした道具や機具によって定められた領野で根源的に経験されるのが、目的有用性であり、手段と目的の正しい関係なのである。ここでは実際に、目的が手段を正当化する、ということが当てはまる。それどころか、目的は、手段に対し、正当化をかなり上回ることを行なう。というのも、目的は、手段をそもそも生み出し、組織するからである。ひとが自然から材料を得ようとする場合、目的によって、自然に加えられる暴力は正当化される。たとえば、材木によって、樹木を伐り倒すことが正当化され、机によって、材料をもう一度破壊すること、つまり材木をのこぎりで挽いて細材にすること、が最終的に正当化される。目的とされる対象物のために、仕事道具が考案されるだけであったり、機具が制作されたりもする。同じ最終目的が、制作プロセスそれ自体をも組織し、いかなる専門家がそこで協業すべきか、どれだけの人員が非熟練労働のために必要か、等々を決定する。制作プロセスが続く間にも、すべては、それが最終目的に適しているか、最終目的にとって有益であるか、に応じて評価され、決定される。

この目的有用性という同じ尺度は、制作過程の産物である制作される対象物にも、あてがわれる。なるほど、完成した製品は、その制作に用いられる手段との関係からすれば、一個の目的であり、制作すること自体の最終目的である。しかしながら、それが完成されると、「目的自体」ではなくなる。少なくとも、それが使用対象物にとどまるかぎりはそうである。椅子は、家具職人の活動にとっては最終目的――それが得られれば家具職人の活動が終わりとなる目的という意味で――であったが、その椅子が、職人の仕事場をあとにして組み入れられる世界のなかでは、ふたたび何らかの手段となる。椅子は、利用されなければならず、その有用性を証明できるのは、もっと別の目的に奉仕することによってのみである。たとえば、生活を便利にするとか、商品流通のなかで交換手段として機能するとかいった目的に、である。ありとあらゆるものを、有用性を尺度として見積もり、目的有用性で評価する、ということが制作の本質にはひそんでいる。だが、制作という活動の判断尺度で万事やりくりすることには、困難がつきまとう。というのも、それが依拠している目的-手段のカテゴリーは、際限なく適用可能である以上、それが生み出す終わりなき連鎖において、目的は達成されるや、つねにすぐさま解消され、別の連関における手段にふたたびなり下がるからである。功利主義的に組織された世界は、それが本当に首尾一貫して推し進められると、ニーチェがおりにふれて述べたように、「目的系列の無限背進」に陥ってしまう。[19]

功利主義は、制作する人の本来の世界観なのだが、首尾一貫した功利主義のはらむこの袋小路《アポリア》は、理論的には、ある事柄の有用性と意味との区別を理解できないという、功利主義に内属する無能力症と診断できよう。この区別を言葉のうえで表現するには、われわれが何かを行なうのは、「何々の目的のため Um-zu」という様態においてか、それとも「何々という本義ゆえに Um-willen」という様態においてか、を区別すればよい。そう考えると、職人社会でもっぱら掲げられている有用性という行為の理想そのものは――労働社会の快適さという理想や、商業社会の利潤という理想と同じく――、有用性のほうからは、もはや決定できない。それは、どんな目的に役立つかという問いにではなく、行為にどんな意味があるかという問いに答えなければならないからである。制作する人は、何かを行なうさいに彼を導いてくれる有用性という本義ゆえに、彼の営む一切のことを行なうのだが、それは結局、何々の目的のためという形態において、つまり或る特定の目的を達成するためでしかない。有用性の理想それ自体はもはや、それが「有用」であることをもってしては説明できない。自分自身の有用性と目的について聞きただされても、この理想は回答を拒むほかない。というのも、かつてレッシングが同時代の功利主義哲学者に向かって投げかけた問い、「では、有用性の有用性とは何か」に対する答えは、有用性のカテゴリーの内部には存在しないからである。功利主義の袋小路の本質は、功利主義が目的系列の無限背進に絶望的に囚われており、目的‐手段のカテゴリーないしは有用性それ自体を正当化できるような原理を、ついに見出すことができない、という点にある。功利主義の内部では、何々の目的のため、ということが、何々という本義ゆえに、の真の内実となっているのである。――これは、有用性が意味としてまかり通るところでは、無意味さが生み出される、ということを言いかえたものにすぎない。

目的‐手段のカテゴリーが経験される領野に、使用対象物と有用性一般からなる世界全体は、場所を指定されている。このカテゴリーとその経験領野の内部には、目的系列を打破し、一切の目的が結局ふたたび更なる目的のための手段と化すのを阻むことのできる可能性は、存在しない。そういう目的の一つを「目的自体」だと宣言でもしないかぎりは。制作する人の世界では、一切は、みずからの有用性を証明しなければならず、したがって、自分自身とは別の何かを達成するための手段として使われる。そのような世界では、意味は、何らかの目的と解されるほかはなく、しかも、最終目的ないしは「目的自体」と解されるほかない。つまりそれは、どんな目的にも同語反復的に帰せられるか――目的を制作の観点から眺めた場合はそうなる――、それとも一個の自己矛盾であるか、のいずれかなのである。というのも、目的というのは、いったん達成されれば、そのとたんに、目的であることをやめるからである。その場合、目的は、特定の手段の選択を、指示し正当化し組織し生産する能力を、失ってしまう。制作された対象物が目的であったのは、それがまだ出来上がっていないかぎりにおいてである。完成した製品となったからには、それは、他の多くの対象物と並ぶ一対象物となる。つまり、既存のものからなる武器庫につけ加わるもう一個の客体となる。この武器庫から、制作する人は、自分の目的を達成するために、自分の手段を自由に選ぶのである。これに対して、意味とは、永続的に存在するものでなければならず、たとえ成就されたとしても、より正確には、行為するさい人間にうまく会得されたとしても、あるいはその反対に、言うことを聞かず逃れ去ったりしたとしても、意味はその性格をいささかも失うことがない。制作する人とは、一個の制作する存在であるかぎりでの人間であり、彼がわきまえている唯一の目的－手段のカテゴリーは、仕事という彼の活動からじかに生じてきている。そういう制作する人には、意味を理解することができないのであり、それは、労働する動物――一個の労働する生き物であり、それ以外の何ものでもないかぎりでの人間――には、目的性を理解することができないのと同様である。制作する人が、世界を打ち建てるためにもっぱら用いる、その仕事道具と機具が、労働する動物にとっては、世界と世界性一般を代表するものとなるのだが、それと同様に、この世界の有意味性は、制作する人の理解能力を超え出るがゆえに、制作する人にとって、「目的自体」または最終目的というパラドックスとなる。

功利主義的思考そのものに関して言えば、この思考にとって、無意味さのディレンマからの唯一の脱出法は、使用対象物からなる客観的世界に背を向けて、使うこと自体の主観性に立ち返ることである。完全に人間中心的に出来上がっている世界では、人間自身が、使用者として、無限の目的系列を停止させる最終目的となるが、そうした世界でのみ、有用性そのものが、意味にほぼ等しい意義をおびるものとなりうる。だが、こうしたことが起こるとき、悲劇が始まる。というのも、制作する人は、自分自身の制作活動に内在する意味充実を発見したとたん、自分が心に抱いている目的であり自分の手の産物であるところの物の世界から、すでに価値を剝奪し始めてもいるからである。人間は、制作されたものを使い利用するかぎりにおいて「万物の尺度」なのだとすれば、その場合、制作する人が制作物のためのたんなる原料としてとにかく眺め、取り扱う自然のみならず、「価値のある」物それ自身までもが、手段と化し、その物に内在する「価値」を喪失してしまう。

　カントによれば、いかなる人間も目的のための手段であってはならず、むしろ人間は誰もが最終目的であり、目的自体である。カントのこの定式化のうちに、制作する人の人間中心主義的な功利主義は、最も偉大かつ最も雄大な表現を見出した。目的－手段のカテゴリーの考え方が、政治的なものの領分に無批判に蔓延するのを許せば、どんなに恐るべき帰結に至らざるをえないか、に関する一定の洞察なら、なるほど、カント以前にもすでにあった。（たとえばロックは、他の人間の身体を所有したり体力を食い物にしたりすることは誰にも許されない、と繰り返し注意を促している。）だが、そうした先行的洞察が概念的に適切な表現を見出したのは、カントの哲学においてはじめてだった。カント哲学における定式化は、「凡庸なる知性の徒」の水準とは、比較にならないほどの深さに達したのである。ちなみにニーチェは、そういった凡庸な水準は「行儀のよいイギリス人〔訳注3〕」ならではのものと断じているが、これは正しくない。なぜなら、じつはその水準は、制作する人の考え方が標準となっているところでは、どこでも優勢を占めているからである。カントと先行者との違いは、明らかである。だいいちカントは、功利主義の原則を定式化して概念に高めようとしたわけではなく、その反対に、目的－手段のカテゴリーは、それにふさわしい場所にとどまるべきだと指摘することで、それが政治的行為の領野に適用されるのを阻止しようとしたのである。それでもなお、『実践理性批判』におけるカントの定式化の起源が、功利主義的思考にあったことは、否定できない。それは、使用対象ではない唯一の種類の事物である芸術作品への関わり方を、カントが『判断力批判』に定着させるさいに用いた、同じく逆説的な、かの有名な定式が、功利主義起源であるのと同様なのである。その定式によれば、芸術作品に接するときわれわれは、「一切の利害関心なしに、意に適《かな》うという気持ち」を抱く、という。[20] じつに、人間を目的自体として定着させるその同じ思想が、人間とは「自然を支配する権利をもつ主人」だと宣言しているわけであり、そうなると、人間という主人の生存のためには、「好きなだけ自然全体を犠牲にしてよい」[21]、すなわち、自然ならびに世界を、いつでも人間の生存のための手段にしてよく、人間の目的のためには、自然や世界に帰されるべき自立性を自然や世界から剝奪してよい、ということになる。カントも、功利主義的思考の袋小路《アポリア》を解消することはできなかった。制作する人は、意味問題を前にしては盲目なのだが、カントはこの盲目性を治癒するために、最終目的という逆説を発端に置かざるをえなかったのである。この袋小路の原因は、どこにあるのか。なるほど、世界を打ち建てることができるのは、制作およびその目的‐手段の思考だけである。だが、この同じ世界が、それを打ち建てるのに利用される材料、つまり連綿と果てしなく続く目的系列のためのたんなる手段、と同じく「無価値」なものに、たちまち化してしまう場合がある。つまり、世界的なものをまずもって生じさせる制作行為を総じて導くのにどうしても必要な、目的‐手段の思考を、そのまま、現に出来上がっている世界のうちで尺度として通用させようと試みるやいなや、そういう世界の無価値化が起こってしまうのである。ここに、かの袋小路の原因がある。

　制作する人であるかぎり、人間に識別できるのは、あらかじめ設定された目的のみであり、この目的の実現のために、万物は手段に格下げされてしまう。その結果、最終的には、制作する人の支配下では、制作された事物だけでなく、「大地一般も、どんな自然力も、無価値となる。なぜなら、大地や自然力は、それらのうちに対象化された労働を表わしてはいないから」[22]。このことは古代ギリシアでは知られており、それゆえ古典期のギリシア人は、職人の手仕事から造形芸術までの制作の領域全体を、俗業民的《バナウソイ》だと非難し、軽蔑の的にした。制作の領域では、どんな活動も、活動自体という本義ゆえに行なわれることはなく、いかなる仕事も何らかの目的のための手段にすぎないからであった。ギリシア人気質は、俗物的な目的追求を何よりも恐れていたのであり、彼らの非難を浴びた造形芸術家や建築家がどんなに偉大であったか、つくづく考えてみるにつけ、われわれはこのギリシア人気質の首尾一貫性に繰り返し唖然とせざるをえない。

ここで俎上に載せられているのは、もちろん、一定の目的のために手段を使うという意味での目的有用性そのものではなく、むしろ、制作に当てはまる経験を拡大して一般化することである。そうした一般化にあっては、効用や有用性が、人間の生と世界を測る本来の尺度とされてしまうからである。この一般化もやはり、制作する活動の本質にひそんでいる。なぜなら、制作に内属する目的－手段の経験は、目的が達成され対象物が制作されるとき、たんに消え去るのではなく、この仕上がった対象物が一個の使用物として新規に存在し始めるとき、当の対象物に引き続き伴うからである。制作プロセスそのものが原因となって、一切の世界の物と自然物の価値が下落してたんなる手段と化し、一切の事物的存在者のとどまるところを知らぬ価値剝奪と、無意味さの増殖が引き起こされるのではない。一切の目的は、この無意味さの増殖プロセスへ呑み込まれ、ふたたび手段として奉仕させられるのであって、このプロセスは、人間こそ最終目的だと宣言されない場合には、人間をも呑み込んでしまうであろうし、最終目的だと宣言されたらされたで、今度は、人間はそれだけいっそう自由に、人間自身ではない一切のものを、自身の目的のために手段として利用し、その価値を下落させてよい、ということになろう。というのも、制作プロセス自体の観点からすれば、最終生産物とは、一個の自己目的、つまり独立した自律的存在者であり、それは、カントの政治哲学において人間が最終目的であるのとまったく同様だからである。制作が主に制作するのは使用対象物であり、だからこそ最終生産物は一個の手段すなわち使用手段となりうるのである。生命プロセスが、対象物を好き勝手に自分の目的のために利用するかぎりにおいてのみ、制作の制限つきの生産的目的性が無制限の目的有用性に転化する、ということがありうる。そしてこの無制限の目的有用性こそが、総じて存在するものなら何でも、手段として自分の好き勝手にするのである。

ギリシア人からすれば、世界ならびに自然のこうした価値剝奪は、それに内属する人間中心主義――人間こそ最高の存在者であり、その現存在に他のすべての存在者は奉仕しなければならない、とする「馬鹿げた」考え

187

骨な俗物性を、ギリシア人が軽蔑していたのと同じくらい、歴然としている。このことは、功利主義的気質を一貫させると生ずる露骨な俗物性を、ギリシア人が軽蔑していたのと同じくらい、歴然としている。制作する人に、人間の最高の可能性の起点を置く気質の行き着く先を、ギリシア人がどれほど強く意識していたか、を最も如実に示す実例は、おそらくプロタゴラスに挑んだプラトンの有名な戦いであろう。プロタゴラスは、「人間は、すべての使用物（*chrēmata*）の尺度である。存在するもの、ならびに存在しないものの」[23]と述べたが、これは一見自明な主張である。というのも、明らかにプロタゴラスは、「人間は、とにかく一切万物の尺度である」とは、決して言わなかったからである。プロタゴラスの説は、伝統的にはそう解されてきたし、標準的な翻訳もそうなってはいるが。だが――そして、この点が決定的だと私には思われるが――、プロタゴラス自身は使用物についてだけ語っており、じっさい、使用物がその事物的存在または事物的非存在に関して使用者である人間に従うのは、当たり前なのだが、プラトンがただちに見てとったように、使用物が人間に従う、ということが、人間の欲求に特有な性格ゆえに、ついには、人間が事実上、万物の尺度となることに行き着かざるをえないのである。というのも、使用物の尺度としての人間について語られるさい、じっさい考えられているのは、使用し、利用し、手段として用いる人間であっても、言葉を発し行為し思考するかぎりでの人間ではないからである。人間を使用物の尺度とする場合、人間に、自分の使用のために万物を要求することをやめさせるのは、難しい。言いかえれば、人間が、一切を何らかの目的のための一手段と見なし、たとえば、あらゆる樹木のうちに木材を見てとり、かくして自分は、事実上その存在と非存在が自分に依存している物の尺度のみならず、一切の事物的存在者一般の尺度なのだ、と思い込むことを防ぐのは、難しい。

プラトンの解釈において、プロタゴラスの言わんとするところとされたことは、あたかもカント哲学を真っ先に先取りしていたかのように響く。というのも、人間を万物の尺度として起点に置くとき、人間は、目的系列の無限背進の外部にあくまで存し続けるものとして規定されるからである。この連鎖の内部では、いかなる目的も、必然的な仕方でふたたび一手段となるのに対して、目的自体として規定される人間自身は、決して手段とはならず、存立しているものをことごとく自分の目的のために奉仕させる。だが、人間以外の尺度の場合、その本質は、測られうるものや測られるべきものの外部に自同的なものとして存し続けることにあるが、それとは違って人間は、ここでは尺度と見なされているものの、生きながら限界を踏み越えてゆかざるをえない生き物であって、その生産可能性は、人間の願望や技能がそうであるように、定められた限界に達すればそこまで、ということがない。人間が既成の世界を使用する場合、その世界が成立するために不可欠であったのと同じ尺度を用いることを人間に許すとすれば、言いかえれば、制作する人とは世界の制作者のみならず世界の住人にして主人でもある、と見なすとすれば、人間は本当に、一切を自分で使用し、あらたな目的のための一手段として、または自分自身のための手段として眺め、用立てるであろう。その場合、使用対象物でないもの、つまり道具《クレーマタ》に分類されるものではないものは、もはや存在しなくなるであろう。そして――プラトンの挙げる例にならえば――、風は、自立的な自然力として人間の世界に吹き渡ることはもはやなく、せいぜい人間の欲求の枠内で、爽快にさせるもの、暖かくしたり冷たくしたりするもの、として経験されるのみであろう。――このことが意味するのは、プラトンから見れば、人間は風の現存在を自然的な事物的存在者として経験する能力を失ってしまった、ということ以外の何ものでもない。プロタゴラスに対するプラトンの反論は、こうした帰結を問題にしているのであり、この帰結を防ぐためにこそ、プラトンは、晩年の『法律』で、逆説的に響く正反対の定式化をあえてしたのである。曰く、人間――は、自分の願望と技能のために一切を使用することができるがゆえに、そのさい一切の事物的存在者をもっぱら手段としてのみ用いることに帰着せざるをえない――ではなく、「神こそが、すべての使用物［まででも］の尺度である(24)」。

22　交換市場

マルクスが著作の傍注に書き込んだ文章には、彼の卓越した歴史感覚を窺わせる印象深いものが多い。その一つにこうある。ベンジャミン・フランクリンの定義「人間とは本性上、道具を作る者である」が、「ヤンキー気質」にとって（つまり近代にとって）特徴的であるのは、アリストテレスの定義「人間とは本性上、都市の市民である」が、「古典古代」にとって特徴的であるのと同様だ、と。[25] 言い得て妙な比較だが、その心はこうである。近代は、行為する人間を、つまりは真に政治的《ポリス》なものを、公的領域から躍起になって排除しようとしてきたが、それは、古典古代が、制作する人および制作の営みを、公的‐政治的な空間から遠ざけることに躍起になっていたのと同じだ、と。古代における制作の排除にしろ、近代における政治の排除にしろ、どちらも、無産労働階級が市民権から排除されてきたこと、しかも十九世紀までその排除が当然視されてきたことほど、自明というわけではないが。政治的領域とは、生産的な社会的力が邪魔されずに発展することを可能にし、行政機構としてその発展を助長することを唯一の機能とする、「社会」のたんなる代表格とはかぎらないし、そうでなければならないわけではない。このことを、もちろん近代は知りぬいていた。ただ、近代は、社会的生産力の発展にとって必要な平穏や秩序の彼方に存していたものの一切に、「ひま人の空談」とか「空しい名誉欲」とかいった烙印を押すことを、もっぱら心掛けてきたのである。社会には当然ながら生産性が内在する、とする信念が拠りどころにできた人間の能力とは、制作する人にそなわる疑いようのない生産性であった。逆に、古代といえども、いかなるポリスも、いかなる公共の事柄《レス・プブリカ》も存在しないような、人間的共生の仕方を、もちろん知悉していた。そのような共生の場合、平均的市民の私的ならざる生活は、各自の職業に尽きたのであり、それゆえ、*demiourgos* であること、つまり人民の中での仕事従事者であること、に限られたのである——これとはまた別に、市民ならざる者たちは、*oiketai* つまり家事従事者として家の中で働き、それゆえ奴隷であった。[26] ポリス的とはいえないデーミウルゴス的共同体の特徴は、その共同体において、アゴラつまり誰にでも行ける広場であったのは、市民の集まりの場ではなく、職人が自分の生産品を展示し交換することのできる、今日の意味での市場だという点にあった。古代ギリシア人が、そのような共同体にいかに慣れ親しんでいたかは、古代ギリシアの僭主が再三再四企てながら挫折を余儀なくされた試みからしても、明らかであった。つまり僭主は、市民が公共の事柄にうつつを抜かして *agoreuein* つまり広場《アゴラ》で語り合うとか、*politeuesthai* つまり政治《ポリス》に携わるとかいった、まったく「非生産的」なことに時間を費やすことをやめさせようと試みたのだが、これは、ギリシアのアゴラを、東方の専制帝国におけるバザーという意味での市場に変えてしまおうとする試みであった。東方のバザーにとって、また中世後期の都市の営業区や商業区にとっても、特徴的であったのは、販売に供される商品の展示が、その制作を実演することと一緒に行なわれたことである。実際のところ、(ヴェブレンの定式化を少し変えれば)「目立とうとする生産」が、生産者社会に特徴的であるのは、「目立とうとする消費」が、消費者社会ないしは労働社会に特徴的であるのと同様である。

じつのところ、労働する動物はその無世界性ゆえに、公的‐世界的な領域を打ち建ててそこに住むということができず、それゆえ、社会的に共生したとしても部族組織を超え出ることは決してない。それに比べると、制作する人は、自分に見合った何らかの公的領域を容易に築くことができる。ただしこの領域は、語の本来の意味での政治的《ポリス》領域ではない。交換市場は、制作する人の公的空間であり、そのおかげで制作する人は、自分の手の作品を目立たせ、自分にふさわしい尊敬と高い評価を受け取ることができる。自分で作ったものを人に見せ、自分にできることを人前でもやってみせたがるこの傾向は、たぶん、アダム・スミスが動物と異なる人間の特徴とした、ある物を別の物と取り替え引き換えるという本能に劣らず、人間に根源的にそなわった性質であろう。[27] 決定的なのは、世界の建立者にして物の制作者である制作する人が、他人に対して自分に見合った関係を見出すことができるのは、自分の生産物を他人と交換する場合のみだ、という点である。しかもそれはなぜかと言えば、この対象物それ自体はつねに、他人から孤立して生産されるからである。近代の初期段階では、私生活の保護が、社会の各成員の最高の権利として、じつに精力的に要求されたが、この私生活の保護とは、結局、本来の意味での仕事という活動がそれを欠いてはまったく立ちゆかなくなる孤立状態を保証してやることだったのである。親方気質の「栄光ある孤立 splendid isolation」が脅かされ、社会における品質本位の意識が水平化されたあげく、区別する能力の喪失に最終的に至ったのは、なぜか。それは、見物客つまり、公的市場にやって来る見せ物好きの公衆が、孤立して仕事に励んでいる職人を公共性の光に晒したから、ではなかった。そうではなく、社会が成立したあおりで、社会の成員が、ただ見物し、品定めし、賛嘆することにもはや満足せず、職人の孤立した仕事場を打ち壊し、平等な権利をもつ者として制作プロセスに参加することを認めるよう要求したからであった。世間から孤立し、何にも邪魔されずにたった一人で、「理念《イデア》」すなわち制作されるべき対象物の内的イメージに掛かりきりになること、これこそが、親方気質の必要欠くべからざる生存条件なのである。この親方気質は、支配とは異なる。つまり人間をではなく、材料や仕事道具や対象物を操るのであり、原理的に非政治的である。人間との交際や、交際に生じてくる序列の差異化は、仕事という活動にとって、まったく二次的意義しかもたない。また、親方と職人との違いは、元来、取るに足らぬものだったから、「親方 maître」と「職人 ouvrier」という語は、同義語として用いることができたほどであった(28)。

仕事という活動自体に固有な、他者との唯一の交際形式は、親方と職人との間柄である。これは、協力者が欲しいという親方の必要からも、他の人たちに技能を教えたいという親方の願望からも生じる。だが、この間柄を規定する格差は一時的なものである。親方と職人という身分の違いが人間を分かつことがないのは、大人と子どもの違いと同じである。さらに、親方と職人の間柄は、今日「チームワーク」の共同と呼ばれてどんな行ないもあまねく支配している間人間的な特有の関係によっては、もちろん規定されていない。「チームワーク」の場合、制作される対象物に制作者が掛かりきりとなって孤立するあり方が根本的に解消されてしまい、その結果、チームの間人間的な関係、つまりそのつどの業績を成し遂げるべき共同形態が、生産物それ自体に対する各人の客観的関係に対する優位を、最終的に獲得する。チームによる協業ほど、仕事本来の活動と無縁なものは、ほとんどない。この協業の場合、親方は原理的に存在しないし、協業の進行においては誰もが平等な権利をもっている。協業の生産物はじっさい、集団的なものの成果である。チームワークとは、労働分割つまり分業の数多い変種の一つなのである。作業全体がこじ開けられてバラバラにされ、その構成要素たる最も単純な個別処理に分解可能だと前提されているかぎりは、そうである。(29) この分業にとって、機械は二次的でしかなく、機械がなくても成り立ちうる。それどころか、現代の学問研究の並々ならぬ特徴となっているのは、「頭脳労働」〔訳注4〕という機械化されていない領域にチームワーク制を導入することであり、そこで明らかなように、チーム参加者同士の共同は、機械労働や、身体のリズムによって決定された純粋に身体的な活動の場合よりも、かえっていっそう緊密なのである。チームワーク制で企てられる学問研究労働の成果の場合、理想的には、個々人がいったいどんな業績を上げたかは、総じてもはや確定できない。最終的成果の作者はもはや、労働を分配し、したがって最終的成果となるべきものを一個人として最初から最後まで見届けた人、ではかりそめにもない。労働分配によって押しつけられる部分的任務を、自分一人で果たす各人に認められてしかるべき、ほんのわずかの孤立や自立すら、チームでは廃棄されている。チームの成員同士が、全体をなす部分として相互に関係し合ってふるまうとき、それはあたかも、頭部とか四肢とかいった比喩はもはやかりそめにも語れないほど、内的にそれほど未分節で無定形な全体をなす部分、さしずめ多頭の一個人を形づくる部分であるかのようである。字義通りの意味での頭脳労働に特徴的なこうした共同形態が、制作プロセスでは決して形成されえないことは、明白である。だが、人びとがお互い渡り合って論じ合い、次いで一致協力して共に事を為すという、政治に特有な共同存在の形態も、原理的に、制作する活動の領域の外部にある。仕事という活動が終わり、制作されるべき対象物が現に出来上がってはじめて、制作制作者は、孤立した自分の場所から外に出てくるのである。

歴史的には、商品市場は、最も遅咲きの最後の公的領域である。そこを舞台として、制作者のままで集《つど》い合い、みずからの生産物を商品として目立たせる。商業社会は、取引によって本質的に規定されており、近代初頭におけるマニュファクチャーの初期段階を特徴づけるものである。そうした商業社会においてはまだ、制作に内在している比較的古い傾向、つまり自分で作ったものを人に見せ、自分にできることを人前でやって見せたがる傾向、の痕跡をはっきり確認することができる。だがこの傾向は、ここでも、アダム・スミスがあれほど強調して取り上げた交換衝動、つまり商業に特有な商品渇望に、完敗を喫するのである。この商品渇望にとって決定的に重要なのは、生産物や技能に対する制作者の誇りではなく、他者との競合であり競争の成功なのである。この成功は、これはこれで、物件に内属している内在的価値とは独立しており、その成功のためには、何かを制作したり制作されたものの質を評価したりする手腕とはまったく別種の能力を、動員しなければならない。だが、商業社会のこの競合衝動にしても、現実の生産者社会の職人の古めかしい誇りと同様、労働が人間の活動の最高位に昇りつめ労働社会が成立するのに伴い、最終的には姿を消してしまう。労働社会において社会の尺度を決定するのは、せいぜい、どんな贅沢品を自分が消費できるかを目立たせたがる、ひま人の空しい消費誇示行動くらいなのである。

商業社会に属する人びとは、商品市場において公的に出会い、お互いの生産物を交換し合う。もちろん、そうした商品市場に集まってくるのは、もはや生産者それ自身ではない。商品市場に現われる人びとは、人格としての固有の性質において自分を明らかに示すのではなく、マルクスが倦まず強調したように、商品所有者としてみずからを示す。交換可能性をそなえた商品を所有する者のみが、商業社会におけるこの公的領域に近づくことができる。ここでの真に公的な活動、ないしは公的重要性をもつ活動は、それゆえ、制作という営みにあるのではなく、商品交換にある。労働者をまずもって、「自分自身の労働力の所有者」として、ないしは労働力以外には何も所有していない人びととして定義することができたのは、なぜか。その本当の理由は単純で、労働者の根源的な自由解放――すなわち、資本を創造すると同時に労働を自由化することになった、「根源的〔原始的〕蓄積」と呼ばれる、かの土地収用と財産没収 Enteignung ――が、入り込んでいった商業社会では、商品しか知られていなかった以上、労働力も商品として定義されたからである。あらゆる商品所有者のなかで最も奇妙なこの「商品所有者」――彼らの所有しているものは僅かすぎて、何一つ所有していないと言えるほどであり、そういう彼らを「所有者」と呼べるのは、言葉の隠喩的な力に頼ってのことにすぎない――ゆえに、マルクスが、人間を一個の商品に貶めてしまった資本主義社会に対して、人間の自己疎外という猛烈な非難を浴びせかけたのは、言うまでもない。だが、疎外されていない人間のイメージでマルクスが思い浮かべていた積極的な理想は、人間のうちに生産物の生産者しか見てとらなかった社会に対しても、同じく反対するものだった。つまり、人間が労働力という商品の所有者に貶められたことのみならず、人間を貶めた当人たちも、まさに商品生産者にして商品所有者として自己「疎外」されていることに対しても、反対するものだったのである。この最後の非難、つまり、人間は、当人が産み出す対象物にもっぱら応じて評価されるとき、すでに自己自身から疎外されているのだ、とする非難は、「使用価値」が「交換価値」に対してまだ優位を保っている非商業的な社会においても、当てはまる。というのも、制作された生産物に固有な、マルクスが「幽霊のような」と呼んだ「対象性」は、「人間の労働力が支出された当の形態を考慮することなしに」現実に存在するからである。[30][訳注5] 実際、マルクスの要求通りに、この「支出」を考慮するのは、労働社会だけである。労働社会はその成員たちを、彼らが社会全体の労働プロセスの内部で引き受ける機能に従って評価するからには、そうである。労働力そのものは、商品を生産する社会のまなざしにおいてのみならず、制作する人の意味においても、目的のための一手段にすぎない。しかもその目的とは、第一次的には、人間ではなく、対象物であり、その場合、この対象物に使用価値が帰されるか、交換価値が帰されるかは、どうでもよい。労働力そのものを評価するのは、労働社会だけであり、この査定は、労働社会において機械に与えられる評価と、原理的には変わらない。ここでも人間は人格としてではなく、機能として現われるのであり、この意味では、労働社会が「より人間的」であるのは見かけにすぎない。なるほど労働社会は、人間の労働に対してそれなりに高い報酬を支払うので、労働社会は人間の労働を高く評価し、所与的にすぎないどんな「材料的」なものよりも高い内在的価値を認めているかのごとくである。だが、この価値評価は、万物の尺度は人間だとする心性に見合っているのではなく、まったく別の理想の帰結なのであり、その理想の真の実現とは、人間の労働力の代替となり消費能力を途方もなく高める機械が、円滑に機能することである。事実、労働社会は、一切の生産物と一切の商品の「幽霊のような対象性」を巧みに操るのだが、それは、労働社会がこの対象性を消費財に変身させるからなのである。

商業社会は、初期マニュファクチャー段階の資本主義社会では、競合衝動および獲得衝動として、経済生活の外観をまだ決定していた。労働社会の尺度で測れば、そのような商業社会においても、制作する人の世界と心性に由来する価値づけがまだ支配的であった。というのも、制作する人が、孤立した仕事場から外に出たときに、最も惹きつけられる職業は、当然ながら、商人や取引業者だからである。結局のところ、市場で交換価値や商品として現われるのは、元来、制作する人の生産物なのである。この種の市場は、もっぱら市場に売りに出すために生産する階級が、社会に存在するかどうかにかかわりなく、現実に存在する。いかなる使用対象物も、交換対象としても役立ちうるのであり、それが排他的意味でもっぱら商品となるのは、対象物一般がもっぱら商品として生産されるときにはじめてである。孤立して物を作る職人も、生産物を売るわけだが、孤立した仕事場でのその活動が、ひたすら市場のためだけに生産する製造工場での大量生産へ移行するのに伴い、完成品の品質も、なるほど変質してしまう。それまでは、当該の対象物の使用価値によってはじめてその交換価値が決定されていたのに、今や逆に、対象物の価値は、商品としてその対象物に与えられる価格にしたがって第一次的に決定されるからである。だが、この変質が起こるのは、徐々にであって急激にではない。物が物的性格をそなえて世界の内にとどまりうるかどうかは、ひとえに持続性に懸っており、その持続性は、あくまで最高の価値基準であり続ける。たとえ、第一次的に問題であるのが、対象物が使用に役立つことではもはやなく、むしろ、交換という目的のために「あらかじめ貯蔵される」のに向いていることだとしても、それは変わらない(31)。

対象の側のこの変質は、使用価値と交換価値という通例の区別立ての枠内での変化であって、使用価値と交換価値との間柄は、生産者や製造者の側と、商人や取引業者の側との間柄に相当する。制作する人は、使用対象物を制作するかぎりにおいて、孤立した私的領域のなかでその生産を行なう。のみならず、彼の製造する物も、本質的に私的な使用向けにできており、商品として市場に公的に現われるときにしか、私的領域一般の外部に出てこない。しばしば注意されるものの残念ながら同じくしばしば忘れられてしまうことだが、「価値」とは、「ある物件の占有と他の物件の占有との関係について人が抱く観念から生じる(32)」のであり、したがって価値とは交換価値以外のものではありえない(33)。というのも、ありとあらゆるものが他のものと交換され取引されうる市場においてのみ、対象物は一般に――労働の産物であれ制作の産物であれ、つまり使用物であれ消費財であれ、要するに生活の必要を満たすはずのものであれ、より高次の欲求に仕えるはずのものであれ――、価値といったものになりうるからである。対象物の価値は、他の対象物の「イメージ」においてのみ現実に存在するのだが、それは、この他の対象物が価値評価として公的に現われうるかぎりにおいてであって、しかもそのためには、これで、物が商品として現われる公的領域が必要である。労働も仕事も、資本も利潤も、選りぬきの材料も、それだけでは価値をもたらすことはできない。価値を作り出すのは、もっぱら公共性だけである。対象物は、公共性のなかでこそ、他の対象物と関係を結び、比較によって価値を見積もられうるのである。価値という性質を、対象物は、私的領域の内部では所有も獲得もできないが、公共性へと歩み出るやいなや、その性質が対象物に生い茂るように自動的に具わってくる。この「市場価値(34)」は、ロックが印象深く強調したように、「あらゆるものに内在する自然な値打ち」とはいささかも関係がない。あらゆるものに内在する客観的な質であれば、「個々の買い手や売り手の意志には左右されず、むしろ、売り買いする人が気に入るか気に入らないかにかかわりなく物に付着し、売り買いする人はそのような客観的性質としてこれを知覚することができるのでなければならない[35]」。対象に内在するこの質が変化するのは、対象それ自体が変質するときだけである――たとえば、机の質が破壊されるのは、机の脚を一本取り去ってしまうときである――のに対して、ある商品の「市場価値」は、その商品が他の商品に対して保っていた間柄が変化するやいなや、変化してしまう[36]。

言いかえれば、価値というのは、物や行ない、観念や理念とは違って、特別の人間的活動の生産物では決してない。そうではなく、価値が生ずるのは、いかなる種類の生産物であれ、それが社会の成員間に存在する交換の相対性のうちへ入り込むときなのである。しかも、交換のこの相対性は、たえず入れ替わり立ち替わりしている。価値は、「相対的に表現されるほかない」し、誰も「たった一人では」価値を作り出したり商品を生産したりはできない。このことならマルクスもよく知っていた。また、マルクスはこう付言することもできたであろう。「たった一人では」価値や商品に関心を抱くことすらない、と。「一定の社会的連関」のうちでのみ、生産物は――対象物であれ理念や理想であれ――総じて「価値」となりうるのである[37]。

古典派経済学の価値論には混乱が見られ[38]、その価値論は現代の価値哲学という形でいっそう大きい混乱を作り出すこととなった。この混乱は、結局のところ、比較的単純な次の事態に還元できる。つまり、本書では質 Qualität と訳している「値打ち worth」という英語は、ロックの経済理論ではまだ大きな役割を果たしていたが、この古めかしい語は、のちには、交換価値 exchange-value に対する使用価値 use-value という、一見より科学的に見える術語に置き換えられてしまった、という事態がそれである。なぜ混乱が生じたかといえば、使用することと交換することとは、使用価値と交換価値として区別される場合、事実上、「価値」一般という公分母へ通約させられ、その結果、この区別がただちに抹消されてしまったからである。決定的なものとして残ったのは、どちらも価値だということだけである。マルクスもこの術語法を受け入れた。ただ、マルクス自身は――他の点と同様この点でも、彼の先行者たちと比べて、「より科学的」とは言えないにしろ、抜きん出て首尾一貫していたし根本的であった――、社会に特有な、交換市場という公的空間を依然として信用していなかった。それゆえマルクスは、使用価値が「交換価値と交換手段の担い手」へと変貌することのうちに、人間社会一般の原罪を見てとった。商業社会では、一切が、市場に持ち込まれ、商品化され、それに応じて社会的関係において脱自然化される。だがマルクスは、商業社会のこの原罪に抗して、「内在する値打ち」つまり対象物自身に固有な内在する質を宣言する、ということはしなかった。その代わりに、マルクスが事物の価値剝奪ならびに人間の疎外を測るための尺度に置き据えたのは――労働の観点からすれば完全に正当なのだが――、生命それ自体であった。言いかえると、いかなるものであれ、人間の生命プロセスに取り込まれむさぼり喰われるとき、このプロセスのなかで各々が有する機能であった。もちろん、生命それ自体においては、価値は総じて、客観的な内在的質であれ、社会に関係づけられ規定された価値設定であれ、もはや何の役割も果たさない。全労働者への財の配分を旨とする社会主義では、摑みどころのある物的なものは、その質も価値もすっかり解消され、生命力および労働力の再生産プロセス内部の一機能になり下がってしまう。

しかしながら、価値論を混乱させた真の原因は、質と価値の概念上の混乱によって察せられるよりも、もっと深いところにひそんでいる。マルクスが使用価値の概念にあれほどしつこくこだわったのは、なぜか――これは、マルクス以前の国民経済学的価値論が、かくも絶望的に価値の客観的源泉を探し求め、それをやれ労働やら土地やら利潤やらに発見したと信じたのは、なぜか、と問うのと同じだが――、その理由は、次の単純な事実と折り合いをつけることが誰にもできなかったからである。つまり、商品市場では、それゆえ価値にふさわしい領域には、「絶対的」価値なるものがまったく存在せず、それを探してあちこち市場を見回すのは、円積法のごとき解答不能問題に似ている、という事実がそれである。（物は、「［交換］価値でなくても使用価値でありうる」が、逆に、使用価値でなければ交換価値ではありえない。だからこそマルクスは、他の価値を測る尺度となりうる絶対的価値を埋め合わせる一種の代用品として、使用価値にこだわった。）価値の価値剝奪や、そこにひそむ物の質の自立性喪失を、ひとはしきりに嘆いているが、そういう事態が始まるのは、ひとが一切を価値ないしは商品にし、かくしてあらゆるものをあらゆるものと関係させ、それゆえ相対化することによってなのである。そのような普遍的相対化にあっては、対象物がみずからの実在の正当性を証示しうるのは、他の対象物との関係によって、つまり交換可能性によってのみである。また、それと結びついて質の喪失が起こり、需要と供給によって価値づけがたえず変動すること以外に、もはや何一つ客観的有様において見てとられるものはなくなってしまう。こうした普遍的相対化と質の喪失が、価値そのものの本質にはひそんでいる[39]。こうした発展は、おそらく商業社会に避けがたいものであろうが、結局それが原因となって、ある不快なことが起こった。つまりこの発展は、商業社会に見合った新しい科学である国民経済学の主要問題となったのである。だとすれば、この不快なことは、完全な相対化そのものの耐えがたさに存していたのでは全然なく、この相対化が、制作する人の思考の刻印を本質的に受けた人間類型に、依然として影響をもたらしたという点に、何よりも原因があったのである。制作する人の活動は全体として、尺度をあてがい、物差しをあてて、規則を適用し、手つかずの自然が人間の世界的なまなざしに差し出す「カオス」のうちへあらゆる種類の測定可能性を持ち込むことに、その本質がある。そのような制作する人にとって、「絶対的」な尺度や基準を奪われることは、事実、他のどんな人間類型よりも耐えがたいのである。というのも、その場合、制作する人の手に相対的尺度は何ら残らないからである。相対的価値と同じようには、相対的尺度というのは存在しない。いかなる尺度も、それがまさに測ろうとしているものとの関係においては「絶対的」であり、測られるべきものを超越している。貨幣は明らかに、交換において物の価値づけのための一種の尺度として役に立つが、当然ながら、それ自身一個の商品ないしは「価値」であり、尺度にふさわしい客観的自立性を、何らもっていない。尺度は、それにふれる一切のものを原理的に超え出ており、それよりも長く存続する。しかも、その尺度があてがわれる物をも、その尺度を扱いあてがう人をも、超越しているのである。

尺度や普遍的に妥当する規則がなければ、人間は世界を打ち建てることができなくなる。プラトンは、そのように尺度が根本的に失われることを、プロタゴラスの提案のうちにいち早く見てとり、これを恐れた。プロタゴラスは、物の製造者としての人間、ならびに人間がそれを使用することを、最高の尺度に置き据えようしたからである。このことから明らかなように、商品市場というのは、制作とその経験の根底にひそむ道具手段的原理と、じつに密接に連関している。じっさい、一方は他方から隙間なく理路整然と発展してきている。してみれば、人間ではなく「神こそが万物の尺度である」としたプラトンの応答は、近代の次の想定が当てはまるとするならば、もはや、空虚な教訓的ゼスチャーも同然となってしまうだろう。なにしろ、有用性という仮面をつけた目的‐手段のカテゴリーは、世界ならびに世界の内でのあらゆる物を成立させた制作という活動に対して間違いなく幅をきかせているが、それとまったく同様に、既成の世界という領域に対しても幅をきかせているのだ、と近代では想定されているからである。

23 世界の永続性と芸術作品

世界とは人間の手によって形づくられたものであるが、その世界に安定性をさずけるのが物である。この安定性のおかげで、世界は、われわれの知るかぎり最も不安定な存在者である死すべき人間たちに、地上における住まいを提供するにふさわしいものとなる。そうした物のなかには、有用性をおよそ示さない対象物も一定数ある。しかもそれらは、非常に比類なきものであるため、原理的に取り換え不可能であり、したがって貨幣その他の公分母で表わせるような「価値」をおよそもたない。それらの物は、市場に現われるときには、なるほど価格を付けられるが、この価格はもはや、当の物の「価値」と釣り合ったものでは全然なく、まったくもって恣意的なものにすぎない。芸術作品と呼ばれるこうした物との適切な付き合い方も、物を用い使用することとは、確実に異なる。芸術作品は、使用されずに、むしろ慎重に保存されなければならず、それゆえ、通常の使用対象物の連関全体から遠ざけられなければならず、そうしてこそ世界内に適切な場所を占めることができるようになる。だから芸術作品は、日々の生活の欲求や必要からも引き離されなければならず、そのほかの物ほどには生活の必要と接触することがない。では、芸術的な物がこのように無用であるのは、昔から変わらないことなのだろうか。それとも、使用対象物が日常用に誂《あつら》えられているのと同じく、昔は芸術も、人間のいわゆる宗教的必要に仕え、宗教的必要に合わせて誂えられていたのか。そう問うてみても、ここでは役に立たない。というのも、芸術の歴史的起源はもっぱら宗教的または神話的な性質のものであった、とする説がたとえ正しいとしても、芸術が魔術、宗教、神話からの離脱をこのうえなく輝かしく成し遂げたという事実は、依然として残るからである。

芸術作品は、あらゆる物のなかで最も永続的なものであり、それゆえ最も世界的なものである。自然プロセスは、対象的なものをことごとく解体させるという影響力をふるうが、その力は、芸術作品にはほとんど影響を及ぼさない。なぜなら、芸術作品は、生きている存在者の使用に晒されることがなく、使用によってその特性を破壊されることがないからである。それに、使用対象物の場合のように、物に内属する可能性が実現されることもないからである。椅子の場合であれば、誰かがそれに座ってはじめて目的は実現されるが、それと同じ意味で芸術作品の満たす目的など、およそ存在しない。それゆえ、芸術作品の持続性は、あらゆる物がその現実存在のために必要とする安定性とは異なっており、しかもその違いは、量的であるばかりか質的である。芸術作品の永続性は、並外れた種類のものであるため、場合によっては芸術作品は何百何千年もの長きにわたって、移ろいながら永続する世界に同伴し続けることもある。「世の移ろいと成りゆきの上方に／より高くより自由に／君の賛歌がなお打ち響いて止まず／竪琴をもった神アポロンよ」（リルケ）。永続的なものの示すこうした存続的はたらき

Währen において、世界の世界性が現われる。じつのところ世界は、それ自体としては決して絶対的ではありえない。なぜなら世界は、死すべき者たちによって住まわれ、利用されるからである。にもかかわらず、芸術作品という永続的なものにおいて、世界の世界性が輝き現われさえするのであり、その輝きのきらめきにおいて、「世の移ろいと成りゆき」も閃く。そこに閃くのは、ふだんは物の世界において、その相対的持続性にもかかわらず、純粋かつ明白には決して現われることのない、世界の永続性であり、死すべき人間たちが何らかの不－死の故郷を見出す、存続的はたらき自体である。あたかも、芸術作品の存続的はたらきにおいては、世界内の持続的なものが透明となったかのようであり、芸術作品の背後に、不死的な存在らしきものの目配せ《ウインク》が、啓示されたかのようである。――それは、魂とか生命とかの不死性ではなく、死すべき者たちの手によって作られたものの不死性である。こうした事態の感動的なところは、当の事態が、心の切々たる動きなどではなく、その反対に、手で摑むことができたり、感覚的に現前したりする形で、如実に存在する点にある。美術品が輝き現われれば、観ることができるし、音楽が響き渡れば、聴くことができる。詩作なら、朗読された本の行間から発して世界のうちにまで語り入るのである。

使用対象物が現実に存在するのは、対象的なものを用い利用する人間の器用さのおかげであり、商品が現実に存在するのは、人間の「交換し取り替えようとする傾向」（スミス）のおかげである。だとすれば、芸術作品が成立するのは、思考し物想う人間の能力による。これらはすべて、人間の現実的能力であり、人類という生物種に属する生き物のたんなる属性ではない。そのような属性、たとえば感情、欲求、衝動は、今挙げた能力ともちろん関係しうるし、それらの能力の真の内容をなすことも多い。だが、人間という生き物に特有なそうした属性は、人間が自分の故郷として地上に打ち建てる世界とは、ほとんど無関係である。これは、他の生き物にそなわる相応の属性が世界と無関係なのと同じである。かりにひとが、人間の世界的環境を生き物の属性に還元しようと欲したとすれば、その場合、環境は、真に世界的なものではなくなり、動物の環境のごときものとなろう。すなわち、クモの巣やカイコの絹と同じく、創造ではなく流出となるだろう。思考が感情に関係するかぎりで、思考のはたらきは、純然たる感情のおし黙った閉鎖性を、すでに変身させているのである。ちょうど、交換のはたらきが、ガツガツした剝き出しの欲望を変身させ、使用のはたらきが、必要に駆り立てられる欲求を変形するように。——ついには、感情、欲求、衝動は、世界にふさわしいものとなる。なぜならそれらは、対象物のほうへ身を向け、世界の物的な成り立ちにおいて充実化と限定化をこうむる態勢を整え、いわばその心構えができているからである。これらのいずれの場合でも、その本質からして世界開放的で世界連繫的な能力は、たんなる感情とか衝動とか本能とかの情熱的強烈さを超越するのであり、これにより、それら感情等を、たんなる意識という牢獄から、すなわち自分自身のみを感ずる自己という牢獄から、世界の広がりへと解放するのである。

　およそ物化はすべて、変身と変形である。だが、芸術作品が、その根底にひそむ内容に付加する対象化的物化は、じつに根本的な種類の変容、変身 Metamorphose であって、それゆえ、芸術作品においては、あたかも、物の自然的経過が逆転されうるかのようである。——あたかも、じつに「名状しがたき変身に由来する」形成物が存在するかのごとくであり、それゆえ、胸中に燃えさかる炎が、この形成物のうちへと救い出されるや、灰と化すことはもはやなくなり、過去という塵埃《じんあい》は今しも燃え上がって、永久に燃え続ける火と化すかのようである[40]。赤々と燃える心情の火を芸術作品へと定着させる魔法の力があるのは、物想う思考である。だが、芸術作品は思想物ではあるが、他の物と同じく、やはり本質的に物である。物想う思考は、それ自体、制作することはない。思想の歩みが、摑みどころのある物——書物、絵画、彫刻、作曲された譜面——を生産することはない。それは、道具を用い使用する日常的営為が、家や家具をおのずと制作し生産することがないのと同様である。物化が生ずるのは、思想が書き記され、絵画が描かれ、メロディーが作曲され、形姿が大理石に彫られるときである。そうした物化は、物化に先立ち、物化と不断に関係する思考と、もちろん共存している。だが、思想を現実化し思想物を制作するのは、仕事という活動である。この同じ活動が、人間の手という原仕事道具のおかげで、世界を形づくるその他すべての持続的に物的なものをも、創造し制作するのである。

以前、別の文脈でふれたように（第12節）、物想う思考は、言論と行為と同じく、制作し対象化するはたらきにより、摑みどころのある現実の物となって物の世界に入り込むことと引き換えに、高い代償を払う。その代償とは、生命それ自体である。生き残ることができるのは、いつも「死せる文字」のみだからである。それは、束の間の一瞬、このうえなく生き生きした精神であったのだが。なるほど、死せる文字にしても、何度でも甦ることはありうる。すなわち、それが生ける者にふたたび接触し、その生者が自分自身の生命によって、死せる文字のうちに葬られいわば永遠化していた生ける精神を、感知するやいなや、そういうことが起こる。だが、この死者の復活にしても、生きとし生けるものすべてと、運命を共にしている。つまり、ふたたび死神の手に落ちるのである。こうした意味で生気の抜けていないような芸術作品など存在しない。この生気の抜けたさまが暗示しているのは、人間の心や頭の中にある物想う思考という源泉と、思考され考え出されたものが最終的に解放される行き先たる世界との隔たりにほかならない。しかるに、この生気のなさは、どんな芸術にも同程度に固有というわけではない。制作上の物化が、本来の意味での材料にほとんど結びついていない芸術、たとえば音楽や詩作の場合、生気が抜ける度合は最も低い。音楽や詩作の「材料」である言葉や音声を取り扱うためには、材料の知識や仕事の経験をごくわずかしか要求されないからである。だからこそ詩作においては、若き詩人が非常に大きな役割を演じるのだし、まさしく音楽においては、神童という現象が見られる。しかし、造形芸術や建築において、神童が出たためしはない。

芸術のうちで、いってみれば最も人間的で最も非世界的なのが、詩芸術である。その材料は、言語それ自体であり、その産物は、それに霊感を与えた思考の最も近くに寄り添っている。詩の持続性は、いわば濃縮化によって成り立つ。あたかも、極端な濃度《ディヒテ》と注意の集中において語られた言葉は、それ自体すでに「詩作的《ディヒテリッシュ》」であるかのようである。思い出して想起するはたらき――他の一切の学芸と芸術の女神《ムーサ》の母なる記憶《ムネーモシュネー》の女神――には、言葉によって集中させる能力があり、これにより、思考されたものは、じかに記憶に刻印される何かへと変身させられるのである。詩芸術の技術的な手段であるリズムや韻にしても、この極端な集中化に由来する。記憶はもともと、生き生きと思い出して想起するはたらきの近くにいるがゆえに、詩は、書き記されて記録されなくても、世界にとどまり続けることができる。また、詩の質はまったく別の種類の一連の尺度によって決定されるとはいえ、しかし、「心に刻まれやすいこと」こそ、その詩が最終的に人類の記憶に定着し刻印されることがありうるかどうかを、広範に決定することとなる。このように、芸術という思想物のなかでも、詩は、思考そのものに最も密接に結びついたままである。詩はいわば、世界の物のなかで最も物的でない。だが、「詩人の言葉は／天国の門の回りを／いつもそっとノックしつつ漂う／永遠の生を乞い求めて」といえども、また、詩が「根源の深みの中に」保たれるのはひとえに、「語られた言葉」〔訳注6〕として、詩人の記憶や詩人に耳を傾ける人びとの記憶から、あたかも今まさにはじめて生ずるかのように、洩れ出てくるときのみだということが本当だとしても、それでもやはりこの、一切の物のなかで最も物的でないものもまた、「作ら」れなければならないときが、いつもやって来る。つまり詩も、書き記されて、物のなかでも摑みどころのある物へと変身させられるのでなければならない。なぜなら、生き生きした想起や、記憶の能力は、不滅性へのあこがれが総じてそれに由来する源泉であればこそ、堅持されるための拠り所として、また自分の側でも、忘れ去られ空しく消え去ってしまうことのないよう、物的なものの手ごたえを必要とするからである(41)。

思考と認識は、同一ではない。芸術創造にとってその創造そのものの外部にひそむ源泉をなすのが思考であり、これはすべての偉大な哲学にじかに現われる。これと対照的に、知を媒介し知識を集積し整理するのが認識であって、こちらは諸科学のうちに沈澱する。認識はつねに、一定の目標を追い求めるが、認識にこの目標を据え置いたのは、実践的な考慮であったり「ひまな好奇心」であったりする。目標が達成されれば、認識プロセスは終わりに達したことになる。これに対して、思考は、それ自身の外部に目標も目的もなく、厳密に言えば、成果が実ることは一度としてない。思考は本当に何の役にも立たないと、功利主義的心性の持ち主である制作する人ばかりか、行為する人びとや科学者たちも、飽かず力説してきた。事実、思考は、それによって霊感を与えられる芸術作品と同じく、無用である。しかも思考は、この芸術作品という無用物の最たるものに対して、それは自分の産み出した成果だと、権利を要求することもできない。というのも、芸術作品についてわれわれは、それを成立させたのは純粋思考以外の何ものでもないと、まじめに主張するわけにはいかないからであり、その点は偉大な哲学体系についても同様である。ほかでもない、純粋な思考プロセスつまり真の思想の歩みを中断しなければ、芸術家たる者――物を書く哲学者もそうだが――、思考内容を変身せしめて、書き物と化して呈示されるにふさわしいものとするなどありえないからである。活動としての思考の営みは、生きる営みと同じく、終わりがない。思考することは、生きているかぎり、伴うものだからである。それに、思考することに意味はあるか、という問いは、生きることに意味はあるか、と問うのとまったく同様、答えられない。思想の歩みは人間の実存の総体にくまなく浸透しており、どんなに原始的な人間生活でも、いわば、思考の歩みという犂《すき》によってくまなく耕されている。この思考の営みには、始まりも終わりもない。誕生とともに始まり、死とともに終わること以外には。思考することは、したがって、制作する人だけの特権では断じてない。物想うことは、制作する人の最高の世界的生産性に霊感を与えるものではあるが。しかるに、制作する人のなし能《あた》うこの最高の創造活動は、用い使用することから広く解放されているため、無用な物を制作するのであり、この創造活動において、制作する人は、あたかも、自分自身を越え、また人間だけに関係する欲求を越えて、ぐんぐん成長するかのようであり、物質的または知的な衝動に駆り立てられなくてもやってゆけるかのようであり、世界の財物を自然的に欲したり、世界について知りたがる人間特有の渇望を抱いたりしなくても、世界に奉仕できるかのようである。これに対して、認識は、精神的、芸術的な制作プロセスはもとより、ありとあらゆる制作プロセスにおいて、際立った役割を果たす。認識は、始まりと終わりをそなえた一つのプロセスである点で、制作と共通である。しかも、そのプロセスが制御可能な有用性をもち、求められた成果に達しなければまさに目的を逸したことになる点でも、同じである。ちょうど、二つしか脚のない机を作り出したら、家具職人は目的を逸したことになるのと同じように。認識が科学において果たす役割は、制作における認識の機能と、原則的には変わらない。認識によって獲得された科学的成果は、他のすべての物的産物と同様、人間の世界に付け加えられ、収納されることができる。

知能に特有な活動に関して言えば、知性の論理的操作は、思考とも認識とも区別されねばならない。というのも、論理的操作が発動するには、思考のように生き生きした経験も、認識のようにあらかじめ与えられた対象も、必要としないからである。論理的操作には、公理からの演繹や、個物を一般規則に包摂すること、さらに、内的に整合的な推論の連鎖を知性がいわば自分で紡ぎ出すためのさまざまな技術《テクニック》などがある。いずれも、人間の頭脳が一種の「力」を発動させる活動であって、この頭脳力は、人間と自然との物質交替から生ずる労働力と、酷似している。思考や認識と違って、論理において真価を発揮する知能は、本来は物理的な力の現象であり、それゆえ、知能テストによって正確に計測可能である。これは、体力が別の装置一式によって計測可能であるのと同様である。論理プロセスが従う法則は、自然法則であって、結局のところその法則を左右しているのは、当の法則が錨を降ろしている人間の頭脳にそなわる構造にほかならない。真に論理的ないかなるものが行使してくる強制力も、人間の思考は免れることができない――頭脳が正常に機能しているあいだは、少なくともそうである。だが、知性が思考を操るうえで用いるこの論理的な強制力は、身体が人間生活をやむにやまれぬ必要に服させるうえで用いる生理的強制力と、別物ではない。人間が本当に animal rationale つまり理性的動物であり、他の動物との違いは知能の優秀さだけだったとしたら、この知能を途方もなく高める新型の電子計算機は、実際、かの小型人造人間《ホムンクルス》であろう。事実、電子計算機の発明者は、そう見なす誘惑に駆られることも少なくない。だが本当を言えば、電子計算機が行なっていることも、機械がいつも行なっていることと、何ら変わらない。すなわち、人間の物理的力の働き、つまり人間の肉体力や頭脳力といった労働力を、代理し、強化し、改良することなのである。しかも、電子計算機がそれに沿って作動する原理は、分業という折り紙つきの原理である。分業つまり労働分割とは、複雑な作業を単純な最小構成単位に分解することであり、たとえば、掛け算をそれに含まれる足し算の操作に還元することである。分業が真に魅力的なのは、労働効率が加速されて生産力が高まるからであり、それが電子計算機の場合でも決定的に重要な要因となっている。ただし、この知能機械においては、速度が、つまり論理プロセスまたは計算プロセスの進むテンポが、途方もなく高められるために、加速化のための昔ながらのいわば人間的策略〔訳注7〕、たとえば足し算のプロセスをそれなりに加速させるためだけに用いられてきた掛け算は、放棄できるのである。

　このコンピュータ、つまり巨大な成長を遂げた計算機械が、現実に証明してみせているのは、せいぜい次のことでしかない。つまり、十七世紀という時代は、ホッブズを代表として、知性という推論の能力——「結果を計算に入れること」——は、人間のあらゆる能力のなかで最も人間的な最高の能力だ、と信じたが、それは正しくなかった、ということである。それともう一つは、十九世紀という時代が、労働の哲学と生の哲学をたずさえて——マルクス、ベルクソン、ニーチェを代表として——、知性を生命プロセスのたんなる機能と見なし、それゆえ、生命それ自体を知性より「高次」のものと見なしたのは、正しかったということである。近代のこうした展開には、真の誤謬がひそんでいた。今日まで幾重にも折り重なって続いているその誤謬とは、もちろん、思考や認識は、知能をそなえた生き物の動物的機能にその真の起源をもつ、と信じることであった。脳の中に錨を降ろしているこの知能プロセスは、生命が人間に押しつけてくる他の物理的プロセス、たとえば労働と消尽の不可避的プロセスとまったく同様に、どう見ても無世界的であり、つまり世界を打ち建てることができない。

　古典派経済学にはこのうえなく目立つ内的矛盾があると、しばしば注意を促されてきた。それというのも、首尾一貫した功利主義的世界観をかくも誇りとしていた、その同じ理論家たちが、じつは根本において、たんに有用なものに対してあからさまな軽蔑の念を抱いていたからである。この軽蔑の念がとりわけ露骨となったのは、存在するかぎりでの最も有用なものであるはずの純粋な消費財の生産を、彼らが二級のものとしてつねに見下していた点にある。有用性ではなく、耐久性と持続性こそ、彼らが生産性を規定するうえで現実に置き据えた尺度だったのである。これとまったく同じことになるが、彼らは、依然として制作する人の感覚で世界とその物性に定位していたのであり、労働する動物の感覚で一切の活動を生命とその必要物に関係づけたわけではなかった。なるほど、日常的な使用対象物の耐久性は、相対的であって、芸術作品という、すべての物のうちで最も世界的な物を数百年ものあいだ存続させる、かの永続性の、弱々しい反映でしかない。とはいえ、この相対的耐久性にしてもやはり、物としてのあらゆる物に帰せられる、存続し長続きするはたらき（プラトンがこれを神的なものと見なしたのは、それが不滅性に近づくからであった）の亜種なのである。ともあれ、耐久性というこの性質こそは、物のかたち、つまり世界における物の現象形態を規定しているものにほかならず、したがって、物がわれわれに美しく現われうるか、醜く現われるか、にとっての前提なのである。その場合もちろん、日常的な使用対象物にとっての本来のかたちのもつ役割は、使用から引き離された芸術品にとってのかたちの役割とは比べものにならないほど、僅かなものでしかない。使用対象物をあたかも芸術品であるかのように制作する現代芸術の試みは、無粋だと咎《とが》められても仕方ない。だが、そうした努力に宿っている核心的真実は、異論の余地なき次の実情にひそんでいる。つまり、十分長く存続しているおかげで形態やかたちとして知覚されるに至ったものは、総じてどんなものであれ、たんに機能のみならず現象にも関係してくる何らかの評価に晒されるほかない、という実情がそれである。そしてわれわれは、自分の眼をえぐり取ったり、見えるものに当てはまる尺度を故意に放棄したりするのでないかぎり、物的なものをどれも、美しいとか醜いとかその中間だとかいった観点からも評価せざるをえないのである。〔訳注8〕

およそ存在するものはすべて、現われもする。だが、おのれに固有なかたちなしには、現われようがない。それゆえ、たんに使用されることを超え出ず、その機能の彼方に存する現実存在のあり方をとることのない物など、じつは存在しない。このことが当てはまらないのは、消費財だけである。消費財が、真の物の世界に決して入って来ることがないのは、それが平らげられるべく定められており、消費されるべく用意されているからである。(それゆえ、ここでは、消費財を「美的」にするあらゆる努力は、否応なしにキッチュとなる。この場合、キッチュとは、食欲をそそる効果を「美」にもたせようとする点に本領があり、そこが、美的なものの本質に反するのである。美的なものとは、まさしく、手を伸ばして摑まえることをはねのけるものであり、完全に現われる場合でも、当該の対象物とのいかなる交渉も拒むものだからである。)物の一定のありようは、機能的なものの彼方に存しており、この一定のありようが、物の美しさであったり醜さであったりする。この一定のありようは、機能と違って、現われること一般に結びついており、したがってまた、公的世界において見てとられることと結びついている。ある対象物がそもそも物の世界にやって来るかぎり、その対象物は、目的に役立つだけのものの領域をすでに超越しており、人間に使用されることによって指図される目的系列の無限背進を、いわば独力で突破するのである。この物の世界においては、その対象物の優秀さの尺度は、もはや、たんなる有用性ではありえない。醜い机も「美しい」机とまったく同じだけ立派にその目的を満たす、などといった話ではないのである。ここで物の卓越性を決定するのは、物の外観なのだから。この外観とは、プラトン的に言えば、*eidos* つまり形相、もしくは *idea* つまり理念に、できるだけ対応し近似すること、にほかならない。エイドス、イデアとは、当の対象物を製造するとき、制作者の内的な眼に思い浮かべられ、あらかじめ立てられた像のことなのである。そしてそれは、制作プロセスが始まる前から、そのようなものとしてすでに存在し、制作プロセスが終了しても、存続し、それとそっくりに制作された対象物が使い古されたり破壊されたりして消滅したあとでも、なおそれを越えて存続する。このように、一定のありようをとって作られ、かたちや形態をそなえているものは、どれもみな、たとえ使用に供される場合でも、それが産み出されるもともとの目的であった使用者のたんなる「主観的」な欲求から、一定の仕方で逃れ、対象的なものの世界に入ってゆくのであり、その世界を決定しているのは、「客観的」な尺度なのである。この世界において、物は、使用に供されるだけでなく、人間の生がそのうちを動く物的な環境世界ならではの性質、つまりその外観を決定するのである。

人間の環境世界とは、制作する人が人間に打ち建てた物の世界である。この世界が、死すべき存在にその故郷《ふるさと》を提供するという課題を果たせるとすれば、それは、世界の永続性が、永遠に変転してやまない人間の実存の動性に屈することなく持ちこたえ、それを越えてそのつど存続するかぎりにおいてでしかない。すなわち、世界が、消費のために生産された財の純然たる機能性を超越するのみならず、使用対象物のたんなる有用性をも超越するかぎりにおいてでしかない。自然との物質交替は、人間が生きとし生けるものと共有している生物学的な生命プロセスであり、これが実現される活動が労働である。それと同様に、人間ならではの生、誕生と死とのはざまの人生に割り当てられた時間が実現される活動が、行為と言論である。行為と言論も、どのみち、それ自身束の間のはかなく移ろいやすいものである点で、生と共通している。というのも、どんなに「言葉は雄弁、行ないはあっぱれ」であっても、言葉も行ないも世界に何ら痕跡をとどめることはなく、ほんの短い一瞬が過ぎ去ってしまえば、その証拠は何一つ残らないからである。その一瞬、言葉と行ないは、そよ風、突風、嵐のごとく世界を吹き抜け、人びとの心を震わせたとはいえ。労働を軽減し労働時間を短縮するために、制作する人によって考案された機具なくしては、人生もまた、労苦と労働以外の何ものでもありえないだろう。死すべき者たちに割り当てられた地上における期間を越えて存続する世界の永続性なくしては、人類という種属など草に等しく、地上のどんな栄華も草の花に等しくなってしまうだろう。そして、制作する人の同じ制作術なくしては――ただしこの場合には、その最高水準の、最も純粋な発展のまったき栄光におけるそれ――つまり、詩人と物語作家、造形する技術と物語る技術なくしては、言論を交わし行為する人びとが産物として産み出すことのできるたった一つのこと、つまり物語は、人類の記憶に刻み込まれることが決してできなくなってしまうだろう。物語には、言論を交わし行為する人びとが登場し、ついにはそれが組み合わされて、誰かがそれを歴史として報告することができるようになる。かくして人類の記憶に刻み込まれた歴史は、人びとの住む世界の一部となる。しかるに、言論と行為が、活動的生のなかでも最高の、最も人間的な活動だとすれば、世界が死すべき人間たちにとって現実の故郷であるのは、言論と行為という、それ自体は最もはかなく最も空しい活動に、世界がたえざる滞在場所を確保してやるかぎりにおいてのみである。つまり、生命プロセスそのものにとって完全に無用であるばかりか、世界そのものや世界における一切の物を産み出すさまざまな制作術とは原理的に異なった本性をもつ、言論と行為という活動に、宿泊地を提供するのに、世界がふさわしいものとなるかぎりにおいてのみである。この点からすれば、プラトンとプロタゴラスのどちらを選ぶべきか、言いかえれば、万物の尺度であるのは人間か、それとも神か、を決定することは、ほとんど問題ではなくなる。というのも、世界にとっての尺度は、労働において告げられる、強制力ある生活の必要ではないし、世界の物の制作にとって尺度となり物をわれわれが使用するのにも尺度ともなる、手段と目的の国のうちにも見出せないということ、そのことだけは確かだからである。

第五章　行為

どんな悲しみも、それを物語にするか、それについての物語を語れば、耐えられるようになる。

イサク・ディネセン

どんな行為においても、行為者がまず第一に意図することは、自分自身の姿を明らかにすることである。これは、おのずと強いられて行為する場合でも、みずから進んで行為する場合でも同じである。いかなる行為者も、行為しているかぎり、行為することに喜びを感ずるのはそのためである。存在するものはすべておのれ自身が存在することを望むものだし、また、行為において行為者の存在はともかくも拡大されるから、行為には必然的に喜びが伴うのである。……だから、〔行為によって〕潜在的な自己が顕在化されるということがなければ、何ものも行為することはない〔訳注1〕。

ダンテ

24　行為と言論における人格の開示

人間の複数性は、行為ならびに言論の原則的条件である。複数性というこの事実は、二通りの仕方で、つまり同等性と相違性として現われる。かりに人類が同類でなかったなら、現に生きている人びとのあいだに意思疎通は存在しないだろうし、死んだ人びとを理解することもなければ、われわれの死後われわれと同類の人びとが依然として住むことになる世界のために、計画を立てるということもないだろう。その一方で、ひとは誰でも、過去、現在、未来のあらゆる他の人びとと、絶対的に異なっている。この相違性がなかったなら、意思疎通のための言語も行為も必要ないだろう。単純な記号言語と音声言語さえあれば、万人に等しくつねに同一にとどまる欲求や必要を、必要なときにおたがい知らせ合うには十分であろう。

相違性と個別性とは、同一ではない。個別性とは他性のことであり、alteritas つまり他であるというこの奇妙な特性は、存在者としてのいかなる存在者にも固有であるがゆえに、中世哲学では普遍範疇 Universalien の一つに数えられた。なるほど他性は、複数性一般の特徴であり、また次のことの根拠でもある。すなわち、何かを定義できるのは、その何かを他の何かと区別するからこそであり、あらゆる規定は、何々とは別様であるという意味での否定を含意する、ということの根拠なのである。ところで、存在者が一般に経験されるのは複数形においてのみだということを暗示する、この最も普遍的な個別性は、有機的生命の多様性において、早くも差異化をこうむる。というのも、有機的生命というのは、どんなに原始的な形態であれ、純然たる他在一般を超え出る変異と相違を示すからである。そのような有機的生命の諸形態のうちでも、さらに人間にのみ特有なのは、この相違性を能動的に表現し、自分自身を他者から区別し、場合によっては自分が他者より抜きん出ていることを示すことであり、それゆえ結局のところ、世界に何ごとか——飢えと渇き、好意や反感や恐怖——を伝達するだけでなく、そうしたどんな伝達のさいにもつねに同時に自分自身をも伝達するということ、これである。人間が他のすべての存在者と共有する個別性、ならびに、他のすべての生き物と共有する相違性は、人間にあっては、唯一無比性となる。つまり人間の複数性とは、成員の誰もがその種類からして唯一無比である、という逆説的な特性をもつ数多性にほかならない。

言論と行為は、この唯一無比性が示される活動である。語り、行為しつつ人間は、たんに相違しているだけでなく、おたがいどうし能動的に区別し合う。言論と行為は、人間存在それ自体があらわとなる様態なのである。原則的に唯一無比の存在がこのように能動的に現われてくるということは、誕生によって人間が世界に現われるのとは違って、当人自身が摑みとった何らかの率先行動《イニシアティヴ》にもとづく。だがこれは、そのために何か特別な決意が必要だという意味ではない。人間は、言論と行為なしですますことが決してできない。この不可欠性はこれはこれで、活動的生の他の活動には該当しない。なるほど、労働は、人間と自然との物質交替にとってきわめて特徴的な活動ではあるが、それにしても、万人が労働しなければならないわけではない。他人を強制して自分の代わりに働かせ、だからといって人間であることを止めなくても、いっこう構わないのである。これとまったく同じことは、制作に関しても当てはまる。物の世界を存分に利用し享受しながら、それでいて自分自身は、有用な物をたった一つでも作り出し、それを物の世界の多様性と豊富さに付け加えるということはしない、ということも大いにありうるからである。奴隷所有者にしろ、労働者を搾取する人間にしろ、あるいは寄生生活者にしろ、そういう連中の生というのは、道徳的には問題があるかもしれないが、しかし依然として、人間に特有な生き方ではある。他方、一切の言論と行為を欠いた生なるもの――そうしたものがもしあるとすれば、まじめに言ってそれは、聖書に出てくる意味でこの世の輝きと虚栄とを断念したことになる唯一の生き方であろう――は、文字通り、もはや生とは呼べず、むしろ人の一生にまで引き伸ばされた死に方というべきである。言論と行為を欠く生は、この世で人びとのあいだに現われることではもはやなく、せいぜい、はかなく消えゆく生として自分を目に付かせることでしかないからである。そういう生について、われわれの知っていることといえば、われわれ生者が、見知らぬあの世へ去った人びとについて知っていることの域を出ないだろう。

　語り、行為しつつわれわれは、人びとの世界に参入していく。この場合、世界は、そこにわれわれが生まれる以前から、現に存在していたものである。こうした参入は、第二の誕生のごときものであって、そのようにしてわれわれは、生まれたというはだかの事実を確証するのであり、出生の事実に対する責任をいわばわが身に引き受けるのである。こうした最低限の率先行動が奪いとられるということは、誰にもありえない。とはいえそれは、労働のように何らかの必然性によって押しつけられるわけではないし、成果を求める衝動や利得の見込みといった動機に促されて、われわれがいわばおびき出されるわけでもない。なるほど、われわれがその仲間に加わろうとする他の人びとがそこに居合わせていることが刺激として働くということなら、個々の場合往々にしてある。だが率先行動そのものは、他者の現前によって条件づけられてはいない。率先行動に向かう衝動はむしろ、始まりそれ自体のうちにひそんでいるように見える。つまり、われわれがこの世に生まれたという誕生の事実とともにやってきた始まりのうちに、である。われわれは、自分の率先行動にもとづいて何か新しいことをみずから始めることによって、この事実に応答する。[1] この最も根源的で最も普遍的な意味において、行為することと、何か新しいことを始めることとは、同じことなのである。いかなる能動的活動《アクティオーン》も、まずもって、何かを始動させるのであり、ラテン語の agere という意味において活動《アギーレン》するのであり、ギリシア語の *archein* という意味において、何かを始め、導くのである。人間誰しも、生まれたということを根拠として、一個の initium つまり始まりであり、この世における一個の始まりにして新参者なのである。だからこそ人間は、率先行動を摑みとり、始める人となって、新しいことを始動させる、ということができるのである。[initium] ergo ut esset, creatus est homo, ante quem nullus fuit. つまり「始まりがあらんがために、人間は造られた。彼の前には誰も存在しなかったからである」[2] と、アウグスティヌスは語った。アウグスティヌスは、彼の政治哲学に見出されるこの一文でもって、彼にときおり見られる思慮深く論駁できない独自の仕方で、ナザレのイエスの教えの根本と、古代ローマの歴史と政治の背景をなす経験とを、一挙に結びつけたのである。人間とは、誰かであるかぎり、始まりであって、この始まりは、世界の創造と決して一致しない[3]。人間の前には、何も存在しなかったわけではないが、誰もいなかった。人間の創造とは、次のようなものの開始ではない。つまり、それがはじめて創造されるや、その本質において現に存在し、発展し、持続し、はたまた消滅する、そのようなものの開始ではない。そうではなく、人間の創造とは、始めるという能力をみずから所有する存在者が、始まるということなのだ。すなわちそれは、始まりの始まりであり、もしくは始めることそれ自体の始まりなのである。人間の創造とともに、始まりという原理が、この世のただなかに出現したのである。この始まりの原理は、世界創造のさいには、いわばまだ神の手中にあり、それゆえ世界の外部にとどまっていた。ところが、人間が存在するかぎりで、世界に内在するようになったのである。もちろんこのことが言わんとしているのは結局、次のこと以外の何ものでもない。つまり、一個の誰かとして人間が創造されることは、自由が創造されることと一致するということ、これである。

始まりは、既在し生起したことのほうから見れば、まったく予想外の算定不可能な仕方で世界へと突発してくる。この突発性は、どんな始まりの本性にもひそんでいる。出来事の予測のつかなさが、どんな始まりや起源にも内属するのである。地球が発生したこと、地球上に有機的生命が発生したこと、動物の類的進化の過程が人類の発生に及んだこと、つまりは、われわれがリアルに存在していることの枠組の総体が、「無限の非蓋然性」つまり「とてもありそうにないこと」にもとづくのである。つまり少なくとも、この枠組をかつて形成するに至った原始の出来事 Ureignisse を、宇宙における物理的過程、無機物の進行プロセス、有機的生命の発展プロセスといった観点から眺めた場合、「とてもありそうにないこと」だったとしか考えられない。じつのところ、それら原始の出来事が生ずるたびに、宇宙、無機物、有機体の自動的過程は、そのつど決定的に中断されてきたのである。新しい始まりはいつも、統計的に把握可能な蓋然的事象とは矛盾する。新しい始まりとはつねに、無限に非蓋然的な、とてもありそうにないことなのだ。だからそれは、生き生きした経験においてわれわれがそれに出会うとき――この生の経験は、プロセスとして進行するという特徴をあらかじめそなえており、その進行を中断するのが、まさに新しい始まりなのだが――、奇蹟であるかのような印象をつねにわれわれに与える。新しい始まりという意味での行為の能力が人間に与えられていること、この事実が意味しうるのはそれゆえ、次のことにほかならない。つまり、新しい始まりは、いかなる予測可能性や算定可能性をも逃れるということ、個々のそういった事例においては、非蓋然的なことがそれ自体、なお一定の蓋然性をもつということ、そして、「合理的」には、すなわち算定可能なものという意味では、まったく予期されえないことが、それでもやはり期待されてよいのだということ、これである。まったく予測不可能であることをなす能力が、このように与えられていることは、これはこれで、誰もが、過去、現在、未来の誰とも異なっている、という意味での唯一無比性に、もっぱらもとづいている。だがこの場合の唯一無比性は、特定の諸性質が事実として存在することではないし、ある「個体」に含まれる既知の諸性質の組み合わせが唯一無比だということに対応するものでもない。そうではなく、各人の唯一無比性はむしろ、すべての人間的共存を基礎づけている出生性という事実にもとづく。この誕生性のおかげで、人間は誰しも、唯一無比の新しさの存在として、かつてこの世に現われたのである。誕生という事実とともに与えられたこの唯一無比性ゆえに、人間一人一人のうちに、神の創造の業がふたたび反復され、確証されるかのごとくである。人間が誰であるかは、一人一人の新しい人間において唯一無比の仕方で世界にやってくる。この誰かを規定しようと欲しても、せいぜい言えるのは、当人に関するかぎり、その誕生の前には「誰もいなかった」ということのみである。行為とは、新しい始まりとして、誰かの誕生に応答するものであり、各個人において、生まれたという事実を現実化する。これに対し、言論とは、あらかじめこの誕生のうちに与えられていた絶対的な相違性に、応答するものであり、人間ならではの複数性を現実化する。しかも、この複数性の本質は、唯一無比の相違性をもった存在者が、誕生という始まりから死という終わりまで、つねに同等の者たちに囲まれて存在しているということ、この点に存する。

行為と言論は、非常に密接な間柄にある。なぜというに、唯一無比の存在者が数多くいるなかで自分と同等の者たちのあいだを動くのが、人間ならではの状況というものだが、行為がこの状況に応答しうるのは、ひとえに、どんな新参者にも自然と向けられる「きみは誰か」という問いに、すでに答えを擁する場合のみだからである。とはいえ、ある人が誰であるかについての解明を、明示的ではないにしろ与えるのは、言葉と行ないの両方である。とはいえ、言論と始めることの結びつきよりも、行為と始めることの結びつきのほうが、いっそう緊密であるのと同様に、行ないよりも、言葉のほうが、ある人が誰であるかについての解明を与えるのに、いっそう適しているのは明らかである。[4] 語りを伴わなければ、行ないはその開示性格の大部分を失って、「理解不可能」となってしまう。そのような無言の行ないの目的とは、理解不可能性によって打撃を与えるとか、あるいはこう言ってもいいと思うが、事実をそっくり作り上げることによってあらゆる意思疎通可能性を妨害してしまうとか、概してそういったことなのである。そういったものとしてはもちろん無言の行ないも理解可能なのであって、むしろ語りや言論を拒否しているゆえにこそ、そういう理解が可能となるのである。それがまさしく見せかけのだんまりだということなら、われわれにも理解できるからである。もっと言うと、原理的に言葉なき行為なるものがほんとうにあるとしたら、その結果として生じる行ないは、行為する主体を、つまり行為者自身を、喪失したかのごとくであろう。その場合、事を為しているのは、行為する人びとではなく、ロボットだということになるし、そういう没主体的な行ないは、人間には原理的にいつまでも理解できないにちがいない。厳密にいえば、言葉なき行為など、そもそも存在しない。なぜなら、それは行為者なき行為ということになってしまうからである。「話をさせれば雄弁で、いざ事を為すときにはあっぱれで」とホメロスも歌っているように、言論と行為とは相互に連関している。なぜなら、言葉を語る主体―― *mythōn te rhētēr* ――が、行ないを為す主体を同時にあらわにする、ということがなかったなら、行ないを為す真の主体―― *prēktēr te ergōn* ――など存在しないだろうからである（『イリアス』

第九歌四四五行）。行ないは、発せられた言葉によってはじめて、一定の意義連関のうちにおさまるのだが、しかしその場合、言論の果たす機能は、為されたことを説明することなどではない。そうではなく、言葉はむしろ、行為者が誰であるかを確認させてくれるのであり、その人が行為する当人だということ、すなわち他の行ないや決意を引き合いに出し、自分がさらに何を為そうと意図しているかを言うことのできる人だということ、を告げ知らせるのである。

行為ほど、言葉を必要とする人間の活動はない。言葉は、他のすべての活動にとっては副次的な役割しか果たさない。言葉は、たんに情報伝達に役立つだけであり、せいぜい黙っていても行なわれる業務の進捗に随伴するにすぎない。なるほど、言語は、平均すると、情報伝達という目的にとってじつに適切な手段である。だが、そのような手段としては、記号言語によっても代替可能であろうし、記号言語のほうが目的に見合っていそうである。数学やその他の諸科学においては、また特定の集団労働にあっても、そうした記号言語が使われるようになってきている。しかも理由は単純で、自然言語が情報伝達という目的にとってあまりに回りくどいことは折り紙つきだからである。では、自然言語はどうしてそんなに回りくどいのか。その理由は、自然言語においてともに語っている人格にある。同じ意味でこうも言えるだろう。行為の能力は、自衛という目的にとって、また特定の利害を追求するために、じつに適切な手段ではあるが、しかし、行為によって特定の目的を達成すること以上の何も賭けられていないのであれば、そうした目的は、無言の暴力手段の助けを借りたほうが、よほど優秀かつ迅速に達成されうるであろうことは、明らかだ、と。たんなる効用の観点からすれば、行為は、暴力行使の代替物にすぎず、しかも暴力行使はつねに行為より効果的だという折り紙つきなのである。これは、言論が、たんなる情報伝達の観点からすれば、記号言語が発明されていないかぎりにおいてのみ、当座はそれでしのぐ応急手段のようなものであるのと同様である。

行為し語りつつ人間は、自分が誰であるかをそのつどあらわにし、自分という存在が人格として唯一無比であることを能動的に示す。かくして人間は、いわば、それまでは自分が姿を見せることのなかった世界という舞台に、登場するのである。すなわち、それまでは、自分自身の関与なしに、自分の肉体の比類なき容姿と、それに劣らず比類なき音声だけが、登場したにすぎなかった、その舞台にである。ある人が何であるか、つまり性質、天分、才能、欠点などは、われわれの所有物であって、それゆえ少なくとも、それを見せたり隠したりすることがわれわれの自由になる程度には、われわれの手中にありコントロールできる。これと違って、ある人が真に人格としてそのつど誰であるかは、われわれのコントロールから逃れてしまう。なぜならそれは、われわれの言葉と行ないすべてのうちに何気なく、ともにおのずからあらわとなるからである。この誰であるかを押し隠し、世間の耳目から逃れることができるのは、おそらく、完全な沈黙と完璧な受動性のみであろう。しかし、ひとたびそれが公然と現われてしまえば、この世のどんな意図によってであれ、自分が誰であるかを自在に操るなどありえない。それどころか、むしろはるかにありそうなのは、この誰かが、世間からすると誤解の余地なく一義的に現われるにもかかわらず、現われている本人にはつねに隠されたままである、という事態のほうである。あたかもそれは、古代ギリシア人のかの *daimōn* のごとくなのである。ダイモーンとは、なるほど人間に一生ついてまわるが、いつも当人の肩越しに背後から姿を覗かせるだけで、それゆえ、当人が出会う周りの人びとには判然と見えるのに、その人自身にだけは決して見えない、そういった各人の守護神のことを意味していた。

言論と行為には、語られたことや為されたことを超えて、発話者であり行為者である当人をありありと現われさせる性質がある。だが、言論と行為のこの開示的性質がそもそも力を発揮するのは、人びとが相互共存的に語り、活動するときのみである。つまり、相互に犠牲になっているときでも、相互に敵対しているときでもない。善意の活動は、ときとして行為する力に非常に富んでいるが、その無私の精神の前では、世間は、相互犠牲の様態において現われるにすぎず、いわば各人が各人の前で身を隠している。逆に、他の人びとに敵対してなされる犯罪行為は、その他の人びとを前にして身を隠さざるをえない。この善行と犯罪のどちらも、そのつどの誰か、つまり行為と言論の主体を、開示するというリスクを冒すことはありえない。しかも、その理由の一つは、言論と行為において何気なく自分自身をともにあらわにするとき、自分があらわにしているのはそもそも誰であるのか、誰にも分からないからである。一個の誰かとして相互共存においてありありと現われるというこのリスクを、みずから引き受けることができるのは、この相互共存のうちで将来的にも生きていく心積もりのある者のみである。言いかえれば、自分と同等の人びとのあいだで相互共存のうちを動き、自分が誰であるかをあえて開示し、かつ、誕生によって新参者としてこの世にやってきた者がもともと有しているよそ者性を放棄するという、そういう心積もりのある者のみなのである。他方、この根源的異他性の放棄は、善行の人の相互犠牲にも犯罪者の相互敵対にも、果たしえないものである。善のもつ行為する力は、犯罪のそれと同じく、何らかの距離から生ずるが、この距離のうちにしっかり保たれるのが、根源的異他性だからである。根源的異他性とは、誕生によってこの世にやってきたという事実がもともとはらんでいるよそよそしさのことである。この異他性が、善行の場合には自己犠牲というかたちで、犯罪の場合には絶対的我欲というかたちで、それぞれ現実化されるという違いはあるが、目下の文脈には無関係である。相互共存の観点からすれば、善行と犯罪のどちらの場合でも、見捨てられた状態 Verlassenheit という現象こそ、問題の中心なのであり、この現象は、いわば人間事象の領域の周縁にしか現われようがない。少なくとも、人間事象の領域が破壊されるべきでないとすればそうである。政治的なもののこの周縁現象が、政治において歴史的に影響を及ぼすようになるのは、没落、頽廃、政治的腐敗の時代だけである。そのような時代には、人間事象の領域は、暗闇に覆われてしまい、名声を築くまばゆく明るい輝きを失う。そういった栄光を有するにふさわしいのは、人びとの相互共存において構成される公的なもののみである。また、行為と言論が、十全に展開されるべきだとすれば、すなわち、為されたことや語られたことばかりでなく、行為者にして発話者である当人をともに現われさせるべきだとすれば、栄光は、どうしても欠くことができない。公的光の夕暮れ状態にあっては、ある人が誰であるかは、もはや誰にも分からなくなり、人びとは、この世にいるわが身をよそよそしく感じるだけでなく、お互い同士よそよそしく感じ合うようになる。そしてまた、よそよそしく見捨てられているという気分が基調となる時代には、人間のあいだでの異分子、つまり聖人と犯罪者が、好機をつかむのである。

行為は、当の人格が誰であるかを、ともに開示するのだが、この性質を欠くや、対象に拘束された他の業績と同じように、一種の業績と化してしまう。じっさいその場合、行為はあっさり、目的のための手段となることがある。ちょうど、制作が対象を産み出す手段であるように。こうした事態に陥るのはつねに、本来的な相互共存が破壊されてしまうか、一時的に後退するかして、もっぱら人びとが相互犠牲的もしくは相互敵対的な態度をとって活動するほかないような場合である。たとえば、戦争の場合がそれであり、そのとき行為は、特定の暴力手段を調達し行使することにより、自分たちに有利かつ敵に不利なようにあらかじめ立てられた一定の目標を達成することしか意味しなくなる。このような事例に、人類の歴史は事欠かないがゆえに、戦争の歴史こそ歴史的なもの一般の真髄にほかならない、と長らく信じられてきたほどであった。戦争においては、言論はじっさい、「たんなる空談」、すなわち目的達成のための他と並ぶ一手段である。この手段が、敵を欺くために用いられるにせよ、自国のプロパガンダにみずから酔い痴れるために用いられるにせよ、そうである。語りは、ここではたんなる空談に堕す。なぜなら、語りはここでは何ごとも開示せず、それゆえ言論本来の意味に真っ向から矛盾するからである。他方、武力を行使する行為は、それがたとえ本来的であったとしても、その勝負の分かれ目は何といっても武力に存するのだから、行為者自身の比類なき人格同一性は当の行為においてもはやいかなる役割も果たさないというふうにして、その戦闘行為は遂行される。いずれにせよ、近代戦では、勝利または敗北が、プラスまたはマイナスの業績だということになる。そして、戦争の勝ち敗けは、他の業績がそうであるのに優るとも劣らず、勝者と負者のあり方に関して何ごとも語らないのである。

こういった場合に行為から失われてしまったものこそ、行為をして、真の意味で生産的な一切の制作活動を超出させる、当の性質にほかならない。生産的な制作活動といっても、使用対象物のごく単純な製造から、思考の変容としての芸術作品の創造まで、さまざまであるが、この活動によってあらわにされるのが、完成された対象物に現われるかぎりのものにかぎられる、という点では共通である。つまり、制作は本性上、制作プロセスの終了後に誰の目にも判然とそこに横たわっているより以上のものを現わすことは、決してめざさない。ところが、行為が匿名性のままにとどまるなら、つまり、行為者が名乗りをあげることができなければ、その行ないは無意味であり、忘却の淵に沈んでしまう。その人についての物語を語ることのできそうな主人公など、そこには誰もいない。これに対し、芸術作品の場合は、作者の名前が分かっているといないとにかかわらず、作品のまったき意義は保たれる。第一次世界大戦後、どの国にも「無名戦士」の顕彰碑が建てられたが、これこそは、四年間にわたる大量殺戮の犠牲者となりながらついにその名をあきらかにされることのなかった人びとが誰であったか、を見出さないではいられないという、あらゆる方面からの欲求がなお存在していたことを、雄弁に物語る証拠である。「無名の人びと」の顕彰碑が成立したのは、かくも途方もない出来事が、真に言葉通りの意味で「誰でも《ニー》ない誰か《マント》」によって意志され、繰り広げられたという事実を、甘受せざるをえない苛立ちから来ている。その憤懣やるかたない思いは、非常によく分かる。この顕彰碑により鎮魂の祈りを捧げられたのは、おびただしい量の人間が投入されたにもかかわらず無名のまま死んでいった、すべての戦没者たちであった。無名のまま死んでいったからといって、彼らのあげた業績が、それで損なわれたということはない。しかし、行為主体としての彼らの人間的尊厳なら、たしかに奪われたのである[5][訳注2]。

25 人間事象の関係の網の目と、そこで演じられる物語

ある人が誰であるか、その取り違えようのない比類のなさは、言論と行為において、手にとるように分かりやすくあらわとなる。なのに、それを一義的に言語化しようとどんなに試みても、うまくいかない。われわれは、ある人が誰であるか述べようと試みるやいなや、その人の性質を記述し始めるが、その性質とは、その人が他の人びとと共有するものであって、その人にだけ比類なく属しているものではない。おのずと明らかなように、誰であるかを記述する一手段としてわれわれが言語を用いようとしても、言語は言うことを聞かず、何であるかに依りかかったままであり、結局、性格のタイプを言い立てるのが関の山である。性格のタイプというのは、人格とはおよそ別物であって、むしろその背後に、本来の人格的なものは断固として隠されてしまう。それゆえ、性格とは、相互共存において現われてしまうというリスクを少なくすべくわれわれの身につける仮面だ、と言いたくなるほどである――あたかもわれわれは、保護被膜のようなものを挿入することで、他の誰でもない自分自身の存在のびっくりするほどの一義性をぼかそうとするかのようである。

このように言語が言うことを聞かないことと、きわめて密接に連関しているのは、人間の本質を定義することの不可能性であり、こちらは哲学にあまりにも周知の事柄である。そのような定義はすべて、人間とは何か、他の生き物と比較して人間にはいかなる性質を帰すべきか、を規定し解釈することにつねに帰着する。ところが、人間存在の differentia specifica つまり種差とは、まさしく次の点に存する。つまり、人間とは一個の誰かであって、この誰かであることを定義できないのはなぜかといえば、この誰かであることは、比較を絶しており、誰かである以上、他の仕方で誰かであることと対比させることはできないからだということ、この点に存するのである。だが、哲学上のこの難問《アポリア》は別としても、言論と行為がなされるさいたえずおのれを現わす人格の生き生きした本

質を前にしては、言語がこのように言うことを聞かないということは、われわれがまずもって行為し言論をなす者として動く場である人間事象の領域全体にとって、非常に大きな意味合いをもつ。というのも、本質的にわれわれが自由に扱うことができ、それに名前を付けることで意のままにできる物件と同じように、人間事象をそのつど取り扱おうとしても、言語が言うことを聞かないために、そういう可能性は原理的に排除されているからである。ある人が誰であるかがあらわになるその仕方は、残念ながら、古代ギリシアの神託の言葉が告げるのをつねとしていた開示の仕方に、厄介なほど似通っている。神託の言葉の当てにならなさと曖昧さは、じつに悪名高かった。その流儀たるや、ヘラクレイトス曰く、アポロン神の言葉は、*oute legei oute kruptei alla sēmainei* つまり「語ることも隠すこともせず、ただ示すのみ」[6]といった具合なのである。誰であるかは、そのように曖昧で言い当てがたい不確かさにおいておのれを現わす。そのことが、あらゆる政治の不確かさを制約するのみならず、媒介し安定化させ客観化する媒質たる物世界の彼方に、人びとの相互共存においてじかに遂行されるあらゆる事象の不確かさを、制約するのである[7]。

人びとの相互共存にまつわりつき、人間相互の交際を特有の仕方で困難にすると同時に豊かにする解消不可能な難問は、数多い。言語が言うことを聞かず、誰であるかが名状しがたいことは、そうした難問の一つにすぎない。だが、これからさらに論じてゆかねばならないその他の難問の場合、本質的には、制作や認識ひいては労働といった信頼性と生産性のはるかに高い人間の活動と比較して、はじめて生ずる。これに対し、今ここで問題となっている名状しがたさというのは、行為自体から直接に生じるのであって、一切の比較なしに事柄の本性からしてわれわれが行為に寄せる行為自身の志向や期待を裏切るものである。名状しがたさは、ほかでもない、それなくしては行為と言論の種別的意義が失なわれてしまう、人格の開示に関わるのである。

行為と言論は、人間としての人間同士の間に存する領域のうちを動く。行為と言論は、それがじかに宛てられる共同世界において、そのつど行為し言論をなす人びとを現われさせ、担ぎ出す。その共同世界の真の内実が完全に「客観的」であるときでも、つまり世界に係わりをもつ物が問題であるときでも、そうである。というのも、世界とは、人間がそのうちを動き、そのうちで客観的‐世界的なそのつどの関心を追求する、間《あいだ》の空間 Zwischenraum だからである。この場合の関心 Interesse とは、語源から言って、inter-esse つまり間に横たわっており、人間を相互に結びつけると同時に相互に分かつ関係を作り出すもの、という意味である。ほとんどすべての行為と言論が関わりをもつこの間の空間は、あらゆる人間集団にとってそのつど異なっている。それゆえわれわれはたいてい、何かについてたがいに語り合い、世界に関する歴然たる所与的事実をたがいに伝達し合うのであって、その所与的事実からすれば、われわれが何かについてそのように話し合うとき、話者であるわれわれ自身が誰であるかについても何気なく解明を与えるという事実は、二次的な意味しかもたないように見える。だが、行為し言論をなす者が誰であるかの開示は、たとえおまけ的な何気ないものであるとしても、「最も客観的」な相互共同存在も含むあらゆる相互共同存在の全体を構成する一部分なのである。それゆえあたかも、すべての相互共存における、この客観的な間の空間は、それに内属する関心とともに、それとまったく異なる間《あいだ》を、いわば生い茂らせ、それに一面覆われているかのごとくなのである。というのも、その間とは、行ないと言葉それ自体から、つまり生き生きした行為と言論から、生ずる関係システムのことであり、その関係システムにおいて人間は、そのつどの対象をなす物件を超え出て、自分をじかにおたがいぶつけ合い、相互に論じ合うからである。世界という間の空間に形づくられるこの第二の間は、摑みどころがない。なにしろそれは、物的なものから成り立っておらず、いかなる仕方であれ物化も客観化もされないからである。行為と言論の過程が、摑みどころのある結果や最終生産物をおのずからあとに残すということはない。だが、この間はその摑みどころのなさにおいて、われわれの目に見える周囲環境の物世界に劣らず、現実的なのである。この現実のことをわれわれは、人間事象の関係の網の目と名づける。そのさい「網の目」という比喩は、この現象の物理的な摑みどころのなさに見合うべく用いられている。

ところで、この人間関係の網の目は、物質的には摑みどころがないとはいえ、もちろん、世界に関して言えば歴然としており、客観的‐対象的な物世界に結びついている。これは、それこそ言語が、生きた有機体の身体的実存に結びついているのと、まったく同様である。だが、人間事象の関係の網の目と、それがしみ渡っている客観的‐対象的な世界との間柄は、たとえば、正面と建物本体との間とか、マルクス主義の用語で言う「上部構造」とそれを支えている物質的構造との間とかに存している関係とは、似ていない。政治的なものの領域を唯物論的に了解しようとする一切の試み――この手の唯物論は、マルクスの発明でもなければ、近代に特有というわけでもなく、本質的な点で政治哲学の歴史とともに古い(8)――は、根本的に誤っている。というのも、あらゆる行為と言論に内属的な、人格開示的な要因が、あっさり見逃されているからである。すなわち、人間は、もっぱら自分の関心を追求し特定の世界内的目標を見つめているときでさえ、どうしても、自己自身をその比類なき人格性において現われさせ、ともに担ぎ出すしかない、という単純な事実が見逃されているからである。このいわゆる「主観的要因」を遮断することは、人間を人間ならざる何かに変身させることを意味するであろう。人格の開示は、すべての行為に、最も目標意識的な行為にも、内在しており、動機によっても目標によってもあらかじめ決定されていない一定の帰結を、行為の成り行きにもたらす。このことを否定するとは、要するに、ありのままの現実を無視することを意味する。

人間事象が繰り広げられる領域は、人びとが共生するところ、どこにでも形づくられる何かしらの関係システムのうちに存立する。人間は、行き当たりばったりに世界のうちへ投げ入れられるのではなく、すでに存立している人間世界に生まれ出ずるのであるから、人間事象の関係の網の目は、あらゆる個々の行為と言論に先立っている。それゆえ、言論による新参者の開示も、行為のひらく新しい始まりも、すでに織り上げられている布地模様に縫い込まれる糸のごときものであり、言論や行為が網の目を変化させる具合は、その網の目の内部で触れ合う一切の生命の糸を、比類なき仕方で触発するかのごとくである。糸がようやく最後まで張りつめられたとき、

その糸はふたたび、はっきり見分けられる布地模様を生じさせる、ないしは人生の物語として物語られうるようになる。〔訳注3〕

この関係の網の目のなかでは、無数の意図や目的が、相互に対抗し合いながらひしめき合っている。そうした意図や目的を伴った関係の網の目は、行為がそもそも繰り出される以前に、すでにつねに現にそこに存在している。それゆえ、行為者が、もともと当人に思い浮かんだ目標を純然と現実化するなどといったことは、まずありえない。だが、行為とは、自分自身で作ったのではない網の目に自分自身の糸を縫いつけることに本領があるからこそ、行為は物語を当然のように産み出すのであり、それは、制作が物や対象物を当然のように作り出すのと同じである。行為の産み出す最も根源的な産物は、あらかじめ立てられた目標や目的の実現ではなく、もともと行為によってはまったく志向されていなかった物語である。この物語は、一定の目標が追求されるときに生ずるが、行為者自身にとっては、自分の行ないの瑣末な副産物のごときものとしてはじめて現われる。彼の行為のうち、最後まで世界の内に残り続けるものは、彼自身を動かした衝動ではなく、彼が引き起こした物語なのである。結局のところ、文書や記念碑に書きつけられ、使用対象物や芸術作品に見てとれるものとなり、世代間の記憶のなかで何度も繰り返し物語られ、資料らしきものならどんなものにでも対象化される、ということがありうるのは、この物語だけである。〔訳注4〕

だが、物語自体は、その生き生きした現実性においては「物」ではなく、世界を形づくる対象の在庫に加わりうるには、まずもって物化すなわち変形を蒙らねばならない。物語が扱うのは、物件でも対象物でもない。それをめぐって物語が形づくられ、それについて報告がなされる当の主題とは、「ヒーロー」である。どんなに有名で歴史上影響力の大きな作品を書いた作者であろうと、その作品以外に作者についてわれわれが何も知らなければ、結局のところ、物語のヒーローよりもわれわれに近しいとは言えない。それゆえ、物語のヒーローであると同時に物語を引き起こした本人である人物と、無類の内密な間柄にあるとはいえ、物語はそもそも、何らかの創作者の産物などではない。自分の人生を「形象化」したり、自分の人生の物語を産み出したりすることのできる人は、誰もいない。各人は、言論をなし行為しつつ人間世界に参入したとき、人生の物語をみずから始めたにもかかわらず、そうである。それゆえ、物語ることのできる物語が、行為と言論の真の「産物」であるといっても、また、この「産物」が物語性格をもつからこそ、行為し言論をなしつつ人間は人格として自分を開示し、物語の話題たる「ヒーロー」を構成するのだといっても、その物語自体には、いわば作者が欠けている。誰かが物語を始めたのであり、行為しつつ物語を演じかつ被《こうむ》ったのだが、物語を案出した者は誰もいない。

誕生から死までの人間の一生は、最終的には、始まりと終わりをもち物語ることのできる一個の物語に形づくられる。この事実は、人類の現存在においてそもそも歴史といったようなものが存在することにとっての、政治《ポリス》に先立つ前歴史的な条件である。人類の歴史、または一般に人間集団の歴史は、誕生と死という限界によっては全体としての現実存在を必ずしも仕切られてはいないから、個人を超えたそのような物語つまり歴史 Geshichte が云々されるとき、この「歴史《ゲシッヒテ》」という言葉は、じつはメタファーの意味で用いられている。というのも、人類の「歴史」の本質には、その歴史自体は、われわれに知ることのできる始まりもわれわれに経験できる終わりも持たず、それゆえ本来、物語ることのできる果てしない人間の物語を取り集め書き留めるうえの枠組以上のものではない、ということが属しているからである。しかるに、どんな人間の一生も、その人だけに固有な一個の物語を物語るのでなければならず、歴史は最終的には、人類の歴史という無限に拡張可能な一つの物語本となりうるのであり、その歴史書には無数の「ヒーロー」が存在するが、作者は一人も存在しない。そのように、各自の一生を物語ることができそれらが歴史として統合可能なのはなぜかと言えば、物語も歴史も、いわば行為の結果だからである。というのも、近代の歴史哲学のいかなる方程式でも割り切れなかった偉大なる未知が、歴史には付きまとうが、その未知が生ずるのは、なにも、ひとが歴史を全体として考察し、次のことを発見してはじめてというわけではないからである。つまり、そういう「ヒーロー」すなわち人類とは、行為することのありえない一個の抽象でしかなく、しかもそれは、どんな事情であれ、行為に必須の人格性という特質を人類に期待することなどできないからだということ、これである。同じ難問が、歴史哲学をお化けのように取り憑いており、狡智に達した自然（カント）や理性といった幽霊やら、人間を通じて行為してはおのれ自身を啓示するに至る世界精神や時代精神といった神霊やらで、歴史哲学はあふれ返っている。その難問は、政治哲学の原初にすでに見出されるが、しかしそこには決定的な違いがある。つまり、近代の歴史意識の成立以前には、哲学は、人と人との間に生ずる事象の領域全般に関して、真に責任を負うべき存在を突きとめることはできないということから、人間事象にあまりに大きな重要性をもたせるわけにはいかない、との結論を引き出した。帰責主体の同定不可能性という、人間の行為にまとわりつくこの困難を発見するためには、近代の歴史哲学は必要なかった。のみならず、逆に、近代哲学にもともとひそんでいた政治的衝動が、歴史哲学へ向かわせたのではないか、と考えたくなる。なぜなら、人類の歴史という概念を導入することによって、もともとは政治的であったこの困難を克服することができたかに見えなくもないからである。なにしろ、この困難自体は、非常に基本的な本性のものであるため、どんなに目立たない、まったく「歴史的」でない物語を物語る場合にも、この困難は現われてくる。つまりこうである。一連の出来事がたんに時間的に結びついているだけで、各々の原因はいかに偶然的で種類の異なるものであったとしても、そういう出来事の系列はどれも、やはりそれなりの連関を示すから、その結果、物語られうるものとなり、物語られうることにおいて何らかの意味連関を生み出すに足るものとなる。まさにここに、かの困難はひそんでいる。では、この意味を案出したのは誰か、と問うても、答えはつねに「誰でもない」となる。というのも、物語られた物語のヒーローにしても——事件が進行するそもそもの発端となった一義的に同定可能な行為者を、物語が指し示しているとして——、それこそ小説の作者と同じ意味で、物語やその意味の創作者と見なすわけにはどうしてもいかないからである。

それゆえ、プラトンはその政治哲学において、行為（*prattein*）から生ずる人と人の間の事象（*ta tôn anthrôpôn pragmata*）など、まじめに受け止めるに値しないのだ、むしろ、人間どうしのやることなすこと、どれも人形芝居のようなものなのだ、と主張した。その芝居において人形の糸は、見えざる手によって操られており、その手はおそらく、操り人形のように人間をもてあそんでは退屈しのぎをしている神の手だ、というのである[9]。半ば皮肉めいたこの考察においてとりわけ注目すべきは、プラトンが、近代に特異な歴史の問題はいささかも意識することなく、人間の背後で行為している未知のもの、という同じメタファーに訴えている点である。このメタファーは、じつに多種多様の変化形において――神の摂理から、アダム・スミスの言う経済的行為における「見えざる手」、自然、世界精神、マルクスの言う階級的利害関心まで――、歴史哲学の中心問題を解決するために役立ってきた。その中心問題とは、歴史は明らかに人間の行為によって生ずるのに、人間によって「作られる」のではない、という点にある。すでにプラトンは、人間の背後、目に見える出来事の舞台の背後に、人形の操り手を必要としたが、それは、あれこれの行為を「説明」して、その行為に尺度をあてがっていつでも計測し評価できるようにするためではなく、行為から生じた歴史に関して責任を負ってくれそうな誰かを見出すためであった。プラトンの言う神的人形使いと、操り人形たる人間との関係は、舞台芝居の創作者と、その芝居の登場人物との関係に似ていたが、神的人形使いという考え方には、まだ皮肉が込められていた。人間どまりのものとか、それから生ずる歴史どまりのものとかに対する、この種の超然とした皮肉は、近代になっても、時おり現われる。たとえば、カントが、歴史を支配する「慰めなきでたらめ」について語るときや、ゲーテが、一切の歴史とは誤謬と暴力のごたまぜだと説明するときは、そうである。なるほど、そこで話題となっているのは、政治史であるが、歴史には何かしら一義的意味が認められるのだと信ずる人びとは、知らず識らずのうちに、精神史や観念史に拠りどころを求める。だが、歴史というのは、出来事や事件を扱い、一個の物語として語られうるかぎり、もちろんその本質からして政治的である。ということは、歴史とは、観念や傾向や一般的、社会的な力から生ずるのではなく、まさにそれとして完全に検証可能な行為と行ないから生ずる、ということである。歴史哲学がどんなに

精神史のほうを向いて精神史ならではの解釈に至ったとしても、それでもやはり歴史哲学は、それなりの仕方で、歴史とは第一次的に政治的な性格のものだ、ということを繰り返し確証する。しかもそれは、人間の背後で糸を引いている偉大な未知の人形使いなくしては間に合わせることができない、という事実が明らかになることによってである。というのも、われわれが歴史哲学において本当に関わっている相手が、人間精神の発展史だけだとすれば、そんな黒幕など不要であるのはただちに明らかだからである。だからこそアダム・スミスも、経済生活や市場過程の分析のために「見えざる手」を必要としたのであり、そのとき彼が何を証明したのかと言えば、国民経済学もまた、ソロバン勘定をはじいたり特定の利害を代表したりすることだけに関わるのでなく、ほかでもない、行為する能力をそなえた人間に関わるのだということ、これ以上でも以下でもなかった。行為する人間は、商品市場に姿を現わすとき、みずから率先行動を起こして行為し始めるのであり、それゆえ、たんに生産者や商品所有者としてふるまうのでは決してない。

人間にとって未知な何かが、人間を導くのであって、人間によって為されたことに、物語ることのできる意味をさずけるのだ――この仮説は、行為自体において培われた経験に見合っているというよりは、むしろ、それとまったく異なる経験のほうをもともと向いていてそちらに関心を寄せている知性や思考が、行為に対して求める要求に見合っている。この要求とは、いかなる種類のものであり、その経験的由来はどこにあるのだろうか。それは、歴史の背後で糸を引く操り手という太古の仮説が、行為によって産み出される物語を、あれこれの仕方で創作された虚構の物語の意味に、解釈し変えてしまうことから、たやすく見分けられる。創作された物語においてなら、作者はじっさい、操るための糸を手中にしており、彼の作り上げた芝居を導くことができる。虚構の物語が、作者を指し示すのは、いかなる芸術作品も、およそいかなる製造対象物も、制作した誰かがその「背後」に控えていることを示唆するのと、同様である。だがこの意味では、作者は、彼の作り上げた物語にはまったく属していない。物語自体は、作者について何の情報も与えてくれない。それ以外のことなら、われわれにどんなに物語ってくれようともである。虚構の物語が存在しているという純然たる事実が、それを作り上げた創作者を示唆するばかりである。現実に起こった物語と、虚構されたにすぎない物語との違いは、後者のみが案出され、案出されたものという意味で創作されるのに対して、現実に起こった物語のほうは、案出されたり制作されたりして成立したものではない、という点にある。われわれは生あるかぎり、この現実の物語のなかに巻き込まれて生きており、そこから逃れることはできない。この物語は、目に見える作者も見えざる作者も示唆していないが、それは、そもそも創作されたものではないからである。現実の物語によって開示される唯一の誰かとは、物語のヒーローであり、あくまでヒーローのみである。ヒーローが誰であるかは、物語られうるものを媒質としてのみ、したがって事が起こったあとで、摑みやすく意味たっぷりに、おのれを現わす。この摑みやすく意味たっぷりの現われ方は、摑みどころなく束の間ではあれ、見紛うかたなく人格が行為と言論によって共同世界に現前する、その唯一無比の現われ方に対応している。ある人が誰であるか、あるいは誰であったかを、われわれが見聞することができるのは、その人自身がヒーローの物語に、つまり当人の伝記に、耳を傾けるときのみである。それ以外にわれわれが彼や、彼の書いた作品についてどんなに知識をもっていても、せいぜいそれは、彼が何であるか、あるいは何であったか、しか教えてくれない。そんなわけで、たとえば、ソクラテスは一行も書き残さなかったし、ソクラテスがどんな考えを抱いていたかは、プラトンやアリストテレスの考えほどもわれわれは教わっていないが、そのソクラテスの人格について、われわれは彼以前および彼以後のたいていの哲学者よりも、はるかに豊かなイメージをもっている。われわれはソクラテスが誰であったかを知っているが、それと同じ意味でプラトンやアリストテレスが誰であったかは知らない。なぜなら、われわれの知っているのはソクラテスの物語だからである。

物語は、ヒーローを中心としており、ヒーローの人格を暴露するが、このヒーローに、英雄的な性質は必要ない。英雄・主人公の語源であるギリシア語ヘーロースは、もともとホメロスにおいて、トロイア戦争にみずから進んで参加し、それゆえその人たちの物語が物語られることになった自由人、のことを意味するにすぎなかった。[10]われわれ現代人は、ヒーローには勇気が不可欠だと感じているが、われわれのイメージしている意味での英雄的勇気ではないものの、勇気は、行為と言論そのものにすでに属している。というのも、何らかの仕方で世界に参入し、世界のうちで自分自身の物語を始めるうえで、われわれが摑まねばならない率先行動には、勇気が必要だからである。この勇気は、必ずしも、あるいは第一次的には、為されたことに対する結果を進んで引き受ける覚悟から、生じるのではない。勇気が、それどころか一定の思い切りのよさが、まずもって必要となるのは、ある人が、自分の家の敷居を跨いで、隠れ家たる私的領域から出ていこうと決心して、自分がいったい誰であるのかを明らかにし、それゆえ自分自身を外に曝そうとするときである。この原初的な勇気なしには、行為と言論は――とともに、少なくとも古代ギリシア人にとっては、自由も――、そもそも不可能である。当の「ヒーロー」が残念ながら臆病者だということがたまたま露見したとしても、この原初的勇気のスケールが小さくなるわけではないし、むしろ大きいということさえあるだろう。

芸術作品は、ある行ないや働きを褒めたたえ、芸術作品にのみ固有な濃縮化と変容によって、非凡な事柄をそのまったき有意義性において光り輝かせる。そのような芸術作品によって物化されると、語られたことや為されたことの内実は、その真の具体的内容とあいまって、じつにさまざまな形態をとることができる。しかしながら、行為と言論に固有な、誰であるかの開示は、過程自体の生き生きした流れに分かちがたく結びついているため、もともとの過程の一種の反復においてのみ、要するに *mimēsis* つまり模倣においてのみ、演じられ「物化」されることができる。なるほど、アリストテレスは、このミメーシスこそあらゆる芸術の根本前提の一つだとしたが、その場合アリストテレス自身がじっさいに思い浮かべていた根本前提は、*drama* つまり演劇において見出されるものでしかなかった。その名の示すとおり（「ドラマ」とは、行為を表わす数多くのギリシア語の一つ *dran* の名詞形であり、われわれ現代人も演劇に期待する「筋を展開させる行為」に正確に対応している）、ドラマとは、行為に対応する芸術ジャンルであり、アリストテレスにとっては一切の芸術ジャンルを代表するものだった[11]。じっさい、演劇の舞台は、世界という舞台を模倣するのであり、演劇芸術とは、「行為する人物」の芸術なのである。だが、反復し模倣するという要素は、俳優の演技においてはじめて真価を発揮するのではなく、アリストテレスが正しく主張しているとおり、戯曲を作り上げ書き記すときにすでに働いている。ただし、演劇が読み物として受容されるとしても、あくまで二次的なものでしかありえず、楽曲と同じく、演劇がまったき意義において真価を発揮するには、上演される必要がある。上演されるときに真価を発揮するのは、この場合、ただ物語りさえすれば再現できそうな行為の筋立てというよりは、むしろ、その最も固有な媒質において俳優により直接演じられる行為する人格が、まさにかくかくであって別様ではないという、その存在の現われ方のほうである[12]。つまり、ギリシア悲劇に関して言うと、行為の筋立てのような演じられる物語のもつ一般的意味は、合唱隊によって言い表わされる。合唱隊は、何も模倣せず[13]、その言表は戯曲の純粋に抒情詩的に歌われる部分を形づくる。これに対し、行為を演ずる人格の摑みどころのない同一性は、現実の行為の模倣によってのみ披露されうる。この人格同一性は、ほかでもない、あらゆる一般化から、したがって他の媒質へのあらゆる物化と変容から、身を引いてしまうからである。それゆえ、演劇はじっさい、卓越した政治的《ポリス》芸術である。演劇においてのみ、つまり生き生きした上演の進行においてのみ、人間の生の政治的領域一般は、芸術に適するかぎりでの変容を蒙る。と同時に、演劇は、人間を共同世界との関わりにおいてもっぱら対象とする、唯一の芸術ジャンルである。

26　人間事象のもろさ

行為は、制作と違って、孤立していては、まったく不可能である。孤立状態は、好むと好まざるとにかかわらず、行為する能力を奪われている。制作が、材料を供給してくれる自然という環境と、完成品が真価を発揮できる環境世界とを、必要とするのと同じように、行為と言論は、その宛て先となる共同世界を、必要とする。制作が遂行されるのは、世界においてであり、世界のためにであって、その世界が保有している物と、制作は不断に接触を保っている。行為と言論は、人間関係の網の目のうちで遂行されるが、その人間関係の網の目はそれ自体、為され語られたことから生じたものである。行為と言論は、この人間関係の網の目と不断に接触を保たないわけにはいかない。強者は独りでいるときこそ最強なのだ、とするイメージがあるが、これは、われわれは人間事象の領域で何かを「作る」ことができる――たとえば、机や椅子を製造するのと同じように制度や法律を「創る」とか、人間を優良または劣悪に「作り変える」(14)とか――と信じ込む誤解にもとづくか、それとも、政治的行為であれ非政治的行為であれ、行為一般の意味に対する自覚的な絶望から発するか、のいずれかである。ちなみに、後者の絶望の場合、人間以外のすべての材料を扱うのと同じように人間を扱うことだっておそらくできそうだ、とのユートピア的希望をもってみずからを慰めたがる。(15)知力や体力における力量は、あらゆる制作にとって必要なものだが、行為にとってはまったく無価値であることが分かる。周知のとおり、歴史上、知的に卓越した者や強者がいかに無力であったかの実例は、無数ある。そういう強者が挫折した理由は、自分の仲間の協力と共同行為を確保することが不得手だったからである。強者の挫折の理由としては、多数者が救いがたく下劣であったからだとか、傑出して優れた人格が卑俗な凡庸さのただなかに目覚めさせずにおかないルサンチマンゆえだとか、説明されるのが普通である。こうした見方は、個々の事例では穿《うが》っているかもしれないが、事柄の核心に迫るものではない。

いかなる事柄が問題なのかをありありと思い描くためには、語源的なことを思い起こしてみてもよいだろう。近代語と違って、ギリシア語もラテン語も、われわれが「行為する」と呼んでいるものを表わす、二つのまったく異なる、しかし一定の連関にある単語をもっていた。*archein*（始める、先導する、そして最終的には、命令し支配する）と、*prattein*（何かを終わらせる、達成する、完成させる）という、ギリシア語の二つの単語に対応するラテン語が、**agere**（始動する、先導する）と、**gerere**（担う、が原義で、次いで、*prattein* と同様に、実行する、促進する、遂行する、という意味をおびるに至った）である。[16] それゆえ、ギリシア語でもラテン語でも、行為は、明らかに相異なる二つの部分、ないしは段階に分かれる。つまり、まず何かが始められ、始動される。これは、先導する一個人による。これに続いて、いわばその人を助けに多くの人が急いでやってきて、その結果、始められたことを、さらにいっそう促進し、完成させる。ギリシア語もラテン語も、二つの単語の内的連関がほとんど同一であるばかりか、両単語の語義変遷の近似も目立っている。どちらとも、もともと行為の第二段階のみを表わす単語であったもの——*prattein* と **gerere**——が、言語使用のうえで非常に浸透をみせていった結果、のちの時代には行為一般を表わす語として使われるようになったのに対して、始めるという意味であった単語はどちらも、少なくとも政治用語としては、まったく専門的な意味を次第次第におびるようになった。そんなわけで *archein* は、政治的にはもっぱら、支配するという意味になり、**agere** は、「始動する」よりは「指導する」という意味で使われるほうが、はるかに多くなった。

この語義変遷は、もちろん、行為上の間柄関係が現実に変化したことを伝えている。始める人、先導する人は、もとは **primus inter pares** つまり同等者の中の第一人者（ホメロスでは、王の中の王）であったが、やがて支配者となった。行為に特有なのは、遂行上の次の二面性である。つまり行為は、始められ、かつ完成されねばならない。それゆえ、始める人、指導者は、自分を助けてやり抜いてくれるはずの他者に依存しているが、始める人についてゆくこの他の人びとも、彼らなりに、始める人なしには何かを為すことができない以上、始める人に依存しているのである。行為のこの二面性は、分裂して、まったく相異なる二つの機能——命令する機能と、命令を執行する機能であり、前者は、支配者の特権に、後者は、臣下の義務になる——と化す。もともと行為それ自体に固有であった分節化によって、始める段階と完成させる段階は区別されるのだが、この分節化は、いま問題となっている機能上の分割においては、ぼやけてしまう。独りで始める一者と、共同で完成させる多数者との関係が、この分節化に適合していたが、この関係に代わって登場してくるのが、命令と執行との間柄である。この間柄において、命令する者と、服従して執行する者は、行為のいかなる局面においても、もはや相互に結びついていない。支配者かつ命令者は、あくまで独りであり、他の人びとから孤立したままであり、あたかも、始める人かつ先導する人の立場のまま、いわば永久に凍りついてしまったかのようである。その支配者もかつては、つまり、始まったことを共同で完成させることのできる他の人びとを見出す以前には、自分自身の率先行動の力以外には何も頼みにすることはできなかったのであり、そのときには始める人だったのである。だが、強者の力量を事実上なす率先行動を摑むことのできる者の力が真価を発揮するのは、この率先行動においてのみであり、率先行動において引き受けられたリスクにおいてのみであって、事実として達成された業績においてではない。なるほど、支配者かつ命令者は、成功を収めると、多数者の協力によってしか完成させることのできなかったことを、自分独りだけのものだと主張することはできよう。だが、そのことによって彼は、その協力のおかげで自分の力量が無力にならずに済んだ無数の力を、独り占めしてしまう。この独り占め的思い上がりにおいては、真の行為はもはやまったく存在しない。なぜかといえば、命令する者も、執行する者も、現実にはどちらも行為などしていないからである。そのような思い上がりにおいてこそ、強者は独りでいるときこそ最強なのだ、とする間違ったイメージが生ずるのである。

行為する者はつねに、同様に行為する他の人びとのあいだを動いている。それゆえ、行為する者が、もっぱら行為者でしかないことは決してなく、つねに同時に受苦者でもある。行為と受苦は相互に帰属し合っており、受苦とは、行為の裏面なのである。ある行為によって動き始めた物語は、つねに、当の物語によって触発される人びとが為し、被ることの物語である。そのように触発される人びとの数は、原理的には、限界をもたない。なぜなら、行為そのものは、人間の関係システムの外部に起源を有することもあるが、その行為の結果は、人間事象の無限の網の目という媒質に入り込んでゆくからであり、その媒質においては、いかなる反応も、いわば自動的に連鎖反応となり、いかなる過程も、ただちに誘因となって他の過程を引き起こすからである。行為はつねに、行為する能力を具えた存在者に向けられるから、行為は、たんなる反‐作用を呼び起こすのでは決してなく、むしろ自主独立の行為を産み出す。その産み出された行為がこれまた、他の行為者を触発するのである。特定の仲間内《うち》に限界づけられた活動や反‐動など存在しないし、どんなに制限をかけられた仲間内でさえ、為されたことの影響を、直接的な当該関係者のみに、たとえば私と君だけに、本当に安心して制限することなど不可能である。ところで、行為に際限がなくなるのは、多数者という媒質を、それゆえ狭い意味での政治的領域を、行為が動くことによってはじめてだ、というわけではない。まるで、無数の人間関係の可能性が成り立つのは、予測のつかないほど多数の人間が、彼らの関係の網の目によってバラバラにならずにまとまり、お互い影響を及ぼし合っていることによってのみだ、とでもいわんばかりに。行為に限界がないのはもっぱら、現にいる人間の数が純然と多いからだとしたら、行為が度を越えるのを矯正するには、人間の共生を小集団や最小集団のみに政治的に制限し、見渡しのきく間柄を作り上げたと希望を抱けばよい、ということになろう。疑いなく、この希望は、古代ギリシアの都市国家が住民や市民を一定数に抑え、それ以上超えてはならないとしたときに、何らかの役割を果たした。だが、数のうえでそのような制限を加えられた共生形態の歴史からも分かるとおり、関係の網の目は、そうした小国家において、むしろいっそう混乱に満ちた形態をとった。度を越えることは行為に固有なのであり、その度の越し方たるや、あたかも、その遊動空間を狭小にしようとすればするほど、それだけ強烈に作用するかのようである。ともあれ、どんなに制限を設けようと、どんな行為の結果も、あくまで予測がつかない。なぜなら、関係の網の目と、それに固有なめぐり合わせの布置は、まだしも予測がつくはずなのに、それすら、たった一語で、あるいは、わずかな身振りで、根本的に変わってしまうことがしばしばありうるからである。

　行為には、さまざまな関係を設立するという特有の能力が具わっており、また、あらかじめ与えられた制限をこじ開けたり、境界を踏み越えたりする傾向も内属している。ここから、際限のなさが生ずるのである(17)。制限や境界は、人間事象の領域において非常に重要なものだが、それによって作り出される枠組は、決して信頼できるものではない。とはいえ、その枠組の中を人びとは動くのであり、それなしには、共生は総じて不可能となってしまうだろう。にもかかわらず、往々にしてこの枠組は、十分安定したためしがないため、生まれ出ずる者たちの新しい世代が次々に殺到してその中へ参入してくる襲撃のすさまじさを、持ちこたえることができない。制度や法を用いて、われわれは人間事象の領域を何とか安定させようと繰り返し試みるが、そうした制度と法がもろいのは、人間本性の欠陥性や罪深さとは何の係わりもない。制度や法のもろさの原因は、ひとえに、新世代が次々にこの領域にどっと流れ込んでは、行ないと言葉によって自分たちの新しい始まりの真価を発揮させないではいない、という点にこそある。人間事象の領域を安定化させるものとしては、家屋敷を仕切り保護する垣根から、民族の物理的同一性を規定し柵で囲む国境、民族の政治的現実存在を規定し柵で囲む法まで、さまざまあるが、それらはすべて、いわば外からこの領域に持ち込まれてきたものである。この領域の内側で働いている活動としての行為と言論の本質には、始まりをなし関係を設立しはするものの、安定させたり境界づけたりはしない、ということが属しているからである。行為はおのずと度を越すというふうにしかありえないから、節度を保つということは、昔からずっと、古典的な政治的徳の一つであったし、傲慢《ヒュブリス》は、昔からずっと、行為する人間の陥りやすい誘惑であった。こうした事柄に関して経験を積みすぎるほど積んでいた古代ギリシア人は、そう自戒することを怠らなかった。これに対し、権力への意志とは、近代ならではの現象であって、行為からというよりはむしろ、政治的領域における近代人の無力さに由来する。しかるに、傲慢と過度は、行為であるかぎりのあらゆる行為に固有な誘惑なのである。

　政治体が成立するためには、ましてや存続するためには、境界と法がなくてはならない。そうした境界と法によって、際限のなさを、無条件的な信頼度でもって、人間事象の領域から遮断することは、なるほど不可能ではあるが、それでも、広範囲にわたって食い止めることなら、可能である。ところが、際限のなさとは別物ながらごく近しい関係にある、行為に特有な性格の場合、それを食い止めることさえ、ほとんど不可能である。すなわち、誰も自分自身の行為の結果をそのつど完全に見越すことはできない、という実情に関してはそうなのである。これは、ある行ないの帰結の潜在的可能性を算出することは、人間の頭脳にはできない、ということに起因するのではない。あたかも、その行ないが入り込む関係の網の目とは、恐ろしく複雑なチェス盤であって、その盤上では、ある一手の結果が、たとえば電子計算機の超人的「頭脳」ならば、少なくとも、未来がいくつかの選択肢の形で予測可能となる程度までは、算出可能であるとでもいった具合に、である。むしろ、結果の予測のつかなさは、行為によって不可避的に産み出される物語の進行の一部であり、その物語に固有な緊張を形づくっている。この緊張は、人生にピンと張りつめており、息つく暇も与えないほどである。この緊張なしには、人生は退屈となり、まさしく内部崩壊せざるをえないだろう。こういった緊張を持して一個の物語の結末を待ち構えているからこそ、われわれは動揺することなく未来に向かって進み、未来へ方向を定めることができるのである。そうした未来の事柄のうちで唯一確実な終わりとは、自分自身の死にほかならないと、われわれは知りすぎるほど知っているのにである。われわれは、とにかく生きているかぎり、死を目の前にしながら実存することを、持ちこたえている。すなわち、われわれが生まれたとき自分の身に宣告された死刑判決が、最終的に執行されるのをただ待つだけというふうには、われわれは決してふるまっていない。この事実は、われわれが、結末を知らされていない物語に、緊張させられながらそのつど巻き込まれているということと、関連していよう。生きることに嫌気がさすこと、taedium vitae つまり生の倦怠とは、おそらく、この緊張状態が麻痺してしまったということにほかならないだろう〔訳注5〕。

生の緊張とは、誕生とともに与えられた始まりの躍動とでも言うべきものだが、それが、死に至るまで絶え間なく持続しうるのは、なぜか。その理由は、どんな物語もその意味が完全に開示されるのは、物語が終わりに達

240

してはじめてだからであり、それゆえわれわれは、一生の間ずっと巻き込まれている物語の結末を、知らされていないからである。制作のプロセスの場合、総じて、その進行の下図はイメージやモデルによって描かれており、制作者は、自分の仕事を開始する前に、そのイメージやモデルを所有していなくてはならない。これと対照的に、行為のプロセスが——内容や性格がどんなものであれ、私的なものにおいて起きようと公的なものにおいて起きようと、その参加者が多数にせよ少数にせよ——明らかとなるのは、行為自体が終結してはじめてであり、しばしば、参加者全員が死んでからはじめてである。過去にどれほど光を投げかけようとも、未来を一義的に指し示す出来事など、存在しない。行為しつつそのつど起こる出来事のまったき意義を知らされるのは、それゆえ、行為のうちへ巻き込まれ、行為とじかに関係させられている人びとではなく、最終的に物語を見渡して物語る人びとのほうである。歴史家とは、後ろ向きの予言者だと言われることがあるが、その言い方にも一理ある。なにしろ、歴史を記述する者は、じっさい概して、彼が記述している歴史上の人物よりも、知識の点で優っているからである。行為者自身によってなされた報告や回想録は、歴史家の手にかかると、史料となり、重要性や信憑性に関して全体としてはじめて吟味されることを余儀なくされる。意図や目標や動機に関する釈明が、完全に真実ありのままに行なわれたごく少数の事例においてでも、そうである。なぜなら、そうした意図や目標や動機の本当の重要性が現われるのは、それらの属する関係の網の目の総体が、ある程度知られるようになったときにはじめてだからである。それゆえ、行為者自身によってなされた釈明の報告が、歴史を記述し物語る者の後ろ向きの視線に対して開示される歴史に、意味充実の点で匹敵するなどということは、まずありえない。物語られた歴史において呈示されることは、行為者であるかぎりの行為者には、あくまで隠されたままである。なぜなら、彼の行ないの動機は、その帰結としての歴史において最終的に作り出されることになった意義には、決して存していないからである。それゆえ、物語ることの可能な物語は、なるほど、人間の行為の一義的で分かりやすい唯一の結果ではあるが、行為者によって引き起こされた物語を物語として認識し、物語るのは誰か、といえば、当の行為

241

者ではなく、行為にはまったく関与しなかった語り手なのである。

27　行為にまつわる難問からのギリシア人の脱出法〔訳注6〕

行為の結果は予測がつかない。このことと非常に密接に関連していることがある。いかなる行為と言論も、思わず知らず、行為し語る人を担ぎ出しておきながら、そのように担ぎ出された当人は、自分自身どんな人格をさらけ出しそもそも何者であるか、知ることも予測することも絶対できないのである。誰であるかのこの捉えどころのなさを示唆しているとおぼしき、非常に古い箴言がある。何人《なんぴと》も死ぬまでは *eudaimōn* とは呼べない、という箴言がそれである。とはいえ、すでに古代ローマで“Nemo ante mortem beatus dici potest” つまり「何人も死ぬまでは至福とは言えない」というラテン語のことわざとなり、その後硬直した決まり文句に堕したこの箴言から、もともとのギリシア語の意味を聞きとるのは、われわれ現代人には容易なことではない。（古代ローマのこのことわざは、ともかくもそれなりの貢献をしたとは言えるだろう。カトリック教会が、聖人と認めた者を beatitudo つまり至福の地位に高める叙福式を執り行なうのは、その聖者が死んだあとしばらくしてからだからである。）われわれをまずもって途方に暮れさせるのは、*eudaimōn* というギリシア語からして、至福という意のラテン語 beatitudo によっても、同じく浄福を意味するドイツ語 Glückseligkeit や Wohlergehen 等によっても、翻訳不可能だという点である。エウダイモーンという語は、祝福されてある、という意味合いを響かせてはいるが、宗教的な音調は一切おびていない。この語は字義どおりには、*daimōn* つまり神霊のつつがなき情態、という意味である。ダイモーンとは、人間一人一人に生涯寄り添って離れないものであり、他人から見れば当人の紛れなき同一性を形づくるのだが、当人自身だけはそれを見てとることがないのである。[18] それゆえここで問題なのは、束の間の移ろいやすい気分、という意味での幸せではないし、時おり手に入《はい》るが人生のそれ以外の時にはまた消え失せてしまう、幸運でもない。むしろそれは、人生そのものと同じく、人間の実存のある種の恒常的な情態性 Befindlichkeit なのであり、それゆえ人生につきまとう変転に左右されることもなければ、人間によって直接影響されることもない。アリストテレスが明確に述べているように、エウダイモーンであるということと、エウダイモーンであったということは、同じことなのである。しかもそれは、アリストテレスが言うには、「よく生きる」とは、その帰するところ、「よく生きた」と同じことであり、少なくとも生が持続するかぎりはそうだ、というのと同様なのである。アリストテレスは、こうした情態性と、人格の一定の性質が変化をみせる活動や状態とを、区別している。後者、たとえば学ぶことと、学んだこととは、同一の人格が人生の別々の時点でとる二つのまったく異なった状態、を表わすのである。(19)

人格同一性を形づくるこの恒常的情態性は、目に見える形でおのずと開示されるのだが、しかしそれは行為と言論に特有の摑みどころのなさにおいてである。ところが、その恒常的情態性が、人生の物語においては、摑みどころのある、ある程度操作可能なものとして、立ち現われる。だが、この人生の物語が完成され、それゆえ潜在的可能性としては他の物と並ぶ一個の物として存在するようになるのは、当の物語が終わりに達し、その担い手が死んではじめてである。人格の本質――人間一般の自然本性でも（そんなものはわれわれにはどのみち存在しない）、個人の長所と欠点の最終総計でもなく、ある人が誰であるかの本質――が、そもそも成立し、持続し始めるのは、人生が、一個の物語以外の何も残さず消えてしまってはじめてなのである。それゆえ、ある人が、「本質的」であろうとめざすとき、言いかえれば、「不死の名声」という威光《アウラ》において持続し、時の破滅を耐え抜いて存続しうるような、一個の物語と同定可能な人格をあとに残そうとめざすとき、その人は事実、アキレウスのように、短命と早世とを選ばねばならない。華々しく打って出たあとは生き残らない人のみが、彼において確立された同一性と潜在的に可能な偉大さにとっての、異論の余地なき主人であり続けるのである。なぜなら、そういう人は、始まってしまったことの帰結と顛末から、死によって身を引くからである。というのも、その個人にとってはもうそれ以上ありえないほど華々しく打って出ることであったとしても、その活躍はしかし、人間関係の網の目においては、一つの新しい編み込みとしてしか現われないだろうからである。その編み込みが描き出すのは、せいぜい一個の新しい始まりでしかなく、完成する以前には、何千もの仕方で相貌のクルクル変わりうる一個の新しい布地模様でしかない。なぜクルクル変わるのかといえば、その布地模様は、おしまいまでその布地を織りなし続ける無数の糸に編み合わされるからである。ホメロスの歌ったアキレウスの生と早世の物語は、範例としての意義をもつ。というのも、生きている人間に自覚された *eudaimonia* つまり冥福が、たんなる仮象としてではなく開示されるのは、生命を犠牲にしてはじめてだということを、アキレウスの物語は、唯一無比の具体的な仕方でありありと伝えているからである。同じことをわれわれの言葉で表現すれば、こうなる。ひとが恒常的情態性としての幸福を確保しうるのは、ひとえに、自分自身に関して何ごとかをつねにともに開示はするが自分自身を完全にあらわにすることは決してない、といった事態が連綿と続く生を、いつまでも生きることは断念し、その代わりに、絶対的に一回かぎりで華々しく打って出、全寿命を振り絞ることで、その活躍の終わりと生の終わりを一致させることを決心する、ということによってのみだ、と。なるほど、アキレウスといえど、彼の功業の物語を伝える語り部に、つまり詩人や歌手、または歴史家に依存している。語り部なしには、アキレウスの功業はあくまで、彼の生と同じく滅び去りやすい。だが、アキレウスの場合、あたかも彼は、自分の為したことのまったき意義を、語り手自身に手渡ししたかのようであり、功業を行なった者であるばかりか、功業から生じた物語の作者でもあるかのようである。アキレウスは、そういう意味で、唯一の「ヒーロー」なのである。彼は、自分自身を肩越しに見つめ、自分のダイモーンを見てとることに挑んだかのようである。そして彼の見たものとは、勇気の化身であった。

　このように行為を、本質的なところでギリシア的なものに定位して分析してみると、著しく個人主義的なものとなる。現代のわれわれとしては、そう言いたくなる。[20] この分析は、行為において遂行される自己開示 Selbstenthüllung という現象に、他のあらゆる要素を犠牲にして固執している。自己開示は一般に行為の本来の目標ではないから、この点から見れば、為されたことの結果の予測がつかないことに、あまりに大きな意義が帰せられるということはない。行為の結果が、あらかじめ設定された目標と一致することは少ないとはいえ、かりに行為において本質的に問題なのは行為者自身の自己開示のみだとしたら、あらゆる行為が、その行為によってもともと意図されていた目標を達成することとなろう。古代ギリシアにおいて思い浮かべられていた行為の原像が、自己開示という現象によって規定されていたことは疑いない。ここから、いわゆる競技精神《アゴーン》、つまりお互い同士情熱的に競い合うということも、説明できるし、この競い合い自体が、都市国家における政治的《ポリス》なものの概念に、真の内実を与えるものであった。消極的ながらこのことが最もよく読みとれる事実がある。ギリシア人が、後代のあらゆる政治概念とは異なって、立法者の活動を、真に政治的な活動には数え入れなかった、という事実である。ギリシア人にとって、立法者とは、都市の城壁の建造者と同じであった。その仕事が一たび為され、それきりで終わってはじめて、真に政治的な生が、それに固有の活動とともに始まることができたからである。それゆえ、都市の建造者と同じく、立法者は、外国の市民を呼んで任せることができたし、当該都市の市民である必要はなかった。これに対して、*politeuesthai* の可能性、つまり、出来上がったポリスの内部でいよいよ行なわれる活動に参加する権利のほうは、その都市の市民にしか与えられなかった。法律とは、ギリシア人にとって、行為の産物ではなく、制作の産物だった。都市を取り囲み都市の物理的同一性を規定した城壁がそうであったように。行為自体が総じて開始されうる以前に、限界づけられた空間が完成し、確保されねばならなかった。次いで、その空間の内部で、行為する人びとが現われ出ることができたのである。法律とは、ポリスという公的領域たることの空間の内的構造のことであった。立法者と建築家は同じ職業カテゴリーに属していた。[21] しかるに、政治的《ポリス》なものの内実、つまり都市国家の政治的生それ自体において重要であったものは、都市でも法律でもなかったし――

アテナイではなく、アテナイ人こそポリスであった――[22]、都市、国土、法律に向けられたローマ人ならではの愛国主義は、ギリシア人には無縁だったのである。

これに対する反証であるかに見えるのが、都市建築者と立法者という人物像をプラトンとアリストテレスが政治哲学の中心に据えたことである。だがこれは、プラトンとアリストテレスが、政治的《ポリス》なもののギリシア的基礎経験を哲学的想像力によって拡張することで、創設の理念や、一切の政治的行為に持続的に伴う活動としての立法といった、政治的なものの概念へのローマ人ならではの寄与を先取りした、ということを意味するものでは決してない。実情はむしろ次の通りである。ソクラテス学派は、真に政治的なものや、ポリスの内部で行為と見なされたものに、意識的に背を向けて、ギリシア人の理解からすればまさにポリス以前的と見なされた行為に、断固として無類の注意を向けたのである。今や、立法が、考察の中心に据えられるに至る。なぜかといえば、立法の場合、議決の執行と同様、あらかじめ規定しうる終わりに達して一義的な最終生産物をあとに残す制作という形態で為されるからである[23]。ここで根本的に問題なのは、*praxis* つまり行為では決してなく、*poiēsis* つまり製造、制作である。ひとが行為を制作に変えたがるのは、制作には、並外れて優れた信頼が帰せられるからである。哲学の知恵が、ここではじめて、人間事象のもろさを取り除くための対策について思索をめぐらせた結果、最も純粋かつ最も根本的な形態における行為する能力は断念するほうがよさそうだ、との結論に至ったわけである。しかもその理由はほかでもなく、ソクラテス学派の哲学は、ポリスと抗争するなかで、あらゆる行為に付きまとう、際限のなさと結果の予測のつかなさという空しさを、かくも並外れて意識していたからであった。

行為の空しさを取り除くべくあみ出されたこの対策は、結局のところ、人間関係の実質を台無しにしてしまう。そのさまをおそらく最もよく示しているのが、政治的な事柄を論ずる文脈でアリストテレスが私的領域から採用しているあまり多くはない事例の一つ、すなわち、施しを与える人と受ける人との間に形づくられる関係である。いかなる道徳的教訓化にも見事なほど曇らされずに人間関係の実相を凝視する姿勢は、古代ギリシアに特徴的であり、古代ローマには決して見られないが、そのような曇りなき眼差しでもってアリストテレスは、まずは次のように断言する。施しを与える人は、当然のことながら、自分が助けた人を愛するのであり、それは、助けを受けた人が、助けを与えた彼自身を愛するより以上である、と。施しを与える側のこの愛をアリストテレスが自然だと感ずるのは、与える側はじっさい何かを、つまり何らかの *ergon*、いわば自分の手の仕事を、為したからであり、それにひきかえ、施しを受ける側は、何かを被るほかどうしようもないからである。詩人が自分の作った詩を愛するように、慈善家は、自分の慈善行為の結果を、それゆえ、たとえば自分が救った命を、愛する。アリストテレスが強調するように、慈善家と比較されている詩人が、自分の作った詩を熱烈に愛するのは、母親が、自分の産んだ子どもを愛するのとそっくりであり、この種の執着は、たしかによく知られている。[24] この事例が、とりわけ、説明のさいアリストテレスが引き合いに出している例解において、はっきり示しているのは、この場合、行為のイメージが、制作に特有な経験にどれほど影響されているか、それゆえ、行為者の行為の結果に対するふるまい方が、制作者の自分の手の仕事に対するふるまい方と同じに見えてしまうことが、いかに当然であるか、である。このことは、ほかならぬアリストテレスその人が、別の個所では行為と制作――*prattein* と *poiein*――の区別立てを非常に力説しているだけに、よけい著しく目立つ。[25] そのさい歴然としてくることがある。そういった理解もしくは誤解は、施しを受ける側の悪名高き忘恩という心理学的によく知られた現象を、正確に説明してくれるにせよ、そこで遂行されている行為と、その行為に固有な結果とを、ひどく台無しにし、無に帰してしまうのである。その場合、台無しにされる行為の結果とは、施しを与えることと受けることから織り合わされ、双方の関係者間に成り立ち、その後は関係者間で支配をふるうことになる間柄関係を決定する、関係の網の目のことである。ところで、立法家は、一種の *cheirotechnēs* つまり職人と呼ばれるにもかかわらず、政治的に行為する人間という人物像の代表格に祭り上げられる。そういう立法家の事例が持ち出されることが、慈善家の事例に比べて、行為を改釈して制作に変えてしまおうとするソクラテス以後の哲学の傾向を説得的に示しているとは、われわれ現代人にはなかなか感じられない。なぜかといえば、それはひとえに、公的領域に対して立法の果たす任務と役割についての、ギリシア人には自明であった先行理解を、われわれが共有していないからである。それはともかく、制作活動――つまり、ギリシア人の政治観の枠内では、立法活動――が、行為の内容に据えられうるのは、それに続く行為が、必要でも望ましくもないと想定されているからこそである。行為自体が、現実の最終成果を実らせるなどということがありうるのは、行為がおのずと産み出しうるもの――物件としては確定不可能で掴みどころがなく、いつもきわめてもろい人間関係――を、ひとが進んで断念する場合だけである。

もともと、政治において哲学が名乗りを上げる以前に、人間事象に内在するもろさを取り除く対策を作り出すと考えられたのは、ポリスの創設そのものであった。ポリスとは、ポリスの成立以前に積み重ねられていた経験に対する答えであった。ポリスは最初から最後まで、人間の共生が有意味なのは「言葉と行ないを分かち合うこと」に存するからこそであり、そのかぎりにおいてのみだ、とする根本確信に根ざしていた。(26) そのようなものである以上、ポリスには二つの課題が割り当てられていた。第一に、ポリスは、それまでは異常でまれな場合にしか実現できなかった行ないを、可能とするものだとされた。ポリス成立以前にそうするためには、男たちは、家屋敷と故郷を離れて、遠い異国で非凡なことを成し遂げるほかなかったのである。ポリスが担った課題とは、「不死の名声」を勝ちとることのできる機会を定期的に提供することであり、誰もがみずからを目立たせ、自分が比類なき相違性において誰であるかを言葉や行ないで如実に示すことのできるチャンスを組織することであった。アテナイでは、今日でもにわかに信じられないほど厖大に才能と天分が開花したし、他方でギリシアの都市国家は、それに劣らず驚くほど短命であった。この栄枯盛衰の、決定的ではないが一つの理由は、ポリスが最初から最後まで、非凡なことをうず高く積み上げることをめざすものであり、それによって日常生活の存立と進行が決定されるほどであったという、まさにこの点に存する。ポリスの第二の課題とは、これまたポリス発生以前に経験されていた行為のリスクと密接に結びついていたが、行為と言論に固有な空しさを取り除く対策を作り出すことにあった。称賛と名声に値することをかくもひたすら心がけたギリシア民族にとって、忘却ほど、耐えがたく思われるものはありえなかった。なぜなら、忘却とはまさに、為すことと為されたことを、それゆえ称賛と名声に値すると彼らが見なした唯一のものを、脅かすものだったからである。ホメロスは、最終的にギリシア全体を「教育」するほどになった詩作の政治的機能を示す輝かしい範例であったが、そればかりではなかった。トロイア戦争ほどの大事業でさえ、何百年後かに詩人がいわばたまたま現われ、歌い上げて不滅化するということがなければ、いかなる想起の痕跡もなく忘却の淵に沈んでしまうのだということを、ホメロスは銘記させる存在でもあった。ポリスの課題とは、偉大な行ないと言葉のもたらす不滅の名声が、そこに宿り、制作や詩作の技術に左右されることから行為をいわば解放するために人びとのあいだにとどまることのできるような、何らかの場所を提供することにあった。

このことは、ギリシアの都市国家を歴史的に跡づけて立証する成立史とは、もちろん何の関係もない。プラトンはおりにふれてこの成立史を、大事件が続けざまに起こったことへと還元してしまうのだが。本書の論述はもっぱら、ギリシア人自身がポリスの意味について考えていたことを辿るのみであり、この意味をわれわれは今日なお、ペリクレスの戦没者追悼演説中の有名な言葉を読み返して調べることができる。そこで言われているように、ポリスとは、陸と海を自分たちの豪胆さの檜舞台としてもつ人びとに、次のことを請け負うものであった。つまり、彼らの生と行為は無駄ではなかったこと、彼らはホメロスも他の詩人も必要としなかったこと、詩人の手を借りることなく彼らは、善行であれ悪行であれ、自分たちの成し遂げた記憶に値する偉業を語り伝える「不滅の記念碑」を、あとに残すであろうこと、これである。[27] ポリスとは、当代の驚くべき出来事が、後代に死滅しないようにと、それゆえ後代が、なるほど死すべき人間自身にとってではないが、しかし不死となるだけの価値のある人間の行ないにとっては、当代のままであり続けるようにと、配慮するものであった。言いかえれば、ポリスが人間の相互共存に刻み込んだかたちとは、次の保証を与えるものだったように思われる。つまり、死すべき者たちのあらゆる活動のなかで最も滅びやすい行為と言論が、そしてその「産物」のなかで最も短命な、行為と言論からおのずと生ずる行ないと物語が、じかに不滅性を手に入れることができるという保証を、である。ポリスの物理的な成り立ちは、都市の城壁によって、その精神的な顔立ちは、法律によって、それぞれ創始され、確立された（すなわち、ポリスの比類なき景観が、世代の移り変わりにつれて、識別できないほど変わり果ててしまうことを避けるために、であった）。そのようなポリスという組織は、本質からして、思い出の組織形態のようなものである。だが、われわれがローマ人以来、想起として理解しているものとは異なり、ポリスという思い出の組織形態においては、過去は、時間の連続的経過を貫いて時間的隔たりの意識を伴って過去として想起されるのではなく、じかに、時間的に不変のかたちをとって、永続的な現在性のうちに保たれるのである。こうした組織の枠のなかで行為する死すべき者たちは、自分たちが身をもって証しする非凡な事柄に、その事柄自体は彼ら自身よりもっと滅びやすいものながら、何かしらの現実を確保してみせたのだった。この現実は、同時代の人びとの現存によってのみ、つまり、見られ聞かれて他の人びとの前に現われ出ることによってのみ、授けられうるものである。誰もが観客であると同時に共同行為者でもあるような観客席に集うこうした「公衆」こそ、ポリスにほかならない。ポリスとは、死すべき者たちの「舞台公演」――これはふつう「公衆」の前で演じられるが、その公衆は、時間的かつ空間的な限界をもっているため、自分たちが見たものを、そこには不在であった人びとにも作り出し提供してもらえるよう、ホメロスや「他の詩人」にいわば委託する――が、こうした世界的な現実からいつしか消え去ることを、防ぐはずのものであった。

ギリシア人の言う意味での政治的《ポリス》領域は、いわば登場だけがあって退場のないそうした常設的な舞台に擬せられる。この領域は、「言葉と行ないを分かち合うこと」としての相互共存からじかに成り立つ。それゆえ行為とは、われわれの住む共通世界の公的部分と緊密な関係にあるのみならず、世界の内での公的空間を総じてはじめて産み出す活動なのである。その場合、ポリスを取り囲む都市の城壁と法的な制限は、あたかも、都市の創設以前にすでに存していた公的空間の周りに張りめぐらされているかのようである。この公的空間はしかし、境界が引かれ確定されなければ、現実において自己主張したりはしなかったであろうし、行為と言論において成立したその一瞬以上は持ちこたえることはできなかったであろう。もちろん歴史的にではないが、ありありと空想的に思い浮かべてみる比喩を通してなら、次のように言うこともできそうである。ギリシア人がトロイア戦争から帰還したのち取りかかったことは、あたかも、故郷から遠く離れたトロイアの地に不断の行為と受苦において築かれた現われの空間を、呪文で動けなくさせることで、その現実が、彼らが帰還して四散したとたん蜃気楼のように消えてなくなるのを阻止することであったかのようだ、と。

ポリスは、厳密に解するなら、地理的に場所を画定できるような都市ではない。むしろポリスとは、その住民が互いに行為し合い言論を交わし合うことから生ずるような、住民の組織構造のことなのである。ポリスの現実の空間は、こうした相互共存という本義ゆえに共生している人びとの間に存しており、彼らが現に今どこにいるかには左右されない。「君たちがどこへ行こうと、君たちこそポリスとなるのだ」――これは、国外への移住者にポリスが贈るのをつねとしたはなむけの言葉であったが、ギリシアならでは植民形態の合言葉より以上のものである。行為と言論によって確立される空間的な間《あいだ》は、いかなる故郷の土地にも結びついておらず、人の住む世界にはどこでも新しく根を下ろすことができるということも、この言葉には表現されているからである。この空間的な間は、最広義の現われの空間であり、つまり、人びとがお互い同士公然と現われることによって成立する空間である。この空間において人びとは、他の生物や無生物と同じようにたんに客体的に存在 vorhanden しているのではなく、表立って現われへと踏み出すのである。

真に政治的なこの現われの空間は、人びとが共生するところでは、つねにどこでも客体的に存在しており、それはひとえに、人間が行為する力を具え、言語を操れる存在だからだ、と考えるとすれば、それは先入見でしかない。現われの空間が現実存在しているところですら、ただ生きているだけの大多数の人びとは、現われの空間の外部を動いているのがつねである——古代では、ポリスに住んでいた奴隷や外国人、また「野蛮」な大帝国の住民がそうであり、近代が始まる以前では、労働者や職人がそうであり、現代世界では、日々の生計にのみ汲々としている勤労者もそうである。そのうえ、現われの空間に持続的に身を保つことは、誰にもできない。なぜなら、死すべき者たちの生が、他のすべての生き物と同様、まさに生き生きと存在するために必要とする隠された状態 Verborgenheit を、公的なものの眩しすぎる光は、無に帰してしまうからである。この生き生きした存在と、それに対応する生命感は、おそらく人間の身体のみならず、動物の肉体にも固有なのであろうが、現実的存在と同一ではない。人間的かつ政治的に言えば、現実 Wirklichkeit と現われ Erscheinung とは同一であり、生がそのうちでのみ現われることのできる空間の外部で遂行される生には、生命感なら欠けていないが、現実感のほうは欠けている。この現実感が人間にとって成り立つのは、世界の現実性が何らかの共同世界の現存によって保証され、その共同世界では一にして同一の世界が多種多様なパースペクティヴで現われる場合のみである。というのも、「信ずるに足るものとして万人に現われるもの」のみを、「われわれは存在と名づける」からである——*ha gar pasi dokei, taut' einai phamen*——[28]、つまり、いかなるものであれ、そのように現われることにおいて万人にとって真価を発揮しなければ、それは夢のごとく去来するのみであり、リアリティを欠くものにとどまるからである。たとえそれが、何らかの公的に歴然と見えるものよりも、どんなに親密かつ独占的にわれわれ自身のものであるとしても、である。[29]

28　現われの空間と、権力という現象

現われの空間は、どこであれ、人びとが行為し言論を交わし互いに交渉し合うところに生ずる。そうである以

上、現われの空間は、現われの空間がそのつど形成され組織化される明確な国家創設や国家形態のすべてに、先立つ。さまざまな仕方で境界を仕切ってわれわれが制作することのできる他の空間と、どこが異なるのかと言えば、現われの空間の場合、それが生じた過程が現実に活動している状態 Aktualität 以上には長続きせず、消失し、いわば無に帰してしまう点である。しかもそれは、その空間のなかを動いていた人びとが消え失せたとき――たとえば、民族の政治的実存を失う大いなる破局の場合――にはじめてではなく、その空間を生じさせた活動が消失し、停止するに至るや、もうそうなってしまうのである。人びとが集まると必ず、潜在的に現われの空間の可能性が生ずる。だがそれは、まさしく潜在的に可能というだけで、人びとが集まれば必然的に現実化されて活動するわけでも、永久に、はたまた一定期間だけ、確保されるわけでもない。強大な帝国や偉大な文明でも、これといった外的誘因もなく衰退したり消滅したりすることがある――外的誘因にしてもたいていは、目立たない内的衰退によって不可解な仕方で準備されており、その内的衰退が未知の災厄をまさしく招来するように見える――が、そのような諸文化の興亡は、公的領域のこの特徴と連関している。公的領域は、行為し言論を交わす人びとの相互共存にもとづくため、この領域は、一見どんなに安定しているかに見える間柄のもとでも、潜在的可能性という性格を決して失うことはない。〔訳注7〕

政治体をバラバラにならないよう保つものは、潜在的可能性としてのそのつどの権力であり、政治体の破滅を招くものは、権力の喪失であり、最終的には無力である。この過程自体、摑みどころがない。なぜかといえば、暴力手段なら、貯蔵がきくし、緊急時に問題なく投入できるが、それと違って、潜在的可能性としての権力はそもそも、現実化されているその度合においてしか存在しないからである。権力が現実化されず、緊急時に引っぱり出すことのできる何かとして扱われているところでは、権力は破滅する。じっさい、物質的な豊かさを誇る国でも、それでもって権力の喪失を相殺することはできないし、歴史はその教訓に満ちている。現実化された権力につねにわれわれが関わっているのは、次の場合である。つまり、言葉と行ないが分かちがたく結びついて現われ、それゆえ言葉が空虚でなく、行ないが暴力的におし黙っていない場合である。また、言葉が、意図を包み隠すために濫用されることなく、あれこれの現実を開示すべく語られている場合である。そして、行ないが、暴行し破壊するために濫用されることなく、新しい関係を樹立し、確保し、かくして新しいリアリティを創り出すことに用いられる場合である。

権力とは、公的領域を、つまり行為し言論を交わす者たちの間で潜在的に可能な現われの空間を、そもそも現にそこに存在させ、その現存在を維持するもののことである。権力を表わす単語そのもの――ギリシア語の *dynamis* も、ラテン語の potentia も、そこから派生した近代語も、みなそうであるし、ドイツ語で権力を表わす Macht も、「できる mögen」や「可能な möglich」に由来するのであり、「作る machen」に由来するのではない――が、権力という現象の潜在的可能性格をはっきり指し示している。権力とはつねに、潜在的に可能な力 Machtpotential なのであり、威力 Kraft や力量 Stärke のように、不変なもの、測定可能なもの、頼りになるもの、ではない。力量とは、各人が生まれつき一定の大きさだけ所有しているものであり、実際に自分のものと呼べるものである。しかるに権力は、本来、誰も所有できない。権力は、人びとが一緒に行為するとき、人びとの間に生じ、人びとがふたたび四散するやいなや、消失する。権力は、なるほど現実化されて活動するが物質化されることはできないというこの特徴を、その他のすべての潜在能力と共有しており、この特徴ゆえに、権力の現実存在は、純然たる物的要因には依存せず、驚くほど独立している。数の上では小さいが、組織化の貫かれた人間集団が、予想できぬほど長期にわたって大帝国や無数の人間を支配することもある。貧しい小民族が、豊かな大民族に対して勝利を収めることも、歴史上それほどまれではない。(この意味で、ダヴィデが巨人ゴリアテに勝利したという『旧約聖書』の物語は、重要な真実を含んでいる。だがそれは、メタファーとして比喩的意味に理解され、人間の集団間の力関係に適用される場合だけである。なるほど事情によっては、少数者の権力が、多数者の権力に優っていると立証されることはあろう。だが、弱者の力量が、それを凌ぐ強者の威力に優るということはありえない。一対一の果たし合いを制するのは、強者のほうである。ダヴィデとゴリアテの物語が示しているのは、そのような闘いでは、純然たる知能が、つまり人間の頭脳にそなわる物質的な威力が、筋肉の威力と同様に、勝敗に関与する、ということだけである。）それゆえ、物質的には絶対的に優勢な国家的暴力手段に対する民衆蜂起も、抵抗不可能なほどの権力を産み出すことがある。しかもそれは、民衆蜂起が暴力行使を自制して差し控える場合にこそ、そうなのである。逆に、暴力を行使したりすれば、どのみち負けてしまうであろう。これを称して「受動的抵抗」と呼んだりもするが、この名称は、いざという場合、皮肉抜きには使えないということを、承知しておかねばならないだろう。というのも、受動的抵抗が、その極点に達し暴力に屈しなくなったあかつきには、疑いなく、これまであみ出されたうちで最も能動的で最も有効な行為形態の一つとなるからである。しかもその理由は、ほかでもなく、勝敗の結果が決まるような闘いには、受動的抵抗は身を挺さないからである。それゆえ、受動的抵抗に立ち向かおうとすれば、原理的にそれは、組織的な大量虐殺によってでしかなく、勝者にとってそれは、〔ローマ軍を幾度も破ったが味方の死傷者が夥しく成果の上がらなかった古代ギリシアのエペイロスの王〕ピュロスの勝利のごときものである。なぜなら、何人《なんぴと》も死者を意のままに支配することなどできないのだから。

権力が生み出されるために不可欠の、純粋に物質的な唯一の条件は、人びとの共存それ自体である。相互共存さえあれば、行為の可能性を不断に開かれたものにしておくことができると言えるほどであり、そういう相互共存においてのみ、権力は生じうるのである。都市創設は、古代の都市国家を通して、西洋における政治組織の歴史全体にとって模範となってきたが、それゆえ、歴史的事実として、ヨーロッパ諸民族の類例のない権力伸張にとっての真の前提条件である。共同行為のどのみちはかない瞬間が飛ぶように過ぎ去ったとき、バラバラにならないよう人びとの集団を集団として保つもの、そして、現代のわれわれが組織と呼んでいるものこそ、権力にほかならない。しかもその権力が、これはこれで損なわれずに保たれるのは、集団が四散しないことによってである。いかなる理由にせよ、孤立を求めこの共存に参加しない者には、少なくとも知っておかねばならないことがある。自分は、権力を諦めて、無力を選んだということ、そしてそれは、彼個人の力量がどんなに大きくとも、彼がどんなにもっともな理由を持ち合わせていようとも、変わりないということ、これである。

権力が、相互共存においておのずと形成されるこうした潜在的に可能な力以上のものであったとしたら、つまり、ひとが権力を力量のように所有したり威力のように行使したりでき、たまにしか一致せず全然当てにならない多くの意志衝動や意図には左右されずに済ませられたとしたら、完璧な全能が、人間に可能なものごとの領域に存することとなろう。というのも、権力は、その本質からして、行為と同じく、際限がないからである。権力は、物質的‐身体的な限界づけというものを知らない。そのような限界づけによって、人間の肉体とそのやむにやまれぬ必要は、どんな力量にも一定の制限をかけるのだが。権力の限界は、権力自身に存するのではなく、他の権力集団が同時に現実存在することに存する。つまり、その権力自身の領域の外部に立ち、みずから権力を展開する他の人びとが客体的に存在することに存する。権力がこのように複数性によって限界づけられていることは、偶然ではない。なぜなら、じつにこの複数性こそ、もともと権力の根本前提にほかならないからである。ここから、以下の注目すべき事実も説明される。つまり、権力の分割 Machtteilung は、決して権力の低下を結果としてもたらさないこと。それどころか、権力の分割にもとづく「諸勢力」の協働は、制御し合い補正し合う権力相互の生き生きした間柄を呼び起こすこと。この間柄にあっては、そこで支配的に働く相互共存のおかげで、より以上の権力が生み出されるのであり、少なくとも、生き生きした協働が実際に問題となっているかぎりはそうであること。そのような分権システムは、互いに麻痺させ合って弱体化し、にっちもさっちも動けなくなる危険をつねに抱えているが、権力相互の生き生きした間柄にあっては、この危険は払いのけられているということ。こういった事実が説明できるのである。それゆえ、分割不可能なのは、権力ではなく、力量である。力量もやはり、他者の現実存在によって牽制されるが、それによって限界づけられ、発揮可能性に関して低下させられてしまう。個人の力量が相互共存において本領を発揮したいと願う場合は、力量は攻撃力を落とすという憂き目に遭い、多数者の権力によって打ち負かされ滅ぼされてしまう危険につねに曝される。物の制作に必要な個人の力量と、行為に必要な多数者の権力とが一致するという事態を想像できるのは、唯一神の属性としてのみである。多神教の神々は、力量の点で人間にどれほど優ろうとも、全能ではありえない。これに対応することだが、全能でありたいと望むことはすべて、傲慢《ヒュブリス》という問題はまったく措いても、つねに、複数性そのものを滅ぼしたいと望むことにならざるをえない。全能を神的なものにまで高めたとしても、しょせん複数形では現実存在しようがないのである。

人間同士の間柄のもとで、権力に匹敵しうるのは、力量ではなく——力量は、権力と対峙したとき、抵抗しようがない——、暴力に固有な威力である。事実、暴力をもってすれば、一個人が多数の人びとを強制することができる。なぜなら、暴力は、暴力手段という形で、蓄積可能だし独占可能だからである。しかるに、暴力は、権力を破壊することができるだけであり、権力の代わりを務めることはできない。政治的に言えば、暴力と権力欠如は、非常に結びつきやすい。歴史の示すとおり、そうした権力なき暴力の武装隊は、打ち上げ花火のように華々しく国中を練り歩くが、そのくせ、記念碑も物語も何一つあとに残さず、歴史のよすがとなる最小限の記憶の痕跡すら残さないまま、消えていくこともしばしばである。こうした歴史的経験が、政治理論の伝統に沈澱しては姿を見せるかぎりにおいて、暴力と無力の結合は、僭主制という国家形態と見なされる。僭主制が大昔から人びとにたえず植えつけてきた嫌悪の念は、もっぱら残酷さに因るのではまったくない。残酷さは——親切な啓蒙専制君主や僭主がえんえんと実証してきたように——、僭主制の第一の特徴ではない。僭主制が忌み嫌われるのはむしろ、無力さと空しさゆえであり、支配する側も支配される側もそれを免れないからなのである。

おそらくいっそう重要なのは、私の知るかぎりモンテスキューがはじめて手がけた発見であろう。モンテスキューは、国家形態の問題にまじめに取り組んだ最後の政治理論家であった。モンテスキューによれば、僭主制の際立った特徴は、孤立化という原理にもとづく点である。支配者は臣下から孤立し、臣下も互いに孤立しており、この相互孤立化は、相互恐怖と全面的不信が組織的に拡大していく一種のシステムによって成り立つ、という。もしそうだとすれば、僭主制という国家形態の基礎となっている人間の性質と能力は、その他の点ではいかに合法的であろうと、人間の政治的本質、つまり人間の複数性と相互共存に、真っ向から対立することになるし、僭主制はその本質からして非政治的だということになろう。僭主制は、権力の発生を盛んに阻止する。それも、政治的領域の内部すべてにわたってである。僭主制が、それに固有な孤立化の力によって当然のように生み出す無力の自明さたるや、他の国家形態が、さまざまな仕方で当然のように権力を産み出す自明さと変わらない。この理由からモンテスキューは、僭主制には、国家形態論の特別席を指定してやらなければならないと考えたのである。僭主制のみが、権力を十分生み出すことができず、それゆえ公的領域という現われの空間にそもそも身を保つことができない。逆に、僭主制は、おのれを滅ぼす萌芽を生み出す。創設とは、他のあらゆる国家形態にそれなりの安定性をもたらすものなのだが、僭主制の場合、その創設のうちには、堕落の萌芽がいち早くひそんでおり、それがやがてじわじわと強力な影響をふるうようになるのである(30)。

奇妙なことに、権力は、力量によってよりも、暴力によって滅ぼされやすい。無力は、つねに僭主制の特徴であり、僭主制において、臣下は、ともに言論を交わし行為し合うという人間の能力を奪われているが、だからといって、僭主制が、個々人の非生産性や弱さによって特徴づけられるとは全然かぎらない。僭主がそれなりに「啓蒙」されていて、自分の臣下を平和のうちに孤立させておくほどであれば、学問芸術は繁栄することがある。というのも、個人の天然天与の力量というのは、ともかくふつうは誰にも分かつことのできないものであって、権力に比べると、暴力から逃れることができるのみならず、権力によってよりも、ある意味では、暴力によって独立性を脅かされることのほうが少ないからである。個人は、暴力には多くの仕方で対処できるし、暴力に対しては英雄的にふるまったり、闘ったり、負けたりもできるし、あるいはストイックに暴力を耐え忍び、世俗を遠く離れて悟りの境地に自足することもできるからである。言いかえれば、あれこれの仕方で自分の力量や個人としての人格不可侵性を表明したり保持したりできるからである。しかるに、権力は、力量を実際に滅ぼすことがありうる。多数者の権力に対しては、個人のいかなる力量も、逆らうことができない。国家形態が本質的に権力形成体であればあるほど、したがって、とりわけ放縦な民主制の場合には、個々人がそのうちで本領を発揮することはそれだけ難しくなる。権力は腐敗する。これは事実だが、それは、強者を破滅させるべく弱者が力を合わせるときだけであり、それ以前はそうではない。「権力への意志」は、近代になって、ホッブズからニーチェまで、強者の悪徳とか美徳とかと解釈されてきたが、じつはそれは、うだつのあがらぬ弱者の、つまり嫉妬や貪欲やルサンチマンを抑えきれぬ連中の、数多い悪徳の一つなのである。権力への意志が、弱者のそうした悪徳のうちで最も危険なのは、それによってはじめて弱者の悪徳が政治的に総じて害悪をまき散らすことになるからである。

僭主制が、権力の代わりに暴力を用いようとするつねに空しい試みだとすれば、僭主制と好対照をなす衆愚制つまり愚民《モッブ》支配は、力量を権力によって埋め合わせようとするはるかに有望な試みである。この埋め合わせの試みの有効性を見積もるには、衆愚制の政治的完成形態を考察する必要などさらさらない。政党政治という名の徒党支配や、官産学のペテン的縁故組織では、持ちつ持たれつの既得権益が幅を利かせ、調子を合わせることのできないものなど存在しないが、われわれにあまりになじみ深いそういった典型的社会現象を一瞥すればもう、多数者の組織的権力が、権力ではなく各人の力量や専門能力が物を言う分野で、無能で無知な輩をまんまと前面に押し立てることに成功する様子を、思い知るには十分である。結局のところ、最良の創造的な芸術家、思想家、学者、研究者のうちの非常に多くの人たちが、暴力にみずから手を染めようとしたがるさいに示す、あの切羽詰まった覚悟の無謀さにしても、まさに現代社会が、彼ら選良の天賦の能力を内側から掘り崩し、彼らに公的に帰せられるにふさわしい地位を彼らからだまし取ろうとたえず試みている、その首尾一貫ぶりを思い描いてみれば、さもありなんと理解できる[31]。

権力が腐敗し、悪影響を及ぼすのは、隔離され孤立してのみ成就しうる制作を事とする領域のみであり、それゆえ、いわゆる文化的、精神的生活においてであって、真に政治的な領域においてではない。権力は、現われの公的空間を設立し、保持するのであり、そうである以上、権力とは、人間の手によって形づくられた対象物としての世界を、文字どおり活気づけるもの、すなわちそもそもはじめて生き生きとさせるものである。われわれの周りにある物の世界がどんなに美しくても、その世界が本来の意味を手に入れるのは、行為し言論を交わす人びとにとっての舞台をその世界がすでにしつらえているとき、つまり、人間事象と人間関係の網の目およびそこから生ずる物語が世界に織り込まれているとき、そのときにはじめてなのである。世界は、人間によって住まわれ、人間によって絶え間なく論じ合われなければ、無縁な物の一かたまり以上のものではなくなってしまうだろう。その場合、そういう物の山へと、孤立した個々人は、自分の作った対象物を抛り込むことならできようが、自分の生産物が物の世界にぴったり組み入れられるのを期待することは許されないだろう。逆に、そうしたかたちある世界を欠くと、本来の人間事象は住まいを失くしたままとなろうし、人と人の間に起こること、人間のすることなすことの一切が、遊牧部族民の生活から聞いてわれわれもよく知っているような、憂鬱な空しさの暗闇に陥ってしまうことだろう。『伝道の書』[訳注8]は、この憂鬱とそれに固有な知恵について語っているのであり、宗教に特殊な経験について語っているのではない。伝道者ソロモン曰く、「空の空、空の空、いっさいは空である。……世は去り、世は来たる。……川はみな、海に流れ入る。しかし海は満ちることがない。……先にあったことは、また後《のち》にもある。先になされたことは、また後にもなされる。日の下には新しいものはない。……前の者のことは覚えられることがない。また、来たるべき後の者のことも、後に起こる者はこれを覚えることがない」。憂鬱の知恵はこう語る。行為し言論を交わしつつ人間が現われることのできる場所としての世界への信頼が消え去ってしまったとき、こうした知恵で人間はみずからを慰めるのである。「日の下に新しいものはない」。人間が、自分の生まれたとき世界にもたらされた新しいことを、行為しつつ、新しい始まりとして世界の遊戯のうちへ投げ入れるのでないとすれば、たしかにそうである。「前の者のことは覚えられることがない」。既在のもの das Gewesene が人間の言葉において、いち早く変形され物質化され、想起されるようになっていなければ、たしかにそうである。「来たるべき後の者のことも、後に起こる者はこれを覚えることがない」。永続的な場が世界の内にすでに見出され、その場が世代交代を超えて長続きするのでなければ、たしかにそうである。そして、われわれを超えて長続きする物の世界にあるもの、それが、権力なのである。この権力によってこそ、現われの空間――人間が行為し言論を交わし合ってお互いのもとに存在するときは、いつでも一個の間《あいだ》として輝き現われるが、人間が四散してバラバラになるや、忽然とふたたび暗黒化してしまう、そういう空間――は総じて、現存在を保たれるのである。

西洋の歴史において、おそらく、権力への真正の信頼ほど、まれで短命であったものはなく、現われ輝くこと自体に権力が役立つがゆえに権力に本来固有な光輝に対してプラトン主義やキリスト教があらわにした不信ほど、強情ぶりを発揮してきたものはない。結局のところ、「権力は腐敗する」という確信ほど、近代において一般に普及したものはないのである。ともあれ、トゥキュディデス伝えるペリクレスの言葉は、人間は人間に固有な偉大さを、行為しつつ表わすことができるし、行為者として後世に伝承することもできる、との篤い信頼を示している点で、比類のないものである。あたかも、行為の生み出す *dynamis* つまり権力は、その力強さにおいて非常に完全なものであって、為されたことは、制作する人《ホモ・ファーベル》によって変身させられ物化を蒙ることなしに済ませることができ、為されたことに固有な「力動性 Dynamik」を示して永久にゆれ動くかのようである。[32] ペリクレスの演説は、どうやら、アテナイ人の内奥の確信に応答して語っているようであり、アテナイ人はアテナイ人で、どうやら、真に偉大な政治家の演説が往々にしてそうであるように、彼らがみな考えていたことがペリクレスの言葉において語り出されるのを聞いたようである。とはいえこの演説は、ポリスのこの絶頂はすでに終わりの始まりでもあったとする後ろ向きの悲しい確信でもって、つねに読まれてきたのであり、すでに古代においてさえそうであった。行為はみずからを恃みとする「力動的」な権力をそなえており、したがって政治的なもの自体、偉大で力強いものなのだ、とする純粋な信頼は、ごく短い間しか続かなかった。――哲学が、政治と、つまりポリスにおける生と、対決することを始めたとき、この信頼はすでに消失していたほどである。しかしながら、ペリクレスの時代に純然たる事実であったことは、行為に、活動的生における最高のランクを、理論的にも確保するには十分であった。同じく、かの信頼は、あらゆる人間的能力のなかで、言葉こそが、*logon echein* つまりロゴスをもつことこそが、動物的生とは異なる人間的生の種差の役目を果たしてきたという経緯に、本質的に寄与したのである。政治の真の尊厳は、近代に至ってもずっと保たれ、今日でさえ完全には色褪せていないが、それが遡示している経験は、当時、つまり西洋史の初期に、きわめて小さな空間においてわずか数十年の間に、ヨーロッパ人の記憶に忘れがたく刻印されたのである。

ペリクレスの定式化に無類の正確さで現われ、透けて見えるほど――これと並ぶほど透けて見えるのは、他にはわずかにギリシアの大詩人、ホメロス、ピンダロス、ソフォクレスの詩作のみ――であることがある。それは、為された行ないと語られた言葉の最深の意味は、成果には懸っていないということ、それどころか、この意味は、いかなる勝敗にもまったく左右されず、この世にその後もずっと存続しうるということ、それゆえ、為され語られたことは、そこから避けがたく生ずる結果にはかかわりなく、この結果の巻き添えを食らってその独自な現実存在やありうべき偉大さを奪われるようなことは決してないということ、これである。われわれは一定の状況においてかくかくの態度ふるまいをするが、その仕方を、もちろんギリシア人も、われわれ現代人と同様、特定の「道徳的尺度」にしたがって、つまり動機と意図、目標と結果に応じて、評価した。だがこれと違って、行為は、その本質からして、偉大さという基準に、もっぱら服するのである。しかも、それはなぜかといえば、並み一通りであることを押し破って並外れた異常事へと突き進む、ということがなかったとしたら、行為はそもそも成り立たないからである。この異常事にあっては、日常生活において一般に尺度として通用しているものこそ、もはや通用しなくなり、およそ生起するものはみな、独特の種類の比類なきものであるため、もはや規則のもとに包摂しようがない[33]。トゥキュディデス——ないしは、トゥキュディデスのテクストを通してわれわれに語りかけるペリクレス——は、日々の態度ふるまいの一般に通用する尺度を、行為者があっさり反故にすることに、憚《はばか》ることなく直接言及している。アテナイの栄光とは、アテナイ人が「至るところに彼らの善き行ないおよび悪しき行ないの不滅の記念碑（*mnēmeia aidia*）」を残した点に存する、と言われているのは、そういう意味なのである。政治の技術こそあらゆる技術中の最高の技術だといえるのは、「偉大さと立派な輝きを人間に授ける営為を追求すること」——*ta megala kai lampra* つまり「偉大で輝かしいこと[34]」——を、人びとに指図するからだとデモクリトスは言った。ポリスが存続し、異常なことに挑むよう人びとを促すかぎり、こうした輝きは持続するのであり、この輝きにおいて、結局のところ一切は、つまり善も悪も、相応の正しさを認められる。だが、ポリスが滅びれば、この最も束の間であると同時に最も偉大な人間事象に関する事柄も、すべて失われる。その場合、依然として残るのは、動機と目標、意図と結果である。だが、動機や意図等は、純粋であるかもしれないし素晴らしいものでさえあるかもしれないが、決して唯一無比のものではない。それらは、その他の心理学的に確定可能な諸性質と同じく、その本質からして類型的であり、一定の組み合わせをとって類型や性格として繰り返し回帰してくる。だが、偉大さは、ないしは、そのつどの行ないに唯一無比のかたちで帰される意味は、その行ないへと駆り立てる動機にも、その行ないにおいて実現されるかもしれない目標にも、存していない。行ないの意味は、ひとえに、行ないが成し遂げられるその仕方、行ないの様態自体に、もっぱら存するのである。

　生き生きした行ないと語られる言葉こそ、人間になしうる最も偉大なものだ、とする考え方が、アリストテレスの *energeia* つまり現実性概念に、理論的に言い表わされていることに気づく。エネルゲイアとは、目的を追求せず（むしろ *a-teleis* つまり無‐目的な）、自己自身のほかには何ら最終成果を（*par' autas erga* つまり自分以外の働きは何も）残さない、すべての活動に固有な、かの現実活動態Aktualitätのことである。そのまったき意義は、むしろ遂行それ自身のうちにあますところなく現われる。[35]結局のところ、この純粋な現実活動態の経験こそ、「自己目的」という逆説的概念の背後に隠れひそんでいるものにほかならない。活動の意味においてそのような自己目的であるものとは、行為と言論である。[36]行為と言論の本質には、目的を追求することはひそんでいない。そうではなく、行為と言論は、それに特有な「目的」つまり*telos*を、みずからのうちに携えており、だからこそ、*entelecheia*つまり完全現実態、と呼ばれうるのである。行為と言論の繰り広げる働きというのは、プロセス自体はそのうちで「消えてしまう」結果や最終成果などではなく、遂行それ自身のうちに存する。遂行そのものが、働きによってもたらされるものであり、言いかえれば、作品である。つまり、遂行こそエネルゲイアなのだ。[37]政治において問題となっている当のものを、アリストテレスはその政治哲学において、*ergon tou anthrōpou*つまり人間としての人間の作品と呼んだ。[38]そしてアリストテレスがさらに、この作品を、「よく生きること」（*eu zēn*）と動詞的に定義するとき、彼が言わんとしていたことは明らかである。つまり、ここで問題となっているのは、対象的に捉えられる制作されたもの、ではなく、まさに現実活動態における活動のみだ、と。アリストテレスのこの現実活動態は、目的‐手段のカテゴリーの彼岸に存しており、人間としての「人間の作品」とは、目的ではない。それと同じく、それを成し遂げる「手段」――いわゆる*aretai*つまりあれこれの「徳」――は、ひとが動員することもしないこともでき、そのため無くならずに済むような、そういった諸性質ではなく、そもそも遂行の現実活動態のうちにのみ現に存在するような「優秀さ」にほかならない。言いかえれば、この目的を達成する手段であれば、もうそれは目的なのである。またこれに対応して、この「目的」が、何か他の目的のための手段にふたたびなることはありえない。なぜなら、遂行することの現実活動態の彼岸になお達成されうるようなものなど、そもそも存在しないからである。

　哲学以前の古代ギリシアのこの経験世界において、行為と言論は、純粋な現実活動態として、権力によって設立された公的なものの明るさのうちに、現われた。またそこでは、行ないと言葉は、目に見えるものとその影のように、帰属し合って一体となっていた。そうした経験世界のかすかな残響でも聞くかのように、われわれに感じられることがある。つまり、デモクリトスとプラトンの政治哲学がともに、*technē politikē* つまり政治の技術、といったようなものが存在するのであり、しかもそれは、制作する技術ではなく実演する技術と同等に置かれねばならない、とする主張に再三再四こだわっているのを目にするときに、そう感ずる。そのさい、実演する技術の例とされたのは、医術や航海術であった。そういう技術の場合、舞踏や舞台演技の名人芸においてと同じく、「最終成果」は、それを産み出す遂行自身と、一致する。ともあれ、政治哲学において、政治ならではの活動の純粋な現実活動態を譬えるのに、まさしくこの種のメタファーが何度も繰り返し現われたのであり、このことは、二千年以上の時が流れたすえの、その歴史のなれの果てがいかなるものであったかを、客観的に査定することを可能にする尺度を与えてくれる。というのも、行為と言論とは、本質的な点で名人芸だということに、近代も、少なくとも初期段階ではまだよく気づいていたからである。アダム・スミスが、軍人、聖職者、法律家、医者を、オペラ歌手と同等に扱うとき、彼はいまだ伝統にまったく従っていた。その伝統がこれらの職業に見出す共通点とは、それらの活動が、あますところなく遂行に現われて、それゆえ行為と言論と同じく、活動的であること自身の現実活動態に存する、という点であった。古今の違いは、そうした名人芸の評価のうちに「のみ」存する。アダム・スミスは、名人芸を、最も下賤で非生産的な労働に、つまり彼の言う意味でのまったく寄生的な「家事に仕える下男下女」に、数え入れている。[40] このように近代社会はもともと、名人芸気質を、たとえば「パンに事欠く」笛吹きや舞踏や舞台演技の技術を、心底軽蔑した。ところが、古代では、まさしくそういった技術に、人間の最も偉大で最高の可能性をありありと思い浮かべるのに恰好の見本にして実例が見出される、と考えられたのである。

29 制作する人と、現われの空間

古代人が政治的なものを高く評価したのは、次の確信に根ざすものであった。つまり、人間そのものの唯一無比性は、行為と言論において現われ出て確証されるのであって、しかも、行為と言論は、束の間ではかなく物質的に摑みどころがないという特性にもかかわらず、潜在的には本性上、不滅の可能性をもつ。なぜなら、この一対の活動はおのずと人びとの心に刻まれ、思い出され想起されるからだ、との確信である[41]。それゆえ、公的領域——とにもかくにも現われ出ることができるために人びとが必要とする世界空間——は、人間の手の仕事や肉体の労働よりもいっそう種別的な意味で「人間の作品」なのである。

人間に達成しうるかぎりの最高のことは、自分自身の本質が現われ、これを活動的に実現することのうちにあるはずだ、とする考えは、決して自明なことではない。これに対抗する考えとしては、一方には、創造的な芸術家のみならず制作者なら誰しも抱いている根本確信がある。つまり、作品というのは、人間を超えて存続するばかりでなく、その創作者より以上の存在なのだ、との確信である。また他方には、生命こそ最高善だとする、労働に内在する信念もある。この両者のどちらかが生き方を決定する場合であれ、われわれが行き当たるのは、真に非政治的なすべての人間に典型的な、次のような傾向であろう。つまり、行為しともに語り合うことなど、見栄を張ってせかせか立ち回ることにすぎぬ、と決めつけたがる傾向であり、公的事柄の生存権を認めるにしても、それは、公的事柄が一般的効用に奉仕し、より高次の目的と称されるもの——たとえば、制作する人《ホモ・ファーベル》の場合、世界をより美しく、あるいはより役に立つように形づくるという目的、労働する動物《アニマル・ラボランス》の場合、生活を安楽にし寿命を長くするという目的——を促進するかぎりにおいてでしかない、としたがる傾向である。しかしだからといって、労働ばかりしている人や、制作ばかりしている人は、公的領域をすっかり放棄してしまえるかといえば、そうも言えない。というのも、現われの空間がなければ、また相互共存の仕方としての行為と言論への信頼がいささかもないとすれば、人間にとって、外界の実在性も、彼ら自身の自己同一性も、現実に存在することはいつまでもないだろうからである。人間が現実的なものを現実的なものとして経験する、その仕方によって要求されるのは、彼らが純然と与えられている自分自身の実存を、現実化することである。しかもそれは、人間が所与の実存を変えることができるからではなく、さもなければ苦しんだり耐え忍んだりするしかないものを、分節化し活動的に実現するためなのである。(42) そして、この分節化し活動的に実現することは、それ自体が純粋な現実活動態である活動、つまり行為と言論において遂行されるのである。

世界の実在性《リアリティ》をわれわれが認識し測定することのできる唯一の規準は、世界がわれわれすべてに共通だという点である。また共通感覚は、政治的資質の位階秩序のなかで非常に高い身分と威信をもつが、その理由は、共通感覚が、われわれの五感ならびに感覚的所与の根本的主観性を、客観的に共通であるがゆえにまさしく現実的なものに、はめ込み順応させる六番目の感覚だからである。共通感覚、つまり「健全な人間知性」と呼ばれる常識のおかげで――その「健全さ」は、世界の現実性格にもっぱら結びついているので、人間は、理屈をこねることによってリアルな所与を乗り越えようと試みるやいなや、自分自身の「知性」を喪失してしまう――、われわれは、感性的知覚にリアリティがそなわるかどうかを、そのつど判断する。感官による知覚は、現実一般を取り次いでいるのであり、神経刺激や抵抗感覚としてのみ記録されるのではない、という事実は、ひとえに共通感覚の賜物である。それゆえ、健全な人間知性が著しく減少し、迷信や軽信が著しく増加しているとすれば、それはつねに、一定の人間集団内で世界の共通性がはがれ落ち、世界の内で方向を定めるための器官である現実感覚が妨げられ、それゆえ人間が世界から疎外され、自己の主観性に引きこもり始めている、という事態を告げる指標なのである。

われわれに周知のこの世界疎外――現われの空間が死滅し、それに続いて、現われの空間において方向を定めるための器官である共通感覚が萎縮すること——は、もちろん、制作を営む生産者たちの社会においてよりも、労働社会においてのほうが、はるかに極端な形態をとるであろう。制作する人は、他者から自己を根本的に隔離し、見られも聞かれも確かめられもせず、自分の仕事に精を出すとはいえ、やはりある意味では物世界にあくまで結びつけられている。彼が何を製造するにしろ、その産物は、最終的には、物世界に居場所を見出すほかはない。だから、間接的な仕方にせよ、制作する人は、人びとの相互共存と、しっかり結ばれたままなのである。制作する人は、他者からは孤立しても物世界を依然として動いているが、当の物世界は、他者の現実存在と、皆に共通なものを、このうえなく判然と証拠立てている。すでに述べたように、商品市場および交換市場は、制作者たちを集めて、制作に固有な公的共通領域を呈する。すなわちこの公的領域は、生産者が自分たちの生産物を市場に運び、そこで展示することによってのみ、そもそも成立する。とはいえ、市場は、制作という活動それ自体から生ずる公的領域ではあるが、生産者が市場に集まったときに市場で行なわれる営み、すなわち売買という形態での交換になると、これはもはや、何らかの仕方で制作それ自体になお結びつけられているものでは決してなく、制作から自然な仕方で生じうるものでも決してない。むしろ売買は、実際に「商取引という行為 Handel」、すなわち、生産に主たる関心をもつ者たちが行為する handeln あり方なのである。この商品‐取引と原理的に区別されるのが、食糧供給である。食糧供給とは、純然たる消尽であり、労働プロセスから自動的に生じ、また労働プロセスに内属している。マルクスの主張によれば、経済法則は、自然法則的必然性でもって、所与の社会を規定し規整するのであり、それゆえ経済法則とは、人間によって定められるのではなく、社会的生産力の函数でしかない。マルクスのこの主張は、もっぱら労働へかり立てられた社会の経済関係には、事実として当てはまる。そういう社会では、人間の一切の活動が、人間と自然との自動的な物質交替に適応させられる以上は、そうである。だがその場合、まさに真の商品生産も、商品市場も存在しない。存在するのはせいぜい、消費財の生産と、各人が生活の必要ゆえに配当にありつかざるをえない分け前のみである。

商品市場によって公共性に集まってくる人びとは、第一次的には、人格ではなく、生産者であり、彼らが市場に運んで展示するものは、彼らの生産品であって、職人気質が健在だった中世の市場の実演生産において「目立たせられた」ような、制作者としての彼らの能力や資質ではまったくない。いわんや、当の人格ならではの誰であるか、ではない。制作者を公共性へ、つまり市場へと駆り立てる衝動は、他の人間を求める欲求ではなく、他の生産品への関心であり、この市場領域を成立させ、現に存在させ保持する力は、人びとが互いに行為し言論を交わすときに形成される潜在的に可能な力ではなく、孤立して制作するときに獲得された「交換力」（アダム・スミスの言う"the power of exchange"）の結合作用なのである。このように商品社会には人間的－人格的な接触が欠けており、マルクスは商品社会に特有なこの接触のなさを、人間の自己疎外と非人間化だとして槍玉に挙げた。商品社会を支配している商品交換の優位は、事実、人格的なものを公的領域から排除し、真に人間的なものをことごとく、家族という私的領域へ、あるいは内面的な友情関係へ追いやってしまう。現代社会が、人間的に人格的なものを私事に変え、商品取引を一種の公的事柄に変えてしまったかぎりにおいて、現代社会は、事実として、古典古代における社会的関係を正反対にひっくり返した転倒によって成り立っているのである。

真に人格的なものが、生産者社会ひいては商業社会で、価値を認められることは難しい。ある人が誰であるかが、その人が行なったことに対して当然ながら立つめぐり合わせの布置が、そうした社会によってずらされ、歪められてしまうこともしばしばである。このことを最も判然と明らかにしてくれるのは、おそらく、天才という現象であろう。近代は、ルネサンスからほぼ十九世紀末まで、この天才のうちに、人間存在の真の理想を見てとってきた。というのも、創造的な天才であることこそ人間の偉大さの真骨頂だとする考え方は、中世にも古代にも疎遠であったからである。二十世紀初頭以来、今度は、ほかでもなく有力な芸術家が驚くほど一致して、天才概念に反抗するようになった。芸術家があらゆる形態の職人気質と共有している習得可能なものに、つまり、天才の神業とは異なる名人の熟練に、拠りどころを求めようとして、である。こうした抗議は、なるほどかなりの部分、いわゆる天才の通俗化と商業化に対する反発から生じている。他方、商品社会が労働社会に変形したことに由来する部分も、たしかにある。労働社会は、もはや天才に理解を示さないが、そのわけは、創造的なものを偶像視するという、近代初期にあれほど特徴的であったことが、労働社会にはまったく縁遠いからだけでなく、いかなる偉大さの概念も、労働社会にはそもそも欠けているからでもある。偉大さの概念は、歪められた形態ではあったにしろ、ともかく天才概念の根底にはまだ存していた。目下の文脈において決定的なことだが、天才的なものが名人仕事とは異なるように思われる理由は、天才的なものが、さもなければ行為と言論の直接的表現においてしか告知されない唯一無比性と比肩不可能性の一定の要素を、吸収してしまっているからである。個々の作品の意義とはまったく関係なく、原作者たる芸術家本人の署名を、近代がまさに取り憑かれたように追い回しているさまとか、創作活動を導いた身振り手振りに至るまで、微に入り細をうがってスタイルの問題にこだわる歴史上類例のない敏感さとかによって、示されていることがある。それは、人格の唯一無比性が個人の諸性質の総計をそのつど超え出ているのと同じ仕方で、芸術家は彼自身の名人的熟練を超越している、という芸術家の位相にこそ、真の関心が向けられているということである。ここでは、かつてメルヴィルがシェイクスピアについて考察する機会に述べたことが、事実として当てはまる。すなわち、「偉大な精神の直接的産物が偉大であるといっても、いまだ開花せざる、往々にして開花しがたい、それでいておおよそは感知されうる〔精神の〕偉大さには及ばない。直接的産物は、この偉大さの紛れもなき目印の一つ以上のものではないのだ」〔訳注9〕と。作品の完成度には汲み尽くされない人格の唯一無比性の次元が、このように透けて見えることが、芸術作品を他のすべての形成物から際立たせている点なのである。芸術作品を制作の領域から超出させるように見えるこの示唆にとむ超越ゆえにこそ、天才性という現象は、人間の作品は人間自身より以上のより偉大なものなのだとする制作する人の根本確信にとっての最高の確証となったのである。

ところで、近代は天才に偶像崇拝的な畏敬をささげてきたとしばしば語られるが、その畏敬の正当に見える点でさえ、次の初歩的事実をちょっとでも変えることはむずかしい。つまり、ある人が誰であるか、という本質は、当人自身によってどんなに物化され対象化されようとも、そこから身を退けてしまう、という事実がそれである。この本質が「客観的」に顕現する場合――たとえば芸術家のスタイル、単刀直入には筆跡において――、告げ知らされるのは人格の自己同一性であって、そのような顕現はともかくも主として、原作者が誰かを確認するのには役立つ。だが、この顕現はそれ自体、何ごとも語らない。作品そのものとは違って、この人格的なスタイルの要素は、生きた人格の鏡像をそのうちに認めようとするやいなや、おし黙って言うことを聞かなくなる。言いかえれば、天才崇拝もまた、商品社会に支配的な人格の地位低下を阻止することはできないのであり、むしろそれは、人格の地位低下を示すもう一つの現われでしかない。

人格は、出生時の持参金である天賦のものを、活動的に実現し分節化することによってしか成り立ちえない。そうした人格の不可侵性によって支えられ、保たれているものを、われわれはふつう、誇りと呼んでいる。ところで、誇りは、次のことへの信頼においてのみ可能である。つまり、ある人が誰であるかは、偉大さと意義の点で、当人がおそらく成し遂げられそうな成果の一切を超越するのだ、という信頼にである。「医者や菓子作り職人、また大邸宅の召使いは、当人が何をしたかに応じて、それどころか何をするつもりであったかに応じて、評価されてよいでしょう。しかし、お殿様や奥方様は、本人が何であるかに応じて、評価されるのです」[43]。自分のしたことを誇りとするところまでへりくだるのは、卑俗な人びとだけであろう。そのようなへりくだりを是とする人たちは、自分自身の能力の「奴隷や囚人」になり下がるのである。その場合、純然たる愚かな虚栄以上のものが彼らに残っているかぎり、おそらく彼らでも発見できることがある。他人の従者になることに劣らず、自分自身の奴隷になることは辛いことだし、おそらくもっと恥ずかしいことだ、ということである。天賦の才能を具えた人の場合、人格と作品の間の関係が転倒することがあるし、生身の創造者というのは、自分自身の作品といわば競争することがあるが、それというのも、作品を仕上げたあとでも彼は生き永らえるからであり、それは、結局、彼の死後も作品は存在し続ける定めなのだとしても、そうである――こうしたことはどれも、天才にとって誉れとなるのではなく、天才ならではの悩ましい問題に属している。結局のところ、真に偉大などんな才能にとっても、人格の尊厳の救いとなるのはたった一つ、すなわち、自分の重荷を背負わなければならない人たちは、にもかかわらず、重荷から十分距離をとることで自分自身の作品に対して君臨し続けることができるということである。しかも、創造性の源泉が涸れないかぎり、これはたいていうまく行く。というのは、事実この源泉は、彼らの本質から発現するのであって、そのものとしてはあくまで仕事過程の外部にあるからである。それは、この源泉が、仕事過程においてそのつど何が成し遂げられたかには左右されないのと同様である。だが、天才を悩ますこの問題が、そうはいってもやはり真正の窮状に原因をもつことは、「インテリ作家」の場合によく示されている。彼らの場合、人格と作品との関係の転倒は、手にとれるほど明白な、確固たる事実となっている。この現象の真に厭わしい点は、知ったかぶりの傲慢さなどではなく、むしろ、どんなに拙劣な産物でも、著者よりたぶんずっと価値があると認めないわけにはいかない、ということなのである。というのも、インテリ作家の目印となるのは、著者を真に悩ませる問題には鈍感であること、それゆえ「恐るべき恥辱」に痛痒を感じないことだからである。その「恐るべき恥辱」というのは、「自分の作品の子どもになったかのような目に遭い」、「かくかくであってしかじかでないという限定つきで鏡に映っているかのように」作品のうちに自分の顔立ちを見つけ出すことを運命づけられていること、まさにこの点にある[44]。

30　労働運動

なるほど、制作という活動は、隔離された様態でなされるから、生産者としてではなく人格をおびた存在として人びとが現われる自律的な公的領域を確立することはできないが、しかし、公的な現われの空間と多様な仕方であくまで結びついている。少なくとも、制作は、物世界との関わりを決して失ってはいない。物世界は、外枠として現われの空間を取り囲んでもおり、現われの空間にいわばその実体性を確保する。実体的なものを物世界がみずから作り出す以上は、そうである。それゆえ、制作に対応する生き方は、非政治的であっても、反政治的ではない。反政治的なのは、労働だけである。というのも、われわれは労働しているとき、物世界に身を置いているのでも、他者とともに存在しているのでもなく、むしろ、共同世界と物世界から見捨てられて、みずからの肉体に投げ返され、命を繋《つな》がなければならないというむきだしの必然性に服しているからである。[45] なるほど、労働する動物も、他者が居合わせることにおいて実存しており、ある意味で他者と共生している。だがこの共同性は、真正の複数性の徴表《メルクマール》を刻印されてはいない。目的をめざした専門化も知らなければ、生産者社会の分化によって生ずるさまざまな技能や職業の共同作業も知らない。いわんや、比類なき人格をそなえた人びとの間に形づくられる関係の網の目など、知るよしもない。労働における共同性は、むしろ、類的事例の単純な多数性に、その本質がある。類的事例というのは、取り換えがきくほど互いによく似ているが、それもそのはずで、有機的生命体としての性質においてのみ、それらは当の存在者だからである。

労働に最も自然な組織形態は、労働班 Arbeitstrupp である。労働班においては、一定数の個々人が「まるで一人であるかのように一体となってふるまう」から、多数の人間が「融合」して一個の人間と化す、といったことが起こる。その場合、この一個の人間つまりは労働集団の労働は、「たった一人の人間の労働とまったく区別できない」。[46]「労働と共同体は、歴史的に古い段階の人類にとって、内容面で大いに共通性がある」という特有の語源学的事実は、おそらく、労働のこの融合的性格と関連している。[47] なるほど労働は、その本質からして集合的である、ないしは集合組織へと突き進む、唯一の人間的活動ではあるが、[48] にもかかわらず、労働班の成員一人一人が、何らかの把握可能で同定可能なリアリティにおいて確証されることほど、労働に疎遠なものはない。むしろ逆に、労働班もしくは労働軍団《ギャング》は、個々の労働者が、労働する間は、自分個人の自己同一性の意識を自分のなかで消し去ることを要求する。それゆえ、労働から派生した「価値」なるものもすべて、それが社会および個人の生命プロセスにとっての労働の自明な機能を超え出るかぎり、本質的に「社会的」な本性をもつのであり、食事を仲間と一緒にとるさいにおぼえる副次的な楽しさと、原則的には違わないのである。人間と自然との物質交替から生ずる活動には、社交への傾向が固有にそなわっているが、これは、同等性 Gleichheit にではなく、同種性 Gleichartigkeit にもとづくのであり、人間の「自然本性」の動物的同種性に関して言えば、「運送屋がもともと哲学者と違わないのは、番犬が猟犬と違わないのと同じだ」という評言が当てはまる。アダム・スミスのこの言葉を、かつてマルクスはいかにも愉しそうに引用したが(49)、この違いのなさは、生産者と商品の社会よりも、消費者と労働者の社会にはるかに特徴的である。というのも、生産者と商品の社会の中心たる市場では、陳列されたさまざまな生産物が、生産者の本質的違いを相変わらず指し示していたからである。

　同種性は、労働と消費の社会では支配的であり、画一主義というかたちで表現されるが、共同労働つまり協業の身体的経験とこのうえなく密接に関連している。協業においては、生物学的に条件づけられた労働のリズムは、一種の融合をもたらすので、労働班において、個々の労働者一人一人はじっさい、一個の全体者の身体的部分のようにふるまい、自分をそのように感じるほどである。こうした融合が、労働の労苦を軽減するのは疑いない。それは、兵士が隊列をなして一緒に行軍するとき、個々の兵士が行軍の労苦を一定程度は感じなくてすむのと同様である。それゆえ、これまたまったく正当なことに、労働する動物にとって「当人の労働の意味と価値」は、労働と消費のプロセスが円滑に機能するのを可能にする「社会的条件に完全に」左右されるのであり、それゆえ労働の価値は、職業倫理《エートス》や自分自身の業績への個人的な誇りとは、何の関係もない(50)。その場合の難点は、最良の「社会的条件」とは、自分自身の自己同一性の消失が最も容易に、かつ最も苦痛なく生ずるような条件にほかならない、ということだけである。労働によって制約されたこの社会的陶冶のうちで反政治的なのが、多数者が融合して一個の集団と化すこと、つまり複数性の廃棄である。これは、あらゆる共同体の正反対であって、その共同体のあり方が政治的であれ経済的であれ、そうなのである。というのも、共同体とは、アリストテレスの言葉によれば、二人の医者の結合から成り立つものではもちろんなく、一人の医者と一人の農夫との間で、「つまりそもそも、相異なっており互いに等しくない人びとの間で」[51]形成されるものだからである。

公的領域を司っている同等性の意味での平等の原理は、そもそも、平等でない人びとによってのみ現実化されうる。その場合、平等でない人びとは、あらかじめ固定された一定の観点において、また確固とした特定の目標に向かって、お互い「一心同体となって同等化し合う」。だが、しつこく存在している相違性を均等化するのは、人間の本性に内属する同種性などではなく、当の相違性に外から持ち込まれるのである。——アリストテレスの事例になおこだわるとすれば、医者と農夫の営む自体的には平等でない二種の活動に、貨幣が外から持ち込まれ、その結果、二つの活動が比較可能となり、成果が互いに均等化されるのである。それゆえ、政治的平等とは、死の前での平等とかいったものとは正反対である。実際、死の前での平等とは、すべての人間は等しく死すべき存在である、ということを意味するからである。また政治的平等は、神の前での平等とも正反対である。神の前での平等とは、少なくともキリスト教の考えでは、すべての人間は神の前では等しく罪びとである、ということを意味するからである。ここでは、均等化させる要因が必要ないのは、じつのところ問題となっているのは同種性であって、同等性ではないからである。この場合、ともかく熟考すべきは、こうした同種性が経験に即して現実化されるのは、ほかでもなく、見捨てられて極端な孤独に陥った状態においてのみだという点である。そういう極端な孤独状態に、他者との意思疎通が入り込むことはもはやなく、いわんや、仲間共同体やその他の連帯が入り込む余地はない。世界ならびに公的なものの観点からすれば、生と死の経験、また同種性が告げ知らされる一切の場面の経験は、超越的なものにふれる非‐世界的、反政治的な経験なのである。

歴史的に見て、労働のこの反政治的本質の証拠であるように思われるのは、古代でも近代でも、重大な歴史的出来事と見なすべき奴隷一揆が現実に起こったためしがない、ということである。[52] だがこの事実と相容れないのが、過去百年間に労働運動が果たした重要な役割である。労働運動は、労働組合運動の利益代表を超えて、まったく独自の政治的な独創性と生産性を、じつにしばしば示してきた。一八四八年から、ハンガリー革命の起こった一九五六年までの革命史において、ヨーロッパの労働者階級は、最も栄光に満ちた章の一つ、いやおそらくは唯一の章を記すこととなった。それは、西洋諸国の人民に政治的生産性が成長しつつあるという希望を抱かせるにふさわしいものであった。その場合、遠ざけておかなければならない誘惑は、労働者階級の政治的要求と、純粋に経済的‐社会的要求とを、一緒くたにしてしまうことである。その誘惑がありがちなのは、政治的組織と労働組合形成とを隔てる分割線は事実上、決して明瞭には引かれてこなかったからである。労働組合の利害闘争によって最終的に達成されたのは、労働者階級を現代社会にその一部として組み込み、現代社会に吸収させることだった。労働組合の利害闘争は、経済的安心や社会的威信、社会内部での政治的権力、の異常なまでの増大を労働者にもたらした。だが、労働組合が真に革命志向であったことはない。労働組合の関心事は、社会や、社会を代表する政治的制度を、現実に変革することでは決してなかった。同様に、労働党も、たいていは利害政党であったし、そうである以上、別の社会的利害を代表する別の種類の政党と、異なるところは何もなかった。しかしながら、通常の利害政治のこうした背景と対照的に、かの、歴史的に決定的な、まれな瞬間が、繰り返し繰り返し、前景に浮かび上がってくる。その瞬間、革命の進展のなかで突如はっきり現われてくるのは、人民のこの部分が、一切の政党綱領や既成の世界観とは独立に、近代の事情のもとでの民主主義的国家形態についての自分たちなりの観念を作り出すことができる、ということである。労働運動の革命精神は、経済的および社会的な要求が急進的だという点に存するのではない。むしろそれは、新しい国家形態への要求を引っさげて名乗りを上げてくるところ、そこにのみ現われるのである。

現代政治の展開は、全体主義体制の成立でもって、まったく新しい国家形態および支配形態というじつにまれな事実に、われわれを面前させた。（この形態の恐ろしいところだと思わざるをえないのは、それが大衆という現代的現象に見合っており、それなりの仕方で大衆社会の諸問題を解決できる点である。）この展開を前にして看過されがちなのは、もう百年以上にもわたって、かの驚くべき人民革命の出来事が起こっているという事実である。人民革命はこれはこれで、これまでいかなる成果も得られなかったとはいえ、新しい国家形態および統治形態を、繰り返し繰り返し持ち出さずにはおかない。――すなわち、しつこく居すわり続けては人民の間で絶望的に評判を落としているヨーロッパの政党制に代えて、評議会制を置き据えようという提案が、比類なき規則性と自発性を伴って、繰り返し繰り返しなされるのである。(53)〔訳注10〕成果に関して言えば、労働者階級に特徴的な二つの運動、つまり労働組合運動と、革命にとって解き放たれた自発的な評議会運動、の決定的な乖離は想像もつかないほどである。労働組合、つまり現代社会の一階級を形成しているかぎりでの労働者階級は、現代社会において、比較的短期間のうちに、本当に類例のない成果を記録することができている。それにひきかえ、まったく同じ期間内に起こった真の政治的労働運動のほうは、政党綱領や経済改革の彼方に、評議会を求めるそれ自身の政治的要求の声を上げるたびごとに、決定的に打ち負かされてしまった。だが、どんなに打倒され、政治的無気力に陥るかに見えようとも、この革命運動の政治的躍動《エラン》が消えることはなかった。ハンガリー革命の悲劇が、たとえそのことを世界に示すことにしか役立たなかったとしても、その犠牲はむだではなかったのである。

　歴史的事実として、労働者階級は政治的生産性をもつのに、現象的実情としては、労働という活動自体には非政治的いや反政治的な本性がそなわっている。この一見明々白々な矛盾は、労働運動の発展と、その特異に歴史的な意義をより仔細に眺めれば、ただちに解消するであろう。政治的には、奴隷労働と自由労働の主な相違点とは、労働者が特定の個人的自由――移動の自由、職業選択の自由、人格の不可侵性――を享受することではなく、政治的領域への参加が認められ、政治的に完全に解放されている、ということである。労働階級の歴史における真の転回点は、階級別選挙法が廃止されてはじめて生じた。選挙権が一定の財産をもつ者に制限されていたかぎりでは、近代の自由労働者の身分は、古代の解放奴隷と似たり寄ったりであった。数のうえでたえず上昇していった解放奴隷は――身分としては似た者同士の在留外国人と同じく――、民法上の権利をもってはいても、政治的権利はもっていなかったからである。古代では、解放された奴隷は、労働者であることをやめるのが普通だったし、それゆえ、労働自体は社会的には奴隷身分に結びついたままであった。これは、どれだけの数の奴隷が最終的に解放されたか、には関係ない。そのような古代の奴隷解放とは違って、近代の労働者の平等解放は、労働それ自体へ向けられた。解放されたのは、労働という活動であり、労働はいわば社会に仲間入りできるようになった。しかも、労働者が人格として完全に平等な権利を獲得するずっと以前から、そうだったのである。

　ところで、この平等な権利の最も重要な随伴現象の一つであったのは、住民のまったく新しい部分が、多かれ少なかれ突然、当該の国の公的領域への参加を認められ、はじめて公的に現われたということである。そうはいっても、労働者階級は、それと同時に社会に受け入れられたわけではなかったし、この社会ですでに実権をほぼ独占していた当時の経済生活において指導的役割を果たしたわけでもなかった。言いかえれば、政治的領域をただちに犠牲にして、社会的領域に吸収されたのではなかった。それゆえ、この新しい階層の発展にとってあくまで決定的だったのは、そもそも歴史上はじめて公的に現われることができたことであった[54]。たがいに違いを示し合い人間事象一般の枠内で自己主張する、という可能性をたずさえて、何はともあれ人前に現われるということが、いかに重要であるかを最も分かりやすく示す例は、おそらく、労働者が、歴史の舞台に――フランス革命時に「半ズボンなし《サン・キュロット》」として――登場するやいなや、自分たちの着ている服によってみずからを目立たせる必要を感じ、彼らの「外的」現われに向けられたこのあだ名で呼ばれることをよしとした[55]、という奇妙な事実であろう。あたかも、労働者は自分たちの公的現われを祝して新しい衣装を身につけたかのようであり、かくてすべての他者から自分たちを際立たせ、他のすべての人びととの差をつけようとしたかのようである。

　労働運動の発展の初期段階――今日でもなお、資本主義が十分に発展していない東欧や南欧は往々にしてその状態にある――の真のパトスは、社会に対抗するこの意識的対立に由来する。労働運動が比較的短期間に、しかもしばしば非常に不利な状況下で蓄えた巨大な潜在力の源泉は、いったいどこにあるのか。空談 Gerede つまりいわゆる理論やイデオロギーとかはこのさい一切無視するとして、それは、ここで問題になっている集団が、国民国家の内部で経済的な利害関心を代表し弁護しただけでなく、それを超えて政治的に積極参加《アンガジェ》した唯一の集団だった点にある。言いかえれば、公的なものの演じられる舞台に登ったとき、労働運動は、社会の成員としてではなく、人間としての人間が、行為し言論を交わす、唯一の集団として現われたからである。〔訳注11〕労働運動が終焉に近づいているのはどう見ても確かなようだが、その労働運動がこれまで果たしてきた政治的－革命的役割にとって決定的だったことがある。それは、労働という特異に経済的な活動は、労働者の生においては――この生にそもそも何かほかに残るものがあったとしての話だが――決定的ではなかったということ、むしろ、労働者が人間となるのは、マルクスが嘆いたとおり、労働現場から立ち去ったときにはじめてであったということ、これである。労働運動は、事実上、人間としての人間のほうを向いていたのであり、「社会人」のほうを向いていたのではなかったからこそ、労働者階級の外部で、あれほど大きな魅力を発揮することができたのである。労働運動が、新しい公的空間を、少なくとも自分たちの陣営内で、新しい政治的規準でもって創設することに成功を収めるかのように、しばしの間見えかけたとき、この試みの源泉は、労働――労働という営み自体、もしくは、生活の必要に逆らうというユートピア的でしかない反抗――に存していたのではなく、厳然たる事実として存在していた数々の不正や虚偽に存していたのである。だが、そのような不正や虚偽は、階級社会が大衆社会へと変貌を遂げるにつれ、どんどん消失しつつある。

　保証された年収が急速に日給や週給に取って代わろうとしている今日、労働者はもはや社会の外部に立ってはいない。労働者は、完全な権利をもつ市民であり、のみならず、完全な権利をもつ社会の成員になるとともに他のすべての人びとと同じく定職者《ジョブホルダー》になる道を、もうとっくに歩んでいる。これにより、労働運動はその政治的

278 意義を必然的に失い、定職者社会を規整する圧力団体の一つと化す。百年近くの間、労働者は、人民全体を代表してきた。われわれが人民という言葉を、「人民 le peuple」つまり民族の真の政治体という意味に解し(56)、これを一方では国民全体と、他方では社会と区別する場合は、そうであった。だがおそらく、そういう時代は最終的にもう過ぎ去った。（ハンガリー革命ではもう、労働者のふるまいとその他の人民のふるまいとの区別は、もはや存在しなかった。一八四八年から一九一八年まで労働者階級の専売特許に近かったもの、すなわち、政党ではなく評議会を拠りどころとする議会制のイメージは、ここにはじめて、人民全体の一致した要求として現われたのである。）労働運動の歴史、その内容や目標が、いかに多義的で解きほぐしがたいものであったにせよ、労働者階級が社会の全体を構成する一要素として承認されるやいなや、労働運動は、人民を代表する能力もろとも、それに特有の政治的機能を失ってしまう。今日ほとんどすべての西側諸国で労働者階級の地位を特徴づけている、自立的な社会的かつ経済的権力の位置に、労働者階級が就く場合はそうであり、ロシアの場合のように、総人口が溶かし直されて労働社会と化す場合もそうである。計画経済と市場経済との本質的な違いはたった一つ、商品市場は、萎縮しているにせよ、ともかく、かの公的領域の何らかの形をなお呈しているという点である。そういった公的領域が「死滅」し、社会に吸収されることが、近代の目立った徴表の一つである。社会の発展それ自体に内属的なこの死滅プロセスを完成に導くためには、じつのところ、全体主義的支配の権力装置がまずもって必要というわけではない。

31　行為に代えて制作を置き、行為を余計なものにしようと試みてきた伝統〔訳注12〕

行為し言論を交わす活動など、しょせん、見栄を張ってせかせか立ち回ることに終わるものだし、政治というのは、いざという時を別とすれば、非生産的で無益なものにすぎぬ。これは、近代に冠せられる「発見」ではない。なるほど近代は、初期には、摑みどころのある生産性と歴然とした利潤に関心を寄せ、その後は、機能が円滑に作動することと最広義の社会的なものに情熱を傾けてきてはいるが[57]。行為というのは、結果を予測することができず、いったん始まったプロセスを元通りにはできず、起こってしまったことに対して各個人に責任をとってもらうこともできない。行為に固有なこれらの難問は、きわめて初歩的な性質のものなので、非常に早くから注意を惹いてきた。思想家や哲学者のみならず、行為者自身にも、行為の代替物を探してみるのがよかろう、とささやく誘惑の声が、たえず心を占めるほどであった。しかもそこには、でたらめの偶然やら道徳的無責任性やらから人間事象の領域はおそらくなんとか救い出せるのだ、との希望がひそんでいた。もっともこの無責任性は、どんな行為にもまとわりついている行為者の複数性という単純な事実から生じているのだが。この難問を解決すべく提案された試みは、根本のところでは、つねに同じことに帰着するのであり、そのことからして、この難問自体いかに初歩的な性質のものであるか、が分かる。というのも、一般的に言って、つねに問題となるのは、相互共存における多数の人びとの行為を、たった一人の人間しか必要としない何らかの活動に置き換えることだからである。しかもその一者は、他の人びとに邪魔されることから隔離され、初めから終わりまで自分の行ないの主人であり続ける、というのである。行為の代わりに制作の様態での行ないを置き据える、というこの試みは、大昔から続いてきた反民主制論争史を、一本の赤い糸のように貫いてきた。この論争において繰り出される議論は、証明力に富んだ確固たる仕方で提起されればされるほど、それだけやすやすと、政治的なもの全般に対する異議へと変貌してしまう。

　行為の難問はどれも、人間の実存が複数性という条件によって制約されていることに帰着するが、その複数性がなかったら、現われの空間も公的領域もありえない。それゆえ、複数性を支配しようと試みることは、公共性一般を廃棄しようと試みることと、つねに同義となる。その場合、いかにもありがちなことは、君主－制 Monarchie つまり一者の支配に、とりあえず逃げ道を求めることである。この一人支配は、これはこれで、多様なヴァリエーションをとることができる。――一個人が他の全員を意のままにする露骨な僭主制から、啓蒙君主の専制や絶対主義のさまざまな形態、果ては、多数者が融合して一つの集合体となった結果、国民が実際に多頭をそなえた一者と化し単独支配者つまり「君主 Monarch」として主権を握るという、民主主義的変種まである。[58] プラトンは、哲人王に支配を任せよ、そうすれば哲人王は、その「知恵」の力で、行為の難点の数々を、あたかも認識問題を解くかのように、解決し解消してみせるだろうとした。プラトンのこの提案にしても、「一人支配的」解決法の一変形にすぎず、しかもこの「君主制」が非僭主的だとは口が裂けても言えない。一人支配に逃げ込むこういったありがちな解決法が受け入れがたいのは、なぜか。それは、提案される国家形態がその本質からして残酷だからでは決してない。統治という仕事を心得ている僭主が、慈悲深く心優しい統治をしてみせる、というのはよくある話である。たとえば、アテナイの僭主ペイシストラトスの場合、その支配を古代人は「クロノス神の黄金時代」に擬したほどであった。[59] 現代人の尺度に照らしてみても、僭主のやり方は、ことのほか「進歩的」に映ることが多い。たとえば、かのペリアンドロスの場合がそうで、このコリント僭主は、奴隷制を公然と廃止しようとしたほどである。それは、挫折したとはいえ、古代における唯一の奴隷制廃止の試みであった。[60] 僭主制の徴表となるのは、残酷さではなく、公的な政治的領域を根絶やしにすることである。僭主は、「知恵」から――なぜなら、僭主は自分が知的に優れていると想像するからであり、たぶんそうなのかもしれないが――、あるいは権力欲から、政治的領域を一人占めする。したがって、市民は各自の私事を気に懸けていればよく、僭主つまり「支配者に、公事を引き受けることは任せる」べきだと、そう僭主は要求して譲らない。[61] もちろんこのことはつねに、私的産業や私的創意の、また一般に生業《なりわい》にいそしむことの、並外れた促進を意味したが、この促進は古代では大して役に立たなかった。なぜなら古代人は、そのような僭主政治に、自分たちに共通なものである公事に参加するための時間を盗み取られるという、許しがたい試み以外の何ものも見出さなかったからである。

僭主制の直接的な長所――社会的生産性の上昇、治安の確保、統治の安定――は、非常に明白であるから、それにのめり込んでしまう誘惑は、事実として強いものがある。とはいえ、それらの利点と引き換えに、没落への道が敷かれていることを忘れてはならない。すなわち、権力という潜在力の喪失が、不可避的に生ずるのであり、この権力喪失は、比較的遠い将来になってしか気づきようがないものだけに、いっそう危険なのである。

非政治的秩序を導入することによって、人間事象を安定化させたくなる誘惑は、非常に強いので、プラトン以来の政治哲学の大部分は、政治一般を廃棄することに理論的かつ実践的に帰着する実験と提案の歴史、としてたやすく記述できるほどである。支配という伝統的概念の役割、言いかえれば、政治とはすべて支配の形態であって、支配と被支配、命令と服従を、実定法にもとづいて規整することが法治国家の本質に属するのだ、とする考え方が果たす役割は、この経緯において目立って特徴的である。いかなる政治的共同体も、支配する者と支配される者から成り立つ、というのは大昔からの決まり文句であり（これは、すでにプラトンとアリストテレスに見出せるが、そこでは決まり文句などではなかったばかりか、その反対に、危うい独創性を秘めていた）、国家形態を定義する通例の方式――一人支配つまり君主制、少数支配つまり寡頭制、多数支配または民衆支配つまり民主制――にしても、そこに基礎を置いている。この決まり文句も、結局のところ、人間に対する軽蔑にもとづくのでは全然なく、人間の行為に対する、根拠のありすぎるほどの不信にもとづく。ないしは、そんな行為など余計だからお払い箱にしてしまおうという、この不信から生ずる努力にもとづくのである。

行為の代わりに制作を置き据えようとするこの努力のなかでも、理論的に最も簡潔で最も基礎づけ的な型式《ヴァージョン》は、プラトンの『政治家《ポリティコス》』に見出される。この対話篇でプラトンは、ギリシア的見解によれば行為が演じられるとされる二段階を、すなわち *archein* という始める段階と *prattein* という実行する段階を、改釈したうえで、互いにまったく異なる二種類の人間の活動へ分断している。プラトンの考えでは、大事なのは、始める人である指導者を、あくまで自己の行為の主人であり続けるようにさせ、その人が自己の行為を完成させるうえでじつは本来なくてはならない人びとから独立して主権を保つようにしてやる、そのような可能性を獲得することである。行為の領域でこのような主権性が達成可能なのは、他の人びとがみずから進んで助けに来てくれたり、何らかの企てに同調してくれたりすることを、もはや当てにしなくてよい場合だけである。企てに同調する場合、他者はもちろん、自分たち自身の動機や目標をただちに持ち込んでくるからである。そういうことは避けて、その代わりに、他者とは指導者自身の当初の目標の執行者にすぎず、それゆえ行為するのではなく命令を実行するだけでよいのだというふうに、他者を意のままに使うことができる場合にのみ、主権性は達成可能なのである。だがそのさい前提とされているのは、最初の人として率先行動に出た「指導者」も、真に行為することから身を遠ざけて、彼の命令を受け取った人びとからあくまで距離をとったままであり、それゆえ彼は、「実践的」に言えば、何もしない、ということである。このようにすれば、始めること（アルケイン）と、行なうこと（プラッティン）は、まったく相異なる二つの活動となりうる。始めた人は、支配者――始めることと支配することというアルケインの二重の意味を含んだ *archōn* つまり始める者にして支配する者――となったのであり、「自分で何かを執行する（プラッティン）ことはせず、執行する責任のある人びとを支配する（アルケイン）だけである」。こういった次第で、真に政治的なものは、「国家のすべての最重要事へ向かう始まりときっかけを、時宜に適っているか適っていないかに関して見分ける」ことを可能とするような、一個の「技術」へと還元されたのであった。始める者たちと、協力しともに遂行する者たちとの間には、行為に由来する人間関係が生ずるものだが、それも、行為もろとも消失してしまう。その代わりに生ずるのが、支配する者と、「自分たちの職務を執行する他の人びと」との分断である。[62] プラトンは、人間を、知識はもっているが実行はしない者たちと、実行はするが何をしているかは知らない者たち、に区分した最初の人であった。プラトン以来の政治思想の歴史を考察するにつけ、プラトンが行為を分断し、為すことと知ることとの対立図式に分裂させたさいに生じた裂け目は、なるほど、このうえなく多様なヴァリエーションを示してきたし何度も隠蔽されてきたものの、決してふさがったためしはなかったと、そう考えたくなる。

プラトンの形而上学は（狭義の政治哲学が派生的性格のものであったのと違って）、もともと根本的な性格をもつものであった。その形而上学にもとづいて、プラトンは、行為に即して読みとられた為すことと知ることの対立図式を、行為と思考との対立図式一般へと拡張せざるをえなかったし、このことはもちろん、形而上学の歴史に影響を与えないではおかなかった。目下の文脈においていっそう本質的なのは、プラトンがその政治哲学において、為すことと知ることとの間の裂け目を、支配者と被支配者とを分かつ隔たりとただちに同一視したことである。というのも、この同一視は、この理論にモデルを提供した経験領域を、紛うかたなく指し示すからであり、それこそは、古代的な家政の領域にほかならない。主人にして家長は、為すべきことを知っており、かつ奴隷を十分に所有しているが、奴隷のほうは、主人の指図を実行はするが、自分がそもそも何を為しているかを知っている必要はない。こういう身分関係に、古代的な家政は立脚していた。家政という組織は、とりわけ奴隷社会の身分関係のもとでは、知ることと為すこととが分離しうること、およびこの分離は一人の支配者と多数の被支配者との分離に符合することを、実際のところきわめて模範的に示すものであるので、支配者と被支配者という対立図式の古典的モデルを大昔から提供してきた。だがプラトンが、秩序ある家政を司るために一般に妥当と認められていた規則に従って、ポリスを運営させようとしたとき、自分はポリスの革命的改変を提案しているのだということに、彼自身はまだ自覚的であった。プラトンには、彼の後裔たちのように、家政をモデルとして政治的《ポリス》なものに分析を施すことは、当のものがありのままにおのずと現われるとおりに分析することだ、などという思い込みはなかった。[63] この場合、プラトンは家族ならびに家政という組織を廃止しようとしたと思い込む、広く普及している誤謬に、われわれは気をつけなければならない。その逆であって、プラトンは、家政という生活領域を途轍もなく拡張しようとしたのであり、その結果、最終的には、ポリスの全市民が、みずからを一個の家族の成員であるかのように感じたり、そうふるまったりできることを望んだのであった。[64] 言いかえれば、プラトンは、家政共同体の私的で欠如的な性格を消去しようとしたのであり、この目的のために、私有財産と一夫一婦制の廃止を勧めた。ほかでもなく、政治についてのギリシア的理解からして、支配と被支配の関係は、元来、主人と奴隷の関係と同一であったし、そうである以上、いかなる行為の可能性も排除するものであった。公共の事柄におけるふるまいの規則を、主人-奴隷の関係から導き出すべしとしたプラトンの要求は、事実として、人間事象のなりゆきから行為をアプリオリに遮断してしまう結果となった。

　プラトンのユートピアが、公的領域を一人占めしてしまおうとする僭主お決まりの試みよりも、人間事象をしかと秩序づけ安定させる見込みがある点ではるかに優れていることは、理論的に明らかである。とりわけそれがもたらす利点は、市民がなお公的領域に何かしら関わり、しかも、市民全員が一個の人間のように一緒に行為することになり、そのことでもって党派抗争や内戦の可能性が原理的に排除されていることである。「多くの人間が」、身体的現われ以外の「あらゆる点で一個の人間になりきる」[65]。家政の領域に由来するこの支配概念は、公的-政治的なものの理論的解釈の歴史において決定的な役割を果たしてきたため、われわれからすると、狭義の政治と真っ先に結びついてしまっている。だがその場合見逃してはならないが、プラトンにおいてこの支配のカテゴリーは、今日のわれわれなら道徳的と見なす事柄にも該当するのであり、それゆえプラトンにおいては、ありとあらゆる人間関係にまつわる秩序と価値評価が、まったく一般的に、支配と被支配の法則に服せしめられていた。このことがはっきり見てとれるテクストがある。国家の本質を読みとることのできる「文字」によって表わされているのは、大文字で転写された人間の魂の体制にほかならず、その三区分体制は、ユートピア的共和国の公的体制とこのうえなく正確に合致するのだ、とプラトンが説明している箇所がそうである。しかしそこだけではなく、プラトンが彼ならではのすばらしい首尾一貫性でもって、支配のカテゴリーを、人間が自己自身と交際するさいの根本原理の一つとして確立している箇所に、とりわけはっきり見てとれる。それゆえプラトンにとっては、自己支配が、他者を支配できる能力を表わす最高の基準となる。命令する力を哲人王が行使することは正統だといえるのは、身体に命令を下すことが魂にはできるからであり、情念を統御する能力が理性には具わっているからである。しかるに、自己自身との交際にせよ他者との交際にせよ、人間そのものに係わり合いのある一切の事柄に対して、理性が僭主的支配をふるうのが正統であることは、プラトン自身においては依然として、ギリシア語のアルケーの特有な二義性に、深く根ざすものであった。つまり、ギリシア語という言語そのものが、支配することと始めることとは同一でありうるということを示唆していたという事実に、深く根ざしていたのである。決定的なのは、プラトンが『法律』の最後で表明している思想、すなわち、「魂」が支配を任じられている（*archei*）のは、魂が「万物のうちで *presbytaton* つまり最も原初的なものだからである」とする思想である。このようにプラトンにおいては、アルケーという語の二義性が、「支配するのが正当であるものは、始まりであるものである」という命題に明確化されている。支配することと始めることのこの同一性は、伝統的には、ギリシア語にあらかじめ下図を描かれ、プラトンによって明確化されたのち、その後もう一度、かたちを変えてふたたび、古代ローマの政治観を、その政治観が哲学的に表明されるかぎりで、ともに刻印することとなった。古代世界が没落してはじめて、始まりの観念は支配概念から完全に消え去った。この喪失とともに、政治思想の伝統は、人間的自由の力強い能力にまつわる最も初歩的で最も原初的な経験を喪失したのである。

それとひきかえに、知ることと為すことのプラトン的分離は、今日まで、一切の支配理論の根幹として保持されてきた。そうした支配理論の要求水準は、人間本性に内属すると称される、原理的に無責任に行為する権力意志なるものを正当化する、といった程度にとどまるものではない。哲学的究明に特有な概念上の威力のおかげで、知ることを、命令し支配することと同一視し、行為することを、命令に服従しこれを執行することと同一視するプラトン的な図式は、政治的領域におけるそれ以前のあらゆる経験や分節化に逆らって、まかり通ってきた。かくして、そうした同一視は、政治思想の伝統の総体に決定的な影響を及ぼしてきたし、プラトン自身が自分の諸概念をなおそこから汲み取っていた経験源泉がとっくに涸れてしまったときでも、それは変わらなかった。プラ

293　31　行為に代えて制作を置き、行為を余計なものにしようと試みてきた伝統

トンの思想世界は、哲学史上おそらく唯一無比の深さと美の配合を、とにかく何百年にもわたって重々しく携えてきたが、この点はいったん無視するとしよう。プラトンの著作中の、ほかならぬ政治的部分が、西洋人の意識に、驚くべき執拗さでこびり付いてきたのは、なぜだろうか。それは一つには、プラトンが、行為を命令と服従へ解消するために、古代的な家庭の支配関係に定位したからだが、それはかりではなく、とりわけ、制作や生産の領域から採ってきた事例を持ち出したからである。というのも、知ることと為すことの分離は、行為の領域では不適切であるのにひきかえ、制作活動の分析にとっては納得がゆくし、避けがたく思い浮かんでくるからである。なにしろ、思考と行為がまったく乖離してしまえば、行為の妥当性と有意味性は、雲散霧消してしまうのに比べて、制作のプロセスは、互いにまったく異なる二つの部分に分裂するのは、明らかなのである。制作プロセスの場合、まず最初に、制作されるべき物の模範や形態（つまり *eidos*）が、知覚され認識されていなければならず、次いで、手段が調達され準備されることができ、その結果、当初見込まれていた制作対象が現実化されることになる。プラトンの思考がまさしくこの制作経験にどれほど定位していたかは、プラトンが、「イデア」という語を哲学的思考のキーワードの一つとして導入した最初の人であり、かくして、もともと制作において経験されたことを、概念にまで高めたことからして、すでに明らかである。

　プラトンは、制作を行為の代わりとすることで、制作に固有な持続性と秩序を人間事象の領域に授けようと努めた。こうした努力は、プラトンが自分の著作の本来の中心をなすイデア論において獲得された概念を、政治的なものに適用した、まさにその箇所に、このうえなく判然と見てとれる。イデア論の展開において、したがって厳密に言えば、イデアという語の隠喩《メタファー》的内実の展開において（私の想定では、数学的なものの外部を動くあらゆる思考は、その本質からして隠喩的であり、いかなる哲学的概念も、その概念がいわば短縮して言い表わしている隠喩的内実に、その明証性を負うている）、プラトンは、二つのかなり広めの隠喩《メタファー》によって導かれている。その一つは、光の隠喩である。イデアは、『パルメニデス』では日光のようなもの、『国家』では太陽のようなも

の、とされる。もう一つは、モデルや模範の隠喩であり、『パルメニデス』や『ティマイオス』では、*paradeigmata* つまり「範型」と言われる。この二義に応じてさらに詳しく言うと、イデアは、一方では、*ekphanestaton* つまり「最も明るく照り輝いている」ものとして、また *phanotaton* つまり「最も光り輝いている」ものとして、規定されうるのであり、他方では、模範、モデル、尺度として規定されうる。後者の意味では、制作されるべき対象の模範や、仕上げのためにそのつど当てはめられる規範や尺度に、職人的な制作が定位しているのと同じように、イデアとは、実践的‐政治的な態度ふるまいが準拠するところの尺度なのである。前者の場合、イデアの本質――つまりプラトン的に言えば、イデア中のイデアとして他の一切のイデアをはじめてイデアたらしめる最高のイデア――とは、美であるのに対して、後者の場合、イデアの本質は明らかに、ギリシア語の日常的用法の意味での「善」であり、つまり、何らかの事柄の種別的な有能さや優秀さをなすもの、の謂いである。[66] ところで、美と優秀さは、なるほど、*kalon kagaton* つまり「美にして善」という、プラトンの哲学にもちろん鳴り響いている周知のギリシア的理想のなかで、密接に結びついている。それゆえ、美と善が、「イデア」としてあっさり等置されるのは、当然のなりゆきに見える。だが、ソクラテス‐プラトン的な概念規定の特徴とは、ほかでもなく、そうした概念以前の「理想」を区分して、その内実に照らして吟味する、という点にこそある。また、少なくともプラトン哲学にとって決定的なことは、善のイデアを、政治哲学にかぎって、最高のイデアと見なすことであり、これに対して、形而上学的な対話篇では、善ではなく、美がイデアの本質をなすのである。まさしく哲学者にとっては、善ではなく美こそが、彼を導く「イデア」なのである。『パイドロス』で言われるように、哲学者とは、*philosophos ē philokalos* つまり「知を愛する者もしくは美を愛する者」なのであり、『国家』でも依然として、哲学者は、善を愛する者ではなく、美を愛する者だと定義される。[67] 哲学者は、人びとや人間事象のうごめく洞窟を立ち去って、イデアの澄みきった天空の下《もと》に赴き、事物の真の本質を観取し、その本質が美としてあらわとなることに立ち会う。だが、そういう哲学者も、一個の人間であり人間たちのもとで生きざるをえないがゆえに、ふたたび洞窟へ帰ってゆく。そのときはじめて、彼が美として見てとった当のものが、変身を遂げて、さまざまな物事を査定するための尺度となり、それらを包摂するための規範となるのである。〔訳注13〕

　イデアを、制作されるべき物のモデルとして用いるのと、実践的－政治的な態度ふるまいを測る尺度として用いるのとの間に、さしたる違いはない。アリストテレスも、初期対話篇の一つのなかで、イデアにこのうえなく接近した「最も完全な法」を、「一切の道具のうちで傑出した地位を占める……測鉛、度量、コンパス」になぞらえている。[68] こうした変換においてはじめて、もともとは哲学的な観念であったイデアが、政治的なものに適用できるようになる。こうなると、あたかも哲学者は、「イデア」の領域での経験にもとづいて、人間の多種多様な行ないや言葉を、同じ「客観的」確実性でもって査定し評価できるかのように見えてくるし、ちょうど職人が対象物を制作するさいに手にし、また素人が対象物の有能さを評価するさいにも手にする尺度を、人間の行ないや言葉に宛《あて》がうことができるかのように、見えてくる。というのも、プラトン的に言えば、両者つまり制作と評価のどちらも、なんらかの「物一般」の「イデア的」現前性に準拠してなされるからである。物一般の現前性は、あらゆる制作活動に先行し、制作された個々のすべてのものを超えて存続するのであり、そういった物一般のおかげで、たとえば「ベッド一般」のおかげで、現実に出来ているベッドも制作されるべきベッドもすべて、その「ベッド性」において規定し、認識し、評価されうるようになる。

　ところで、プラトンの政治哲学それ自体に関して言うと、イデア論をこのように変換して政治的なものの領域に適用することの最大の利点は、プラトンの支配概念から人格的要素を除去することができるようになったことである。『国家』ではまだ、哲学者という人格に支配がじかに要求されるという形で現われていたことが、『法律』では改変させられて、理性ならびに理性によって見てとられたイデアという非人格的なものに支配が要求されるという形で可能となった。主人と奴隷の関係や牧人と畜群の関係といった家政上の関係と、正統的支配との間に類比を見出すことからまさに生ずる主要な難点の一つが、それによって解消された。なにしろ、主人が奴隷と、牧人が畜群と、それぞれ異なるのと同じように、支配者が被支配者から決定的に区別されるためには、支配者は神のごとき存在でなければならなかったからである(69)。それに対して、職人の制作との類比のうちに意味上含まれているのは、名人が、技術的に未経験な素人より優れているという、日常的に経験され確証されていること以上のものではない。素人をして、名人の優れた判断に従うよう促しているのは、名人の人格ではなく、名人が代表し使いこなしている、熟練技能上の尺度にすぎない。だから、『国家』では、哲人王が、職人が尺度や規範を用いるのと同じ権限でもって、「イデア」を政治的領域に適用しては、彫像を創作する彫刻家も同然に、ポリスを制作している(70)。ところが、プラトンの晩年の著作になると、この尺度や規範が法律と化しているため、統治の「技術」を正しく行使するためには、特別な熟練技能、または現代風に言うと、なんらかの人格的権威は、もはやまったく必要ではなくなっている。ひとたび国家が創設されたら、問題となるのはもっぱら、どんな時代にも確固として当てはまる規範を適用し、ひとたび認識された法律を執行することだけである(71)。

制作経験から獲得されたこの概念体系が、主として、政治的ユートピアを組み立てるのにふさわしいものであることは、言うまでもない。プラトンは、人間の相互共存が技術的に規整されうるようなユートピア的国家形態を構想した最初の人であり、それゆえ、ユートピア的政治思想の真の創設者である。政治的ユートピアは、歴史的役割としては無意味でしかなかったが――それが実現された数少ない事例において、政治的ユートピアはもちろん、いつもすぐ現実にぶつかって挫折したのであり、しかもその現実とは、外的事情ではなく、技術的に制御不可能な人間関係の網の目のリアリティであった――、それでもなお、理論的な自己理解や政治思想の伝統におけるその役割は、重要であった。政治思想は、ユートピア的性格をその自覚なしに有していた場合でも、制作とそのカテゴリーに定位することによって、政治的行為を概念的に理解してきたからである。

この場合、政治思想の伝統の歴史的展開において見逃してはならないことが一つある。なるほど、暴力行使は、制作したり製造したりすることすべてを、その根本前提の一つとしてくまなく支配しているので、行為と制作を多かれ少なかれ同一と見なすいかなる政治的システムやカテゴリーにおいても、本質的な役割を果たす。しかしながら、この暴力の要素は、近代の開始までは、道具手段的機能に制限されたままであった。暴力とは、目的のための手段だったのであり、つまり、正当化され、それゆえ限定もされるために、ともかく何らかの目的を必要とする手段であった。暴力そのものを讃美するなどというのは、近代以前の政治哲学の伝統にとって、無縁だったのである。一般的に言って、そのような讃美は、観想と理性が人間の最高の能力と見なされていたかぎりは、不可能であった。じつに、そうした位階秩序の意味では、活動的生の分節化である行為、制作、労働は、どれも等しく、活動的生の外部に存している目的のための手段でしかなかったからである。その当然の帰結として、政治的に言って、支配概念ならびに、そこから生ずる権力と権威の正統性の問題のほうが、理論的には、行為そのものを理解し解釈しようとする試みなどよりも、はるかに大きな役割を果たしたのである〔訳注14〕。

政治理論に非常に古くからひそんでいたこの暴力行使的要素が、危険な伝染性をもつに至ったのは、近代になってはじめてであった。しかもそれは、人間に知ることができるのは、人間自身が作ったものだけだ、それゆえ、理性的動物ならではの高次の認識受容および真理受容の能力と称されてきたのは、活動的生の活動の一つである、制作する人の制作活動に、事実的に依存するのだ、との確信が、いかなる理由からかはともかく、広まった瞬間においてであった。このように、近代に特有の事情として、政治的行為や政治思想に暴力が侵入してきたが（この侵入が封じ込められるのは、政治的なもの一般が押しのけられたり、社会の一機能として改釈されたりすることによってでしかない）、この侵入がとりわけ決定的なのは、まさに近代にきわめて特徴的な、革命という出来事においてである。どんな革命でも――多くの点で格別に古風な傾向をもつアメリカ革命を唯一の例外として――、創設という理念に対する古代ローマ的な熱狂主義が、国家創設の唯一の手段として暴力を讃美するという、ローマ的なものとは無縁の傾向と、結びついているからである。暴力とは、「新しい社会を懐胎しているすべての古い社会の助産師」だ、とマルクスは言ったが、もちろんそれは、ありとあらゆる政治的‐歴史的な出来事一般の助産師、という意味である。(72) マルクスのこの有名な言葉は、自然が神によって「作られた」のと同じ意味で、人間の歴史は人間によって「作られる」のだとする、近代全体の根本確信に対応しているのである。

行為を制作の形態に変換することが、めざましい成果を収めたことは、われわれ現代人にとって自明となった政治理論と実践的政治思想の用語法からして、容易に立証されよう。われわれは、目的－手段のカテゴリーを用いることなくしては、政治の問題について語ることすら、ほとんど不可能だからである。おそらくこの実情にいっそうの説得力を与えるのは、どの国の現代語でも、大衆好みのことわざや言い回しとして、「Aと言う者は、Bとも言わざるをえない」「目的は手段を神聖化する」「ある目的を欲する者は、その手段も欲しなくてはならない」「卵を割らなくてはオムレツは作れない」等々と、異口同音に語られるという事実である。どんな手段も、それが実効的であるかぎり、それを正当化することのできるたった一つの目的に役に立つなら、正しいと見なされる、とするこうした考え方は、殺人的な帰結をもたらすが、おそらくわれわれ以前のいかなる世代も、このことを実感する機会を十分にはもたなかったであろう。こうした陳腐ながら危険な決まり文句の発想から逃れるには、許されざる手段というものもあるのだ、とか、一定の事情にあっては、目的よりも手段のほうが重要だ、とか言うことによって、そういった決まり文句に何かしら制限を課すだけでは、十分ではない。というのも、そうした制限は、そうした制限自体がまさに証明しているように、前提しがたい何らかの道徳の妥当性を前提するか、あるいは、言語ならびに、当の言語が用いている言葉の隠喩的内実にぶつかって挫折するか、のいずれかだからである。じっさい、それに仕える一切の手段を正当化しない目的が存在する、などと主張するのは、パラドックスを語ることでしかない。なぜなら、目的というのは、それが正当化する手段に関係づけられること以外には、定義できないものだからである。それに、パラドックスとは、思考が深刻な難点に陥っていることをいくら暗示するにせよ、解決ではないし、結局のところ誰も納得させはしない。政治的なものにおいてわれわれは目的－手段のカテゴリーの意味空間を動いているのだと思い込んでいるかぎり、誰かが、承認された目的を追求するためにあらゆる手段を利用することを阻止するのは、われわれには難しいであろう。

行為の代わりに制作を置き据えることができる、とする希望のうちには、政治を、政治的なものの彼方に存するいっそう高次の目的――古代では、一般的には、劣悪な人たちの支配から優良な人たちを守ること、特殊的には、愚民《モッブ》の支配から哲学者を守ることであり、(73)中世では、魂の救済であり、近代では、生産性ならびに社会の進歩である――を達成するための手段に格下げすることがひそんでいる。そうした希望ならびに、政治の格下げは、政治思想の伝統と同じだけ古い。なるほど、近代になってはじめて人間は、制作する人、つまり道具の作り手にして対象物の制作者として第一次的に定義され、製造し生産する営みの領域全体は、古代以来課され負わされてきた深い不信と公然たる軽蔑から解放された。だが、明々白々となったそうした事態の背後には、もう一つの、それに劣らぬ影響力をもつ、次の事実が隠れひそんでいる。つまり、同じ伝統が、軽蔑をあらわにしてきたにもかかわらず、じつは行為よりも制作のほうを、相も変わらず好んできたこと、そして、硬直したあげく自明と化した一定の概念的、思想的な方向の軌道に、政治哲学をむりやり乗せてきたこと、しかもその方向が、近代になると俄然、影響力をもつに至ったこと、これである。近代は、この点では伝統を転倒したわけではなかったし、のみならず、近代以前の古層に由来する「偏見」から、伝統を解放さえしたのである。実直な職人の仕事は、公的事柄つまり取るに足らぬことにうつつを抜かしている連中の「勝手気まま」な意見や「空談」や「せかせか立ち回るひま潰し」などよりも、よほど価値があると公言することが、伝統的に憚《はばか》られてきたのは、ともかくも、その「偏見」ゆえであった。プラトンと、それほどではないがアリストテレスは、職人にはまだ市民権を与えるべきではないという意見では一致していたにもかかわらず、制作術に当てはまるのと同一の基準に服することができるよう、公的‐政治的な事柄を秩序立てることを、そろって提案した。ここには矛盾がひそんでいるように見える。だが、この矛盾によって示唆されているのは、もっぱら、行為にひそむ数々の問題点が、いかに由々しく、見たところ解決不可能であるかであり、それゆえ、行為に特有なリスクと危険を除去したいという誘惑が、いかに大きいかである。そして、その除去のための方策とは、人間事象が相互にもつれ合っている、あまりに脆く壊れやすい関係の網の目を、われわれが自然に立ち向かって物の世界を打ち建てるという、はるかに堅実で信頼の置ける活動によって、保護し強化することなのである。その結果、人間関係の網の目は引きちぎられてしまうのだが。

32　行為のプロセス性格

さて、上述の理論的試みは、行為を、行為自身の外部に立てられた目的を達成するための手段として理解しようとするものだが、じつに、日常言語の慣用やことわざの知恵といったところにまでしみ込んでいる。この試みによって、政治的なもの一般は、「より高次」の目的のための手段へと格下げされることになった。しかしだからといって、行為をこの世から一掃することで、決定的な人間経験の一つを人間の意識から抹消するとか、人間事象の領域をあっさりぶち壊して廃墟とするとか、そこまで実行できたかというと、もちろんそうではない。とはいえ、この試みはさっぱり成果がなかったかといえば、そういうわけでもない。すでに見たように、労働の労苦が現代において見かけ上克服され、どんな生命にものしかかる必要の圧迫が事実として軽減されたことは、次のような帰結をはじめてもたらした。つまり、制作も今や労働プロセスの形態で遂行され、使用対象物であるはずの制作の産物は、消費されるものとなる。あたかも使用対象物は、労働によって準備される消費財であるかのようである。それと似て、人間の能力を、当の能力とはもともと疎遠な領域へ転移させるという結果となったように思われるのが次の事態である。つまり、まず行為を人間事象の領域から可能なかぎり遮断したうえで、人間事象を、それがあたかも制作の法則に服しており、対象的世界を客観として相手とする場合と同様の安定した計画性でもって規整できるかのように、取り扱おうとひとが真面目に試みた場合である。では、近代が最終段階に至るまでとってきたそのようなあり方と、われわれがもうそのうちで暮らし始めている未来との、真の違いはどこにあるのか。それは、人間の行為する能力の核心にひそむ、人間なしには決して成立するはずのない自発的プロセスを解き放つという力を、今や人間は、自然に向けている、という点にあるように思われる。人間は自然に対して、これまで本質的なところでは、制作し認識する存在としてふるまってきた。少なくとも、物世界を樹立するための材料を自然から取ってくるとか、自然過程を観察して自然法則を探究するとか、そういった場合には、人間は制作者であり認識者であった。今日われわれは自然に対して、行為者としてふるまっており、文字通り、自然に「介入しつつ行為している」。この事態を分かりやすく説明する例としては、現代の最先端の一科学技術者がついでのおりに述べたコメントが、おそらく好適であろう。その研究者は、「基礎研究の本質は、何を為しているのか分からないことをあえて為すこと、ここにある」と、真顔で述べたというのだ(74)。

自然に介入しつつ行為するこのあり方は、自然に条件を指定したうえで自然の成り行きを挑発する近代科学の実験とともに、根本においてはもう始まっていた。なぜなら、自然が、おのずからその「自然」な現われにおいて、人間の手にゆだね人間の目にさらすことを辞さなかった現象を、何であれひたすら観察し、記録し、体系化するという、旧来のやり方には、われわれはもはや満足できなくなったからである。実験から発展しどんどん巨大化してきているのが、人間がいなければ潜伏したままにとどまり害毒をまき散らすことはおそらく絶対になかったであろう、元素プロセスを解き放つ技術である。さらにそこからついに成立するに至ったのが、自然を本格的に「作る」技術であって、これは、自然のプロセスをその潜伏状態から解き放つばかりか、地上の自然自体ではどう見ても生み出されえないプロセスを解き放つのである。この人工的プロセスと似たもの、もしくは同じものは、地球をとりまく宇宙においてなら、たえず発生しているのだろうが。人間は、実験の条件を自然の成り行きに指定してやることで、自然の成り行きを人間のあみ出したシステムへ強制的に当てはめる。そのような実験を導入することによって、ついには、「太陽において起こっている過程」を地球上で「反復する」こと、かくしてまた、人間の干渉なしには宇宙でしか繰り広げられないエネルギーを、地上の自然をそそのかして引き出すことが、成功を収めたのだった。

自然科学は今日、主として、プロセスの科学となった。つまり、自然科学自身、その発展のきわみと自任する段階において、取り返しのきかない不可逆的プロセスの科学、「後戻りできないプロセス」の科学となった。この特徴的な言葉は、自然科学の諸分野において今日広く使われるようになったが、ごく数十年前までは、もっぱら歴史科学の言葉として知られていたものである。この言葉遣いがそれだけでもう暗示していることがある。現代の新しい種類の研究において行使されている人間の能力は、たんに「理論的」な性質のものでは断じてありえないこと、たとえどれほどの知能がそうした研究に邁進すべく捧げられているにせよ、そうだということである。直観的観想や、記録して認識する作用なら、それどころか「結果を計算に入れる」理性でさえ、そんな言葉遣いはしない。現代の自然科学的「研究」が日々行なっていることを、為しうる能力をもつのは、行為だけである。すなわち、どういう結末になるか不確実で予測のつかない過程を引き起こすこと、後戻りできないプロセスを導き入れること、自然界にはこれまで見込まれていなかった数々の力を生み出すこと、である。この場合はっきりしていることがある。行為はもともと人間事象の領域向きにできており、たとえ行為が間人間的な事柄の領域から自然の領域へといわば飛び越える場合でも、行為の特徴は依然として保たれるのである。

近代になると、行為のプロセス性格は、行為に帰される他の特徴をすべて押しのけ、いわば撃退してしまった。なぜなら、人間の可能性や能力を途方もなく拡大できるのは、もっぱら行為のプロセス性格のおかげだからである。プロセスという概念は、近代に特有な歴史科学および自然科学にとって決定的に重要な概念となった。このプロセスの本質には、結果が予測できないということが属しているので、近代の政治理論においては、人間事象の壊れやすさというよりは、むしろ人間事象の不確かさや不確実性が、決定的な役割を果たす。予測できず潜在的には無限のプロセスを始めるという行為のこの特徴は、古代ではほとんど知られておらず、少なくとも古代哲学においては、ほとんど何の役割も果たさなかった。もちろんこれと関連するのは、近代的意味での歴史の概念は、古典古代には知られていなかったという点である。しかるに、自然をも歴史をもプロセスの体系として概念的に把握することがわれわれにそもそもできるのは、人間のプロセスの真の起源としての行為の経験が原点にあるからこそである。この近代的なプロセスの思想にふさわしい諸概念を最初に展開したのは、ヴィーコ以来「新しい学」として確立された歴史科学であった。しかしだからといって、そうした概念が自然科学の内部で効力を発揮しなかったというわけではない。自然科学は、近代の始まりから二、三世紀しか経たないうちに、歴史科学からはまったく影響を受けることなく、むしろ自然科学自身の成果の勝利にもっぱら強制されるかのように、自然科学の古臭くなった概念語彙《ヴォキャブラリー》を、歴史科学のそれと見紛うほどよく似た言語と、最終的に取り替えたのである。[75]

いずれにしろ、もろいという性格が、人間事象の領域の最も顕著な徴表だというのは、特定の歴史的条件のもとでのみ言えることである。人間事象のこの壊れやすさが、古代ギリシア人の目に付かざるをえなかったのは、ギリシア人は、人間間で演じられることを、およそ自然物がすべて示す永続的な現前や永遠回帰と見比べたからであった。というのも、死すべきおのが身どうし不死になろうと競い合うことが、ギリシア人に特有な関心事だったからである。彼らによれば、不死的なものとしては、神的なものや自然的なものがあり、それらは死すべき者たちをあまねく取り囲んでいるが、これに対し、人間の本来なすべき務めとは、そうした不死性に与《あずか》るにふさわしい者であることをみずから証明することだ、というのである。だが、こういった関心事が優位を占めていないところではどこでも、人間事象の領域は、それとは原則的に異なる相で、いや正反対の相で、現われることだろう。つまり、人間事象の領域において起こることは、特有のまったく桁外れのしぶとさをそなえており、その抵抗力ならびに時間的連続性たるや、客観的な物世界の安定的持続性をはるかに凌いでいるということが、はっきりと分かってくることだろう。というのも、人間は自分自身で作ったものを壊すことはいつでもできるし、それどころか、この破壊能力は今日、人間が自分で作ったのではないもの――地球ならびに地球上の生命――まで壊滅させることができるという地点にまで達している。それなのに人間は、行為によって自分でこの世に解き放ったプロセスを、なかったことにすることは決してできず、信頼できる仕方でコントロールすることすらまったくできないからである。忘却と混乱の力というのは偉大であり、個々の行ないの起源と責任をじつに有効に隠匿することができる。だが、その偉大な力をもってしても、行ないをなかったことにし、それが帰結をもたらすのを阻止することまでは、さすがにできない。為されたことを起こらなかったことにすることができないというこの無力さに対応しているのが、行為の帰結を予見することも、行為の動機を信頼できる仕方で掘り下げて解明することもできないという、それとほとんど同じくらい大いなる無力さである。「どこから由来するのかも分からなければ、どういう結果になるかも分からない。――だとすれば、行為にそもそも価値などあろうか。……行為の価値とはX、つまり未知［である］[76]」。

制作のプロセスは、制作において力を出し切り、最終生産物が出来るたびに消えてなくなる。これに対して、行為の過程を解き放った力のほうは、総じて消えてなくならない。その力を使い果たすほど、個々の行ないは強力ではなく、それどころか、行ないが終わったあとでも、あたかも何も起こらなかったかのように、力は依然として増大し続け、為されたことの帰結を蓄積して強大になっていく。人間事象の領域において長く居すわり続けるのは、為されたことがこのようにひとたび解き放たれるや繰り広げるこのプロセスなのである。帰結の連鎖をなしてこのプロセスは限りなく持続するのであり、どこまで続くかといえば、最大限、地上に人類が存続する限り続くのである。人間には死という終わりがあるとか、地上の素材はいずれ滅びてしまうとか、そういった有限性は、この場合の限りとはならない。行為の結果と終わりをあらかじめ確実に規定することはできないのはなぜかといえば、理由は簡単で、為されたことは終わりをもたないからである。たった一つの行ないにより解き放たれたプロセスが、文字通り、帰結の連鎖をなして百年、千年単位でえんえんと長持ちし、人類そのものが終焉を迎えるまで続く、などということもある。

為されたことのこの途方もないしぶとさは、人間の手によって作られる他のすべての産物を持続性の点で凌駕している。だからそれは、人間の誇りの源泉の一つとなってもおかしくない。もっともそれは、行為の本来の力をなすにはちがいない取り返しのつかなさと予測のつかなさというこの重荷を、人間がわが身に引き受けることができたとすればの話である。それは不可能だということを、われわれはとっくに知っている。われわれは知っているのだ。行為するとき、自分が何を行なっているか本当に知っている人など誰もいないということを。行為する者は、つねに負い目ある存在となるということを。行為者は、自分が決して意図したことではなく、予測できることですらなかった行為の帰結に関して、負い目 Schuld をわが身に引き受けるのだということを。彼の行なったことが、どれほど命取りになるような予期せぬ結果をもたらそうとも、あとでそれをなかったことにすることは決してできないということを。ほかならぬ彼が始めたのであって、他の誰が始めたわけでもない、その行為が、にもかかわらず、彼自身のものだと断言できるかというと決してそうではないし、個々の行ないや一回かぎりの出来事にそのつど汲み尽くされることなどありえないということを。最後に、それどころか、彼自身が為したことの真の意味が明らかとなるのは、彼つまり行為者にではなく、せいぜい、最終的にその歴史を物語る人が往時を振り返って眺めるまなざしに対して、つまり行為などまったくしていない人に対してのみだということを。これらわれわれに周知の事実の一切は、ひとが絶望して人間事象の領域から目をそむけ、人間に贈られたもののうちで最も曖昧模糊とした自由という贈り物に対して侮蔑的な目を向けるのに、十分な理由であり続けてきた。なるほど、自由は、人間関係の網の目を造り出す。だが、その結果はといえば、この網の目をともに織りなしている誰もが、そのかぎりでこの網の目に巻き込まれてがんじがらめとなり、自分自身の行ないの創造者にして行為者であるというよりは、はるかにその犠牲者にして被害者に見える、といったありさまなのである。要するに、行為には自由などなさそうに見える。たしかに労働は、生命の必要に隷属しているし、制作は、あくまで材料を所与としてそれに依存せざるをえない。しかしそれでもなお、労働においてであれ、制作においてであれ、行為の能力におけるほどには、また人間事象の領域ほどには、人間にとって自由が存在しないように見えはしない。それにしても、この能力だけは、人間の自由を保証してくれるはずだし、またこの領域だけは、人間自身が生み出したもののはずなのだが。

行為における自由を否定するこうした考え方が、西洋思想の偉大な伝統の流れには、抜きがたくひそんでいる。われわれは、この問題の釈明をみずから与えようとし始めるやいなや、われわれを必然の罠へと誘い込む自由に対して不信を抱きたくなるし、行為の自発性に対して、こう非難を浴びせたくなる。行為が新しい始まりであるというのは、仮象にすぎず、この仮象は、あらかじめ仕組まれた関係の網の目のうちでただちに消え失せるのであり、ほかでもない当の行為者こそ、その網の目に巻き込まれがんじがらめになるだけだ、と。さらにわれわれは、人間が自由を行使しようとし始めるやいなや、自由を不可避的に失ってしまう、そういう世の習いそのものを弾劾したくなる。自由を保持するのは、行為を差し控える者のみだと、そう思えてしまう。人格が主権を確保するのを助けてくれる唯一の手立ては、「賢者」が間人間的な領域と自分とのあいだに置き、保つところの距離のうちに、ひそんでいるように見える。そのような隠遁のすすめ（これを首尾一貫した道徳にまで仕上げたのは、西洋ではストア派だけであった）がいかに重大な帰結をもたらすかは、今は措くとして、このすすめの原則的誤謬は、主権と自由とを等置している点に存しているように見える。じつのところ、そのような等置は、政治思想および哲学思想の伝統のほぼ全部が、多かれ少なかれ表立って前提しているものなのである。主権と自由が本当に同一であったとしたら、人間は事実上、決して自由ではありえないだろう。なぜなら、主権とは自己自身に対する無制約的で絶対的な自律と支配のことだが、それは、複数性によって制約されているという人間の条件そのものに矛盾するからである。人間は誰も主権的とはいえない。なぜなら、この地上に住んでいるのは、単数形の人ではなく、複数形の人間だからである。この複数性という事実は、個人がごく限られた自分の力によって、ある意味で彼を助けるほかない他の人びとに依存せず、たった一人で生きながらえるといったおとぎ話とは、無縁である。伝統はわれわれに、他の人びとから独立して主権の自由のうちに身を保ちなさい、と説くことを心得てきたが、そうした隠遁のすすめはどれも、とどのつまり、人間本性の「弱さ」を克服し補償することに帰着する。だがこの弱さとは、つきつめていえば、複数性そのもの以外の何ものでもない。隠遁のすすめに従って、複数性の帰結を「克服」しようと真面目に試みるとすれば、その結果生じてくるのは、自己自身に対する主権的支配というよりは、むしろ、他者に対する恣意的支配であろう。かりにひとが、ストア派の賢者よろしく覚悟を決めて、現実の世界を排して虚構の世界にすげ替え、その虚構の世界のなかであたかも他の人びとが誰一人存在しないかのようにやってゆこうとするのでないとすれば。

　自足とか他者依存とかといった意味での弱さや強さがここでの問題ではないということを、最も簡単にありありと思い描くためには、神々の事情に照らしてみるのがおそらくよいだろう。つまり、複数形の人間のみならず、多神教の神々もまた、たとえどんなに強大であろうと、決して主権をもたない。主権をもつのは、一神教の唯一神だけである。複数性が働いているところではどこでも、主権というのは想像上でしか可能ではない。主権を確保するために犠牲にされるのは、現実それ自体である。それゆえ、エピクロス派の教えは、たとえファラリス〔が拷問用に造らせた真鍮製〕の雄牛のなかで焼き殺されようとも賢者は「幸福」なのだ、と想像することならできるという事実にもとづいている。また、ストア派の道徳がこのうえない勝利を祝ったのは、奴隷に、自分は自由なのだと想像することを教えたときであった。ここに想像力の並外れた力が告げられていることを、誰が否定しようか。だが、この想像力が実証されるのは、世界の現実、とりわけ共同世界の現実を遮断することに、成功を収めるかぎりにおいてでしかない。しかも、自己欺瞞の芝居に観客として入場することすら、共同世界の住人には許されないほどに、である。だが、生身のわれわれは、共同世界という現実の舞台に、一個の幸福な者または不幸な者として、自由人の境遇または奴隷の境遇において、みずからをさらけ出すほかないのだ。

人間的自由が与えられるのは、非‐主権という条件のもとでのみである。だがわれわれは、伝統的に語られてきた意味で、自由を、主権と同一のものと理解しがちである。他方で、われわれはたしかに新しいことを始めることはできるが、それを制御したりその結果を予見したりはできない。そこでわれわれは、以上のような人間的自由の現われと実態からして、人間の実存とは一般に「不条理」なのだと結論してみたくなる。[77] 人間的なリアリティのもつ現象的明証にわれわれが依拠するならば、自由を行使する者が不自由に巻き込まれがんじがらめになるからといって、人間的自由を否定するわけにはいかないように見える。それと同じく、自由が否定しがたく存在するからといって、人間は主権をもつと主張することもできないように見える。[78] かくして、次のような問いが浮上してくる。自由と非‐主権とは相容れないとわれわれは漠然と思っているが、このイメージはひょっとして現実によって反駁されているのではないか。また、行為する能力は、この能力にまつわる難点や不備をどうにか切り抜ける可能性を、自分から差し出してくれるのではないか。

33　為されたことの取り返しのつかなさと、赦しの力

生命プロセスの循環運動は、人間を永遠回帰の必然のうちへ引き入れ、労働と消尽をたえず繰り返させる。労働する動物でありながら人間がこの循環を打破しうるのは、それとは別の、自分にそなわった能力、つまり制作し、製造し、生産する能力を、動員することによってである。かくして人間は、制作する人つまり道具の作り手として、労働の労苦と骨折りを軽減するだけでなく、世界を打ち建てもする。世界の持続性は、むさぼり喰らう生命循環に逆らって確保され、それに抵抗する。労働によって維持される生命を癒すのが世界性であり、この世

界性そのものは、制作において現実化されるのである。このように、労働を強いる生命の必然性が、制作のもたらす世界の持続性によって和らげられることを、われわれはすでに見てきた。さらに次のことも分かった。制作する人としての人間は、無意味さに、言いかえれば「一切の価値の価値剥奪」に、呪われている。というのも、目的－手段のカテゴリーによって本質的に規定されている活動、つまり制作のうちには、妥当な尺度を見出すことができないからである。人間がこの呪いから逃れうるのは、行為と言論という内的に連関し合う能力を動員することによってのみである。行為と言論は、制作がさまざまな使用対象物を生産するのと似て、ごく当然のこととして、意味にみちた物語を生み、有意味な歴史をつむぎ出すからである。このように、制作にひそむ無意味さは、行為にみなぎる意味によって救われることが分かる。今挙げた労働と制作の事例のほかに、本書では考察の範囲外としているが、思考のおちいる窮状をこれに加えることもできよう。思考が、思考すること自体でもってその窮状からみずからを脱出させることができないのは、労働が、その本性上束縛されている循環運動から自分自身を解放させることができないのと同様である。以上三つの事例においてわれわれは、人間をその能力の一つだけを規準として、労働する生き物、制作する生き物、思考する生き物、というふうに別々に規定しているわけだが、それらすべての場合、人間にとって癒しとなるものは、いわば外からやってくる。すなわち、全然別の種類の能力からやってくる。あたかも、そうした能力こそ、人間を窮状へと追い込んだ正体であるかのようである。労働する動物の立場からすれば、自分が人間として、同時にまた、世界のことを知り世界に住まう存在でもあるということ自体、奇蹟のようなものである。制作する人の立場からすれば、自分によって制作されたこの世界のうちに意味といったようなものが存在するとされること自体、奇蹟のようなものであり、神的な何ものかの啓示のごときものである。

これと事情がまったく異なるのが、行為の場合であり、行為に特有な窮状の場合である。行為の場合にかぎっては、癒しは、潜在的にいっそう高次の別種の能力から生ずるのではない。行為によって始められたプロセスの取り返しのつかなさと予測のつかなさに対する救済策は、むしろ、行為それ自身の可能性から生ずる。取り返しのつかなさ——つまり、いったん為されたことは、元通りにすることができず、たとえ、自分が何を為したかを知らず、知るよしもなかったとしても、そうだということ——に対する救済策は、赦すという人間の能力のうちにひそんでいる。そして、予測のつかなさ——またそれとともに、どんな未来の事柄にもまつわるカオス的な不確実性——に対する救済策は、約束を交わし、守るという能力のうちにひそんでいる。この二つの能力は、たがいに共属し合う。一方で、赦しは、過去に関係し、起こったことをなかったことにする。起こってしまったその「罪」は、赦しなくしては、ダモクレスの剣のごとく、世代が変わってもつねにその頭上にぶら下がり、ついには落ちてきて新しい世代を葬らずにおかない。他方で、約束は、未来を指し示す道しるべのように、まさにやって来つつあるものを樹立する。この約束による拘束なくしては、人間関係が何らかの連続性をもつということ自体、未来において一切不可能となってしまうだろうし、いわんや永続性や忠誠など到底不可能となろう。約束とは、不確実な未来という大海の脅威のうちへ人間によって投げ入れられた、確実性の島々のごときものなのである。そんなふうにして、赦しと約束とは共属し合う。

　われわれがかりに許し〔訳注15〕合えないとしたら、すなわち、自分たちの行ないの結果からたがいにふたたび身をふりほどくことができないとしたら、われわれの行為する能力は、ある意味、たった一つの行ないにしか発揮されなくなってしまうだろう。つまり、その帰結が、善きにつけ悪しきにつけ、まったく文字通りの意味で生の終わりまで付きまとってくるような、そのような行ないしか、われわれは為しえないことになってしまうだろう。われわれは行為しているただなかで、われわれ自身の犠牲となってしまうだろう。あたかも、魔法を解くまじないの言葉「箒《ほうき》よ、箒！ もとに戻れ Besen, Besen! Sei's gewesen〔訳注16〕」が見つからなくなった魔法使いの見習いのように。他方、不確実な未来のために約束することによってたがいに拘束し合い、未来に備えるということがなかったとすれば、自分自身の自己同一性を持ちこたえることは、われわれには決してできないだろう。われわれは、人間のこころの暗がりに、その曖昧さと矛盾とに、寄る辺なく引き渡され、一人ぼっちの気分の迷宮のなかをさ迷うだけであろう。その迷宮からわれわれを救い出してくれるのは、共同世界の呼び声のみである。というのも、共同世界は、われわれが交わし、守るべき約束へとわれわれを拘束することによって、われわれの自己同一性を確証する、もしくは自己同一性を総じてはじめて構成するからである。したがって、赦しと約束という二つの能力は、複数性という条件、つまり、ともに存在しともに行為する他の人びとが居合わせているという条件のもとでしか、一般に発揮されえない。というのも、自分自身を赦すことは誰にもできないし、自分自身とだけ交わした約束によって自分が拘束されていると感ずることは誰にもできないからである。自分とだけ交わした約束や、自分にだけ認めた赦しというのは、鏡の前でのジェスチャーのようなもので、拘束力をもたない。

　赦す能力と約束する能力は、行為の能力に根ざしている。つまり、赦しという様態によって、行為する者は、自分をいつまでも縛りつけようとする過去のしがらみから解放されるし、約束という様態によって、予測のつかなさが脅威となる不確かな未来をいくぶんは確かなものとしうるのである。行為に根ざしたものである点で、この二つの能力は、プラトン以後の哲学が政治に帰そうとしてきた「道徳的」尺度とは原則的に異なる一定の原理を、政治において構成するのに適している。じっさい、道徳的尺度というのは、それがいかに現実《リアリティ》に対して盲目的であるかを政治家から非難されるのがつねであって、尺度がすべてそうであるように、外から政治的領域にあてがわれるものである。ちなみにその場合、尺度の出どころである「外」とは、プラトン以来、魂の内面の領域、もしくは自分自身との交わりの領域であり、この領域はそれなりに、自己－支配によって特徴づけられる。自己自身を支配し管理できない者は、他者によって支配され管理されてしかるべきだというわけだが、その場合、他者による支配に正統性が帰せられるのは、その他者が自分自身との交わりにおいて支配と服従をすでに確立しているからである。こうしてプラトンは、一個の人間の魂の仕組みが拡大されて大規模に投影されたものというイメージで、多数の人びとからなる公的領域の全体を見てとり、人間の「自然本性」をなすように見える精神－魂－

身体の三区分にあやかった国家秩序を、理論構築することができたのである。プラトンのユートピアがリアリティに対して盲目的であることは、そこでは多数の人びとから一者が構築されるという点に、まず存している――これこそプラトン的政治学の真に僭主的‐暴力的な要素である――が、そればかりではない。尺度を与えるものそれ自体が、他者との交わりではなく自己自身との交わりという経験から借用されているという点に、とりわけ存しているのである。これに対し、赦すことと約束することという二重の能力から導き出される指導原理が拠りどころとしている経験というのは、自己自身との交わりという枠組では総じて浮かび上がってこないし、そのうちではまったく生じることがない。外からあてがわれるプラトン流の政治的道徳との対比をもう少し続けたいのであれば、こう言ってもよいだろう。自己支配のあり方が、他者に対する支配を正当化し決定するのと同様に、赦しが認められたり約束が守られたりすることを、ある人が経験するそのあり方こそ、自分自身を赦すとか自分自身にしか当てはまらない約束を守るとかいったことが、その人にどこまで可能かを決めるのだ、と。他者にもう赦されている者だけが、自分自身を赦すことができるのだし、他者に約束を守ってもらっている者だけが、自分自身に何かを約束し、それを守ることができるのである。

行為のプロセスは、途方もない抵抗力をもってしぶとく居すわり続ける。このしぶとさに抗して行為自身によって生み出される対抗手段が、赦しである。だがそれが効力をもちうるのは、共同世界の複数性が行為の媒質である場合だけである。それゆえ、この能力を人間事象の領域の外部で発揮するのは、並外れて危険である。現代の自然科学と技術にとって、自然のプロセスはもはや、観察の対象でも、動力や原料の貯蔵庫でも、模倣の対象でもない。むしろ科学技術は、事実上、自然界に介入しつつ行為している。そしてそれとともに、取り返しのつかなさと予測のつかなさとを持ち込んでいるようにも見える。よりによって、為されたことと起こったことを、なかったことにする手段が存在しない、自然という領域のうちに、である。必要な変更を加えれば《ムタティス・ムタンディス》、これとウリ二つの事情と言えるのが、制作する能力とそれに固有な目的‐手段のカテゴリーが、行為の領域に侵入するのを許す場合である。この場合でも、埋め合わせをするための特別な、行為に特有の手段を、われわれは奪われてしまっていて、制作には万事必要な暴力手段を用いて事を行なうのみならず、何も行なわれなかったかのように暴力を行使して作り変えなくては気がすまなくなる。そのさいに投入されるのは、制作されるべき対象物の出来が悪かったときそれを片付けるために使われるのと同じ破壊道具である。これは、行為の領域に制作の発想が侵入してくる場合であり、またその前に挙げたのは、科学技術が行為と化し自然に介入する場合であった。ほかでもない、この二種類の試みとその宿命的帰結のうちに示されているのは、行為という能力のうちに源泉をもつ人間の力というものが、いかに途方もないものであるかである。この人間の力は、行為に内在する救済策もないまま、つまり、取り返しのつかなさを埋め合わせる赦しも、予測のつかなさを埋め合わせる約束も、持ち合わせることもないまま、いやおうなく人間を圧倒し始める。いやそれ以上に、地上の存在者のなかで最も力強い人間というこの生き物がそもそも生きていくうえでの所与の条件すら、破壊し始めるのである。

　人間事象の領域の内部で赦しが何をなしうるかを最初に見てとり発見したのは、おそらくナザレのイエスであった。この発見がなされ言い表わされたのは、宗教的な文脈においてであったが、だからといってそれを、純然たる世俗的意味においてまじめに受け止めなくてもよいということにはならない。そうするだけの価値のある発見だからである。西洋の政治哲学の伝統は——ここではその理由を究明できないが——いつも並外れて選り好みが激しく、数多くの真正の政治的経験を排除してきた。すなわち、それらを概念的に説明するのを怠ってきた。そうした経験のなかには、非常に初歩的な性質のものも少なくなく、それらを考慮に入れなければ、政治的領域の境界を大まかに定めることすらできないほどである。こういった真正の政治的経験に明らかに属しているのが、ナザレのイエスの説教のいくつかの面である。つまり、イエスの教えには、キリスト教の福音に第一次的には関係せず、むしろ、弟子たちからなる原始教団がイスラエル当局との抗争において培った経験に対応している面が、それゆえ、たんに宗教的だとは口が裂けても言えない面が、たしかにあったのである。ともあれ、福音書のほかには、どんな行為も一緒にしでかさずにはいない損害に対して、許しがどれほど重要であるかを洞察した痕跡らしきものが認められるのは、古代ローマ人においてだけである。parcere subiectis つまり敗者を寛大に扱うべしとする被征服者赦免の原理——古代ギリシア人はこれをまったく知らなかった——がそれであり、初期王政期ローマの恩赦の法もおそらくそうであった。この恩赦の制度は、死刑という事例においては今日でもなおすべての法治国家の国家元首の特権の一つである。

目下の文脈で決定的なのは、「律法学者とパリサイ人」に反対してイエスの唱えた見解が、次のようなものであったことである。曰く、罪を許す力をもつのは、神だけではない(79)。いやそれどころか、人間たちの間でのこの能力は、とりたてて神の慈悲深さに帰着させられるべき——あたかも、人間同士が許し合うのではなく、神が、人間という媒介を用いつつ、人間を許すかのごとく——ではなく、逆に、許しの力は、相互共存している人間たちによってこそ動員されねばならない。そうしてこそ、神が人間たちを赦すこともありうるのだ、と。こうした見地から、イエスは自説をこのうえなくきっぱりした口調で披露している。福音書によれば、人間が許すべきであるのは、許すのは神であり人間もそれと同じことをしなければならないから、ではない。その反対に、神は、「われわれが負い目ある人びとを許すごとくに、われわれの負い目を(80)」許す、というのである。「なぜなら、彼らはおのれの為すことを知らないからである」との洞察が、人間同士が許し合わねばならないことの真の理由であることは間違いない。だがだからこそ、人間があらかじめそれと知りつつ犯してしまった悪事に対して、許すという義務もまた成り立つというわけではないし、この義務がその犯罪者に関係するということも全然ないのである。このことは聖書の一節にすでに見られるとおりである。「かりに彼が、一日に七回あなたに罪を犯したとしても、七回あなたのもとにやって来て、悔い改めますと言ったとすれば、あなたは彼を許すべきである(81)[訳注17]」。誰かが悪事を露骨に働こうと欲することはまれであり、一日に七回も起こることではない。そういう犯罪行為は、善意の活動ほど頻繁には起こらない。それゆえ、犯罪行為に関するイエスの考えはこうであった。犯罪行為は、じつのところ、最後の審判の日に神によって許されるか裁かれるかする以外にはありえない、と。しかるに、最後の審判はこの世の生においては何の役割も果たさないし、そもそも赦しとか慈悲とかは最後の審判に特徴的だとはいえない。最後の審判に特徴的なのはむしろ、万人に各自の所業に応じて「応報がある」(*apodounai*)[82]ということである。だが、犯罪行為と違って、罪過というのは、日常的に起こることであり、行為それ自体の本性から生ずる。しかも行為は、既存の関係の網の目のうちへ新しい関係をたえず張りめぐらせる。そういう罪過には、赦し、許し、忘却が必要なのであって、それというのも、何を為しているか知らずに為してしまったことの帰結から人間同士おたがいたえず解放されるのでなかったら、人間の生は一歩も前に進めないからである[83]。そのようにして、相互に重荷を軽くし解放し合うということをたゆまず続けてはじめて、人間は、自由という持参金をたずさえてこの世にやって来た者として、この世でも自由であり続けることができるのである。また、自分の意向を変え、新しく始めるつもりがあるかぎりにおいてのみ、人間は、自由とか始めるとかいった、かくも途方もない能力、かくも途方もなく危険な能力を、まがりなりにも取り扱うことができるのである。

罪過に関して、また過去に為された行為に関して言えば、赦しにおのずと対立するのは、復讐である。復讐というのは、反作用つまり反－動というかたちで行為し、それゆえ、そもそもの事の起こりの過ちの行為に結びついたままである。なるほど、いかなる行為にも潜在的に連鎖反応はつきものだが、復讐という反応の仕方で行ないが推移していけば、連鎖反応はみるみる害悪をまき散らし、未来に食い入っていく。そうなると、未来の関係者は揃いも揃って、いわば、たった一つの行ないの鎖につながれ、反－動的に活動する以外のすべを知らず、能動的に活動することはもはやできない、といったありさまとなる。復讐は、あらゆる種類の罪過に対する自然的－自動的な反作用としてやって来るから、行為のプロセスの取り返しのつかなさにもとづいて予測が可能である。これに対し、赦しという作用は、それなりの仕方で、新しい始まりをなし、そうである以上、予測が不可能である。赦しは、覚悟を決めるということができない唯一の反作用、予期せぬ反応であり、反動的に活動することでありながら、それ自体、事の起こりの行為に匹敵する、一個の新しい行ないである。赦しは、なるほど過去の行為によって引き起こされたものではあるが、それによって制約されてはいない、独特で独立の種類の行為なのである。だからこそ赦しは、そうした過去の帰結から、赦す者と赦される者の双方を、解放して自由にすることができるのである。たがいに許し合いなさいと説くイエスの教えに言い表わされている自由は、消極的には、復讐からの自由解放を意味する。復讐は、それが行為を現実に規定する場合、たった一つの行為によってひとたび解き放たれた自動機構のプロセスに、行為する人びとを縛りつける。復讐のこの自動機構が、おのずから終わりに達することは決してありえない。

復讐と赦しとが対極の間柄に立っているのに対して、許しの代わりとなるたった一つの真正の選択肢《オールタナティヴ》をなすのが、罰である。赦しも罰も、そうした介入がなければ果てしなく続くものを、終わらせようとする点で、同じ特徴をもっているからである。人間事象の領域には、次のような初歩的事実が、所与としてそなわっている。つまり、赦すのとは別の態度ふるまいで臨み、場合によっては処罰するという選択が、われわれに委ねられているのでなければ、われわれは赦すことができないのであり、逆に、処罰しようがないと判明した犯行は、一般に、われわれに許すことのできない犯行でもある、という事実である。この罰することも赦すこともできないものとは、カント以来「根本悪」と呼ばれているものである。じつのところ、それが何であるか、われわれにはよく分からないのだが、にもかかわらず、こういった事柄に関していささか経験を積む機会なら、われわれはすでに十分持ち合わせている。ともかく、「根本悪」をそれだと見分けることがわれわれにできるのは、おそらく、われわれがそれを罰することも許すこともできないからである。ということはつまり、それが人間事象の領域を踏み越え、人間の力の及びうる範囲を逸脱しているということ以外の何ものでもない。われわれが悪に立ち向かうには暴力なしではありえないからといって、悪に耐え悪に抗う人はやはり悪人となる、というわけではないが、それでも、悪は、それが現われ出てくるところではどこでも、間人間的な力の領域を破壊するということとなろあう。悪行とは、文字通りの意味で、非‐行である。つまりそれは、そのほかのすべての行ないを不可能にしてしまう。この意味での非行を犯す者に対しては、イエスとともに、こう言うほかはない。「石臼を頸《くび》にかけて海に投げ込んであげたほうが、彼のためになるというものだ」と。もしくは、彼なんか生まれてこなければよかったのだ、と。――どう見てもこれは、一個の人間について言うことのできる最悪の呪いの言葉である。

行為は、非行のせいで言うことをきかなくなり、いわば生活基盤を奪われて立ち行かなくなる。行為とは、さまざまな行ないの網の目のうちを動くものなのである。罪過とは、出来の悪い品も依然として制作の産物であるのと同じ意味で、やはり行ないである。許しが、出来の悪いものを矯正しうる行為自身に内在する能力であるのは、破壊が制作に内属する矯正法であるのと同様である。ところで、このことをおそらく最も如実に示しているのは、赦しが、つまり、為された行為をなかったことにすることが、行為それ自身と同じ人格‐開示的かつ関係‐設立的な性格を示す、という奇妙な事実である。許し、ならびに赦しの作用によって樹立される関係は、いつも、優れて人格的な種類のものなのである。とはいっても、個人的または私的な性質のものでなければならないというわけではない。決定的に重要なのはむしろ、赦しにおいてなるほど、ある負い目が許されはするが、この負い目はいわば赦しの行為の中心には存していない、という点である。中心に存しているのは、負い目ある当人自身であり、その人ゆえに、赦す人はそもそも許すのである。許しは人格にのみ関係するのであって、物件に関係するのではない。それゆえ、quod licet Iovi non licet bovi つまり「ゼウスには許されることが牛には許されない」と言うのは、客観的にも公平を欠くかもしれない。というのも、不正が赦される場合、その不正を犯した人が赦されるのであって、だからといって不正が不正であったことは、もちろんいささかも変わらないからである。「一切を理解するとは一切を赦すことだ」という言い回しに、何かしら意味があるとすれば、その場合の「理解」とは――何にでも出しゃばらなければ収まらないことでは全然なく――、為されたことにではなく、それを為した当の人格に関係する。〔訳注18〕

イエスはこの人格的要素を、姦淫を犯した女の話のなかで、愛と連関させている。「あの女のたくさんの罪は許された。それは、彼女がたくさん愛したからである。だが、許されることの少ない者は、愛することも少ない」。許す力があるのは愛だけだとする見解に、ともかくも有利といえるのは、愛は、ある人が誰であるかという点にひたすら向けられているために、たくさんの人びとを、いやおそらくすべての人を赦したがるという、愛にありがちな傾向である。愛がかくも進んで許そうとするのはなぜか。それは、愛が一切を了解しているからでも、愛にとって正不正の区別などぼやけてしまうからでもない。そうではなく、愛には――愛が現実に生ずるのは極端にまれなのだが、そういうごくまれな場合[84]――、自己自身を開示する真に比類なき力と、その自己開示において当の人格の誰であるかを見抜く比類なきまなざしが、本性上そなわっているがゆえに、どうしても愛は、愛された人格がもっているはずの取り柄や才能や欠陥だとか、その人が示したであろう業績や無能だとかいった点に関しては、盲目だからである。言いかえれば、愛の炯眼さは、ひとがこの世で地位や身分を得ているゆえんの側面や資質のすべてをすっぽり覆って見えなくしてしまうのであり、愛は、われわれがふだん見過ごしているものを、世間のあらゆるしがらみから切り離された純粋なかたちで観取するのである。このように愛は、他者が誰であるかを情熱的に摑むのであり、われわれを他の人びとと結びつけると同時に切り離しもする世界という間《あいだ》の空間は、いわばその愛情の炎に焼き尽くされて消え失せてしまう。愛し合う者たちが共同世界から切り離されているのは、愛し合う者たちが無世界的であり、愛し合う者たちの間では世界は焼失して無に帰しているからなのである。われわれがおたがい他人同士結びつき、かつ同時に切り離されているのは、世界という間の空間に仲立ちされているおかげだが、それと同じように、愛が続くかぎり、愛し合う者同士が結合すると同時に分離していられるのは、愛に本有的な産物たる子どもに仲立ちされているおかげである。子どもは、愛し合う者たちの間に生じ、その者たちにとって共有のものとなるから、そういう子どもにおいて、愛ゆえにいったん消失した世界が、ふたたびもう姿をみせることになる。愛し合う者たちは子どもをもつことで、既存の世界に、何らかの新しい世界的なものを、まさに割り込ませようとしていることが分かる。[85] さしずめ、愛し合う者たちは、愛ゆえに彼らがいわば追い出されたその世界に、子どもを仲立ちとしてふたたび復帰してきたかのようである。世界へのこの復帰は、愛の物語の唯一可能な結末《エンデ》、少なくとも唯一可能なハッピーエンドであるが、しかしある意味では、愛の終わり《エンデ》でもある。子どもという目的《エンデ》に達した愛は、当事者たちを新たにとらえて別の物語を紡ぎ出すか、愛以外にも多様なかたちをとりうる相互連帯の一つへと転化するか、のどちらかとならざるをえないからである。愛はその本質からして、無世界的であるのみならず世界破壊的ですらあり、それゆえ、非政治的であるのみならず反政治的ですらある――おそらく愛は、一切の反政治的な力のうちで最強のものであろう。

以上から、次のことが帰結する。キリスト教は、許す力があるのは愛だけだ、と説く。しかもそれは、愛は、ある人が誰であるかという点にもっぱら向けられているので、赦しがそもそも何ゆえになされるかということを、表立って現実化する必要がもはやまったくなく、いわば、愛することと自体においてたえず一緒に、ごく当たり前のこととして赦しを行なっているからだ、という。だが、もしキリスト教のこの教えが正しかったとすれば、許しの力は、本書の考察の埒外にとどまらざるをえなかったであろう。だが、事実はそれと異なる。というのも、愛が狭い領土に局限された王国で君臨しているのにひきかえ、人間事象のもっと広大な領域には、この愛に対応する人格的関係が見出されるからである。われわれはそれを、「尊敬《リスペクト》」と言い表わすことができるし、たぶんこの呼び名が最もよいだろう。尊敬は、アリストテレスの言う *philia politikē* つまり市民的友愛のごとく、一種の「ポリス的な友情」であって、近さや内面性を必要としない。それによって表現されるのは、人格に対する尊敬の感情である。しかもこの場合、人格は、世界という空間がわれわれの間に置く距離から注視されている。そのさい、この尊敬の感情は、われわれが賛嘆したりするその人の特質とも、われわれが高く評価する業績とも、まったく無関係なのである。現代、尊敬が失われているのは、もしくは、尊敬をおぼえるのは賛嘆したり評価したりするときだけだとわれわれが信じ込んでいるのは、じつに、公的な社会生活において脱人格化が進んでいることの紛れもなき印である。それはともかく、尊敬は、ある人が何を為したかというその行ないを、その人が誰であるかのゆえにそもそも許す、十分な動機をきっぱりとなす。だが、行為と言論において何気なくあらわとなるのと同じ、当人が誰であるかという点こそ、赦しの本来向けられる対象でもあるという事実は、われわれがここで取り上げている赦しが、依然として行為の一様態であるということを、紛れもなく示すものである。ちょうどその事実が、誰も自分自身を赦すことはできないということの最深の理由でもあるのと同様に。ある人があることを赦されるゆえんである、その人が誰であるかは、われわれが自分で勝手に行なうことのできる経験の埒外にある。要するに、誰であるかは、自分以外の人にしか見てとれないものなのだ。負い目ある人びとをわれわれが許すごとくに、われわれの負い目を赦してくれる共同世界が、かりに存在しなかったとしたら、われわれは、われわれ自身のいかなる犯行も罪過も赦すことができないだろう。なぜなら、自分自身の内部に閉じ込められてしまえば、犯された不正行為より以上の存在である人格が、われわれに欠けてしまうからである。

34　行ないの予測のつかなさと、約束の力

赦しは、政治的なものにおいて、まじめに考えられたことが一度もなかった。赦しが宗教上の文脈で発見され、「愛」に左右されると見なされたという理由だけで、そうであった。これと違って、約束を交わし、守るという能力、および、未来のことを確固たらしめるという、約束に内在する力は、伝統からうかがえるかぎりでの政治の理論と実践において、並外れた役割を果たしてきた。この伝統の起源に関して言えば、ローマ法が拠りどころとする契約と協定の神聖不可侵性――pacta sunt servanda つまり、契約は守られるべし――を思い浮かべることができるし、同様に、ウルの人アブラハムを引き合いに出すこともできよう。彼アブラハムは、「故郷を捨て、

親族と別れ、父の家を出て」〔訳注19〕見知らぬ国々へ赴いては、その行くところどこでも、協定を結ぶことで紛争を調停した。アブラハムが異国に移り住んだのは、あたかも、たがいに約束する力を試すこと、また、約束によって人間世界のカオスのうちへ導き入れられる秩序を試すこと、ひとえにこの一事のためであったかのようである。そしてついには、彼の試みが「確証」されるのを目の当たりにした神自身と盟約を結ぶに至ったのである。ともあれ、古代ローマ以来、契約理論は、政治思想の中心に位置してきた。この伝統が意味するのは、約束する能力は中心的な政治的能力であると見なされてきたということ、このこと以外の何ものでもない。

未来のことは予測がつかず、霧のように不確かで分かりづらい。五里霧中のこの状態をあちこち晴らし四散させるのが、約束の働きである。では、そのような予測のつかなさが昂じるのはなぜか。その理由は、一つには、人間の心が底知れず不可解だからであり、「強情でありかつ弱気なもの」だからである。予測のつかなさの根源は、人間という存在が原理的に変わりやすく当てにならないという点にある。自分が明日誰になっているか、今日請け合うことすらできないのが、人間なのだ。他方で、未来の予測のつかなさは、複数性という媒質によるところ大である。行為が複数性のうちを動くと言えるのは、何らかの行ないの帰結が、じつのところ、この行ない自身から生ずるのではなく、その行ないが組み込まれる当の関係の網の目から、ないしは、等しい行為能力を持ち合わせている対等な者たちがたまたま一組の共同体を揃ってなすにいたった当のめぐり合わせの布置から、生ずるからである。人間は、自分自身を当てにすることができない、もしくは、同じことになるが、自分自身を完全に信用することができない。だがこれは、人間が自由であることと引き換えに支払わねばならない代償なのである。また人間は、自分の為すことを意のままに支配する主人であり続けることができず、帰結を知るよしもなければ、将来を当てにすることもできない。だがこれは、人間が他の同等の人びとともに世界に住んでいることと引き換えに支払わねばならない代償なのである。言いかえれば、その代償を払ってこそわれわれは、たった一人でいるのではないのだという喜びを、そして人生はたんなる夢などではなくそれ以上の何かなのだという確信を、享受しうるのである。

約束を交わし、守るという能力が、人間事象の領域の枠内で果たすべき任務は、以上の二重の不確実性を克服することである。ただしそこには程度問題というものがある。つまり、約束のほかにもう一つだけ別の方途があり、それは人間事象のうちに身分秩序といったようなものを持ち込むという自己支配および他者支配のことだが、この方途を採るには及ばない程度に抑える、ということが望まれる。というのも、約束、ならびに約束から生ずる協定や契約は、非‐主権という条件のもとで与えられる自由に適合している、唯一の結束のかたちだからである。国家形態が、何らかの契約に元来もとづいており、政治的に確立される人間関係の理想が同盟をモデルとして採られている場合、いずれも、その国家では、自由が行為の積極的様態として可能だということに起因する大いなる長所がある。とはいえ、そのような国家形態は、支配と主権にもとづく政治体とは違って、人間事象が原則的に予測不可能であり、かつ人間というのは原則的に当てにならない、という事態をそのまま成立させておくリスクを明らかに背負うのであり、それどころかこのリスクを、いわば媒質として利用しながら、考慮に入れてさえいる。この媒質のうちへ、約束は、予見可能なものからなる正確に境界確定されたある種の島々を、あたかも、未知で未到の海域を指し示す道しるべであるかのように、投げ入れるのである。約束が、不確実性の大海に浮かぶそうした小島に比すべきものであることを止めるやいなや、つまり、未来という土地の区画を確定してやり、道を均してあらゆる面で安全にしてやるといった目的のために誤用されるやいなや、約束は、その結束力を失い、自己自身を破棄するに至る。

すでに述べたように、権力というのは、人びとが集まって共同で行為するところには、どこにでも生ずる。また権力は、人びとがふたたび四散すると、つねに消失する。集合した人びとを団結させておく力は――彼らを集合させる現われの空間や、公的空間を現に存在させている権力とは違って――相互約束の結束力であり、それが最終的に、契約というかたちをとって沈澱するのである。主権といえども、それが単独で主張されるとき――この場合の単独者は、一個人であることもあれば、融合して一個の集合体と化した国民全体であることもある――、つねに偽りとなり、支配欲に帰してしまう。それゆえ、主権ですら、それが実現されうるのは、限界つきの一定の程度までは、相互約束の力により団結し結束している何らかの共同体によってなのである。主権はこの場合、限界つきではあれ、未来の不確実性に左右されない独立性から生じてくる。まだ決着していないものについての知、ないしは、起こることの絶対ありえない一連の成り行きというものがあると信ずる根拠ある信頼、これに対応するのが主権なのである。主権がそのように泰然としている限度は、約束を交わし、守る能力それ自身が服している制限と、一致する。団結と相互結束を誇る共同体にも――多数者からなる一者を形づくっている何らかの個人の共同体支配欲的な意志にもとづいてではなく、多数者が同意してそれを掲げ、またそのために約束を交わして結束し合ったそもそもの趣意にもとづいて――主権がそなわることがあるが、そのような主権は、「自由」であるがゆえに約束による結束や趣意による団結というものがないすべての集団と比較して、疑いもなく優れている。この種の主権が優れているのは、あたかも現在であるかのように未来を自由に処理し裁量することができるという可能性から生ずる。じっさいこの可能性が意味するのは、権力がその本領を発揮しうる次元が、奇蹟的と思われるほど途方もない仕方で拡張された、ということにほかならない〔訳注20〕。

約束だけが、人間を自分自身にとっても「予測可能」なものにし、未来を意のままにできるものとする。この程度のことなら誰でも知っている。だがニーチェは、私見によれば、道徳にまつわる現象がどこに根ざしているかを探し出す持ち前の素晴らしい嗅覚を駆使して、次の点をはじめて指摘した。つまり、「権力の意識と自由の意識」の増大が見られる人間というのは、「自分の言葉が信用の置けるものであると請け合う。なぜなら、そういう人は、事故に逆らってまで、つまり「運命に逆らって」まで、志操堅固さを貫くだけの強さが自分にはあると自覚しているからだ」と。また、人間とは「約束をなしうる動物」であると定義したのはニーチェだけだったというのも、おそらくたしかだろう。さらに、約束ができ、約束をなしうるということを、主権および「責任という非凡な特権」と同一視したのも、ニーチェである。(86)だが、行為と人間事象の領域において主権のもつ意味が、制作と物世界の領域において名人的熟練のもつ意味に相当するとしても、主権と、名人的熟練との間には、決定的な違いがある。というのも、主権が可能となるのは、多数の人びとが、助け合ったり反目し合ったりしつつもお互いどうし保証し合い、自分たちには予見できない未来の事情に向かってそれでもなお結束し合う場合だけである。これに対して、名人的熟練が発揮されうるのは、ある個人が、他の全員から隔たって一人になり、この孤立化において何ものにも、自分自身にも他の人びとにも拘束されずに、自分の仕事に専心している場合だけなのである。

道徳 Moral とは、ラテン語 mors の複数形 mores に由来する。「モーレス」とは、そのつど妥当する風習や慣習のことであり、それとともに、そこに含まれそのつどの態度ふるまいを定めるあれこれの尺度のことであり、そうであるからには当然、歴史的に持続しつつ変遷し、国ごとにズレがある。だが、われわれが道徳《モラール》という言葉で意味しているのは、そういう「モーレス」の全総計より以上であってよい。もしそうだとすれば、道徳は、少なくとも政治的領域においては、約束する力能にもっぱら拠らざるをえない。また、行為する存在であるかぎり人間がどうしようもなく晒されるリスクや危険に遭遇する覚悟を決め、許し許され、約束を交わし守る、といった善意志に、もっぱら支えられざるをえない。ともあれ、許しと約束は、道徳の指針と言ってよい唯一のものである。だがその場合、道徳の指針とは、行為よりも高次の能力と称されているものとか、より高次の事柄と称されるものにふれる経験とか、そういったものから導き出され、行為の外側で獲得される尺度や規範なるものを、行為にあてがうものではない。道徳の指針はむしろ、行為と言論にそもそも乗り出したかぎりでの人びとの相互共存から、直接に生じてくるのであり、それはまるで、それ自体終わりのない新たなプロセスを始め、解き放つという能力のうちに組み込まれた制御器官であるかのようである。行為し言論を交わすということがなければ、それゆえ出生性という事実を現実化し分節化することがなければ、われわれは、自己完結した生成の永遠回帰の円環のうちをゆれ動くことを、永久に宿命づけられたままであろう。それと同じく、為されたことを為されなかったかのようにし、われわれによって解き放たれたプロセスを少なくとも部分的に規整し、制御するという能力がなければ、われわれは、かつて自然科学が一切の自然過程をそれに帰せしめたのと同じ冷厳な法則に従って動く自動的必然性の、確実な犠牲者となってしまうだろう。自然のこうした運命全体に埋め込まれているということは、死すべき存在者にとって、これまで見てきたように、次のような宿命しか意味しえない。つまり、内的に振動を繰り返す不死身の自然のうちで、誕生も死も存在せず、それゆえ、誕生から死までの人間的実存に特有な限りある時間も存在しない、という宿命がそれである。歴史のプロセスはその本質からして、不可避の必然という刻印をおびている、ということが真実だとすれば、そこから引き出される結論は、歴史的時間のうちに為されたことの一切は、没落の定めにある、ということでしかありえないだろう。

そしてこのことは、ある意味で当たってもいる。ひとが人間事象を放置しそれには干渉しない場合、人間事象の従う唯一の掟というのは、死すべき者たちの生を支配し、誕生の時から逃れがたく死へと急がせている当の法則でしかありえない。行為する能力が切って落とされるのは、まさにここである。行為する能力は、日常的なものの自動的経過をさえぎるのである。その日常的なもの自体すでに、既述のとおり、生物学的生命の循環運動を、ある意味でさえぎり、労働を通じてこの循環に干渉していたわけなのだが。新たに始めるというこの力能なしには、つまり中断し干渉するという力能なしには、人間の生のように誕生から死へと「急ぐ」生は、特異に人間的なことの一切を、何度も繰り返し引き裂いては朽ちさせ没落に追いやるべく宣告されている、ということになろう。もちろんこの危険はつねに存しており、そのような危険に対抗するのが、行為から生ずる応答性であり世界に対する責任性なのである。この責任性が暗示しているのは、次の事実である。つまり、なるほど人間は死ななければならない。しかしだからといって人間は、なにも死ぬために生まれてきたのではない。そうではなく、何か新しいことを始めるためにこそである。生まれてきた人間とともに世界にもたらされた真に人格的－人間的な基層が、生のプロセスによって磨滅してしまわないかぎりは、これが事実なのである。だが、自然的過程の観点からすれば、誕生から死までの人生の時間の直線運動が、円環をなす諸運動の従う規則の珍奇な例外のごとき観を呈するのと同じく、世界の歩みを一義的に決定しているかに見える自動的プロセスの観点からすれば、いかなる行ないも、珍事あるいは奇蹟のごとき観を呈する。それは、自然科学的にいえば「無限に非蓋然的なこと」なのだが、そういうとてもありそうにない出来事が、ここではある種規則性をそなえて、繰り返し繰り返し起こるのである。この世には「奇蹟」を成し遂げるという徹底してこの世的な能力が存在するということ、そして奇蹟をもたらすこの能力こそ行為にほかならないということ、このことをナザレのイエスは(行為の本質に関する彼の洞察は、比較を絶するほど深く根源的であったので、その他でこれに比肩しうるのはわずかに、思考の可能性に関するソクラテスの洞察のみである)知っていただけでなく、赦す力を、奇蹟を成し遂げる者の能力と比較することで、それを言い表わしもした。その場合イエスは、赦しと奇蹟とを同等に扱い、この世的な存在であるかぎりでの人間に帰せられる可能性と解したのだった。[87]

世界の歩みと人間的事柄の進行を、繰り返し繰り返しさえぎる奇蹟。そうした歩みのうちに萌芽的にひそみ、「法則」としてその歩みの運動を決定している腐朽から、当の歩みを救う奇蹟。結局のところ、出生性 Natalität という事実、つまり生まれ出ずる存在こそ、この奇蹟にほかならない。生まれ出ずる存在とは、行為といったようなものがそもそも存在しうるための存在論的前提なのである。(それゆえ、イエスの物語が宗教上重要なのは、もちろん死者の復活に関わるが、政治哲学にとって格別の意義は、それがイエスの誕生と誕生性 Gebürtlichkeit に重点を置いていることにある。だからたとえば、ヨハン・ペーター・ヘーベルは、「天から見下ろし、われわれの道を眺めている」復活者キリストのことを、「生まれ出ずる者」となおも呼ぶことができたのである。それというのも、キリストは一個の「生まれ出ずる者」としてのみ「生きている」からだ、と。[88][訳注21])そもそも人間が生まれてくること、またそれとともに、生まれ出ずる存在のおかげで人間が行為しつつ現実化することのできる新たな始まりも生まれること、ここに「奇蹟」は存する。行為のこの面が完全に経験されている場合にのみ、「信仰と希望」といったようなものがはじめて存在しうるのである。それゆえ、人間の実存のこの二つの本質的徴表について、ギリシア人はほとんど何も知らなかった。ギリシア人にあっては、忠誠と信仰は非常にまれで、政治的事象の進行にとっては無意味なものだったし、希望とは、人間の目を眩ませるパンドラの箱に由来する禍《わざわい》だったからである。われわれはこの世で信頼をいだいてよいのだということ、そしてこの世に希望をもってよいのだということを、クリスマスのオラトリオが「よき知らせ」を宣《の》べ伝えている次の言葉ほど、簡潔に美しく表現したものは、おそらくどこにもない。――「われわれに一人の子どもが生まれた」〔訳注22〕。

第六章　活動的生と近代

彼は、アルキメデスの点を発見した。だがそれを、自分自身に向けて利用した。明らかに彼の発見は、こうした条件のもとでしか許されなかったのだ。〔訳注1〕

フランツ・カフカ

318

35　世界疎外の開始

近代の入口には、三つの大いなる出来事が立っており、近代数百年の相貌を規定している。第一に、アメリカの発見、つまりヨーロッパ人によって地球の表面がはじめて探査され占有されたこと。第二に、宗教改革、つまりそれをきっかけにして教会や修道院の領地が没収されたこと。これにより、私有財産の収用プロセスと社会的富の蓄積プロセスを事とする近代経済が活発化することとなった。第三に、望遠鏡の発明、つまり新科学の発展。これにより、大地の自然はその周りを取り囲む宇宙という観点から考察されることとなった。この三つの出来事が、近代の開始を特徴づけている。だが、現代世界の開始のほうは、そうではない。現代世界はむしろ、フランス革命とともにようやく始まったからである。〔訳注2〕この三つは真正の出来事 Ereignisse であり、因果連鎖の一つ一つの項としては説明できないが、しかしそうはいっても、やはり多少なりともたえざる連続のうちにある。この連続にあっては、起こった出来事に対する先例というものがあり、発見者や発明者の先駆者の名前を挙げることもできる。言いかえれば、これらは歴史の光のうちで起こったのであって、現代の出来事のように、日付なき匿名の暗闇のなかから地底の奔流が爆発的な力によって噴出し白日の下に突如躍り出る、といった特異な性格は有していない。これらの出来事と結びつけられる名前は、ガリレオ・ガリレイやマルティン・ルターであり、発明と発見の時代に属する偉大な航海者、世界周航者、冒険家たちである。彼らの名前にはまだ、近代という新しさの時代の響きはおよそない。彼らに欠けているもの、それは、新しさや絶対的独創性を求める奇妙なパトスである。これまで誰も見たことのない事象を見たとか、これまで誰も考えたことのない思想を考えたとか主張したがる、この新しさの要求に、十七世紀以来、偉大な作家や科学者、哲学者たちは、時としてほとんどヒステリックとしか思えないくらい取り憑かれてきた。[1] 次いでこの要求は、十八世紀の革命において、自然に続行され実現をみることになる。〔訳注3〕だが、近代の入口に立つ人びとは、革命家ではなかったし、彼らの動機と意図は、確固たる伝統のうちになお根ざしていた。

　この三つの出来事のうち、大陸と海洋の発見ほど、同時代の人びとの注意をすぐさま惹いたものはなかった。宗教改革によってヨーロッパ中のキリスト教徒に突如もたらされた癒しがたき溝ほど、時代の心の平安を深く動揺させた出来事はなかった。これに対して、そうでなくともすでに相当数を誇っていた人類の仕事道具の武器庫に、新しい器械が一つだけ増えたという事実ほど、注意も賛嘆もされなかったものは、ほかになかった。この新しい器械（純粋に学問上の目的で案出された最初の器械）は、星を観察すること以外は、とりたてて役に立たなかったからである。歴史上の出来事の原動力を、自然界の出来事の衝撃力のように測定することが、われわれにかりにできたとしたら、次の歴史的事態を、数値的に示せるかもしれない。すなわち、地球から離脱して宇宙の発見へと踏み出す人類の手探りの第一歩は、出現したときには一番目立たなかったものの、その後速さと勢いをどんどん増していき、その結果ついには、地球の表面を途方もなく拡大し全地球を既知のものにした出来事のみならず、地球上の富という富がどうやら無制限かつ加速度的に膨れ上がってゆく蓄積過程をも、重要度の点で、はるかに凌駕するに至ったという、この事態をである。

そんな数値化が可能かはさておき、ともかく事実として、地球の未知の表面を発見して大陸と海洋を測量し地図や海図を作製してゆく作業は、数世紀続けられたのち、今日ようやく終結するにいたった。二十世紀になってはじめて人類は、地球という住みかを完全に占有し始めた。また、広大に開かれた水平線は、これまで大地に住んできた過去の全世代の人びとに、到達不可能ゆえにこそ魅惑的なものとして、彼らの生きている間じゅう付きまとってきたが、今日はじめて球状につなぎ合わされて一個の地球となった。かくて地球の壮大な全周は、あたかも掌中に描かれた弧のように細大漏らさずわれわれの知るところとなった。そして、地球上に途方もなく広がる空間という資源が発見されたのと同じ瞬間に、その同じ地球が収縮を始めることとなった。その結果ついには、われわれの住む現代世界――それはなるほど近代の帰結だが、近代の世界とはまったく別物である――においては、誰もがみな、特定の国の住民であるのとほとんど同じ程度に、地球の住民となった。現代世界は、地球全体をおおって伸び広がる一個の連続体ともいうべきものであり、この連続体からは、猛然と押し寄せてくる速度のあおりで、遠さも距離も消え失せてしまった。速度が空間を征服したのである。物体は二つの別々の場所に同時に存在することはできない、という乗り越えがたい限界が、速度には定められているが、かりにこの限界がなかったとすれば、加速度的にどんどん増大してゆく速度によって、空間は今にも虚無化されてもおかしくないほどである。なにしろ、遠さの意義は虚無化されてしまったのだから。別の地点からわずか数時間でたどり着けないような地点など、もはや地球上に存在しなくなって以来、そうである。遠さは、せいぜい言葉の綾として生きのびるのが関の山であろう。というのも、人間の地上的生にとっての遠さの具体的意義とは、年、月、週といった人間の生活‐時間を投入してのみ、遠さが克服可能であった点にあったからである。

近代の開始における発見者や世界周航者に関していえば、この地球収縮プロセスの推進者になることほど、彼らに似つかわしくないことはなさそうである。彼らを魅惑したのは、世界の広さそのものだった。遠さの呼び声に応じたとき、彼らはなにも距離を虚無化しようと意図していたわけではない。およそ測量するとは総じて、遠い距離にあるものをかき集めることにあり、それゆえ測定は、それまで遠さが支配していたところに近さを作り出すのだということ、このことが大胆不敵にも測量されたとき、計り知れないものなどもはや何一つ残っていない。この明々白々な事実が明らかとなるのは、しかし、あとから振り返って考察してはじめてである。この観点からすれば、地上のいかなる空間も手に届くほどの近さにもたらす現代のさまざまな技術的発明は、近代の初期段階に作られた地図や海図によって、すでに先取りされていたことになる。地球空間の収縮や、鉄道、蒸気船、飛行機による距離の廃棄には、もう一つの収縮が先行する。しかもこちらの収縮のほうが、限りなく効果的かつ根本的なのである。この収縮は、人知の測量能力が、数や記号、モデル等を駆使して、自然的所与を、任意の尺度で縮小しうることによって成り立つ。かくして、感覚的には無限大と感じられるものを、人間が自分自身の身体的かつ感覚的な間尺に見合った取り扱いをすることのできる程度の大きさに、縮めて押し込めることが可能となる。地球を一周し、人類の居住地域をわずかな日時で往来できるようになるずっと以前から、われわれ人間は地球を、地球儀というかたちで自宅に持ち込んでいたのであり、地球を一個の球として掌中に収めたり目の前で回して眺めたりすることを、いわば象徴的にやってのけていたのである。

だが、目下の文脈においては、同じ事柄のもう一つの側面のほうがいっそう重要である。人間の測量能力の本質に属していることだが、測量能力は、それがそもそも機能するためには、まずもって近さそのものからいわば身を引き、測定対象と自身との間に一定の距離をとるのでなければならない。この距離が大きくなればなるほど、測定や査定はそれだけいっそう可能となり、他方、測量された空間そのものはそれだけいっそう縮小する。地球が決定的に収縮したのは、結局は、飛行機の発明の帰結であり、言いかえれば、地球の表面からそもそも距離を置くことのできる器械が発明されたからである。この事実が判然と指示しているものこそ、われわれが目下問題にしている次の現象にほかならない。つまり、地球上での距離が小さくなることはいずれも、地球からの人間の距離が大きくなることと引き換えでのみ、したがって、大地に根ざして住まうことから人間が決定的に疎外されるという犠牲を払ってのみ、達成可能だということ、これである。

　宗教改革は、大航海時代以来の地球の収縮とは、原則的にまったく別の種類の出来事である。だが結局はこの出来事も、地球収縮とじつによく似た疎外現象を呈することに気づかされる。この「世俗内《イナーヴェルトリヒ》禁欲」の現象は、マックス・ヴェーバーの診断によれば、新たな資本主義的思考様式をもたらす最も強力な動機であった。偶然の符合のこういった摩訶不思議な事例を見せつけられると、われわれはどうもやはり、幽霊とか鬼神とか、お化けのように徘徊する時代精神とかいった存在を信じないではいられなくなる。このうえなく異なっているはずなのに似すぎているので、非常に目立つし不安にさせるのである。というのも、大地の新発見と占有の自動的帰結として、人間は大地から距離をとり疎外されることになったのだが、そうした疎外現象と、世俗内禁欲という形での世界内部的《イナーヴェルトリヒ》世界疎外とは、もともと何の関係もなかったからである。おまけに、マックス・ヴェーバーが名著のなかで歴史的事実を立証したこの世界内部的世界疎外に、さらにもう一度、似た現象が連動することとなったが、こちらも、キリスト教の信仰をその根源的な終末論的彼岸性において復活させようとするルター派やカルヴァン派の試みとは、何の関係もなかった。というのも、この一種の世界内部的世界疎外は、まったく別の次元においてではあれ、近代初頭に農民が土地を追われた収用の直接的帰結だったし、この土地収用という脱固有化の出来事 Enteignung 自体は、これはこれで、教会領が収用されたことのまったく予期せぬ、計画的でもなんでもない帰結の一つだったからである。この二つの世界疎外的土地収用がきっかけとなってはじめて、封建制経済システムの崩壊が引き起こされた(2)。この出来事がなかったら近代経済はどのように展開していたであろうか、などと思弁をめぐらせるのは、閑人の妄想かもしれない。ともかくこの出来事は、まずヨーロッパを、次いで全世界を、一つのプロセスのなかへ引きずり込んでいった。そのプロセスが進行するうちに、財産は我有化によって虚無化され、対象物は生産プロセスによって呑み込まれ、要するに、世界の安定性は、ここ数世紀のあいだ進歩と呼ばれた当のものによって、根底から掘り崩されてしまった。ところで、閑人が妄想を逞しくして考えをめぐらせることにも、何ほどか意味がなくもない。なぜなら、そのような熟考のおかげで、次のことが曲がりなりにも思い起こされもするからである。つまり、歴史を成り立たせている要素とは、あれこれの物語以外の何ものでもないこと、また、物語というのは、生起や出来事について語るのであって、その後の進展の予測がきくあれやこれやの力とか、論理的に展開される観念とかについて語るのではないこと、これである。他方、そうした熟考が、閑人の妄想に堕し危険となるのは、起こった事実のリアリティに対する異議申し立てとして利用できると、ひとが思い込む場合だけである。あたかも、歴史は「本来」どのように成し遂げられ「ねばならなかった」か、を指し示す積極的示唆が、そこに含まれているかのごとくに。事実として存していた可能的選択肢の数は、原理的に任意であること。「別様でありえたかもしれない」というのは、つねに観念の性格しかもたないこと。そうした観念は、せいぜい納得できる説明どまりで、現実に起こった出来事の予期せざる説得力を、埋め合わせることなど決してできないこと。こういったごく当たり前のことを、ひとが忘れるとき、閑人の妄想は危険なものとなる。歴史における可能的選択肢を考量してみることは、思想の戯れのようなものであり、それが、出来事を熟慮することに役立ちうるのは、現実に拘束されているという自覚のあるときに限られる。

世界疎外のこのプロセスの推進力には、尋常ならざるものがあり、その勢いは、この数百年、ほとんど何ものにも邪魔されることなく発展してきた。現在、その最終段階を迎えるに至っているこの勢いをありありと思い描くためには、いわゆる戦後ドイツの「経済の奇蹟」のことを考えてみればよい。これが奇蹟とされたのは、経済思想が、とっくに時代遅れとなった概念の枠組のうちを旧態依然と動いているからにすぎない。ドイツ経済の奇蹟によって例証されたものがあったとすれば、以下の点であろう。近代の条件下では、私有財産の虚無化や対象的世界の破壊、そして都市の壊滅によって生み出されるのは、貧困ではなく、富だということ。というのも、この虚無化のプロセスは、虚無化されたものの復興に転ずるというよりはむしろ、比較にならないほど急速で効果的な蓄積プロセスへ急変するからであること。そのさい唯一の条件は、攻撃を受けた国が、虚無化に対して高水準の生産でもって応ずるに十分なほど、近代化されている点にあること。以上を例証してみせたのが、ドイツ経済の奇蹟というそれなりに古典的な実例であった。経済的に見れば、ドイツが戦争による荒廃化のおかげで一挙に手に入れたのは、平時には、より緩慢ながら、確実さの点ではひけをとらない消費プロセスが生み出しているのと、同じものである。じっさい、生産を活発に保つために、対象世界を不断に平らげ尽くさないわけにはいかないのが、現代の浪費経済なのである。「奇蹟」の成果により理想的なまでに判然と示されているとおり、現代の生産プロセスは、消費能力がもはや追いつけないほどの推進力をすでに達成しており、このプロセスはむしろ、対象物の世界をわれわれが、平らげるだけでなく、虚無化しようと決意できたなら、そのほうがよほど円滑に機能することだろう。現代経済を破滅させるのは、虚無化ではなく、維持や保存なのである。いかなる種類の在庫であれ、それがなくならないで居座っていると、現代経済の回転プロセスに影響が出る。とはいえそれは、回転の速度がゆるめられるだけのことである。なぜなら、現代経済に特有な唯一の常数は、生産プロセスの速度のたえざる増大に存するからである(3)。

すでに見たとおり、財産というのは、占有物や富、我有化プロセスとは違って、世界的な現象であり、もしくは、われわれが私的に所有している共通世界の部分を指し示すものである。それゆえ、私有財産が存在し、保護されることは、人間存在の世界性が展開されるための最も初歩的な政治的条件の一つなのである。同じ理由で、財産没収という脱固有化の出来事 Enteignung は、世界疎外が遂行される様態の一つである。近代の歩みがそれに従って編成させられてきた法則は、たとえ近代の当事者すべての意図に反していたにせよ、脱固有化であったし、それとともに、世界からの特定の住民層の疎外であった。この原初的な世界疎外の中心的意義をわれわれが往々にして看過しがちなのは、宗教的領域の消失を、世俗化や世界化と等置することに慣れっこになっているからである。だが、明白な歴史的出来事としての世俗化は、国家と教会との、つまり宗教と政治との分離以外の何ものでもない。また、宗教的立場からしてみれば、世俗化とは要するに、「カエサルのものはカエサルに、神のものは神に返しなさい」としたイエスの教えへの復帰を意味するにすぎない。世俗化と呼ばれるこれらの事態はどれも、信仰や超越が失われたとか、この世の物事に対する関心が新たに増大してきたとかいったこととは、まったく無関係である。

近代になって信仰が失われたのは、宗教的な起源によるものではなく、宗教改革および反宗教改革という、近代の二大宗教潮流に還元することはできない。また信仰の喪失は、人間的実存の宗教的領域だけに関わるのでは決してない。かりに百歩譲って、彼岸的なものが、つまり彼岸における不死性への信仰が、それ以上説明不可能な仕方で、突如として消失したことでもって、近代が始まったとしよう。しかしだからといってそこから、超越のこの喪失のおかげで人間がいっそう此岸的になったとか、いっそう世界的になったとかいったことは決して出てこないだろう。ここ数世紀の歴史がむしろ証明しているのは、信仰の喪失によって人間は、世界や此岸へではなく、むしろ自己自身へと投げ返されたということである。デカルト以来の近代哲学を他のすべての哲学と区別しているもの、それに近代哲学ならではの新しい成果も拠っているのだが、それは何かといえば、自己および自己意識を、魂とも人格とも人間的実存一般ともまったく違う領域として際立たせる分析であり、またそれに応じて、世界内および共同世界内でのあらゆる経験を、自己のうちで進行する意識体験へと還元する試みなのである。じっさい、資本主義の起源に関するマックス・ヴェーバーの発見が偉大であったのは、次の点を立証したからである。つまり、まったく此岸的な、途方もない能動的活動が可能であり、その活動の参加者は、此岸に定位する必要がなく、したがって世界に対する気遣いもなければ、世界を享受することもなく、むしろそうした現世への関わりはどれも、自己自身への関心および魂の救済への気遣いに起因しうるということ、これである。近代を特

徴づける目印は、世界疎外であって、マルクスが考えたような自己疎外ではない。(4)

土地収用つまり脱固有化の出来事とは、一定の住民層が、世界内の居場所を奪われて、純然たる生存競争に晒されることを意味する。歴史的にはこれが、根源的蓄積にとっての出発点となったし、労働の搾取によって富が資本へ転化する可能性の根本条件ともなった。近代の収用プロセスを解き放ったこの出発から、人間の生産性の途方もない増大を結果的にもたらす発展への道が拓かれた。このことは初めから、つまり産業革命よりずっと以前から明らかだった。新しく登場した労働者階級は、文字どおり稼いだパンをすぐ口にほおばるというその日暮しの生活を送り、生活の必要という強制とその絶対的緊急性に服していたが、(5)それればかりではなかった。労働者階級はまさにこの強制のおかげで、生命プロセスから自動的に生ずるわけではない一切の気遣いや心労から解放されていた。言いかえれば、彼らには世界への気遣いが欠けていた。歴史上はじめて自由労働者階級が発生した初期段階において自由になったのは、じっさい「労働力」であった。すなわち、生物学的プロセスのもつ力と、すべての自然的プロセスと同様にこの生物学的プロセスが生み出す余剰であった。そうした余剰が発生するがゆえに、新しい世代により古い世代が更新されていくために絶対必要なもの以上のものが生ずる勢いがつねに確保されるのが、自然界なのである。その場合、財産没収と占有物集積はたんに、新たな財産の形成に帰着するのでも、占有物の再配分に至るのでもなく、むしろ、種々の社会階層が我有化のおこぼれに与ろうと群がる争奪戦を活気づけることに役立てられた。かくて、そうした社会階層は自動的に、どんどん財産を没収され、いよいよ拡大再生産され、ますます蓄積されて膨れ上がり、みるみる拡大していった。この自動的増殖プロセスの点で、近代初頭の経済発展は、近代以前における同類の現象とは異なっていたのである。

別の言い方をすると、労働力という自然プロセスの解放は、特定の社会階層にかぎられたままでは収まらなかったし、我有化のプロセスは、新たな財産が形成され必要が充足されて参加者全員の需要が満たされたからといって停止することもなかった。資本の蓄積は、たんなる富の集積とは違って、歴史上ごくありがちな経済的停滞に陥ることもなく、ありとあらゆる階級と社会に襲いかかり、社会的富の急激な増加を引き起こす原因となった。マルクスがしばしばそう呼んだように、この過程はたしかに、一種の「社会の生命プロセスである。なにしろ、富を生み出すこの過程の能力に比肩できるのは、生物の生殖プロセスの示す多産性」——じっさい男女一組の人間を造りさえすれば、理論上は、似たような人間をいくらでも産み出すことができる——くらいだからである。ところで、このプロセスは、その淵源たる世界疎外という原理に、あくまで結びつけられている。このプロセスがいったん走り始めたら、それが継続していくためには、世界のいかなる在庫分も、世界の安定性のいかなる原理も、それどころか当のプロセス自身が生み出したものでさえ、このプロセスを妨げることがあってはならない。むしろ、世界を形づくる物は、もともと制作プロセスの最終生産物だったはずだが、その一切合財が、たえず加速度的にこのプロセスのなかへ再投入されるのでなければならない。言いかえれば、社会的富の成長プロセスは、すでに見たように、生命プロセスから発生する一方で、逆に生命プロセスをさらに駆り立てるのだが、この成長プロセスが可能なのは、世界ならびに人間の世界性が、この過程のための犠牲となるときだけなのである。

資本主義経済システムは、その原初段階において、労働と貧困の地獄絵図をこの世に繰り広げた。そのような光景は、当時のヨーロッパの人びとには、とにかく見たことも聞いたこともないものだったが、今やありふれたものになった。土地を収用された人びとは、家族と財産によって生活を守られるという原始的で神聖な生活保護や、生命それ自体のための場所を失い、ひいては生命に結びついた一切の活動を失った。「労働貧民」の絶対的な窮乏化と無慈悲な搾取というこの第一段階は、相当長く続いた。ようやく次の段階に至ると、今度はたんに理論的ではなく現実的に、全体としての社会が、新しい生命プロセスの主体となった。それはちょうど、近代以前の状況において、個人でなく家族が、生命プロセスの真の主体であったのと同様である。一定の社会階級に帰属するということが、それまでのように自然的に家族の一員になることに、今や取って代わったのである。階級の利害と階級の連帯によって成り立つ保護が、少なくとも、一家族の利害と連帯による自然的保護に比肩しうるようになった。さらに明らかとなったのは、全体としての社会が、生命プロセスのかの「集合的主体」になったことである。しかもそれは、現象を説明可能とするために古典派経済学が必要とした「共産主義的虚構」のごとき、仮説的抽象物などではなかった。近代以前には家族が、私有財産の歴然たる部分である家屋敷や家財と半ば同一視されていたように、近代において社会はどんどん、歴然たる集合財産である民族国家の領土と、同一視され始めた。じっさい、あらゆる階級にとってこの民族国家は、二十世紀に衰退するまでは、家屋敷を私有財産として保有する代わりの役目をある程度果たした。家屋敷を奪われてしまった無産階級も、民族国家の領土の保有者となったのである。

ナショナリズムの有機体史観は、本質的に中央ヨーロッパ起源のものだが、民族 Nation ならびに民族の成員間に現存する関係と、家族ならびに家族の絆とを同一視することに、いずれも基づいている。有機体説では、社会が家族の代わりとなる分だけ、「血と土」が民族への帰属を決定すべしと主張される。この種のイデオロギーが完全には形成されていない場合ですら、国民は総じて国土に根ざした同種の存在たるべきだとする考え方が、民族形成の本来の基準となる。民族国家のこうした発展のなかで、国民のあいだに社会的連帯感が次第に形成され、その結果、貧困が抑止され、最悪のことがしばしば防止されたこと、それどころか、そうした生活保障がそれなりの社会的立法にすらなったこと、このことは疑いえない。だが、同じく疑いえないのは、にもかかわらず、脱固有化と世界疎外のプロセスそのものは相変わらず進行したということである。ナショナリズムが拠りどころとした「集合財産」なる代物が、まったく自己矛盾した観念でしかない以上、それも当然であった。

われわれが今日置かれている情況は、おそらくこの発展の最終段階である。その徴表《メルクマール》としては、ヨーロッパの民族国家の衰退、地理的および経済的見地における地球の収縮、そして最後に、人類という観念の成立が挙げられる。ただし人類といっても、その統一性が政治的に保証されているわけでも、人文主義的な人間の理想に由来するわけでもない。要するに、地球の四方の隅々から世界各国の人びとが集まるのに要する時間のほうが、何年か前まで一国の成員同士が首都で落ち合うのに必要だった時間よりも、よほど少なくてすむようになって以来、地球人という考え方が、単純な事実として浮上しただけのことである。近代の初期段階において、階級への帰属と国家の領土が、家族への帰属と家族の財産たる地所の役割を引き継いだように、今日では、地球の住民としての人類、全体としての人類社会という観念が、民族という社会組織に取って代わったのである。地球の表面全体が、国境によって仕切られた各国の領土の代わりとなった。だが、地球人としての人類全体がそのように地球を占有したからといって、世界疎外のプロセスが停止するわけではない。これは、世界疎外を解き放った個人財産の没収プロセスと、その結果としての社会的成長プロセスが、世界疎外を停止させないのと同様である。じっさい、世界市民という古風な人文主義的観念は、ユートピアにすぎない。誰だって、自国の領土の市民であったのと同じようには、世界市民とはなりえないのだから。また、社会的所有と社会的富という古風な社会主義的観念は、ユートピアよりもたちが悪い。所有－財産とはあくまで自分のもの、私自分に固有のものであって、それゆえ、社会的所有、「共産」という発想自体、矛盾している。人間の尊厳の統整的理念としての人類とは別個に、地球人としての人類という考え方が成立するに至っているとしても、それが意味するのは、現代社会が地球全体を覆い尽くす勢いで拡大していること、またそれとともに、大衆としての人間および大衆運動が根を引き抜かれ見捨てられていくという現代の社会現象が、世界中の国々に蔓延しつつあること、このこと以上でも以下でもないのである。

36　アルキメデスの点の発見

「飼い葉桶に一人の赤ん坊が生まれて以来、かくも偉大なことがかくもひっそりと起こったことがあったかは疑わしい」。この言葉を皮切りに、ホワイトヘッドはガリレイと望遠鏡の発明に関する分析を始めている。(6) その言葉に誇張はいささかもない。飼い葉桶に赤ん坊が生まれたことによって告知されたのは、おそらく予見可能だった古代の没落というよりはむしろ、予測のつかない或る新しいことの始まりであった。その新しさはあまりに予期しえないものだったがゆえに、恐れも希望も、それを先取りすることはできなかった。それと同様に、原理的に人間の感覚能力の彼方にあるものを感覚的に知覚できるよう組み立てられた新しい器械のレンズを通して、最初に見えた光景のかずかずは、絶対的に新しいことの始まりを意味するものだった。その新しい出来事は、まさにニーチェの言うとおり、「鳩の足どり」で世界にやってきた。〔訳注4〕というのも、望遠鏡がセンセーションを巻き起こしたのは、天文学者、哲学者、神学者といった比較的少数の知識人のあいだだけであり、彼らは政治的影響力に乏しかったからである。それよりもはるかに公衆の注目を惹いたのは、物体の落下の法則を実演してみせたガリレイの公開実験のほうだった。この実験は近代自然科学の始まりだと長らく考えられてきた——が、これは正しくない。というのも、落体の法則をニュートンがのちに作り変えて生み出した普遍妥当的な重力の法則こそ、今日なお天文学と自然学の近代的融合の最も壮大な見本の一つと言えるのであって、この万有引力の法則なくしては、落体の法則が近代科学に天文物理学への道をならしてやったとは、まず考えられないからである。じっさい近代の世界像は、古代や中世の世界像のみならず、現実を探求してやまないルネサンスの渇望とも決定的に異なっているが、その区別のゆえんこそ、大地に束縛された物体の落下や運動を規定している法則が、天体の運動をも支配しているはずだ、とする想定にほかならない。

ガリレイの発見の意義もまた、先行者やら同時代人の類似の思弁やらが沢山あったことによって損なわれている。クザーヌスやジョルダーノ・ブルーノの哲学的・形而上学的な思弁のみならず、ケプラーやコペルニクスといった数学的訓練を受けた天文学者の想像力もまた、人類が太古の昔から自明と考えてきた地球中心の有限な世界像を疑問に付した。大地と天空の二分法を最初に廃棄したのは、ガリレイではなく哲学者たちであった。そしてそれは、哲学者たちが地球を「星辰の高貴な地位」へ引き上げ、永遠かつ無限の宇宙のうちにその故郷を確保したと信じたことによってである。(7) また天文学者が、一切の感覚的経験に反して、太陽が地球の周りを回るのではなく地球が太陽の周りを回っているのだ、と考えるためには、最初、望遠鏡は要らなかった。過去を後知恵的に眺める歴史家なら、次のように容易に結論づけることもできよう。プトレマイオス的世界像に反駁するためには、経験的確証はなんら必要なかったのだ。むしろ、自然過程の単純性という古代的かつ中世的な原理を、その帰結に頓着しないで適用するのは――たとえこの原理の適用が感官知覚の真理を否定することにつながろうとも――、精神が大胆不敵かどうかの問題にすぎないのだ。ほとんど字義どおりの意味で、大地から天空へと飛翔していき、あたかも自分本来の場所は地球ではなく本当に太陽にあるかのごとく地球を見下ろすためには、コペルニクスのような前代未聞の想像力を動員することだけが肝要なのだ、と。こんなふうに結論づける歴史家なら、「アルキメデスへの真の回帰」はルネサンス以来すでに進行中であり、それゆえガリレイの諸発見に先行していたのだ、と考えて怪しまないにちがいない。ガリレイにアルキメデスの弟子と呼べるところがあったこと、またレオナルドがアルキメデスを熱心に研究したことは、たしかに示唆に富む史実ではある。(8)

そうはいっても、哲学者の思弁や天文学者の想像が、出来事を作り上げたことは一度もない。ジョルダーノ・ブルーノの思弁は、ガリレイが望遠鏡による発見を行なう以前は、学者の注意をまったく惹かなかった。コペルニクス的転回にしても、ガリレイの発見による経験的確証がなかったとしたら、神学者のみならず、「すべての理性的な人びとによって、勝手気ままに想像力を働かせた妄想の所産として片づけられた(9)」かもしれなかった。観念の王国でものを言うのは、根源性と深遠さであるが、どちらも個人に制約された性質であって、新しいこと、つまり客観的に立証可能な新機軸ではない。観念はやって来ては去ってゆく。観念には、特有の永続性が、それどころか不滅性が具わっており、それはひとえに、当の観念のもつ照明力がどこまで深みにまで達するかに懸っている。しかもこの照明力は、時間と歴史とにかかわりなく存続し持続する。さらに観念は、出来事と違って、同じものがないことは決してなく、過去にもそれをすでに考えた人がつねにおり、また——望むらくは——未来にもそれをふたたび考えるであろう人がつねにいる。経験による確証とまったくかかわりなく、地球こそが太陽の周りを回っていると想像することなら、古代人に知られていなかったわけではない。それは同時代の原子論と同じであった。古代原子論は実際のところ理論でしかなく、実験によって確証されたわけでも現実世界で応用可能なわけでもなかった。[10][訳注5] しかるに、ガリレイ以前の誰もやらなかったことは、望遠鏡という器械を使うことにより、宇宙の秘密を人間の認識に「感覚的知覚の確実性でもって」あらわならしめたことであった。[11] ガリレイがやったことは、地球に束縛された生き物の把握能力を、その肉体的感覚器官もろとも拡大したこと、このこと以外の何ものでもない。その結果、人間の把握能力は、摑もうとしても届かなかった領域に、つまり、それまではせいぜい思弁や想像力一般によって不確実にしか明らかとならなかった領域に、背伸びして手が届くようになったのである。

コペルニクスの体系とガリレイの発見とのあいだには、これだけ大きな違いがあった。この意義の相違を最も的確かつ迅速に把握したのは、カトリック教会である。教会は、太陽の周りを地球が回っているとする理論を天文学者が用いること自体には、なんら反対しなかった。数学的計算のうえでの仮説のみが問題であるかぎりは、そうであった。だが、ベラルミーノ枢機卿がガリレイに向かって強調したように、「この仮説が現象に最もうまく適合することを証明するのと、地球が運動していることを経験的に実証するのとでは、話が全然ちがう」[12]。このコメントがいかに正鵠を射ていたかは、ガリレイの発見が周知となった途端、学界の雰囲気が急変したという事実によって、一目瞭然であろう。それ以後、ぱったり聞こえなくなってしまったものがある。ジョルダーノ・ブルーノが無限の宇宙を眺めたときの熱狂。ケプラーが太陽を眺めて「その本質が純粋な光以外の何物からもできていない、およそ天体中の最も完全な天体」にして「神ならびに至福の天使の住まう場所」[13]と絶賛したときの敬虔さ。クザーヌスが、地球は今やついに星空に本来の故郷を見出した、と信じたときの冷静な満足感。それらすべてが鳴りをひそめてしまったのである。ガリレイは、これら先行者の所説を「確証」したことによって、それまでは思弁と想像力の飛翔のうちでのみ見てとられたにすぎなかったものを、現実的事実として確立してしまったのである。この現実に対する最初の哲学的反応は、絶賛ではなく、デカルトの懐疑であった。近代哲学——かつてニーチェによって命名された近代「懐疑学派」——は、この懐疑とともに始まった。その近代哲学が、最初から最後まで根っから信じて疑わなかったことがある。「人間精神は今後、屈することなき絶望を確固たる基礎とすることによってのみ、みずからの故郷を確実に打ち建てることができるのだ」との確信がそれである[14]。

何世紀もの間ずっと、この出来事がもたらした帰結は——キリストの誕生がもたらした帰結とこの点でも似て——矛盾に満ちたままであり、出来事の意義は不確かなままであった。今日でさえ、当時始まったことの意味は何であったか、という問いに一義的に答えることは不可能である。自然科学の発展が、人類の知と力を途方もなく増大させてきたことは、誰も否定しないだろう。近代の始まる直前にヨーロッパ人がもっていた知識は、紀元前三世紀のアルキメデスがもっていた知識にも満たなかったのに、二十世紀前半に相次いでなされた決定的発見の夥しさたるや、有史以来十九世紀までに蓄えられてきた総量を上回るほどである。だが、誰でも知っているとおり、その同じ発展のおかげで、絶望があからさまに膨張し、世界から魔力が抜き取られ、近代に特有な現象であるニヒリズムが発生することにもなった。しかもそれは、発展の勝利に劣らず、十分いわれのあることだった。この現象は、かつてはごく少数の人びとのものだったが、みるみる広範な階層の人びとを襲うようになり、今日では——この随伴現象がいかに不可避であるかを示すこのうえない徴候であるが——科学研究自体も、もはやこの現象のあおりを受けないわけにはいかなくなった。科学者が抱いて当然の楽天主義《オプティミズム》は、十九世紀にはまだ、思想家や詩人がそれに劣らず抱いて当然の悲観主義《ペシミズム》と、くっきりとした対照をなしていたのに、である。現代物理学の自然像は、その始まりを遡ればガリレイにまで行き着くが、現実を取り次ぐはずの人間の感覚器官の能力を疑問に付すことによって成立した。その現代物理学の自然像によってわれわれに明らかにされる宇宙について、われわれの知っていることと言えば、結局のところ、宇宙は一定の仕方でわれわれの計測器具に影響を及ぼす、ということだけである。われわれが計測装置から読み取ることのできるデータが、現実がどんな性質をもっているかについて述べてくれる情報は、エディントンのたとえで言うと、われわれが電話番号を選んでその電話番号の加入者について当の番号が伝えてくれる情報、の域を出ない[15]。言いかえれば、われわれが直面させられているのは、客観的性質ではなく、われわれ自身によって作り出された装置なのであり、自然や宇宙ではなく、「いわばわれわれはつねに自分自身に出会っているだけである[16]」。

目下の文脈において決定的なのは、絶望と勝利が同じ出来事に起因して生じた、ということである。歴史的に言えば、ガリレイの発見は、次のことをあからさまに実証してしまったかのようである。つまり、最高度に抑圧的な恐怖と、人間的思弁の最高度に舞い上がった希望とは、言いかえれば、現実を取り次いでくれるはずのわれわれの感覚または感官はじつはわれわれを欺くものなのかもしれないという太古以来の怖れと、地球外の点を見つけてはそれを拠りどころとして世界の蝶番《ちょうつがい》を外してしまおうとするアルキメデスの願いとは、両者が一緒になってはじめて、いわば手に手を携えて、現実味をおびたということ、これである。つまり、世界の蝶番を外してみたいという願望は、根本的な世界喪失と現実喪失を条件としてのみ叶えられたかのようであり、感覚によって欺かれているかもしれないという怖れは、この世を超えた力を現実化することによってのみ確証されたかのようである。というのも、今日、物理学でどんな先端実験が行なわれていようと――太陽のような恒星においてしか自然的には起こらないエネルギーのプロセスを、実験室内で解放するとか、宇宙の進化プロセスを、試験管中で実験するとか、最新鋭の望遠鏡を用いて、二百万光年いや六百万光年もかなたの宇宙空間を探査するとか、地上の自然界ではまったく未知のエネルギーを、実験装置のなかで生産し制御するとか、原子の素粒子加速器のなかで、光速に近い高速度を達成するとか、天然には存在しない元素を「制作」するとか、宇宙線の利用によって生じた放射性元素を、地上にばら撒くとか――、つねに問題となっているのは、地球外の宇宙の一点を拠りどころとし、その立場から自然を操作する、ということだからである。われわれ人間は、アルキメデスの欲しがった一点（*dos moi pou stō* つまり「私に立つ場所を与えよ」）に現実には立っていないし、生命維持に欠かせない地球をはじめとする諸条件に、なお束縛されている。そうはいってもわれわれは、この地上にいながら、また自然のただなかで、あたかも地球や自然を外から意のままに操り、アルキメデスの点を発見したかのように、ふるまうすべを発見したのである。自然の生物全体を危険に陥れるというリスクを冒してまで、われわれはこの地球を、自然界には知られていなかった普遍宇宙 Universum の宇宙力に曝しているのである。

こういったことすべてがいつか可能となるとは、よもや誰も予感しなかったし、最近五十年間の技術的発展を可能にした理論や仮定は、たいてい、近代初頭の数世紀に自然科学が定式化した学説や法則とはまったく矛盾している。にもかかわらずこの発展もまた、天と地との古い二分法が廃棄され、その代わりに一様で均質の宇宙が据えられたということに、なお本質的に起因するのである。じっさいその一様な宇宙から眺めると、地上の自然法則はすべて、普遍宇宙的に妥当する法則の特殊事例と化し、地球もまた、宇宙を遊動している数え切れぬほど夥しい物体の一特殊事例と化す。だがこのことが意味するのは、いかなる出来事も、人間の感覚経験の把握能力と到達範囲を原理的に超え出る妥当性をもつ法則に服している、ということなのである。しかもそれは、どんなに優秀でどんなに精巧な装置の助けを借りてなされる感覚経験であっても、そうである。なぜなら、宇宙の普遍法則がもつ妥当性の射程は、地球上の人類という種属の系列をはみ出ており、生命体の出現をもはみ出ており、それどころか、地球そのものの出現すらはみ出ているからである。この近代天文物理学の法則はすべて、アルキメデスの点という立場から定式化されている。その地球外の点は、おそらく、かつてアルキメデスやガリレイが想像していたよりも、地球からはるかに遠いところに据えられており、また彼らが夢想に耽りながら考えていたよりも、はるかに決定的に、地球上で起こっていることを規定している。

現代科学が示唆するところによると、われわれは、地球が太陽の周りを回っていると想定しても、太陽が地球の周りを回っていると想定しても、どちらでもよい。どちらの想定も、現象と合致させることができるし、二つの想定が異なるのは、各々選んでいる参照点が違うからにすぎない。もしそうだとして、このことが意味するのは、ベラルミーノ枢機卿やコペルニクスの立場への回帰、つまり、仮説を用いて、観察された現象を正当に取り扱おうとするような天文学への回帰、では決してない。そうではなくむしろ、われわれはアルキメデスの宇宙点を、われわれ自身からさらに遠くに置き移してしまった、ということなのである。どのくらい遠くにかと言えば、太陽も地球も一個の完結した宇宙系の中心点として現われることはもはやないほど遠くに、である。ということはつまり、われわれも、太陽系に拘束されているとはもはや感じておらず、宇宙を自由に動き回ることも、宇宙の任意の参照点を選ぶこともできる、ということである。太陽中心的な宇宙から、もはや中心点をもたない無差別宇宙への変遷は、疑いもなく、現代科学の多大な成果にとって決定的だったし、それは、地球中心の天動説が太陽中心の地動説に取って代わられたことに匹敵する。というのも、この中心点なき宇宙においてはじめて、われわれ人類はいわば宇宙の住人になったからである。この宇宙人が地球に拘束されているのは、本質的にではなく、生命維持に欠かせない条件ゆえにそうなっているだけの話である。それゆえ知性を働かせれば、この条件をたんに思弁的ではなく、事実上乗り越えることができる。だが、太陽中心の世界像が中心なき世界像に取って代わられたことから自動的に生ずる全面的な相対主義――これをアインシュタインの相対性理論が概念的に確定したのは、「一切の物質は、与えられた時刻に同時に現実的」だということを否定したことによってだった[17]し、そこから、時間と空間において現象する存在には、絶対的現実性は帰せられない、ということも帰結してくる――は、少なくとも可能性からして、十七世紀のかの理論のうちにすでに含まれていた。その理論によれば、「青い」とか「重い」とかいった特定の客観的性質は、関係においてしか成立しない。つまり、「青い」は、「見ている眼との関係」においてしか、「重い」は、二つの物体間の「相関的な速度の関係」においてしか、それぞれ成立しない[18]。現代の相対主義の父は、アインシュタインではなく、ガリレイとニュートンである。

近代の幕開けとなったのは、天文学そのものでも、コペルニクスをして惑星軌道を地球ではなく太陽から算出する気にさせた単純性と調和への太古以来のあこがれでもなかった。また、地上的で世界的なものへの愛に新たに目覚めたルネサンスでも、中世スコラ哲学の合理主義に対する反動でもなかった。むしろ、ルネサンス期に燃え上がった世界への愛こそは、近代哲学の躍進によって真っ先に名指しされて犠牲に供されたものにほかならない。近代は、新しい器械に起因する発見とともに始まった。つまり、コペルニクスの語る「太陽のほうから惑星を仰ぎ見る人間的で男性的な知性[19]」のイメージは、たんなる空想でも比喩でもなく、立証可能な一個の人間的能力を告げている、とする発見がそれである。つまり、人間には、地球に拘束されているにもかかわらず宇宙を概念的に制圧し、「普遍宇宙的《ウニヴェルザール》」に妥当する概念でもって思考し、それどころかおそらくは宇宙法則を、地上で行なわれる行為の原理として役立ちうるように適用する、宇宙人的能力があるのだと。近代自然科学の発展全体の根底には、こうした大地からの疎外がひそんでいる。それに比べれば、地球という球体を発見し征服することに続いて起こった地上の距離の消失にしろ、収用と蓄積という二重のプロセスの帰結である世界疎外にしろ、二次的な意義しかもたない。

ともあれ、近代に関して言うと、世界疎外が近代社会の歩みと発展とを決定してきたのに対して、大地からの疎外はもともと、近代科学が近代科学であることを証明する印となった。この印のもとで、物理学をはじめとする自然科学のみならず、すべての近代科学が、その内実を非常に根本的に変えたために、われわれが科学と呼んでいるものは、近代の幕開け以前にそもそも存在したのか、疑ってもおかしくないほどである。おそらくこの疑念が最もあからさまとなるのは、新科学の歩みにとって最も重要であった方法の発展、つまり代数化可能性の彫琢においてであろう。じっさい代数化可能性は、「数学を、空間的イメージという足枷から解放することに成功した[20]」。すなわち、その名称 Geo-metrie に暗示されているように、大地《ゲオ》との関係に対してしか妥当性をもたない尺度による計測《メトリー》にあくまで依存している幾何学《ゲオメトリー》から、解放した。近代数学は、人間を、大地に束縛された経験の足枷から解放し、かくて人間の認識能力を、有限性の足枷から解放したのである。

近代が開始された時点ではまだ、プラトン流に、宇宙の構造は数学的に把握可能だと想定されていたが、それはこの場合決定的ではない。また、一世代のちには、デカルト流に、確実な認識が可能なのは、知性が自己自身の認識形式と概念の領野を動いているときのみだと見なされたが、このことも決定的ではない。決定的に重要だったのは、地上的に与えられた感覚データを捨象して数式に還元する、幾何学の代数的処理法のほうであった。まったく非プラトン的なこの処理法に、近代の理想が早くも言い表わされている。もはや空間に束縛されないそのような記号言語なしには、天文学と自然学とを総合して単一の科学にまとめ上げることは、もしくは、天体の運動と地上の物体の運動とを正当にまったく等しく扱う重力の法則を定式化することは、ニュートンには不可能だったであろう。近代数学のこの息もつけぬほど急激な始まりにおいてもう、驚くべき人間的能力が発見された。それは、それ以前のあらゆる時代には限界現象でしかなく、否定や否定性という概念においてイメージするのが関の山であった次元や地平を、抽象的な記号言語の力によって意のままとする能力であった。そうした次元や地平が限界現象にとどまっていたのはなぜかというと、その規模が途方もなく大きいために、死すべき人間存在の知性の限界を超え出るほかなかったからである。じっさい、人間の寿命は、宇宙を支配する悠久の時間に比べれば、無視できるほど小さく、人間の住みかである大地は、宇宙空間のなかでは、まったく取るに足らぬものであった。知覚できないばかりか、想像すらできないほど広大なものを操作するという可能性よりも、いっそう大きな意義を有するものがあった。それは、新しい方法によって、それまでは全然知られていなかった種類の実験を行なったり、数学に鼓舞されたその種の実験に適している装置を作ったりするための道が拓かれたことである。装置に束縛されたこうした実験において、まずもって人間は、大地から疎外された新しい自由というあり方において自然に出会うこととなった。すなわち人間は、自然に対して自己自身の経験の可能性の条件を指図することで所与の出来事をよりよく観察できるようになったばかりでなく、大地に束縛されない宇宙的存在としての経験に対応するような条件を作り出したのである。だがこのことが意味するのは、人間が自然を人間の知性の条件下に置き入れるに至ったその知性とは、人間の経験能力に逆らって大地の束縛から自由となり、地球の外部に立ち位置、まさに普遍宇宙的な観点を確保し、そこを拠点にして操作しうる知性だということ、このことにほかならない。

数学が近代を導く科学となったのは、宇宙へ乗り出していくこうした道を知性に拓いたからである。そのこと、プラトンが数学を最も高貴な学問と見なしたこととは、関係がない。プラトンが、数学は万学の女王たる哲学への道を開くと考えたのは、数学がイデア的形相の世界との親しみ方を教える学問だからであった。プラトンにとって、幾何学という形態における数学こそ、かのイデアの天空を精神が知覚するための必須の準備であった。イデアの天空では、星辰と似て、常住不変の存在が、像や影にも、あらゆる存在者に固有な可滅的な質料にも邪魔されず、隠れもなく現われるのであり、存在者のほうは、純粋な現象性、つまり純然たる現出において、そちらにあやかって救われる、すなわち、人間の感性や可死性からも、質料の可滅性からも救われ、浄化される、と考えられた。だがその場合、プラトンの考えでは、数学的イデア的な形相は、人間精神の産物などではなかった。イデアとはむしろ、精神の内的な眼に与えられ、先与されたものであって、それはちょうど、感性的に知覚可能なものが、人間の感覚能力に与えられ、先与されているのと同じなのである。身体の感官には与えられず、それゆえ大衆の曇ったまなざしにはあくまで隠されているイデア的なものを、知覚する教育を受けた者たちは、真なる存在を、ないしは真なる現象における存在を、まなざしに収めるとされた。これに対して、近代数学の課題は、内的な眼に訓練を施し、その結果、無限なものを知覚できるようにするとか、計り知れぬほど広大に拡がっている測り知れぬ宇宙の無限性に適うようにするとかいったことではない。むしろ近代数学は、いかなる意味における現象とも、もはやまったく関係がない。したがって、真に現象するかぎりでの存在についての「学」としての哲学にも、もはや仕えることはない。そうではなく、むしろ近代数学とは、人間知性の構造そのものを唯一の対象とする科学なのである。

デカルトの解析幾何学においては、自然的で世界的な所与にそなわる空間的延長つまり「延長するもの res extensa」が、「どんなに複雑で多様な関係をもっていようと、代数的数式において表現可能となる」。この解析幾何学でもって、数学は、人間とは異なるあらゆる存在者を、数式に還元し、記号に翻訳することに成功したのだが、そういった数式や記号とは、人間が自分の知性のうちに見出す構造に対応するものなのである。さらに、その同じ解析幾何学が、「逆に、数的に整合的なものを、空間的に完全に表現することができる」ことを証明することに、ついに成功したとき、その発展のためには純粋に数学的な原理へもっぱら差し向けられ、それにのみ拠っている一個の物理科学が成立することになった。この物理学の枠組の中を動いていた人びとは、この科学に助けられて「外界」に乗り出してゆくときでさえ、自分自身以外の何ものにも出会うことがないと、確信できた。ないしは、もともと向こう側に存していた対象的存在者は、すべて構造的には、人間知性の図式へと還元できると、確信できた。[21] それ以来、「現象を救う」（*sōzein ta phainomena*）という古来の関心事は、数学的に把握可能な秩序へと現象を還元することに等しくなった。この数学的操作の目的とは、人間の精神もしくは精神の内的な眼を、真なる存在の開示をめざして準備すること、またそのために、感性的所与から現われて取り出されるイデア的な関係や度量を精神に指示してやること、ではない。そうではなく逆に、感覚データを、人間知性に内在している関係や尺度へと還元すること、なのである。そうした人間知性の内なる関係や度量をもってすれば、じっさいわれわれは、十分な距離にもっぱら身を保ち、多様な具体的所与には立ち入らない場合には、われわれ自身の知性の図式機能のうちに保たれている数式へと、多様な所与すべてを帰着させることができる。しかし、この数学的な式と記号によって、イデア的形相や、そのほかの何かが、内的な眼に開示されるわけではない。数式や記号がそもそも獲得されるのは、視覚器官としての眼とまったく同じく、精神の内的な眼が、現象的所与の世界には目を閉ざして、距離の力のおかげで一切の現象を数量関係へと還元することによってのみなのである。

というのも、物のどんな集まりも、一個の無差別な集合に解消され、また、どんな集合も、これはこれで、どれほど無秩序に無関連に一貫性なく現われるかにまったく係わりなく、一定の図式化や配列化に従うということが、遠さの本質にはひそんでいるからである。そうした図式や配列が有しているのと同じ妥当性と重要度を帰される数学的曲線について、ライプニッツがおりにふれ述べているように、そういった曲線は、紙の上に任意に打たれたいかなる点と点のあいだにも、つねに見積もられ描き込まれるのである。だが、「何らかの数学的に定式化された体系が、とにかく一定数の対象を含むいかなる宇宙に関しても見出される、ということを証明できたとすれば……、われわれの宇宙が数学的に取り扱われるという事実には、もはや哲学的意義はそれほど認められない」[22]。少なくとも、この数学的には正しい事実が、宇宙自体に秩序と調和が本質的に属していることの証明になるわけではない。またその事実は、人間精神の本質にとって何の有利な証明にもならなければ、現実的なものを認識する能力の点で感性を凌駕し、総じて人間に真理を取り次ぐことのできる何らかの能力を、精神に確証してやることも決してないのである。

科学を数学に還元する reductio scientiae ad mathematicam という近代の方法は、感官知覚の近さから獲得された自然という証言を、切り捨てる。ちょうどライプニッツが、数学的曲線を見つけるために、自然を切り捨てざるをえなかったように。ライプニッツは、彼なりの直観から、自分が係わっている相手が、紙の上に任意に打たれた点でしかないことが分かっていたのである。アルキメデスの点は空しい夢でも閑人の思弁でもなく、それを見出すことができたのだと分かったとき、不信と憤激と絶望の感情がただちにわき起こった。それとよく似た寄る辺なき憤激がわき起こる場合というのは、ある人が、自分の眼には任意にたまたま紙の上に点が打たれているとしか見えないのに、異論の余地のない推論によって、こう証明を突きつけられてしまう場合であろう。そう見えるのは、自分の視覚と判断力に欺かれているからであり、本当は「一つの幾何学的直線」が問題となっていて、「その概念は特定の規則によって恒常的かつ統一的に定義されている」[23]のだ、と。

37　自然科学とは似て非なる、宇宙的な普遍科学

コペルニクス的転回とアルキメデスの点の発見が、その真の意義において明らかとなるには、長くかかった。つまり、多くの世代を要し、数世紀を要するほどであった。現代のわれわれに至ってはじめて、つい数十年前からようやく、われわれの住む世界は、地球物理的ではない宇宙的-普遍的な「自然法則」にもとづく科学技術によって理論的かつ実践的に支配される世界となった。かくしてこの科学技術においては、地球外の宇宙に位置する拠点を選ぶことによって獲得された認識が、地上の自然と人間によって打ち建てられた世界に適用されることになったのである。われわれの世代のすぐ前の世代と、今日のわれわれの世代とは、深淵によって隔てられている。われわれ以前の世代は、地球が太陽の周りを回っており、太陽も地球も宇宙の中心点に位置していないことを知り、そこから、人間は宇宙《コスモス》における位置と創造における位階を失った、との結論を引き出した。これに対して、われわれの世代は、なるほど依然として地球の生き物であって、地上の自然の物質交替に依存したままであり、それはきっと最後までそうなのだが、にもかかわらず、宇宙に起源をもつおそらくは宇宙的規模のプロセスを、誘発したり操作したりする手段と方途を発見したのである。近代と、われわれの住む現代世界との分水嶺は、それぞれの科学の違いが明らかとなるまさにその境目を走っている。近代科学が、自然をすでに宇宙の立場から眺め、かくして自然を完全に支配し始めたのに対して、現代科学は、今や本当にすっかり「普遍的」かつ宇宙的な科学と化し、宇宙で起こっているプロセスを自然の内部へ導き入れている。しかもそれは、自然界ならびに、自然界に束縛されている人間種属それ自身を、絶滅させるという明白なリスクと引き換えなのである。

この危険を目の当たりにすれば当然というほかないのだが、今日われわれが思索にふけるさいには、人間の殲

滅能力が途方もなく増大したという問題が前景を占めている。われわれはその気になれば、理論的には、地球上の全生物を絶滅させる能力をもっている。遠くない将来にはおそらく、地球そのものを破壊する能力さえもつに至るであろう。しかしながら、考えてみればそれに劣らず無気味で、それに劣らず耐えがたいことがある。人間は、破壊力に見合う新しい創造力をもつこととなったのである。われわれは、自然には生ずることのない元素を制作する能力をもっている。また、質量とエネルギーの関係に関して、ないしは両者の最奥の同一性に関して、理論を提起することができるばかりでなく、実際に質量をエネルギーに変換したり、放射線を質量に変換したりすることができるのである。これらすべての出来事が生じたのと同じだけ短期間のうちに、さらにわれわれは、地球を取り巻く空間に、人間の作った「星」を、つまり「人工衛星」と呼ばれる新しい天体を打ち上げ、天界の仲間入りをさせた。さらにまた、最も深遠で最も神聖な自然の神秘にして特権だとこれまでのあらゆる時代に見なされてきた生命体の奇蹟を「創造する」ための、あるいは模倣的に創造するための最善の道を、われわれはすでに公然と歩んでいる。言いかえれば、われわれが行なっているのは、太古より創造神の特権であると、つまり神的「世界創造」の結果だと考えられてきた、まさにその行為にほかならない。

こうした考えは、冒瀆的に響く。また事実、洋の東西を問わず、宗教的であれ哲学的であれ、いかなる伝統的意味においても、冒瀆的である。とはいえ、われわれが現実に行なっていること、または予測可能な将来には行なうことが可能だと思っていること、に比べれば、それより冒瀆的というわけではない。そのうえ、アルキメデスは地球の外部に点を確保することはなかったとはいえ、そのアルキメデスにとってただちに明白であった次のことをわれわれが思い描いてみるやいなや、上記の考えはその冒瀆的性格のいくばくかをただちに失う。すなわち、地球と自然と人類は、その発生と進化がどんなふうに説明されるにせよ、ともかく最初は、それら自身の外部に存する力ないしは宇宙に由来する力を誘因として生じたに違いないということ、しかも、この力の現実的作用は、その力の起点に居場所を見出すような者には理解可能であり、ひいては模倣すらできるようになるに違いないということ、これである。結局、この力の現実的作用とは、地球上では生じないし既成の安定した物質には何の役割も果たさない代わりに、物質の生成のそもそもの原因となる当のプロセスを引き起こすことをわれわれに可能とするような、地球の外部に置かれた地点を、前提すること以外の何ものでもない。事実、事柄の本質にひそんでいることだが、地球物理学ではなく天文物理学こそが、つまり自然科学ではなく宇宙科学こそが、地球と自然の究極の秘密をあばき出すことができるのである。宇宙を拠点に置く立場からすれば、地球は一特殊事例にすぎないし、一特殊事例として理解可能である。ちょうど、宇宙の立場から眺めれば、質量とエネルギーは等価であり、原子とは、「一にして同一の基礎実体である物質またはエネルギーのとるさまざまな形態にすぎない」ことが、ほとんど自明であるのと同じように[24]。

すでにガリレイにおいて、ニュートンではもちろんのこと、宇宙的な普遍妥当性という言い方が、特有の意味をおび始めている。問題になっているのは、われわれの太陽系のはるか彼方でも妥当する法則なのである。それとそっくり同じことが、哲学起源のもう一つの用語、つまり「絶対的なもの」という言い方にも当てはまる。これは、「絶対時間」「絶対空間」「絶対運動」「絶対速度」といったふうに、今日では普通に使われる。このすべての言葉遣いにおいて、「絶対的」という形容詞を冠されているのは、宇宙で現実に成立している時間、空間、運動、速度であり、それらと比較すれば、地球上で確定可能な時間、空間、運動、速度は、「相対的」でしかない。地球上のあらゆる事象が相対化されているのはなぜかと言えば、宇宙で起こっている事象を基準として測られるからであり、ないしは、ありとあらゆる測定一般の準拠点が、宇宙《コスモス》における地球の位置を規定する関係となっているからである。

哲学的に言えば、次のように考える人もいるかもしれない。人間が現実に立っている場所を変更することなく、宇宙的‐普遍的な拠点を立場とすることができるという、この人間の能力は、人間の起源が「この世のものではない」ことを示す証拠のようなものだと。事実、神学者たちは大昔から、人類の起源をそのように主張してきた。

だとすれば、普遍的に妥当する「一般者」を求めてきた哲学者の情熱的偏愛とは、次の事態を示す最初の指標だった、と――あたかも哲学者こそ人間の最終的使命といったようなものを予感していたかのように――見なされる日が来るかもしれない。つまり、人間はなるほど地球上に住むという条件下に依然として置かれつつも、地球を何らかの外部から眺め、この外部の考え方に沿って地球上で行為するという能力を、同時にもつことができるようになる時代がやって来る、という事態がそれである。（ただ今日、少なくとも次の点に難点があるように見受けられる。つまり、なるほど現代人は、哲学者には決して可能だとは思えなかったこと、すなわち、普遍的‐絶対的なものを拠点にして事物を動かすということを、行なえるようにはなったが、その代わりに、普遍妥当的な絶対的概念を操ってものを考えるという、太古からの人間の能力を失ってしまったのである――あたかも人間は、この絶対的行為を習得することができるようになるために、それについて考えることを忘れなければならなかったかのようである。大地と天空という太古の二分法に代わって登場したのは、人間と宇宙との近代的分裂であった。ひいては、人間が知性にもとづいて理解し理性にもとづいて認取できるものと、人間に発見や操作はできても理解はできない普遍的法則、との断絶であった。）いまだ不確かなこうした未来から、どのような褒美や重荷が人類に生ずるにせよ、一つのことだけは確かである。つまり、人間世界の変貌はすでに始まっており、差し迫ってさえいるが、それが既成宗教の語彙や隠喩的内容にどんなに影響を及ぼそうとも、この変貌は、信仰の本領である未知のものや原理的に謎めいたものを、廃棄することはなく、その問題に解答を与えることもなく、それに触れることすらないということ、これである。

新しいアルキメデス的科学が、その可能性を完全に展開するには、多くの世代を要した。約二世紀かかってようやく、世界を変え、人間の生の新しい条件を造り出すということを、やっと始めることができたのである。これに対して、人間の思考が、ガリレイの発見とその発見をもたらした方法と前提から結論を導き出すには、わずか数十年、一世代もかからないほどだった。人間の思考様式は、たった数年あるいは数十年のうちに、人間の世界が何百年もかかって成し遂げるほどの根本的変化を遂げたのだと、そうひとは考えたがるかもしれない。なるほど、この変化と関係があったのは、当然ながら、少数の人びと、つまり近代に興ったすべての社会のうちで最も奇妙な社会である学者と研究者の社会、ないしは学問の精神的共和国、に属する人びとだけであった。――ともかくこの学者社会は、かくも深刻な葛藤や信念変更を、革命も経ずに乗り越えて存続することができ、しかも、「もはや見解を同じくすることのできない先人に、いかなる敬意を表すべきか[25]」を決して忘れない、たった一つの協同体であった。だがこの学者社会こそが、あらゆる面で訓練され制御された想像力を蓄積し組織化したというだけで、近代の思考様式における根本的変化を、少なからぬ点で先取りしたのであり、その変化そのものが、二十世紀になってようやく現実味をおびるに至り、政治的に立証されるほどになったのである[26]。デカルトが近代哲学の父であるのに優るとも劣らず、ガリレイは近代科学の始祖である。十七世紀以後、科学と哲学は、かつてないほど根本的に分離してしまったとはいえ[27]――ニュートンはおそらく、自分の研究対象をなお「実験哲学」と称し自分の発見をなお「天文学者と哲学者」に明示的に提供した最後の偉大な自然科学者であったし[28]、それはカントが、自然科学的研究になお活発に従事した最後の偉大な哲学者であったのと同様である[29]――、それでもやはり他方で、近代哲学は、それ以前のどんな哲学よりも、その起源とその進展とを、まったく特定の科学的諸発見にもっぱら負うている。近代哲学は、今日ではとっくに乗り越えられた近代科学の物理学的世界像に正確に対応したものなのだが、いまだに時代遅れになっていない。その理由の一つは、哲学そのものの本務と本質にある。哲学は、それが総じて本物であるかぎりは、芸術作品と同じように、しぶとく持続するという特性をそなえているからである。だがそれだけではない。近代哲学が時代遅れになっていない理由は、この場合とくに、特定の「真理」を先取りしたことにある。その「真理」は、何世紀もの間、科学の内情に通じている人びとにしか知られていなかったが、それが今日、最終的に、万人の生活の場たる現実そのものを形づくるに至ったのである。

なるほど、近代の世界疎外が、近代哲学の主観主義的な諸潮流――デカルト、ホッブズ、イギリス経験論、感覚論、プラグマティズムから、ドイツ観念論、唯物論を経て、現代の現象学的（つまり現実を「括弧に入れる」）実存主義、さらには論理実証主義、実証主義的科学認識論に至るまで――と、酷似していることを理解できないとすれば、馬鹿げたことであろう。だが、それに劣らず馬鹿げているのは、哲学的思考が古くからの形而上学的諸問題から突如として離脱して、多種多様な反省や内観の形態――感覚能力や認識能力の反省、意識の分析、心理学的、論理学的プロセスの探究など――へもっぱら向かうようになったのは、観念の上での自律的「精神史」にもとづいてのことだ、などと思い込むことである。また、結局は同じことになるのだが、哲学者たちが伝統にしがみついてさえいれば、事態はまったく別様になったであろう、などと信じ込むのも、同様に馬鹿げている。世界を変えるのは、観念ではなく、出来事なのだ。太陽中心的世界観つまり地動説は、一観念としてなら、ピュタゴラス派の思弁と同じだけ古いし、西洋の伝統では新プラトン主義と同じくらい、しつこく存続してきた。しかしだからといって、世界を変えることも人間の思考様式を変えることも、決してなかった。近代を決定した出来事が帰せられるべき当事者は、ガリレイであって、デカルトではない。デカルト自身、そのことを心底自覚していた。だから、ガリレイが宗教裁判に見舞われ異端誓絶させられたという報せを聞くや、デカルトは一瞬、一切を焼却したい気持ちにかられたのである。というのも、「地球の運動が間違いなら、私の哲学の基礎も同じく間違いだ[30]」からである。むしろ真相はこうである。デカルトをはじめとする哲学者は、起こった出来事の意味を妥協せずに考え抜き、それに内属する帰結へと突き進むことができたからこそ、その出来事の途方もない衝撃的な重みを、比類なき正確さで記録したのだ、と。概念の切り詰められた形態で哲学者たちが先取りした数々の袋小路《アポリア》や難問は、宇宙《コスモス》における人間の新しい地位から生じたものであった。科学者たち自身は、発見と発明の勝利の間は、それらを感知することも、そのための時間を割くことも、できなかった。そして最後には、科学の「基礎づけの危機」という形をとって、同じ袋小路が、科学本来の研究諸分野で現れることとなった。それ以前は、近代科学の屈託ない楽観主義と、近代哲学に支配的な悲観主義の根本気分との間に、奇妙な不一致が長い間見られたが、それさえついに消え失せてしまった。こちら側でもあちら側でも、屈託のなさは、もはや鳴りをひそめてしまったのである。

38　デカルトの懐疑

近代哲学は、デカルトの命題 de omnibus dubitandum est つまり「すべてを疑うべし」から始まる。この懐疑を、たんなる思考方法だと誤解してはならない。たしかに大昔から、科学的探究の分野でも哲学的思弁の分野でも、誤謬や虚偽に陥らぬよう体系的懐疑によって思考を確実なものにしようとする試みはあったが。また、ここで問題となっているのは、懐疑主義を標榜する世界観でもない。懐疑主義とは、先入見を除去することをあくまで要求し、習俗や慣習に批判的に立ち向かい抵抗するものである。デカルトの懐疑は、そのような思考方法としての懐疑や世界観としての懐疑主義よりも、はるかに根本的であり、その本質的関心は、個々の具体的所与には向けられていない。近代哲学とその思考においては、懐疑が *thaumazein* つまり驚嘆に取って代わった。タウマゼインとは、あるがままに存在する一切の存在者に驚嘆することであり、哲学の営みが始まって以来、表立ってであれ、表立たずにであれ、一切の形而上学的努力の中心に位置するものであった。デカルトは、近代の懐疑を概念的に捉えた最初の人であった。かくしてデカルトが自分の哲学本来の主題に据えたものが、デカルト以降は、音も立てずに動くモーターさながらに、一切の概念的思考の推進力となり、その不可視の軸のまわりを概念的思考が回転するようになったのである。プラトン、アリストテレスから近代まで、哲学の深さと偉大さは、いかなる仕方で概念的思考が根源的な驚嘆に匹敵しそれを分節化することができるか、を基準として測られた。だとすれば、デカルト以後の近代哲学の本質は、それに劣らず根源的な懐疑を、何らかのものがあるがままにある、という事態そのものに対して抱き、その懐疑を概念的に把握し多様に分節化すること、ここにある。〔訳注6〕ないしは、そもそも何かが存在するのか、と問うことにある。この問いから最終的に迸《ほとばし》り出てきたのが、ライプニッツが最初に定式化した近代形而上学の根本の問い、「なぜ無ではなくて、むしろ何かが存在するのか **Pourquoi il y a plutôt quelque chose que rien?**」である。「というのも、何といっても、何かが有るよりも、何も無いほうが、単純で容易なのだから[31]」。

デカルト的懐疑は、徹底しており、普遍妥当性を要求するものであった。この懐疑は、ある新しい現実状況からすぐ生じてきたのだが、その状況は、何百年もの間、研究者や学者という、政治的に重要でない小さな範囲に限られたままであった。しかしだからといって、その状況がリアルでなかったというわけではない。哲学者たちがすぐさま理解したとおり、ガリレイの発見は、たんに感覚の証言を傷つけただけではなかったし、「感覚を蹂躙する」という厚かましい挙に出たのは、もはや人間の知性ではなかった。知性による感覚の蹂躙というのは、アリスタルコスの場合すでにそうだったし、コペルニクスの場合でも依然としてそうだった。その場合、等しく人間に固有な能力である感覚と知性のどちらかを選べばそれでよかったし、そうすれば知性を、「騙されやすい女を自分の思い通りにする男」に昇格させる決定を下せたのである[32]。世界像の変革を引き起こしたのは、理性でも知性でもなく、人間によって制作された一個の道具手段、つまり望遠鏡であった。新しい認識をもたらしたのは、ひたすら直観して観察することでも、推論し思弁にふけることでもなく、単刀直入に実践的‐能動的な性質を示して介入することであり、つまり制作する人の制作能力でもって干渉することであった。言いかえると、人間の感覚能力は人間に現実を取り次いでくれるし、人間の理性能力は人間に真理を取り次いでくれると、人間は太古から信じてきたが、その信頼こそは、人間が大昔からずっと騙され続けてきたことの本当の理由であった、ということがどうやら明らかとなったのである。この洞察を前にしては、感覚の真理と理性の真理という昔ながらの対立は、色あせたものとなった。結局この対立は、精神の内的な眼は、肉眼という感覚器官よりも、真理を摑むのに適しているのだ、とする考えに帰着するものでしかなかった。ところが、かの洞察が意味していたのは、真理も現実も、所与のものではないこと、現実的なものも真なるものも、その存在と現象とは一致しないこと、現実的かつ真に存在するものを現象から完全に引き離すことに認識の本質は存すること、こうしたことだったからである。

今やはじめて明らかになったことがある。五感に分かれたうえで一種の第六感たる共通感覚または常識によって統合されている感覚能力そのものは、人間を取り巻く現実にぴったり合うようにできている、とひとはつゆ疑わず想定してきたし、この想定に――であって、欺きやすい個々の感官知覚にではない――、理性ならびに理性への信頼は、どこまでも依存しているのである。肉眼は欺きやすく、それゆえ人間は何百年にもわたって、太陽が大地の周りを回っていると信じ込まされたほどであった。だとすれば、精神の内的な眼という隠喩も、一切の意味を失う。この隠喩もまた、感官知覚と対比的に用いられるときでさえ、肉眼による視力への絶対的信頼に、なお基礎を置いているからである。存在と現象は、最終的に分離されなければならない――マルクスも或るおりに指摘していたように、これぞ近代科学の根本原理にほかならない――のだとすれば、われわれがすっかり信じて受け入れられるものなど、もはや何一つないし、疑いを抱く必要のないものなど、もはや何一つない。あたかも、感覚に対する知性の勝利は知性の敗北で終わるだろう、としたデモクリトスの古い予言が、真実となったかのようである――「哀れな知性よ、おまえはわれわれからおまえの証拠をいくつか引き出しておきながら」、と感覚は言う、「おまえはわれわれを打ち負かそうというのか。われわれが打ち負かされるのはおまえにとっての破滅となるのだ」[33]――。ただし、デモクリトスの場合と違うのは、今や知性も感覚も、器械装置の前に等しく降伏せざるをえない、という点である。

デカルト的懐疑を特徴づけているのは、その普遍性である。つまり、その懐疑の前では、確かなものなど何もなく、いかなる思想であれ経験であれ、すべて疑わしい。この懐疑の規模がどれほど大きなものであるかについて、キルケゴールほど精通していた者は、おそらくないだろう。キルケゴールは――彼が考えていたように理性からではなく、懐疑から――みずからを救い出して信仰へ飛び込み、かくして懐疑を近代人の信仰心の深いところまで運び入れた人であってみれば、そうである[34]。感覚の証言が欺きやすいことから火がついた懐疑は、あたかも山火事を燃え上がらせる火の粉のように、理性の証言へと、そして理性の証言から信仰の証言へと、飛び火してゆく。なぜなら、結局のところ懐疑が何に拠るのかと言えば、純然と明証的なものなど、もはや何一つない、ということだからである。何らかの明証を出発点としないような思考など、存在しない。――この場合、出発点とされる明証とは、思考する者にとってのみならず、万人にとって公理的に確固として成り立つもののことである。デカルト的懐疑は、人間の知性能力が真理全体を意のままにできるとか、人間の感覚能力がおよそ現実的なものすべてに開かれているとか、たんにそういったことを疑うのではない。そうではなく、そもそも目に見えて明らかだということは現実を証し立てる証拠であるとか、そもそも理解できるということは真理を証し立てる証拠であるとか、そういった発想そのものを疑うのである。この懐疑は、そもそも真理といったようなものが存在するということ自体を疑うのであり、その場合に発見されるのは、伝統的真理概念は――感官知覚にもとづくにしろ、理性にもとづくにしろ、啓示的信仰にもとづくにしろ――、次の二重の前提に拠っている、ということである。すなわち、一方では、真なるものは、人間の関与なしに、おのずから現象する、という前提であり、他方では、人間に固有な能力――感覚、理性、信仰――は、この現象することに用意ができており、おのれを現わすものに適合している、という前提である[35]。真理はおのずと明らかになる、ということ――この点については、古代ギリシア・ローマも、古代ユダヤ－ヘブライズムも、キリスト教も哲学も、疑ったことがなかった。そしてこの点では、西洋の伝統の総体が完全に一致しているがゆえに、近代哲学は、自暴自棄的なほどの熱心さで一切の伝統に背を向けざるをえなかった。当然ながらその結果として、ルネサンスによる古代の再発見と復活は、前途洋々たるものだったのに、あっさり片づけられてしまった。

デカルト的懐疑の深刻さを見積もるためには、この懐疑に火をつけた数々の新発見が、世界と宇宙に対する人間の信頼にとって、存在と現象の最終的な分離に含まれているものをはるかに上回る根本的衝撃を与えたことを、思い起こしてみなければならない。ここで決定的に重要なのは、両者つまり存在するものと現象するものとの関係が、静的であることをやめたことである。静的とはこの場合、現実の存在者が、現象によって隠蔽され隠匿されてしまい、人知から原理的に身を隠す、といったような存在と現象との関係のことを指す。たとえば、根っから懐疑主義的な不可知論では、そう考えられた。デカルト的懐疑において問題となるのは、そのように現象系列の背後に隠れた、未知だが静止した存在では、ない。むしろこの未知の存在は、エネルギーを帯びており、並外れた能動性を具えている。この存在は、文字通り、おのれの現象を造り出すのであり、この現象は結局、まさに虚偽へ行き着くほかない。人間の感覚が何を知覚するにせよ、それは、目に見えない隠れた力の帰結なのである。この力を、一定の狡智や工夫に富む装置のおかげで発見する——進んで罠に陥ることは決してない動物を生け捕りにしたり泥棒を逮捕したりするように、いわば現行犯で捕まえる——ことに成功したとしよう。その場合何が明らかとなるだろうか。この並外れて能動的で活発な存在たるや、それによって現象させられているものはどれも人を惑わすものばかりで、その現象から引き出せる推論などみな空しい偽りでしかないという、そういった種類の存在だったということ、これである。

デカルトの哲学を幽霊のようにうろつき回っている、二通りの不安な悪夢がある。近代はある意味でもはやこの悪夢から解放されることがついぞなかったが、それはなぜかと言えば、デカルト哲学が近代にそれほど深く影響を及ぼしたからなどではなく、近代的世界像の含意が明らかにされたとき、デカルト哲学の出現はそもそも不可避だったからである。二通りの不安な悪夢は、非常に単純で、一般によく知られている。その一つの悪夢では、外界の現実性ならびに人間自身の現実性が、懐疑に付される。感覚も良識も理性も信頼できないのだとすれば、われわれが現実と呼んでいるものは、夢にすぎぬものではないと、誰がわれわれに保証してくれるのか。もう一方の悪夢は、人間の実存一般に関わるもので、この実存も、新科学の発見と、人間は感覚も理性も信頼できないという事実によって、姿を現わすことになった。こういった状況にあっては、神が世界の創造主として君臨することよりは、ある邪悪な霊、デカルトの「欺く神 Dieu trompeur」が、陰険にわざと人間を騙して喜んでいることのほうが、実際よほどもっともらしく思える。こうして呼び出された邪悪な霊のどこが悪魔めいているかと言えば、真理とは何かを知りながら、それと同時に、何らかの真理または確実性という安全な避難所には決して辿り着くことができないように出来ている人間という生き物を、考え出し造り出したという点である。

今ふれたこと、つまり確実性の問題が、近代の倫理と道徳の発展全体にとっても決定的となることは、必定だった。というのも、近代において失われたのは、もちろん、真理や現実に関する知でも、信じたり信頼したりする能力それ自体でもなければ、感覚や理性の証言を疑わずに承認するという、それなくしては誰も生きていけないことでもなく、むしろ、かつてはそういう知や信といったものがどれも備えていた確実性のほうだったからである。だから、救済を信じたり来世を信じたりすることが、宗教からすぐさま消えてなくなることは決してなかったとはいえ、certitudo salutis つまり救済の確かさが消え失せたということならあった——しかもそれは、プロテスタンティズムに顕著だった。なぜなら、カトリック教会が消えてゆくにつれて、一般大衆の信徒にとって、伝統的に崇められてきたあの権威もまた、消えてしまったからである。これに対して、カトリック諸国の信者は、その権威のおかげで、近代の衝撃をまともに食らうこととから、かなりの期間守られることとなった。救済の確かさの喪失の直接的帰結は、自分が救われる者だということをこの世で証ししようとする比類なき刻苦精励であったが——あたかも人生とは一回限りの保護観察期間にほかならないかのごとく[36]——、それと似て、真理の確実性の喪失は、正直さを求める、同じくそれまでは知られていなかった新たな熱意を、結果としてもたらした——あたかも人間は、不可侵の真理や客観的な現実性といったものが存在し、それらが結局は真価を発揮し人間が嘘をついていたことを暴露するのだと、完全に確信しているのでなければ、嘘をつくことができないかのごとく[37]。道徳的尺度の根本的な変更が、近代初頭の百年間にあったことが見てとれるが、それは、最初に出現した近代人たる科学研究者が必要とし理想としたものに由来する。近代社会が枢要徳に祭り上げた成功、勤勉、正直とは、近代科学がその成立にさいして標榜した徳目にほかならない(38)。

かくして近代道徳の最も活発な中心地になったのが、学会と王立アカデミーであった。そこでは、自然をおびき寄せては罠に陥れ、自然からその秘密を強奪する方途を発見すべく、科学者が組織された。この巨大な課題に堪えるのは、個々人ではなく、総じて優秀な知性からなる集団のみであり、そうした課題が生活態度の規則と新しい道徳の尺度を指定した。それ以前には、真理の場所は「理論《セオリー》」それ自体のうちに置かれていたし、この語には、まだ古代ギリシア的な響きがあった。つまり、「理論」によって言い表わされるのは、観察者の「観照《テオーリア》的」まなざしに対して身を開くもののみである、という意味がこめられていた。まさにそうした「理論」に取って代わったのが、成功であった。すなわち、理論の「真理」のための基準は、その理論が成果をもたらすか否か、という実践的なものとなった。そうなると、理論とは、作業仮説という意味に解され、真理と呼ばれるのは、仮説の検証だということになった。だが、成功が、人間の行為や態度ふるまいにとっての決定的尺度となったことは、しばしばそう考えられているように、実践的考量に起因するものでは決してないし、近代科学の最終発展形態たる技術の一帰結でもない。近代でも、実践的考量にはいささかも曇らされない純粋研究が行なわれるが、それすらも、前進のためには成功に、すなわち仮説の検証に、結びつけられている。成功と進歩は、その後、市民社会の尺度とされて、市民社会特有の実体欠如性のいわばシンボルとなったが、その起源と正統性は、科学にある。つまりその場合の科学とは、人間が、自然を支配するためではなく、慧眼と発明の才により自然の秘密をむしり取るために、自然を相手に乗り出した不釣り合いな戦いのことであり、人間精神がその最も偉大な勝利を祝った戦いのことである。

普遍的懐疑のデカルト的解決とは、相互に連関している二通りの不安な悪夢――すべては夢であり現実は存在しないという悪夢と、神ではなく邪悪な霊が世界と人間を支配しているという悪夢——から救われることである。この救いのたどる軌跡は、真理という理念から正直という理想へ、また現実的所与の明証から内的整合性を具えた確信という理想へ、という方向で近代が退却した軌跡と、方法的にも内容的にも同じである。「人間精神が事物と真理の規準ではないとしても、それでもやはり人間精神は、疑いの余地なく、われわれが肯定したり否定したりするものの規準でなければならない[39]」。このデカルトの確信によって言い表わされているのは、暗黙裡に当時の真に科学的な態度を特徴づけていたものにほかならない。すなわち、たとえ真理は存在しないということになったとしても、正直は存在するのであって、たとえ確実性が不可能ということになったとしても、信頼性は存在するのだということ、これである。言いかえれば、救いは、人間自身のうちにのみ存しうる。また、懐疑の投げかける問題の解決は、疑うという懐疑の営みからのみ到来しうる。一切が疑わしくなったとしても、その疑うこと自身は、少なくとも、疑いの余地なく現実的であり続ける。感覚と理性に与えられているがままの現実と真理が、どんな具合になっているにせよ、「自分の懐疑に懐疑を差しはさんだり、自分が本当に疑っているかいなかに関して不確実なままであったりすることは、誰にもできない[40]」ということは、確かである。デカルトの有名な cogito ergo sum つまり我思う、ゆえに我在りという命題は、思考自身に内属している何らかの真理明証を言い表わしているのではない。あたかも、思考する働きそのものが、人間にとって新たな尊厳と意義を獲得したかのように見えるが、実際はそうではない。じつはこれは、dubito ergo sum つまり我疑う、ゆえに我在りということを一般化した定式にすぎないのである。「私は疑う、ゆえに私は存在する。あるいは同じことになるが、私は考える、ゆえに私は存在する[41]」。何かを疑うとき、私は、疑うこと自身の過程を意識せざるをえない。デカルトは、このたんなる論理的明証から推論して、意識の過程に内属している確実性を導き出し、それによって、哲学的探究に或る新しい領野を切り拓く。つまり、自己反省にみずからを打ち明ける意識の領野がそれである。

39　自己反省と、共通感覚の喪失

自己反省においては、完全に不動な、自己‐自身を‐意識する‐存在が、活動的となる。この自己反省が、今や実際に、自分自身の実存への懐疑に対して、安らぎを与える一種の答えをもたらす。自己反省の対象は、人間それ自身などではなく、心でも身体でも身体と心と精神の関係でもなく、もっぱら意識内容それ自身である。意識とは、デカルトの場合、cogitatio つまり思考を意味しており、cogitare つまり思考作用とは、思考の生き生きした表現であり、cogito me cogitare つまり私は私が思考していることを思考する、という意味である。このコギトー・メ・コギターレにおいては、意識がみずから生み出さないものは、何一つ働いていないし、自己反省において人間は、自分がつねに自分自身にのみ出会っていることを、完全に確信できる。これがコギトーの確実性である。人間は自己自身の外部にある何らかのものを把握し認識することがそもそもできるのか、という問題に自然科学が逢着するずっと以前から、近代哲学は、人間が自己反省によって自己自身の意識の領野へ退却することができるための準備をすませていたのである。新しい思考方法によって確保される確実性は、デカルトによれば、自己自身の実存の確実性であった[42]。この最小限度に切り詰められた確実性を、人間は、どこへ行こうと、確信することができる。なぜなら、人間はそれを自分自身のうちに携えているからである。なるほど、自己反省によって知ることのできる意識の過程が、外界の現実性あるいは真理一般をなすということは、いささかもありえない。しかし、意識内の過程、知覚された対象とは区別されるかぎりでの知覚作用の事実性、思考によって思考される当の事柄とは区別されるかぎりでの思考作用は、一切の懐疑を超越しているということなら、反省によって確証できる。こうした意識過程と、疑いの余地なく類似しているのが、生物学的な身体過程である。この身体過程が、われわれに意識されるとき、比類なき明証性を伴ってわれわれに同じく確信させてくれることがある。生じうる一切の虚偽や幻想の彼方にある何かが、われわれの内部で進行しつつある、ということである。このリアリティ意識の意味では、夢もまた、説得的な現実性をもつ。夢にしてもやはり、夢を見ている人、ならびに夢を、すでに前提しているからである。ただ難点は、意識の領野においては知覚が知覚され、知覚された対象が知覚作用の一部分をなすにすぎなくなるため、その意識の領野からだと、外界へ到達することなどおよそ不可能だという点である。それはちょうど、身体機能の意識からだと、自分自身の身体も含めて、身体がそもそも、外部に現われてくる形態において本当はどのように見えるか、イメージをもつことなどおよそ不可能だというのと、同じである。なるほど、私が見ている木は、私が意識することのできる視覚作用の疑いようのない対象であり、それは、私が夢を見ているかぎり、その夢に出ている木が疑いなく夢の対象であるのと同じである。だが、見られた木にしろ、夢に出てくる木にしろ、現実の木となることをいつか成し遂げるなどということはない。

この難題ゆえに、デカルトとライプニッツは、神の存在というよりはむしろ、善なる神の存在を、何としても証明しないわけにはいかなくなった。つまり、神は、人間を弄んでいる邪悪な霊かもしれないとか、神によって創造された世界はひょっとして、最善の世界ではないかもしれないとかいった疑惑を、各々の場合に応じて一掃するような弁神論を企てざるをえなくなった。そのような正当化は、それ以前には決して存在しなかった。その特徴をなす目印となるのは、この種の弁神論とは、最高存在者の存在に関わるものでは決してなく、つまり伝統的意味での神の存在証明ではなく、むしろ聖書に述べられているような神の啓示の問題にすぎず、人間と世界とに関する神の意図、もしくは人間と世界との関係に関わるものだ、という点である。その場合おのずと明らかなように、神の啓示は、自然における啓示であれ、聖書における啓示であれ、何らかの正当化を必要とした。おのずと啓示されてくるものについてのイメージそのものが疑わしくなり、感官による知覚作用がリアリティを、理性による認取作用が真理を、証ししたり保証したりはしないものだ、と確信されるに至ったあとでは、そうである。だが、神の善意については事情は別であり、これがデカルトの弁神論の本題となった。「欺く神」の観念は、近代的世界像の帰結である、欺かれているという経験から、じかに立ち昇ってくる。この経験の耐えがたさは、欺かれていることは治る見込みがなく、来る日も来る日も時々刻々繰り返されるという点にある。なぜなら、実際、太陽を中心にして惑星がその周りを回っているということを知っていても、人びとは、知識が改善されたにもかかわらず、太陽が地球の周りを回り、同じ位置に昇っては沈むのを、毎日、昔と同じように仲良く眺めるほかないからである。望遠鏡が偶然に発明されたおかげでやっと、人間は、永遠に「現象」の犠牲となることを免れたかのようであり、そうなってはじめて、神の道は本当に計りがたきものとなった。宇宙と惑星軌道を認識すればするほど、ほかでもない、人間のごときあやふやな存在者が創造されたのは、どういう目的のためなのか、わけが分からなくなった。したがって、弁神論の「善なる神」とは実際、一種の機械仕掛けの神 deus ex machina である。計りがたく説明しがたい「善性」こそ、結局のところ、デカルト哲学において、リアリティ（思考する物 res cogitans と延長する物 res extensa の共存）の唯一の証明根拠にほかならない。同様に、ライプニッツにおいては神の善性が、人間と世界との予定調和の唯一の証明根拠なのである。(43)

デカルトの自己反省には真に天才的なところがあり、近代の精神的、知的発展に対してデカルト哲学が並外れた影響を及ぼしたゆえんもそこにあるのだが、それは、第一に、次の点に存する。つまり、デカルト哲学は、外界の実在性への懐疑という幽霊を追い払うために、一切の世界的に対象的なものを、意識流のうちへ沈下させ、意識のプロセスによって脱実体化させた、という点である。自己反省が意識のうちに見出す「見られた木」は、感性的所与としての事物ではもはやない。一定のありさまを呈するそのような事物の自己同一的形態は、人間がいくら摑まえようとしても、その手を逃れてしまう。意識対象としては、事物はその実体性を失うのであり、見られた木は、想起されただけの木と、それどころかでっち上げられた木とも、もはや少しも区別できない。だが、ほかならぬこのことによって、見られた木は、意識の全体を形づくる一部分となる。意識は、そもそもプロセスとしてしか、つまり意識流としてしか存在せず、それゆえ、意識のうちでは、実体的に対象的なものはみな、自動挽き器みたいに粉々にすり潰されてしまうからである。現代科学の考え方が、質量をエネルギーに、対象的なものを原子過程の渦動に、解消するための準備となったものとして、このように、客観的所与としての現実を、主観的な意識与件に、もしくは永遠に動かされつつみずから動き続ける粒子と化した意識流に、解消すること以上に好適なものがありえたであろうか。〔訳注7〕

少なくとも近代の初期発展段階にとって、おそらくなおいっそう大きな意義を有したであろうことは、第二に、普遍的懐疑を打ち破るデカルトの確実化の方法が、近代自然科学の諸発見から生じたごく当然の結論に、ぴったり対応している点である。その結論によれば、なるほど人間は、おのずと啓示され与えられる真理を認識することはできないが、その代わりに、人間が自分で作ったものなら、これを知り認識することは完全にできる。この確信は、じつにさまざまな形態をとって近代全体を支配してきたし、この確信のもともとの温床であった懐疑をどんどん越えて成長を遂げていき、三百年にわたって世代ごとにどんどんテンポを速めながら、諸科学をして、今日なおその終局を見渡すことのできない発展へと引き入れることに、そのほかの何よりも増して寄与してきたのである。

デカルトの論証方法がすっかり依拠している「暗黙の前提」によれば、「知性に認識できるものは、自分自身が生み出したもの、ある意味で自分自身のうちに保持しているもの、これのみである」(44)。デカルトの方法の認識理想となっているのは、数学という理想であり、それも近代的に解されるかぎりでの数学である。すなわちその場合、数学の認識対象とされるのは、もっぱら内的眼で捉えるほかないがその眼に外から与えられるイデア的形態ではなく、むしろ、認識能力が自分で生み出した諸形態である。そのような形態が数学の場合、理想に近づくのは、その数学的認識は、対象的なものに間接的にすら係わり合ったことがないからであり、感覚による刺激、より正確には興奮を、必要とすらしないからである。そういう興奮は、「見られた木」の認識の場合、じつはまだかろうじて働いているのだが。この種の認識論が、健全な人間知性つまり常識からすれば、まさに「転倒した世界」へ導いてゆくのは明らかであり、ヘーゲルが、これこそ哲学の世界だと考えたのは、周知の通りである。だが実際にはこの認識論は、ホワイトヘッドの言う通り、「共通感覚が退却中であることの帰結[45]」なのである。というのも、この共通感覚とはもともと、それ以外のおのずと純粋に主観的かつ私秘的である五感を、一つの共通世界にはめ込み、一つの共同世界に合うように調整するような感覚のことであり、それゆえ、視覚が世界の可視性を人間に開示するように、世界の共通性を人間に開示するような能力のことなのだが、まさにそうした共通感覚が、今や、健全な人間知性と解され、世界との関わりを一切欠いた内的能力と化したからである。こうなると、健全な人間知性に告げられる共通性とは、共通感覚に近づきうる外界の共通性ではもはやなくなり、理屈をこねる推論と解された共通感覚が万人において等しく機能している、という事実にすぎなくなった。健全な人間知性をもつ人びとが互いに共有しているのは、世界ではなく、知性の構造にすぎず、そのうえ、厳密に言えば、人びとがこの知性構造を共有することは、決してありえないのである。明らかにされうることといえばせいぜい、動物種としての人類のいかなる個別事例においてもこの構造が等しく機能しているということだけである[46]。われわれはみな、われわれの知性の構造にもとづいて、「二掛ける二は四」と言うことを強いられている、という共通の事実が、以後は、健全な人間知性の「思考」にとってのお手本となる。

デカルトの場合、ホッブズとまったく同様、理性とは結局のところ、「結果を計算に入れること reckoning with consequences」つまり帰納し演繹しつつ推理する、という意味での帰結推論の能力にほかならない。すなわち、人間がいつでも一定のプロセスを自己自身のうちに引き起こし解き放つようにさせてくれる能力のことである。数学の例で説明を続けるとすれば、人間知性の見てとる「二掛ける二は四」は、もはや、両辺が調和的明証性においで釣り合いを保つ等式の意ではない。むしろ人間知性は、二掛ける二が四に<u>なる</u>よう進行するプロセスの沈澱としてこの等式を理解しており、そのプロセスは、この当面の沈澱を越えて、さらなる加法や乗法のプロセスへと進み、いつまでも限りなく続くことになる。整合的プロセスにおいて思考する、ないしは計算する、というこの能力を、近代は、「健全な人間知性」という語と同様、「知性 Verstand」という語で表わすようになった。この能力は、要するに、知性が自分自身と遊ぶゲームのごときものである。知性の認識能力が自分自身に打ち返され、一切のリアリティを奪われて、かろうじて自分自身のみを認識するとき、このゲームはほとんど自動的に働く。このゲームの帰結は、事実上、強制力をもつ「真理」である。なにしろ、頭脳の中に係留されている人間の知性構造は、正常な素質をもったどんな個人においても、人体の構造とまったく同じ意味で、「等しく」なければならないからには、そうである。ここに生じうる差は、知力の差であって、その差は当然ながら、馬力とまったく同じように、正確に測定し制御することができる。もうそこまで進んだと言えるとすれば、animal rationale つまり理性的動物という古くからの人間の定義は、じつに無気味な整合性を獲得しているわけである。われわれの動物的な五感を、われわれ万人に共通な人間世界にはめ込ませてくれる共通感覚を、われわれが失ったとき、人間の本質としてわずかに残るものといえば、実際、何らかの動物類に属するということだけであり、その動物類が他の動物類と区別される特徴つまり種差とは、帰結推論を行なう――「結果を計算に入れる」――ことができること、これのみなのである。

アルキメデスの点の発見後ただちに告知され、今日まで解決されていない問題群の本質は、原則的に次の点にある。つまり、その点を発見した存在者が、自身の生命上ならびに感覚上の器官により大地にへばりついた生き物であったために、その存在者がこの発見にもとづいて自分で作り出すいかなる世界像も、その存在者の眼前にじかに見出されるものと矛盾せざるをえないということ、それゆえ、この存在者は理論的‐科学的には、言葉のこのうえなく真の意味で「転倒した世界」に暮らさざるをえないということ、これである。デカルトが試みたこの問題群の解決の方策は、アルキメデスの点を人間自身の内に移し入れること、[47]すなわち、現実の発見を何といってもまずもって可能にした知性構造と意識構造の内に移し入れることであった。これによりデカルトは、人間の認識能力の構造そのものを、自身の参照点として選んだことになる。この認識能力は、それ自体としては無世界的であり、自分で生み出した数学の公式の枠内で現実性と確実性を自己調達するのである。この場合、科学を数学に還元すること reductio scientiae ad mathematicam により、感性的所与の代わりに数学的方程式のシステムを置いてもかまわないということになり、そのシステムの内部では、リアルに与えられた事態関係はことごとく、記号間の論理関係に置換され、しかもそれら記号自体は、すでに知性の産物なのである。この置換にもとづいて、次いで、近代科学は、自然的かつ現実的な仕方で与えられている事物を用いて実験を行なうよう、差し向けられることは、もはやなくなった。科学は、観察したいと思う「現象やプロセスを生産すること」を、課題にすることができるからである。(48) この生産は、数式や方程式という意味で行なわれるため、今や科学は、無世界的知性が自己の内部に見出すものにまさしく対応する「世界」のうちを動くことができるようになる。そのような企てに不可欠な唯一の前提は、誰も、神であれ邪悪な霊であれ、「二掛ける二は四」という数学的真理をいささかも変えることはできないということ、これである。

40　思考し認識する能力と、近代的世界像〔訳注8〕

デカルトは、アルキメデスの点を人間の認識能力それ自身のうちへ置き移すというやり方をあみ出した。このやり方により、なるほど、ある意味で困難は解消された。というのも、そのおかげで人間は、新しい「転倒した世界」の出発点をたえず携帯することができるようになり、その結果、その世界の「転倒性」をもはや気にする必要がなくなり、いわば、人間は現実には大地に属しておらず、それゆえ、感覚的に生身のありさまでじかに与えられた地上的な事態関係には制約されていないかのように、地球上を移動することができるようになったからである。しかしながら、デカルトのあみ出したやり方は、普遍的懐疑に対する答えであり普遍的懐疑を紛らすよすがとなるはずだったのに、その普遍的懐疑と同じように説得的に流通するには至らなかった。[49] というのも、科学の基礎づけの危機という形で、自然科学をその最大の勝利のただなかに襲った問題群は、それなりの仕方で、近代哲学の初期段階に端を発する悪夢をぶり返させるからである。このことが現われている例としては、ひどく不安をかき立てる次の一連の事態が挙げられる。すなわち、質量とエネルギーの等価性といったものを表わす数式は、もともとは「現象を救う」べく、つまり一定の観測結果に合致すべく、役立つはずのものであり、その観測結果は他の仕方でも説明可能であると想定せざるをえないものであったのに――それはちょうど、コペルニクスの地動説がプトレマイオスの天動説と違うのは、もともとは、理論の単純さや調和の点でどちらが上であるかによってだけのはずだったのと同じである――、そのような仮定上の等式が、次いで、事実として最高度に応用可能だということになり、そういう等式をあみ出すだけで、突如として、質量をエネルギーへ現実に変換したりエネルギーを質量へ変換したりできるようになり、その結果、いかなる等式に含まれている可逆性も、何かしらの現実的な変換可能性に対応させられるに至ったのである。これに酷似したことが、無気味きわまりない次の事態に見出される。すなわち、非ユークリッド幾何学体系が発見されたときは、それに関わった誰一人として、そのような数学が応用可能であるとか、そもそも何らかの経験的意味をもちうるとか、考えだにしなかったのに――、その後アインシュタインの理論において、非ユークリッド幾何学の瞠目すべき妥当性が証明されることとなったのである。そこから実際、こう結論せざるをえない。「そのような応用の可能性は、純粋数学の突飛このうえない理論構築にとってすら、開かれているのだ」[50] と。――そう結論したからといって、事柄の無気味さが減るわけではないのだが。というのも、かりに宇宙全体、もしくは任意の数のまったく異なる宇宙が成り立っており、かつそれが、人間の数学的知性によってあみ出され構築されたどんな理論をも「経験的」に確証する、ということが明らかになったとしよう。そうなれば、おそらく、いわば束の間の一瞬、われわれは歓喜して、なおこう信ずることができるかもしれない。往年の「純粋数学と物理学との予定調和」[51] を、つまり精神と物質との、人間と宇宙との予定調和を、ふたたび確証することに、今やわれわれは係わり合っているのだと。だがこの歓喜と踵《きびす》を接して、次の猜疑が襲って来ることだろう。数学的に予言されたこの宇宙とは、夢の世界ではないのか。その夢の中では、人間があれこれ作り出した幻視が、現実として認められてはいるが、それは所詮、夢が続く間だけの話ではないか、と。無限の小宇宙つまり素粒子における過程や事象が、われわれにとって無限大の宇宙の惑星系や恒星系と同じ法則に従い、同じ軌道を描くことをわれわれが発見するとき、この猜疑はむしろ強められるのがオチであろう。じっさい大小宇宙のこの相似性は、次のことを言わんとしているように思われる。われわれが自然つまり地球上の物質を、天文学の観点から探究する場合は、自然はわれわれに惑星系を差し出すけれども、われわれが宇宙を大地の観点から考察する場合には、地球中心的天動説が答えとして得られるのだ、と。〔訳注9〕しかもこの懐疑は、さらなる偶然の符合である論理と実在との偶然の符合を付け加えても、和らげられることはまずありえない。事実、論理的に明白だと思われることだが、「最小の構成要素たとえば電子は、大粒の物質の感性的性質を説明するはずだとしても、その感性的性質を自分で所有することはできない。なぜなら、さもなければ、この性質の原因は何かという問いは、ずらされることこそあれ、解けなくなってしまうからである」。この場合、われわれが仰天せざるをえない事実がある。「時の経過により」この単純な論理的必然が認識されたとき、はじめてわれわれは、「物質」がいかなる性質ももっておらず、そもそも物質と呼ぶことすらできない、ということも発見したという事実がまさにそれである。(52)

　そこで、感性的に知覚可能なあらゆる現象の彼方に存し、どんなに強力な観察手段によっても原理的にもはや到達できない領域に、われわれが冒険的に乗り出し、ある存在の秘密を、観測装置でもって捕まえることを始めたとしよう。その存在は、自然科学的世界像にとってあまりに秘密に満ちたものとなってしまったために、もはやどこにもおのれを現わさず、それでいて途方もなく強力な影響力をもっているがゆえに、あらゆる現象を生み出すような存在だとしよう。そのようなことにわれわれが挑み始めるやいなや、ただちに明らかとなることがある。われわれの観測装置は、無限に大きなものに対しても無限に小さなものに対しても、つまり大宇宙《マクロコスモス》における事象に対しても小宇宙《ミクロコスモス》における事象に対しても、同じような反応を示すのであり、その観測装置の測定結果の解釈に取りかかるやいなや、大小宇宙のいずれにとっても同じ規則とモデルが得られるのである。これまた一見すると、ここに告げられているのは、古来の統一的宇宙観が、より高次かつより精密な段階で再発見されたということにすぎず、その調和した宇宙の全領域のうちに、地上的なものも一個の限界事例として組み込まれている、というふうに見えもする。だが、ただちに次のような猜疑も頭をもたげてくる。われわれの観測結果は、それが呆れるほどの一致を示すがゆえにこそ、大宇宙とも小宇宙とも何の関係もないのではないか。むしろ観測結果は、われわれ自身およびわれわれの認識能力、すなわち観測装置や観測手段を発明した知能にとって特徴的な規則と構造に対応しているだけではないか。――そうだとすれば、本当の話、自分自身と異なるものをどんなものでも精密に知り経験しようとする人間の一切の努力を、邪悪な霊が水泡に帰せしめているかのようである。しかも、その邪悪な霊は、存在者の途方もない大小の領域を人間に示すという有利な条件のもと、人間の前に人間自身の鏡像ばかりせっせとあてがっているかのようである。

そうはいっても、デカルトがアルキメデスの点を人間の内面に置き移したことは、何世紀もの間、懐疑と不信を和らげてきた。その懐疑や不信は、ガリレイの発見からすぐさま論理的に不可避な仕方で持ち上がってこざるをえないものであった。それがふたたび頭をもたげてきたのは、物理学の数学化が長足の進歩を遂げたおかげで、外界を認識するためには感覚経験を原理的に放棄できるようになってはじめてであった。その放棄が結局もたらした結果は、なるほど予期せざるものではあったが、本来ごく当然のことであった。つまり、自然に向けて立てられた問いに対して得られるどんな答えも、もはや感性的には直観化しようのない数学的な記号言語で語られているのである。なにしろ、そうした認識を感性的にイメージしようとすれば、われわれの感覚能力の可能性にどのみち適合させざるをえないはずなのに、である。[53] こうなると、人間の実存が一定の制約と限界とを有していることが、人間のあらゆる限界を突破せんとする認識衝動の野望そのものに、あたかも仕返しをしているかのようである。人間の実存の場合、感覚能力と思考能力とが互いに関係し合っているため、双方のどちらも唯我独尊的に機能することはできないからである。じっさい、精密科学のこのうえなく抽象的な概念の「真理」が技術によって繰り返し確証されたところで、それによって確証されるのはせいぜい次のことにすぎない。つまり、人間世界の内部では、人間の知性規則にしたがって正しく精密に考えられた一切のことは、応用も可能であり、実用上の重要性をもっていること。また、自然現象を説明し解釈するさいに用いられる「考え出されたシステム」はどれも、それに応じてひとが制作したり行為したりできる見込みのある指導原理だと、ただちに立証されること。これらが確証されるだけの話である。これらは、一切の数的関係は空間的関係へと置き換えられることが分かった近代数学の初期段階に、すでに可能性としては潜在していた。それゆえ現代の自然科学が、「ここで肝腎なのは正しい順序なのだ[54]」ということを技術は確証していると信じているとすれば、自然科学は、ほぼ次のように表現できる悪循環に、はまり込んでいるように思われる。すなわち、科学は仮説的理論を定式化するが、その理論を携えて科学は感覚的世界にじかに面と向かっているのではなく、むしろ科学はその理論を、実験の技術のために用いているだけであり、その技術のうちで実験自体は、理論の真理性を検証する試験だと見なされている。言いかえれば、科学がこの手続きの最初から終わりまで係わっている相手は、「仮説的」自然でしかない[55]。

科学から発展してきた技術が本当に証明しているように思われることは、たった一つである。実験において仮説的に先取りされる世界はつねに、何らかの現実世界、つまり人間によって現実化される世界となりうる、ということだけである。なるほどこのことは、次のように言いかえられる。行為したり制作したり、それどころか世界を創出したりする、人間の実践的能力は、何らかの過去の時代が大胆に夢に描いたものとは比較にならないほど大きく、強力なのだ、と。だが、同じことが他方では、残念ながら、次のようにも言いかえられる。まさにこの世界創造的な能力を完全に利用し尽くすことは、人間をして自己自身の牢獄、つまり自己自身の思考能力の牢獄の中へと追いやるのであり、人間を自己自身へ容赦なく投げ返し、人間をいわば自家製システムの境界の中へ閉じ込めるのだ、と。人間が、世界や自然、大地や星の満つる上方の天空といったものが存在することの喜びにあふれ、人間ならざる万物のほうへと手を伸ばし、体をゆり動かして出てゆこうとしても、今では、自然も万有も、人間から身を退けて隠れてしまう。宇宙はといえば、実験において突き止められるプロセスに応じて先取りされ、この実験に基礎を置く技術において「現実的」に検証可能なものではあっても、感性的、直観的にはもはや表象不可能でイメージすら摑めない。こういったことを、人間は身に沁みて感じざるをえないのであり、そのときただちに人間は、かの自己自身の牢獄に気づくのである。ここで問題となっているのは、われわれが感性的にありありと思い描くことのできない事柄が存在する、ということではなく――そのような「事柄」はつねに存在してきたし、たとえば「魂」はその一つであった――、われわれが見たり表象したりすることができ、昔から「超感性的」で表象不可能なものにとって必須の背景となってきた事物も、同じく直観的には知りえないとされるに至った、ということのほうである。感性的所与が消え去るとともに、超感性的なものも消え去り、またそれとともに、具体的なものを思考や概念のなかで乗り越える可能性も消え去ってしまう。それゆえ、新しい宇宙が「実践的に知りえない」のみならず、「思考可能ですらない」のも、驚くには当たらない。というのも、「われわれがそれを追いかけて思考しようといくら試みても、そこに生じてしまう無意味は、おそらく、「三角の円」ほど無意味ではないものの、「翼の生えたライオン」よりは、はるかに無意味[56]」だからである。

ここに至って、デカルトのかつての普遍的懐疑は、精密自然科学そのものの核心部分に巣食うようになった。またそれとともに、人間の内面へ、つまり認識能力と意識能力の構造へ逃れるという旧来の抜け道は、塞がれてしまった。というのも、今や問題となっているのは、現代物理学の自然像が、表象不可能であるばかりか――これは、自然や存在は人間の感覚にみずからを現わさないという前提のもとでは、ごく当然である――、思考不可能であり、人間知性の概念やカテゴリーによっては捉えられない、ということなのだから。

41　観照と行為の逆転〔訳注10〕

近代の数ある発見のもたらした帰結のうちでも、アルキメデスの点の発見とそこから生じたデカルトの懐疑からただちに出てきた結果だっただけに、精神的に最も重大な帰結であったのは、おそらく、観想的生と活動的生との伝統的な位階秩序の転倒であろう。

この転倒を惹起した動機がいかに有無を言わさぬものであったかを理解するためには、次のように思い込むありがちな先入見から解放されなければならない。つまり、近代科学の顕著に実践的－技術的な意義からして、近代科学が発展を遂げたのは、地上の人間生活の条件を改善しようとするプラグマティックな努力からであったと結論づけてよいのだ、と。これが短絡的推論であるのは明白である。歴史的事実として、近代技術は、道具の発達のおかげで生じたのではない。昔からひとは道具を用いて、労働を楽にし、世界の物を制作してきたのだから。近代技術とはむしろ、誰の役にも立ちそうにない事物に対する、純粋に「理論的」つまり観照《テオーリア》的な関心の、まったく意図せざる、いわば偶然の随伴現象なのである。だからたとえば、最初の近代的道具の一つである時計にしても、実践的目的のために発明されたのではなく、特定の実験を改良し精確化するためには精密な時間測定が必要だったからこそ、発明されたのである。もちろんだからといって、この発明が、最初に世に知られたときには、実践的目的のためにも使われたという事実は変わらないし、時計の発明こそが人間的生の生活習慣やリズムを非常に決定的に変えたということも、もちろん否定できない。だがこうしたことすべては、時計の発明家の観点からすれば、一個の純然たる偶然にすぎない。人間のいわゆる実践的本能に関して言えば、そうした本能は、取り立てて言うほどの生の技術《テクノロジー》化につながるものではなかった、ときっぱり断言してよい。なるほど今日では、既存の技術が、一定の改良を自動的に生み出しては、技術的発展を前進させている。だがその今日でさえ、理論的で「無用」な基礎研究を閑人の思弁として脇に追いやってプラグマティックな本能を信用してかかる考え方に人間が大まじめに陥ったとすれば、現代世界が技術の現状を確保するとか、ましてや、さらなる発展を確保するとかいったことは、とても望めないであろう。

それはともかく、観照と行為の関係を逆転させるに至った原則的な経験とは、純粋に理論的なものであった。つまり、人間の知的欲求が満たされるのは、ひたすら直視することをやめる代わりに、手を出し介入して、人間の手の産物である物を用いて実験するときにのみだということが、明らかとなった。真理や知識への関心が消えたのではなく、手をこまねいて傍観するのではなく手を出して介入することに対してのみ真理は開示されるのだ、との確信が四方八方に広がっていった。どのつまり、人間によって製造された望遠鏡という器械が、自然もしくは宇宙からその秘密を力ずくで奪いとったのである。この新型の介入式研究の最初の成果がはじめて出てきたとき、じっと眺めて観察することよりも為すことのほうに優位を認めるべき、いっそう説得力のある理由が生じた。というのも、存在と現象とが袂を分かつに至り、真理が現象してくるとか眺めている者の心眼におのずと現われ顕現するとかいったいわば過大な期待を今さら真理にかけても仕方がない、と考えられるようになったとき、人間の認識能力は、見せかけの現象の背後に真理を追いかけ、つけ狙って待ち伏せせざるをえないという窮地にまさしく追い込まれたのである。こうした状況にあっては、受動的に観察することや純粋直観は、認識の手段としては、はじめから問題外となった。確実性に到達するためには、自己を確実たらしめる手段と方途を見出さねばならなくなり、認識するためには、何かを為さねばならなくなった。確実性のほうはと言えば、次の二重の前提のもとでしか存在しえないものとなった。第一に、人間自身が作った事物の認識のみが肝腎である、という前提がそれである。――このことから自動的に帰結したのは、知性が自己自身のうちに見出す量的なものしか取り扱わない数学的認識が、認識にとって尺度として重要となったことである。第二に、獲得された認識自体、これまた何らかの介入的行為において検証されうる、という前提がそれである。
　精密科学のこうした能動化とともに生じた真理概念は、古代哲学の真理概念とは、もはや無関係となった。科 369
学的真理というのは永遠である必要はなく、もはや理解可能でなくてもよいし、人間の理性そのものに知りえな
いものでもよい。この近代の公理系のまったき含意が、そのあらゆる帰結において理解され整理されるまでには、
何世紀もかかった。人間が自分で作ったのではないものについての認識が、人間に閉ざされているのなら、明ら
かに人間が創造したものではない自然や宇宙についての科学が、人間に本当に理解できる何かを伝達してくれる
だろうなどとは、期待できない。大胆不敵にも自然に介入し干渉することによって、自然過程がいかに発生する
かなら、人間に首尾よく見つけ出せるだろう。またそのことによって、自然過程を模倣し再現することも、人間
にできるようになるだろう。しかしだからといって、人間が自然過程を有意味に概念把握できるようになるわけ
でも、せめて概念把握はしたいと思うようになるわけでもない。理性を超えた、神的啓示と称される顕現も、非
常に難解に見える哲学的真理も、近代科学のもたらした成果ほど、人間知性の概念能力をこれ見よがしに挑発し
はしなかった。この点に関して言えば、じっさい、ホワイトヘッドよろしく次のように言うほかない。「どんな
に無意味に見えるものでも、明日には、真であると実証されることになるかも分からない[57]」。
　十七世紀に人間の思考様式は深刻な変化を蒙ったが、本当のところこの出来事は、観照と行為、つまり観るこ
とと為すことの伝統的序列のたんなる転倒から、当然ひとが予想するよりも、はるかに過激なものであった。と
いうのも、この逆転自体は、思考と行為との関係にしか当てはまらなかったのに対し、観取された真理を観想す
るという根源的意味での観照《テオーリア》は、完全に抹消されてしまったからである。それに、思考と観照とは、もちろん
同一のものでは決してない。伝統的には、思考とは、思考の歩みのうちを内的に動くことであったし、だからこ
そ、観想つまり真なるものの直観へと最終的に至る、最も直接的で最も確実な道だったのである。プラトン以来、
いやおそらくはソクラテス以来、思考は、人間が自己自身と語り合える内的対話（プラトンの対話篇の言い方で 370

は、*eme emautōi* つまり私を私自身に）と見なされてきた。そして、この対話が外からは見えなくても、それどころか、外に向けられた活動や運動は一切止まっていると前提するとしても、対話自体は依然として一個の活動であり、最高度に強烈な活動的あり方でさえある。思考する者が外的には不動であるといっても、それは観照の絶対的受動性と何一つ共通するものはない。後者の完全な静寂にあっては、私自身との内的対話すら沈黙に至るのであって、伝統にしたがえば、その静寂こそ、真なるものがおのれを現わすための根本前提にほかならない。中世のスコラ学が、哲学を ancilla theologiae つまり神学の婢《はしため》と呼んだとき、プラトンとアリストテレスを引き合いに出したとしても、あながち不当ではなかった。プラトンとアリストテレスは、非常に異なった意味においてではあるが、どちらも、対話的思考をもっぱら、真理を直観するために魂や精神が準備を整える道と考えていた。しかもその真理自体は、一切の思考的言語や言語的思考の彼方にあり、それゆえ言葉においても、もはや捉えられないとされた。プラトンの考えでは、言葉は、真なるものを表わすには、あまりに「弱く」、それゆえ、語りにおいては総じて捉えられない[58]。またアリストテレスは、人間の最高の能力である *nous* つまり直観理性を、「それについてのロゴスの存在しない[59]」ものがそれに対してはおのれを現わす能力、と規定した。

それゆえ、近代に起こった転回の本質とは、観想に代えて行為を人間の最高の能力として置き据えた点にあったのではない。つまり、かつては活動的生のあらゆるあり方が、観想的生を可能にするという点に関して価値評価され、正当化されていたように、あたかも近代では、活発に活動するあり方のほうが、直観や観察がそれを本義として遂行されるようになった、というわけではない。逆転の影響を概して受けたのは、思考だけであった。近代では、思考には、行為に仕えるという奉仕関係が割り振られたが、この関係は思考が、中世では神学の婢として、神的に啓示される真理を直観することに奉仕させられ、古代では存在の真理を直観することに奉仕させられたのと、同じものであった。近代的思考様式の視野から完全に姿を消したのは、観想であった。つまり、真なるものを直観し観察するという考え方は消えてしまった。

当時つまり近代初頭に起こった歴史的出来事が、どれほど過激であったかは、歴史を扱うはずの精神科学のまなざしから、えてして抜け落ちてしまう。なぜなら、この転回は、精神科学によってそれとしばしば混同され、事実プラトン以来の西洋哲学史を支配してきた、もう一つの転倒の陰に隠れているからである。プラトンの『国家』における洞窟の比喩を、古代ギリシア史の文脈に照らして読めば、プラトンが哲学者に要求した *periagōgē* つまり転倒とは、根本においてホメロス的世界秩序の逆転に帰着する、ということを見逃すわけにはいかない。ホメロスの語る冥界《ハデス》におけるような、死後の肉体なき魂の生ではなく、肉体に縛りつけられた地上における魂の生こそが、地下の世界の洞窟の中でうごめいているのであり、魂が肉体の影なのではなく、肉体こそ魂の影なのである。天空や太陽に比べれば、大地こそ一個の冥界である。不分明さと無意味さのうちに呪縛されたこの地上の人間の肉体の示す動作がそっくりなぞっているのは、死により肉体から分離させられ地下の洞窟に縛り付けられたホメロス的「魂」の示す、影も実体もない無意味な動きなのである[60]。

この文脈においてもっぱら問題なのは、プラトンとともに始まった西洋哲学および政治思想の伝統は、早くも転倒から始まったということであり、この最初の転倒によってかなりの程度決定された思考形態が、西洋哲学史において繰り返し再生産されてきたということである。しかも、大いなる衝動が偉大な思想家をまれに襲い、その真に根源的な衝動によって哲学史が駆り立てられるということがなかった場合には、かの旧態依然たる思考形態が、ほとんど自動的にぶり返したのである。いわゆる哲学の歴史とはつねに、哲学諸学派の停滞の歴史でしかなかったが、その歴史を眺め渡してみれば明らかとなるように、西洋哲学史全体が、転倒に次ぐ転倒によって広範囲に規定されており、そのおかげで前進させられてきた。つまり、観念論から唯物論へ、超越哲学から内在哲学へ、実念論から唯名論へ、快楽主義から精神主義へ、等々の、対立するものへの転回によってである。ここで重要なのは、転倒が可能だという事実だけである。言いかえれば、これら哲学の体系はどれも、「頭から足へ」、また足から頭へと、任意にひっくり返すことができるように出来ているというだけの話である。そのさい決定的なのは、そのような転倒のためには、「外的」な誘因は何ら必要でないこと、つまり歴史的出来事とか出来事に条件づけられた経験とかは何ら必要でないことである。講壇哲学史の内部では、これはじっさい、事象そのものから生ずる純然たる知的操作なのである。そういった操作は無邪気なものであり、すなわち歴史の重みをもたない。なにしろ、それら哲学体系の構造は、当然ながら、たんなる転倒によっては変化しないからである。すぐ次の世代には全歴史をふたたび転覆する誰かが現われるだろうと、いつも当てにできるほどである。この転換に次ぐ転換の連続においては、決定的出来事は一つしか存在しない。そしてそれこそは、プラトンによって精神が解放されたことだった。その解放のおかげで、この種の概念や観念は裏返し可能なものとなり、その結果、いわゆる精神史においてはじっさい、一つの体系から別の体系への転換を成し遂げるためには、精神の領域における一定の経験と知的操作の能力さえあればよい、ということになった。プラトンが最初に求めたような、*periagōgē tēs psychēs* つまり人間を全的に方向転換し転倒させることは、もはや必要なくなったのである。思考操作の遊戯は、古代の哲学諸学派において始まり、それ以来、たんなる講壇哲学すべての目印となった。ところで、概念上の対立の組み合わせを弄するこれと同類の遊戯は、部分的には、近代における周知の知的位階秩序の逆転をも支配している。逆立ちしたヘーゲルの弁証法をひっくり返したマルクスの転覆や、超感性的で超越的なものを軽んじて感性界ならびに力への意志に現われる生命衝動を重んじたニーチェの価値転倒がそれである。

　われわれがここで問題にしている転回とは、ガリレイによる発見の一結果である。なるほどこの転回も、伝統によって下絵を描かれてきたこうした逆転の意味において、したがって西洋精神史の意味において、しばしば解釈されてきた。しかしこの転回は、原理的に異なった種類のものである。人間にとって客観的真理など存在しない、人間が認識できるのは人間自身が作ったものだけだ、とする信念は、何らかの仮説的な知的懐疑主義の帰結ではなく、明々白々な発見の帰結である。それゆえこの信念は、諦念の気分へと導くのではなく、絶望に導くか、逆に能動的活動を昂進させる原動力となるか、のいずれかである。世界や世間に対して哲学者が太古から抱いてきた不信と、近代哲学の世界喪失とを分かつのは、たんなる程度の差ではない。近代哲学は、自己反省のうちに内感としての意識を発見し、そのおかげで、知覚された対象の代わりに、感性的知覚自身を知覚し、知覚作用のこの知覚において、つまり作用の意識において、現実性一般に対する唯一の保証を見てとる。近代の哲学者は、欺きやすく移ろいやすい感性界に背を向けて、永遠の真理の存するもう一つの世界へと向かうのでは、もはやない。そうではなく、両方の世界から、もしくは世界ならびに世界的所与一般から身を引いて、自己自身の内面に引きこもるのである。哲学者がこの内的領域において発見するものは、これはこれで、永続性をもつがゆえにじっと眺め直観することのできる何らかの像や模像ではなく、その反対に、不断の運動状態にある感官知覚と意識反応一般なのである。この感覚過程と意識プロセスこそ、十七世紀以来の哲学の真の対象にほかならない。この内的領域で自己反省に並々ならぬ精力を費やす哲学が、重要性では無理とはいえ精密性では科学と張り合えそうな一連の成果を生んできたし、今日なお生んでいることは、疑いない。近代に発展を遂げた哲学的な科学は、由緒ある形而上学ではなく、本質的なところで認識論および意識心理学から成る。だが、こういった意識の科学を超え出て、デカルト的懐疑をその普遍性と徹底性においてそっくり実現した少数の事例——パスカル、キルケゴール、ニーチェといった人たち——にあっては、こう主張してもよいだろう。哲学者が自分自身と自分の意識を用いて実験に挑んださまたるや、自然を用いた自然科学者の実験に劣らないほど首尾一貫していたし、おそらくはいっそう怖いもの知らずであった、と。

彼らの勇気には賛嘆を禁じえないし、近代哲学の偉大な明敏さに敬意を払うにやぶさかではない。しかしそれでもなおわれわれは、哲学的思考そのものが近代の歩みにおいて、これまでになく影響力を低下させ、ここ数世紀の間、見る影を失ってきたという事実を、押し隠すわけにはいかない。第二バイオリン、それどころか第三バイオリンを弾くことに甘んじなければならなくなったのは、中世スコラ哲学ではなく、近代哲学であった。デカルトが自分の哲学をガリレイの発見から自覚的に導き出して以来、かつて万学の母にして女王であった哲学は、科学のあとを追いかけ、時には科学に差をつけられるようになった。そして、ますます驚嘆の的となっていった科学的発見に目を眩まされ、一般的科学論という体裁で、科学的発見への道であったかもしれない原理を、事後的《ア・ポステリオリ》に発見したり、その望みを口外するにせよしないにせよ、先験的《ア・プリオリ》に構成したりすることに腐心してきた。最終的にはやはり、何らかの普遍学《マテーシス・ウニヴェルサリス》へと到達することが、近代哲学の野心だった。だが、精密科学は、それ自身の進展のためには、べつに科学論も科学認識論も必要としない。現代に至って、基礎づけの危機に陥るまでは、科学は、哲学という婢、下女なしにやってゆけるはずだと、かなり信じていた。たしかに科学は、前方を松明《たいまつ》で照らしてくれる斥候を必要としなかったし、科学という貴婦人の長裾を哲学が是が非でも持ちたがったときでも、科学は自分だけでやってのけてしまった（カント）。それゆえ、哲学者は、科学自身には無用の長物でしかない理論に従事する科学理論家となるか、あるいは、ヘーゲルが哲学者に明確に要求した役割、つまり時代精神ならびに世界精神の発話器官、いわば拡声器に実際になって、時代を規定するそのつどの気分を明晰かつ精密な概念で語り出すか、のいずれかであった。ところで、自然哲学および科学論として、自然科学のほうを向くにせよ、歴史科学や最終的には実存哲学として、歴史科学のほうを向くにせよ、どちらの場合でも、哲学の努力とは、何かを理解しようとすることであり、自分の関与なしに起こってしまった何らかの現実と「和解」しようとすることであった。人間精神の領域のうちで、哲学的思考ほど、近代の発展によって大きな痛手をこうむった領域はないと、そう言ってみたくなる。この損失の決定的な原因とは、活動的あり方が他の一切の人間的能力に勝る優位を新たに獲得したことであったのか。それとも、真理が喪失したこと自体、言いかえれば西洋の伝統の総体に尺度として重大な影響を及ぼしてきた真理概念が消失したことであったのか。それは、なかなか決めがたい。

42　活動的生の内部での転倒と、制作する人の勝利

すでに見てきたように、活動的生の内部で最高の地位を伝統的に占めてきたのは、行為であった。だが、近代になって観想的生と活動的生の上下関係が転倒したからといって、以前には直観と観想が占めていた上位に、今度は行為がいわば自動的におさまるという結果には決してならなかった。むしろ、まずもってこの優位をひょっこり手に入れたのは、制作する人《ホモ・ファーベル》に特徴的な、作ること、製造すること、つまり制作という活動だった。じっさい近代の革命をもたらしたのは、器械であり、したがって道具の作り手という特性をもつかぎりでの人間であった。だから、制作が優位を手にしたのは本来、ごく当然のことにすぎなかった。またそれに劣らず当然のことながら、それ以後ずっと、およそ科学的進歩なるものはすべて、新しい道具手段や装置を制作する技術を向上させることと緊密に結びついてきた。たとえば、ガリレイの落下実験は、歴史上のどんな時点でもその気になれば実行できたであろう。その実験を成立させた歴史的な前提条件はただ一つ、認識が成り立つのは実験と経験の仲立ちのおかげだとする確信だった。これに対して、現代試みられている科学実験はどれも、技術の水準と発展に結びついており、その技術のほうはと言えば、自然科学からそのつど生まれている。十九世紀末に干渉計を用いてマイケルソンが行なったような実験は、どんな天才物理学者でも、「以前には実行できなかっただろう」。それは、技術の発展を前提するものだったからである[61]。

だが、制作や製造が人間の諸能力のなかでの優位をひょっこり手に入れたのは、認識が実験装置の建造に依存するようになったことだけに起因するのではない。決定的だったのはむしろ、制作の要素が、実験それ自身に内在しているという点だった。どんな器械が実験に用いられるかとはまったく無関係にである。実験そのものが、観察しようとしている当の現象を、実際すでに生産し調達するからにはそうである。つまり、実験すること自体

すでに、製造することの一種なのである。製造という仕方で行なわれるこうした実験が、総じて認識という目的のために用いられたことは、われわれが知りうるのは自分自身で作ったものだけだ、との確信に起因するものだった。そしてこの確信から、人間が作ったのではない事物を認識する場合には、そういう事物をもともと発生させた過程を、模倣し再現することを実験的に試みなければならないということが、帰結したのである。自然科学史の分野で論じられるように、古来ひとは、ある事象がそもそも何であり、現にそうであるのはなぜか、と問うてきたが、近代では問題設定が重点移動し、当の事象がいかに発生したか、にのみ関心が寄せられるようになった。「何」から「いかに」へのこの重点移動も、今述べた確信から直接生じていることが分かる。「いかに」の問いは、実験によってのみ答えられるからである。実験が自然プロセスを反復するさまたるや、自然的事物それ自身をもう一度制作することが肝腎であるかのごとくである。なるほど、近代初期の信頼できる研究者で、どの程度まで人間は自然を実際に「制作」できるだろうか、などと想像しそうな者は、誰もいなかった。しかしながら、心に留めておかねばならないことだが、近代科学は当初から、自然を創造した神のごとき立場に立って自然に面と向かってきたし、しかも、技術的利用可能性という実践的理由からではなく、認識の確実性はそれ以外の仕方ではもはや獲得不可能だという、純粋に「理論的」な理由からもっぱらそうしてきたのである。「私に物質を与えよ、そうすれば私はそれから世界を創ってみせよう。すなわち、私に物質を与えよ、そうすれば私は、どのように世界がそれから生じるはずであるかを示してみせよう[62]」。カントのこの言葉において、近代に特有な制作と認識の合一が、一つの公式となったかのようである。近代の数百年、科学は自然認識を、実験という制作の方途によって試行してきた。その数世紀は、あたかも、人間が今や自然を現実に制作し創造してみせ、次いでそれを認識することに取りかかろうとしている世界、つまり現代世界に到達するための見習い期間として役立ったにすぎないかのようである。

　近代精神が神か偶像のように崇めてきた生産性と独創性は、制作する人とその製造し制作する営みにとって決定的規準となる理想である。というのも、制作する人はこの理想を尺度として自己自身を測るからである。だが、近代の条件下では、制作の能力はそれとは別の位相を示すのであり、じつはこの位相のほうがはるかに重要だということが、のちに判明することとなった。「なぜ」と「何」から「いかに」へと近代において問題設定が移動したのに伴って、必然的に生じてきたことがある。認識の対象はあくまで発生プロセスであり、物でも永遠の運動過程でもないこと、それゆえ、研究の対象は、そもそも自然でも宇宙でもなく、歴史、つまり自然、生命、宇宙の発生史だということである。ほかならぬ自然科学が、近代では、歴史学の特性を示す学問分野へと発展を遂げたのだった。しかも、近代に特有の歴史意識によって近代哲学が歴史哲学に縛りつけられることになるずっと以前に、である。十九世紀になるとついに自然科学は、地質学つまり地球の歴史、生物学つまり生命の歴史、人類学等々の、新しい専門学科の発展とともに、それと気づかれないまま、一種の自然史学へと変貌を遂げるに至った。これら新しい学問分野にとって決定的な、発展と進化の概念は、それより古い専門学科である化学と物理学、植物学と動物学のうちにも持ち込まれた。思えばこのような歴史科学への発展は、自然科学それ自身の本質にひそんでいたのである。決定的なのは、発展の概念が歴史科学的思考と自然科学的思考のどちらをも規定したという点である。自然認識は、プロセスに取り組むよう指図されていると見られたし、そのプロセスとは、制作する人が制作的独創性を発揮して実験において模倣し再現したものであった。発展の概念とは、このプロセス重視の不可避的な帰結だったのである。実験において対面する自然とは、じっさい「プロセス」なのである。[63] そして、実験において姿を現わす自然物とは、このプロセスの函数や指数以外の何ものでもない。かくして、かつては存在概念が占めていた位置に、プロセスの概念がおさまることとなった。もしくは、存在は総じて、プロセスとしてかろうじて経験されるのみとなった。かつて、存在の本質には、おのれを現わし現象してくることが属していたとすれば、プロセスの本質に属しているのは、それ自身は見えないままにとどまること、それが現に存在していることはせいぜい、本来もはや現象ではない一定のデータから推論されるしかないということである。このプロセスはもともと制作プロセスであって、「産物が得られるや消失」し、それゆえ、産み出されたものにおいては、まさしくおのれを現わさない。このプロセスについて、産物がその現象的実態において語っているのは、次のこと以上ではない。つまり、制作する人が制作で培った経験にもとづくかぎり、そのプロセスは存在するはずだし、いかなる種類のプロセスであれ、万物の現実存在に先行するのだということである。

ところで、物つまり産物そのものへの関心を犠牲にしてまで一切の存在者のプロセス性格をひたすら強調することは、制作する人の考え方に特徴的というわけでは決してない。制作する人にとって制作プロセスはむしろ、どんなに重要ではあれ、あくまで目的のための手段にとどまる。制作する人の活動の場は、手段によって作り出された目的から成る世界であって、われわれの生きている現代世界のように、それ自身が一つのプロセスである世界ではない。それと同じく、制作し製造する者の立場から見れば、現代の世界像は「転倒した世界」像でしかない。なぜならその世界においては、手段つまり制作プロセスや発展プロセスのほうが、目的つまり制作され成長した物よりも重要になってしまっているからである。自然科学によって規定された世界像は、制作する人の制作能力に依存しているにもかかわらず、その世界像においては、プロセスそれ自体が、はじめから関心の中心にしゃしゃり出てくる。なぜかといえば、理由は明白で、科学者が制作にたずさわるのは、もっぱら知ることを目的としており、物を産み出すことを目的としてはいないからである。科学者が認識を理由にして何を生産しようとも、それは彼にとってたんなる副産物、純然たる随伴現象でしかない。現代世界の外的特徴はもっぱら、科学から発展してきた技術によって規定されており、そうした科学なしには決して生じることのなかった物であふれている。そういう現代世界にわれわれはとっくに住んでいるが、その今日においてでさえ、研究者の見解は、科学的成果の技術的応用可能性は副次的意味しかもたないという点ではもちろん相変わらず一致している。

活動の旺盛な自然科学的研究の内部で、手段と目的の関係は狂ってしまった。なにしろ、手段であったはずの発生過程の「いかに」のほうが、目的であったはずの発生物の「何」よりも、ずっと重要な意味をもつようになったからである。だがこの狂いは、制作する人の世界観に見合った機械論的世界像が支配的であった段階では、隠されたままでありえた。周知のとおり、制作する人の世界観は、神と自然の関係を、時計職人と製造された時計の関係になぞらえる有名なたとえに、このうえなく明白に語られている。目下の文脈で重要なのは、十八世紀の神観念が、制作する人の制作能力を露骨に神格化したという点よりはむしろ、時計の比喩で自然を思い浮かべる発想の枠内では、近代のプロセス的思考はまだ明らかに限界を有しているという点のほうである。というのも、個々の自然物はいずれも、それらをそもそも発生させたプロセスによって、いわばさっそく使い尽くされるとはいえ、自然そのものは、時計そのものと同じく、プロセスではなく、神的制作者の手による多かれ少なかれ安定した最終生産物だからである。時計と時計職人という比喩がことのほか適切なのは、なぜか。その理由は、ほかでもない、一方では、時計の運動のうちに、自然的なもののプロセス性格が表わされ、他方では、一個の対象物としての時計そのものの比喩のうちに、制作本来の性格、つまり制作者と制作された物との違い、つまり時計職人と時計との違いが、如実に現われるからである。

機械論的世界像においては、制作する人の暫定的勝利が、非常にはっきりと表明された。だがこの世界像は、自然科学の研究が進むにつれ、最終的には、近代科学の精神には完全に不適合であることが証明された。機械論的世界観は、次のかぎりでは持ちこたえていたし、その場合どこまでも持ちこたえていた。つまり、新しい思考様式が最初から負わされていた認識論上の問題群を回避するには、自然認識の試み、ないしは人間が自分で作ったのではない事物について精密に知ろうとする試みをあっさり放棄し、その代わりに、一定の仕方で現に存在していることのいわれが人間の存在と活動に明らかに帰せられるような、そういった事物に目を向ければよいのだ、と考えられていた場合である。これは、ヴィーコが、自然科学に背を向けて歴史科学に目を転じたとき、彼の採ったやり方である。というのもこの転回は、ヴィーコがじつに詳しく説明してくれたように、認識の確実性を求めた彼の努力にもっぱら帰せられるからである。ヴィーコの考えでは、認識の確実性をわれわれが獲得できるのは、人間自身の作った産物以外の何ものとも係わりをもたない場合だけである。(64)近代における歴史の発見と、近代の歴史意識は、その成立事情に関して、最も強力な衝動を、どこから手に入れているだろうか。それは、ルネサンスにおいて新たに目覚めた人間の偉大さに対する熱狂からでも、人間的実存の意味は人類の歴史において啓示されるとする信念からでもない。歴史重視の発想が生じたのは、むしろ、デカルト的懐疑に対するありそうな答えの一つとしてであり、デカルト哲学の意識領野の外部に、人間の認識が自己を確証することのできそうな領分を発見しようとする努力においてであった。

同じ平面上にある試みが、十七世紀と十八世紀に驚くほど夥しく現われた。それらは、科学的精密さで政治制度を作り出せる理論を見出そうとする試みであった。その制度は、時計が時間の運動を規整したり、時計として解された創造が自然における過程を規整したりするのと同じだけの信頼度で、人間事象を規整する、というのである。ホッブズを最も偉大な代表として擁する、十七、十八世紀のこの政治哲学はつねに、「共同体または国家と呼ばれる人工的な生き物を制作する」(65)ための手段と方途を見出す試みに行き着く。その場合、ホッブズではまだはっきりと見てとれることだが、これまで二次的と見なしていた分野に哲学が決然と乗り出してゆく真の動機は、懐疑であり、(66)すなわち自己自身に対する懐疑であった。他方、ほかならぬ自己反省――ホッブズの言う「自己自身において読む」技術――こそが、人間自身に関する「技術」つまり「人間の技術」のための規則を掲げることが可能となる方法を、手渡してくれるように思われた。しかも、ひとが世界を打ち建て支配できるようにさせてくれるこの「人間の技術」は、「神が宇宙を創造し支配するために用いる自然の技術に、正確に「対応している」」。この場合、政治にとっての自己反省の認識価値は、明らかに、「人間どうしの間での思想と情念の類似性」にもとづく。それゆえ、すべての「工作品」の中でも最も世界的なものを建造することが問題となっているこの場合でも、規則と尺度のありうべき源泉としての世界は遮断されており、衝動と情念を頼みとするかたちになっている。カタツムリにカタツムリの殻が生えるように、人間に家が生ずるためには、衝動と情念は、計算知性といういわば中間回路がありさえすればよい、というわけである。だが、ホッブズが自己反省によって見出す情念と衝動は、デカルトの見出す意識とは異なっている。というのも、情念と衝動はそれ自身、プロセスであり、しかもこのプロセス自体、機械仕掛けを稼働させるために用いられるとされるからである。このように、ホッブズの場合、時計のメタファーがすでに見出され、そのメタファーを例に用いて人間の身体と情念の運動が説明される。その結果、共同体つまり「人造人間」の建造も、「時計のようにバネと歯車によっておのずと動く自動機械を建造すること」に帰着する。(67)

近代自然科学の成果をこのように政治に適用すると、明らかになることがある。プロセスの概念とはもともと、実験から、つまり自然的発生プロセスを人工的条件のもとで模倣しようとする試みから、それゆえ制作する人の経験世界から、生ずるものでありながら、徹頭徹尾、人間事象の領域における行為の原理として確証される、という点である。少なくとも、理論的には、また一見したところでは、そう見えてもおかしくない。というのも、情念や衝動はもとより、およそ自己反省によって知覚される対象はすべて、運動とプロセスだということは、理論的には決して否定できないからである。意識のうちに見出される作用の対象だけは、外的世界の一個の物たるその対象に実在性が帰せられるかぎり、動かしがたく当の対象であり続けるのであり、知覚されるという作用がとだえても、同一性を保ちつつ存続するのである。ちょうど、思考の思想内容だけは――思考それ自身は決してそうではないが――、意識内部でえんえんと繰り返される運動を超越するのと同様に。制作する人が自己反省に巻き込まれ、対象的世界への定位を放棄するかぎり、当人もまた活動にあたって、制作されるべき物の理念やモデルや形態によって導かれることはもはやなく、むしろプロセスによって導かれることになる。かつては衝動や情念と呼ばれたこのプロセスは、獲得と消費のプロセスのことであり、対象的にはもはや規定されず、それゆえ満ち足りることは原理的にありえない。

ホッブズは、計算して制作するという考え方を用いて政治理論を新たに基礎づけようと試みた。この試みが大きな意義を有するのは、ホッブズが、自然科学において見出された規則を人間事象の領域に適用することをすぐさま試みたからである。近代合理主義、および、やがて陳腐な決まり文句と化すことになる理性と情念の対立は、ホッブズほど非妥協的で、整合的で、肝の据わった代表を持ち合わせてはいない。ホッブズが天才的明敏さの持ち主であったことは疑いなく、政治哲学や政治理論の分野において十七世紀と十八世紀が偉大な生産性を示したことも、それに劣らず疑いない。しかしながら、近代哲学はまさにこの地点で、早々に挫折したのである。しかもその理由は単純で、近代哲学は、その第一歩を踏み出すうえでの指針となった法則からして、現実と関わり合いをもつことも、現実的なものの様態を理解することもできなかったからである。私がまさに作ろうとしているものだけが、現実に存在するであろうという観念は、制作の領域においては、まったく正当であるが、行為から成り立つ出来事の進行によって、たえず反駁されてしまう。出来事にあっては、絶対的に予期せざることほど、しばしば起こるものはないからである。制作の様態で行為するとは、ないしは結果を計算に入れるという形態で思考するとは、予期せざることを、したがって出来事それ自身をも、遮断することに等しい。「無限に非蓋然的」つまりとてもありそうにないことの域を出ないことに対して心構えをするなどというのは、非理性的ないしは非合理的というほかないからである。だが、少なくとも人間事象の領域では、出来事こそが、現実なるものの真の堅牢さを、それどころか、現実的なものが現実的となることとそのものを形づくっている以上、まさにその出来事を計算に入れないこと、すなわち、計算によっては予見されなかったことが起こるであろうということに対して心の準備をしないことのほうが、最高度に非現実主義的なのである。近代政治哲学の最も偉大な代表は、依然としてホッブズであるが、その近代政治哲学は、合理主義は非現実的であり現実主義は非合理的だ、という解消不可能なディレンマにぶつかって挫折する――ほかでもなくこれは、現実と人間理性はもはや仲違いしてしまっている、という意味である。「精神と現実を和解させる」というヘーゲルの巨人的とも言える大胆な企て――そのような和解こそ今日まで、あらゆる歴史哲学の最深の関心事であった――がつとに示唆していたように、近代理性は、現実という岩礁にぶつかって難破したのであった。

近代の思考様式を、一切の伝統から容赦なく、また取り返しのつかない仕方で分け隔てているのは、世界疎外の徹底性である。その徹底性たるや、制作、物化、対象化という、人間のすべての活動のなかで最も世界的であり、世界を打ち建てるのに与《あずか》る活動にまで、波及しえたほどであった。この世界疎外は、直観と行為の関係、または思考と行為の関係のたんなる転倒を、はるかに踏み越えるものである。人間的認識の最高の形式としての直観との訣別が絶頂に達したのは、観想がかつて就いていた地位に制作する人が昇進したときではなく、制作という意味に解されたプロセスの概念が絶対視されたときであった。これと比べれば、活動的生の内部での位階秩序の配置転換が起き、もともとは政治的行為が就いていた身分を今や制作が手に入れたということは、二次的な意義しかもたない。これに加えて、以前に〔第27節や第31節で〕指摘しておいたように、このもともとの位階秩序は、そうでなくても、表立たない仕方ではあれ、すでに非常に早くから、すなわち政治哲学がそもそも開始された時点で、ポリスや政治全般に対する、またとくには行為する能力に対する、ソクラテス学派の根深い不信によって、揺さぶりをかけられていたのであった。

この実情は見過ごされやすい。なぜなら、ソクラテス学派から生じてきた政治哲学は、人間の活動に関してポリスが置き据えていた価値序列に依然として定位していたし、その内実からして早くもポリスに叛旗を翻したときでさえ、そうだったからである。目下の問題をはっきり見てとるためには、プラトンとアリストテレスの真に哲学的な著作にまずは依拠しなければならない。両哲学者はその種の著作のなかでは、もちろん、この問題に関してかなり自由に発言しており、制作と行為の関係を、制作に有利なように逆転させて憚らなかった。たとえば、アリストテレスは『形而上学』のなかで、さまざまな認識形態を話題にするさい、*dianoia* と *epistēmē praktikē* つまり実践的に計画し決意へと向かう思考、および政治学は、最下位の認識形態に属する、と平然と言い放っている。*epistēmē poiētikē* つまり制作に携わる知が、それより上位に位置づけられるのは、制作知は、*theōria* つまり真理の直観にじかに先行し、かつそこへ帰着するからである。[68] また、この優位の理由は、哲学的には、われわれが別の文脈で扱ったような（第31節参照）、行為に対する政治的に動機づけられた不信ではなく、思考とその経験にとっての強制力という点ではるかに勝る、直観と制作—— *theōrein* と *poiein* ——の内的親和性であり、ないしは事象そのものにひそむ観想と行為との対立なのである。ともあれ、ギリシア哲学の枠内で直観と制作の内的親和性にとって決定的だったのは、直観が、行為の領域ではなく、制作の領域において経験できるということであった。しかも、制作が、何らかの「理念」つまり直観されたモデルによって導かれる以上はそうであった。モデルは、制作プロセスに先行し、プロセスより長持ちして永続する。モデルは、制作者がまさに作ろうとしているものを当人に示してやり、次いで、制作されたものをその品質の点で評価するのに役立つ尺度を、制作者に手渡してやる。モデルの認識価値はここにある。

ソクラテス学派は、直観を最高の認識形態として強調する考え方を、はじめて展開した。直観のこの強調は、歴史的には少なくとも二重の起源をもつように思われる。まず、明らかにこれと内的に連関しているのは、驚嘆つまり *thaumazein* こそ哲学の源泉だ、としたプラトンの有名な言葉である。アリストテレスも『形而上学』第一巻で、表立って再度これを引用している。[69] プラトンによる驚嘆の定式化は、ソクラテスの弟子が、師匠との交流のなかで忘れがたい印象を刻みつけられた、おそらく最も衝撃的な経験の直接的帰結であったと、そう推測してみたくなる。つまり、ソクラテスはみずからの思考に繰り返し襲われ圧倒されて、完全に沈潜した状態へ投げ込まれ、その状態は外からは、絶対的な不動状態が何時間も続いているようにしか見えず、師匠のそのような姿を弟子たちは目撃したのではないか、と。それに劣らず、次のように考えてみたくなる。存在そのものの驚異を前にしてのこの衝撃的な驚嘆は、原理的に無言であり、その内実は、語りとか言葉で伝達可能なものとかでは、しっくり表わせないものなのだ、と。ともかく、そう考えると説明のつくことがある。プラトンとアリストテレスは、他の点では深刻な違いがあるにもかかわらず、驚嘆を哲学の源泉と呼んだ点では、少なくとも形式的には意見を同じくしていたし、しかも、いかなる哲学的営為の目的も目標も、これまた無言状態つまり言葉では伝達できない直観に存するはずだ、とする点でも同じ意見であったが、それはなぜかが説明できるのである。ソクラテス学派の哲学では、テオーリアとは本来、タウマゼインを表わすもう一つの、より控え目な暫定表現にすぎない。哲学的営為の終着点としての真なるものの直観とは、その出発点としての驚嘆を概念的、哲学的に解明したものにほかならない。

しかるにこの問題は、まったく別のもう一つの面をもっている。これは、イデア論において、しかもイデア論の内実に関しても、用語法や引き合いに出される例に関しても、このうえなく明白に示される。とりわけ、イデア論で引き合いに出される例は、制作者の経験とつねに関係している。制作者の心眼は、まず物の形態を知覚し、次いで対象物を制作するさい、この形態に従う。制作者はこのモデルを模倣はするが、自分では産み出さない。プラトンにとって、このモデルは、人間精神にあらかじめ与えられている。そのように与えられたものとして、モデルに固有な一定程度の永続性と優秀性は、人間の手がこれを模倣して対象化しても、決して現実化されず、それどころか、決定的に低化させられてしまう。それゆえ、常住不変で完全な存在者として純粋直観におのれを現わすものは、直観に後続する模倣にかかると、不完全で移ろいやすいものとなる。その帰結として、制作を導くモデルや「イデア」に実際に適合した態度というのは、心眼におのずと現われるとおりにモデルを存在させる態度だということになる。プラトンはあたかもこう言っているかのようである。人間が、物を制作する能力を放棄することを決心し、その代わりに、制作プロセスの出発点たる純粋直観に専念すれば、その人は、完全な存在者を見ることができ、その永遠存在に参与することができるのだ、と。だが、厳密な意味での「観想」としてのこの直観は、ソクラテス的沈潜へと導き存在の驚異に応答する驚嘆とは、何の関係もない。観想としての直観は、制作経験に由来しており、為すことや作ることの一切と切り離されている場合でも、制作経験にとらわれたままである。真に観想的なこの直観は、全体としての存在にはもはや向かわず、まさしく「イデア」つまりモデルに向かう。ただし、この直観は、行為を導いたり導き入れたりすることはもはやなく、直観することそれ自体が絶対化される状態を導くのみである。

哲学の伝統において観想という言葉で理解されている事柄にとって、この二番目の直観形態が決定的となった。それゆえ、無言の驚嘆という状態においては、沈潜していることの意図せざる外的一徴表でしかなかった不動性が、観想的生の意図的条件となり、したがってまた観想的生に本来的な中心要求となりえたのである。ここでの問題は、人間が驚嘆に襲われて圧倒され、不動性へいわば被投されることではもはやなく、むしろ、あらゆる活動と運動をまったく意識的に停止し始めることで、観想の状態にはじめて達することなのである。観想の喜びと恍惚に関して、とくに中世に書かれたものを読むと、あたかも哲学者は、制作する人をいわばそそのかして口説いたあげく、諦めて手を降ろさせ、こう承服させたかのような印象を受ける。制作する人の抱く最大の憧れである、持続と不死性への憧れは、活動的であることや対象化するはたらきによっては叶えられず、むしろ、美しいものや完全なものは作られることなどありえないと最終的に悟るに至ったときにのみ叶えられるのだ、と。プラトン自身においては、無言の驚嘆――これぞ一切の哲学の始まりにして終わりなのであり、そういう哲学とは、自身がそこから立ち昇ってくる根底の深さを自分自身はもはや見きわめられず、そこへと最終的に行き着く高みへ自分自身は昇りつめることができない――には、永遠なるものを求める哲学特有の情熱が充満しており、また、永続的で完全なものを求める職人や芸術家に特有な憧れも充満している。どちらも非常にはっきりしているので、この二通りの憧れをプラトンの著作のなかではっきり区別するのは逆に難しい。とはいえ、哲学の無言の驚嘆は、少数者にしか当てはまらない経験に属するように見えるのに対して、職人的な創作者が眺めながら直観する眼差しのほうは、ともかく往時はまだ多数者にも分かりやすい日常経験であった。この単純な事実が、観想の理論は二種類の直観のどちらにもとづくべきかを決定するさいに、重きをなした。すでにプラトンは、制作の領域から事例や例解を引き出すことで説明をより説得的にしようとし始めたとき、制作する人の考えに沿った決定を下していた。この決定は、キリスト教が最低限の瞑想と観想をすべての信徒に要求したとき、明確化されないわけにはいかなかった。

個々の点で事情はどうであれ、決定的なことは、観想という概念や実践、生き方を最終的に規定したのは、哲学へと向かう驚嘆ではなく、いわば哲学者の仮面をつけた制作する人だったという点である。観想的生は、活動的生の正反対だと自己了解しているかぎり、仕事に従事する生をまさしく否定することにその本質がある。仕事に従事する生の本務は、製造し制作することであり、自然に暴力を加えて、死すべき人間たちの場所を地上に打ち建てることであるが、その仕事に従事する生が、今や、いわばくるりと向きを変えて、非暴力と非活動の生と化し、あらゆる存在者を、それが傍観的態度に対してみずからを現わしてくるがままにゆだねて、自分自身は永遠不滅のものの近くに居を定めようとするのである。制作する人が、自分の能力のこうした反転を受け入れるべく説き伏せられることがありえたのは、職人仕事という自分に最も本来固有の経験からして、ほかならぬ観想の喜びにすっかり慣れ親しんでいたからである。そのためには、現実の転倒は必要ではなく、プラトンが哲学者に要求した魂の向け換え《ペリアゴーゲー》の徹底性からは、ほど遠かった。制作する人は、ただ手を降ろして諦め、エイドスつまり常住不変の形態を直観するという、彼自身の活動の諸段階の一つを、無限に引き伸ばして絶対化しさえすればよかったのである。そして、直観するのは最初だけで、あとは直観されたものをモデルとして用いて模倣するといったことはやめてしまった。少なくとも、模範の美と完全性が人間の手によって達成されることはないと分かった人びとは、やめる決断をすることができたのである。

それゆえ、あらゆる種類の活動的あり方に対する観想の優位に、近代になって懐疑が向けられたことで、直観と行為との関係が逆転しただけであったとしたら、伝統的秩序の枠組は、いわば、ひっくり返されてもとの位置に戻っただけであっただろう。だが実際は、伝統的秩序の枠組そのものが、粉砕されたのである。そしてそれは、制作それ自体の意味理解において、重点が、産物ならびに制作を導く常住不変のモデルから、制作プロセスへとすっかり移動し、その結果、物が何であるかとか、どんな対象物が制作されるべきかといったことはもはや問題でなくなり、むしろ、いかにして、またいかなる手段と過程によって、何かが発生するか、またいかにしてこの過程を模倣できるかということがもっぱら問題となったとき、そのときはじめてであった。というのも、この重点移動に含意されていたのは、観想は真理には到達できない、ということであるとともに、直観一般は活動的生の内部での主導的地位を失い、哲学が意思疎通のために引き合いに出せる日常的になじみの経験にはもはや属さなくなった、ということでもあったからである。

43 制作する人の敗北と、幸福計算

近代の入口に立つ出来事に目を凝らしてみよう。そして、ガリレイの発見から不可避的に生じ、その明白さゆえに十七世紀の思想家を眩惑させずにおかなかったこの発見の直接的帰結を、もっぱら熟考してみよう。そうすれば、観照と行為とが逆転したこと、もしくは有意味な人間的能力の系列から観想が除外されたことは、ごく当然の成り行きと言ってよいほどだったことが分かる。同様に、ごく当然だと思えるのは、この逆転によって、行為する人間でも、労働する動物でもなく、制作する人が、つまり制作し製造する営みが、人間の可能性の最高位に昇りつめたことであった。

そして、これらごく当然の成り行きは、一見したところ、完全に確証されるかに見える。制作する人に典型的な次のような態度ふるまい方が、近代の初期段階からわれわれの現代世界までずっと、近代という時代の際立った徴表に属することがあまねく明らかとなっている。つまり、およそ眼前に見出される所与のすべてを、手段として取り扱う傾向。道具に多大な信頼を置き、技術的対象物を産み出すという意味での生産性に高い評価を与え

ること。目的－手段のカテゴリーを絶対視し、功利の原理はどんな問題も解決しどんな人間的動機も説明できると確信すること。職人の親方的な全権を掲げて、一切の所与はただちにその材料だとし、自然の総体は、「そこから欲しいものを切り取っては、それを好きなように仕立て直すことのできる、途方もなく大量の素材」であるかのように見なすこと。(70) 賢明さと、創意あふれる明敏さとを、同一視すること。「人工的対象物の製造、とりわけ、製造工程をさらに無限に変化させる道具生産を可能とするような道具の製造」を、目指さないようなすべての思考を、蔑視すること。(71) 最後に、行為と制作が等しいのは自明であり、行為が制作という意味に解されるのも自明だと見なすこと。

制作に定位したこれらの傾向を一つ一つ追跡することは、行き過ぎであろうし、必要でもない。これらは自然科学の根本にひそむ確信から容易に読みとれるし、自然科学は今日なお、「たんなる無秩序状態」や「乱雑なごたまぜの自然(72)」のなかで自分は秩序を創造するのみだ、と思っている。なぜなら、自然科学の概念言語では、調和や単純性といった古い観念に代わって、制作する人が制作のために必要とするモデルや見本が置き据えられているからである。上記の傾向は、もちろん、古典派経済学の諸原則にも、同様に読みとれる。古典派経済学は、生産性を最高の理想とし、ただちに生産的とはいえない活動を蔑視したからである。マルクスでさえ、この偏見に依然として影響されて、労働者階級のためのごく当然の権利要求を労働者階級の「生産性」の名のもとに掲げたり、制作活動の意味に労働を改釈したりしているほどである。近代哲学のプラグマティックな諸潮流のうちに、上記の傾向は最も克明に見てとれる。プラグマティックな哲学は、デカルトの普遍的世界疎外に、功利の原理を付け加えたのであり、功利の原理は、十七世紀以後のイギリス哲学と十八世紀以後のフランス哲学を、決定的に支配した。そのため、そこでは往々にして、人間が利害関心以外の動機によってふるまうことがありうるとはもはやまったく考えられないほどであった。人間は万物の尺度である、という制作する人の最古の確信は、近代に入ると、万人に認められた決まり文句という地位を獲得したと、まったく一般的にそう言ってよいだろう。

説明を要するのは、制作する人の近代的価値評価ではない。そうではなく、この価値評価がそれ以上一般化せず、とくにその後はもはや浸透しなかったという事実であり、むしろ比較的すみやかに労働の讃美がそれに続いたという事実である。活動的生の内部での活動相互の位階秩序のこの再度の転倒は、徐々に遂行され、一般には観照と行為の逆転、特殊には行為と制作の転倒、という前回の転倒に比べると、劇的な形態をとったとはとても言えない。労働の価値が近代において高まったことに先立って生じたのは、制作する人の伝統的思考様式における一定の逸脱と変質であった。これは、近代に最高度に特徴的であり、また事実、近代の発展そのものの本性にひそむものであった。制作する人の考え方と結局のところ相容れなかったのは、プロセスという近代的概念であった。制作する人に関して言えば、何であるかから、いかに生ずるかへ、物それ自体から制作プロセスへ、近代において強調が移動したのは、まったき幸運では決してなかった。この重点移動により、制作や作ることに定位した人間から、かの確固たる定規や一義的な物差しが一挙に奪われたからである。どんな時代にも多数の人間が、自分の行為の手引として、また自分の判断の基準として用いてきたのは、この物差しであった。現代世界において一切の価値の価値剝奪が最終的に生じているのは、たしかに商品社会の発展にのみ起因するのではなく、おそらくそれに第一次的に起因するのでもない。たとえ、商品社会の枠内でのみ交換価値は使用価値に対して決定的に勝利を収めるのであり、その結果として交換可能性ならびに相対化が一切の対象物の「価値」を決定する、ということに疑問の余地はないにしても、である。近代科学と近代哲学の発展に規定されているかぎりでの近代思想にとって、少なくとも同程度に決定であったのは、人間的実存が総じて、自然と歴史という二つの超人間的な包括的プロセスに埋め込まれたものとして理解されたことである。あたかも人類は、見通しのつかない無限の未来へと、前進してゆくのではなく、引きずり込まれてゆくかのようである。この未来に関しては、プロセスより上位の意味は期待できないし、むしろこのプロセスのなかでは、いかなる目標も目的も、絶え間なく水浸しにされてしまう。

言いかえると、近代が携えていた思考様式の大いなる革命は、なるほど、制作する人の能力を途方もなく拡張し、無限小と無限大を測定し操作することが可能となる装置を制作し道具手段を発明することを、制作する人に教えたが、しかし同時に、確固たる物差しを彼から奪ったのである。しかも、その物差しこそは、制作プロセス自体の彼方に存するがゆえに、無条件に信頼の置ける絶対的なものへと近づくための、制作という活動自身に由来する本物の通路を、確保してくれるものだった。活動的生の活動のうちで、制作ほど、意味付与的な人間の能力としての直観と観想の喪失から、じかに影響を受けたものはなかった、とたしかに言ってよさそうである。というのも、行為はプロセスを引き起こすことにその本質があり、労働は生命体の物質交替プロセスにあくまで拘束されているが、そういう行為や労働と比べると、制作は、自分に関わりのあるプロセスを、二次的なもの、つまり自分の目標や客観的目的のたんなる手段と見なすからである。そのうえ、もちろん、制作の能力ほど、近代の世界疎外から深刻な影響を受けた人間の能力はなかったし、意識の内部へアルキメデスの点が移動したことによって多大な喪失を蒙った人間の能力はなかった。制作本来の意味とは、世界を打ち建て、世界の物を産み出すことにあるからである。

制作する人は、最終的には、近代の条件にぶつかって挫折してしまう運命にあり、現代世界において彼の物差しと価値づけの本領を発揮させることに成功するはずもなかった。この命運はそもそも、制作的な思考の真骨頂たる功利の原理が、幸福計算という「最大多数の最大幸福」の原理から切り離されたとき、すでに明らかだった。(73) この切り離しが起こったのは、十八世紀の終わりであり、これ以後、人間が認識しうるのは人間自身が作ったものだけだ、とする近代の原初的信念――は、制作する人の能力にとって並外れて有利に働かないではいかなかったが、それ――は、いかなる存在者も何らかのプロセスの函数と指数でしかない、とする近代特有の思考にいっそう適合した信念に、次第に屈服するようになっていった。このプロセスの思考は、制作に定位した思考様式の必要や理想とは疎遠なもの、それどころか敵対するものである。そのわけはこうである。なるほど、功利の原理は、その絶対的関係点として、人間を要請する。人間は、存在者を素材に作り変えることにより、その存在者を利用し、調製された原料でもって対象物を産み出す。しかし、功利の原理は、人間とともに、使用対象物からなる客観的世界をも要請する。この世界は、端的な世界としてではないにしろ、それでも少なくとも環境世界として、人間に対立する。人間と環境世界とのこの対立関係が、もはや確保されなくなったとしよう。つまり、世界的対象物が、もはや第一次的には、使用性格をめあてに考察されたり功利において価値評価されたりしなくなり、その代わりに万物が、それを生み出す生産プロセスの、つねに交換可能な、多かれ少なかれ任意の副産物となってしまい、生産プロセスの最終生産物が、もはや最終目的ではなく、作り出された対象物が、前もって定められた利用のうちでいわば停止することはもはやなく、「別の何かを生産する」ために役立つものでなければならなくなったとしよう。――そうなれば事実上、功利の原理はもはや大したものではなくなる。功利の原理はもはや「絶対的」価値ではなく、その価値は「二流でしかなく、第一次的価値を含まない世界は、二次的価値も含むことができない」[74]。原則的には、この根本的価値喪失という出来事は、制作する人自身の限定的な概念枠組の内部で、すでに起こっていた。つまりこの出来事は、制作する人が自分のことを第一次的には、物の制作者にして人間の手による形成物の建造者だとはもはや見なさなくなり、自分はむしろ、道具の作り手であり、しかもとりわけ「さらなる道具を産み出すことになる道具」の製造者であって、そのさい物を産み出すとしてもほんのついでのことにすぎない、と自任し始めたとき、もう起こっていたのである。この文脈で功利の原理を総じてなお当てはめようとすれば、この原理が第一次的に関係するのは、使用対象物やその直接的効用ではなく、生産プロセスそのものである。総じて生産性を高めたり、生産性に必要な労力を低減させたりするものは、何であれ、有用と見なされる。要するに、尺度となるのは、もはや役立てたり用いたりすることではなく、「安楽であること」――生産や消費において経験される快と不快の差引合計――なのである。

　ベンサムが発明した「快と不快の計算」には、二重の利点があった。見かけ上、道徳科学に数学的方法を導入することと、それと同時に、もっぱら自己反省にもとづく原理を見出したこと、この二つである。ベンサムが「幸福」という用語で言わんとしたのは、不快感を差し引いた果てに残る快感の総計のことであった。だが、数量計算にもとづいて見出されるそうした安楽さが知られるのは、もっぱら意識においてであり、富や健康といった外的徴表があるわけではない。だから安楽さとは、あくまで内部完結しており、デカルトの cogito me cogitare つまり「私は私が思考していることを思考する」と同様、外界から切り離されたままである。ベンサムの暗黙の根本前提は、近代の開始における哲学のそれと、もちろん同じなのである。ベンサムの前提によれば、人間に共通なものとは、世界ではなく、一人一人の個人に同じような性質が等しく見られることであり、じつにこの同一性のおかげで、似非数学的な確実性でもって快感と不快感の差引合計を算出することが、はじめて可能となる。快楽主義という語が、古代後期のエピクロス主義を表わすにはすでに的外れであったとすれば、古代哲学のこの流派とはほとんど何の関係もないベンサムの近代的世界観を表わすのに快楽主義という語を用いるのは、グロテスクというほかない。快楽主義の原理は、以前に〔第15節で〕述べたように、快ではなく、不快の回避である。ベンサムとは違って、哲学者であったヒュームがよく知っていたように、快楽主義の真の指導原理は、快ではなく、苦痛であり、欲求ではなく、恐怖である。「健康が求められるのはなぜかと問うなら、ただちにこう答えられる。病気は苦痛をもたらすからだ、と。さらに、苦痛が嫌われるのはなぜかと問い、そのわけを知りたいと願うなら、それを説明する理由を挙げるのは不可能だということが分かる。苦痛を嫌うことは、絶対目標であって、別の何らかの到達目標と連関などしていないからである」[75]。こうした特有の無理由さが生ずる理由は、快ではなく、苦痛だけが、対象を完全に欠くからであり、苦痛は一般に、自分以外の何ものも事実上感じない唯一の状態だからである。これに対し、快が享受するのは、自分自身ではなく、快の対象である。苦痛とは、対象を欠く点で、論理的、数学的な推論に優に匹敵する、唯一の真に絶対的な内感なのである。苦痛のもつ制圧力は、推論の明証性の強制力と、優に肩を並べるほどである。

快楽主義の世界観は、最終的には、苦痛経験に基礎をもつ。このことはもちろん、古代にも近代にも当てはまる。だが、近代の快楽主義では、苦痛を基礎とすることに、別の意味での強調が、いっそう強く置かれる。古代では、人間が自己自身へと引きこもるきっかけとなったのは、結局のところ世界それ自体であり、その引きこもりの結果、世界によって生み出された不快から逃れることができるとされた。言いかえれば、快と不快は、この場合、逃れるべき世界と、消極的ではあれ、何かしらの関係をなお保っていた。古代における世界疎外のさまざまな変種――ストア主義からエピクロス主義、さらには快楽主義、冷笑主義《シニシズム》まで――は、一切を、根深い世界不信へと連れ戻させる。しかもその世界不信とは、世界が蔵している困窮と危険を回避すべく、世界から身を隠して自分を救おうとする衝動であり、自己を内面へと退却させ、その内面の領域において自己を自己自身にしか面と向かわないようにさせる衝動であった。近代においてこの流派に対応するもの、つまり、ピューリタニズム、感覚主義、そして最終的にはベンサムの快楽主義は、人間が自分自身に対して抱く不信から発しており、感覚の現実受容性、理性の真理受容性、ひいては人間本性一般の完全性を、疑問に付してやまない懐疑へと、連れ戻す。その出発点は、世界の腐敗ではなく、人間本性の不十分さと腐敗なのである。

この人間腐敗は、その起源においても内実からしてもキリスト教的でも聖書的でもない。とはいえ、上記の近代の流派がいずれもユダヤ－キリスト教的伝統の内部で起こった以上は、この人間腐敗は原罪の結果だとピューリタンが解するということはあるにはあったが。他方、感覚主義はたいてい、キリスト教に意識的に反抗した。――この場合、感覚に敵意を燃やし人間憎悪をあらわにするピューリタンの狂信主義と、それまでずっと悪徳と見なされてきたものをベンサムの信奉者が美徳だと恥ずかしそうに、または恥ずかしげもなく宣言するさいに装う破廉恥ぶりの、一体どちらが、より多くの損失を引き起こし、いっそう悪質な影響を及ぼしたか、を決定するのは難しい。古代は、快楽に満ちた安楽さという幻想を呼び出す――それ自体は中立的な無痛状態を快楽に高めるべく苦痛感覚を思い浮かべたり、激しい苦痛を忘れるべく快楽状態を思い出したりする――ために、想像力と想起を動員した。これに対して、近代は、あれこれの仕方で、幸福とか魂の救済とかいった事柄に関する数学的確実性という幻想を手に入れるために、快感と不快感の差引計算やら、功績を収入に、違反を支出に見立てて帳簿につけるピューリタンの道徳簿記やらを、必要としたのである。（この近代の道徳的計算術は、古代後期の哲学流派の精神とは、もちろん無縁である。エピクロス派やストア派によって刻印された古代的人間類型の際立った特徴をなす自己鍛錬を、つまり沈着冷静さや性格上の峻厳な高貴さを、思い起こしてみるだけで、古代の流派と、近代のピューリタニズム、感覚主義、快楽主義とを分かつ裂け目を、ありありと思い浮かべることができよう。この根本的相違からすれば、近代の性格類型が、比較的古い、狂信的で料簡の狭いピューリタン式独善を、依然として特徴としているか、それとも、多幸症と抑鬱症とに、つまり変転してやまない気分に絶望的に駆られた状態に、とうに分裂しているかは、ほとんどどうでもよい。ちなみに後者は、比較的新しい、自分には何でも許してしまう自己中心主義の特徴となっている。）「自然は人類を、快と不快の絶対的支配のもとに服させた」[76]とする怪しげな発見や、心的感覚の強度を測定しその測定結果を態度ふるまいの規則に変換してみせると豪語する精密道徳科学というばかげた観念[77]だけでは、快楽原理と幸福計算が、英語圏の諸国の精神史に多大な影響を及ぼすことを保証するには、十分ではなかったであろうと、そう想定したくなる。

エゴイズムの神聖さの教えや、傍若無人の利益代表の慈善の力は、ありとあらゆる亜種形態をとって、十八世紀から十九世紀初めにかけて、道徳問題に関する通例の議論を、無双の陳腐さでもって席巻した。だがじつは、その背後には、もう一つの参照点が隠されていた。事実ここから、快楽計算が提供できたものよりもはるかに強力な原理が導かれたのであり、それこそは、生命それ自体という原理にほかならない。仔細に吟味すると明らかになってくることだが、快と不快、恐怖と欲求が、この種のあらゆる観念体系において目指しているのは、「幸福」などではなく、むしろ個人の生命の増進、ないしは人類の生命プロセスの保証だったからである。近代のエゴイズムがもし本当に、自称するとおりの傍若無人の快楽追求であったとすれば、あらゆる正真正銘の快楽主義的世界観において議論の不可欠の核心部分をなす、自殺の根本的正当化を欠くことはできなかったであろう。だが、そのような自殺正当化論はこれらの体系のいずれにも見出せない。この点だけからもすでに示唆されているように、ここで問題になっているのは、じつは一種の生の哲学であり、すなわち、このうえなく通俗的かつ無批判な形態をとった生の哲学なのである。結局のところ、他の一切が関係づけられる最高の「価値」にして尺度とされるのは、いつも決まって、生命それ自体である。個々人の関心や人間種属の関心が、個人の生命や人類全体の生命の要求と同一視されているからには、そうなのである。あたかも、生命こそ最高善だということは、ごく当たり前のことでしかないかのように。生きながらえるよりは、むしろ死んだほうがましな命など、原理的に存在するはずがないかのように。

制作する人が自己主張するのに、近代の趨勢は非常に有利に見えたが、それは不首尾に終わった。制作する人に特有なこの無能ぶりは、哲学的にはおそらくいっそう重要な別の例に即しても、分かりやすく説明できたであろう。周知のとおり、伝統的哲学に対するヒュームの根本的批判は、因果性の原理に照準を定めている。ヒュームの批判は、後代の進化の原理に道を拓くものであったから、この批判に現代哲学の一起源が見出されることも往々にしてあった。さて、まさにこの因果性の原理は、ないしは、因果性の原理の根底にひそむ二つの公理、つまり、存在するものはすべて何らかの原因をもつ（nihil sine causa つまり理由のないものは何もない）、および、この原因はその最も完全な結果よりもいっそう完全である、という二つの公理は、明らかに、制作の領域におなじみの経験からじかに生じてきたものである。制作経験では公理的に確定していることだが、原因をなす制作者または創造者は、当人が原因となって制作したり創造したりするものより、原理的に優位にある。近代精神史の転回点は、目下の文脈に示されているように、時計職人の範例的イメージが、生命体の発達のイメージに取って代わられた、その時点にある。時計職人が、当人の製造した一切の時計を原理的に超越しているのに対して、生命体の発達の場合、進化の原理のおかげで、より低次の生き物たとえば猿が、より高次の生き物たとえば人間を、

「原因として生み出す」ことがありうる。生物の成長現象に即して読みとれる、そのような進化過程においては、厳密に言えば、因果的なものなど存在しない。芽は花の根拠にして原因であるとか、子は成人した人間の根拠にして原因であるとか、主張する気はないのだとすれば。

　こうした思考様式の変化においては、無生物本位の硬直した機械論的世界像を却下すること以上のことが、問題となっている。ガリレイの発見から生ずるように思われた認識方法の二つの可能性、つまり一方に、実験という制作的で介入的な営みと、他方に、自己反省とのはざまには、十七世紀には葛藤が伏在していたが、あたかもその葛藤が最終的には、自己反省に有利な形で決着したかのようである。というのも、自己反省の対象として横たわっている、摑みどころのある唯一のものとは、もし自己反省が、一切の現実を抜きとられて空虚にされた意識一般に陥ろうとするのでないなら、言うまでもなく、身体をそなえた生命体の生物学的プロセスだからである。しかも、自己反省にも近づきやすいこの生物学的プロセスは、同時に、所与の素材と人間との間の物質交替である以上、次のごとく実際見える可能性がある。あたかも自己反省こそが、自己自身に関係づけられた意識の現実欠如から脱出する方法を提供してくれるかのごとく。あたかも自己反省は、人間のうちに、つまり、なるほど自己意識のうちにではないが、自己の身体プロセスのうちに、自己を外界にふたたび結びつける外的素材を十分見つけ出せたかのごとく。主観－客観の分裂は、いかなる意識プロセスにも内属しており、思考するもの《レス・コギタンス》つまり人間と、延長するもの《レス・エクステンサ》つまり人間を取り囲む世界、とを対置させるデカルトにあっては、修復不可能なものとなっている。だが、この分裂は、生きた有機体の場合には完璧に消え失せてしまう。有機体の生命プロセスとは、物質と混じり合い、延長するものを自分に摂取同化させ、消費し、外界にいわば還付することに、その本質があるからである。機械論的世界像に事実としてずっと隠れひそんでいた唯物論は、制作する人の発想の域を出ないものだった。デカルト哲学の問題群を解決したのは、そういう唯物論でこそなかったが、十九世紀に特徴的な自然主義ではあった。自然主義は、意識と外界に代えて、生命それ自体を置き据えたからである。かくて、哲学と精密科学という相互にますますかけ離れていった二領域をふたたび結びつけてくれそうな橋が、少なくとも当分の間、見つかったように思われたのである。(78)

44　最高善としての生命

歴史の連関は、高度の整合性と調和性をもって叙述され「説明」されうる、とする考え方が、精神科学の方法の本性にはひそんでいる。だから、目下の近代の生命概念の場合も、それを観念の発展史の枠内で、デカルト以来の近代哲学のはまり込んだ難問や難点のほうから内在的に導き出すこともたやすくできよう。そうした考察態度において、残念ながらいつも見失われているもの、それは現実それ自体である。また、いつも見過ごされている単純な事実がある。「観念」や概念というのはすべて、精神の産物である以上、先天的におたがい密接に結びついているので、その一つを他の一つから発展したものとして導出することも決して不可能ではない、という事実がそれである。制作する人の勝利は、ある出来事に起因するものだった。すなわち、自然科学の総体を革命的に作り変えた道具手段を発明することに成功した、という出来事によるものだった。では、制作する人の敗北はなぜ起こったかといえば、それは、科学革命により自然学が天文物理学に、自然科学が宇宙科学に変貌を遂げたことの帰結であった。しかるに、まだ説明されないまま最後まで残っているのは、制作する人の敗北がほかならぬ労働する動物の勝利で終わったのはなぜか、である。観想的生に対し活動的生が勝利を収めたからといって、他のすべての活動に対する優位が、ほかでもなく労働に転がり込むことになったのはなぜか。別の言い方をすればこうなる。人間の被制約性はさまざまであり、それに応じた人間の能力もさまざまなのに、その多様に分節された人間の条件と能力のうちで、よりにもよって生命という事実だけが絶対的に支配的となったのはなぜか。

この場合まずもって考慮されるべきことがある。近代に生じたさまざまな逆転や転倒は、キリスト教によって規定された社会のなかで行なわれたのであり、生命は神聖なものだとするこの社会の根本確信は、世俗化ならびにキリスト教の衰退の後でもそっくり生き残ったばかりか、そうした出来事によって本質的には微動だにしなかった、ということである。言いかえれば、近代の転回は依然として、原始キリスト教が西暦の初めごろに古代世界へ押し入ったときに持ち込んだ決定的転倒の軌跡のうちで生じたのである。この転倒は、キリスト教特有の他のどんな教義上の信仰内容よりも、政治的にいっそう根本的であった。このことは、それら他の信仰内容が消滅してしまったあとでも、その転倒だけはほぼそっくり生き延びてきたという事実により、すでに証明されている。なぜというに、個人の生命の不死性をキリスト教の福音が説いたことは、本質からして、人間と世界との古代的関係をひっくり返してしまったからである。古代的信仰に応じて世界《コスモス》の不滅性が成り立っていたところに、今や人間的生の不死性が現われ出てきた。逆に、死すべき者たちが占めていた位置に、つまり人間の可死性の代わりに、今や世界の可滅性が押し込まれるに至ったのである。

歴史的に言えば、まさにこの転倒こそは、キリスト教が古代ギリシア・ローマの宗教に勝利を収めるのに与って力があった、と考えたくなる。じっさい、キリスト教の「良き知らせ」が最初に響き渡ったのは、没落の運命にゆだねられていることを予感した世界であった。この古代世界が絶望のなかで今や手に入れたのは、この世的な希望の一切をとっくに離脱した大いなる希望であった。だが政治的に言うと、希望に胸をふくらませたこの転倒は、明らかに、人間事象の領域の尊厳と意義にとって破滅的な帰結をもたらさずにはおかなかった。なぜか。それまでは、本来の意味での政治《ポリス》的活動こそ、世界的－地上的なものが不死でありうるとの希望によって決定的に生気を吹き込まれたものだった。ところが今や、政治的活動は、人間的努力のこの最上位から格下げされ、人類の罪深さと、なおこの世にとらわれたままの生命に当然そなわる欲求と必要に強いられて、やむなく生ずる活動、という水準にまで沈み込んでしまったからである。個人の生命が不死でありうるという希望を前にしては、世界的なものの不死性を求める努力など、もはや大した意味をもたなくなった。世界のほうから名声や名誉にあてがわれる不滅とか永遠とかいった形容なども、虚栄でしかなくなった。なにしろ、世界のほうが人間自身より滅びやすいというのだから。

キリスト教が世界と人間の間柄を転倒したことの政治的意味は、おそらく次のことを考えれば一番よく分かる。古代ローマ人の考えでは、共同体の「生命」こそ不死であったが、今やそれと入れ替わりに、個人の生命がその不死の位置に就いたということ、これである。パウロの言うところでは、死とは「罪の報い」なのだが、そのさい前提されているのは、「生命は本来、不死である」という考えである。この考えは、キケロの言い分に厳密このうえなく対応している。キケロによれば、国家の場合、没落すなわち死とは、国家の犯した過ちに対する罰だからである。国家は永遠であるべく設計され創設されたのだから、とする理由づけまで明確に述べている。[79] しかもキケロは、原始キリスト教における不死性の概念は、ローマ的‐政治的な世界概念に明確に定位していたのではないか――少なくとも、要はローマ市民であったパウロの場合は――、との印象を少なからずおぼえる。パウロは、個人の生命を不死的と規定するさい、共同体に潜在的には内在すると考えられていた不死性を、はっきり思い浮かべていたのではあるまいか。というのも、政治体が不滅であるのは潜在的にでしかなく、政治的な「罪」を犯すと破滅しかねない。それと同じように、キリスト教の原罪説でも、人間の生命はアダムの堕落によりその不死性を失ったとされる。しかも、キリストの死による贖罪のおかげで不死性を取り戻したとはいえ、潜在的でしかないその永遠の生命は、神に背く「死に値する罪」を個人が犯せばふたたび失われ、ついには第二の死、つまり永遠の死を迎えるとされるからである。

生命こそ至宝つまり最高善だとする公準を、当然のように言い立てるその口吻ほど、キリスト教、少なくとも原始キリスト教が、いかなる霊に取り憑かれているかを決定的に示す証拠は、ほかにない。じつにこの点こそ、ヘブライ的古代と異教的古代とが架橋しがたく道を異にする分かれ目だからである。労働や出産といった、純然と生きていることにつきまとう労苦と骨折りに対する古典古代の蔑視ほど、旧約聖書の世界から遠いものはない。同じく、ヘブライ的古代とは縁遠い異教的習俗には、次のようなものがある。神々の「安楽な生活」を羨ましげに賛嘆すること。ためらいなく赤ん坊を遺棄すること。健康のそこなわれた命など生かしておいても仕方ない、と固く信ずること（だからたとえば、治る見込みのない命を延命させる医者は、医者としての本分を弁えていないと決めつけられた）[80]。極めつけは、辱めを受けることから、あるいはその他何らかの屈辱的な耐え難さから、逃れるための方便として、自殺を賞賛すること。こういった生命軽視は、ヘブライ的古代とは無縁であった。とはいえ、次のことも考え併せてみよう。モーセの十戒は、殺人の禁止を、その他の違反行為と同列のものとして挙げている。しかし他の九つは、われわれ現代人の判断では、犯罪の重さの点で、殺人と同等であるとは考えがたい。この事例だけからでも分かるように、ヘブライの法は、異教的古代の法体系と比べればずっと近代の法概念に近いものの、生命保護をかりそめにもユダヤの立法の要の石とはしなかったのである。現代人にとってほとんど自明なこと、つまり殺人は犯罪中の犯罪であり、いわば原犯罪だということは、たしかにカインとアベルの物語から引き出すことができよう。だがユダヤ的－ヘブライ的な法思想からは引き出せないのである。聖書の法は、古典古代と、キリスト教的およびキリスト教以後のすべての法体系との中間に位置している。これと連関するであろうが、ヘブライ的な敬虔さの核心は、民族の潜在的不死性にあり、それは、古代ギリシア・ローマの宗教の核心が世界と宇宙《コスモス》の不滅性にあり、キリスト教信仰の核心が個人の不死性にあるのと同様である。いずれにしろ、キリスト教が個人の不死性を説いたことは、あの世を待望することに強調点を移動させただけでなく、それとともに、こちらのほうが目下の文脈ではいっそう重要だが、この世の生の重要性をも、並外れて上昇させないではおかなかった。何といってもこの世の生は、永遠の生の始点なのだから。この場合、決定的だったのは、グノーシス派や異端派を除くキリスト教がつねに、不死性とそれゆえの無窮性を約束された生命は、地上における誕生とともに始まる、という点を非常に重視してきたことである。地上の生は、嘆きの谷にも等しいが、そう

402

はいっても不死性の始まりにして条件であり続ける。そうした始まりである以上、地上の生は何らかの絶対的価値をもつのである。このことと関連していると思われる、疑いの余地のない事実がある。キリスト教が個人の生命の不死性を西洋人の信仰箇条の核心部分にまで高めたとき、そのときはじめて地上の生もまた西洋人の最高善となったということである。

キリスト教が生命を絶対視した結果、活動的生の内部での古代の区別や分節化は均されていった。今や、活動的生のあり方はどれも、生命を維持するのに必要な活動だと、ひとしなみに見なされたからである。そこからほとんど不可避的に生じたことだが、労働と同じく制作や行為も、必然性という評決に服するようになった。むろんこのことは、他方で次のことを意味した。つまり労働それ自体は、もしくは生命プロセスを維持するのに必要な活動は、古代人が抱いていた労働蔑視から、ともかくも部分的には解放されたのである。奴隷が生命のやむにやまれぬ必要にひたすら奉仕し、主人の押しつけてくる命令に服従しているのは、当人自身どんな犠牲を払っても生き延びたいと思っているからだと考えられたため、太古から奴隷は蔑視されてきたが、この蔑視がキリスト教世界で保持されることはありえなかった。というのも、奴隷となる運命に襲われたとき命を絶たなかったということだけでもう、奴隷は自分が奴隷根性であることを証明しているのだ、としたプラトンの奴隷観に、キリスト者は同意しえなかったからである。キリスト者にとっては、自分の生命をいかなる状況や条件のもとでも維持することこそ、神聖な義務であったし、自殺は、殺人よりも重い犯罪と見なされた。キリスト教会の墓地に埋葬を拒絶されたのは、殺人者ではなく、自殺者だった。

だがこのことは、現代の労働讃美とはいささかも関係がなく、『新約聖書』にしろ、近代以前のキリスト教の伝統全体にしろ、そうした労働讃美の片鱗すら見出すことはできない。現代の解釈者たちは、それをテクストに読み込もうと精を出しているのだが。たとえばパウロは、「労働の使徒」(81)と呼ばれたりしたが、じっさいはそういう存在ではまったくなかった。パウロを労働の使徒と見なしたがる説が拠りどころとする聖書中の少数の箇所は、「他人のパンを食っている」怠け者に向けられているか、それとも、「あなたがたが自分自身の事柄に気を配って静かにしているように」と労働を勧告しているか、のいずれかである。後者の場合、世間にはくれぐれも用心しなさいと警告し、キリスト者としての品行に適うのは私生活のみだと説いて聞かせているのである。(82) また、のちのキリスト教哲学では、とりわけトマスの言うところでは、労働とは、生命を維持するための手段が他に見つからない者たちにとっての義務である。その場合の義務は、生命を維持することであり、労働すること自体ではない。乞食をすることで生きる糧を得られるのなら、そのほうがよいのである。キリスト教思想家だったら、労働とは原罪に報いる罰なのだと説明し、パウロの言葉「働かざる者食うべからず」をそういう意味で引き合いに出してもよさそうなものだが、彼らは労働のそういった意義づけにすら、ほとんど至っていない。この事実は、現代的偏見ぬきに中世の文献を読む者にとっても、やはり驚きである。トマスが「肉体労働を強いるのは必要のみである(83)」と述べるとき準拠しているのは、『旧約聖書』でも『新約聖書』でもなく、アリストテレスである。トマスにとっても労働とは、自然のしくみであり、人類が生命を維持するよう自然がしつらえたあり方なのである。そこからトマスは、こう結論を引き出す。額に汗して働いてパンを食うことは万人の義務では決してなく、働かなければならないのは、現実問題として他にどうしようもない場合だけだ、と。(84) 無為閑居ゆえの誘惑や悪徳を退けるために労働に励め、としきりに訓諭することも、べつにキリスト教起源ではなく、古代ローマ起源である。これは一般に、いわゆるキリスト教道徳のかなりの部分が、じつは古代ローマの直接的遺産であったのと同様である。結局のところ、肉体労働を、肉の欲を押し殺すための手段として利用する場合でも、労働に対してキリスト教の下した判断は、明らかに古典古代の判断とまったく同じであった。というのも、キリスト教が、労働そのものを讃美する立場に立って発言する、ということはなかったからである。修道院においては労働のうちに禁欲克己の一形態が見てとられたが、その場合でも労働は、われわれ現代人にはもっと残酷に見える他の自己加虐の形態と、同列に扱われていたにすぎない。(85)

キリスト教は生命の神聖さを信じたから、いかなる事情であろうと、またいかなる手段をもってしても、生命を維持すべしとした。しかしだからといって、キリスト教が真の労働哲学を展開することはありえなかった。なぜなら、活動的生のすべての活動に対して、観想的生がつねに絶対的優位を誇っていたからである。「観想的生は活動的生よりも端的に善い vita contemplativa simpliciter melior est quam vita activa」、つまり「観想に生きることは、活動的な生き方よりも無条件に優れている」。――また、活動的な生き方の功徳《くどく》がどれほどであろうとも、観想の功徳のほうが「いっそう有効で強力」なのだ、と。(86) ところで、これがイエスの見解でなかったのはたしかで、むしろギリシア哲学がスコラ思想に影響力大であったことの歴然たる帰結なのである。だが、かりに中世哲学がこの問題で福音書の精神と字句にいっそう忠実であったとしても、その結果、労働がことさら讃美されることになったとは考えにくい。(87) イエスが説教で聴衆に勧めている唯一の活動とは、行為であり、その教えの中心にある唯一の人間的能力とは、奇蹟を起こす信仰だからである。

目下の文脈において決定的なのは、世界ではなく生命こそ最高善だとする公準を、近代は無条件的に掲げてきたということである。没落しゆく古代にキリスト教が持ち込んだ、生命と世界との関係のこの逆転は、西洋の伝統に見出されるもののうちで最も基本的な転倒であった。だからその妥当性は、旧来の考え方にどんなに大胆かつ過激な変更が加えられようとも、いささかも傷つかなかった。近代の思想家は、旧来の考え方を完膚なきまでに明確かつ的確に攻撃したが、その彼らにとって、他の一切に対する生命の優位は、いかんともしがたく明白であった。われわれは、近代に後続する現代世界にもう住んでいるが、その現代世界にあっても、生命の絶対的優位は明白だと信ずる力はいささかも失われていない。しかしだからといって、われわれはキリスト教によって本質的に規定された世界に相変わらず住んでいる、と言いたいのではない。とはいえ他方で、かりにアルキメデスの点が一七〇〇年早く、人間の最高善が生命ではなく世界であった時代に発見されていたとしたら、発展の歩みはまったく違っていたであろうということも、十二分に考えられることである。現代世界がキリスト教と異なると言わざるをえないのは、現代において最高善と見なされている生命とは、もはや不死の生命ではないからであり、生命絶対主義の公準もまたキリスト教起源であることは否定できないながらも、この世の生を絶対視することは、キリスト教信仰の内部では、重要とはいえ一つの随伴事情にすぎないからである。さらにそのうえ、キリスト教特有の教義学は度外視しても、キリスト教の精神風土が信仰と信頼の気分に適合しているのは明らかだから、近代の開始このかた近代思想史全般を切り拓いてきた懐疑と不信の学派ほど、キリスト教に大いなる打撃を与えたものは他にありえない。宗教的なもの自体の領域においてほど、デカルト的懐疑の不可避性が明晰かつ壊滅的に証明された領域はなかったと、そう言ってみたくなる。じっさい、宗教的信仰の基礎は、近代宗教思想の双璧たるパスカルとキルケゴールによって、こっぴどく動揺させられたのである。というのも、キリスト教信仰が動揺したその原因というのは、十八世紀の無神論でも十九世紀の唯物論でもなかったからである。無神論や唯物論の議論というのは、信仰によって本当に規定された思考の深みにまで達したことはなく、のみならず、伝統的神学の枠内で相当程度まで反駁可能だからである。キリスト教信仰が動揺したのはむしろ、信仰そのものの内部にまで押し入ってきた懐疑によってであった。懐疑を基礎とすれば、キリスト教が古来唱えてきた救いの真理など、せいぜい「不合理」だと解されて「信じ」られるのが関の山だったのである。

だが、もしアルキメデスの点が非キリスト教世界で発見されていたらどういう展開になったか分からないように、かりにルネサンスの大覚醒運動がこの出来事によって妨げられなかったらキリスト教がどう展開していたかについても、思弁をめぐらす手がかりはない。ガリレイおよび彼の発見が、歴史を否応なく一定の軌道へ展開させる以前には、すべての可能性、すべての道が、まだ開かれていたように見える。レオナルドのことを考えてみれば憶測できることだが、いずれにしても、世界の技術化《テクノロジー》という意味での革命的発展への歩みくらいは切り拓かれたであろう。その技術化は、太古以来の夢の実現である飛行機の発明を成し遂げたであろう、と想像することはいくらでもできる。しかし、その飛行機が宇宙空間にまで飛んでいったとは、どう見ても考えにくい。大地に拘束された技術をもってしても、最終的に地表を球状《グローバル》に統合することまでは、おそらくできたであろう。だが、質量をエネルギーに変換するとか、素粒子の小宇宙を解明するとか、さすがにそこまでは技術的に不可能だったであろう。ともあれ、たしかなことは、観照と行為の転倒が、生命と世界の関係のより古くてより根本的な転倒の枠内で行なわれ、それを引きずったまま、近代の発展全体にとっての出発点となった、という事実である。活動的生は、観想的生への方向づけを喪失してはじめて、活動的な生き方として全面的に展開されうるようになった。そして、この活動的な生き方が生命それ自体にもっぱら方向づけられていたからこそ、生物学的な生命プロセス自体が、つまり労働において実現されるような人間と自然との活発な物質交替が、ものすごい勢いで強められるということもありえたのである。その結果、生命プロセスの多産性が増大することにより、ついには世界それ自体が、世界を存立させている生産能力ともども、自立性を脅かされるに至っている。

45　労働する動物の勝利

労働する動物はめざましい勢いで躍進を遂げ、近代社会を席巻してきた。その成功は、なんといっても、世界化または世俗化とふつう呼ばれているもの、つまり近代の信仰喪失のおかげであった。とにかく、この信仰喪失によって、死後の生が、あるいは少なくともあの世の生の確かさが、打撃を受けた以上はそうである。個人の生命は、ふたたび可死的となった。言いかえれば、古代においてそうであったのと同じく、人間は死すべき者となった。他方、死すべき者たちの居場所に今一度なった世界はといえば、不滅ではなくなったばかりでなく、かつてキリスト教が揺るぎなき信仰を誇った何百年もの間そうであった以上に、滅びやすく当てにならないものとなってしまった。彼岸の確かさを喪失したとき、人間が手にしたのは、どのみち現世ではなかった。人間はむしろ、あの世ならびにこの世から、自分自身へと投げ返されたのである。世界は潜在的に不滅だと信じた古代人の信念をともにするなど思いも及ばず、人間は、この現世が、つまり彼に残された唯一の世界が、そもそも現実に存在していること自体に、確信がもてたためしがないのだった。しかるに、外界の実在性への疑いを気に病んだりせず、自然科学の絶え間ない進歩に無批判かつ「楽観的」に専念していたときでさえ、人間は、大地および感性的に与えられたリアリティから、はるかに遠ざかってしまった。大地からのこの疎外ぶりたるや、かつて天国を待ちのぞむキリスト教の信仰が、人間をして大地から連れ去っていった有頂天ぶりをしのぐほどである。世俗化ということを語るときわれわれが何を考えているにせよ、歴史的にいえば、世俗化とは、語の厳密な意味での世界化 Verweltlichung のプロセスとは決して見なすことができない。というのも近代は、あの世と引きかえにこの世を手に入れたのではなかったし、厳密にいえば、彼岸的な来世の代わりにこの世の刹那的生を獲得したのではさらさらなかったからである。せいぜい、近代は刹那的生へと投げ返されたにすぎない。近代とともに始まった無世界性は、じっさい無類のものである。近代の無世界性にあって世界の代わりを引き受けたのは、自己反省にのみ近づきうる意識であった。意識の領野における最高の活動は、知性の数式遊びであり、最も強烈な経験は、種々の欲求であり快不快の感覚である。身体的性質をもつこの快苦の感覚は、「非理性的」なふるまい方をする。なぜならそれは、理性的に説明して処理することが、つまり合理的に計算に入れることが、できないからであり、それゆえ、理性ならぬ情念だと見なされるからである。かくて、この内面生活の全体は、合理的－計算的な知的活動と、非合理的－情念的な感情生活へと分裂して終わる。人間の内面を引き裂いたこの分裂は、デカルト的な主観－客観の分裂に劣らず、架橋しがたい。現実を喪失した知性と、非合理的な情念との間の、この空虚な葛藤において、唯一確固たる関係点として最後に残ったのは、生命それ自体であった。しかもそれは、人類という生物種の潜在的に不滅の生命プロセスにほかならない。古代では、政治的共同体が潜在的に不滅だと信じられ、キリスト教中心の中世では、生命が不死だと信じられたが、近代では、人類の生命プロセスがそれらに取って代わったわけである。

近代になって社会が成立し拡大すると、人類という動物種の類的生命が、唯一絶対的なものとして最終的に行き渡った。この点はすでに述べた通りである。近代の初期段階では、「自己中心的」な個人生活、もしくは行為の動機における自己中心的利害関心の優位が、近代的世界像の中核をなした。ところが続く時代になると、マルクスの構想した社会理論におけるように、それまで個人になお結びついていた行為の動機は、社会的諸力と化した。今や階級闘争と化したこの諸力は、人類という動物種の類的生命を現実に規定し、人類を歴史的発展に駆り立てるようになった。近代内部のこの段階移行は、理論的に区別されるべきである。マルクスの言う「社会化された人類」における「社会人」は、社会の最終段階を指し示している。この最終段階に至ると、諸階級のさまざまな利害関心すらも消失し、一切を支配し統制するたった一つの利害関心が存在するのみとなる。この唯一の利害関心の主体に収まるのは、当初は階級だが、やがて階級なき人類社会がこれに代わる。だがこの主体はもはや、単数の人間でも複数の人間でもない。それとともに、行為の最後の痕跡までもが、人間の行ないから消失する。すなわち、自己中心的利害関心にあってはまだしも働いていた動機が消失する。今や残るものといえば、実際、「自然力」もしくは生命力しかない。生命力は、他のすべての自然力と同様、プロセスの形態で、人間ならびに人間の為そうと思うことすべてを、否応なしにさらってゆく。あげくは、「思考プロセスもまた自然プロセス」だということになる。(88) 人類という動物種全体のこの生命プロセスが、そもそも目標や意味をもつはずだとすれば、それはこのプロセス自体に存するほかない。つまり、地球上の人類の生命の自己保存以外にありえない。個人の生命をこの全体としての生命プロセスと結びつけるためには、じつのところ、人間に特有の能力は必要でない。個人の生活を類的生命にはめ込むのは、自分自身の生命維持と家族の維持とを配慮する労働なのである。やむにやまれぬ生活の必要に役立たないもの、生ける物質交替にじかに強制されていないものは、余計なことであるか、もしくは、ヒトという生物種に特有の機能の一つだと宣言される。要するに、人類史とは「自然誌の現実的な一部」であり、「身分階級も同業組合も、動物や植物が種や亜種へ分化するしくみを規制するのと同一の自然法則から発生する」。ミルトンが『失楽園』を作り出したのも、カイコに絹糸を吐き出させるよう強いるのと同類の抗しがたい本能によるのだ、というわけである。[89]

　現代世界を、過去のさまざまな歴史的世界と比較してみた場合、とりわけ目につくのは、上記の発展と軌を一にして、経験の減退が途方もなく起こっていることである。直観的観想が、人間ならではの有意味な経験の範囲内にもはや位置を占めていないばかりでない。推論を本質とするかぎりでの思考もまた、脳の機能の一つに格下げされてしまった。この機能なら、人間の脳よりも電子計算機のほうが、はるかに精確かつ迅速かつ円滑にこなすことができるのである。行為はといえば、まず制作と同一視され、ついには労働の水準へ沈み込んでいる。なぜなら、制作は制作で、世界性を固有な条件とし、生命にとって大事なことをどうでもいいとする冷淡さを特徴とするため、せいぜい労働の一形態として大目にみてもらうのがやっとだからである。つまり、制作は、全体としての生命プロセスを形づくる、どちらかといえば複雑だが、原則的には他の機能と異なるものではない一機能だとされるのである。

　だが、労働にもっぱら照準を合わせている現代世界でさえ、早くも、別の世界に取って代わられようとしている。われわれは、生命プロセスに内在している労苦と骨折りを締め出すことにかなり成功したために、労働ならびに労働によって獲得可能な生活経験までも、人間の経験領域から締め出された近未来の光景を想像できるほどである。この見通しは、世界の先進諸国ではすでに明らかになってきている。それらの国では、労働という語は、実態としてひとが行なっていることや行なっていると信じていることを表わすには、やや大仰にすぎると、敬遠されている。労働社会は、その最終段階において、定職者の社会へと変貌を遂げつつある。定職者の社会とは、それに属する人びとに、自動機械のように円滑に機能することだけを要求する社会である。あたかも、もはや個人の生命は、類を支配する生命プロセスの奔流のなかに完全に没するかのごとくである。能動的な個人的決断がありうるとしても、それはせいぜい、自分自身をいわば放り出して、みずからの個性を放棄するか、もしくは、生の労苦や苦悩をなお刻み記す感覚を麻痺させることで、完全に「心安らか」となり、それだけいっそう正確かつ円滑に「機能する」ことができるようになるか、なのである。現代の行動主義理論が、ひとを不安にさせるのは、それが正しくないからではない。その反対に、それがあまりに正しすぎるということが証明されてしまったからである。おそらく行動主義理論は、現代社会に現実に起こっていることを、理論的につきつめて絶対化する形で記述しているだけなのだ。近代は、人間のありとあらゆる能力と活動をかつてないほど活性化させ、かつてないほど幸先のよいスタートを切った。だが最後には、有史以来最も致命的で最も不毛な受動性で終わるかもしれない。この結末は大いに考えられることである。

ダーウィン以来、人類は動物から進化してきたと考えられてきた。人類は今日、まさにその動物に退化しようとしていると思わせる、別の、おそらくいっそう深刻な、危険な徴候がある。本章を終えるにあたって、最初に扱ったアルキメデスの点の発見に、もう一度立ち返ってみよう。もしくは、人間はアルキメデスの点を自分自身と、自分が地上で行なっていることに適用した、とまさしく述べていたカフカの断片を、思い返してみよう。するとただちに明らかになってくることがある。およそ人間の活動を、十分離れた地点から、つまり宇宙におけるアルキメデスの点の立場から、もっぱら眺めてみると、人間の活動の一切は、活動として現われてくることはもはやありえず、むしろプロセスと化すのである。たとえば、ある自然科学者が先ごろ述べたように、現代の機械化は、一個の生物学的突然変異の様相を呈しており、そのプロセスが進行するにつれ、人間の肉体はさながらカタツムリのごとく金属製の棲み家で周りを覆われつつある。宇宙の観察者からすれば、この突然変異はそれほど神秘的とは見えないであろう。実際のところわれわれが、病原菌を宿している微細な生物組織を観察すれば、抗生物質に抵抗すべくそれに対して免疫のある新種が発現してくる、という突然変異の神秘に接することができるからである。どの程度まで、われわれは本当にアルキメデスの点を自分自身に適用しているのだろうか。そのことを明々白々に示しているのが、自然科学の専門用語のうちに持ち込まれ、自然科学的思考を自明のごとく支配している、次のような奇妙な隠喩《メタファー》にほかならない。つまり、自然科学の議論には、原子の「生命」とか、素粒子の「運命」とか、素粒子運動の「偶然の法則」とかいった言い方が出てくる。しかもその法則は、社会科学者が人間集団の態度ふるまいを予測するためにはじき出すのと同じ「統計学的ゆらぎ」に従っており、個々の出来事がいかに偶然に見えるにせよ、また個人がいかに自分は「自由」だと感じているにせよ、「集団」に対しては、完全に規定され統計学的に確定された態度ふるまいの形態を指定してくるのだという。ここには驚くべき偶然の一致が――原子システムと太陽系《システム》という物理現象の間のみならず、原子連結と人間集団というまったく異なる現象の間に――見出される。こうした偶然の一致の理由は、たぶん次の点に帰せられるであろう。つまりわれわれは、極微の世界の過程や壮大な宇宙の過程から遠ざかっているのと同じだけ、まるでわれわれ自身の人間的実存からも遠く脱け出ているかのように、そのように人間集団の社会的過程を観察し、もしくは現代社会の中で生き、行動しており、しかもそのことをもはや自明と割り切って怪しまないということ、これである。それにしても、素粒子の世界や大宇宙のありさまは、われわれの観測装置がますます発展し洗練された果てに、たとえ感覚的に知覚できるようになったとしても、わずかなりともわれわれの現象経験となるには、いかんせん遠すぎるのだが。

ところで、経験の減退が現代において如実に示されるとしても、だからといって、人間とその被制約性に固有な諸能力を、現代人が失ってしまったとか、失いかかっているとかいったことは、もちろんありえない。社会学者、心理学者、人類学者たちの探究対象は、もはや人間ではなく、科学的にも人間というよりは、むしろ社会的動物然とした生き物の一種にますますなってはいるが、彼らが何と言おうとも、それにかかわりなく、作ること、制作、製造、世界形成は、当然ながら続いている。だが、否定できないことだが、この制作能力を発揮できるのは、急速に、芸術方面の才能に恵まれている人びとに限られるようになってきている。[90]その結果、世界に向けられた本来の制作経験は、平均的な人間的実存の経験地平からはどんどん消え失せている。

同じことは、行為する能力についてもいえる。ただし、少なくともプロセスを引き起こすという意味でなら、この能力は現代世界で大きな役割すら演じている。じっさいのところ、この能力は自然科学者たちの特権にますますなってきている。彼らは自然に介入することによって、「物理学者の実験室を宇宙の実験室に拡大した[91]」だけでなく、人間事象の領域をも、かつての境界と境界画定から「解放」したのである。人間はこの境界を、じつに有史以来、つねに自然に対抗するうえでの仕切りとして定めることで、世界を自然から守ってきた。精密科学のこれまでの成果は、客観的に否定しようがなく、数百年を経てついには、静かな実験室から公共性の表舞台へ登場してきた。この事実を目の当たりにすれば、研究者の「功業」のほうが、政治家のやることなすことが概して達成を望みうるよりも、結局のところニュース価値が高く、またたしかに政治的重要性も高いと、そう見積もるほかないように思えてくる。政治家ときたら、国際政治では外交上の駆け引きに、国内政治では行政管理術に、うつつを抜かしているだけなのだから。そう皮肉を言いたくなるのも致し方ないのは、どの時代の世論にも社会の非実践的で非社会的な成員であるとの烙印を押されてきた人びとが、突如として本領を発揮しているさまを見せつけられているからである。彼ら科学者こそ、行為する能力を今日なお行使し、それゆえ共同で行為するにはどうすればよいかも知っている、唯一の人びとである。なにしろ、これまでほとんど注目されなかったが、科学者は十七世紀以来、学会組織を作っては、科学の全発展の歩みの最初から自然の征服という目的のために手を組んできたし、彼らなりの道徳的価値尺度と行儀作法を発展させてきた。そのような学会組織は、近代のあらゆる革命的激変を超えて生き延びてきただけでなく、人類史上最強の権力産出集団形態の一つであることを証明してみせている。だが、この場合隠しようもない難点が一つある。自然科学の行為は、宇宙の見地から自然に介入しつつ行為しているのであって、人間事象の関係の網の目のうちへと行為しているのではないから、行為を際立って人間的な能力たらしめている行為の性格を、兼備して現実化することができないのである。行為のこの性格とは、一方では、人格の開示であり、他方では、物語を産み出すことである。この両者は一体になって、人間世界そのものに意味といったものが形成される源泉となる。さらにこの意味は、それ自身も意味をはらみつつ、人間の営みを開明し照明する力をもつ。人間的実存に関するかぎり最も重要なこうした位相では、行為する能力もやはり少数の人びとに限られている。今日なお行為能力の経験地平に精通しているそれら少数者の数は、芸術家つまり今日なお世界の経験地平に精通している人びとの数よりも、さらに少ないであろう。

最後に、思考は（本書でこれを考慮外としてきたのは、近代をも含む伝統の総体において、活動的生のなかの活動の一つと解されたことが一度もなかったからである）、近代の発展によって損害をこうむることがまだ最も少なかったと、そう期待されるかもしれない。思考は、人間が政治的自由の条件下で暮らしている場合は、いつも可能だし、なるほど現実的でもある。とはいえ、そういう場合だけである。思考が営まれるのは夢幻郷などでは決してない。思想家は至高の自主独立を誇るものだと一般に想像されがちだが、じつはそうではなく、思考ほど傷つきやすい活動の能力は、おそらくほかにないだろう。少なくとも、まさしく政治的条件に関していえば、思考ほど傷つきやすい活動の能力は、おそらくほかにないだろう。少なくとも、僭主的支配という条件下では、思考するよりは行為するほうが、はるかに容易なくらいである。思考の経験は、はるか昔から、少数者の特権であると見なされてきた。これはおそらく不当な決めつけだが、あえてこの見方をとるとすれば、そうした少数者は今日べつに減ってはいないと想定してよさそうである。思考が現在どういう状況に置かれているかは、世界の将来にとってはあまり重要ではないし、少なくとも限られた重要性しかもたないだろう。世界の将来は、思考にではなく、行為する人びとの権力に懸っているのだから。だが、人間の将来にとってなら、思考の現状にも意味がなくはない。それこそ、活動的生のさまざまな活動のうちどれが「最も活動的」か、活動していることの経験はどの活動において最も純粋に言い表わされるか、といった問いのほうからもっぱら考察したとすれば、たぶん、純粋思考こそ、純然と活動しているという点において、一切の活動のうちで最も活動的だ、ということになりそうである。思考の経験に精通している人なら、カトーの次の言葉に同意しないわけにはいかないだろう。「何もしていないときほど多くのことをしているときはなく、一人でいるときほど孤独でないときはない numquam se plus agere quam nihil cum ageret, numquam minus solum esse quam cum solus esset」〔訳注11〕。翻訳すればこんな感じになろう――「外見上は何もしていないときほど、活動的であることはない。独居において自分とだけ一緒にいるときほど、一人ぼっちでないことはない」。

原注

第一章　人間の被制約性

（1）古典古代以後の政治理論を分析するためには、当の理論を述べている思想家が『創世記』のこの二つの章のどちらに拠っているか、を明らかにしておくと非常に役立つことが多い。たとえば、イエスは『創世記』第一章二七に拠っているのに対して――「創造主が最初から人間を男と女に創造したということを、きみたちは読んだことがないのか」（『マタイによる福音書』第一九章四、カール・ヴァイツゼッカー訳）――、パウロが強調しているのは、「男が女からではなく、女が男から」造られたこと、したがってまた「男のために」造られたことである。この点が、イエスとパウロとの際立った相違をなしている。とはいえこの相違点は、パウロによる但し書き「男なしに女はないのと同様、女なしに男はない」により、いくぶん弱められてはいる（『コリント人への第一の手紙』第一一章八―一二〔*Va*「四―八」を*HC*に従って訂正〕）。イエスとパウロのこの相違は、女性の役割に対する態度の違いを表わすにとどまらず、広大な射程をもつ。イエスにとって信仰とは、じかに行為へと向かうものであり、それゆえイエスの教えは、人間の複数性の領域を侵すものではありえなかった。これに対し、パウロにとって信仰とは、もっぱら個人の魂の救済の問題であった。『創世記』のどちらの章に拠るかの相違は、この点と関連しているのである。〔次の改行は*Va*にのみ見られる。〕

この点でとりわけ注目に値するのは、アウグスティヌスである（『神の国』第一二巻第二一章〔通例の章分けだと、第二二章〕）。アウグスティヌスは、『創世記』第一章二七を完全に無視するばかりか、人間と動物との真の違いを、人間が **unum ac singulum** つまり唯一無比に造られたのに対し、動物は多数の形で造られた（**plura simul iussit existere** つまり、主は多数が同時に存在するよう命じた）、という点に見てとる。アウグスティヌスが『創世記』の第一章を用いているのは、動物的生の類的性格と、人間的実存の一回性との違いを強調するためなのである。

（2）　アウグスティヌスは、いわゆる人間学的問題を哲学に導入し、人間とは何かという問いを追究した最初の人だと、ふつう言われる。ところがそのアウグスティヌスは、「何であるか」と「誰であるか」の違いと、それにまつわる難問を知りぬいていた。「私は誰であるか」と「私は何であるか」という二つの問いを、アウグスティヌスは区別した。前者の「誰か」は、人間が自分自身に宛てる問いである――「そして私は、自分を自分自身に向けて、自分に向かって、おまえはいったい誰なのか（tu, quis es?）と尋ねました。そこで私は、人間だ、と答えました」（『告白』第一〇巻第六章）。これに対して、後者の「何か」は、人間が神に宛てる問いである。「では神よ、私とはいったい何でしょうか。私の本質とは何か（Quid ergo sum, Deus meus? Quae natura sum?）」（同書第一〇巻第一七章）。というのも、人間という **grande profundum** つまり大いなる深み（第四巻第一四章）には、「人間のうちなる人間精神には何一つ知ることのできない、人間の何か（aliquid hominis）があります。おお主よ、人間をお作りになったあなたは、人間の一切（eius omnia）を知りたもう」（第一〇巻第五章）。〔次の改行は *Va* にのみ見られる。〕

この違いに対応しているのが、本文中で引用した最も有名な一句、**quaestio mihi factus sum** つまり「私が私自身にとって問題となった」である。つまりこの問いは、神の前で立てられ、本来は神に宛てられており（第一〇巻第三三章）、それに答えるのも神にしかできない。答えに関して簡略に言っておけば、「私は誰なのか」という問いに対しては、「人間だ、それが何であるにせよ」と答えられる。他方、「私は何なのか」という問いには、人間を造った神にしかそもそも答えられない。言いかえれば、人間の本質を問うことは、神の本質を問うこととまったく同様、神学問題の一つなのである。どちらも、神の啓示という神学上の枠内でしか答えられないからである。

（3）　『神の国』第一九巻第二章および第一九章。

（4）　ウィリアム・L・ウェスターマンの論文「奴隷と自由の間」William L. Westermann, "Between Slavery and Freedom," in: *American Historical Review*, vol. 50, 1945 が詳論しているように、「職人の生活は制限つきの奴隷状態のようなものである」というアリストテレスの主張は、「職人は、雇用契約を結ぶ場合、自由人の要件である四つの要因のうちの二つを、すなわち利潤追求の自由と無制限の移動の自由を断念しており、他方、そうした自由喪失は自由意志によるものであり、一定時間にしか当てはまらない、ということを意味する」。ウェスターマンの引用している資料によれば、自由とは「身分であり、利潤追求の自由であり、人格の不可侵性であり、移動の自由である」と考えられていた。これに対応して、奴隷状態とは「要するにこの四つの属性の欠如のことであった」。このように、職人には制限付きながら隷属化が付きものであったため、アリストテレスは、人間の生き方を三つ列挙するさい、職人の生活にそもそも言及していない。職人の生活とは、自由な生活形態ではないのである（『ニコマコス倫理学』第一巻第五章、『政治学』一三三七b五も参照）。それと対照的に、アリストテレスは商人の生活形態には言及し――かつ非難している。商売もやはり強制に服しているからである（『ニコマコス倫理学』一〇九六a五）。生活形態を列挙するさい自由な生活形態しか問題とされないのは、とりわけ『エウデモス倫理学』に著しい。そこでは、重要であるのは自由意志によって選択された生活である、という点が強調されている（一二一五a三五以下）。

（5）一方の側つまり美《うるわ》しいものと、他方の側つまり必要かつ有用なものとの対比に関しては、『政治学』一三三三a三〇以下および一三三二b三二を参照。

（6）一方の側つまり自由なものと、他方の側つまり必要かつ有用なものとの対比に関しては、『政治学』一三三二b二を参照。

（7）僭主的な生活形態と、ポリス的な生活形態との対比に関しては、『政治学』一二七七b八。専制君主の生が自由とは言えないのは、「必要な事柄」にかかずらっているからだ、という議論は、『政治学』一三二五a二四に見られる。

（8）近代において労働が高く評価されてきたのはキリスト教起源だとする広く普及した見解については、本書第44節を参照。

（9）とりわけ、トマス『神学大全』第二―二部第一七九問題第二項を参照。そこでは、活動的生は、necessitas vitae praesentis つまり現世的生の必要事、の直接的帰結であるとされる。また『詩篇注解』第四五章三を参照。そこでは、政治的なものの任務とは、生きるうえで必要なものすべてを調達することである in civitate oportet invenire omnia necessaria ad vitam とされる。

（10）ギリシア語の *scholē* は、ラテン語の otium と同じく、余暇というよりはむしろ、政治活動からの自由を意味する。とはいえ、この二つの語は、生きるために必要なことや労働からの自由を表わすためにも使われる。いずれにせよ第一次的に問題となるのは、自由時間ではなく、心配や苦労のない生活状態である。フュステル・ド・クーランジュ『古代都市』Fustel de Coulanges, *La cité antique* の描くアテナイ市民の日常生活（第四編第一一章（田辺貞之助訳『古代都市』白水社、四五五頁以下、とりわけ四六〇―四六二頁））にひときわ印象的に示されていることだが、ポリスの連帯制のもとで平均的市民は、通常の政治参加のために莫大な時間を奪われていた。しかも、時間を奪われるだけでなく、このうえなく厄介であり、たえざる心配の種でもあった。というのも、アテナイの法律は、党派が乱立して抗争し合っているとき、市民が中立を保つことを許さなかったからであり、少なくとも厄介な心配事には係わり合わないようにするという選択肢を、市民権剝奪という過酷な処遇で罰したからである。こういった実情を考え合わせると、納得できることがある。第一に、活動的市民はよほどスコレーを所有していた、すなわち平生の心配事から解放されていた、にちがいないという点である。第二に、ポリス的生の過重な負担から解放されたいという要求を哲学者たちが抱くのは、彼らの側としてはごく当然のことだったという点である。政治的生について哲学者たちが思っていたことは、公務をさし控える意のスコレーという言葉の選択に、すでに表われている。以上のような古代の事情は概して、現代語の「余暇」の語感とはほとんど関係がない。

（11）『政治学』一三三三a三〇―三三を参照。トマスは観想を、一切の外的運動の停止 quies ab exterioribus motibus とただちに定義している（『神学大全』第二―二部第一七九問題第一項を参照）。

(12) それゆえトマスが、魂の静けさを強調しながら、活動的生を奨励しているのは、活動的生が人間を疲れ果てさせ、その結果「内的な情念を鎮静させ」、それが観想を準備するのに役立つから、なのである（『神学大全』第二―二部第一八二問題第三項）。

(13) トマスは、活動的生と身体機能や必要物との結びつきについて詳細に論じている。トマスが明言しているように、その場合問題となっているのは、人間における動物的なものである。身体的なものは、動物と人間とに共通だからである。

(14) アウグスティヌスの語る、活動的生の重荷（sarcina）は、隣人愛の義務を課す一方で、神的に啓示された真理を観想することの「甘美」（suavitas）な歓喜なくしては耐えがたいものだとされる（『神の国』第一九巻第一九章）。

(15) 人間の身体に対して哲学者は大昔から屈折した感情を抱いてきたが、このルサンチマンは、生きるために必要なものに対して古代人の示した軽蔑とは無関係である。というのも、必要性というのは身体的実存の一側面にすぎず、必要事および身体をゆがめる労働から解放された身体は、むしろ、ギリシア人が美と呼んだものとして純粋に現われる可能性があるからである。哲学者が、少なくともプラトン以来こだわってきたのも、身体上欠くべからざるものに強制されることに対する不快感よりも、高次の問題であった。哲学者が身体的生に対して唱えることのできた異議は、ほかでもない、身体は生命体としての人間の本来的側面をなすこと、すなわち、生命プロセスが持続するかぎり身体は不断に運動状態にあること、まさにこの問題をめぐっていた。身体は、哲学者の熱望する絶対的静けさに逆らう。この静けさを手に入れたとき、あたかも哲学者はもはや身体をもたないかのごとくなのである。この理由からプラトンは、哲学者がポリスに、すなわち世界に住むとしても、それは身体のみであって、魂の場所は別なところにあるとした。公共の事柄にもっぱら携わる人びとに対しては、「せわしなさ」(*polypragmosynê*)との非難が大昔から浴びせられてきたが、その起源もここにある。

(16) コーンフォード「プラトンの国家」M. Cornford, "Plato's Commonwealth," in: *Unwritten Philosophy*, Cambridge 1950, p. 54 には、こう述べられている。「ペリクレスの死とペロポンネソス戦争をきっかけとして、行為の人と思考の人は、袂を分かつようになった。両者の歩む道はその後も宿命的に分かれていき、ストアの賢者ともなると、ついには一国の市民であることをやめ、宇宙の市民となるほどであった」。

(17) ヘロドトスがこう述べているのは、ペルシア人の宗教では、神の像を描くのも神殿や祭壇を設けるのも、愚かなこととされたと語っているくだりである（『歴史』第一巻一三一）。ピンダロスも――『ネメア祝勝歌』第六歌で――はっきりこう言っている。人間の種族と神々の種族は、「同一の母から息吹をもらっている」（*Hen andrôn, hen theôn genos· ek mias de pneomen matros amphoteroi*）と。〔内田次信訳『ピンダロス　祝勝歌／断片選』京都大学学術出版会、二六五頁以下。〕

(18) 偽アリストテレス『経済学』一三四三b二四を参照。回帰（*periodos*）によって自然は種に永遠存在を保障するが、個体に保証することはできない。アリストテレスが『霊魂論』（四一五b一三）で「生き物にとっては、生こそ存在にほかならない」と述べるとき、根本において問題となっているのも、これと同じ考えである。

(19) アルクマイオン断片B二、ディールス＝クランツ『ソクラテス以前哲学者断片集』Diels-Kranz, *Fragmente der Vorsokratiker*, 1954所収。〔内山勝利・国方栄二他訳『ソクラテス以前哲学者断片集』第II分冊、岩波書店、四一頁。なお、この注、および本文のアルクマイオンからの引用は、*Va*にのみ見られる。〕

(20) ギリシア語には「仕事 Werk」と「功業 Taten」の区別はなく、どちらも*erga*と呼ばれる。すなわちエルガとは、持続するに十分なほど確固として存立しているもの、あるいは、いつまでも偲ばれるに十分なほど偉大であるもの、を意味する。哲学者ないしはソフィストが「際限のない区別立て」をするようになってはじめて、制作と行為（*poiein* と *prattein*）の区別もなされるようになり、その結果、それぞれに属する名詞*poiēmata*と*pragmata*が、より一般的な語であるエルガを押しのけ始めたのである（とりわけプラトン『カルミデス』一六三を参照）。ホメロスには、プラグマタという語はまだ現われていない。プラトンにおいては、*ta tōn anthrōpōn pragmata*という言い回しが、およそ人間に特有な事柄のすべてを表わすが、この言葉にはあからさまに、不愉快な厄介事や空しい骨折りといったニュアンスがある。だが、この用法は必ずしもプラトンに始まるのではない。ヘロドトスにも、非常によく似た連想を起こさせるプラグマタの用例が見出せる（たとえば『歴史』第一巻一五五を参照）。

(21) 断片B二九、ディールス＝クランツ『ソクラテス以前哲学者断片集』。

(22) たとえば、トマスは『神学大全』第二―二部第一八一問題第四項でそう述べている。**In vita activa fixi permanere possumus; in contemplativa autem intenta mente manere nullo modo valemus.** つまり「われわれは、活動的生のうちに長らく腰を落ち着けることはできる。だが、精神を集中させて観想的生のうちにとどまることには、どうしても耐えられない。」〔稲垣良典・片山寛訳『神学大全　第二三冊』創文社、二〇四頁。〕

第二章　公的なものの空間と、私的なものの領域

(1) 特徴的なことに、ホメロスの描く神々が行為するのは、遠くから操るにせよ、じかに口出しするにせよ、もっぱら人間世界に関してのことである。神々のあいだで諍いが生ずる場合でも、人間事象に神々が関与していることが主たる原因となって

いるように見える。とりわけ、死すべき者たちの紛争に神々が肩入れしていることが原因となっている。人間と神々とが共同で行為している物語が、かくして成立するのだが、率先して行為しているのは、死すべき者たちのほうである。たとえその後、オリュンポス山での神々の会議で決定が下されるとしても、そうなのである。ホメロスの言う「神々や人間の功業（*erg andrôn te theôn te*）」（『オデュッセイア』第一歌三三八行）とは、そのような「共同行為」のことを指しているように思われる。詩人が歌っているのは、神々と人間との功業であって、神々の物語一辺倒でも、人間の物語一辺倒でもない。それゆえ、ヘシオドスの『神統記』でも、話題となっているのは、神々の功業ではなく、世界の発生（一一六行以下）――これはオリュンポスの神々と関係ない（一一八行の「永遠に」云々が明らかに真正でない以上は）――か、「至福の神々と、人間の誉れ多き功業」（九九行以下）か、のいずれかである。これに対し、私の知るかぎり、「神々の誉れ多き功業」はどこにも語られていない。

（2）タウリン版の事項索引から引用した。トマスのテクストには politicus つまり政治的という言葉は出てこないが、索引はトマスの見解を正しく要約している。『神学大全』第一部第九六問題第四項、および第二―二部第一〇九問題第三項を参照。

（3）リウィウスには societas regni つまり監督のソキエタス、コルネリウス・ネポスには犯罪のソキエタス、といった用例が見られる。もちろん、そのような「同盟」は商売取引上の目的のために結ばれることもあった。「会社 Sozietät」という言葉は、すでに中世経済においてこの意味で用いられている。W・J・アシュレー『イギリス経済史・経済学説入門』W. J. Ashley, *An Introduction to English Economic History and Theory*, 1931, p. 419〔野村兼太郎訳『英国経済史及学説』岩波書店、五二六頁〕を参照。

（4）「人間種属 Menschengeschlecht」という語を、私は本書で、「人間 Menschen」という言葉、およびその総体を意味する「人類 Menschheit」と区別して、生物類としてのヒトという意味で使うことにしたい。〔本訳書では「動物種としての人類」と訳す場合もある。〕

（5）ヴェルナー・イェーガー『パイデイア』Werner Jäger, *Paideia* III, p. 111（英語版）。

（6）『古代都市』の序論でフュステル・ド・クーランジュが主張しているように、たしかにクーランジュは、古代の家族組織と古代の都市国家の根底に「同じ宗教」が存していることを示そうとしている。だがじっさいには、この書で多数の資料を用いて実証されているのは、氏族の支配とポリスの支配とが「根底において、二つの相反する体制であって、早晩交戦せざるをえなかった」という事実、「ポリスは存続すべきでないか、それとも家族をついには破壊せざるをえないか、のどちらかだった」という事実である（第四編第五章〔田辺貞之助訳『古代都市』三六六―三六七頁〕）。今日なお基本文献であるこの書にそういう矛盾が生じた理由は、クーランジュがローマとギリシアの都市国家とを一緒に扱っており、しかも、彼は自分の範疇と事例を本質的にローマ史およびローマ式制度から借用し、次いでそれをギリシアのあり方に応用している点にあると思われる。とはいえクーランジュは、ローマのウェスタ崇拝に相当するプリュタネウムが「早くに衰えたのに対し、ローマではこの竈《かまど》の女神への崇敬は決して衰えなかった」という事実も、もちろん強調している（第三編第六章〔邦訳二一五頁〕）。ギリシアでは、家族組織と国家組織とのあいだの溝がローマよりはるかに深かっただけでなく、ポリスの宗教におさまったホメロスの宗教ならびにオリュンポスの神々の宗教が、それ以前の家族と家事の神々とは、はじめから別物であった。竈の女神ウェスタがローマの守護神となり、ウェスタ崇拝は著しく政治的な性格をおびるようになったのにひきかえ、ギリシアにおける同類の女神ヘスティアにはじめて言及したのは、ホメロスではなくヘシオドスだった。この歌聖は、ホメロスにわざと対抗して、竈を囲む一家の団欒生活をたたえた唯一の詩人である。だがポリスの公式宗教では、ヘスティアはオリュンポス十二神の会席のポストをディオニュソスに明け渡さざるをえなかったのである（モムゼン『ローマの歴史』Th. Mommsen, *Römische Geschichte*, Buch I, Kap. 12 der 5. Aufl.〔長谷川博隆訳、名古屋大学出版会〕および、ロバート・グレイヴズ『ギリシア神話』Robert Graves, *The Greek Myths*, 1955, 27k)。

（7） ポイニクスの語るところでは、彼は、アキレウスの父ペレウスから、息子を *mythōn te rētēr emmenai prēktēra te ergōn* つまり「立派な論客となり、武功をたてる戦士となられるよう」（『イリアス』第九歌四四三行〔松平千秋訳、岩波文庫、上巻二八六頁〕）教育してほしい、と頼まれたという。問題となっているのは明らかに、人びとの集うアゴラ *agora* および戦場で、どうふるまうかに関する教育である。アゴラも戦場も、まさに言葉と行ないにおいて自分を目立たせる機会を与える、という点で共通なのである。

（8） この発展に特徴的なことは、最終的には政治家が、総じて「弁論家」（*rhētōr*）と呼ばれるようになり、（哲学的な語りの技術である弁証術と区別された）公的な語りの技術である弁論術が、アリストテレスによって、まさに説得して納得させる技術と定義されたという点である（『弁論術』一三五四a一二以下および一三五五b二六以下）。（哲学的な語りと政治的な語りとのこの区別は、プラトン『ゴルギアス』四四八に遡る。）だから古代ギリシアでも、テーバイが没落したのはテーバイ人が戦争の技術を優先して弁論術をなおざりにしたからだ、とする見解がまかり通ったのである（ブルクハルト『ギリシア文化史』Burckhardt, *Griechische Kulturgeschichte*, Ausg. Kröner, Bd. III, S. 190〔新井靖一訳、ちくま学芸文庫、第七巻二九四頁〕）。

（9）『ニコマコス倫理学』一一四二a二五および一一七八a六以下。

（10） トマス『神学大全』、第二—二部第五〇問題第三項。

（11） それゆえ、dominus つまり主人と、pater familias つまり家父長は、同義語とされた。同様に、servus つまり奴隷と、familiaris つまり家人は、同義語とされた。Dominum patrem familiae appellaverunt; servos ... familiares つまり「主人は家父長と呼ばれる。奴隷は……家人と呼ばれる」（セネカ『書簡集』四七、一二〔「一四」か。高橋宏幸訳『セネカ哲学全集5　倫理書簡集I』岩波書店、一七三頁〕）。ローマ皇帝が dominus という称号で呼ばれるのをついに是としたとき——アウグストゥスやティベリウスは依然として、呪いや罵りの言葉として拒絶したが——、古きローマの自由は終焉を迎えた（H・ワロン『古典古代における奴隷制の歴史』H. Wallon, *Histoire de l'esclavage dans l'antiquité*, 1847, vol. III, p. 21）。

（12）グンナー・ミュルダールの並はずれて啓発的な研究『経済理論の発展における政治的要素』Gunnar Myrdal, *The Political Element in the Development of Economic Theory*, 1953〔山田雄三・佐藤隆三訳『経済学説と政治的要素』春秋社〕を参照。この書では、「国民経済学 Volkswirtschaft」は、「社会経済学もしくは集合的家政 Social Economy or collective housekeeping」と訳されている。

（13）だからといって、国民国家とその社会の成立が、中世の王国と封建制に由来することは否定すべくもない。中世の枠組では、家族ならびに家政の単位はすでに、古代には知られていなかった一般的意義を帰せられるようになった。しかしながら、封建制と近代との違いを見逃すことはできない。封建制にあっては、家族と家政はそれぞれ互いにほとんど無関係であった。それゆえ王家の家政にしても、一国全体を代表し、封建領主たちに対して prius inter pares つまり同等者中の第一人者としてふるまってはいたものの、ただ一つの巨大な家族の元首なりと絶対君主よろしく自称することなどありえなかった。中世の「国民 Nation」は、諸家族の寄せ集めから成り立っていた。「国民」の成員が、ただ一つの大家族の一員を自称することはなかった。これに対して近代では、国民という唯一の大家族によって、全住民が包括されるのである。

（14）この区別は、擬アリストテレス『経済学』第一章に非常にはっきりと現われている。そこでは、家政という専制的な君主制 Mon-archie（つまり一人‐支配）が、それとまったく別の種類の組織であるポリスと、明確に対比されている。

（15）アテナイにおける転回点は、ソロンの立法にあったと見てよい。クーランジュが正しく見てとっているように、親の面倒を見ることを、法的に請求できる子どもの義務として定めたアテナイの法律は、親が力を失ったことの証拠と考えられる（『古代都市』第四編第八章〔邦訳四三八頁〕）。とはいえ、国家によって親の法的力が制限されたのは、その父権が国家自身の利害と衝突した場合だけであって、家族の個々の成員の自由のためとか権利のためとかではなかった。この点で特徴的なのは、現代のわれわれには自明に思える生存権を、古代の子どもは有していなかったという事実である。赤ん坊の売買や捨て子は、紀元後三七四年まで相変わらず認められていた。当時、他の父権はとっくに廃れていたにもかかわらず、である（R・H・バロウ『ローマ帝国の奴隷制』R. H.〔*Va* では「R. B.」だが、*HC* に従って訂正〕Barrow, *Slavery in the Roman Empire*, 1928, p. 8）。

（16）〔旧版 *Va* の本文には注番号16が抜けていたが、新版では付された。〕占有物と財産のこの区別にとっていかにも特徴的なことが、ギリシアの都市国家の法制のなかには見られた。つまり、市民には、収穫物を分かち合い共同で飲み食いすることが、法的に義務づけられていながら、その同じポリスで、各市民は、各自の地所を所有する財産権を、絶対的に異論の余地なく有していたのである。クーランジュ（前掲『古代都市』第二編第六章〔邦訳一〇二頁以下〕）を参照。クーランジュがこの状態を「じつに奇妙な矛盾」と呼んでいるのは、財産と占有物とは古代人の考えでは無関係であったことが分かっていないからである。

(17)『法律』八四二を参照。

(18)プルタルコス『ローマの問題』五一（クーランジュ前掲『古代都市』第二編第九章に拠る〔一四七頁、一五一頁〕）。クーランジュは、古代ギリシア・ローマの宗教における冥府の神々を一面的に強調するあまり、奇妙にも次のことを平気で見逃しているらしい。つまり、冥府の神々といっても死者たちの神々だけではなかったこと、祭式にしても死の祭式にとどまらなかったこと、むしろ、大地に結びついたこの古代宗教は、生と死に仕えるものだったこと、その場合、生と死とは内的に一体である一つのプロセスの二つの局面であったこと、これらをである。生命は、大地からやって来て、大地へと帰ってゆく。誕生と死は、冥府の神々の支配する同一の生物学的プロセスの、異なる二段階にすぎない。

(19)特徴的なのは、クセノフォン『ソクラテスの思い出』（第二巻八）に出てくるソクラテスとエウテロスの議論である。生活の必要に迫られたエウテロスは、仕方なく肉体労働をしているが、自分の肉体がこういう種類の生活に耐えられるのはそう長くないことは自覚している。年をとれば寄る辺なく見捨てられるであろうことも、分かっている。それでもなおエウテロスの考えでは、物乞いするくらいなら働くほうがまだまし、なのである。これに対してソクラテスは、だったら手伝いを必要としている金持ちを探してみたらどうだ、と諭す。すぐさまエウテロスが答えて曰く、「奴隷の境遇」（*douleia*）にはどうにも耐えられませんので。

(20)〔*Va* にのみ見られる注〕家の組織と社会とは密接な関係にある、と先に主張したが、社会を表わすドイツ語の「ゲゼルシャフト Gesellschaft」は、語源からして、この関係を非常にはっきり表現している。「この語は、共同体関係を表わす前綴のゲ *Ge* が、ゲルマンの大広間一つだけの家屋を表わす古語ザール *Saal* と結びついてできた言葉である。ゲゼルシャフトとは、大所帯の仲間関係 Saalhausgenossenschaft のことだった」（テオドール・エッシェンブルク『ドイツの国家と社会』Theodor Eschenburg, *Staat und Gesellschaft in Deutschland*, 1956, S. 18）。

(21)ホッブズは『リヴァイアサン』第一部第一三章でそう述べている。

(22)ギリシア人のこうした自由観を示す最も有名で最も美しい用例は、ヘロドトス『歴史』中の国家形態を対比させた箇所に見られる（第三巻八〇―八三）。ポリス的同等つまりイソノミエー（*isonomiē*）の代弁者オタネスの主張するところでは、自分は支配することも支配されることも望まない。他方、これと同じ意味でアリストテレスも、自由人の生は専制君主の生よりも優れている、と述べており、その場合、専制君主は自由でないことが当然視されている（『政治学』一三二五a二四）。クーランジュによれば、他者支配を表わすギリシア語やラテン語―― rex つまり王、pater つまり父、*anax* つまり主人、*basileus* つまり王——はどれも、家政の領域に由来する言葉であり、もともとは、奴隷が主人に呼びかけるさいの呼び名であった（『古代都市』邦訳一三八頁および三六三頁）。

(23) いつも非市民のほうが人口の過半数であった。ただその割合は変動が激しかった。スパルタで目撃した光景としてクセノフォンの伝えるところでは、町の広場に集まった四千人のうち、市民は六〇人以下であったという。だがこれはおそらく誇張にちがいない（『ギリシア史』第三巻三五）。

(24) 「家長と同じく、社会は、その成員のために家計をやりくりするのだとする考え方は、経済学の用語法のうちにしっかり根づいている。……ドイツ語の「国民経済学 Volkswirtschaftslehre」という表現は、経済活動の主体となっている何らかの集合的なものの存在を示唆している。英語の「富の理論 theory of wealth」と「福祉の理論 theory of welfare」は……、似たり寄ったりの観念を表現している」（ミュルダール前掲『経済理論の発展における政治的要素』p. 140〔邦訳二一七頁以下〕）。「社会経済の機能が、社会規模の家計のやりくりにあるとすれば、この社会経済という語が意味しているものは何か。この語が何よりまず暗示しているのは、家計や自分自身の生計をやりくりする個人と、社会との類比にほかならない。アダム・スミスとジェイムズ・ミルは、この類比を明示的に用いている。ジョン・スチュアート・ミルが批判を著して以後、そしてまた実践的な政治経済と理論的なそれの区別立てが広く浸透するに至るや、この類比は捨てられた」（p. 143〔二二二頁〕）。以来、この類比がもはや使われなくなった当然の結果として、これらの事柄にひそむ本質的連関はますます曖昧模糊となっていった。この事実そのものが、次の理由から説明されるかもしれない。一方では、社会の異常な発展によって家族がいわば吸収されてしまったこと、他方では、社会そのものがじつに家族共同体に由来するからこそ、それに完全に取って代わると認められる代用品となりえた——もしくは少なくともそのような代用品だと幾重にも感じられた——こと、この二つの理由からである。

(25) R・H・バロウ『古代ローマ人』R. H. Barrow, *The Romans*, 1953, p. 194.

(26) E・ルヴァスール（『一七八九年以前のフランスにおける労働者階級と産業の歴史』E. Levasseur, *Histoire des classes ouvrières et de l'industrie en France avant 1789*, 1900）が、封建時代の労働者組織に関して述べていることは、封建時代の共同体全体に当てはまる。「各人は自分の家で暮らし、自分自身で暮らしを立てていた。貴族は領主権によって、百姓は自分の耕作によって、町人は自分の町で」（p. 229）。

(27) プラトンは『法律』（七七七）で、奴隷を丁寧に取り扱うようにと勧めている。だがこれは、正義とはほとんど関係がなく、むしろ自尊の問題であって、奴隷に対する思いやりではない。二通りの法——自由人の間での正義に関する市民法と、支配に関する家内法——が並存していたことについては、ワロン前掲『古典古代における奴隷制の歴史』II, p. 200 を参照。「それゆえ、非常に長い間、法律を家族に適用されることは差し控えられていた。家族にあっては別種の法が支配していたからである」。古代の立法、とりわけローマの立法が、そもそも家政の問題——奴隷の処遇、家族関係など——に容喙したとすれば、それは、家長が原理的に無制限に行使する暴力を緩和するためであった。奴隷たちがまったく「私的」に共生している家の中で正義が通用しうるなどというのは、考えられないことだった。奴隷は定義上、法の外部に存在し、主人の権力に服するのである。主人だけが、奴隷所有者であるばかりでなく市民でもあるかぎりで、法に服したのであり、その場合、国のために家父長権が法的に制限されるということもありえたのである。

(28) W・J・アシュレー前掲『イギリス経済史・経済学説入門』p. 415〔邦訳五二三頁〕。

(29) 低い地位から高い地位へ文字どおり「上昇して出世する」という主題は、マキアヴェッリに繰り返し出てくる。とりわけ、『君主論』第六章のシュラクサイのヒエロン王について、と第七章、および『「ローマ史」論（ディスコルシ）』第二巻第一三章、を参照。

(30) 「ソロンの時代までには、奴隷になるのは、死よりも悪しきことだと見なされるようになっていた」（ロバート・シュライファー「古代ギリシアの奴隷制論　ホメロスからアリストテレスまで」Robert Schlaifer, "Greek Theories of Slavery from Homer to Aristotle," in: *Harvard Studies in Classical Philology*, 1936, vol. XLVII）。奴隷自身は明らかにこの考えを抱いていなかったので、われわれ現代人には躓きの石となる有名な想定が、次いで導き出されることになった。つまり、「本性上」奴隷であるような人間が存在するのだ、と。アリストテレスはこの想定を詳しく論じている（『政治学』第一巻第五章）。奴隷が非難されたのは、生命への愛 *philopsychia* があまりに大きいから、言いかえれば、臆病さゆえであった。たとえばプラトンは、奴隷になるくらいならいっそ死ぬこともできたはずなのにそうしなかったのは、奴隷的本性がそなわっている証拠だ、と考えた（『国家』三八六A）。この奴隷観の後代の残響は、奴隷の嘆きにこう応じたセネカにも見られる。「誰にとってもかくも身近に自由があるというのに、なぜひとは奴隷でいられるのか」（『書簡集』七七、一四）。というのも、「死ぬことを弁えない者にとって、生きるとはどのみち奴隷であることだ」（vita si moriendi virtus abest, servitus est. ——同書一三）からである。〔次の改行は *Va* にのみ見られる。〕

この態度を理解するには、古代では奴隷の過半が、征服させられた敵だったという事情を思い起こさねばならない。奴隷に生まれついてそのまま奴隷になった人の割合は、ほんの少数だった。一般にローマ共和国は、ローマの支配に属さない異国から奴隷を調達したが、ギリシアの奴隷はたいていギリシア人であった。彼らは、捕虜となって奴隷として売られる代わりに、自殺することもできたのである。勇気が政治的な枢要徳であった以上、彼らは自殺でなく生き永らえることを選んだとき、ポリスの自由な市民たるに「本性上」ふさわしくないことをみずから証明してしまったのである。古代ローマでも *labos* つまり労苦という言葉は、不名誉な死という観念と密接に結びついていた（ウェルギリウス『アエネーイス』第六巻〔二七七行〕参照)。この態度が改まるのは、ローマ帝国の後期になってはじめてである。この時代、ストア派の影響が強まったばかりでなく、奴隷人口の多数が、奴隷に生まれついた人によって占められるようになったからである。

(31) たとえば、エードゥアルト・マイヤー Eduard Meyer は講演『古典古代における奴隷制』*Die Sklaverei im Altertum*, Dresden, 1898〔S. 22 —— *HC* に拠る〕で、クレタの詩人ヒュブリアスの酔歌を引用している。「私の宝は、槍と剣、そして見事な盾だ。……槍と剣、それに体を守る見事な盾を、担う勇気のない者たちは、みな怖気づいて私に跪《ひざまず》き、ご主人様、大王よ、と私のことを呼ぶ」。

(32) 『古代農業事情』"Agrarverhältnisse im Altertum," in: *Gesammelte Aufsätze zur Sozial- und Wirtschaftsgeschichte*, 1924, S. 147.〔渡辺金一・弓削達訳、東洋経済新報社、二六五頁。〕

(33) 〔*Va* にのみ見られる注〕『政治学』第一巻第二章を参照。

(34) それゆえセネカは、古典作家をそっくり暗記できるほど教養の高い奴隷にどれだけ効用があるかを論じたさいに、こう述べた。「家の者に分かっていることはすべて、主人には分かっている」(『書簡集』二七、六。バロウ前掲『ローマ帝国の奴隷制』p. 61 の引用による)。

(35) *aien aristeuein kai hypeirochon emmenai allōn*「つねに一等の人間となり、他の人びとに抜きん出ること」(『イリアス』第六歌二〇八行)が、ホメロスに歌われるヒーローの主要な関心事であり、そのホメロスは何といっても「全ギリシアの教育者」だった。

(36) 国民経済学という「科学」は、アダム・スミスまでは存在しなかった。教会法学者の経済理論にとって、経済は「技術」であって、科学ではなかった(アシュレー前掲『イギリス経済史・経済学説入門』pp. 379ff.〔邦訳四九〇頁以下〕を参照)。古典派経済学の前提するところでは、人間というのは、総じて能動的に何かを行なうかぎり、もっぱら自分の利害関心においてのみ行為するのであって、ある衝動にしか、つまり営利衝動にしか、聞く耳をもたない。アダム・スミスが導入した「見えざる手」は、「誰にも意図されていなかった目的を達成する」のであり、そこに如実に示されているのは、そのような最小限の率先行動すら、予測や算定のつかない要因をあまりに含んでいるため、科学にとって放置できないものだということである。次いでマルクスは、見渡しえないほど多様な個人的利害関心を、階級的利害関心へと還元し、さらにはこの階級的利害関心を、資本家と労働者という二大階級のみに絞った。その結果、マルクスの場合、彼の経済学を科学たらしめるには、たった一つの対立を考慮に入れるだけでよかった。これに対して、古典派経済学が「科学的」たりえなかったのは、多様に相矛盾し合う対立に巻き込まれたからである。マルクスの体系は、彼の先行者たちの体系と比べて、はるかに適合的で整合的であったが、それはマルクスが、「社会化された人間」なるものを作り出し、考察の中心に置いたからである。この「社会化された人間」は、自由主義的な古典派経済理論の「経済人」に輪をかけて、行為や自分自身の率先行動の能力を欠いている。

(37)　ミュルダール（前掲『経済理論の発展における政治的要素』）の主要業績の一つは、次のことを示した点にある。つまり、社会の単一性についての支持しがたい「共産主義的虚構」に陥ることを余儀なくされたのは、まずは自由主義的功利主義であって、社会主義がはじめてではなかったということ、しかもこの「虚構」は、たいていの経済学書に本質上ひそんでいるということ、これである（pp. 54, 150〔邦訳八五頁、二三二頁〕）。ミュルダールが立証したように、国民経済学が科学となりうるのは、社会は全体としてたった一つの利害関心によって支配される、と仮定するときだけである。利害関心の調和という自由主義的想定のもとでは、たった一つの根本的利害関心という「共産主義的虚構」が、つねに見られる。そのようなたった一つの利害関心は、次いで、「公共の福祉」とか「国家＝公共の富《コモンウェルス》」とかいった一般的概念にも、これまた見出される。それゆえ自由主義経済は、「共産主義的」理想を、すなわち「社会一般の利害関心」を、つねに追ってきたのである（pp. 194-195〔二九七―二九八頁〕）。この問題の難しいところは、社会一般という概念が、「結局のところ、社会をたった一つの主体として見なさねばならなくなってしまう」点にあり、「これがまさに、概念として考えがたいのである。社会をそのように考えようと試みるとき、われわれは、社会の活動とは多数の個人の意図の結果だという本質的事実を、すでに捨象してしまっているのである」（p. 154〔二三七頁〕）。

(38)　マルクスの理論のこの側面は、ふつう等閑視されているが、その側面を卓抜に指摘した論文として、ジークフリート・ランツフート「マルクスの理論の光から見た現代」Siegfried Landshut, "Die Gegenwart im Lichte der Marxschen Lehre," in: *Hamburger Jahrbuch für Wirtschafts- und Gesellschaftspolitik*, Band I, 1956 を参照。

(39)　労働分割つまり分業 Arbeitsteilung という概念を、本書では、近代の労働条件を表わすためにのみ用いる。近代の労働条件のもとでは、一個の活動が、無数のごく小さな操作に細分化され、原子化される。他方、数えきれないほど多くの職業が、社会全体にとって必要な労働に「分割」される場合も、「分業」と称されることがあるが、本書では、こちらは分業とは呼ばない。後者を「分業」と称する言葉遣いが正当でありうるのは、社会がたった一つの主体をなし、その社会の必要が、「見えざる手」によって、個々人に個々人の欲求を満たすべく分割される、と想定されるときだけである。同じことは、必要な変更を加えれば、両性間の分業という奇妙な観念にも当てはまる。この性分業を、あらゆる分業のなかで最も根源的とすら見なす論者も少なくない。その場合、まず人間種属が、たった一つの主体として前提され、次いでそれが労働を、男性と女性という下位の類に配分するのである。〔次の改行は *Va* にのみ見られる。〕

分業という言葉のこの使われ方は、古代にもあったとしばしば言われるので、注記しておきたいが、ギリシア人が男性と女性の役割を分けたのは、まったく別の地平から生じたものなのである。この区別は、世界という外《そと》で過ごす生と、家という内《うち》で過ごす生との区別なのである（クセノフォン『家政術』第七巻二二を参照）。世界という外で生きることだけが、人間にふさわしい生とされた。かりに分業が問題となりうるとすれば、それは、男性と女性がひとしなみに人間であるときだけであろうが、そのような男女平等は考えがたいことだったのである（本章の注82参照）。古代に知られていたのは、職業の別だけであって、分業は知られていなかったようである。職業の別は、自然的素質に左右されるものだった。たとえば、金の鉱山では、何千人もの労働者が働いていたが、そこでの労働は、体力と技能に応じて分けられていた（J・-P・ヴェルナン「古代ギリシアにおける労働と自然」J.-P. Vernant, "Travail et nature dans la Grèce ancienne," in : *Journal de psychologie normale et pathologique*, vol. LII, no.1, 1955を参照)。

(40)　ヨーロッパ語で「労働」を表わす言葉——ラテン語および英語のlabor、ギリシア語の*ponos*、フランス語のtravail、ドイツ語のArbeit——はどれも、もともとは、不快と苦痛を引き起こす肉体的骨折りという意味での「労苦」を意味し、陣痛という意味もあった。「よろめく」という意のラテン語の動詞labareと関係のあるlaborは、本来、「重荷を背負ってよろよろ歩く」という意味であった。ドイツ語のArbeitとギリシア語の*ponos*はともに、貧困を表わすドイツ語のArmutやギリシア語の*penia*と、同じ語源をもつ。ふつう古代における数少ない労働の擁護者に数えられるヘシオドスでさえ、「苦痛に満ちた労働」——*ponon algino enta*——という言い方をし、それを数ある禍悪のうちの最たるものに数えている（『神統記』二二六)。（労働を表わす古代ギリシア語の用法については、G・ヘルツォク－ハウザー執筆の項「ポノス」G. Herzog-Hauser, "Ponos," in: Pauly-Wissowa, *Realencyclopädie der klassischen Altertumswissenschaft*, Bd. 21^2を参照。）クルーゲ＝ゲッツ『語源辞典』Kluge-Götz, *Etymologisches Wörterbuch*, Berlin 1951によれば、貧しいの意のドイツ語armも、Arbeitも、ゲルマン語の語根arbm-に由来するが、この語根はもともと、見捨てられて孤独だという意味である。労苦という意味のゲルマン語arbejdizは、ラテン語のlabor, tribulatioつまり苦難、persecutioつまり迫害、adversitasつまり逆境、malumつまり悪、の訳語として用いられた（クララ・フォントーベルの学位論文『ドイツ・プロテスタンティズムの労働倫理』Klara Vontobel, *Das Arbeitsethos des deutschen Protestantismus*, Dissertation Bern, 1946を参照。

(41)　しばしば引き合いに出されるホメロスの言葉、「主神ゼウスは、どんな人間からも、奪うのだ、／彼が奴隷になる日がやってきたら、男らしさの半分を」（『オデュッセイア』第一七歌三二〇行以下）は、豚飼のエウマイオスの言葉ということになっている。そのエウマイオス自身が奴隷なのだから、これは事実確認であり、批判や道徳的価値判断ではない。奴隷がみずからの*aretē*つまり卓越性を失ったのは、他の人びとに立ち優って活躍できる空間を失ってしまったからである。

(42)　バロウが前掲『ローマ帝国の奴隷制』p. 156ですでに述べていたように、この理由からして、奴隷の伝記を書くことも、奴隷の性格を素描することも、不可能であった。「奴隷は、自由になり評判になるまでは、人格というよりはむしろ黒子にとどまった」。

(43) このことの「証拠となる資料」が唖然とするほど乏しいことからすれば、リルケが死の床で「肉体組織の癒しがたき苦痛」について綴った詩を思い起こしても、かまわないだろう。末尾の数行は、こうなっている。

「人知れずそこでヒリヒリ苦しがっているのは、まだ私なのか。
思い出をあれこれ引き寄せることも、ままならぬ。
おお、生よ、生とは、外にあること。
なのに私は、炎の中にいる。私のことを知る人は誰もいない……」

〔リルケの書き遺した最後の詩篇「さあやって来い、末期の苦しみよ、お前が来るのを承認しよう」からの引用。小林栄三郎訳「草稿・断片詩篇（一九〇六―一九二六）」、塚越敏監修『リルケ全集　第3巻　詩集Ⅲ』河出書房新社、所収、五八八―五八九頁。〕

(44) 苦痛の主観性、および苦痛が快楽主義や感覚主義の世界観に対してもつ意義については、本書の第一五節と第四三節を参照。生者にとって、死とはまずもって、現われから消え去ることである。だが、一般に苦痛が現われ出ることができないのとは違って、生者のあいだに死がいわば現われるかたちというものが存在する。それは、老年である。――これをゲーテはあるとき、「現われからだんだんと退いてゆくこと」と、無類の素晴らしさで名づけた。老いた巨匠――レンブラントやレオナルド――の自画像は、ゲーテのこの言葉が真実であったことを証言している。というのも、そうした絵には、消え去りゆくプロセスそのものが描かれ、あたかも、まなざしの強烈さが、退きつつ消えてゆく肉体のさまを照らし、司っているかのごとくだからである。

(45) ここで用いたのは、ホフマンスタールの『チャンドス卿の手紙』である〔檜山哲彦訳『チャンドス卿の手紙　他十篇』岩波文庫、所収、一一〇頁、一一二頁、一一八頁〕。もちろんリルケを引用することもできただろうし、ゲオルゲを引用することだってできたであろう。〔*Va* にのみ見られる注。ホフマンスタールからの引用にもとづく本文の説明も、*Va* にのみ見られる。〕

(46) 『マニ教徒ファウストゥスを駁す』*Contra Faustum Manichaeum*, V. 5.

(47) そしてこれはもちろん、トマス・アクィナスの政治哲学の前提でもある。トマスは、quamdiu mundus durat つまり「世界が存続するかぎり」と、はっきり述べている（『神学大全』第二―二部第一八一問題第四項）。〔稲垣良典・片山寛訳『神学大全　第二三冊』創文社、二〇六頁。〕

(48) 同胞愛にもとづく組織形態が思いつかれやすかったのは、その先行形態が古代ローマの信徒団にすでにあったからである。

この信徒団の成員は、おたがい「兄弟」や「姉妹」と呼び合っていたし、総じて家族というモデルに従って組織されていた（サミュエル・ディル『ネロからマルクス・アウレリウスまでの古代ローマ社会』Samuel Dill, *Roman Society from Nero to Marcus Aurelius*, 1904, Buch II, Kap. 3）。〔本注のここまでの説明は *Va* にのみ見られる。〕公共のものの身体 corpus rei publicae という語は、キリスト教以前のラテン語古典文献にしばしば見出されるが、これは共和国そのものを表わすというわけではなく、共和国の領土に住む住民のことを表わしている。これに対応するギリシア語 *sōma* が、団体や結社の意味で使われるようになったのは、おそらく、『新約聖書』においてはじめてであろう。ともあれこの比喩は、パウロにすでに見出され（『コリント人への第一の手紙』第一二章一二―二七）、次いで、テルトゥリアヌス（『護教論 *Apologeticus*』第三九章〔『キリスト教教父著作集14　テルトゥリアヌス2　護教論』鈴木一郎訳、教文館、九〇頁〕）や、アンブロシウス（『聖職者の義務』*De officiis ministrorum*, III, 3, 17）といった初期キリスト教父の著作にしばしば見られる。こうしたことがすべて重要となったのは、中世の政治理論においてはじめてであった。すなわち、人類は全体としてただ一つの身体を形づくるのだ、と大まじめに想定されたときであった――トマスも、quasi unum corpus つまり「あたかも一つの身体であるかのように」（『神学大全』第二―一部第八一問題第一項〔稲垣良典訳『神学大全　第一二冊』創文社、二三六頁〕）と述べている。ただしこの場合、注意すべきは、中世初期では、すべての成員の平等権と平等が強調されていた――団体の息災のためには全成員が等しく必要だとされた――のに対して、のちには次第に、聖職者と平信徒との違いが、すなわち、聖職者の義務は命令することであり、平信徒の義務は服従することだ、とする不平等が強調されるようになった、という点である（アントン－ハーマン・クルースト「中世の団体観」Anton-Hermann Chroust, "The Corporate Idea in the Middle Ages," in: *Review of Politics*, vol. VIII, 1947 を参照）。

(49)　トマス『神学大全』第二―二部第一七九問題第二項。

(50)　ルヴァスール前掲『一七八九年以前のフランスにおける労働者階級と産業の歴史』p. 187 に見られる、ベネディクト修道会規則第五七項を参照。修道士の一人が自分の仕事を自慢し始めたら、ただちに彼からその仕事を取り上げなければならなかった。

(51)　古代ローマの信徒団は、下層民衆、とりわけ奴隷民に、大いに人気があった。その主な理由は、それが埋葬組合でもあったからである。この組合は、それなりの埋葬を執り行なうことに加えて、墓石を調達してくれたので、奴隷には非常に重要だったのである。バロウ前掲『ローマ帝国の奴隷制』p. 168. ディル前掲『ネロからマルクス・アウレリウスまでの古代ローマ社会』同箇所。

(52)　『ニコマコス倫理学』一一七七b三一以下。

(53)　『国富論』第一篇第一〇章。

（54）現代の大衆現象としての見捨てられた状態については、デイヴィッド・リースマン『孤独な群衆』David Riesman, *The Lonely Croud*〔加藤秀俊訳、みすず書房〕を参照。

（55）W・L・ウェスターマン「奴隷制」W. L. Westermann, "Sklaverei," in: Pauly-Wissowa, *Realencyklopädie*, Supplement Band VI, S. 1045に引用されている、小プリニウスの言葉を参照。

（56）古代ローマと古代ギリシアにおいて富と教養に対する価値評価が異なっていたことを示す文献はありすぎて、引用するまでもない。だが、この価値評価の違いが、奴隷の立場にそれぞれどんな影響を及ぼしたかは、考えてみると面白い。古代ローマの文化的生活では、奴隷がかなり評価の高い役割を果たしたのに対して、古代ギリシアでは、営利的生活において重要な位置を占めたのである（ウェスターマン前掲「奴隷制」p. 984を参照）。

（57）アウグスティヌスによれば、隣人愛の義務は、otium つまり閑暇と、観想に限界を課す。活動的生は隣人愛から生じるのであり、活動的生にあっては「この世の生における名誉や権力をむやみに求めてはならない。……そうではなく、われわれのもとにいる人びとの安寧を求めるべきである」（『神の国』第一九巻第一九章）。このことは明らかに、政治的責任というより、家族に対する家父長の責任に関係している。自分自身の事柄を気遣いなさい、とするキリスト教の戒めは、『テサロニケ人への第一の手紙』第四章一一の「落ち着いて暮らし、自分たちのことをやり遂げなさい」に典拠を仰ぐことが多いが、この戒律は、政治的活動に反対する底意をもつ。*prattein ta idia* つまり「自分たちのことをやり遂げる」という言い回しは、当時よく使われていた言い回し *prattein ta koina* つまり「公的事柄を成し遂げる」に対抗しているのである。

（58）クーランジュは、familia というラテン語を、財産と訳すとよいと言っている（『古代都市』第二編第一〇章、邦訳一六〇—一六一頁）。この語は、土地と家屋敷と財貨と奴隷を表わしていたからである。モムゼンはファミリアを、あっさり奴隷と訳す場合もあるが、結局これも当然ながら、同じことになる。重要なのは、財産とは、家族や家長が自分のものにすることのできる占有物ではない、という点である。財産とはむしろ、空間上の区域なのであり、「家族は、竈《かまど》に結びつけられ、竈は土地に結びつけられている」（第二編第六章、邦訳一〇四頁）。財産とは、それが属する竈や墓と同じく、不動のものである。「人間のほうこそ、過ぎ行くものである。人間のほうこそ、家族が世代交代していくなかで、定められた時にやって来て、儀礼を引き継ぎ、土地の管理をし、そして去ってゆくのである」（『古代都市』第二編第六〔正しくは七〕章〔邦訳一一八頁〕）。

（59）ルヴァスール（前掲『一七八九年以前のフランスにおける労働者階級と産業の歴史』p. 240と注）の報告では、中世の共同体の創設は、以下のようであった。「共同体に加入する権利を得るためには、村に住むだけでは十分ではなかった。家を所有する……必要があったのである」。その結果、「誰かが共同体を〔公然と en public —— *HC* による〕侮辱した場合、必ず、その人の家は取り壊され、本人も共同体から追放されることになった」。

(60) 財産と占有物との違いは、奴隷の場合、まったく明らかとなる。奴隷はなるほど、財産すなわち自分の家をもつことを許されなかったが、近代的意味での無産階級を形成していたわけではない。古代ローマで peculium と呼ばれていた、奴隷の私的占有物は、かなりの額に達することもあったし、それどころか、自分の奴隷（vicarii）を抱えることさえあった。バロウ〔前掲『ローマ帝国の奴隷制』p. 122〕は、「奴隷階層のうち最も下層の者でさえ、財産をもっていた」と述べている。

(61) クーランジュが取り上げているアリストテレスの説明によれば、古代では、父親が生きている間は、息子は市民になれなかったし、父が死んだあと市民権を得たのは、長子のみであった〔前掲『古代都市』第四編第一章、邦訳三三七頁〕。それゆえ、古代ローマの plebs つまり平民と、populus Romanus つまりローマ人民との違いも、要するに、プレーブスとは、家と竈をもたない人びとから成るという点にあった〔『古代都市』第三編第一二章〔第四編第二章――邦訳三四二頁――が正しいと見られる〕〕。

(62)「この宗教全体が、各々の家の壁の内側に閉じ込められていた。……古代ローマのこれらの神々、つまり、竈の神、氏神、祖霊は、いずれも、隠れた神、家の内の神と呼ばれていた。この宗教のいかなる行事にも、秘密が、キケロ〔『占筮論』一七〕の言う sacrificia occulta つまり秘められた儀式が、必要であった」（クーランジュ前掲『古代都市』第一編第四章〔邦訳七一頁〕）。

(63) エレウシウスの秘儀のなすべきことは、万人に共通でありながら各自をまさに単独性において襲う、この隠されたものを、秘蹟を授けられた者たちに伝えることであったように思える。かくして、この隠されたものは、そこに射している秘密のアウラのうちで、もう一度、一種の共通経験となりえたのであった。だがその場合、この秘儀に非常に多くの人びとが参加したとはいえ、公的に論じ合うことは決して許されなかった。秘儀の原理は、誰もがその秘蹟を授けられ、それに与《あずか》ることは許されるものの、誰一人それについて語ることは許されない、という点にあった。しかもそれは、その秘儀が名状すべからざるものに関するものだったからである。だが、言い表わしようのない経験は、言語の彼岸にあるのと同じく、政治的なものの彼岸にある。エレウシウスの秘儀が、誕生と死の秘密に関するものだったことを示す証拠は、ピンダロスの次の断片である。*Oide men biou teleutan, oiden de diosdoton archan*（断片一三七a）、つまり、秘蹟を授けられた者は、「生の終わりと、神に与えられた始まりについて知る」（カール・ケレーニイ『ヘレネの誕生』Karl Kerenyi, *Die Geburt der Helena*, 1943-45, S. 48ff. 参照）。

(64) ギリシア語で法を表わす *nomos* はおそらく、*nemein* に由来するが、この動詞は、分配する、分配されたものを所有する、住む、といった意味をもつ。法がもともと「法という塀」であったということは、次のヘラクレイトスの断片に判然と表現されている。「人民は、壁を守るように法を守るために戦わねばならない」〔断片四四〕。これに対して、古代ローマの lex とは、人間を結びつけるもの、という意味であって、人間を切り離したり取り囲んだりするものではない。しかるに、境目つまり境目の神テルミヌス Terminus は、「公的な土地を私的な土地から」（リウィウス）分離する神とされ、ギリシアにおいてそれに相当する神々 *theoi horoi* よりも、神格は上であった。

(65) それゆえ、クーランジュ（前掲『古代都市』（第二編第六章、邦訳一〇五頁））が取り上げているギリシアの古い法では、二つの建物をたがいに触れ合うように建ててはならない、と定められていた。間の空間、建物と建物の間をなす一種の誰でもない土地が、つねに存在していなければならなかった。

(66) ポリス *polis* というギリシア語はもともと、「輪状の城壁」という意味をもっていたように思われる。また、ラテン語の urbs つまり都市は、orbis つまり円と語源を同じくし、包囲するという意味もあった。ちなみに、英語のタウン town も、ドイツ語のツァウム Zaum つまり塀と語源を等しくしており、もともとは、塀で囲むという意味であった（R・B・オニアンズ『ヨーロッパ思想の起源』R. B. Onians, *The Origins of European Thought*, 1954, p. 444, n. 1 を参照）。

(67) それゆえ、立法者はポリス市民である必要はなかったし、しばしば外から招聘された。立法者の仕事、つまり立法行為は、真に政治的《ポリス》な性質のものではなかったのである。立法とは、政治的生のためのポリスに先立つ条件であって、この条件が満たされてはじめて、政治的生が始まりうるのであった。

(68) 「自由人でも、貧しければ、奴隷的で低俗なことを、山ほどせざるをえない」と、デモステネスも言っている（演説五七、四五）。

(69) 自由市民になりたいと思うのなら、生計を稼ぐことにあくせくしなくてすむほど富裕でなければならない、とする古い考え方が、「職人と、都会の自由人つまり franke homme」とを峻別した中世イギリスの『慣習の書』には、まだはっきり表われている。「職人が非常に裕福になったため自由人になりたいと願った場合、まず自分の仕事を誓ってやめ、仕事道具を家から片付けなければならなかった」（W・J・アシュレー前掲『イギリス経済史・経済学説入門』p. 83（邦訳七五頁））。エドワード三世の治世（一三二七—一三七七年）に、職人が裕福になってはじめて、この事態は一転し、「職人は市民権を得られないどころか、むしろ市民権を得るには、何らかの職人組合の会員にならなければならないということになった」（p. 89（八〇頁））。

(70) クーランジュは、他の論者と違って、古代市民の「閑暇」ではなく、彼らの時間と精力を奪う活動に、重きを置いている。それゆえクーランジュは、生計のために働かざるをえない者は誰も市民にはなれない、とするアリストテレスの主張が、アリストテレスの「偏見」の証拠ではなく、たんなる事実確認であったことも、理解している（前掲『古代都市』第四巻第一二章（正しくは一一章、邦訳四六二頁））。近代になってはじめて、富そのものが、その占有者の職種にかかわりなく、完全な市民権の条件となった。これによってはじめて市民権は実際に、純然たる特権となった。市民権という特権とは、「享受」されるものであり、つまり、そのおかげで義務なしに権利を保証されるものなのである。

(71)　思うに、古典古代の経済史の有名な謎を解く鍵も、ここにひそんでいる。すなわち、「産業は或る程度まで発展したが、その発展はもっと期待できそうなところまで進歩しないで止まってしまった」が、「公務や軍隊といった他の部門は、古代ローマでは組織化が徹底され、組織力は申し分ないと認められた」にもかかわらず、経済部門が躍進しなかったのは、なぜか（バロウ前掲『ローマ帝国の奴隷制』pp. 109-110)。組織化能力が公的空間において支配的だからといって、それと同じ能力が、私的な経済生活にも発揮されなければならない、と期待するのは、近代人の偏見にすぎない。「古代都市はずっと、中世の都市よりも、はるかに大規模に消費都市ではあったが、生産都市という点では、はるかに劣っていた」し、「奴隷所有者は……年金生活者でこそあれ、企業家ではなかった」という事実は、マックス・ヴェーバーが先に引用した画期的労作で、すでに指摘してみせたことであった。古代経済史が資料に乏しいのは、要するに、古代の著作家たちが経済問題に無関心だったからである。この事実こそ、ヴェーバーの議論を補強してくれるものであろう。

(72)　その日暮らしの完全な無産階級としての労働階級の歴史に関する文献は総じて、そのような階級がつねに存在してきた、と素朴に前提している。すでに見てきたように、古代では奴隷でさえ無産者ではなかったし、古代における自由労働者階級なるものが語られる場合、じつはそれが「自由人の店主、商人、職人」からなることが往々にして明らかとなる（バロウ前掲『ローマ帝国の奴隷制』p. 126)。それゆえ、M・E・パーク M. E. Park（『キケロの時代の都市平民』*The Plebs Urbana in Cicero's Day*, 1921）は、自由労働者が総じて存在しなかったのは、自由人はみなつねに財産も所有していたからだ、とする結論に至っている。他方、同じことは、少なくとも十五世紀までの中世にも当てはまる。「当時まだ、賃金労働者の大がかりな階級、つまり近代的意味での「労働階級」は、存在しなかった。「労働者」という言葉でわれわれが意味するのは、そのうちの若干の個人が親方になることは実際ありうるが、大多数は地位向上すら望めないような、一定数の人びとである。しかるに、十四世紀では、日雇い職人として何年か働くことは、比較的貧しい人びとがくぐり抜けなければならない段階でしかなかったのであり、これと違って、大多数は、徒弟の期間が過ぎれば、ただちに親方職人として独立できたようである」（アシュレー前掲『イギリス経済史・経済学説入門』pp. 93-94（邦訳八五頁、*Va* の引用文には脱落があり、*HC* に従って補った））。

それゆえ、古代における「労働階級」は、自由でも無産でもなかった。奴隷は（ローマでは奴隷解放によって、ギリシアでは購買によって）自由を手に入れたとき、労働者になったのではなく、独立した商人や職人になったのである。つまり彼は、つねに自分の資本をたずさえては、商工業を興したのである。中世の場合はといえば、「労働者であること」は、若者に限られており、親方となる準備期間と成人男子への成長期間という意味での一時的現象でしかなかった。賃労働は例外であり、成人には異例であった。ドイツ語で Tagelöhner、フランス語で manœuvres、英語で laboring poor という言葉で呼ばれた、日雇い労働者は、共同体の外部で暮らしており、総じて貧民と同一視された（ピエール・ブリゾン『労働と労働者の歴史』Pierre

Brizon, *Histoire du travail et des travailleurs*, 1926, p. 40)。のみならず、ナポレオン法典以前に、自由労働者を考慮して法律が制定されたことはなかった、という事実にはっきり示されているように、労働者階級の成立はごく新しい出来事なのである（W・エンデマン『私法における労働の取り扱い』W. Endemann, *Die Behandlung der Arbeit im Privatrecht*, 1896, S. 49, 53 を参照）。

(73) だからプルードンは、遺稿のなかで（『財産の理論』*Théorie de la propriété*, 1866, pp. 209-210）、「財産とは盗みなり」という自説を非常に興味深く自己解釈して、財産の「利己的−悪魔的本性」は、「国家を覆すことなく専制支配に抵抗する最も効果的な手段だ」としている。

(74) 今日の自由主義経済学者は（しばしば保守主義者と自称しているが）、ますます豊かになっていく社会において私的占有物を維持すれば、市民の自由は十分守られるであろう、すなわち、私的占有物は私有財産と同じ役割を果たしうる、と自信たっぷりに主張する。しかし私は、なぜそう言えるのか理解に苦しむと告白せざるをえない。現代社会では、定職 Job をもつことしか、確かな財産と言えるものはなく、そういう社会にあっては、市民の自由は国家によってしか保証されない。つまりそれは、政治的保証であって経済的保証ではない。現代社会では自由が脅かされているが、この脅威は、自由主義が想定しているように国家からやって来るのではなく、社会からやって来る。定職が分配されるのは、社会においてだし、社会の総資産に対する個人の分け前を決めるのも、社会だからである。

(75) R・W・K・ヒントン「チャールズ一世は僭主であったか」R. W. K. Hinton, "Was Charles I a Tyrant?," in: *Review of Politics*, vol. XVIII, Januar 1956.

(76) 「資本」という言葉は、ラテン語の caput つまり頭から派生し、ローマ法では、負債の元金という意味をもっていた。この語の歴史については、アシュレー前掲『イギリス経済史・経済学説入門』pp. 429, 433〔邦訳五三四頁、五三六頁〕note 183〔*HC, Va* ともそう記されているが、邦訳では「注187」〕を参照。十八世紀になってようやくこの語は、利潤をもたらすべく投資された貨幣、という今日の意味をおびるようになった。

(77) 中世の経済学説では、貨幣は、consumptibiles つまり消費財の一つに数えられ、他の「価値」のための公分母にして尺度として用いられることは、まだなかった。

(78) 『統治論　後篇』第二七節。

(79) 古代の著作家が、貧困や労働を称賛するのは比較的まれであるが、そういう事例がなくもないのは、この危険ゆえであった。どの著作に見出せるかは、ヘルツォーク−ハウザー前掲「ポノス」を参照。

(80) 家の内部を意味するギリシア語 *megaron* やラテン語アトリウム atrium には、暗闇や暗黒という含意がつねに付きまとっていた（モムゼン前掲『ローマの歴史』S. 22, 236 を参照）。

(81) アリストテレス『政治学』一二五四b二五。

(82) アリストテレスは女性の生を、ずばり *ponētikos* つまり労苦的と呼んでいる（『動物発生論』七七五a三三）。この理由から、アリストテレスは『政治学』のなかで女性と奴隷を一緒に論じてもいる。両者は、同じカテゴリーに属するのである。この共属関係は、女性が一緒に生活を送っている相手は、奴隷たちであって同等の者たちではないという点に、とりわけはっきり現われている。それゆえ、生活のなかでの女性の地位は、生まれによってよりも、はるかに「機能」によって決定されていた。このことをワロン（前掲『古典古代における奴隷制の歴史』I, pp. 77ff.）は、じつに明快に叙述している。ワロンは、「地位の混同、家庭内のあらゆる機能の分担」について語っている。「女性は、家の中の日常生活で世話を焼いている点で、奴隷と見分けがつかなかった。女性がどんな地位にあったにせよ、男たちに戦争が付きものであったように、女性には労働が付きものであった」。

(83) ピエール・ブリゾン前掲『労働と労働者の歴史』p. 184の、十七世紀の工場労働事情についての記述を参照。

(84) 前掲『護教論』第三八章。〔*Va* の「三八頁」は誤り。邦訳八九頁に、「政治などというものは、まったくわれわれとは関係ないのである」とある。〕

(85) このことから、アウグスティヌスが政治的著作のなかで分別を遺憾なく発揮しているのと違って、テルトゥリアヌスがヒステリックなほど過激に誇張しているのはなぜか、も説明できよう。結局のところ、両者はどちらもローマ人であり、ローマの政治を素養として身につけていたのである。

(86) 『ルカによる福音書』第一八章〔*HC*, *Va* とも「第八章」となっているが誤り〕一九。『マタイによる福音書』第六章一―八も参照。「人に見られるために人の前で正義を行なうことのないよう、気をつけなさい」。それは偽善だからである。施しは、人の前で与えられることはできず、「隠れてご覧になっている」神の前でのみ与えられることができる。信心ぶった見かけを意味する Scheinheiligkeit というドイツ語は、この真に宗教的な現象を表わすのに適した言葉である。なぜなら、たんに現われ出るだけでもう偽善と同じ意味になってしまうということが、この語で表わせるからである。

(87) この言葉遣いは、プラトンにしばしば出てくる。詳しく説明されているのは、『ゴルギアス』四八二である。

(88) 『君主論』第一五章。

(89) 『君主論』第八章。

(90) 『「ローマ史」論（ディスコルシ）』第三巻第一章。

第三章　労働

（1）「古代的自由と近代的自由との比較考察」"De la liberté des anciens comparée à cella des modernes"（1819）, in: *Cours de la politique constitutionelle*, 1872, vol. II, p. 549.

（2）ロック『統治論　後篇』第二六節〔加藤節訳、岩波文庫では、第二七節。依拠している版の違いによる節番号のずれと見られる。以下この趣旨で注記するさいは、節番号を記すにとどめる〕より引用。

（3）ギリシア語には *ponein* と *ergazesthai* の区別があり、ラテン語には laborare と facere または fabricari の区別があり、facere と fabricari の語源は同じである。フランス語には travailler と ouvrer、英語には labour と work、ドイツ語には arbeiten と werken の区別がある。いずれの場合にも、「労働」を表わす語にのみ、労苦と骨折りという意味合いがはっきり見られる。ドイツ語では元来、農業に従事して働く農奴だけが「労働する《アルバイト》」と言われ、職人の場合は「仕事する《ヴェルク》」と言われた。労働を表わすフランス語 travailler は、labourer という古語の代わりに使われるようになった言葉だが、それ自体は、一種の拷問を意味するラテン語 tripalium から派生した言葉で、それゆえかつては拷問という意味合いをおびていた（グリムの『ドイツ語辞典』*Grimms Wörterbuch*, S. 1854ff. およびリュシアン・フェーヴル「労働――言葉と観念の発展」Lucien Fèbvre, "Travail: Évolution d'un mot et d'une idée," in: *Journal de psychologie normale et pathologique*, vol. XLI, no. 1, 1948 を参照）。

（4）アリストテレス『詩学』一二五四b二五。

（5）英語の labour にかぎっては、労働にまつわる労苦と骨折りという意味合いを、いまだにおびているが、フランス語の travailler やドイツ語の arbeiten は、まったく中立的に用いられる。こうした言語の歴史というのは、事実としての歴史の発展をもちろん反映しており、さすがにグリムはすでに十九世紀の半ばに、こう注記している。「古語では、molestia つまり困苦や、辛い労働といった意味が支配的であり、作品 opus や労作 opera という意味は薄いが、現代語では逆に、作品という意味のほうが目立ち、困苦という意味で使われることはほとんどない」。独、仏、英の名詞 Werk, œuvre, work がいずれも、もっぱら芸術作品という意味で次第に使われるようになってきた、という事実も興味深い。

（6）「デーミウルゴイ *dēmiourgoi* という語は、ホメロスやヘシオドスでは、フランス語の 'ouvrier' とは異なり、元来は職人そのものを表わす言葉ではなかった。むしろそれは、*oikos* つまり家の枠の外部で、公衆つまり *dēmos* のためになされる活動全般を意味し、職人――大工、鍛冶屋――だけでなく、占師、伝令使、吟唱詩人をも表わした」（J・－P・ヴェルナン「古代ギリシアにおける労働と自然」J. -P. Vernant, "Travail et nature dans la Grèce ancienne," in: *Journal de psychologie normale et pathologique*, vol. LII, no. 1, 1955)。

（7）『政治学』一二五八b三五以下。バナウソイを市民として認めるべきかという議論に関しては、同書第三巻第五章。――アリストテレスがその箇所で取り組んでいるのは、「理論」というよりはむしろ、ポリス的現実《リアリティ》を概念的に捉えて整理し、解釈を加えつつ叙述することである。今日の研究によれば、当時、自由労働、手工業、商業に従事していた人びとのうち、八〇パーセントまでが、市民権を保有しておらず、外国人（*katoikountes* や *metoikoi*）か解放奴隷かのどちらかであった。奴隷は解放後、これらの職種の一つに受け入れられたので、市民とはならないのがふつうであった（フリッツ・ハイヒェルハイム『古代経済史』Fritz Heichelheim, *Wirtschaftsgeschichte des Altertums*, 1938, Bd. I, S. 398ff.）。ヤコプ・ブルクハルトが『ギリシア文化史』のなかで注意を促していることだが、彫刻に関する古代の論考は何一つ伝えられておらず、これは、音楽や詩作に関する論考が多く伝えられていることからすれば、偶然とは考えがたい。同じことは、次の奇妙な事実にも当てはまる。つまり、古代の有名な画家がいかに自信をもっていたかを伝える逸話の数々なら、われわれはよく知っているのに、彫刻家に関する同類の逸話は一つも知らないのである。明らかに、彫刻家は画家とはまったく異なる社会的身分に属していたわけである。この身分差別は何世紀にもわたって保持され、その痕跡はルネサンス期になお見出される。彫刻が opera servilia つまり奴隷技芸に数えられたのに対し、絵画は自由学芸と奴隷技芸との中間的地位を占めていたからである（オットー・ノイラート「奴隷技芸の歴史への寄与」Otto Neurath, "Beiträge zur Geschichte der Opera Servilia," in: *Archiv für Sozialwissenschaft und Sozialpolitik*, Bd. XLI, Nr. 2, 1915 を参照）。

　ポリスが職業をどう考えていたか、また何を基準として職業の価値を評価していたか、を愉しみながら知るには、アリストテレスを読むに如《し》くはない。アリストテレスの見解では、生き方にはさまざまあり、そのうちで「最も怠惰なのは羊飼いの生活である。苦労（*ponos*）しないで家畜を搾取して生計を立て、それゆえひまに暮らしている（*scholazousin*）のだから」（『政治学』一二五六a三〇以下）。この箇所で注意すべきは、アリストテレスがここで、おそらく当時の世論と完全に合致する形で、怠惰 *aergia* とスコレー *scholē* とを一緒に並べ、あたかも怠惰はスコレーの前提条件だと言わんばかりである点である。スコレーは字義的には、特定の活動を差し控えることを意味し、その場合の差し控えとは、ポリス的活動にとっての前提条件にほかならなかった。ところで、一般にギリシア語で、アエルギアとスコレーという言葉は、たがいに結びついているとは言えない。怠惰は、現代と同じような意味に解されていたし、アエルギアの生活はひま人の生活とは同一ではなかった。しかるに、アエルギアとスコレーが、ポリスの発展の過程で等置されるようになったことは、ポリスの衰退を特徴づけるものであり、それがここでいわば言葉のうちに表面化したということであろう。この点に関しては、つとにクセノフォンの報告がある。ソクラテスが告訴されたのは、ヘシオドスの一句「仕事（*ergon*）は恥ではない、怠惰（*aergia*）こそ恥なのだ」を引用したからだった、というのである。弟子たちに奴隷根性を教え込んだという理由で、ソクラテスは非難されたのだった〔『ソクラテスの思い出』第一巻第二章五六――*HC* による。なお、次の改行は *Va* にのみ見られる〕。

こういった事柄を論ずるさい、つねに留意しておかなければならない区別がある。のちに成立したポリスでは、非ポリス的活動のすべてが蔑視されたのとは異なり、初期ギリシアでは、生活の維持に汲々とするすべての行ないのみが蔑視されたのであって、この由緒正しい労働蔑視のほうが、はるかに根本的だという点である。非ポリス的活動全般に対する蔑視というのは、市民一人一人から時間と活力の供出を法外に要求したポリス的生の歴史的事情に、本質的理由が求められる以上、二次的な性質のものと言ってよい。これに対し、もっと古くからの労働蔑視のほうは、つい十八世紀まで残っており、当時なお、奴隷技芸 **opera servilia** とは生活の維持に **ad vitae sustentationem** 汲々とすることだと定義されていた。ホメロスの世界では、パリスやオデュッセウスといった王侯でも家を建てるのを手伝い、王女ナウシカアも兄弟たちの洗濯物を自分で洗う。それは、ホメロスの主人公たちが自足的であること、自主独立性や自律性に秀でた人格が重んじられていること、による。自主独立性を確保したり維持したりするのに役立つなら、仕事はべつに奴隷的ではない。だが同じ活動が、奴隷の証となる場合がある。つまり、人格的自主独立性の向上に資するのではなく、たんに生き永らえることに汲々とするばかりである場合、したがって、人格の独立自尊が立証されるわけでもなく、必然に屈服して働くことを余儀なくされていることが明らかな場合がそれである。ホメロスが、手仕事に対する後代の蔑視をまだ知らなかったことは、もちろん一般に周知のことである。だが、その本当の理由、ひいてはホメロスの世界では大枠としてどのような生活が営まれていたかは、リヒャルト・ハルダーの試論『ギリシア人の特性』**Richard Harder,** ***Die Eigenart der Griechen*** (1949)〔松本仁助訳『ギリシアの文化』北斗出版、所収〕に、このうえなく簡潔かつ見事に描かれている。

(8)　労働と仕事の区別を忘れているのは、現代のヘシオドス解釈者であって、ヘシオドス自身ではない。ヘシオドスにとって、功徳ある争いの女神エリスに帰されるのは、*ergon* つまり仕事のみである（『仕事と日』二〇―二六行）。労働つまり *ponos* はといえば、他のすべての災厄と同様、パンドラの箱から出てきた（九〇行以下）。つまり、プロメテウスに仕返しをしようとしたゼウスからの贈り物の一つが、労働だった。以来、「神々は人間から生活の糧を隠し」（四二行以下）、「パンを食べる人間」（八二行）に神々の呪いが降りかかった。そもそもヘシオドスが讃えているのは、労働ではない。ヘシオドスにおいても、労働が奴隷と家畜によって処理されるのは自明のことだった。この詩人が讃えているのは、日常生活だった――このこと自体、ギリシア人のなかでは十分驚くべきことだが。ヘシオドスの理想は、額に汗して畑を耕す人間ではなく、土地に踏みとどまって召使らを監督する地主であった。つまり、航海の冒険に惑わされず、公共の事柄は遠ざけて、自分の家のことだけをもっぱら気遣う、そういう地主であった。

（9）奴隷制に関するアリストテレスの有名な議論は、必要物が満たされなければ、生もよき生も可能ではない、という確認でもって始まる（『政治学』一二五三b二五）。奴隷の主人となることは、人間にとって必然の主人となりうる唯一の可能性であり、それゆえ反自然的 *para physin* ではありえない。奴隷支配は、人間の本性に適している。だから、プラトンでもアリストテレスでも、生活の必要のために働かないわけにいかない自由農民は、奴隷と同じ社会集団に数え入れられたのである（とりわけロバート・シュライファー「古代ギリシアの奴隷制論　ホメロスからアリストテレスまで」Robert Schlaifer, "Greek Theories of Slavery from Homer to Arisotle," in: *Harvard Studies in Classical Philology*, vol. XLVII, 1936 を参照）。

（10）そのようにエウリピデスは奴隷を罵っている。奴隷は「胃袋」のことしか知らないのだ、と（断片四九、二番、アルニム編『エウリピデス補遺』*Supplementum Euripideum*, ed. Arnim 所収）。〔根本英世他訳『ギリシア悲劇全集12　エウリーピデース断片』岩波書店、二三頁では、「胃袋がすべてで、それ以上は何も見ようとしないのだ」。〕

（11）それゆえアリストテレスは、「自由人の任務」（*ta eleuthera tōn ergōn*）を任された奴隷に対しては、奴隷の扱いをするのもやめたほうがいい、と述べている。あるいはまた、ローマ帝国の最初の一世紀の間に、それまでつねに国家奴隷の行なってきた特定の公的職務が公的威信を高めていくにつれ、この servi publici つまり公僕は事実上、国家公務員となり、自由人の装束たるトーガの着用と、自由人の女性との結婚とを認められた。

（12）心理学的に言えば、人間存在が決定的に具えている二つの特性、熟慮し決断する能力 *to bouleutikon* と、予測し選択する才能 *proairesis* が、奴隷には欠如している。アリストテレスのこの言い分は、もちろん、必然に屈服させられているあり方を、たんに詳しく説明したまでのことである。

（13）キケロ『国家について』第五巻二を参照。

（14）「労働による人間の自己産出〔*Va* の Selbstüberzeugung を Selbsterzeugung に訂正〕」という思想に、マルクスは繰り返し立ち返る。この思想はマルクスの初期著作に、多少言い回しの違った形で、何度も現われる。ヘーゲル弁証法批判のなかにも出てくるが、マルクスによれば、この思想はヘーゲルのものだという（『マルクス＝エンゲルス全集』*Marx-Engels Gesamtausgabe*, Abt. I, Bd. 3〔*HC*、*Va* とも「Bd. 5」と誤記、以下の巻数表記の混乱も訂正しておいた〕, Berlin 1932, S. 156 u. 167）。文脈から明らかなように、マルクスは、理性的動物という人間の伝統的定義を、労働する動物という定義に置き換えることを熱望していた。だからマルクスは『ドイツ・イデオロギー』のなかで、こう明言している。もっともこの一文は、のちに線を引いて消されている。「個々の人間が動物と異なるゆえんの第一の歴史的作用は、思考するということではなく、自分の生活手段を生産し始めるということである」（同上『マルクス＝エンゲルス全集』Abt. I, Bd. 5, S. 568）。似たような言い回しは、『経済学・哲学草稿』や『聖家族』にもあり（同書 Abt. I, Bd. 3, S. 125 u. 189）、エンゲルスにもある。たとえば『家族〔・私有財産・国家〕の起源』への後年の序文（一八八四年）や、一八七六年に書かれ没後二〇年後に『ノイエ・ツァイト』誌にはじめて載った「猿から人間への移行における労働の役割」に関する新聞論説など。

動物という類に対して人間を定義するさいの種差を、労働に見出した最初の論者は、おそらくマルクスでもヘーゲルでもなく、ヒュームであったように思われる（アドリアーノ・ティルゲル『制作する人』Adriano Tilgher, *Homo faber*, 1929〔小原耕一・村上桂子訳『ホモ・ファーベル――西欧文明における労働観の歴史』社会評論社〕を参照）。だがこれは、衒学的話題にすぎない。ヒュームの哲学全般において、労働は決定的役割を果たしていないからである。ヒュームの場合、人間の生は労働によって動物と比べて生産的になるのではなく、苦労が多くなるだけである。ヒュームの発言で興味深いのは、否定的なことだけである。すなわちヒュームは、人間を定義するうえで、思考や理性を要求しないようにしようと躍起になっている。動物にも、その態度ふるまいから見て、人間と同様、思考や理性の能力がある、というのがヒュームの見解であった。

（15）『国富論』*Wealth of Nations*, Everyman's edition, vol. I, p. 302.〔第二篇第三章。〕

（16）〔*Va*にのみ見られる注〕フリードリヒ・リストが『国家事典　一八三四―四三年』*Staatslexikon 1934-43*の「労働」"Arbeit"の項で述べているのは、この見解である。「労働が生産的であるのは、交換価値を生み出すか、生産力を増加させるか、のいずれかの場合である。……召使の労働のおかげで、家長はもっと重要な仕事を成し遂げることができるようになり……、これにより社会の生産力は増加する」。特徴的なことに、こうした洞察は、まさに労働の本質を捉えているにもかかわらず、近代の労働論において何一つ役割を演じていない。

（17）生産的労働と非生産的労働の区分は、重農主義者に遡る。重農主義者は、生産者階級、所有者階級、非生産的階級の三つを区別した。重農主義者によれば、一切の生産性の源泉は大地の自然力に存するから、彼らにとって生産性の尺度となるのは新たな対象物の産出であって、人間の必要のために働くことの有用性ではなかった。それゆえ、フランス革命期の有名な演説家の父であったミラボー侯爵によれば、「人間の欲求にとって必要であり社会にとって有益であるとはいえ、決して生産的ではない労働」に従事する階級というのは、非生産的なのである。ミラボーは、必然的労働と生産的労働との区別を説明するために、石を切り出す活動を持ち出し、石を生産する活動つまり自然界の営みと対比させている（ジャン・ドートリ「サン＝シモンとフーリエにおける労働の概念」Jean Dautry, "La notion de travail chez Saint-Simon et Fourier," in: *Journal de psychologie normale et pathologique*, vol. LII, no. 1, 1955 を参照）。

（18）マルクスがこの希望を一生涯抱き続けたのは、疑いの余地がない。すでに『ドイツ・イデオロギー』で、こう述べている。「大事なことは、労働を解放することではなく、労働を止揚することである」（『マルクス＝エンゲルス全集』*Marx-Engels Gesamtausgabe*, Abt. I, Bd. 5〔*HC*, *Va*とも「Bd. 3」と誤記〕, S. 185）。数十年後の『資本論』第三巻（第四八章）でも、こう繰り返される。「自由の王国は、労働が……終わるときにはじめて、本当に始まる」(*Marx-Engels Gesamtausgabe*, Abt. II, S. 873)。

(19) 労働分割つまり分業が、労働をはじめて生産的にしたことは、アダム・スミスにはまだ非常によく分かっていた。たとえば、『国富論』第二篇序論を参照。

(20) マルクスが労働力概念を導入しその意義を強調した『賃労働と資本』に寄せた、エンゲルスの序文において。

(21) マルクスはつねに、とくに初期著作のなかで、労働の本来の課題は「生命の生産」だということを強調しており、それゆえ最初から労働を、生殖――「他人」の生命の生産――と同一視している。

(22) マルクスは、「社会化された人間 vergesellschafteter Mensch」や「社会人類 gesellschaftliche Menschheit」といった概念を、社会主義の最終目標を表わそうとするさい、しばしば使っている。たとえば、『資本論』第三巻(S. 873)や、「フォイエルバッハに関するテーゼ」の第十テーゼを参照。彼がめざしたのは、人間を「その最も個別的な現存在において、同時に共同存在として」規定することであった(『マルクス゠エンゲルス全集』*Marx-Engels Gesamtausgabe*, Abt. I, Bd. 3, S. 113(『経済学・哲学草稿』))。人間のこの自然的‐社会的本性をマルクスはしばしば、人間の「類的存在 Gattungswesen」とも呼んでいる。マルクスの有名な疎外論でまず第一に扱われているのも、人間の自己疎外である。すなわち、人間がみずからの類的存在から疎外されるという事態である。「人間が、労働というみずからの生命活動の産物から、つまり類的存在から疎外されることの直接的帰結の一つは、人間が人間から疎外されるということである」(同書 S. 89)。理想的な社会秩序においては、万人の活動が、蜂の巣のなかで蜜蠟が「製造」されるのと同じく、自然にかつ労せずして行なわれるに違いない、というのである。そのあかつきには、生きることと、生命の維持のために労働することは、同一のこととなろう。そして労働者の生活が、労働者としての彼の活動が終わるとき、始まるということはないだろう(とりわけ『賃労働と資本』も参照)。

(23) マルクスの労働論の根底に、一種の生の哲学と、生自体の讃美がどれほどひそんでいるかは、著作の至るところで明らかである。マルクスが元来、資本主義社会の問題点として告発したのは、資本主義社会では一切の対象が商品に転化してしまうことでは決してなく、むしろ「労働者が自分の労働の産物に対し、それが疎遠な対象であるかのようにふるまう」ことであった(前掲『マルクス゠エンゲルス全集』Abt. I, Bd. 3〔*Va* の「Bd. 5」は誤り〕, S. 83(『経済学・哲学草稿』))。言いかえれば、マルクスから見て耐えがたかったのは、世界を形づくる物が、もともと人間の手から生じたはずなのに、人間から独立した一定の存在を具え、人間の生から「疎外されて」いることであった。

(24) 私が拠っているのは、キケロが『義務について』第一巻一五〇―一五四〔*HC* では「五〇―五四」となっているが、*Va* で訂正された〕で行なっている、自由な活動と不自由な活動についての説明である。

(25) 農業が自由業の一つに数えられているのは、むろん、古代ローマならではである。現代人はこれを耕作の有用性から理解しがちだが、それとはほとんど関係がなく、むしろそれは、patria つまり祖国についてのローマ人の政治的理念に由来する。それによれば、ローマ市のみならず、ager Romanus つまりローマの土地が総じて国土なのであり、res publica つまり公共の事柄なのである。

(26) 有用なものと区別された、やむにやまれぬ必要に供されるもののことを、キケロは mediocris utilitas つまり並みの利便、と呼んでいる。〔キケロのこの言葉は、英語版の脚注に指示のある『義務について』第三巻一五一では、non mediocris utilitas と否定形で出てきている。ちなみに、『キケロー選集9』所収の高橋宏幸訳、二一七頁、はこれを「並外れた利便」と訳している。〕この職業に就くことを、自由人は許されなかった。

(27) エトガー・レーニング「労働契約」Edgar Loening, "Arbeitsvertrag," in: *Handwörterbuch der Staatswissenschaften*, 1890, Bd. I, S. 742ff.

(28) オットー・ノイラート前掲「奴隷技芸の歴史への寄与」を参照。

(29) この展開は、H・ワロン『古典古代における奴隷制の歴史』H. Wallon, *Histoire de l'esclavage dans l'antiquité*, 1847 に、じつにみごとに描かれている。「……かつて奴隷的とされた役職は、高貴なものとされ、国家の第一等へと高められた。宮廷の第一の召使たちが、帝国の最高位の高官となったのであり、皇帝によって彼らに与えられたこの高い評価は、公的役職のすべての等級に降り注いだ。……公的奉仕が公的職務となったのである」〔*Va* の新版の引用には大幅な省略（というより脱落）があり、旧版および *HC* に照らして訳出した〕。「最も奴隷的な役目、……奴隷の役職名として先に引用した名前が、王の人格から放射される光を身にまとって輝いている」(vol. III, pp. 126, 131)。ディオクレティアヌス帝時代のこうした展開以前は、書記は、公共の建物の見張番や、闘技場に入場する剣士の付き人と、同じ身分であった (p. 171)。およそ官僚制というのはみな、「知的」職業が名声を上げるのに役立つものらしい。

(30) アダム・スミスの偏見のなさは、注目に値する。「社会のなかで最も尊敬されている序列にあるにもかかわらず、家の召使と同じように、いかなる価値も生まない非生産的な労働がある」。これに含まれるのは、全陸軍、海軍、国家公務員、そして自由業——僧侶、弁護士、医者、あらゆる種類の学者——である。彼らの仕事は、「俳優の朗誦、演説家の熱弁、音楽家の演奏と同じく……それが生産された途端に消えてしまう」（前掲『国富論』vol. I, pp. 295-296〔第二篇第三章〕）。明らかに、現代のサラリーマン昇進問題は、スミスからすれば、まったく問題にならなかったであろう。

(31) オリュンピアにあったフィディアス作のゼウス像ほど高く評価されることは、絵画の場合、当時おそらくありえなかっただろう。その壮麗な姿に魅了されれば、どんな苦悩もどんな心配も消えるとされ、それを見たことがないとは、むだに人生を送ってきたということだ、と言われたほどであった。

(32)　ロック『統治論　後篇』第四六節。

(33)『政治学』一二五四 a 七。

(34)　十九世紀の三分の二に至るまでは、労働問題に関する文献のなかで、労働と生物学的循環運動との密接な結びつきを強調することは、まだ異例のことではなかった。たとえば、シュルツェ－デリッチュ Schulze-Delitzsch は、講演『労働』*Die Arbeit*, Leipzig 1863 の冒頭で、依然としてこの循環運動をあっけらかんと記述し、こう説明して締めくくっている。「食べ終われば、もう消化が始まる」と。これに対して、近年の膨大な文献は、マルクスにすっかり依存してしまっており、労働のこの最も初歩的な面をはっきり指摘している著作家は、私の知るかぎりたった一人しかいない。その著作家とは、ピエール・ナヴィル Pierre Naville である。彼の『労働の生とその問題』*La vie de travail et ses problèmes*, 1954 は、いずれにしろ、労働論における最も興味深い書物の一つであり、おそらく最も独創的な書物である。たとえば、労働時間を測定する他の方法とは異なるものとして労働日を究明するさいに、ナヴィルは次のように述べている。「労働日の主要な特徴は、円環的ないしはリズミカルな性格をもつ点である。この性格は、一日という単位にひそむ自然的、宇宙論的精神に結びついていると同時に、人間が他の高等動物の種と共有している生理的機能の性格に結びついている。……明らかに労働は、まずもって自然のリズムと機能に結びつかざるをえない」。すなわち、ここから生ずる円環的性格によって、労働日の時間単位は決定されている。ナヴィルの最も重要な洞察は、こうである。すなわち、人間が自分の生涯を類的生命の一部分にすぎないとは見なすのでないかぎり、人間的実存の時間性は、労働日の円環的時間と矛盾するのであり、それゆえ労働日にもとづく計算は、ある意味で非人間的である、と。「自然によって生に課せられた限界の上限は……、一日という限界のように、自己を再生産する必然性と可能性によって課せられているのではなく、その反対に、種という規模を別とすれば、二度と繰り返すことができないという不可能性によって課せられている。生の円環は、一度完成されれば、二度と繰り返されることはない」(pp. 19-24)。

(35)　これと同じ定式化や、似た定式化は、マルクスの著作に非常に頻繁に、そっくりの言葉遣いで繰り返し見出される。本文で引用したのは、『資本論』〔第一巻〕第五章第一節からの文章である。『資本論』第三巻第四八章にも、よく似た文章が見られる。マルクスにとって「社会の生命プロセス」は、何ら比喩ではなかった。

(36)　マルクスにとって、労働はじっさい「生産的消費」であったし、「生きた労働」が生理学的なものだということを、マルクスはつねに見据えていた。

(37)　労働者は、何よりもまず自分自身の生を再生産するのであり、しかもそれは、自分の生活手段を生産することによってである。この若き日の洞察に、マルクスの全理論は懸っている。だからこそマルクスは、「人間は、自分の生活手段を生産し始めるやいなや、もう動物と違ったものとなり始める」と考えたのである。マルクスは、この若き日の着想にこだわり続けた。

異例ともいえるその頑固さを目の当たりにすれば、彼がのちに、この人間の定義にそれでもなかなか満足しなかったことは、注目に値する。マルクスの目をみはらせたように、「クモは、織物師と似た働きをやってのけるし、ハチがつくる蜜房の出来ばえは、人間の建築家を恥じ入らせることも少なくない。だが、どんなに下手な建築家でも、最優秀のハチよりも最初から優れている点がある。建築家は、蜜で蜂房をつくる前に、まずもって頭の中で蜂房をつくるからである。労働プロセスの最後に生じる帰結は、労働プロセスの最初からもう労働者の表象のなかに、それゆえすでに観念的には現存していたのである」（『資本論』〔第一巻〕第五章第一節）。ここでマルクスが話題にしているのは明らかに、もはや労働ではない。ふだんは気にかけていない制作のほうである。――その結果として彼は、「観念的 ideell」という言葉を、でまかせのように用いざるをえないが、じつはこの語はプラトン的意味合いをしっかりおびているのである。同じく特徴的なことに、この引用文中では、人間の表象 Vorstellung の能力に言及されるが、こちらもマルクスにおいてふだんは何の役割も果たしていないものである。ところが、『資本論』第三巻では、わずかにこう述べられるのみである。生産とは本来、社会の「生命プロセスがたえず拡張されて形成されてゆくためのたんなる手段」であり、「一定の量の剰余労働」が、「再生産プロセスがそれに見合って拡大の一途をたどる」のに必要なのだ、と（S. 278 u. 872）。このようにマルクスは、おりにふれて疑念を差しはさむこともあったものの、それでもやはりこう確信してやまなかった。ミルトンが『失楽園』を生産したのは、カイコが絹糸を吐き出すのと何の変わりもない、と。この説明は、『剰余価値学説史』に出てくる。

（38）ロック『統治論　後篇』第四六節、第二七〔二八〕節、第二六〔二七〕節を参照。〔節を並べる順序を修正した。なお、*Va* では最後に「第三四節」とも付されているが、*Va* にはない *HC* の注記の混入と見られ、削除要。〕

（39）〔*Va* にのみ見られる注〕マルクス『資本論』〔第一巻〕第五章第一節を参照。マルクスが、労働は「その素材、対象ならびに手段を消費し、それらを食い尽くす」云々と述べるとき、ロック『統治論　後篇』の有名な、労働論と所有論の核心を含む第二六〔二七〕節が、マルクスの労働論に、一般に考えられている以上に大きな影響を及ぼしていた、との印象はどうにも拭いがたい。マルクスはロックをいちいち引用していないので、一般にはそう考えられていないが。ロックはこう述べている――「自然によって供給されて置き入れられていた状態から、人間が取り出してきたものは何であれ、人間はそれらを労働と混じり合わせて、自分自身のものに結びつけ、かくして自分の所有物とする」（『統治論　後篇』第二七節）。

（40）カール・ドゥンクマン『労働の社会学』Karl Dunckmann, *Soziologie der Arbeit*, Halle, 1933 は、マルクスの『資本論』は『労働の体系』と名づけることができるし、それのみがこの書にふさわしい名称である」（S. 71）と言っているが、これは正しい。

（41）ソースティン・ヴェブレン『有閑階級の理論』Thorstein Veblen, *The Theory of the Leisure Class*, 1917〔高哲男訳、ちくま学芸

文庫、五六頁以下〕を参照。

(42)「対象化する vergegenständlichen」という語は、マルクスにはあまり出てこないが、ある決定的な文脈では必ず出てくる。たとえばマルクスは、前掲『マルクス＝エンゲルス全集』Abt. I, Bd. 3〔ここでも記載に混乱があり訂正した〕, S. 88 で、こう述べている。「対象的世界の実践的産出、つまり非有機的自然の加工は、人間が意識をもつ類的存在であることを確証するものである。……〔動物〕は、直接的欲求の支配下で生産する。これに対して人間自身は、自然的欲求から自由に生産するのであり、自然的欲求からの自由においてはじめて真に生産する」。この文章の強調は、明らかに「意識をもつ」という語に置かれている。ここでは、人間を動物から区別するのは、意識なのである。注37で引用した文章と同じく、ここでもマルクスは、伝統的人間観に「逆戻り」している。むろんその理由は、彼の語っているのが制作であって労働ではないからである。『資本論』のすでに引用した〔第一巻第五〕章で、マルクスは似たことを述べている。労働は「対象化 vergegenständlicht され、対象は消化つまり労働化 verarbeitet される」と。「対象 Gegenstand」という語を使った言葉遊びのおかげで、この一文は成り立っているが、同時にそのおかげで、対象化においてそもそも何が起こっているか、は曖昧にされてしまう。というのも、物化という意味での対象化によって物は生産される、というのは正しいが、しかし、この制作プロセスまたは対象化プロセスによって変化させられる「対象」とは、プロセスの観点からすれば、物という意味での「対象物」ではなく、物化の根底に存し物化のプロセスにおいてまさしく消失してしまう素材だからである。

(43)『資本論』〔第一部〕第一篇第一章〔第二節〕を参照。ほとんど同じ言い方は、第五章第一節にまた出てくる。

(44) アダム・スミス前掲『国富論』vol. I, p. 295.〔第二篇第三章。〕

(45) ロック『統治論　後篇』第四〇節。

(46) アダム・スミス前掲『国富論』vol. I, p. 294.〔第二篇第三章。〕

(47) ロック『統治論　後篇』第四六、四七節。

(48) ジュール・ヴュイユマン『存在と労働』Jules Vuillemin, *L'Etre et le travail*, 1949 は、マルクスの思考の真の中心をなす矛盾や両義性を、あっさり解消しようと試みたらどういうことになるか、を示す好例である。すなわちその試みは、現象的明証性を犠牲にしてはじめて可能となる。この場合、マルクスの概念は、あたかも、抽象的な断片を組み合わせた複雑なジグソーパズルであるかのように取り扱われ始める。そうなると、「労働は明らかに必然から生じる」が、「じつは自由という作品を実現し、人間の力を確証する」のだと、もはや憚られることなく主張される。なにしろ労働において必然は、人間からすれば、「隠された自由を表現」するのだから、と (pp. 10, 15)。同様の概念遊びを挙げればきりがない。マルクス主義者たちのこの手の通俗的衒学趣味を目撃するにつけ、マルクス自身が自分の著作に対して臨んだ超然ぶりが偲ばれる。カウツキーの報告によれば（『初期のマルクス主義から』Kautsky, *Aus der Frühzeit des Marxismus*, 1935, S. 53）、彼が、死ぬ少し前のマルクスに「ご自身の著作集の出版をお考えではないですか」と尋ねたところ、マルクスはこう返答したという――「それじゃあこれから書き下ろさなくてはね」。

(49) 前掲『資本論』第三巻S. 873を参照。マルクスはすでに『ドイツ・イデオロギー』で、「共産主義革命は……労働を一掃」すべきだと説いている。しかも、そのわずか数頁前では、人間が動物と区別されるのはもっぱら労働によってだ、と宣言している。

(50) 引用は、エドマンド・ウィルソン『フィンランド駅へ』Edmund Wilson, *To the Finland Station*〔岡本正明訳『フィンランド駅へ　革命の世紀の群像』みすず書房〕から採ったが、似たような論評は、マルクス批判の文献のあちこちに見出される。

(51) 本書の第六章第42節を参照。

(52) 前掲『ドイツ・イデオロギー』S. 17.

(53) 『旧約聖書』のどこでも、死は「罪の報酬」とは見なされていない。楽園追放の罰にしても、労働と出産そのものが罰なのではなく、呪いの結果もたらされたのは、労働が苛酷となり出産が苦痛に満ちたものとなったことであった。『創世記』によれば、人間つまりアダムは、「土つまりAdamahを耕すように」と創造された。このことは、彼の名前（土の意の女性名詞Adamahの男性形）にも、「土くれから」造られたという彼の生誕にも、暗示されている。また、こうはっきり言われてもいる。「彼つまり神は、その人間をエデンの園へ連れて行き、これを耕させ、守らせた」（『創世記』第二章五―一五、他の場所と同様ここで私が拠っているのは、ブーバーとローゼンツヴァイクの訳した聖書である）。leawodという語は、ここではまだ耕すという意味だが、のちには労働を表わすヘブライ語となった。神の呪い（第三章一四―一九）には、この語はもはや出てこないが、文脈からして意味は明らかである。つまり、人間はもともと土を耕すために創造されたのだが、その奉仕が今や、奴隷的奉仕となったのである。呪われたのは人間ではなくて土地であり、その結果、奉仕は「辛く」なり辛苦となった。〔次の改行は*Va*にのみ見られる。〕

　労働とは、呪いの結果であるとふつう考えられているが、これは誤解であって、『旧約聖書』を無意識的にギリシア思想の光で解釈してしまうことから来ている。カトリックの著作家の場合、この誤解は比較的まれである。たとえば、ジャック・ルクレール『自然法講義』第四巻第二部「労働、所有」Jacques Leclercq, *Leçons de droit naturel*, vol. IV, Part 2: "Travail, propriété," 1946, p. 31に、こう述べられているのを参照。「労働の苦痛は、原罪の結果である。……人間が堕落しなかったなら、楽しみながら労働したであろうが、労働はしたであろう」（J・C・ナッターマン『現代の労働　社会学的および神学的考察』J. Chr. Natterman, *Die moderne Arbeit, soziologisch und theologisch betrachtet*, 1953, S. 9も参照）。一見呆れるほどよく似ているように見えるのが、ヘシオドスもまた労働の苛酷さを神々の呪いによって説明してみせているくだりである。神々は人間を罰するために、人間から命の糧を隠したというのである。だが、この不幸が人間に降りかかる以前は、人間はじつは「労働する」必要がなく、何の奉仕もしなくてよかったのである。人間は、ただ身をかがめさえすれば、野の実りを拾うことができたからである。それゆえヘシオドスの場合、呪いの結果もたらされたのは、じつのところ労働それ自体であって、労働の苛酷さではない。

(54)　近代初頭以来、次のような確信を抱くことのなかった著作家は、ほとんどいない。つまり、人間性の「善良」で「生産的」な面は、社会のうちに反映されるが、それにひきかえ、国家が存在するのは、人間の邪悪さゆえでしかない、と。たとえばトマス・ペインはこう述べる。「社会は、われわれの必要によって作られるが、政府は、われわれの邪悪さによって作られる。社会は、われわれの情愛を結合することにより積極的に幸福を促進するが、政府はわれわれの悪徳を制限することにより消極的に幸福を促進する。……社会は、いかなる状態であろうと天の恵みであるが、政府は、どんなに善い状態であろうと必要悪である」(『コモン・センス』*Common Sense*, 1776〔小松春雄訳、岩波文庫、一七頁〕)。まったく同じようなことを、マディソンも述べている。「だが、政府とはそれ自体、およそ人間性への非難なるもののうちで最大のものでなくて何であろうか。人間が天使であれば、政府などそもそも必要なかったであろう。天使が人間を統治するのであれば、外的にも内的にも抑制する必要などなかったであろう」(『フェデラリスト』第五一篇〔斎藤眞・中野勝郎訳、岩波文庫、二三八頁〕)。

(55)　これは、たとえばアダム・スミスの考えであった。スミスにとって、国家支出というのは「政府の公的濫費」にすぎず、つねに義憤のタネであった。「公的総収入の全体もしくは大部分は、たいていの国々で、非生産的な人びとを養うことに費やされている」(前掲『国富論』vol. I, p. 306〔第二篇第三章〕)。

(56)　「一六九〇年〔ロック『統治論』出版年〕以前は、労働によって作り出された財に対する所有権が、自然権にもとづいて人間には当然属している、などと考えついた者は誰もいなかった。一六九〇年以後、この観念は社会科学の公理の一つとなった」(リチャード・スクラッター『私有財産――ある観念の歴史』Richard Schlatter, *Private Property: The History of an Idea*, 1951, p. 156)。労働と財産は、相矛盾する観念であった。その反対に、連関し合う観念とされたのは、労働と貧困(*ponos* と *penia*)であった。しかも、労働とは貧困状況に見合う活動であるとされたのである。この意味において、プラトンはこう述べている。奴隷のみならず、ごく一般に、貧しい人びともまた、自己の本性の動物的部分を支配しているとは言えない、つまり、貧しい人は「自分自身の主人ではない」(*penēs ōn kai heautou mē kratōn*、『第七書簡』三五一A)と。〔岩波版『プラトン全集14』所収の長坂公一訳、一六九頁では、「自制もきかないような男」。〕労働によって裕福になれる、とするのは、もっぱら近代の観念なのである。古代では、財産は「大昔の占有、または勝利、または法律から aut vetere occupatione aut victoria aut lege」生ずる、と考えられた(キケロ『義務について』第一巻二一)。〔高橋宏幸訳、『キケロー選集9』岩波書店、所収、一三八頁。〕

（57）本書第8節を参照。
（58）『統治論　後篇』第二六（二七）節。
（59）『統治論　後篇』第二五（二六）節。
（60）『統治論　後篇』第三一（三二）節。
（61）私が言いたいのは、麻薬中毒は、ふつう麻薬自体の結果と見なされるが、むしろ、苦痛の鎮静化の強烈な快感とそれに伴う恍惚感を何度も味わいたいという病的欲求が「中毒」と化したことによる場合があり、それどころかそういう場合が多い、ということである。とはいえ、現代の文献で私のこの想定を裏付けてくれそうなのは、管見によれば、たった一つ、イサク・ディネセンの小説のみである。彼女がその小説（「コペンハーゲン夜話」"Converse at Night in Copenhagen," in: *Last Tales*, 1957, pp. 338ff.）のなかで語っている経験というのは、「苦痛の停止」であり、それは「三種類の完全な幸福」の一つに数えられるという。古代の文献には、もっと多くの例が見出せる。早くもプラトンが、「苦痛から解放されたとき最高度の快楽を味わうことができると主張する」者たちに対して、異を唱えている（『国家』五八五A）。他方、プラトンも認めていることだが、苦痛が鎮静化したり欲情が鎮められるといった「快楽の混合状態」――のどが渇ききったときに飲む一杯の水――は、純粋な快楽――のどが渇いていないとき快楽のためだけに飲む一杯のワイン――よりも強烈である。プラトン自身が「純粋な快楽」の例として挙げているのは、幾何学の図形を眺めるとか、芳香をかぐとかいった場合である。奇妙なことに、快楽主義の哲学者たちはプラトンのこの区別をふたたびぼかしてしまう。彼らは「快楽の混合状態」が「純粋な快楽」よりも強烈であるとは認めようとしないのである。早くもキケロが、エピクロスのことを、苦痛の鎮静化によって成立する快感と、たんなる苦痛の不在とを混同した、と非難している（V・ブロシャール『古代哲学と近代哲学の研究』V. Brochard, *Études de philosophie ancienne et de philosophie moderne*, 1912, pp. 252ff. を参照）。ルクレティウスはこう叫んだ。「自然が求めているのは、たった二つのことだということが分からないのか。苦痛のない肉体と、憂いのない心、これのみだということが」（『物の本性について』第二巻冒頭）。
（62）ブロシャール前掲『古代哲学と近代哲学の研究』は、古代後期の哲学とりわけエピクロスの学説を、みごとにまとめている。至福の快楽の持続状態に身を置くことのできる可能性は、次のような魂の能力に存するという。「自分で造り上げたいっそう幸福な世界へ逃げ込み、その世界の内で、かつて肉体が快楽として経験したものを、繰り返し享受することができるよう、表象力の助けを借りて、肉体を仕向けることができる」こと、これである（pp. 278, 294ff.）。
（63）感性的所与の実在性《リアリティ》を信用しないあらゆる理論に特徴的なのは、視覚の優位に代えて、触覚と味覚とに優位を置こうとする点である。触覚と味覚は、五感のなかで「最も私秘的」である。というのも、触覚と視覚の場合、感官知覚を「刺激」してくる対象の代わりに、肉体は本質的に自分自身を、身をもって経験するからである。じっさい、外界の実在性を否定しようとする者は、ルクレティウスとともにこう言わなければならない。「触覚こそ、人びとの神聖視するすべてのものに誓って、われわれの肉体感覚の本質にほかならない」。〔『物の本性について』第二巻より。なお、次の改行は*Va*にのみ見られる。〕

だが、実情はそれほど単純ではない。肉体が刺激されて苛立っている状態でないかぎり、触覚や味覚によってさえ、物の実在性はなお確証されるのである。イチゴを食べるとき、私はイチゴそのものを味わうのであって、味覚を味わうのではない。あるいは、ガリレイの挙げている例で言うと、「まず大理石製の彫像を手で撫で、次に生きている人の肉体を手で撫でるとき」、私は、大理石ならびに生きている人の身体性を感覚しているのであって、それでもって対象に触れている私自身の手の感覚を感覚しているわけではない。それゆえガリレイが、色の感覚、味覚、嗅覚といった感覚の第二性質は、じつは言葉にすぎず、自分の肉体を感ずること以外には実在性をもたない、と論じたとき、彼はその論拠として、羽根でくすぐられて引き起こされるくすぐったさ、という特別な感覚を持ち込まざるをえなかった。ガリレイは次いで、この刺激感覚を一般化して五感のすべての感覚に拡大し、ふつうひとが正常な肉体で感じているその他の性質、たとえば味覚、嗅覚、色の感覚にも、現実性はもはや認められないのだ、と結論したのである〔『偽金鑑識官』*Il Saggiatore*, in: *Opera* IV, pp. 533ff.〔山田慶児・谷泰訳、『世界の名著26　ガリレオ』中央公論社、所収、五〇三頁以下〕に出てくる例。私はここで、E・A・バート『近代科学の形而上学的基礎』**E. A. Burtt**, *Metaphysical Foundations of Modern Science*, 1932〔市場泰男訳、平凡社、七九頁〕の叙述に従っている〕。

こういった非実在証明を行なうことができるのは、あからさまに肉体そのものへ投げ返される感覚経験を例にして、人間の感性全体が説明される場合のみである。あたかも人間は、ふだんその内を動いている当の世界から、追放されたかのようである。わが身をもって感覚される感性的経験が強烈であればあるほど、それだけこの議論は説得力をもつ。それゆえ、ガリレイと似たような文脈のなかでデカルトが持ち出している例は、羽根でくすぐられる感覚ではなく、剣で斬り付けられて感ずる苦痛である。デカルトはこう続ける。苦痛の感覚は鮮烈であるのに、この知覚はわれわれに「剣の動きやかたち」についての経験をわれわれに何一つ与えてくれない。「明らかにこの苦痛の感覚は、色覚、聴覚、嗅覚、味覚と同様、当の感覚を引き起こす運動そのものとは別物である」〔『哲学原理』*Principes de la philosophie*, Part 4, 197〕。〔『科学の名著　第II期7　デカルト　哲学の原理』井上庄七・水野和久・小林道夫・平松希伊子訳、朝日出版社、二九五頁。〕

(64)　労働の哲学と生の哲学の関係は、フランスのベルクソンの弟子たちによって時おり指摘され言及されている。とりわけ、エドゥアール・ベルト『知識人の悪行』Édouard Berth, *Les méfaits des intellectuels*, 1914, ch. 1, およびジョルジュ・ソレル『アリストテレスからマルクスへ』George Sorel, *D'Aristote à Marx*, 1935 を参照。すでに言及したアドリアーノ・ティルゲルの著作もこの流派に属しており、労働概念が生の哲学のなかで鍵となる位置を占めることを強調している。ベルクソン学派は、労働を理想化する点で、もちろんベルクソンに従っており、労働と制作は等置される。決定的なのは、ベルクソンの思考の中心概念をなす「生の飛躍 élan vital」が、明らかに労働経験に対応しており、制作には対応していない、という点である。

(65) マルクスによれば、共産主義社会または社会主義社会では、職業はどれも気晴らしの趣味に退化する、という。そのような社会が約束してくれるのは、「今日はかくかくのことをやり、明日はしかじかのことをする、朝には狩りに出掛け、午後には〔釣りに行き、夕方には牛を飼育し、夕食後には〕批評をする、という暮らしである。私の気の向くままに。専業の狩人、漁夫、牧人、批評家となることなく」。というのも、「共産主義社会には画家はおらず、せいぜい、他のこともするが絵も描くという人がいるだけ」だからである〔『ドイツ・イデオロギー』*Deutsche Ideologie*,〔in: *Marx-Engels Gesamtausgabe*, Abt. I, Bd. 5,〕S. 22 u. 373〕。

(66)『国家』五九〇C。

(67) ヴェブレン前掲『有閑階級の理論』〔邦訳四四頁〕。

(68) セネカ『心の平静について』第二節〔第一〇節か〕三。

(69) ウィンストン・アシュレーの博士論文『自然的奴隷制の理論　アリストテレスと聖トマスに拠る』Winston Ashley, *The Theory of Natural Slavery, according to Aristotle and St. Thomas*, Dissertaion of The University of Notre Dame, 1941 は非常に優れており、とくにアリストテレス解釈に関してそうである。この書の第五章でこう述べられているのは、まったく正しい。「それゆえ、奴隷が普遍的に必要なのはたんに生産のための道具としてだ、とアリストテレスが見なしていたと考えるなら、アリストテレスの議論を完全に逸することになろう。アリストテレスが強調しているのはむしろ、奴隷が必要なのは消費のためだ、という点だからである」。

(70) マックス・ヴェーバー『古代農業事情』"Agrarverhältnisse im Altertum," in: *Gesammelte Aufsätze zur Sozial- und Wirtschaftsgeschichte*, 1924, S. 13.〔渡辺金一・弓削達訳、東洋経済新報社、二三頁。〕

(71)『歴史』第一巻一一三〔松平千秋訳、岩波文庫上巻九二頁〕。*eide te dia toutōn* つまり「〔ハルパゴスは自分の近習の中から最も忠実な者を選んで遣わし〕この者たちに死骸を検分させた」。この種の言い回しはよく出てくる。プリニウス〔『博物誌』第二九巻一九―― *HC* より〕にも酷似した言い方が見られる。alienis predibus ambulamus; alienis oculis agnoscimus; aliena memoria salutamus; aliena vivimus opera つまり「われわれは他人の足で歩き、他人の眼で見、他人の記憶で挨拶し、他人の労働で生きる」(R・H・バロウ『ローマ帝国の奴隷制』R. H. Barrow, *Slavery in the Roman Empire*, 1928, p. 28 の引用より)。〔中野定雄他訳『プリニウスの博物誌　第Ⅲ巻』雄山閣、一二一六頁。〕

(72) アリストテレス『政治学』一二五三b三〇―一二五四a一八。

(73) アシュレー前掲『自然的奴隷制の理論』第五章。

(74) ヴィクトル・フォン・ヴァイツゼッカー Viktor von Weizsäcker は、『アルフレート・ヴェーバー記念論文集』*Festschrift für Alfred Weber*, 1948 への寄稿論文「労働の概念について」"Zum Begriff der Arbeit" で、そう述べている (S. 739)。この試論には、非常に注目に値する考察が散見されるが、残念ながら正しいとは言いがたい。なにしろヴァイツゼッカーは、労働概念をあまりに拡大解釈し、患者が健康を回復するために「遂行」しなければならない「労働」にまで当てはめようとしているからである。

(75) 労働－遊びのカテゴリー対《つい》は、労働に関する現代の文献のなかで大きな役割を果たしてはいるが、あまりに一般的で漠然としすぎていて、ありとあらゆるものに適用可能であるので、それと係わり合いにすらなりたくないほどである。だが、その本当の意義は、このカテゴリー対が、必然と自由の対立とつねに同一視される、という点にある。この点は、じっさい注目に値する。明らかに、労働社会の内部では、遊び以外の何かに自由の源泉がありうるなど、想像もつかないのである。〔次の改行は *Va* にのみ見られる。〕

なんでも労働に見立てるそうした一般化は別として、労働を理想化してやまない現代の理論は、おおよそ次のように分類される。1．労働とは、より高次の目的のための手段である、とする説。これは、カトリックの著作家の立場である場合が多いが、現象的明証ないしは現実というものから、あっさり目を逸らすことはない、という取り柄をもつ。つまり、労働が生命と何かしら関係していることや、労働が労苦であることが、曲がりなりにも考慮されているのである。この方向性の代表的論者としては、ルーヴァンのジャック・ルクレールがいる。とりわけ、すでに引用した彼の著作『自然法講義』における労働と所有についての議論を参照。2．労働とは、「形態化の過程、すなわち所与の構造を別の（より高次の）構造へ変形させること」である、とする説。この見解を根底に据えているものとして、とりわけ、オットー・リップマンの有名な著作『労働学概説』Otto Lipmann, *Grundriß der Arbeitswissenschaft*, Jena 1926 u. 1932 を参照。リップマンはおりにふれ、労働とは「その目標つまり成果のために行なわれる業務」だとする通念を復誦してもいるのだが、これではもう労働論を始めようがない。なぜなら、そんなことはどんな活動に関してだって主張できるのだから。3．労働社会における労働は、純粋な娯楽であり、もしくは、とにもかくにも「自由時間の活動とまったく同じだけ満足のいく形をとりうる」、とする説。このような主張は、グレン・W・クリートン『仕事を人間的にする』Glen W. Cleeton, *Making Work Human*, 1949 に見られる。今日これと同じ立場をとっているものとして、イタリアの労働論者コラド・ジーニの『労働経済学』Corrado Gini, *Economica Lavorista*, 1954 がある。ジーニによれば、アメリカの「労働社会」では、労働が娯楽となっており、それゆえそこでは、万人が労働を欲している。これにより、働く人びとと、その必要がないから働かない人びと、との違いは消失している」（ドイツ語の要約版「労働経済学の概要、ならびにアメリカ社会によるその確証」"Die Grundzüge der Arbeitsökonomie und ihre Bestätigung durch die amerikanische Gesellschaft," in: *Zeitschrift für die gesamte Staatswissenschaft*, 1954, Bd. 110, Heft 4 を参照)。ちなみにこの理論は、それほど新しいものではなく、見かけほどアメリカの労働条件に左右されたものでもない。この理論は、F・ニッティ F. Nitti から来ており、ニッティは早くも一八九五年に（論文「人間の労働とその法」"La travail humain et ses lois," in: *Revue internationale de sociologie*, 1895 において）、次のような立場を唱えていた。「労働は苦痛に満ちているとの観念は、心理学的事実ではあっても生理学的事実ではない」。万人が働く労働者社会では、この心理学的事実は消失するであろう、と。4．最後に、労働とは、人間がそれによって自然を服従させ、自然の主人となり、かくして自分が人間だということを確証する活動だ、とする説。これは、新手のいわゆる労働ヒューマニズムの、とくにそのフランス的形態の、根底にひそんでいる理論であって、その最もよく知られた旗手が、ジョルジュ・フリードマンである。

この手のまったくもって机上の空論な議論を見てきたあとで、次のようなアンケート結果を読むのは、まことに爽快である。「人間はそもそもなぜ働くのか」という質問に、労働者の大多数は依然として、「生きてゆくため」または「金を稼ぐため」と、あっさり答えたという（ヘルムート・シェルスキー『働く若者、昨日と今日』Helmut Schelsky, *Arbeiterjugend, Gestern und Heute*, 1955 を参照。この方面でのシェルスキーの著作は、いつもどおり、偏見のなさと、机上の空論的理想化の放棄の点で傑出している）。

(76) 現代の労働社会において趣味《ホビー》の果たしている大きな役割は、異様なほどである。労働－遊びという変てこなカテゴリー対の経験的基礎は、ここにひそんでいるのかもしれない。とりわけ注目すべき点は、マルクスが、趣味がかくも発展を遂げた現状について知るよしもなかったのに、それを先取りできたことである。マルクスは、国家も階級もない将来の社会について発言することはめったになかった。その彼が、ほとんど労働のないその社会の活動は、愛好家《アマチュア》的な営みに存することだろう、と繰り返し予想を述べており、この愛好家的な営みは、いわゆる趣味と非常によく似ている。

(77)『国家』三四六を参照。――それゆえ、「獲得の技術が貧困を防ぐのは、医術が病気を防ぐのと同じである」（『ゴルギアス』四七八）。自由業に対する報酬の支払いは任意であったため（レーニング前掲論文「労働契約」を参照）、自由人の技術を行使する人びとが「獲得の技術」を随伴するさい、相当な完全性の域に達していなければならなかったのは明らかである。

(78) 拷問を課してよいのは奴隷だけという古代の規定は、「奴隷は拷問にかけられないかぎり、真実を言うことができない」と信じられたからだ、というふうに現代では説明されることが多い（バロウ前掲『ローマ帝国の奴隷制』p. 31）。だが、この説明はまったくの誤りである。実情はまさにその反対だった。当時はむしろ、拷問にかけられたら嘘をつくことなど誰にもできない、と考えられていた。なぜなら、嘘をつくことにはじっさい自由の要素が含まれており、そのことを古代心理学は現代のわれわれよりはるかによく知っていたからである。拷問という「必然」は、嘘をつく能力を破壊し、したがって自由を不可能にする、と考えられていたからこそ、自由市民に拷問を課すことは禁じられたのだった。他の点と同様ここでも、正しく解釈しているのはワロンだけである。「苦痛の叫び声のなかには、自然の声そのものが取り集められると信じられていた。拷問の苦痛が身に沁みれば沁みるほど、肉と血のこの証言はそれだけいっそう心の底からの真実を語ると思われたのである」（前掲『古典古代における奴隷制の歴史』vol. I, p. 325）。

(79)　戦争と戦争捕虜が奴隷の源泉であった点については、W・L・ウェスターマン「奴隷制」W. L. Westermann, "Sklaverei," in: Pauly-Wissowa, *Realencyklopädie* を参照。

(80)　二十世紀における技術の発展は、まさに戦争技術および殲滅技術の方面において無気味なほどの実績をあげた。それゆえ今日われわれは、近代において非暴力が増大してきたという、このもう一つの傾向を往々にして看過しがちである。ともあれわれわれは、十九世紀という時代が、おそらく西洋史上最も平和を好んだ世紀であった、という事実を忘れてはならないだろう。

(81)　ワロン前掲『古典古代における奴隷制の歴史』vol. III, p. 265. ワロンがまったく見事に示してくれたように、人間は誰しも奴隷である、との後期ストア派の一般化命題は、古来の共和制的自由がローマ帝国において次第に失われていったことと、密接に連関している。すなわち、この命題に現実に対応しているのは、最終的に誰ももはや自由ではなくなり、仕えるべき主人を誰もがもつに至った、という状態なのである。この発展において決定的だったのは、最初にカリグラが、次いでトラヤヌスが、dominus つまり主人と呼ばれることに進んで同意した瞬間だった。というのも、それまで「ドミヌス」とは、家長を表わすのにもっぱら用いられた言葉だったからである。古代後期のいわゆる奴隷道徳では、奴隷の生と自由人の生との間に区別など本当は成り立たないのだ、と主張されたが、これは非常にリアルな背景をもっていたのである。奴隷はじっさい、主人にこう言うことができた。「誰も自由なんかじゃない、あんただって別の主人の言うことを聞かなきゃならんのだからな」。ワロンの言うところでは、「鉱山で働く受刑者は、製粉に就く受刑者や、製パンに就く受刑者、駅逓に就く受刑者、そのほか特定の協同作業の対象となるすべての労働に就く受刑者を、苦もなく同業者にしてしまう」（p. 216〔*Va* の新版の引用には大幅な省略（というより脱落）がある〕）。「今や市民を支配しているのは、奴隷身分の法である。市民の人格、家族、財産に関する規定のうちには、奴隷にふさわしい法律がそっくり見出されたのである」（pp. 219-220）。

(82)　シモーヌ・ヴェイユに関しては、『労働の条件』*La condition ouvrière*, 1951〔黒木義典・田辺保訳『労働と人生についての省察』勁草書房〕を参照。この書については、次の注で述べる。――いずれにせよ、階級や国家のない社会というマルクスの理想は、荒唐無稽のユートピアではない。近代の発展につれて、階級差はなくなり、国家機構も、エンゲルスが社会主義社会の徴表と見なした、物の管理を事とする行政機構に取って代わられるようになった。こうした方向に近代が進んできたのは明々白々だが、この点は措こう。マルクスは、階級や国家のない社会秩序を、明らかにアテナイ民主制をモデルとして構想したのであり、違うのは、未来の共産主義社会では、全住民が等しく自由市民であるべきだ、という点だけである。

(83) シモーヌ・ヴェイユの前掲『労働の条件』は、労働問題に関する膨大な文献のなかで唯一無比の書であると言っても過言ではない。なぜなら著者は、偏見も、感傷も、讃美もぬきで、ひたすら経験を記述し、解釈することに専心しているからである。この本は日記の形で書かれており、ヴェイユは工場労働の経験を毎日そこに書き記している。巻頭言としてヴェイユが選んだのは、ホメロスからの一句、***poll' aekazomenē, kraterē d'epikeiset' anankē***（「どんなに不本意な気持ちでも、残酷な必然《ミュッセン》がおまえを強いるのだ」）であり（『イリアス（上）』松平千秋訳、岩波文庫、二〇四頁では、「無念の想いは強くとも、抗えぬ運命に縛られてはどうにもならぬ」）、これは、ヘクトルが〔出陣に先立って、自分が死にトロイア側が敗北すればおそらく敵軍の奴隷となるほかない妻の身を案じつつ〕アンドロマケに語った言葉である。工場労働者の社会に身を置いたヴェイユに明らかとなったのは、労働と必然からの自由解放とは、一方では、マルクス主義にひそむ真にユートピア的な要素の唯一のものであり、他方では、革命的労働運動にその真の原動力を与えるものだということ、これであった。宗教は民衆の阿片だとかつてマルクスは言ったが、ヴェイユの考えでは、マルクス主義に養われたユートピア的革命幻想こそ、民衆の阿片にほかならないのである。

(84) 言うまでもなく、自由時間と、古代人が理解した意味での *scholē* とは、まったくの別物である。近代の自由時間にとって決定的なことは、それが労働時間を切りつめて残った時間であり、消費活動のために使われるという点である。これに対し、スコレーとは、たんに生きていることと結びついた活動、つまり消費と労働という活動を、意識的に一切差し控えることであった。古代の「ひま」は、近代の余暇とは異なり、質素倹約をその試金石とするものだったのである。古典期のギリシア人の生活を特色づけているこの質素倹約については、いろいろと報告がある。貧困にしろ富裕にしろ、度が過ぎると怪しげなものになるとされた。なぜなら、貧困も富裕もひまを破壊するからである。富裕は消費の誘惑によって、貧困は労働の必要によって。ここで特徴的なのは、当時の人がアテナイの港を論ずるさいあらわに示した不快感である。アテナイが裕福なのは、何といってもこの商業港のおかげだったというのに、である。たとえばプラトンは、ヘシオドスにならって、新しい都市国家は海から遠い内陸に創設すべきだ、と説いた。

(85) 今日の見積もりによると、中世の人びとは、年間の半分の日数しか労働しなかったという。公式の祝日は一四一日に達した（ルヴァスール前掲『一七八九年以前のフランスにおける労働者階級と産業の歴史』p. 329. 革命以前のフランスにおける労働日数に関しては、リエス『労働』Liesse, *Le travail*, 1899, p. 253 を参照）。労働日のとてつもない延長は、産業革命の初期に特徴的なのであり、これは、労働者が新しく導入された機械といわば競争させられたことによる。それ以前、労働日の長さはイギリスでは、十五世紀におよそ十一時間から十二時間、十七世紀には十時間であった（H・ヘルクナー執筆の項目「労働時間」H. Herkner, "Arbeitszeit," in: *Handwörterbuch für die Staatswissenschaft*, 1923, Bd. I, S. 889ff. を参照）。疑いの余地なく、「十九世紀前半の労働者の生活条件は、それ以前の時代の最も貧しい人びとより、劣悪であった」（エドゥアール・ドレアン『フランスにおける労働の歴史』Edouard Dolléans, *Histoire du travail en France*, 1953）。現代のわれわれが進歩の度合を過大評価しがちなのは、事実として非常に「暗い」時代を尺度としているからである。そうだとすれば、次の疑念も抑えることができない。寿命を延ばすことに関して現代人は進歩を遂げたと喧伝されているが、じつは、すでに古代の全盛期にごくふつうに達成されていた程度と、それほど変わらないのではないか、と。もちろんよくは分からないが、われわれになじみの古代の有名人の多くが長寿だったことを考えると、そう憶測してみたくなる。

(86)〔*Va* にのみ見られる注〕ジョン・ケネス・ガルブレイスの近著『ゆたかな社会』John Kenneth Galbraith, *The Affluent Society*, 1958〔鈴木哲太郎訳『ゆたかな社会』岩波書店〕では、浪費経済のはらむ危険が克明に指摘されている。

(87) ロック『統治論　後篇』第二八〔二九〕節。

(88) 同上第四三節。

(89) アダム・スミス前掲『国富論』vol. I, 295.〔第二巻第三章。〕

第四章　制作

(1) faber というラテン語は、産み出して作るという意味の facere という動詞とおそらく連関しており、硬い材料——木材、石材、金属——を加工して仕事をする芸術家もしくは職人を表わす。これに対応するギリシア語が *tektōn* であり、faber はそのラテン語訳としても使われる。複数形 fabri は、建築職人や大工を表わす fabri tignarii という語句の形で使われることが多い。〔次の改行は *Va* にのみ見られる。〕

homo faber という概念がはじめて登場したのはいつか、あるいはこの概念を造ったのは誰か、を確定することは私には不可能であった。確かなのは、この概念がまったく近代に起源をもつ、ということだけである。ジャン・ルクレール（「労働にもとづく社会に向けて」"Vers la société basée sur le travail," in: *Revue du travail*, vol. LI, no. 3, mars, 1950）の考えでは、ベルクソンが創始者だという。

(2) 「対象」を表わすドイツ語 Gegenstand は、「客観 Objekt」の直訳であり、後者は、「対向的に立てる entgegenstellen」という意味のラテン語 obicere から来ており、もともとは、対向的に立てられたもの、という意味であった。

(3) 人間は、何かを造り出すさい材料に縛られているが、神は無から創造する、とする見方が、中世の観念であるのに対して、人間は、大地および地上の自然を支配する無制約的な主人である、とする見方は、近代に特徴的な人間観である。どちらの見方も、聖書の精神とは矛盾するところがある。というのも、『旧約聖書』では、人間は一切の生き物の主人であり、一切の生き物は人間を助けるために造られたが、人間はあくまで大地の奉仕者であり、大地の財宝とは、自立的なプロメテウス的創造力のための材料ではない。だから、特徴的なことに、ルターもこの見地から、聖書の教えをギリシア哲学に頼って解釈しようとするスコラ哲学の試みを斥け、ルターなりに、人間の行ないにおける真に生産的な要素をすべて除去しようと試みている。人間が自然との関係において行なっていること、それはせいぜいのところ、神が自然のうちへ置き入れた宝物を「見出す」ことだけである。人間とは、『旧約聖書』と同様、あくまで大地の奉仕者なのである。「誰が山中へ金銀を置き入れたのか、誰のおかげで人は金銀を見出せるのか、言ってみなさい。畑の中へ、かくも大いなる善きもの、をそれが生育するように置き入れたのは誰か……。それを行なうのは人間の労働なのか。いや、労働はそれを見出すだけであろう。神がそこへ置き入れたのでなければならない、それを労働が見出すはずならば。……だから、およそわれわれの労働とはすべて、神の財宝を見出し保存すること以外の何ものでもなく、作ったり獲得したりすることではまったくないことが分かる」(ヴァルフ版『著作集』*Werke*, Ausg. Walch, Bd. V, S. 1873)。

(4) たとえば、ヘンドリック・ド・マンの有名な本『労働の喜びをめぐる闘争』Hendrik de Man, *Der Kampf um die Arbeitsfreude*, 1927 に描かれているのは、もっぱら、対象物を仕上げるときにおぼえる満足感である。労働ではなく、仕事に総じて特徴的なこの満足感は、もちろん、その仕事が完成されたときに、はじめて始まる。

(5) イヴ・シモン『労働についての三講』Yves Simon, *Trois leçons sur le travail*, Paris, o. D. 〔＝刊行年不明〕にそういう定式化が見られるが、これはリベラルなカトリックの著作家における労働の理想化の典型である。たとえば、「労働者が働くのは、自分自身のためというよりは、むしろ自分の作品のためである。これこそ、形而上学的な気前の良さの法であり、労働する活動も、これにより定義される」と。ドミニコ会士のM・D・シュヌは「労働の神学のために」で述べている(M. D. Chenu, "Pour une théologie du travail," in: *Esprit*, 1952 et 1955)。ジャン・ラクロワ「労働の概念」Jean Lacroix, "La notion du travail," in: *La vie intellectuelle*, juin 1952 も、これとそっくりである。

(6) ジョルジュ・フリードマン『機械制工業の人間的問題』Georges Friedmann, *Problémes humains du machinisme industriel*, 1946, p. 211 の詳細な報告によれば、工場労働者は、自分の担当する機械で生産される部品が、どういう名前で、いかなる目的のためのものか、さっぱり分かっていないことがしばしばだという。

（7）イデア *idea* という語をはじめて哲学的意味で用いたのはプラトンであった、とアリストテレスは伝えている（『形而上学』第一巻、九八七b八）。ゲラート・F・エルゼ「イデアという用語」Gerard F. Else, "The Terminology of Ideas," in: *Harvard Studies in Classical Philology*, vol. XLVII, 1936は、この語の哲学以前の意味について優れた教示を与えてくれる。エルゼが正当にも強調するように、イデア論がその最終決定的形態においていかなる思想を語るものであるかは、対話篇からは分からない。この語の起源についても、決定的なことは何も分からない。だがこの場合やはり、いちばん確かな示唆は、アッティカ方言の日常語では使われていなかったにもかかわらず、プラトンが唐突にも哲学的概念語に導入したこの語の意味自体にひそんでいよう。エイドス *eidos* ならびにイデアという語が、目に見える形や形態に関係しているのは、疑いようがない。しかもとりわけ、生き物の形にである。そう考えると、イデア論は幾何学的‐数学的な起源を有している、とする説は、どうもありそうにない気がしてくる。コーンフォードによれば、イデア論は一方では、ソクラテスに由来するという。なにしろソクラテスは、正義一般とか善それ自体とかいった問いを追求し、われわれがふだん使っているのに感性的経験には与えられていない概念を定義しようと試みたからである。コーンフォードの想定では、イデア論は他方では、ピュタゴラス派の影響のもとに成立したという。なぜなら、ソクラテスの問いに対するイデア論の答え、すなわち、正義や善のイデアは一切の可滅的なものから分離独立して永遠に存在する、とする考え方は、意識をそなえ認識する能力をもった霊魂といったものが存在し、しかもそれは地上的なもののイデアと同じように肉体や感覚から切り離されて存在する、とする考え方を含意していたからである。だとすると、あたかもプラトンは、ソクラテスの問いに対してピュタゴラス派の霊魂論でもって答えたかのようである。この説はさもありなんと思われるが（コーンフォード説に関しては、とりわけ彼の『プラトンとパルメニデス』*Plato and Parmenides* 参照）、本書の叙述では、これらの問題はすべて未決定のままにしておく。本文の説明と関連するのは、要は『国家』第一〇巻のみである。そこではプラトン自身が、イデアの概念を職人の日常的事例に即して説明している。職人はベッドや椅子を「イデアに応じて」、つまりあらかじめ抱いたイメージに応じて、制作するというのである。その場合プラトンは、はっきりこう付け加えている。この制作の場合やそれと似た場合にわれわれは、イデアという語をそういう意味で用いている、と。もちろん「イデア」という語は、プラトンにとっては、われわれとはまったく異なり、具体性にとむ重要な性質をおびていた。プラトンがイデアという語自体で暗示しようとしたのは、要するに、「職人でも、ベッドや机を制作するためには、他のベッドや他の机ではなく、ベッドの「イデア」へとまなざしを向ける」ということであった（クルト・フォン・フリッツ〔編〕『アテナイ人の国制』Kurt von Fritz, *The Constitution of Athens*, 1950, pp. 34-35〔編者序論〕参照）。〔次の改行は *Va* にのみ見られる。〕

　言うまでもないことだが、以上の説明はいずれも、事柄の核心にふれるものではない。すなわち、イデア概念の根底にひそんでいる哲学特有の経験も、太陽に似て一切の現われを照らし輝かせる照明力という、まさしくイデアのみにそなわる決定的な特質も、手つかずのままである。

（8） カール・ビューヒャー編の名高い労働歌集『労働とリズム』*Arbeit und Rhythmus*, 1897 が出版されて以来、「労働とリズム」の結びつきに関する包括的で学問的な研究文献が、続々と発表されてきた。そうした研究のうち最良のものの一つにおいてヨーゼフ・ショップ Joseph Schopp（『ドイツ労働歌』*Das Deutsche Arbeitslied*, 1935）が明確に指摘しているとおり、なるほど労働歌は存在するが、真の仕事歌は存在しない。職人の歌は、勤めを終えて仲間が一緒に集まったとき歌われた。これともちろん関係することだが、仕事のさいには「自然」のリズムといったものは存在しない。機械が人間に押しつけてくる人工のリズムに対しては、不平不満が数多く洩らされているが、それは措くとして、おりにふれて指摘されるのは、この人工のリズムが、労働の自然なリズムに著しく似ている、という点である。それゆえ、これまた特徴的なことに、労働者自身が、機械のリズムに対して不平不満の声を上げることは、比較的まれである。むしろその反対に、労働過程のリズムを規定するのが、機械労働であると純粋な肉体労働であるとにかかわらず、労働者は明らかに、同じ「労働の快感」をおぼえるのである（これについては、ジョルジュ・フリードマン『人間的労働はどこへ行く』Georges Friedmann, *Où va le travail humain?*, 1953, p. 233 およびヘンドリック・ド・マン前掲『労働の喜びをめぐる闘争』p. 213）。このことは、とりわけ、二十世紀初頭にフォードの工場で行なわれた調査によっても確証された。リズミカルな労働はもうすでに「精神化された労働」だと考えていたビューヒャーが、同じくつとに指摘していたように、「リズミカルに出来ていないような単調な労働だけ」が、疲労困憊させる労働だと感じられるのである（前掲『労働とリズム』S. 443）。以上のいずれによっても証明されていることだが、機械に接する労働は、たとえそのテンポはいっそう速くその作業はいっそう単調であっても、制作よりはよほど、機械に接しない自発的労働のほうに近い。決定的影響を与えるのは、リズムそのものである。たとえばヘンドリック・ド・マンも、こう指摘する。「ビューヒャーが称賛したこの世界は、職人にふさわしい創造的な仕事の世界というよりは、むしろ単純な労働の苦役そのものの世界である」（前掲『労働の喜びをめぐる闘争』p. 244）。だが、この労働の苦役こそが、快感を呼び起こすのであり、しかもそれは、その労働がどんな成果をもたらすか、に左右されない。仕事そのものは一般に、「快感」を呼び起こさないのに対して、仕事が喜びとしうるのは、制作された対象物だけであり、仕事が誇りにできるのは、成果だけなのである。

ところで、「労働の喜び」一般に関するこの手の理論がどれも、いかに疑わしいものであるかは、労働者がたとえば単調な労働を好むのはなぜか、と彼ら自身に訊いてみれば、たちまち明らかとなる。そのわけは、単調な労働が機械的であり、注意を要求されることがないため、別のことを考えることが許されるからである――「心の中はうわの空」と、ベルリンの労働者が語っているように（ティーリケ、ペンツリン『技術時代の人間と労働――合理化の問題について』Thielicke u. Pentzlin, *Menschen und Arbeit im technischen Zeitalter: Zum Problem der Rationalisierung*, 1954, S. 35ff. を参照）。マックス・プランク研究所で行なった労働心理学の調査によれば、全労働者の九〇パーセントは、機械的で単調な労働のほうが、それ以外のどんな労働よりも好きだという。機械的労働をかくも好むのは、愚昧や鈍感のしるしでは必ずしもない。この点は、肉体労働に関するごく初期のキリスト教の経験とまったく符合していることからも明らかである。つまり、機械的労働が、他の活動よりも注意を必要としないということは、本質的利点の一つと見なされていた。なぜならそれは、「観想」の余地を許すからである（エティエンヌ・ドゥラリュエル「四世紀から九世紀までの西洋修道院の宗規における労働」Étienne Delaruelle, "Le travail dans les règles monastiques occidentales du 4e au 9e siècle," in: *Journal de psychologie normale et pathologique*, vol. XLI, no. 1, 1948 を参照）。

（9）あらゆる発明を別とすれば、産業革命を準備する最も本質的な条件となったのは、木材の不足と、燃料としての石炭の発見であった。この文脈において、R・H・バロウの次の推測は、注目に値する。要するに、「古代の産業発展が一定の段階以上に進まなかったのはなぜか、という経済史上の有名な謎」を解く鍵は、当時、機械が発明されるに至らなかった点にあるのではなく、そのような機械を動かす燃料となる石炭がなかった点にある、という（『ローマ帝国の奴隷制』*Slavery in the Roman Empire*, 1928, p. 123）。

（10）「避けるべき最も重大な落とし穴は、設計の目的とは操作者や労働者の手の動作を再現することだ、とする仮定である」。ジョン・ディーボルドは『オートメーション――自動機械工場の到来』John Diebold, *Automation: The Advent of the Automatic Factory*, 1952, p. 67 でそう述べている。

（11）同書 p. 69.

（12）ジョルジュ・フリードマン前掲『機械制工業の人間的問題』p. 168. ディーボルドの本を少し注意深く読めば、たしかにこの結論に至らざるをえない。というのも、ベルトコンベヤーが、「製造工程を連続的プロセスとして思い浮かべる」イメージの帰結だとすれば、オートメーションはそれ自体、このプロセスの機械化をさらに進めることであり、その場合、ベルトコンベヤーに就く労働者も、機械によって駆動している連続的プロセスに取って代わられるからである。ベルトコンベヤーに就く労働者は、機械によって成し遂げられる労働を、補完し管理しなければならなかった。このいわば、なお人間の「頭脳力」によって成し遂げられている管理労働や業務労働さえも、工業化の初期段階での「労働力」の働きとまったく同じように、機械に引き受けてもらうこと、これぞまさしくオートメーションの意味するところにほかならない（同書 p. 140）。機械によって成し遂げられること、それはどちらの場合でも労働であり、そもそも仕事ではない。職人気質の自信とか仕事に対する誇りとかに帰せられる「人間的で心理学的な価値」（p. 164）を、この方面の論者たちはみな、やみくもに救おうとする――時としてそれは、意図せざる滑稽さを醸し出すはめになる。たとえば、完全にオートメーション化することはおそらく無理そうな修理労働は、新しい対象物を産み出したときの往年の職人の満足感と同じくらいの自信を生じさせることが見込めるであろうと、ディーボルドその他はまじめに考えている——が、そんな自信や誇りやらは、もうお呼びでなくなっている。なぜかといえば、そんなものは、オートメーションなる言葉が飛び交う以前に、工場からとっくに姿を消してしまっているからである。工場労働者はいつでも労働者であって、職人ではなかった。彼らは人格として、まったく健全な自信を育むかもしれないが、だからといって、その自信のゆえんを自分の労働に直結させるのは難しい。希望できることといえば、工場労働者が、労働理論家たちの提供する社会的代用品には惑わされず、「人間的《ヒューマン》な関係」とか相互尊敬とかによって仕事の興味や職人の誇りは埋め合わせがきく（p. 164）などと信じ込まされたりしないことくらいであろう。ともあれ、オートメーションには、新式の「労働のヒューマニズム」の馬鹿らしさを手軽に証明できるという取り柄があってよさそうである。なにしろ、どんな言葉にもまして使い古された「ヒューマニズム」という言葉で、まだ何かしら思い浮かべることのできる人からすれば、「労働のヒューマニズム」という言い方は、一個の形容矛盾以外の何ものも意味しようがないのだから。少なくとも、近年の文献には、かつて工場で流行した「ヒューマンな関係」といった代物に対する、断固とした批判が増えているように見受けられる。たとえば、ダニエル・ベル『仕事とその不満』Daniel Bell, *Work and its Discontents*, 1956 の第五章における優れた議論を参照。R・P・ジェメリの論文「労働の人間的要因か、社会的要因か」R. P. Gemelli, "Facteur humain ou facteur social du travail," in: *Revue française du travail*, vol. VII, nos. 1-3, 1952 は、「労働の喜び」という「恐るべき幻想」に、やはり断固として反論しているので、こちらも参照。

（13）ギュンター・アンダースは『時代遅れの人間』のなかで、原子爆弾について興味深い論評をいくつかしており、それらはたしかに正鵠を射ている。彼の言うところでは、原子爆弾の爆発の場合、実験とか実験室とかいったことを語ることはほとんどできなくなっている。なぜなら、「その影響は途方もなく大きいため、実験の瞬間、「実験室」は地球と等しい外延となる」からである（Günther Anders, *Antiquiertheit des Menschen*, 1956, S. 260〔青木隆嘉訳『時代遅れの人間　上　第二次産業革命時代における人間の魂』法政大学出版局、二七二頁〕）。実験室での実験と言えるためには、それが行なわれる空間が、周囲の環境から孤立し、境界で囲われ世界から隔てられている、という特徴をそなえていなければならない。

（14）ディーボルト前掲『オートメーション』pp. 59-60.

（15）同書 p. 67.

（16）同書 pp. 38-45.

（17）同書 pp. 110, 157.

（18）ヴェルナー・ハイゼンベルク『現代物理学の自然像』Werner Heisenberg, *Das Naturbild der heutigen Physik*, 1955, S. 14-15.〔尾崎辰之助訳、みすず書房、一二—一三頁。〕

(19)『権力への意志』アフォリズム断片六六六番。

(20)『判断力批判』第二節。

(21) 同書第八三、八四節。

(22)『資本論』第三巻（*Marx-Engels Gesamtausgabe*, S. 698）。

(23)『テアイテトス』一五二、および『クラチュロス』三八五Eを参照。――プロタゴラスの命題は、ほぼ一致してこうなっている。*pantōn chrēmatōn metron anthrōpon einai, tōn men ontōn hōs esti, tōn de mē ontōn hōs ouk estin.*〔「あらゆるものの尺度であるのは人間だ。あるものについては、あるということの、あらぬものについては、あらぬということの。」――田中美知太郎訳『テアイテトス』岩波文庫より。〕クレーマタ *chrēmata* という語は、使用するという意の *chraomai* に由来し、「万物」というよりはむしろ、事物のなかの「およそ使用可能なものすべて」を表わし、人間ならびに人間の必要に関係する。かりにプロタゴラスが「人間は万物の尺度だ」と言いたかったのだとすれば、ギリシア語ではむしろ、*anthrōpos metron pantōn* という言い方を用いたであろう。ヘラクレイトスがあっさり *polemos patēr pantōn* と述べているように。つまり、「戦い（あるいは、ここでのポレモスが何を意味するにせよ、それ）は万物の父」と（ディールス＝クランツ『ソクラテス以前哲学者断片集』断片B1）。

(24)『法律』七一六Dで、プラトンはもう一度、プロタゴラスの命題を引いている。ただしそこでは、*anthrōpos* つまり人間、という語の代わりに、*ho theos* つまり神、と言われている。

(25) この傍注は、『資本論』〈第一巻〉第一一章に見出される。

(26) 初期中世史とりわけ同職組合《ツンフト》の成立史が示していることは、まったく別の種類の前提のもとではあれ、家政に属する労働者と、家政の外部で人民のもとで仕事に携わる職人との古代的区別は、本物だったということである。じっさい同職組合の成立は、「工業の歴史の第二段階である、家族制度から職人制度またはギルド制度の制度への移行を表わす。家族制度には、正式な意味で職人と呼ばれる階級は存在しなかった。……なぜなら、家族やその他の家庭内集団のあらゆる必要は……その集団自体のメンバーの労働によって満たされていたからである」（W・J・アシュレー『イギリス経済史・経済学説入門』W. J. Ashley, *An Introduction to English Economic History and Theory*, 1931, p. 76〔邦訳六八頁以下〕）。それゆえ、得意先に出向いて仕事をする職人という意味の古ドイツ語 Störer も、職人を表わすギリシア語 *dēmiourgos* に正確に対応しているように思える。「ギリシア語の *dēmiourgos* は、シュテーラー Störer という意味である。デーミウルゴスは、人民のもとで働き、シュテーア Stör つまり得意先に出向いて仕事をする。Stör とは人民の意であり、デーモス *dēmos* と同じである」（ヨスト・トリア「労働と共同体」Jost Trier, "Arbeit und Gemeinschaft," in: *Studium Generale*, Bd. III, Nr. 11〔「Nr. 1」を *HC* および後注に従って訂正〕, Nov. 1950 を参照）。

(27) アダム・スミスは明確にこう述べている。「犬が市を開き、熟慮のうえで他の犬と互いに骨を交換しているのを、誰も見たことがない」(『国富論』Everyman's edition, I, p. 12〔第一篇第二章〕)。

(28) E・ルヴァスール『一七八九年以前のフランスにおける労働者階級と産業の歴史』E. Levasseur, *Histoire des classes ouvrière et de l'industrie en France avant 1789*, 1900, p. 564, note 2 を参照。職人だからといって親方になれるとはかぎらなくなったのは、十五世紀になってはじめてである(p. 572)。ouvrier というフランス語は、もともとは、「仕事をする」(ouvrer) すべての人を指すものであり、親方も職人もそう呼ばれた(p. 309)。仕事場でも職人生活でも、仕事場を所有する親方と、職人との違いは、それほどなかった(p. 313)。ピエール・ブリゾン『労働と労働者の歴史』Pierre Brizon, *Histoire du travail et des travailleurs*, 1926, pp. 39ff. も参照。

(29) チャールズ・R・ウォーカー、ロバート・H・ゲスト『流れ作業で働く人』Charles R. Walker and Robert H. Guest, *The Man on the Assembly Line*, 1952 は、分業とは、「作業を、それを構成する単純な動作へ分解すること」だと、正しく定義している(p. 10)。この原理をピン針の製造工場の例で説明したアダム・スミスの有名な記述がはっきり示していることがある。機械労働は、分業のうちに祖形が作られていたこと、つまり労働の組織化こそが、機械労働への道を最終的にひらいたのであり、その逆に、機械労働が労働の組織化への道をひらいたのではないこと、これである。「機械と、労働の組織化という、工場の操業を特徴づける」この二つの「徴表」のうちで、労働の組織化のほうが、疑いなく優位をもつ(オットー・リップマン『労働学概説』Otto Lipmann, *Grundriß der Arbeitswissenschaft*, 1926, S. 27 も参照)。

(30)『資本論』〔第一巻〕第一章第一節参照。〔この注は *Va* にのみ見られる。〕

(31) アダム・スミス前掲『国富論』vol. I, p. 241.〔第二篇序論。〕

(32) ガリアーニ神父のこの定義は、興味深く資料豊かなハンナ・R・セウォールの研究論文「アダム・スミス以前の価値論」Hannah R. Sewall, "The Theory of Value before Adam Smith" (1901)〔Publications of the American Economic Association, 3d Ser., vol. II, no. 3, p. 92 —— *HC* より〕から引いたものである。

(33) アルフレッド・マーシャル『経済学原理』Alfred Marshall, *Principles of Economics*, 1920, vol. I, p. 8 を参照。価値とは「つねに交換価値を意味する」〔馬場啓之助訳『経済学原理Ⅰ』東洋経済新報社、永沢越郎訳『経済学原理　第一分冊』岩波ブックサービスセンター製作、さらにマーシャルの原書を当たってみたが、当該頁にこの一文は見出せない。〕

(34)「利子の引き下げと貨幣価値の引き上げについての考察」"Considerations upon the Lowering of Interest and Raising the Value of Money," in: *Collected Works*, 1801, vol. II, p. 21.〔正しくは、*The Works of John Locke*, 1801, vol. V, pp. 42f. だと思われる。ロック『利子・貨幣論』田中正司・竹本洋訳、東京大学出版会、六四頁以下を参照。なお、ロックの著作名は正式には、「利子の引き

下げおよび貨幣価値の引き上げの諸結果に関する若干の考察」“Some Considerations of the Consequences of the Lowering of Interest, and Raising the Value of Money”である。〕

(35) W・J・アシュレー前掲『イギリス経済史・経済学説入門』p. 140.〔邦訳一二一頁。〕アシュレーはこの文脈で、中世的見方と近代的見方との原理的区別に言及し、こう述べている。「われわれにとって、価値とは、まったく主観的な何かであり、各人が何らかの事物に対して与えたがるものである。アクィナスにとって、価値とは、客観的な何かであった」。もちろんこれは或る意味で正しいが、しかし見過ごされてはならないのは、中世の学者も、価値と、物に内在する性質とを区別したということである。というのも、さもなければ、「ハエは、存在者の序列では真珠より高位に属するがゆえに、真珠よりも価値があることになってしまう」からである（ジョージ・オブライエン『中世経済学説についての試論』George O'Brien, *An Essay on Medieval Economic Teaching*, 1920, p. 109 を参照）。この困難は、ロックによる「ワース worth」と「ヴァリュー value」との区別を受け入れるや、ただちに解消する。その場合ロックは、ワースを valor naturalis つまり自然的価値の意に、ヴァリューを pretium つまり価格の意に、それぞれ解した。もちろんこの区別は、最も原始的な社会を除くすべての社会秩序に現に存在する。近代に特徴的なのは、価格《プレティウム》偏重のあおりで自然的価値《ワロー・ナチュラリス》が消失しかかっている、という点のみである。中世の価値論に関しては、スレイター『神学と政治経済学における価値』Slater, “Value in Theology and Political Economy,” in: *Irish Ecclesiastical Record*, September 1901 も参照。

(36) ロック『統治論　後篇』第二二節。〔正しくは、ロック前掲「利子の引き下げと貨幣価値の引き上げについての考察」p. 43. とすべきだと思われる。前掲邦訳『利子・貨幣論』六五頁を参照。〕

(37) 『資本論』第三巻 S. 689 を参照。『資本論』〔第一巻〕第一章、第二章も参照。

(38) 絶対的価値を何とかして確立しようと試みたリカードの価値論についての傑出した分析と批判は、グンナー・ミュルダール『経済理論の発展における政治的要素』Gunnar Myrdal, *The Political Element in the Development of Economic Theory*, 1953, pp. 66ff. に見られる。〔山田雄三・佐藤隆三訳『経済学説と政治的要素』春秋社、一〇三頁以下。〕

(39) 注35で引用した説明のなかでアシュレーは、中世において知られていたのは「客観的」価値のみであり、近代において知られているのは「主観的」価値のみだと述べているが、それが当てはまるのは、真の市場経済は中世では知られていなかったからである。それゆえ、ある物件の価値を規定することができたのは、その物件に特有な性質、または客観的に与えられた人間の必需性、のどちらかであり、客観的に果てしない欲求によってでは決してなかった。だから、「公正価格」なるものがあるとすれば、それは、いわばおのずから生ずるものでなければならなかったし、「それを判定するために、何人かの賢者の判断を仰ぐことが望ましいように見えるのは、人間の多様で堕落した願望」にもっぱら起因するとされた（オブライエン前掲

『中世経済学説についての試論』pp. 104ff. に引用されたジェルソン『契約について』Gerson, *De Contractibus*, i, 9 より)。じっさい市場経済の外部では、ある物の価値が成り立つのは、他の物との関係においてのみだということ自体、考えられない。問題は、価値は主観的であるか客観的であるか、ではなく、価値は絶対的であるか対比関係を表わすにすぎないのか、なのである。

(40) 本文で下敷きにしたリルケの詩は「魔法」と題され、芸術によるこの変容を叙述したものである。

「名状しがたい変身から生まれてくるのが、
そうした形象――。感じなさい、そして信じなさい。
われわれの悩みの種は、焔が灰になること。
ところが、芸術にあっては、灰が焔になる。
ここに魔法あり。この魔術の領域では、
卑近な言葉が、高みへと昇っていくかのよう……
それでいて、ほんとうに、雄バトが鳴いて、
目に見えない雌バトを、探しているようだ。」

(『ポケットの本とメモの紙切れより』*Aus Taschen-Büchern und Merk-Blättern*, 1950)〔小松原千里・内藤道雄・塚越敏・小林栄三郎訳「完成詩(一九〇六―一九二六年)」、『リルケ全集第4巻　詩集IV』河出書房新社、所収、二三二頁。〕

(41) ドイツ語では、詩を「作る」ein Gedicht "machen" という言い方をする――フランス語でも faire des vers と言うし、英語でも make a poem と言う――が、これは、詩作のうちにすでに生じている物化に関係している。他方、詩作を表わすドイツ語の Dichten も、書き取るの意のラテン語 dictare に由来し、「考え出され精神的に作り出されたものを、書き取る、あるいは書き取らせるために言って聞かせる」という意味である(グリムの『ドイツ語辞典』)。クルーゲ＝ゲッツ『語源辞典』Kluge-Götz, *Etymologisches Wörterbuch*, 1950 の近年の説では、このディヒテンという語は、造る schaffen を表わす古語 tichen が語源だという。だとすれば、ディヒテンはおそらく、形づくるの意のラテン語 fingere と関連していよう。この場合でも、書き取られる前に詩を制作するという真に詩作的な活動は、一種の物化だと考えられている。まったく同じ意味で、すでにデモクリトスは、詩人中の詩人たるホメロスを称賛した。曰く、ホメロスは「多様な詩句からなる整然たる建築を組み立てた」と(ディールス＝クランツ、断片B二一)。デモクリトスはここで、詩人を言い表わすギリシア語の慣用表現 *tektōnes hymnōn* つまり「歌の大工」を、言葉どおりに取り上げているにすぎないのである。

第五章　行為

（1）　この事実は今日、生物学や心理学の研究成果によっても確証されているように思われる。生物学や心理学でも、行為と言論との内的親近性や、実用的な動機や目的からまったく独立した自発性といったことが、強調されるからである。この点で非常に興味深いのが、アーノルト・ゲーレン『人間——その本性および世界における位置』Arnold Gehlen, *Der Mensch: Seine Natur und seine Stelle in der Welt*, 1955〔平野具男訳、法政大学出版局〕である。この書には、近年のさまざまな研究の優れた要約が見出される。生物学者と同じく、ゲーレンの解釈でも、次のことが想定されている。行為や言論といった人間に特有の能力は、ある「生物学的必然性」に対応している、すなわち、人間の肉体に具わっている能力は他の動物の肉体よりも生物学的に劣っているという事実に対応している、というのである。この想定は、もちろん一つの「理論」でしかなく、われわれが気にかける必要はない。だからといってゲーレンの価値ある豊かな洞察がそこなわれるわけでもない。

（2）『神の国』第一二巻第二〇〔二一〕章。

（3）　世界の始まりと人間の始まりというこの二つの「始まり」は、アウグスティヌスにとって、決して同じものではなかった。それどころかアウグスティヌスは、まったく異なる二つの語を使って、両者を表示し区別している。人間は一つの始まりである、という意味での始まりが、アウグスティヌスでは **initium** と呼ばれるのに対して、世界の始まりのほうを表わす場合には、ラテン語訳聖書の言い方が採用される。「はじめに〔神は天と地とを創造された〕」という聖書の冒頭箇所を、ラテン語訳では **principium** という語で訳すからである。『神の国』第一一巻第三二章から窺えるように、プリンキピウムという語は、アウグスティヌスにとって、それほど根本的な意味をもっていない。「はじめに神は天と地を創造された **In principio fecit Deus coelum et terram**」という一文を、アウグスティヌスはこう解説している。「「はじめに In principio」といわれているところのものは、このものがはじめにつくられたという意味でそういわれているのではない。神はそれよりもさきに天使たちをつくられたのであるから」〔服部英次郎訳、岩波文庫第三分冊八四頁〕。それゆえ、世界が創造される以前には何も《ニッヒツ》なかったというわけではない。これに対して、人間であるところの誰かが創造される以前には、文字どおり誰も《ニーマント》いなかったと言えるのである。

（4）　言論は、開示 Enthüllen と、もしくはハイデガーの言い方では「顕現 Entbergen」と、密接に結びついており、その密接さは、行為と開示との結びつきを上回る。語り——*lexis*——は、行為——*praxis*——以上に、真理（ハイデガーの言う意味での「隠れなき真相 Unverborgenheit」）と深く関係している、とプラトンが考えたゆえんである。〔本注でのハイデガーへの言及は *HC* にはなく、*Va* にのみ見られる。〕

（5）ウィリアム・フォークナーの『寓話』（阿部知二訳、岩波文庫）が、第一次世界大戦後の戦後文学のなかで傑出しているのは、文学としての質によってのみではない。第一次世界大戦が、かくも恐るべき戦争であり、それゆえ無名戦士をこの出来事のヒーローたらしめたのはなぜかを、著者が明白に理解した最初の小説であることによっても、抜きん出ているのである。

（6）ディールス＝クランツ『ソクラテス以前哲学者断片集』ヘラクレイトス断片B九三。

（7）これと関連するが、ソクラテスがみずからの *daimonion* つまり神霊を表立って取り沙汰したのは、*adēla* つまり不明なことに関してのみであり、*anankaia* つまり必要なことに関してではなかった。すなわち、人びとの共生にじかに連関する事柄に関してのみであって、人びとが物世界に直面するうえでの事柄に関してではなかった。これは、彼がダイモニオンの勧めを、デルフォイのアポロン神託とあからさまに対比したことからも窺える。O・ギゴン O. Gigon（『ソクラテス』*Sokrates*, 1947, S. 175）がつとに指摘したように、ソクラテスはその場合、自分のダイモニオンの声を表わすのに、ヘラクレイトスがデルフォイの神託のお告げを表わすのに使ったのと同じ言葉、つまり「しるしをさずける」の意の *sēmainein* を使っている。目下の文脈で決定的なのは、神託とダイモニオンが通用するのは行為の領域のみ、と明確に限定されていることである。クセノフォン『ソクラテスの思い出』第一巻〔第一節〕二―九を参照。

（8）政治思想史的に言えば、唯物論の歴史は、少なくとも、プラトンとアリストテレスにまで遡る。この二人の想定によれば、政治的共同体つまりポリスは、多数の家政（*oikiai*）の寄り合いとは違って、人間の物質的必要によって発生したという。（プラトンに関しては、『国家』三六九を参照。「私が思うに、ポリスが発生するのは、各人が一人では自給自足できず、多くのものを必要とするからである」。ただしこれと違って、『第十一書簡』三五九では、ポリス創設の理由は、「大きな出来事が次々に起こったこと」に帰せられる。プラトンはここでは、理論的に語っているわけではなく、この件に関しポリスの内部で支配的だった見解をなぞって述べているだけかもしれない。――アリストテレスに関しては、『政治学』一二五二b二九を参照。アリストテレスの政治哲学は、他の点と同様この点でも、プラトンと比べると世論に近い立場をとっている。「ポリスは、生きるために発生するのであり、よく生きるために存続するのである」。）アリストテレスの言う *sympheron* つまり効用は、のちにキケロの **utilitas** という語にふたたび見出されるものだが、こうした徹底的に「唯物論的」な理論の文脈においてこそ、説明のつく概念である。プラトンとアリストテレスは本当の話、利害関心説の先駆者であり、この説を原理的に定式化してみせたのが、ボダンであった。つまり、王が人民を支配するように、利害関心は王を支配するのだ、と。それゆえ、マルクスが近代の進展のなかで際立っているにしても、その理由は、マルクスの「唯物論」などではなく、唯物論の伝統のなかで、古来の唯物論をそれに見合った基礎のうえに置き据えた唯一の政治理論家が、マルクスだったからである。すなわち、歴史を支配する物質的利害関心を、人間の活動のうち物質的であることが立証可能な労働、ならびに人間と「物質」との物質交替、に帰したからにほかならない。

（9）『法律』八〇三および六四四。

（10）ホメロスにおいて、*hērōs* という言葉に卓越性という意味が響いていることは間違いない。だがこの卓越性は、自由人には誰にでも具わっている。ホメロスに登場するヒーローは、まだ半神ではない。半神という意味が生じたのは、おそらく、叙事詩に歌われた太古のヒーローが、のちに「半神」として崇められたからであろう。

（11）アリストテレスが明言しているように、「ドラマ」という言い方がなされるのは、*drōntes* つまり行為者が、ドラマという芸術形態では模倣されるからである（『詩学』一四四八a二八）。『詩学』の前後の文脈から明らかなとおり、アリストテレスの「模倣」概念は、ドラマから引き出され、次いで、他の芸術形態へ素朴に適用された。

（12）それゆえ、アリストテレスが語っているのも、たいていは、行為（*praxis*）の模倣ではなく、行為者（*prattontes*）の模倣である。『詩学』一四四八a一以下、一四四八b二五、一四四九〔b〕二四以下、を参照。——だが、そこから逸脱している箇所も散見される。たとえば、一四五一a二九、一四四七a二八。悲劇において重要なのは、悲劇的ヒーローの性質つまり *poiotēs* ではなく、彼に何が降りかかったか、彼は何を為したか、つまり彼の幸福な生や不幸な生であり、この点こそ決定的だった（一四五〇a一五—一八）。ギリシア悲劇は、性格悲劇ではない。その中心に位置するのは、つねに行為なのである。

（13）『問題集』でひょっこり指摘されているように、合唱隊は「あまり模倣しない」（九一八b二八）。

（14）ペリクレスは市民を優良に作り変えなかったし、彼が死んだ頃のアテナイは、それ以前よりもむしろ劣悪になってしまったと、プラトンはペリクレスに非難を投げつけたことがある。『ゴルギアス』五一五を参照。

（15）「人材 Menschenmaterial」という表現は、無害なメタファーなどではない。このことをわれわれは最近、実感させられたと言ってよい。同じことはもちろん、社会科学、生物化学、脳外科学などの、人間相手に行なわれる一連の科学実験にも総じて当てはまる。その手の実験は結局、人間を「素材」として処理することに、ないしは変化させ加工することに、すべて帰着する。こういう「機械論的」態度は、近代に特徴的である。古代では、似た目標が設定される場合には、動物の領域から採ってきたメタファーで表現されるのが、ふつうであった。たとえば、人間は野獣から家畜に作り変えられるべきだ、飼い馴らされるべきだ、とかいった具合に。

（16）行為を表わす動詞のギリシア語の用法と原義については、とりわけ、C・カペレ『ホメロスとホメロス的世界に関する辞典』C. Capelle, *Wörterbuch des Homers und der Homeriden*, 1889 を参照。

（17）それゆえ、モンテスキュー（彼の関心の中心にあったのは、法というよりむしろ、法によって鼓舞される行為であった）の定義によれば、法の本質とは、「関係 rapports」である（『法の精神』第一編第一章と第二六編第一章を参照）。この定義はわれわれを驚かせる。なぜなら、法とは境界や制限だとふつう定義されるからである。モンテスキューの法の定義は、彼が第一次的に関心を向けていたのが、「統治の本性」と彼が呼んだもの、つまり国家形態そのものではなくて、国家形態における行為を規定し動かすところの「原理 principe」だったから、と説明できよう（同書第三編第一章）。

(18) おそらく、このことのイメージを最も容易につかむには、ソフォクレスの『オイディプス王』のとりわけ一一八六行以下を読むに如くはない。*Tis gar, tis anēr pleon/ tas eudaimonias pherei/ ē tosouton hoson dokein/ kai doxant' apoklinai*「仕合せを　得しとおもえど／はかなくて　やがてまた／消えて行く　その幻影《まぼろし》」〔藤沢令夫訳、岩波文庫、九二頁〕。自分自身がどんな様子でいるかを、われわれが知るのは、自分にそう映ることからのみであるが、われわれがそれを眺めるさいのパースペクティヴは、歪みや偏りを免れない。この歪みに比べると、合唱隊は、より優れた知を自分たちはもつと主張している。なぜなら、合唱隊は、オイディプスを見ている他の人びとを代表しており、それゆえ彼らには、オイディプス自身には見えないオイディプスのありさまが、つまり彼の *daimōn* が、見えるからである。自分自身のダイモーンが見えないという盲目性こそ、死すべき者たちの悲惨にして眩惑なのである。

(19)『形而上学』一〇四八 a 二三以下を参照。

(20) この「個人主義」がギリシア人の本質にどれほど深くひそんでいたに違いないか、を引き出せる事実として、おそらく、「各人」を表わすギリシア語の *hekastos* が、「別々に切り離された」「何々から遠く隔たった」という本義をもつことが挙げられよう。

(21) たとえば、アリストテレス『ニコマコス倫理学』一一四一 b 二五、参照。そこには、ローマ人とギリシア人との決定的な違いの一つが見られる。というのも、ローマでは、都市創設と立法は、のちのちの一切を決定する偉大な行ないだったからである。以後の一切の行為が、それと持続的に関係をもたねばならず、以後の行為に尺度を指定し、それゆえ政治的なものの内容と正当性の両方を確定するもの、それが都市創設と立法だった。

(22) M・F・シャヒャーマイア「ギリシア都市の形成」M. F. Schachermeyr, "La formation de la cité Grecque," in: *Diogenes* Nr. 4, 1953 を参照。この論文は、ギリシア語とバビロニア語の用法を比較対照している。バビロンでそもそも「バビロン人」について語りえたのは、バビロンという都市の区域に住む人びと、という言い方をすることによってのみだった。

(23)「というのも、立法者だけは、職人と同じように行為するから」、とアリストテレスは言っている。しかもそのわけは、立法という行為は、捉えどころのある最終生産物をあとに残し、そこでその行為自身は終わりに達するからである。『ニコマコス倫理学』一一四一 b 二九を参照。

(24) 同書一一六八 a 一三以下。

(25) 同書一一四〇。

(26) アリストテレスはそう呼んでいる。*logōn kai pragmatōn koinōnein* つまり「言論と行為を共にする」と。同書一一二六b一二。

(27) トゥキュディデス『歴史』第二巻四一。

(28) アリストテレス『ニコマコス倫理学』一一七二b三六以下。

(29) ヘラクレイトスの有名な箴言「目覚めている人びとは、唯一の共通世界をもつが、眠っているときは、誰しもこの世界から脱け出して、自分自身の世界に没入する」(ディールス＝クランツ、断片B八九)が言っていることは、たった今引用したアリストテレスの言い分と、本質的な点ではもちろん同一である。

(30) 『法の精神』第八編第一〇章を参照。〔*HC* では、モンテスキュー『法の精神』からの言葉が引用されていたが、*Va* ではその内実が本文に組み入れられている。〕

(31) ニーチェが「権力への意志」を讃美するのは、大部分、そのような経験にもとづいている、と私は考えたい。ともかく、この推測を証拠立てるのが、以下の発言である。「というのも、自然に対する無力ではなく、人間に対する権力欠如こそが、現存在に対する絶望しきったひねくれを生み出すのである」(『権力への意志』五五番)。

(32) すでに言及した葬送演説のなかで、トゥキュディデスはペリクレスに、ポリスの *dynamis* つまり国力と、詩人や芸術家の職人芸との違いを、明言させている。

(33) アリストテレスは『詩学』のなかで、ドラマの筋は、偉大さ(*megethos*)の点で傑出すべきだとしているが、この要求も理由は単純で、ドラマが模倣する行為がこれはこれで、偉大さを規準として、すなわち日常的なものを突き抜けているかという点に応じて、評価されるからである(一四五〇b二五)。同じことは、美に関しても当てはまる。なにしろ、美とは、やはり必然的に際立ち、突出するものだからである(一四五〇b三四)。

(34) ディールス＝クランツ、断片B一五七。

(35) *energeia* 概念については、『ニコマコス倫理学』一〇九四a一—五、『自然学』二〇一b三一、『魂について』四一七a一六、四三一a六を参照。アリストテレスがエネルゲイアの説明としてふつう持ち出す例は、見るとか笛を吹くとかいった作用である。

(36) アリストテレスが、純粋な現実活動態の最高の可能性を見てとるのは、行為と言論ではなく、*theōria* つまり観照および *nous* つまり直観の遂行であるが、この点は、目下の文脈では考察外としてよい。

(37) *energeia* と *entelecheia* という二つの概念は、相互にこのうえなく密接に関係している。*energeia...synteinei pros tēn entelecheian* つまり「エネルゲイアは……エンテレケイアを目指している」。まったく現実活動的であるものは、自己自身のほかには、いかなる結果も生み出さない。まったく現実的なものは「自己目的」なのである。『形而上学』一〇五〇ａ二一—三五を参照。

(38) 『ニコマコス倫理学』一〇九七ｂ二一。

(39) 〔*Va* にのみ見られる注〕デモクリトスの言葉では、*logos gar ergou skiē* つまり「言葉は行ないの影」。断片Ｂ一四五。この点については、Ｂ一七七も参照。

(40) 『国富論』*Wealth of Nations*, Everyman's edition, vol. I, p. 295.〔第二篇第三章。〕

(41) 徳《アレテー》はこのことを純粋におのずからなし能うのだということが、古代ギリシアと古代ローマの「徳」概念の本質的な違いを形づくっているように思われる。というのも、アリストテレスも、ペリクレスと不思議と一致して、「徳《アレテー》の存するところ、何ごとも忘却されることはありえない」と述べているからである（『ニコマコス倫理学』一一〇〇ｂ一二—一七）。ピンダロスも、彼らしい仕方で、つまりもちろんはるかに美しく、こう歌っている。徳《アレテー》を敬う者たちは、開けた明るいところに広がる道へ赴くのであり、その道では、およそ為されたことは、すべて証言をなし、周知となるのだ、と（『オリュンピア祝勝歌』第六歌七二行以下）。〔「いさおを挙げることを尊びつつ／輝かしい道を歩む彼らなのだ。一つ一つの事がそれを証している」（『ピンダロス　祝勝歌／断片選』内田次信訳、京都大学学術出版会、四五頁）。なお、ピンダロスからの引用は *Va* にのみ見られる。〕

(42) これは、本章の冒頭にモットーとして掲げたダンテからの引用の、最後の一文の意味でもある。このラテン語テクストはまったく単純明快なのだが、ほとんど翻訳不可能である。この文章は、ダンテ『君主制について』第一編第一三章（黒田正利訳『帝政論』、『世界大思想全集　哲学・文芸思想篇４』河出書房新社、所収、七一頁）に見出される。

(43) これは、イサク・ディネセン（タニア〔カレン〕・ブリクセン）の『七つのゴシック物語』のなかの素晴らしい一話「夢みる人びと」からの引用である。〔「豪家に仕える医師や菓子職人、召使いたちならば、自分のしでかしたことによって判断を下されるのもよろしいでしょう。あるいは、そうするつもりだったことについて判断を下されてもかまいません。しかし、偉大な人びとはちがいます。彼らは、その在りかたそのものによって判断されるのです」（『夢みる人びと　七つのゴシック物語』横山貞子訳、晶文社、一八四頁）。なお、「奴隷か囚人」というフレーズも、「夢みる人びと」からのものである。「あなたはマーカス・ココザのことで心を悩ませすぎて、マーカスの奴隷か囚人になりはてているのではないの」（同訳書、一九二頁）。〕

(44) これは、ポール・ヴァレリーの或るアフォリズムを敷衍したものである。そのテクストは次の通りである。「創造された創造者。長い著作を完成させたばかりの人は、その著作が、結局のところ、自分は欲していなかったし考えもしなかった一個の存在を形づくるのを、目の当たりにする。まさにそれは、彼がその著作を産み出したからなのだ。彼は、自分の作品の息子になった気がし、否定しがたい顔立ち、類似した姿、奇癖、境界石、鏡を、自分の作品から借りうけるという、恐るべき恥辱を身に沁みて感じる。そして、この鏡において最悪なのは、かくかくしかじかの限定つきで鏡に映っている自分を目の当たりにすることである」(『あるがまま』*Tel Quel*, II, p. 149を参照)。〔佐藤正彰訳「文学」、『ヴァレリー全集8　作家論』筑摩書房、所収、四三四頁。〕

(45)　見捨てられた状態 Verlassenheit は、労働すること自体に特有な情態性 Befindlichkeit である。この点が労働に関する文献ではたいてい看過されているのは、そうした文献が別の方向に注目しているからである。つまり、労働の遂行を制約する条件である社会的状態に、または一定の課題に多数の労働者が同時に着手する労働組織に、である。しかしながら、比較的古い文書には、世界および人間に見捨てられているという労働特有のこの状態に言及しているくだりが、ときおり見られる。たとえば、M・アルブヴァクス『労働者階級と生活水準』M. Halbwachs, *La classe ouvrière et les niveaux de vie*, 1913 がそうである。「労働者とは、その労働において、またその労働によって、物質としか関係せず、人間とは関係しない状態にある人びとのことである」。アルブヴァクスによれば、これこそが、労働階級が何百年もの間、社会の外部に置かれた理由でもある(p. 118)。

(46)　この記述は、ヴィクトル・フォン・ヴァイツゼッカーの論文「労働の概念について」から採った。Viktor von Weizsäcker, “Zum Begriff der Arbeit,” in: *Festschrift für Alfred Weber*, 1948, S. 739-740 を参照。〔*HC* の注では、ヴァイツゼッカー論文からの引用がドイツ語のまま何行も続くが、*Va* ではそのエッセンスが本文中に繰り入れられている。〕

(47)　ヨスト・トリア「労働と共同体」Jost Trier, “Arbeit und Gemeinschaft,” in: *Studium Generale*, Bd. III, Nr. 11, November 1950 を参照。

(48)　たとえば、R・P・ジェメリ「労働の人間的要因か、社会的要因か」R. P. Gemelli, “Facteur humain ou facteur social du travail,” in: *Revue française du travail*, vol. VII, nos. 1-3, janv.-mars 1952) を参照。そこで提案されている「労働問題の新しい解決法」は、「労働の集合的本性」を考慮したものであり、すなわち、個々の労働者にではなく、労働グループに向けられるべきだ、という。もちろん、この提案には奇妙なところがある。この「新しい」解決法は、どのみち現代社会があちこちでとうに到達している地点にほかならないからである。

(49)　アダム・スミスに関しては、前掲『国富論』vol. I, p. 15〔第一篇第二章〕を参照。マルクスに関しては、『哲学の貧困』*Das Elend der Philosophie*, Stuttgart 1885, S. 15 を参照。そこでマルクスは、スミスの言葉に、こう付け加えている。「両者の間に深淵を開けてしまったのは、分業である」と。マルクスは、ここでのように、職業の専門化の場合でも、あるいはまた、労働プロセスそれ自体の細分化の場合でも、分業という言い方をする。職業における専門化という意味での分業は、もちろん、差異をもたらすことがある。じっさい、専門職に携わっている人は、協力者を擁している場合でも、他者と原理的に隔離された状態で、自分の仕事に精を出す。その人が他の職業従事者と出会うのは、自分自身の活動が終わったときにはじめてであり、つまり、共同で作製した生産物を陳列したり、産物を交換したりすることが問題となったときである。これに対して、本当の分業つまり労働分割とは、労働プロセスそれ自体が他者との共同作業においてしか行なわれえない、という点にこそ本質がある。個々人の労働は、全体としての労働プロセスの部分にして機能となり、そこでは誰一人、いかなる特徴によっても区別されない。その場合、あらゆる機能を誰でも任意に引き受けられるのである。労働力としては、万人がおたがい平等なのだ。だとすれば、運送屋と哲学者との間に「深淵」という裂け目を作ったのは、分業つまり労働分割という比較的新しい工夫ではなく、専門化によって人間を職業集団に分化させてきた太古からの工夫なのである。

（50）アラン・トゥレーヌ『ルノー工場における労働者の労働の発展』Alain Touraine, *L'évolution du travail ouvrier aux usines Renault*, 1955, p. 177.

（51）『ニコマコス倫理学』一一三三a一六。

（52）この点で決定的なのは、「奴隷の側から万人の天賦人権としての自由の要求が掲げられたことは決してなかったし、奴隷制廃止を目標とする一致団結した行動が試みられたことも……決してなかった」という事実である（W・L・ウェスターマン執筆の項「奴隷制」W. L. Westermann, "Sklaverei," in: Pauly-Wissowa, *Realencyklopädie*, Supplement Band VI, S. 981）。

（53）私はこの主張を、かなり不十分ながら、『ハンガリー革命と全体主義的帝国主義』*Die ungarische Revolution und der totalitäre Imperialismus*, 1958 で述べた。

（54）セネカの伝える古代の逸話から読みとれるのは、公的なものの空間にたんに現われるというだけのことが、当時どんなに危険だと意識されていたか、である。「セネカの語るところでは、奴隷には特別な服を着せて自由人との違いが分かるようにしよう、との提案が、かつてローマ元老院に提出されたという。この提案は却下されたが、その理由は、ローマの自由人と比べて奴隷の数が多いという事実を、奴隷自身が意識するときに生ずるかもしれない危険が大きかったからである」。他方、この話を報告しているウェスターマン（前掲「奴隷制」S. 1000）は、まさに次の点を指摘している。「帝政初期のローマやイタリアには途轍もない数の奴隷がいたとする、以前広まっていた想定」は、誤りだったことが明らかとなった、と。だとすれば、問題なのは数ではなく、潜在的権力だったことになる。一般にそれとはっきり見分けのつく集団として公的に運動する人びとはみな、その潜在的権力を俄然手に入れるということを、ローマ人は知っていたのである。

（55）このことは、A・ソブール A. Soboul の論文「共和暦第二年〔一七八四年〕の労働問題」"Problèmes de travail en l'an II," in: *Journal de psychologie normale et pathologique*, vol. LII, no. 1, 1955）にみごとに書かれている。「労働者は、その社会的機能によってではなく、たんにその服装によって命名された。労働者はボタンのついた長ズボンと上着を採用したが、〔貴族の正装であった半ズボン《キュロット》を穿《は》かない〕この衣装は、人民つまりサン・キュロット sans-culottes の特徴となった。……一七九三年四月一〇日の国民公会への請願が明言しているように、「サン・キュロットという言葉は、貴族と特権階級を除く全市民のことを意味するのではなく、有産者と無産者とを区別すべく、無産者のことを意味する」」。

(56) le peuple という表現は、十八世紀の終わりに定着させられたが、もともとは、無産階級という意味であった。また、すでに述べたように、無産階級は、近代ならではの現象であった。

(57) この態度も、やはりアダム・スミスに学ぶに如くはない。スミスにとって、国家の唯一正統な課題とは、「貧者たちから富者たちを守ること、あるいは、何一つ持っていない人びとから、何かを所有している人びとを守ることに」存する（前掲『国富論』vol. II, pp. 198ff.〔第五篇第一章第二節〕を参照、引用は vol. II, p. 203)。

(58) 民主制のこうした解釈は、アリストテレスに由来する。『政治学』一二九二a一六以下参照。王制は、僭主制国家形態には属しておらず、一人支配もしくは君主制と区別されねばならない。僭主制と一人支配という語は、ギリシア語では同義に用いられるのに対し、僭主と王という語は、反対の意味なのである（たとえば『ニコマコス倫理学』一一六〇b三、あるいはプラトン『国家』五七六Dを参照)。一般に古代では、一人支配が望ましいとされたのは、もっぱら家政の事柄や戦争遂行に関してであった。*ouk agathon polykoiranie eis koiranos estō, eis basileus*「多数支配は役に立たない、支配者は一人だけがよい」というホメロスの有名な詩句〔『イリアス』第二歌二〇四行〕が引用されたのも、たいていはそのような文脈においてであった。この点で例外と言えるのがアリストテレスで、ホメロスのこの詩句を『形而上学』で一度――一〇七六a三以下――、いわばメタファーとしてだが、引用しているほか、『政治学』（一二九二a一三）でもう一度引用している。この『政治学』の箇所でアリストテレスは、多数者が個々人としてではなく一総体として権力を掌握し「多数者が一者となる」ような国家形態に、異を唱えている。問題なのは、多数支配ではなく、その反対に、多数支配に見せかけた僭主制や一人支配の偽装形態なのである。逆に、のちに *polyarchia* と呼ばれた多数支配も、軍事が問題になっている場合にかぎって、槍玉に挙げられる。たとえば、トゥキュディデス『歴史』第六巻七二や、クセノフォン『アナバシス』第六巻第一章一八を参照。

(59) アリストテレスは『アテナイ人の国制』第一六章二、七でそのように報告している。

(60) フリッツ・ハイヒェルハイム『古代経済史』Fritz Heichelheim, *Wirtschaftsgeschichte des Altertums*, 1938, Bd. I, S. 258 を参照。

(61) ペイシストラトスに関してアリストテレスはそう述べている。『アテナイ人の国制』第一五章五。

(62) 『政治家（ポリティコス)』三〇五。

(63) 家政とポリスとの間に違いはない、「政治的」事柄と「経済的」事柄を扱う同じ「学問」〔*Va* の新版では「経済 Wirtschaft」となっているが、旧版の通り「学問 Wissenschaft」とする〕が存在するだけだ、というのが『政治家』（二五九）の中心テーゼである。この点で特徴的なのは、『パイドロス』（二四八）で、職業が区分されるときでも、その位階秩序のなかで *politikos* つまり政治家と *oikonomikos* つまり家政家が同格に置かれることである。

(64) このことは、とくに『国家』第五巻において歴然となる。そこでのプラトンの説明によれば、自分の息子、兄弟、父に暴力を働くことになるかもしれないと恐れて、市民はあらゆる不和を避けることになるだろう、という。女性の共有という条件のもとでは、誰が自分の肉親か、もちろん誰も知ることができないからである。

(65)『国家』四四三E。

(66)『パイドロス』（二五〇）では、美を記述するのに、*ekphanestaton* つまり「最も燦然と輝くもの」という語が用いられ、『国家』（五一八）では、善のイデアが、*panotaton* つまり「最も光り輝くもの」と見なされる。どちらの語も、*phainesthai* つまり「輝き現われる」という語に由来する。形容詞の最上級によって表わされている輝きは、明らかに、善のイデアよりも美のイデアのほうが、はるかに見合っている。

(67)〔*Va* にのみ見られる注〕『国家』四七五―四七六、『パイドロス』二四八を参照。

(68) K・v・フリッツ〔編〕前掲『アテナイ人の国制』に引用された『プロトレプティコス（哲学の勧め）』〔アリストテレス『断片集』所収〕より。ヴェルナー・イェーガー Werner Jäger の考えでは、完璧な測定術というイメージがプラトンの全著作を貫いており、プラトンは、哲学的認識とは、この尺度を識別し適用できる能力だと見なしたという（『パイデイア』（英語版）***Paideia***, vol. II, p. 416 note）。〔次の改行は *Va* にのみ見られる。〕

だがこのことが当てはまるのは、美のイデアを善のイデアに置き換えているプラトンの政治哲学についてだけである。『国家』の洞窟の比喩は、たしかにプラトンの政治哲学の中心であるが、一般に想定されているようなイデア論の核心では決してない。『国家』で述べられるようなイデア論は、むしろ、もともとは哲学的に考案されたイデアの概念が、政治にも適用できるように変換されたものにすぎない。このことは、洞窟の比喩においては、イェーガーも言及しているとおり、*phronēsis* つまり思慮という語が、哲学者に固有な洞察を表わすのに用いられていることからしてすでに明らかである。というのも、フロネーシスという語は、アリストテレスと同様プラトンにおいても、たいていは政治家の洞察を表わすのに用いられ、哲学者の *sophia* つまり知恵とは区別されるからである。

(69)『政治家』においてプラトンは、この類比を手がかりにして探究を行なっており、最終的には、こう皮肉に結論づけている。つまり、畜群を世話するのに牧人がふさわしいのと同じように、人間を支配するのにふさわしい存在を見出そうと探してみたが、われわれが見出したのは、神のような存在であり、死すべき人間ではなかった、と（二七五）。

(70)『国家』四二〇を参照。

(71) プラトンの政治哲学上の三つの主著を読み比べてみれば分かることだが、支配者と被支配者との違いは、『国家』では、専門家と素人との違いに、『政治家』では、知ることと行なうこととの違いに、それぞれ定位しているのに対して、『法律』では、支配者は、確固とした不変不動の法律の適用に意を注ぐだけでよいことになっている。対話篇の間にこうした違いが見られる場合、伝記的な面での何らかの発展を問題にすべきであろうが、当然ながら目につくのは、政治的なものに要求される能力が、低下の一途をたどっている点である。

(72) 『資本論』(第一巻)第二四章第六節)からのこの引用は、でまかせの発言などではないし、社会的経済的諸関係にのみ関するものでもない。マルクスは別の箇所で、歴史における暴力にはっきり言及している。「現実の歴史においては、周知のとおり、征服、隷属化、強盗殺人、要するに暴力が、大きな役割を演じている」(第二四章第一節)。

(73) たとえば、プラトンは、哲学者が政治的支配を掌握しようと決心する理由はたった一つ、さもなければ、自分たちより劣悪な者たちに支配されるというリスクを冒すことになるからだ、と述べている(『国家』三四七)。プラトンのこの発言を、「善き人びと」が「悪しき人びと」のもとで平和に暮らせるようにすることこそ国家の任務だ、としたアウグスティヌスの見解(『書簡』一五三、六)と比較せよ。

(74) 「基礎研究とは、自分で何をやっているか分かっていないことを私が現にやっているときのことだ」。『ニューヨーク・タイムズ』紙の取材記者に、ヴェルンヘア・フォン・ブラウンは、先頃そう答えたという(一九五七年一二月一〇日付)。文法もおかしいし、意見の述べ方も俗っぽいが、このコメントは事柄の核心を突いている。

(75) 近代における歴史科学と自然科学の親近性については、『現代の政治思想における疑わしい伝統的要素』(一九五七年)所収の試論「自然と歴史」および「(近代における)歴史と政治」のなかで、もう少し詳しく扱った。〔『過去と未来の間』に再録。なお、この注は *Va* にのみ見られる。〕

(76) ニーチェ『権力への意志』二九一番。

(77) 現代の実存主義のこの手のお決まりの結論づけは、じつは、伝統的な概念枠組の内部を依然として動いている。たとえ、伝統が用意してきたアポリア解決法をもはや受けつけないとしても、そうである。その結果として、実存主義は、依然として陥ったままであるアポリアから、わが身を救い出すべく、「宗教的価値」に帰っていこうとする。だが、今さらしおらしく宗教にすがろうとしても、そうは問屋が卸さない。それというのも、そういった「価値」によってかつて表わされた真正の確固たる信仰の経験など、とっくの昔に存在しなくなっているからであり、また「宗教的価値」なるものは、現代の精神的価値や道徳的価値が軒並みそうであるように、現代人がこうした場合みずからの無信仰と絶望の「価値」と引き換えに入手しては持て余している交換価値にすぎないからである。

(78) 人間的なものの誇りと尊厳の意識が健在であるかぎり、人間的実存は、不条理というよりはむしろ、悲劇的なものだと解されるであろう。ともかく、カントの場合はそうで、カントの扱っているテーマは、そういう言葉こそ用いていないが、人間的自由というよりはむしろ、人間的自由と理性との悲劇なのである。行為の自発的自由は、その自由に伴う実践理性の諸能力（判断力を含む）とともに、カントからすれば、人間を本来的かつ最高度に特徴づけるものである。たとえ、この行為が早晩、自然法則的に決定された現実のうちへ分け入って行為することを余儀なくされ、また理性によって物自体の絶対的現実の秘密をあらわにすることはできないとしても、である。カントは人間の尊厳ということがよく分かっていたので、行為する人間を当人の行ないの帰結ゆえの責任追及から放免してやり、善意志の純粋性のみにて満足する、という勇気を持ちあわせてもいた。カントの理性、ならびにカントの善意志は、悲劇的ではあるが、不条理とはいえない。そこには、人間には偉大さが可能性としてひそむのだとする信念が、依然として表明されているのである。

(79) 「ただ神のほかに誰が罪を許すことができようか」と尋ねられて、イエスはそう答えた。痛風病みの男は、それを聞いて驚き怪しんだが、結局こう確信したのだった。「人の子は地上で、罪を許す力をもっている」と。この場合の強調は、「地上で」という言葉にある（『ルカによる福音書』第五章二一―二四。『マタイによる福音書』第九章四―六、あるいは『マルコによる福音書』第二章七―一〇を参照）。福音書をとらわれなく読めば、この許しの力は、奇蹟のわざ以上に人びとにとって無気味なことだったという印象を抱いてもおかしくない。「テーブルに着いた人びとは、口々にこうつぶやき始めた。「罪まで許してしまうなんて、この人はいったい何者なのだ」と」（『ルカ福音書』第七章四九）。

(80) 『マタイ福音書』第一八章三五、および『マルコ福音書』第一一章二五を参照。「また立って祈りをささげるとき、あなたがたが誰かに恨みごとがあるのなら、許してやりなさい。そうすれば、天のあなたがたの父も、あなたがたのあやまちを許してくださるであろう。だが、あなたがたが許さないのであれば、天にいるあなたがたの父も、あなたがたのあやまちを許してはくださらないであろう」（『マタイ福音書』第六章一四―一五を参照）。これらすべての場合に問題となっているのは、許しの力はまずもって人間の為すべきことなのだ、と人間たちによく言って聞かせることである。

(81) 『ルカ福音書』第一七章三―四。――この箇所を読むさいつねに念頭に置かねばならないことがある。『新約聖書』のギリシア語テクストにおいてでさえ、*aphienai, metanoein, hamartanein* という、この場合に決定的な三語が、翻訳では完全には再現できない語義を伴って用いられていることである。まずアピエナイとは本来、行かせ、去らせること、自由に放っておくことであり、それゆえ、許すことを意味する。次にメタノエインとは、簡単に言うと、気持ちを入れ変えることを意味し、ヘブライ語 schuw の訳語として使われる場合には、翻意して回心するという意味にもなるが、われわれがそう解してしまいがちな、贖罪や悔恨といった意味はない。「罪」からの離反が問題となってはいるが、悔恨や贖罪にひたすら努めることが問題となってはいない。最後にハマルタネインとは、じっさい「あやまち」や「罪過」だが、われわれが「罪」という言葉を使うとき思い浮かべるものとは、まったく別物である（ハインリヒ・エーベリング『新約聖書希独辞典』Heinrich Ebeling, *Griechisch-deutsches Wörterbuch zum Neuen Testament*, 1923 を参照）。本文で引用した章句は、次のように訳すこともできよう。「また、彼が一日に七回あなたに対してあやまちをなし、そして一日に七回やって来ては、「私は気持ちを入れ変えた」と言ったとしたら、あなたは彼を自由に行かせてあげるべきである」。

(82)『マタイ福音書』第一六章二七。

(83)『ルカ福音書』第一七章一―五を参照。この解釈は、テクストの文脈からして正当化されると思われる。イエスは、*skandala* を指し示すことから説き起こしている。スカンダラとは、ルター訳では「躓き」だが、本来は「罠に仕掛けられた板」という意味である。つまり、罠に陥った者がそれで本当に命取りとなってしまうような細工である。イエスは、そのような罠を仕掛ける者たちを許すことは可能だとは言っていない。その反対であり、「石臼を頸《くび》にかけて海に投げ込んであげたほうが、その人のためになるというものだ」と言っている。そのあとでイエスは、今度は、赦しを認めてあげなければならない「あやまち」（ハマルタネイン）を話題にするのである。

(84) 愛は、恋することと同じくらいしばしば起こる、とする一般的偏見は、それゆえ、われわれが愛について真っ先に聞かされるのは決まって詩人たちからだ、ということから来るのだろう。それにしても詩人は、なるほど自分を騙してはいないが、われわれを騙している。それというのも、愛とは、詩人にとって、そして詩人にとってのみだが、決定的な人生経験の一つであるだけでなく、詩人であるために絶対欠くべからざる経験だからである。だから、愛とは普遍的な経験なのだ、と詩人が思い込んでいるとしても、赦してあげなくてはならない。じっさいは普遍的でもなんでもないのだが。

(85) 愛のこの世界創造的能力は、たいていの創世神話が拠って立っている多産性と同じものではない。だが、多産性だけでなく愛の経験が語り出されている創世神話もある。たとえば、ヴォルフガング・シャーデヴァルトの論文「古代ギリシア人の世界モデル」Wolfgang Schadewaldt, "Das Welt-Modell der Griechen," in: *Neue Rundschau*, Bd. LXVIII, Nr. 2, 1957）は、次のような神話を伝えている。〔*HC* では別の英語文献 H. A. Frankfort, *The Intellectual Adventure of Ancient Man*, Chicago 1946 が参照されている。H・A・フランクフォート他著『古代オリエントの神話と思想』山室静他訳、社会思想社。〕天空は巨大な女神であって、男神たる大地の上に身をかがめるようにして懸っている。だが、天空と大地とを分離させるものがあり、これが大気という神である。大気は、天空と大地との間に生まれた子どもであり、母なる天空と父なる大地とを分離させている。世界とは、この大気に満たされた世界空間であり、天空と大地との愛によって生まれ、間に割って入って両者をつないでいる。こういったイメージは、比較的多く見られ、しかも「未開」民族の神話にも多い。ミルチャ・エリアーデ『宗教史概論』Mircea Eliade,

Traité d'histoire des religions, Paris, 1953, p. 212〔久米博訳『エリアーデ著作集　第二巻　豊饒と再生　宗教学概論2』せりか書房〕を参照。

(86)『道徳の系譜学』〔第二論文〕の最初と二番目のアフォリズムを参照。

(87) イエス自身は、奇蹟を引き起こすこの人間的力の本来的な根を、信仰のうちに見てとったが、本書では、信仰については考察外とする。本書の考察にとってここで決定的なのは、奇蹟を成し遂げる力が、神にのみ特有な力とは語られていない点である。信仰は山をも動かす。また信仰は許す。一方が「奇蹟」なら、他方もそれに劣らず奇蹟である。一日に七度許しなさい、とイエスに求められた弟子たちの答えは、こうであった。「われわれの信仰を増したまえ」。

(88)〔*Va* にのみ見られる注〕一七九六年の「クリスマス説教」において。

第六章　活動的生と近代

(1) **scienza nuova** つまり「新科学」という言い方を最初にしたのは、十六世紀イタリアの数学者ニッコロ・タルターリアの著作だということが分かっている。しかもそれは、弾道学の発見のさい、すなわち砲弾の飛行軌道が幾何学的にはじめて算出されたときのことであった（アレクサンドル・コイレ教授の教示による）。本書の文脈でいっそう重要なのは、ガリレイが『星界の報告』（一六一〇年）のなかで、自分の発見の「絶対的新しさ」をはっきり強調していることである。他方それは、ホッブズが「政治哲学は私の『市民論』をもって嚆矢とする」（*English Works*, ed. Molesworth, 1839, vol. I, p. IX〔伊藤宏之・渡部秀和訳『哲学原論』柏書房、一〇頁〕）と誇らしげに述べた調子とは、相当かけ離れている。あるいは、デカルトが自分の著書の仏訳者に、「私は、私以前に哲学の仕事に携わっていくらかでも成果を達成した哲学者を、寡聞にして知らない」（『哲学原理』への序文）と書き送ったのとは、相当かけ離れている。伝統の総体に対してそのつど絶対的に新しいものを対置し、事柄に即した議論として使うことが、一般的慣例となったのは、十七世紀になってはじめてだった。カール・ヤスパースが正しく区別してみせたように（『デカルトと哲学』*Descartes und die Philosophie*, 2. Aufl., 1948, S. 61ff.〔重田英世訳、理想社、一〇二頁〕）、「独創的人格として認められたいという衝動から……新しいということを栄誉として求めた」ルネサンス哲学と、「「新しい」という言葉が、事柄の価値を決定する形容詞として普及した」近代科学とは、異なるのである。ヤスパースは同じ文脈で、新しいということへの要求が、哲学においてと精密科学においてとでは、事柄として根本的に異なっていると指摘している。じっさい、ヤスパースの言うとおり、デカルトが自分の哲学を語って聞かせるさまたるや、科学者が新発見を発表するさまと、何も変わらない。だからこそデカルトは、こう記すことができた。「私は、〔この考察を〕発見したという栄誉には別段値しない。せいぜい、これまで長い間多くの人が熱心に探し求めてきたが甲斐のなかった或る豊かな宝物を、通りすがりの人が運よく足もとに見つけた、というにすぎない」(『真理の探究』*La recherche de la vérité*, édition Pléiade, p. 669〔井上庄七訳、『デカルト著作集4』白水社、所収、三〇〇頁〕を参照)。

(2) だからといって、マックス・ヴェーバーの労作『プロテスタンティズムの倫理と資本主義の精神』における発見の偉大さに、異を唱えるつもりはない。正当にも名高いこの労作のなかで、ヴェーバーが立証したことは、あの世を志向するもっぱら宗教的な心構えが、世俗的に働き始めた場合、どんなに途方もない世俗的力を内に秘めているか、ということである。ヴェーバーは、プロテスタンティズムの労働倫理《エートス》の一定の先駆形態を、修道士道徳のうちに見出した。じつのところこの系譜は、アウグスティヌスの周知の uti と frui の区別、つまり遠慮なく使ってよいこの世的な物事と、それ自体のために享受されるあの世的な物事の区別、にまで遡ることができよう。どちらの場合でも、現世の物事に対する力の増大は、人間と世界との間の隔たりから、それゆえ世界疎外から生ずる。

(3) 経済の分野での戦後ドイツの驚くべき復興は、決定的な数年間に軍事支出を背負わずにすんだことから説明できると、しばしば主張される。だがこの説明は、次の二つの理由から、確固たるものとは言えない。第一に、ドイツは何年もの間、占領軍の支出を負担したからである。その負担額は正規の軍事予算にほぼ匹敵する。のみならず第二に、他の国々では、軍事生産こそが戦後の繁栄を始動させたと考えられるからである。ここでの論点を分かりやすく示すには、戦勝国の繁栄を例にとって考えてみればよい。それらの国の繁栄と密接に結びついているのは、そもそも「使用」されるべく制作されて存在しているのではなく、破壊されるべく最初から見込まれているような物の生産なのである。これには、もともと消耗品として作られた物が現実に使い捨てられる場合と、ちょっと古くなったからとあっさり処分される場合とがある。後者の使用対象物の破壊が横行している。

(4) 若きマルクスの著作には、資本主義経済における世界疎外にも彼がある程度気づいていたとおぼしき箇所がいくつかある。たとえば、初期論文「森林盗伐法に関する論争」"Debatten über das Holzdiebstahlsgesetz," (1842), in: *Marx-Engels Gesamtausgabe*, Abt. I, Bd. 1, Berlin 1932, S. 266ff.) では、公布された法律が批判されるが、その論拠の一つは、形式的法令が、森林所有者と森林盗伐者とを無差別に扱い、具体的な人間的欲求を無視している点である。この人間的欲求に従って森林盗伐者は、森林所有者よりも緊急に木材を必要としている。これに比べて、森林所有者は木材をただ売却しているにすぎない。これは非人間化に等しい。なぜなら、生活上の必要――一方の側は直接的利用、他方の側は売却――に代わって、「抽象的」な所有関係がしゃしゃり出ているからである。他方マルクスは、ここでもう一つの論拠をはっきりと持ち出してくる。木材そのものが商品となって脱自然化され、木材から売却可能な対象一般が生じた、というのである。法律が人間に訴えかけるとしても、それは対象の所有者としての人間に対してのみであって、それによって対象もまた変化させられてしまう。つまり、占有の特性からして、もはや使用物ではなく、たんなる交換対象にすぎなくなる。交換対象における物の性質のこの脱自然化 Denaturierung という見方を、おそらくマルクスは、アリストテレスから受け継いでいる。アリストテレスはつとに、こう指摘しているからである。なるほど靴は、使用対象物としても交換対象としても制作されうる。だが、交換されることは、靴の本質に属していない、と（『政治学』一二五七a八）。（総じて、マルクスの思想に与えたアリストテレスの影響は、文体に関しても、またしばしば内実に関しても、誤認の余地がないように思われる。おそらくその重要度は、ヘーゲルの哲学の影響に劣らない。）だが、マルクスがおりにふれて行なったそうした考察は、マルクスの著作全体において二次的な役割しか果たしていない。終始一貫して打ち出されているのは、近代の極端な主観主義である。それどころか、マルクスの考案した理想社会が実現されれば、世界疎外は、資本主義社会よりいっそう進むことだろう。というのも、マルクスの理想社会では、生産者は各自の個性を「対象化」する、とされるからである。そこに打ち建てられる「世界」では、「われわれの生産は、われわれの本質がそこから反射して輝き現われる鏡のようなものとなろう」（「抜粋ノートより」"Aus den Exzerptheften," in: *Marx-Engels Gesamtausgabe*, Abt. I, Bd. 3, S. 546-547）。

（5）もちろんこれは、今日の就労人口の現状には当てはまらない。彼らはとっくに日給取りから週給取りになったし、そう遠くない未来にはおそらく週給の代わりに年俸をもらうようになるだろう。

（6）『科学と近代世界』*Science and the Modern World*, Pelican edition, 1926, p. 12 参照。〔上田泰治・村上至孝訳、ホワイトヘッド著作集第六巻、松籟社、二頁。〕

（7）十七世紀の精神革命における哲学と科学の相互依存関係に関しては、とりわけ、アレクサンドル・コイレ『閉じた世界から無限宇宙へ』Alexandre Koyré, *From the Closed World to the Infinite Universe*, 1957, pp. 43ff.〔*Va* の「34ff.」を *HC* に従って訂正。横山雅彦訳、みすず書房、三四頁〕を参照。本章の記述は、本質的な点でこの書の叙述に従っている。

（8）P・-M・シュル『機械と哲学』P.-M. Schuhl, *Machinisme et philosophie*, 1947, pp. 28-29 を参照。〔粟田賢三訳、岩波新書、三〇—三一頁。〕

（9）E・A・バート『近代科学の形而上学的基礎』E. A. Burtt, *Metaphysical Foundations of Modern Science*, Anchor edition, p. 38〔市場泰男訳、平凡社、三六頁〕。コイレ（前掲『閉じた世界から無限宇宙へ』p. 55〔邦訳四四頁〕）は、ブルーノが影響力をもつようになったのは、「ガリレイの望遠鏡による偉大な発見のあとで」はじめてであった、とはっきりと強調している。

（10）紀元前三世紀のサモスのアリスタルコスは、「天界は静止していて、大地は斜めの軌道に沿って動き、かつ自転している」

という仮説を初めて立てた。原子論を初めて主張したのは、周知のとおり、紀元前五世紀のアブデラのデモクリトスであった。

(11) ガリレイはこうはっきり強調している。「月がなめらかですべすべした表面におおわれている、などということは決してない。このことを今や誰もが、感覚的知覚の確実性でもって確かめることができる」（コイレ前掲書 p. 89〔邦訳七一頁〕を参照）。〔山田慶児・谷泰訳『星界の報告』岩波文庫、一三―一四頁も参照。〕

(12) 同趣旨の議論は、ルター派の神学者であったニュルンベルクのオジアンダーがコペルニクスの遺著『天球の回転について』（一五四六年〔初版は著者没年の一五四三年〕）に付した序論のなかに見出される。「本書の仮説が真である必要はなく、もっともらしいものである必要さえない。問題はむしろ、その仮説にもとづいてなされうる計算が、観察された現象と合致するということ、これのみである」（フィリップ・フランク「科学の哲学的使用」Philipp Frank, "Philosophical Uses of Science," in: *Bulletin of Atomic Scientists*, vol. XIII, No. 4, April 1957 から引用）。〔高橋憲一訳・解説『コペルニクス・天球回転論』みすず書房、九頁も参照。〕

(13) バート前掲『近代科学の形而上学的基礎』p. 58〔邦訳五三頁〕による。

(14) バートランド・ラッセル「自由人の信仰」Bertrand Russell, "A Free Man's Worship," in: *Mysticism and Logic*, 1918, p. 46.〔江森巳之助訳『神秘主義と論理』みすず書房、五七頁。〕

(15) J・W・N・サリヴァン『科学の限界』J. W. N. Sullivan, *Limitations of Science*, Mentor edition, p. 141〔矢川徳光訳『科學の限界』創元社、二六六頁〕から引用。

(16) ヴェルナー・ハイゼンベルク Werner Heisenberg はこの考えを、言い回しをさまざま変えて繰り返し表明している。たとえば、『現代物理学の自然像』*Naturbild der heutigen Physik*, 1955, S. 17f.〔尾崎辰之助訳、みすず書房、一六頁以下〕に見られ、それ以前にも、『自然科学の基礎の変遷』*Wandlungen in den Grundlagen der Naturwissenschaft*, Zürich 1949, S. 67〔田村松平訳『自然科学的世界像』みすず書房、九三頁〕にすでに見られる。ハイゼンベルクは、科学の状況からただちに出発するので、「歴史上はじめて、地球上の人間はもっぱら自分自身とだけ向かい合っている……との印象」を、観測者と観測対象との関係をめぐる歴史科学的にはよく知られてきた問題群でもって、説明している。「自然のいかなる特徴が規定されるか、われわれは観測によって何を消し去るか、は、観測のあり方によって決定されるのである」。

(17) ホワイトヘッド前掲『科学と近代世界』p. 120〔邦訳一六二頁〕の説明による。

(18) エルンスト・カッシーラー Ernst Cassirer は、早くも一九二一年に『アインシュタインの相対性理論 *Zur Einsteinschen Relativitätstheorie*』〔山本義隆訳、河出書房新社〕を著しているが、その論文で繰り返し指摘されているのは、十七世紀から二十世紀までの科学研究の発展は、あくまで連続的であって、真の断絶などない、ということである。

(19) J・ブロノフスキー J. Bronowski は、論考「科学と人間的価値」"Science and Human Values," in: *Nation*, December 29, 1959〔ではなく1956 —— *HC* および下記邦訳より〕のなかで、大科学者たちの思考にメタファーがいかに大きな役割を果たしたか、を立証してみせた。〔周郷博訳『人間の発見と創造』講談社現代新書、とりわけ三七—三八頁を参照。〕

(20) バート前掲『近代科学の形而上学的基礎』p. 44.〔邦訳四〇頁。〕

(21) 同上 p. 106〔邦訳九九頁〕を参照。

(22) サリヴァン前掲『科学の限界』p. 144〔邦訳二七一頁〕で引用されているラッセルの言葉。分類という前近代的な科学の方法と、測定という近代科学の方法との、ホワイトヘッドによる区別立ても参照〔『科学と近代世界』邦訳三九頁以下〕。分類は、客観的な徴表に定位しており、この徴表は、人間と別様に存在するかぎりでの自然のうちに、与えられていた。測定は、そのような客観的に与えられている性質とは、まったく独立であって、測定する主観に定位しており、所与の現実ということで言えば、一定数の客観以上の何ものも必要としない。

(23) ライプニッツ『形而上学叙説』第六節。

(24) ヴェルナー・ハイゼンベルク「物質の素粒子」Werner Heisenberg, "Elementarteile der Materie," in: *Vom Atom zum Weltsystem*, 1954 を参照。

(25) ブロノフスキー前掲「科学と人間的価値」。〔邦訳一六〇頁を参照。〕

(26) この点でことのほか啓発的なのは、王立協会 Royal Society の創設の歴史である。創設のさい、協会員には、国王折り紙つきの会務方針の枠を逸脱しないことが義務づけられた。とりわけ、政治的および宗教的な争いごとに関与することはかたく禁じられた。公正さと客観性という近代科学の理想は、ここに起源をもつと考えたくなるが、だとするとそれは、科学的というよりはむしろ政治的な要求から発するものだったということになる。さらにまた注目に値すると思われるのだが、科学者たちは当初から、一つの団体組織となることが必要だと考えていた。王立協会の枠内で達成された業績は、その枠外で達成された業績よりも、はるかに重要な意味をもつものとなったが、この事実は、彼らのやり方がいかに正しかったかを示している。ところで、組織というのは、政治家の組織であれ、政治的なもめごとには首を突っ込まないことを義務と心得ている科学者の組織であれ、定義上、一個の政治的機関である。人びとが組織をつくる場合、彼らは行為し権力を獲得するためにそうするのである。科学者が手を組んで団体をなしているところではどこでも、厳密には、純粋科学などということは、もはや言えない。その場合、手を組んだことが功を奏して、何らかの影響を社会に直接及ぼし、科学そのものに一定の社会的地位を確保することもあろうし、あるいは、かつての王立協会の場合がそうだったし今日でもたいていの科学研究組織がそうであるように、お互い一丸となって共同行為に乗り出しては、自然からその秘密を強奪し、自然を征服することが問題であることもあろう。そのどちらであるかは、学会が政治性をもつことに比べれば、二次的なことである。ホワイトヘッドが或る折りに述べたように、じっさい、「科学の時代が組織の時代に突入したのは、偶然ではない。組織化された思想は、組織化された行為にとっての基礎なのである」。しかもそれは、思考が行為の基礎だからではなく、近代科学が「組織化された思考」と化し、行為の要素を思考一般にはじめて導き入れたからだと、そう付け加えてみたくなる〔ホワイトヘッドに関しては、『教育の目的』*The Aims of Education*, Mentor edition, pp. 106-107〔橋口正夫訳「思考の組織化」、『ホワイトヘッド著作集第九巻　教育の目的』松籟社、所収、一四五頁〕を参照〕。

(27)　ヤスパースは、みごとなデカルト解釈のなかで、デカルトには、近代科学の精神を本当に理解することが不思議とできなかったこと、また、明白な証拠なしにありったけの理論を無批判に受容する傾向があったことを、示してみせた。そのことをすでにスピノザは奇異に感じていた、とも付け加えている〔前掲『デカルトと哲学』S. 50ff. u. 93ff.〕。〔重田英世訳『デカルトと哲学』理想社、八四頁以下、一五八頁以下。スピノザへの言及は、原書 S. 90f., 訳書一七九頁。〕

(28)　ニュートン『自然哲学の数学的諸原理』Newton, *Mathematical Principles of Natural Philosophy*, trans. by Motte, 1803, II, p. 314〔河辺六男責任編集『世界の名著31　ニュートン』中央公論社、所収、五六四頁〕参照。

(29)　カントの初期著作の一つが、『天界の一般自然史と理論』であったことは、よく知られている。

(30)　一六三三年一一月付メルセンヌ宛書簡のなかで、デカルトはそう記している。〔山田弘明他訳『デカルト全書簡集　第一巻』知泉書館、二〇一二年、二三四頁以下。〕

(31)　『理性に基づく自然と恩寵の原理』第七節でライプニッツは、この問いは、形而上学において「立てることができる」「第一の問い」だと主張している。これについては、マルティン・ハイデガー「『形而上学とは何か』〔一九二九年〕第五版への序論」〔一九四九年、今日ではハイデガー全集第九巻『道標』所収〕を参照。〔*Va* にのみ見られる注。なお、ハイデガーはライプニッツのこの問いを「形而上学の根本の問い」と呼んだが、アーレントは本文に見られるとおり「近代形而上学の根本の問い」としている。〕

(32)　ガリレイから採った言葉。ガリレイがコペルニクスとアリスタルコスを称賛したのは、両人の知性が、「彼らの感覚を蹂躙することができた結果、知性はみずから、感覚に逆らって、感覚という騙されやすい女を自分の思い通りにする男となった」からである〔『二大世界体系に関する対話』の英訳 *Dialogues concerning the Two Great Systems of the World*, trans. by Salusbery, 1661, p. 301 から引用〕。〔青木靖三訳『天文対話』岩波文庫下巻、七〇―七一頁。〕

(33)　感官知覚の主観性に関するデモクリトスの断片は有名だが、それに続くこの文章は、たいていは一緒に引用されないままである。ディールス＝クランツ、デモクリトス断片B一二五。

(34) キルケゴールの「ヨハンネス・クリマクス、もしくは、すべてを疑うべし Johannes Climacus oder De omnibus dubitandum est」を参照。これは、キルケゴールの現存する草稿のうち最初期に属するものであり、デカルトのこの句に関するおそらく最も深い解釈であろう。私が思うに、この短論文から如実に分かることがある。デカルトの懐疑こそ、信仰へ飛び込んだキルケゴールの「跳躍」の真に哲学的な理由にほかならなかった、ということである。〔この草稿を丁寧に取り上げている邦語文献として、濵田恂子『キルケゴール　主体性の真理』創文社、一九九九年、を参照。〕

(35) 感覚に対する信頼と理性に対する信頼とが互いに連携し依存し合うことが、伝統的真理概念にとって決定的であること、また逆に、この「真理の二つの原理」のうちの一方に対する信頼が動揺をきたすと、そうした調和は両者間の和解しがたい闘争に転じてしまうこと、このことを最初に明確に指摘したのは、おそらくパスカルであった。パスカル曰く、「理性と感覚という真理の二つの原理は、それぞれ誠実さを欠くうえに、お互い同士欺き合う。感覚は、偽りの現われでもって理性を欺く。感覚が理性にもたらすこの同じ欺瞞を、感覚のほうでも、理性から受け取る。理性は感覚に仕返しをするのである。魂の情念は、感覚を攪乱し、偽りの印象を与える。両者は競って嘘をつき、騙し合う」（『パンセ』*Pensées*, édition Pléiade 1950, No. 92, p. 849〔前田陽一・由木康訳『世界の名著24　パスカル』所収、一〇五頁、ブランシュヴィック版八三番〕。パスカルの賭〔ブランシュヴィック版二三三番〕は有名である。つまり、死後の生に関するキリスト教の教義をあっさり受け入れたほうが、それを信じないよりも、リスクが少ないであろう、なぜなら、信じることは、それがあとで正しくなかったとしても、何一つ傷つけようがないのに対し、信じないことは、永遠の罰を下されることになるからだ、と。この議論は、感覚ならびに理性の真理の側と、神的な啓示の真理の側とが、いかに密接に関係しているか、をはっきり示している。デカルトと同じく、パスカルにとっても、神とは隠れたる神 Dieu caché であり（同書 No. 366, p. 923〔邦訳一七一頁、二四二番〕）、おのれを現わさない。だが、人間の生とは夢にすぎず（後述のデカルトの悪夢はパスカルにも見出される。同書 No. 380, p. 928〔邦訳二三五頁以下、四三四番〕）、人間の認識とは超人間的な存在によって仕組まれた欺瞞である、とは認めたくないとすれば、神の存在と善性が仮説的に想定されなければならないのである。

(36) マックス・ヴェーバーは、今日ではいくつかの点で誤りを訂正されてはいるものの、依然として、近代の問題群のあらましをそれに見合った深さと重要性において描いてみせた、唯一の歴史家である。そのヴェーバーが明確に指摘したことだが、近代の職業倫理《エートス》および労働倫理は、信仰の喪失に起因するものというよりは、むしろ certitudo salutis つまり救済の確かさの喪失に起因するものであった。目下の文脈では、救済の確かさの喪失は、近代の始まりに生じた確実性の喪失という一般的な出来事の一形態として現われるものでしかない。

(37) 印象深いことだが、ゾロアスター教を除いて、いかなる世界宗教も、嘘を大罪の一つと見なしてはこなかった。十戒の中にも、「嘘をついてはならない」という戒律は見られない。というのも、「隣人を裏切って偽証をしてはならない」という戒律は、もちろんまったく別物だからである。総じて、ピューリタニズムの成立以前は、嘘は道徳的に特別重大なものとは考えられていなかったように思われる。

(38) わけても、ブロノフスキー前掲「科学と人間的価値」を参照。

(39) ヘンリー・モア宛書簡〔一六四九年二月五日付〕でデカルトは、こう記している。コイレ前掲『閉じた世界から無限宇宙へ』p. 117〔邦訳九五頁〕より引用。

(40) 一般読者向けに書かれた対話篇「自然の光による真理の探究 *La recherche de la vérité par la lumière naturelle*」では、デカルト哲学の総体にとっての懐疑の中心的意義が、他の著作よりはるかに前面に出ている。たとえば、対話者の一人でデカルト自身の立場の代弁者ユードクスは、こう述べている。「あなたは、感覚の働きのみによってあなたが認識するものすべてを、当然疑うことができます。しかしあなたが、自分の疑いそのものを疑い、自分が疑っているかどうかを不確かなままにしておくことができるでしょうか。……疑っているあなたは存在しますし、このことは、あなたがそれ以上疑うことができないほど真実なのです」(édition Pléiade, p. 680)。〔井上庄七訳、『デカルト著作集4』白水社、所収、三一四―三一五頁。〕

(41) 同書 p. 687〔邦訳三二七頁〕。デカルトにおいて懐疑は、ずばりそう語られることはまれだが、思考にまさる絶対的優位をもつ。「なぜなら、私は疑うということが、それを疑うことができないほど真であるならば、私は考えるということも、等しく真であるからです。じっさい、疑うことは、一定の仕方で考えることにほかなりません」〔同書 p. 686. 邦訳三二四頁〕。デカルト哲学の根本思想とは、「我思う、ゆえに我在り」という意味での「コギトー・エルゴ・スム」では決してない。そうではなく、「私は、疑っていながら存在しないでいることはできない。これが、われわれの獲得しうる最初の確実な認識である」〔『哲学原理』第一部第七節〕。こういった考え方自体は、むろん新しいものではない。たとえば、アウグスティヌスには、ほとんどそっくりの言い回しが見られる〔『自由意志論』第三章〕。しかし、アウグスティヌスにおいてその考え方は、哲学体系の基礎として用いられているわけでは決してなく、欺く神 Dieu trompeur の可能性に反論するための唯一考えられる保証として持ち出されているわけでもない。

(42) ニーチェは、コギトー・エルゴ・スムには論理的誤りがひそんでいると喝破した。論理的には、cogito, ergo cogitationes sunt つまり「私は考える、ゆえに、考えることは存在する」でなければならなかったのだ、と。デカルトによって唱えられた存在証明は、せいぜい、意識の存在を証明するにいたるのが関の山であって、人間の現実存在を証明するには十分でない。ただし、目下の文脈ではこの点に立ち入る必要はない。ニーチェに関しては、『権力への意志』四八四番を参照。

(43) デカルトの場合、この点は『省察』に最も判然と示されている。第三省察でデカルトは、こう明言している。懐疑の原因を取り除くためには、「神が存在するかどうか吟味しなければならない。……神が存在すると分かったとすれば、その神が欺く者でありうるか、も吟味しなければならない。なぜなら、この二つの真相を知らなければ、他のいかなるものについても、確信できるとは決して思えないからである」。また、第五省察の最後で、デカルトは次のように結論する。「かくして、一切の学問の確実性と真理は、ひとえに真の神を知ることに懸っているということが、私には非常にはっきり分かった。それだから私は、神を知る以前には、他のいかなるものについても、完全には知ることができなかったのである」。

(44) A・N・ホワイトヘッド『自然という概念』A. N. Whitehead, *The Concept of Nature*, Ann Arbor edition, p. 32.〔藤川吉美訳、ホワイトヘッド著作集第4巻、松籟社、三六頁。〕

(45) 同書 p. 43.〔邦訳五〇頁。〕――デカルトには「常識」が欠けている、と指摘し批判した最初の人は、管見によれば、驚くべきことに、ヴィーコであった。『われわれの時代の学問方法について』第三章〔上村忠男・佐々木力訳、岩波文庫、二六頁以下〕を参照。

(46) 共通感覚の主観化というこの発展は、ドイツ語では、「共通感覚 Gemeinsinn」という古めかしい語に代えて、万人に普通で共通のものに対する感覚を表わすのに、「健全な人間知性 gesunder Menschenverstand」という比較的新しい語があてがわれるようになったことに表われている。

(47) デカルトにとって、普遍的懐疑がアルキメデスの点に等しい役割を果たしたことは、デカルト哲学から手にとるように分かる。彼自身はっきりと指摘しているように、肝腎なのは、世界を転覆させ変革するための、ないしは世界を新しく再構築するための拠点としてのアルキメデスの点を、まさに意識自身のなかに発見することであった。「なぜなら私は、普遍的懐疑を確固たる不動の点とし、そこから出発して、神についての認識や、あなた自身についての認識、世界内に存在するすべての物についての認識、を導き出そうと心に決めたのですから」(前掲『真理の探究』p. 680〔邦訳三一四頁〕)。

(48) フランク前掲「科学の哲学的使用」は、「科学の課題」をそう定義している。

(49) 懐疑は懐疑によって、しかもほかならぬ相対性理論によって克服できるし、相対性理論によって、人間知性は、それに付きまとう一切の地上的残滓から、もしくは、空間と時間のどんな経験的測定にも自然にそなわる人間中心主義から、解放されうるのではないか。これが、エルンスト・カッシーラー(前掲『アインシュタインの相対性理論』〔邦訳七二頁、六〇頁参照〕)の抱いた希望であった。だがその希望も、結局叶えられないことが分かった。懐疑は、なるほど科学的事実確認の妥当性に向けられたわけではなかったが、科学によって発見される現象の理解可能性もしくは思考可能性には向けられたのであり、カッシーラーの書〔一九二一年刊〕が現われてからこの四十年間に、この懐疑は並々ならぬほど強化されたのである。

(50) カッシーラー同書〔邦訳一六一頁〕。

(51) ヘルマン・ミンコフスキー「空間と時間」Hermann Minkowski, "Raum und Zeit" に、そう述べられている。この論文は、ローレンツ、アインシュタイン、ミンコフスキーの早い段階の論文を集めた論文集『相対性原理』Lorentz, Einstein, und Minkowski, *Das Relativitätsprinzip*, 1913 に収められている。ここではカッシーラー前掲『アインシュタインの相対性理論』より引用〔邦訳一二二頁〕。

(52) ヴェルナー・ハイゼンベルク前掲『自然科学の基礎の変遷』Werner Heisenberg, *Wandlungen in den Grundlagen der Naturwissenschaft*, S. 66〔邦訳『自然科学的世界像』九一頁〕を参照。

(53) エルヴィン・シュレーディンガー Erwin Schrödinger の言い分による。「われわれの精神の眼が、ますます小さな距離、ますます短い時間に分け入ってゆくにつれ、われわれの見出す自然は、われわれの周囲の感知できる可視的物体に観察されるものとは、まったく異なった仕方でふるまうことが分かってくる。その結果、われわれに見合ったスケールの経験に準じて形づくられたいかなるモデルも、「真」ではありえなくなってしまう」。『科学とヒューマニズム』*Science and Humanism*, 1952, p. 25〔伏見康治・三田博雄・友松芳郎訳、みすず書房、二九頁〕を参照。

(54) ハイゼンベルク前掲『自然科学の基礎の変遷』S. 64.〔邦訳八七頁。〕

(55) この主張のために、私はプランクの次の言葉を援用したい。この言葉は、シモーヌ・ヴェイユが「エミール・ノヴィス Emile Novis」という筆名で公表した、非常に興味深い論文「量子論についての考察」"Réflexions à propos de la théorie des quanta," in: *Cahiers du Sud*, déc. 1942 に、次のようにフランス語訳〔以下邦訳のみ記す〕で引用されている。「ある仮説の創造者は、事実上無限の可能性を意のままにできる。彼は、自分の感覚器官の機能にも、自分の使う器具の機能にも、ほとんど拘束されていない。……彼は、自分のために、思いのままに幾何学を一つ創造する、とさえ言える。……まただからこそ、どんな計測も、仮説を直接に確かめることも覆すこともできないだろう。尺度にできることはせいぜい、適合の度合が多いか少ないかを際立たせることだけである」。シモーヌ・ヴェイユが長々と説明してくれているように、科学の基礎づけの危機において問題となるのは、科学自体よりも「かぎりなく貴重」なもの、つまり真理の概念である。ヴェイユは見てとっていないことだが、こうした問題群全体のなかでの最大の難問は、この手のあらゆる仮説から、何かしらの技術があからさまに繰り出され、しかもその技術によって、仮説的-理論的に仮定されたものが、確証されてしまうことにある。

(56) シュレーディンガー前掲『科学とヒューマニズム』S. 26.〔邦訳二九頁。〕

(57) 前掲『科学と近代世界』p. 116.〔邦訳一五七頁。〕

(58) 『第七書簡』三四一Cを参照。

(59) 『ニコマコス倫理学』一一四二a二五以下および一一四三a三六以下を参照。

(60)「洞窟の比喩」は、ホメロス的世界秩序の転倒を意図したものであった。このことを読者に分からせようと、プラトン自身が仄めかしている。洞窟の比喩において鍵となる二語、*eidōlon* つまり像と *skia* つまり影は、『オデュッセイア』のなかでホメロスが冥界を描くときに用いた言葉だからである。

(61) ホワイトヘッド前掲『科学と近代世界』pp. 116-117.〔邦訳一五九頁。〕

(62) カントは『天界の一般自然史と理論』の序文で、そう述べている。〔『カント全集2　前批判期論集Ⅱ』岩波書店、所収の宮武昭訳、一九頁。〕

(63) 今日、自然科学の全学問分野の公理系に属しているのは、「自然とはプロセスである」こと、また科学とは、過程、事件、出来事についての研究と関係があるのであって、物についての研究とは無関係であること、もしくは「過程のほかにはそもそも何も存在しない」こと、これである。ホワイトヘッドはそう言っている。『自然という概念』p. 53, p. 15〔*Va* の「p. 55」を *HC* に従って訂正〕, p. 66.〔邦訳六二頁、一八頁、七六頁。〕

(64) これに関してヴィーコは、前掲『われわれの時代の学問方法について』の第四章でこう述べる。自然を造り出したのは神だから、自然過程を認識できるのも神だけである。認識の理想とは数学的認識であり、そのわけはひとえに、数学的な量は人間自身の知性によって生み出されるものだからである。「われわれが幾何学的な事柄を証明するのは、われわれがそれらを作っているからである。もしかりに、われわれが自然学的な事柄を証明できるとしたら、われわれはそれらを作っていることになってしまうであろう」〔邦訳『学問の方法』四〇―四一頁による〕。この論考は、少なからぬ点で興味深い。この書は、『新しい学』の約一五年前に書かれ、なぜヴィーコが自然科学から離れて最終的に「新しい」歴史科学へ向かう気になったかを告げている。とはいえ彼は、この新しい学を当時はまだ発見していなかった。ヴィーコは、政治学という古来の倫理学の見地から、諸学を批評している。この書の執筆後にはじめて、自然が神の被造物であるのと同じ意味で歴史は人間の産物だ、という思想がヴィーコに思い浮かんだのである。十八世紀初期という時代にあって、この思想的発展はまだ例外であった。明らかにヴィーコは、のちの歴史科学と歴史哲学の先駆者なのである。注目すべきことに、ヴィーコはもともと、新しい政治哲学に着目していた。フランス革命以降の歴史哲学の発展を思い起こせば、おそらく次のように言ってよいだろう。近代が政治哲学の革新をもたらすかに見えたその瞬間のたびに、いつも決まって政治哲学はすぐさま一種の歴史哲学に変身してしまった、と。

(65)『リヴァイアサン』序文で、ホッブズはそう述べている。

(66) マイケル・オークショット Michael Oakeshott は、彼の編集した『リヴァイアサン』*Leviathan*, in: Blackwell's Political Texts に付した素晴らしい「序論」Introduction, p. XIV〔中金聡訳『リヴァイアサン序説』法政大学出版局、所収、一三頁〕で、そう述べている。

(67) オークショット同書 p. LXIV.〔おそらく「『リヴァイアサン』序文」と注記するのが正しい。*HC* ではこの箇所に注は付いておらず、その代わり、数行前に出てくる「工作品」"works of art" という引用句に注がついている。その注で指示されているオークショット同書 p. lxiv（邦訳八六頁）にも、"work of art"（邦訳では「人為のわざ」）という語句なら——しかも『リヴァイアサン』ラテン語版の序文からの引用の形で——出てくる。〕

(68)『形而上学』一〇二五b二五以下、および一〇六四a一七以下を参照。

(69) プラトンに関しては、『テアイテトス』一五五。*mala gar philosophou touto to pathos, to thaumazein ou gar allē archē philosophias autē* ——「というのも、まったくもってこの驚嘆こそ、哲学者が見舞われる当のものだからであり、というのも、これよりほかに哲学の始まりなどないからである」。アリストテレスは『形而上学』の第一巻で、プラトンのこの命題をほとんど逐語的に引用しているように見えるが（九八二b一二）、よくよく読んでみると、アリストテレスはまったく別のことについて語っていることが明らかとなる。というのも、驚き怪しんで注意を向けるといったことによって、物事の手がかりを摑もうとすることへと駆り立てられる、と言っているからである。アリストテレスにとって「哲学の始まり」とは、「無知からの脱却」への努力のうちに存する。

(70) アンリ・ベルクソン『創造的進化』Henri Bergson, *Evolution créatrice*, 1948, p. 157〔真方敬道訳、岩波文庫、一九〇—一九一頁〕を参照。近代哲学におけるベルクソンの位置を分析することは、本書の範囲を逸脱してしまうことになろう。かりにそのような分析を行なうとして、出発点とされるべきは、第一に、ベルクソンが homo sapiens つまり知性ある人よりも homo faber つまり制作する人に優位を置いていること、第二に、生命と精神とを繰り返し対立させていること、第三に、制作や「実践」を思考の真の源泉として分析していること、であろう。近代初期には、思考よりも制作に優位が置かれたが、この制作優位の確信は、その後、生命に他のすべてを圧倒するほどの絶対的優位が与えられることにより、取って代わられた。ベルクソンの哲学は、まさにこの交代劇を学ぶうえでの教材という役割を、少なからず果たすのである。ベルクソンは、フランスにおける労働論の発展に多大な影響を及ぼしたが、その理由は、ベルクソンが、制作優位と生命優位という近代の二つの傾向を、どちらも分け隔てなく抱え込むことができ、しかもそのさい、両傾向が本来相容れないものであることを意識しないでいられた、という点にあるのかもしれない。エドゥアール・ベルトとジョルジュ・ソレルの比較的古い著作のみならず、アドリアーノ・ティルゲル『制作する人』Adoriano Tilgher, *Homo faber*, 1929 も、ひいてはジュール・ヴュイユマン『存在と労働』Jules Vuillemin, *L'Être et le travail*, 1949 すら、ベルクソンの造り出した概念をなお本質的に利用している。ちなみにヴュイユマンは、現代フランスの著作家がほとんどみなそうであるように、もともとヘーゲル主義者である。

(71) ベルクソン前掲『創造的進化』p. 140.〔邦訳一七一頁。〕

(72)　ブロノフスキー前掲「科学と人間的価値」。〔邦訳四三頁、四八頁参照。〕
(73)　ジェレミー・ベンサムが『道徳と立法の諸原理序説』（一七八九年）で行なった有名な定式は、おそらくは、ジョセフ・プリーストリーからもともと来ており、ベッカリーアの「最大多数に分け与えられる最大幸福 la massima felicità divisa nel maggior numero」と明らかに近しい関係にある。――ヘフナー版『序説』へのローレンス・J・ラフラーの「序論」Laurence J. Lafleur, "Introduction" in: J. Bentham, *An Introduction to the Principles of Morals and Legislation*〔The Hefner Library of Classics, 1948〕を参照。エリ・アレヴィは『哲学的急進主義の形成』Elie Halévy, *La formation du radicalisme philosophique* で、ベンサム、ベッカリーアのどちらとも、エルヴェシウスの『精神について』Helvétius, *De l'esprit* に依拠していることを示してみせた。
(74)　ラフラー前掲「序論」p. XI――ベンサム自身は「功利主義 utilitarianism」に異議を唱えたが、それは、「効用 utility という言葉が、幸福 happiness や至福 felicity ほどには、快楽と苦痛の観念を明確に指し示すものではない」からである（ヘフナー版『序説』p. 1 の注）。〔山下重一訳、『世界の名著49　ベンサム　ミル』所収、八二頁。〕功利の原理に対するベンサムの主たる異議は、効用は測定できず数字で表わせないから、というものだった。ベンサムによれば、そのような算定可能性なしには、正と不正を決定するための客観的基準の可能性がなくなってしまう。ベンサムは、快楽の原理を功利の原理から導き出すために、効用の概念を使用の観念と完全に切り離した（『序説』第一章第三節〔邦訳八三頁〕を参照）。この切り離しは、功利主義の歴史における転回点を示すものである。というのも、功利の原理は第一次的には自我に関係するが、ベンサムがその功利の原理をはじめて根本まで突きつめた結果、使用対象物からなる自立的世界への一切の関係が脱落し、現実に関わり合う相手としては、わずかに功利感覚もしくは快感だけでよい、あるいは、アレヴィの言うように、一般原理に高められたエゴイズムだけでよい、ということになるからである。
(75)　アレヴィ前掲『哲学的急進主義の形成』から引用。
(76)　ベンサムの『序説』冒頭の一文は、こうなっている。「自然は、人類を、苦痛と快楽という、二人の主権者の支配のもとに置いてきた」〔邦訳八一頁〕。アレヴィが示したように、ベンサムはほとんど逐語的に、エルヴェシウスと同じ言い方をしている。他方でアレヴィが言うには、「非常に流行した考えが最終的に同一の定式に至るのは、ごく当然のことだ」。なるほどこれは正しいが、それによって明らかなのは、われわれがここで相手にしているのは、作家であって、哲学者ではない、ということである。というのも、哲学においては、何らかの考えが、たとえそれが自明であっても、二人の著者によって同じ言葉で表現される、などということは、決してありえないからである。両人が見せ合って書き取るのでもないかぎりは。
(77)　アレヴィ前掲『哲学的急進主義の形成』。
(78)　マルクス、ニーチェ、ベルクソンは、現代の生命の哲学を代表する三傑である。彼らは、各々の流儀で、生と存在とを同一視する。この同一視は、自己反省にもとづく。というのも、生命、もしくは生きて存在していることは、じっさい、意識が自己自身のみを対象とする場合、意識によって意識される唯一の「存在者」だからである。だが、現代の生命の哲学は、根本的には依然として意識の哲学ではあるものの、それ以前の近代の意識論や認識論とは、やはり異なったものである。というのも、生命の概念が、当の意識を、いわば力動化し活発化させることにより、伝統的な真理の理想ならびに伝統的に哲学者がとってきた観想本位の態度から、いっそう決定的に切り離している、という違いが見られるからである。それゆえ、近代哲学とは違った現代哲学の反抗は、たんに哲学の伝統に対する反抗ではもはやなく、哲学一般に対する哲学者自身の内攻的反抗と化している。これがそもそも始まったのはキルケゴールにおいてであり、それが終わるのはフランス実存主義においてである。一見それは、理論と実践の逆転、つまり観想から行為のへ逆転に、そのまま対応しているように見える。ところが、キルケゴールの思考はたしかに一種の内的行為だから、彼のことはひとまず措いて考えてみると、ただちに判明することがある。上記の生命の哲学者の誰一人として、行為を問題にしていないのである。ニーチェとベルクソンが行為について語るとき、彼らが考えているのは制作であり、制作する人《ホモ・ファーベル》が知性ある人《ホモ・サピエンス》の地位に取って代わっている。またマルクスも、もっぱら「生産性」ということを赤裸々に問題にした人であり、行為や労働について語っていても、制作のことを考えている。だが、現代思想の核心にして、彼らの哲学体系が本当にそれを中心にして回っている参照点とは、制作と世界でも、行為と人間事象でもない。生命とその多産性なのである。

(79) キケロ『国家について』第三巻第二三節を参照。共同体は永遠であるべく創設されねばならぬ、との信念が、古代では当然のことであった点に関しては、たとえば、プラトン『法律』七一三を参照。そこでは、国家創設者に向かって、国家創設者たるもの、人間自身における不死的なものに照準を合せねばならぬ、とはっきり説かれている。

(80) プラトンは『国家』四〇五C〔以下〕でそう述べている。

(81) ドミニコ修道士ベルナール・アロの著作『聖パウロの労働観』Bernard Allo, *Le travail d'après St. Paul*, 1914 で、そう呼ばれている。近代の労働讃美がキリスト教起源であることを証明しようと骨を折っているカトリックの著作は、かなりの数にのぼる。この見地において標準的な研究としては、フランスでは、エティエンヌ・ボルヌ、フランソワ・アンリ『労働と人間』Étienne Borne, François Henry, *Le travail et l'homme*, 1937, ドイツでは、カール・ミュラー『聖トマス・アクィナスの道徳哲学原理からみた労働』Karl Müller, *Die Arbeit nach moral-philosophischen Grundsätzen des heiligen Thomas von Aquino*, 1912 が挙げられる。歴史のこの曲解に対して、ルーヴァンのジャック・ルクレールは近年、『自然法講義』第四巻の「労働と所有」Jacques Leclercq, *Leçons de droit naturel*, vol. IV: “Travail, propriété,” 1946 で反論を試みた。労働哲学へのルクレールの寄与は、別な見地から見ても特筆すべきものである。「キリスト教は、労働の評価を大きく変えはしなかった」し、トマスの著作では、労働はほんのついでに触れられているにすぎない（pp. 61-62）。

(82)『テサロニケ人への第一の手紙』第四章九―一二、および『テサロニケ人への第二の手紙』第三章八―一二を参照。

(83)『対異教徒大全』第三部一三五。Sola enim necessitas victus cogit manibus operari. つまり「じっさい肉体労働を強いるのは、克服すべき必要のみである」。

(84)『神学大全』第二―二部第一八七問題第三項および第五項を参照。

(85) 修道院の規則、なかんずくベネディクト修道院の規則 ora et labora つまり「祈りかつ働け」において、労働が勧告されているのは、無為閑居の誘惑を退けるためであった（規則第四八項）。いわゆるアウグスティヌスの規則（『書簡』二一一）において、労働は自然法と見なされているが、罪に対する罰とは見なされていない。アウグスティヌスが肉体労働――opera つまり仕事と labor つまり労苦が同義で用いられているのは、otium つまり閑暇の反対がもっぱら問題だからである――を勧めた理由は、三つある。1. 無為閑居の誘惑に打ち克つため。2. 貧しい人びとにキリスト教的隣人愛を施すことが修道院に可能となるため。3. 他の活動たとえば売買が精神に余計な負担をかけるのと違って、肉体労働は観想を促進するため。――修道院における労働の役割に関しては、エティエンヌ・ドゥラリュエル「四世紀から九世紀までの西洋修道院の宗規における労働」Étienne Delaruell, "Le travail dans les règles monastiques occidentales du 4e au 9e siècle," in: *Journal de psychologie normale et pathologique*, vol. XLI, no.1, 1948 を参照。この文脈においてじつに特徴的なのは、ポール・ロワイヤルの人びとが労働を、非常に有効な懲罰手段の一つとしてなお用いていたことである。同上雑誌所収のリュシアン・フェーヴルの論文「労働――言葉と観念の発展」Lucien Fèbvre, "Travail: Évolution d'un mot et d'une idée" を参照。

(86)『神学大全』第二―二部第一八二問題第一項および第二項（稲垣良典・片山寛訳『神学大全　第二三冊』創文社、二〇九―二一八頁）を参照。トマスは、いかにも彼らしく、観想の優位に関してアウグスティヌスと見解を異にしている。というのも、アウグスティヌスにとって、inquisitio, aut inventio veritatis つまり「真理の探究もしくは発見」とは、絶対的なものではなく、ut in ea quisque proficiat つまり「それにおいて誰かが利益を得るために」のみ求められるべきものであったからである（『神の国』第一九巻第一九章（服部英次郎・藤本雄三訳、岩波文庫第五分冊八二頁）を参照）。だが、両者の違いは、アウグスティヌスのほうが原始キリスト教の精神に近かった、ということを意味しない。むしろそれは、それぞれの思想家の思想の鋳型が、本質的にローマ的であるか、それとも本質的にギリシア的であるか、の違いなのである。

(87) 福音書には、この世的な所有がわざわいであるとは語られているが、労働が神聖であるとは語られていない。以下を参照。『マタイ福音書』第六章一九―三二、第一九章二一―二四、『マルコ福音書』第四章一九、『ルカ福音書』第六章二〇―三四、第一八章二二―二五、『使徒言行録』第四章三二―三五。

(88) マルクスは一八六八年七月〔一一日付〕のクーゲルマン宛書簡でそう記している。

(89) 〔*Va* にのみ見られる注〕マルクス『資本論』〔第一巻〕第一二章第二節、および『経済学・哲学草稿』*Ökonomisch-philosophische Manuskripte*〔『初期著作集 Jugendschriften』とあるのを訂正〕, in: *Marx-Engels Gesamtausgabe*, Abt. I, Bd. 3, Berlin 1932, S. 123 を参照。

(90) 芸術家の活動が、世界に差し向けられているという意味での世界性をもつことは、対象性を欠く非客観的な現代芸術においても、むろん変わっていない。この非客観性は、主観性と何の関係もなく、芸術家は「自己表現」を欲しているとかいった批評とも、何の関係もない。そんなことを言っているのは、いかさま師だけであって、芸術家ではない。あらゆる芸術家は、画家、彫刻家であれ、詩人、作曲家であれ、世界の物を生み出している。芸術家本来の仕事である物化と何一つ通ずるものがないのが、自己表現の実践とやらであって、こちらは非常に疑わしく、どう見ても完全に非芸術的である。抽象芸術というのはあるかもしれないが、表現主義などといったものはそもそもありえない。

(91) 〔*Va* にのみ見られる注〕ハンス・キーンレは「原子と宇宙」Hans Kienle, "Atom und Kosmos," in: *Vom Atom zum Weltsystem* (Sammelbuch), 1954, S. 121 で、そう述べている。

訳注

序論

〔1〕(一一頁) この巻頭詩は *Va* にのみ見られる。ブレヒトが実質的デビューを飾った戯曲『バール』の序曲「偉大なるバールの頌歌」から、第一連と最終連が採られている(『ブレヒト戯曲全集 第1巻』岩淵達治訳、未来社、所収、七頁、一一頁を参照)。アーレントは、『暗い時代の人々』所収のブレヒト論でも、この二連の組み合わせをドイツ語のまま引用し、かつその英訳を注に記している。"Bertolt Brecht: 1898-1956," in: Hannah Arendt, *Men in Dark Times*, Harcourt Brace & Company, 1968, pp. 230-231(阿部齊訳、ちくま学芸文庫、三五七頁、三九〇頁)。天空の下、大地の上に、人間が生を享け、好き放題やり散らかし、あげくに滅びようとも、天空は何も変わらず、彼らが仰ぎ見た通りに、いつまでも美しい。――そうアーレントは言いたいのだろうか。

〔2〕(五頁) 本文の第40節で参照される Erwin Schrödinger, *Science and Humanism*, 1952, p. 25(伏見康治他訳『科学とヒューマニズム』みすず書房、二九頁)に出てくる表現。

第一章 人間の被制約性

〔1〕(一一頁) *Va* の第一章のタイトルは、Die menschliche Bedingtheit である。*HC* では、書名そのままの The Human Condition だった。第1節で「人間の条件」がやにわに列挙されるのを見て、読者の多くは、「そもそも「人間の条件」とは何のことか」と当惑させられ、「こんな重要な概念を定義なしに使うとは粗雑もいいところだ」と決めつけたりもする。ドイツ語版では、

その違和感が緩和されていることに気づく。本書は、人間がさまざまな物事に制約されている、という状態――condition には「状態」という意味もある――の確認から始まる。この「制約されているあり方 Bedingtheit」の諸相を、活動的生の三種に応じて分節化してゆくのが、本書の基本的流れである。「生命それ自体」「世界性」「複数性」が、人間の根本条件だと言われる場合の「条件づけ」のあり方は、労働、制作、行為ごとに、当然異なる。まさにその多様性の洞察にこそ本書の議論が賭けられている以上、それを冒頭で画一的に説明しても意味はない。アーレントの思考は演繹的ではなく、第1節は公理集ではない。人間とは制約された存在だ、とする漠然とした先行理解を、賭金として発端に据え、その内実を一歩一歩あばき出してゆく、といういわば解釈学的方法が駆使されているのである。なお、「人間の被制約性」とは「人間の有限性」の焼き直しではないか、と評する向きがあるかもしれない。だが、人間の条件として本書で挙げられるのは、なにも、各人が死という終わりに差しかけられている、という意味での「可死性 Sterblichkeit」ばかりではない。大地、生命、世界、複数性も、それぞれの仕方で人間を制約しているし、とりわけ、「出生性 Natalität」という、生まれ出ずる者たちの始まりをはらんだ存在性格――有限性 Endlichkeit と対をなす原初性 Anfänglichkeit――が、「最も一般的な被制約性」の一つとして、第1節で打ち出されていることに注意したい。

第二章　公的なものの空間と、私的なものの領域

〔1〕（三一頁）*Va* の第二章のタイトル Der Raum des Öffentlichen und der Bereich des Privaten を、「公的なものの空間と、私的なものの領域」とそのまま訳した。*HC* には The Public and the Private Realm とあり、「公的領域と私的領域」とスッキリ訳せるので、それに合わせてもよさそうだが、ドイツ語のゴテゴテした調子を再現して、はじめて分かることもある。「空間《ラウム》」という語には、出来事が繰り広げられる開放的なソトの舞台、という含意があり、「領域《ベライヒ》」には、閉鎖的ながらも広がり豊かなウチの勢力圏、という含意がある。ただし、この含意はあくまで相対的なものにとどまる。

〔2〕（三二頁）原語は Mitwelt であり、「人びと」――とりわけ「後世（の人びと）Nachwelt」との対比における「同時代の人びと」――の意である。「共同世界の不断の現存 die ständige Anwesenheit einer Mitwelt」とは、要するに「他の人びとがたえずそこに居ること」である（じっさい *HC* では、the constant presence of others となっている）。アーレントの「世界」概念の内実が表われていると考えられるので、ここでは「共同世界」と強く訳した。ただし、文脈によって「世の人びと」「世間」と訳す場合もある。

〔3〕（三四頁）　二行前の『アンティゴネー』の末尾にあるように、」から、ヘルダーリン訳のこの引用文の終わりまでは、*HC* では、次のように書かれている。――「それどころか、『アンティゴネー』末尾の数行からうかがえるように、「大いなる言葉」（*megaloi logoi*）は、襲ってくる打撃に対して応酬するだけの能力をそなえているがゆえに、最後には、年老いた身に思慮を教えることとなる」（p. 25）。しかも *HC* のこの一文には、長い脚注が付いており、*Va* ではそっくり削られている。重要と思われるので訳出しておく。

『アンティゴネー』末尾の数行（一三五〇―五四）の逐語訳は次のとおり。「だが大いなる言葉は、尊大な者の大いなる打撃に対抗しつつ［または返報しつつ］、年老いた身に思慮分別を教える」。この詩句の内容には、近代的理解をひどく困惑させるものがあるため、原文の赤裸々な意味を汲んだ訳をあえてつけている翻訳者には、めったにお目にかかれない。例外はヘルダーリンの次の翻訳である。**"Grosse Blicke aber, / Grosse Streiche der hohen Schultern / Vergeltend, / Sie haben im Alter gelehrt, zu denken."**〔このヘルダーリン訳が *Va* では本文中に引用されているわけである。〕プルタルコスの伝える次の逸話に示されているのは、はるかに低次元の話ながら、為すことと語ることの結びつきの例である。昔ある男がデモステネスを訪ねて、自分が人からどんなにひどく殴られたかを述べた。「でも、あなたは」とデモステネスは言った、「自分で言っているような被害を、じつは全然受けなかったのですね」。こう言われるや、その男は声を荒げてこう叫んだ、「被害を全然受けなかった、だって？」。「あ、今やっと」とデモステネスは言った、「攻撃されて被害を受けた本人の声が、私に聞こえてきました」（『英雄伝』「デモステネス」）。言葉を通して思想を表現するといった近代的発想は、古代にはなかった。むしろ、言論と思考の古代的な結びつきの最後の名残りをとどめているのは、人口に膾炙したキケロの一句 **ratio et oratio** つまり理性と言論である」（pp. 25f., note 8）。

この箇所に関するかぎり、*HC* のほうが内容豊かで示唆に富んでいるのは明らかである。逆に言えば、アーレントが *Va* で、なぜこの箇所の説明を削除したのか、理解に苦しむ。ソフォクレスの訳に自信がなくなったからであろうか。ともあれ、*HC* の原注に引用されているこのヘルダーリン訳が、*Va* では本文中に掲げられるのみとなっている。ちなみに、以下の邦訳三種はどれも、ヘルダーリン訳やアーレント訳と異なり、「メガロイ・ロゴイ」を、「大言壮語」「広言」と否定的に解している。「傲りたかぶる／人々の大言壮語は、やがてはひどい打撃を身に受け、その罪を償いおえて、／年老いてから慮りを学ぶが習いと」（岩波文庫（旧）呉茂一訳）。「心奢りて大言壮語を／弄べば、神罰痛し、恐ろし。／かくては年齢を重ねてぞ、思慮するすべを教えらるる」（岩波版『ギリシア悲劇全集　第3巻』柳沼重剛訳）。「驕慢の徒の／広言は、手ひどい打撃を蒙って、／償うてのち、／老いに至って、思慮を教える定め」（岩波文庫（新）中務哲郎訳）。

〔4〕（四三頁）　*Va* には **confrèreries** とあるが、*HC* に従って訂正。

〔5〕（六三頁）　*Va*にのみ見られるこの引用句は、作者不詳のドイツの詩の冒頭。バッハが妻に贈った『アンナ・マクダレーナ・バッハのための音楽帖』に曲を付けて収められている（ジョヴァンニーニのアリア「あなたの心を下さるのなら」）。

〔6〕（六六頁）　この改行は*Va*にのみ見られる。

〔7〕（六八頁）　この改行は*Va*にのみ見られる。

〔8〕（六九頁）　*HC*では、ここで改行されている。前注〔6〕〔7〕に記した段落増2から差し引いて、*Va*の第7節は*HC*より1段落多い全15段落。

〔9〕（七二頁）　*Va*の第8節のサブタイトルは、Eigentum und Besitzである。*HC*ではたんにPropertyとあり、「財産」と訳せば足りる。それと対比されているドイツ語Besitzは、英語のwealthに対応しているから、*Va*のサブタイトルも「財産と富」と訳せばよさそうだが、ドイツ語には「富」に相当する別の言葉Reichtumがあり、それと区別するために「占有物」という訳語を用い、「財産と占有物」とした。Besitzというドイツ語は、一般には「所有（物）」と訳されるが、これは避けた。家屋敷のように財産として安定して「所有」される各自に固有なものとは違って、金銭や召使のようにそのつど保有され生活の必要や贅沢に供される持ち分を、本書では意味するからである。

〔10〕（八八頁）　この「プロレタリアート」の語源説明は、*HC*には見られない。すぐあとの、労働が犯罪も同然に扱われた近代初頭の状況説明も、*Va*のほうが詳しい。

〔11〕（八九頁）　厳密にいえば、この一文は訳者の解釈的敷衍ということになる。

〔12〕（八九頁）　*Va*の第10節のタイトルは、Die Lokalisierung der Tätigkeitenである。*HC*ではThe Location of Human Activitiesだが、英語のlocationがドイツ語ではLokalisierungとなった分、たんなる「場所」ではなく、活動ごとに「場所が指定されていることLokalisiertheit」を、第二章の締めくくりに再確認する、という第10節の主旨が鮮明になっている。地球化globalizationに対抗する局所化localizationの論理を、アーレントは、ハイデガー的ひいてはアリストテレス的な「場所《トポス》」論によって、早々《はやばや》と提出していたのである。

第三章　労働

〔1〕（一二一頁）　この改行は*Va*にのみ見られる。

〔2〕（一二一頁）　*HC*では、この引用箇所が、本文では英訳で示され、脚注にてドイツ語からの引用がなされ（ただし“Des

Prozess"は誤記、"Der Prozess"とすべき)、かつ「『資本論』第一巻第三篇第五章」と記されている。

〔3〕（一二四頁）　*Va* 旧版には、次段落の前に、このような空白の一行がある。*Va* 新版では削られており、*HC* にもない。分量豊かな第14節の内容上の重要な区切りを示していると考えられるため、本訳書では残しておいた。

〔4〕（一二七頁）　この改行は *Va* にのみ見られる。前注〔1〕の改行箇所と併せて、*Va* の第14節は、*HC* より2段落多い全13段落。

〔5〕（一二九頁）　*HC* の第15節のタイトルは、The Privacy of Property and Wealth つまり「財産と富の私的性格」であったが、*Va* では Die Abschaffung des "toten" Eigentums zugunsten der "lebendigen" Aneignung となっており、英独両版でかなりの違いが見られる。第8節で導入された「財産」と「占有物または富」の区別立ての続行であり、ここで「財産 Eigentum」と対比されているのは、「わがものとして手に入れること・我有化 Aneignung」である。英語では appropriation に相当。その対をなす Enteignung, expropriation は、「固有 eigen, proper」なものの剝奪といったほどの意味であり、本訳書では文脈に応じて、「財産没収」「土地収用」「脱固有化」といった訳語をあてた。宗教改革の副産物であった教会領没収とそれに伴う無産階級発生という資本主義成立史上の出来事を表わす場合、「出来事 Ereignis」との語呂にも留意して、「脱固有化の出来事」と訳すこともある。重要なのは、「我有化」と「脱固有化」とは相容れないのではなく、むしろ一体だという点である。財産が「脱固有化」され、富ひいては資本として増殖したのち、再分配されることが「我有化」なのである（ハイデガーにおける Ereignis と Enteignis の共属性を想起するのもよいだろう）。

〔6〕（一三九頁）　*Va* の第16節のタイトルは、Das Werkzeug und die Arbeitsteilung である。*HC* では The Instruments of Work and the Division of Labor であり、どちらも「道具と分業」とあっさり訳せる。だが、本訳書では「仕事道具と労働分割」とあえて直訳した。労働省力化二大手段の対比を、つまり、もともとは仕事つまり制作に属する工具（や機械）と、労働（もしくは労働に見立てられた仕事）のプロセスを細分化する合理化の工夫とが、対照させられていることを、明示できる訳のほうがよいからである。ドイツ語の Werkzeug は、Zeug と同じく、要するに「道具」のことなのだが、その語感を響かせるべく、また「道具手段 Instrument」と区別するために、「仕事道具」と直訳した。同様に、Handwerker とは「職人」の意だが、「手仕事職人」と訳した。

〔7〕（一五二頁）　この改行は *Va* にのみ見られる（次段落の「労働／遊び」対立図式批判が増強されている）。*Va* の第17節は、*HC* より1段落多い全12段落。

第四章　制作

〔1〕（一六六頁）　*Va* の第19節のタイトル Die Verdinglichung は、*HC* の Reifcation 以上に、アーレントの近代批判が旗幟鮮明である。近代哲学では、伝統的「実体」概念を超克しようとする「物象化」批判の立場が支配的であり、モノは機能主義的にコトに解消されてしまう。その脱実体化一辺倒を批判し、実体《ウーシア》つまり永続的現前性という存在概念を、制作という領域に限定して復権させようとするのが、アーレントの「物」論なのである。それゆえ「物象化」と訳すのも一案だが（Entdinglichung は「脱物象化」と訳した）、ハイデガーの「物」講演の用語「物化 Dingen」（『ブレーメン講演』参照）との響き合いも捨てがたく、志水訳と同じ「物化」とした。

〔2〕（一七七頁）　ここで、世界と自然の区別の解消例として持ち出されてくる「都市と田舎の均一化」現象の説明は、*Va* ならではのものである。

〔3〕（一八七頁）　ニーチェの詩「ダーウィンの弟子たちによせて」の第一連に出てくる表現（ただし「イギリス人」が、*Va* では Engelländer と記されているが、ニーチェのテクストでは Engeländer、普通は Engländer）。「この行儀のよいイギリス人の／凡庸なる知性の徒を／君たちは「哲学者」だと言うのか。／ダーウィンをゲーテの隣に並べるとは、／尊厳を侮辱すること——／天才の尊厳を、だ」（Friedrich Nietzsche, "An die Jünger Darwins," in: *Götzendämmerung. Wagner-Schriften. Der Antichrist. Ecce homo. Gedichte*, Kröner Taschenausgabe Bd. 77, 1990, S. 505.『ニーチェ書簡集II　詩集』塚越敏・中島義生訳、ちくま学芸文庫、四六一頁）。なおニーチェは、この詩の第二連を、イギリス功利主義への揶揄に満ちた『善悪の彼岸』二二八番の末尾に付している。

〔4〕（一九五頁）　この段落での「頭脳労働」つまり科学研究上のチームワークという具体例に即しての説明は、*Va* ならではのものである。

〔5〕（一九七頁）　この *Va* にのみ見られる原注（30）は、*Va* 旧版の本文では番号が「20」と誤記されており、新版で訂正された。この段落のマルクス論は、*Va* でかなり拡充されている。

〔6〕（二〇八頁）　二行前の「詩人の言葉は……」から、この「語られた言葉」まで、ゲーテ『西東詩集』の「遁走 Hegire」からの、*Va* ならではの引用。

〔7〕（二一一頁）　この改行は *Va* にのみ見られる（この前後の「コンピュータ」論が、*HC* より増強されている）。

〔8〕（二一二頁）　この改行は *Va* にのみ見られる（次段落のカッコ内の「キッチュ」論は、*Va* ならではのもの）。前注〔7〕の

改行箇所と併せて、*Va* の第23節は、*HC* より2段落多い全12段落。*HC* に比して、*Va* のなかでも拡充のいちじるしい部分である。

第五章　行為

〔1〕（二一六頁）　本章の原注（42）に典拠が示されているように、ダンテからのこのエピグラムは、『君主制について』第一編第一三章から採られている。*Va* ではラテン語原文が掲げられているのみだが、*HC* では英訳が添えられており、本訳書でも、そのアーレント訳に見合った日本語訳を掲げた。そうしないと、第五章の内容との整合性が保てないからである。しかしながら、アーレントの英訳、とりわけ、原注（42）でも重視されている「最後の一文」Nihil igitur agit nisi tale existens quale patiens fieri debet. の訳し方 Thus, nothing acts unless [by acting] it makes patent its latent self. が、ダンテの趣旨に適合しているかは不明である。たとえば『君主制』の或る英訳では、こうなっている。Therefore nothing acts unless it has the qualities which are to be communicated to the thing acted upon. つまり「それゆえ、行為する側が、その行為を受ける側に伝えるべき性質を有していなければ、何ものも行為することはない」(Dante, *Monarchy*, translated and edited by Prue Shaw, Cambridge University Press, 1996, p. 22)。文脈からして、「君主たるもの、臣下をおのずと感化するに足る徳を、まずもって具えていなければならぬ」といったほどの意味なのである。とはいえ、ダンテはアリストテレスのエネルゲイア論に依拠しており、その潜在‐顕現の論理まで含めて、アーレントの読み方をどう解すべきかは、未決定のままとせざるをえない。（本訳注は、橋爪大輝氏の指摘に恩恵を受けた。記して感謝したい。）

〔2〕（二二七頁）　この段落の「無名戦士」の顕彰についての *Va* の記述は、味わい深い。その味わいを敷衍した日本語訳をあえて付けてみた。

〔3〕（二三二頁）　この改行は *Va* にのみ見られる（「物語」についての次段落の説明が *Va* で増強されている）。

〔4〕（二三二頁）　この改行は *Va* にのみ見られる（「ヒーロー」は物語の作者でないことについての説明が増やされている。ただそのあおりで、*HC* 中の「行為者かつ受難者 actor and sufferer」という印象的な一句が消えてしまっている）。*Va* の第25節は、前注〔3〕の改行箇所と併せて、*HC* より2段落多い全13段落。

〔5〕（二四五頁）　この改行は *Va* にのみ見られる（生の「倦怠」と「緊張」についての記述は、*Va* ならではのもの。ハイデガーの「死への存在」論の独特の再解釈を含む）。*Va* の第26節は、*HC* より1段落多い全7段落。

〔6〕（二四七頁）*Va*の第27節のタイトルは、Der griechische Ausweg aus den Aporien des Handelns である。*HC*では The Greek Solution とそっけなく、これを「ギリシア人の解決」と訳しても、あまりピンとこない。*Va*の説明的なタイトルには、ドイツ語版の持ち味がよく出ている。行為にまつわる幾重もの問題点に直面して困り果てたギリシア人は、その袋小路《アポリア》からの「抜け道」を、なんとか見出した――それが「ポリス」であった、というのである。「脱出法 Ausweg」は、救いのなさからの「逃げ道」ではあっても、万全の解決策にはほど遠い。行為が悲劇的なまでの難点を秘めていることを、行為《プラクシス》にいそしんだ古代人は、とっくに自覚していた。そうアーレントは「ポリス的なもの」を解している。悲劇より前に、まずもってポリスそのものが、ギリシア式ペシミズムの結晶なのである。

〔7〕（二五八頁）この改行は*Va*にのみ見られる。*Va*の第28節は、*HC*より1段落多い全14段落。

〔8〕（二六五頁）『旧約聖書』に収められた『伝道の書』からの引用は、日本聖書協会口語訳聖書に拠る。新共同訳聖書での書名は『コヘレトの言葉』。

〔9〕（二七五頁）この引用は*Va*にのみ見られる。アーレントはドイツ語訳で引いている。出典は、ハーマン・メルヴィル Herman Melville が匿名で発表した「ホーソーンとその苔 Hawthorne and His Mosses」。アーレントが引用した箇所の英語原文を、参考のために引いておく。"the immediate products of a great mind are not so great as that undeveloped, and sometimes undevelopable yet dimly discernible greatness, to which these immediate products are but the infallible indices" (in: *The Portable Melville*, ed. by J. Leyda, The Viking Press, 1952, p. 408). なお、金関寿夫訳、『世界批評大系1　近代批評の成立』筑摩書房、所収、四二五頁以下、も参照。

〔10〕（二八二頁）この箇所は、*HC*では別の脚注が付いていた。それが省かれたのは、アーレントとしてはもう、『革命について』（一九六三年刊）で詳論するつもりだったからであろうか。ともあれ、重要と思われるので*HC*から訳出しておく。

「大陸型の政党システムと、イギリスおよびアメリカ型のシステムとでは、実質上も政治的機能上も、歴然とした違いがあり、このことを心に留めておくことは重要である。ヨーロッパの革命の展開にあって、あまり注意されないながら、決定的な事実がある。評議会（ソヴィエト、レーテなど）というスローガンは、革命を組織するうえで能動的に関与した政党や運動によって掲げられたのではなく、いつも自然発生的反抗から生じた、という事実である。だからこそ評議会は、種々の運動のイデオローグからは、正しく理解されることも、とくべつ歓迎されることもなかったのである。彼らイデオローグは、自分たちであらかじめ画策していた政治形態を人民に押しつけるために、革命を利用しようとしたからである。クロンシュタットの反乱（一九二一年）の有名なスローガンは、ロシア革命の決定的転換点の一つだが、そのスローガンは「共産主義なきソヴィエト」であり、これは当時「政党なきソヴィエト」という意味であった。

全体主義体制の登場によりわれわれは新しい政治形態に直面している、というテーゼに関しては、拙論「イデオロギーとテロル」"Ideology and Terror: An Novel Form of Government," in: *Review of Politics*, July 1953 で少しく扱った。ハンガリー革命と評議会システムについてのいっそう立ち入った分析は、最近の拙論「全体主義的帝国主義」"Totalitarian Imperialism," in: *Journal of Politics*, February 1958 をご覧いただきたい。」(pp. 216f., note 52)

〔11〕（二八四頁）　*HC*では、ここで改行。つまり*Va*の第30節は、*HC*より1段落少ない全10段落。*Va*の節の段落数が、*HC*より少ないのは異例。

〔12〕（二八五頁）　*Va*の第31節のタイトルは、Der Versuch der Tradition, Handeln durch Herstellen zu ersetzen und überflüssig zu machen である。*HC*では The Traditional Substitution of Making for Acting と短く、「行為を制作に置き換えてきた伝統」と簡潔に訳せる。*Va*から訳すと、*HC*からの訳より長くなってしまう典型例である。他方、「行為を余計なものにしよう」とする意図が、プラトン以来の政治思想の伝統にひそんでいたことを明確化している点では、ドイツ語版の特色がよく出ている。

〔13〕（二九五頁）　この改行は*Va*にのみ見られる（次段落のイデア論の説明は、*Va*で大幅に拡充された部分。アリストテレス『哲学の勧め』からの引用も*Va*ならではのもの）。

〔14〕（二九七頁）　この改行は*Va*にのみ見られる。前注〔13〕の改行箇所と併せて、*Va*の第31節は、*HC*より2段落多い全15段落。

〔15〕（三一〇頁）　verzeihenを「赦す」、vergebenは「許す」、と訳し分けてみたが、両語に意味上の差異はないと見られる。

〔16〕（三一〇頁）　ゲーテの詩「魔法使いの弟子 Der Zauberlehrling」（一七九八年）の最後に出てくる、魔法使いの親方のセリフ。親方の留守中、弟子が箒を呪文で動かし水汲みをさせたまではよかったが、この制止の呪文を忘れて家中を水浸しにしてしまった。

〔17〕（三一四頁）　Verbrechenを「犯罪行為」、Verfehlungは「罪過」と訳す。前者が、自覚的な悪行であるのに対して、後者は、「そういうつもりじゃなかった」のに犯してしまった過ちである。

〔18〕（三一七頁）　この改行は*Va*にのみ見られる（この段落の記述は、*HC*に比べ格段に拡充されている。二つのことわざの引用も、*Va*ならではのもの）。*Va*の第33節は、*HC*より1段落多い全12段落。

〔19〕（三二一頁）　『創世記』第一二章一。関根正雄訳、岩波文庫、三四頁を参照。

〔20〕（三二三頁）　この改行は*Va*にのみ見られる（ニーチェ『道徳の系譜学』の約束論の解釈が拡充され、*HC*では脚注で述べられていたことも本文に取り込まれて、独立した段落をなすに至っている）。*Va*の第34節は、*HC*より1段落多い全8段落。

〔21〕（三二六頁）　このカッコ内は、*Va*ならではのもの。イエスという生まれ出ずる者の「誕生性 Gebürtlichkeit」――「出生性 Natalität」とほぼ同義――にひそむ政治哲学的意義の強調にしろ、出生性の観点からのヘーベルの「クリスマス説教」の解釈にしろ、見逃せない増補箇所である。

〔22〕（三二七頁）　ヘンデルのオラトリオ『メサイア』からのこの一句のもつ意味合いに関しては、森川輝一『〈始まり〉のアーレント――「出生」の思想の誕生』（岩波書店、二〇一〇年）を参照。

第六章　活動的生と近代

〔1〕（三二八頁）　「『彼』の系列への補遺」、飛鷹節訳『決定版カフカ全集3』新潮社、所収、三〇九頁。アルキメデスの点を「自分自身に向けて利用した」の箇所を、この訳書は、「それをもちいて自己自身を覆してしまった」と敷衍して訳している。

〔2〕（三二八頁）　ここで、「現代世界」はフランス革命とともに始まった、とあるのは、*Va*ならではの記述。だが、本書の「序論」の最終段落では、「近代 die Neuzeit」と区別される「現代世界 die moderne Welt」が始まったのは、科学の発展からすれば、二十世紀初頭（の原子核物理学の展開）から、また政治的には、原子爆弾の炸裂（つまり第二次世界大戦の終了）から、とされていた（本訳書一〇頁）。このあからさまな食い違いは、近代とポスト近代との境目をどこに見るかは観点に応じて多様でありうる、ということだろうか。

〔3〕（三二九頁）　*Va*旧版の「次いでこの要求は……続行され実現をみることになる（findet）」は、新版では「続行され実現されるということがなくなる（endet）」となっている。旧版に従う。なおこの一文は、前訳注〔2〕の箇所と同様、*HC*にはなく、*Va*で加筆された部分。

〔4〕（三四〇頁）　『ツァラトゥストラはこう言った』第二部の最終章「最も静かな時」に出てくる表現（氷上英廣訳、岩波文庫、上巻二五六頁を参照）。同書の第二部には、「大いなる出来事について」と題された「革命」論があることも、銘記すべきであろう。

〔5〕（三四二頁）　*HC*では、この注の最後に、次のような参考文献の指示が付されている。――「現代科学の観点から、古代ギリシアの自然的世界について非常に啓発的な説明をしてくれているのは、S・ザンブルスキー『ギリシア人の自然的世界』S. Sambursky, *The Physical World of the Greeks*, 1956 である」（p. 259, note 10）。

〔6〕（三五九頁）　ここから、この段落最後までの記述は、*Va*にのみ見られる。ライプニッツの問いからハイデガーへ差し向ける原注（31）も、*Va*ならではのもの。

〔7〕（三六九頁）　この改行は*Va*にのみ見られる。*Va*の第39節は、*HC*より1段落多い全7段落。

〔8〕（三七二頁）　*Va*の第40節のタイトルは、Das Denk- und Erkenntnisvermögen und das neuzeitliche Weltbild である。*HC*では

Thought and the Modern World View であり、「思考と近代的世界観」と訳せる。*Va* のタイトルの利点は二つ。（1）第六章「活動的生と近代」で展開される「近代の起源」への問いが、デカルト解釈を下敷きにして世界を「像 Bild」として把握するのが近代だと結論づけたハイデガーの論文「世界像の時代」への批判的応答であることが、示唆されている。（2）『活動的生』には「認識論」が欠けていると批評されることがあり、それを哲学書としての物足りなさの理由に挙げる向きもあるが、その見方がいかに近代の枠内に囚われたものであるか、が分かる。「認識論」というジャンルは、ガリレイ以降、制作に依拠した発見により近代科学が成立したあとで、人間の「認識能力」に対する絶望的な懐疑が生まれたことに動機づけられて講壇哲学に咲いたアダ花にすぎない。これに対し、デカルト以降の「認識論的転回」の手前に正真正銘の「コペルニクス的転回」があったことを、『活動的生』の第六章はわれわれに思い起こさせてくれるのである。

〈9〉（三七四頁）ここからこの段落最後までの本文の説明は、*Va* にのみ見られる（*HC* では脚注扱いであった）。基本的にハイゼンベルクの解説に拠っている。

〈10〉（三七八頁）*HC* の第41節のタイトルは、The Reversal of Contemplation and Action であり、「観想と活動の逆転」と訳せる。ところが、*Va* ではタイトルが Die Umstülpung von Theorie und Praxis となっており、普通に訳せば、「理論と実践の逆転」となる。第一段落にさっそく述べられる通り、本節で第一義的に問題となるのは、近代では伝統的位階秩序が逆転して観想的生に対して活動的生が優位を占めるに至ったことである。だがそれが同時に「観照《テオーリア》」の意味変容をもたらし、「実践」に対する「理論《セオリー》」という意味が生ずるに至った（かつ「行為」も実用本位に解されるようになった）という事情をも、*Va* のタイトルはよく表わしている。近代は伝統を覆して「理論に対する実践の優位」を当初から提唱してきたし、その逆転が四百年にわたって「新しい」と称されてきたのである。この含意が、本節のタイトル「観照と行為の逆転」に響いていることに留意したい。なお、本節タイトルにある「行為 *Praxis*」とは、観想的生と対比されるかぎりでの「活動的生」のいわば総称である。近代では、まず制作が、次いで労働が昇進をとげるのと裏腹に、狭義の行為 Handeln, *praxis* はむしろ失墜してゆく。

〈11〉（四二五頁）キケロ『国家について』第一巻一七。岡道男訳、『キケロー選集8』岩波書店、所収、二八頁。『精神の生』の巻頭に掲げられることになる一句である。それにしても、「活動的生」に焦点を絞るべく「思考」は埒外としてきた本書の全体方針を、みずからぶち壊す、こういった終わり方は、いかにもアーレントらしい。自著へのこの身も蓋もない皮肉から分かることがある。本書の著者は、「観想的生」に関しても公平に考察予定であった、ということである。『活動的生』から『精神の生』へという道筋は、政治から哲学への「転向」などではなく、当初から予定されていたのである。

訳者あとがき

ここに、ハンナ・アーレントの哲学的主著を、ドイツ語版 *Vita activa oder Vom tätigen Leben*（逐語的には『ヴィタ・アクティヴァもしくは活動的生について』）からの新訳で、日本の読者に贈る。母語で語る著者の口ぶりが、『人間の条件』とはまた違った味わいであることは、一目瞭然であろう。英語版に比して、この『活動的生』は、優に増補改訂第二版と呼ぶに値する。書名からして別の趣だが、その一方で、内容上の揺らぎは一切見られない。われわれがこの世に生き、日々行なっていることについて根本的に考えようとする態度が、全編を貫いている。真に問題的な事象そのものへの執拗なまでのこだわりと、無類の辛辣さにまで高められた皮肉の数々、そして饒舌な文体に仕掛けられた愉快な脱線的放言。古代以来の西洋思想史を我がものとする分厚い教養と、同時代の出来事を前にしての戦慄から発する根本の問い、そして到来しつつある総体的危機に対する鋭敏な感受性。これはもう、その名に値する哲学書の真骨頂と言うべきである。そう、われわれの目の前にあるのは、マルティン・ハイデガーの『存在と時間』と並び称されるべき二十世紀の古典なのだ。自分のことを「哲学者」と呼んでくれるな、と嘯《うそぶ》いた天の邪鬼の正体を、ズバリ名指しするうえで、本書はまたとない証拠となろう。

訳出にさいしては、一九六〇年にコールハマー社から出た Hannah Arendt, *Vita activa oder Vom tätigen Leben*, Kohlhammer, Stuttgart 1960の、ピーパー社ペーパーバック版（Serie Piper 217, Piper, Müünchen/ Züirich 1981, 8. Auflage, 1994）を用いた。一九六〇年の初版以来、頁付けは長らく変わらなかった。版が一新されたのは、二〇〇二年ピーパー社刊の文庫特別版（Taschenbuchsonderausgabe, Piper, 2002）からであり、若干の誤植修正も施されている。本訳書では、読者が参照するさいの便宜を考え、現在入手可能なこの原書新版のおおよその頁付けを欄外に記した。

アーレントは、『人間の条件』*The Human Condition*, The University of Chicago Press, 1958 のドイツ語版を出すために、まず友人のシャルロッテ・ベラート Charlotte Beradt に英語版から訳してもらい、その粗訳に大幅に手を入れて完成させた。英語からドイツ語へのたんなる翻訳でないのは明らかで、著者が母語で自在に書き足している。分量が増えただけでなく、もともと屈折度の高い文体がいっそう陰影を増し、「手すりなき思考」の跡を留《とど》めている。英独両版の異同はあまりに多く、逐一指摘することは不可能だったが、それほど多くない段落分けの相違や、目に付いた書き足し箇所、注の追加等は、訳注に記しておいた。

翻訳するうえで心掛けたのは、とにかく日本語にすること、これに尽きる。アーレントのドイツ語は——親友だったハンス・ヨーナスの『責任という原理』もそうだが——、ドイツを離れて長い分、古き良きドイツ語の風格（つまり悪癖）を多分にとどめており、そのまま日本語に直そうとしても、日本語にならない。いつの時代の言葉かと溜息の出る「古典ドイツ語」を、現代日本語に移すことは難渋を極めた。単語レベルの翻訳不可能性にとどまらず、関係代名詞や冠飾句を多用しうねうね続く「美文」は、直訳主義ではどうにもならない。一つながりの文を区切ったり、順序を入れ換えたり、幾つも並ぶ副文の主文を補ったりと、訳文に工夫を凝らした。当たり前のようだが、逐語訳がまだ通用している哲学研究の世界では、これでも冒険に近いのである。厳密さを犠牲にしているように見えるかもしれないが、そのつもりはない。アーレントの言いたいことを踏まえたうえで、それを読みやすい——あわよくば声に出して読める——日本語に忠実に再現することに、ひたすら努めた。

訳注は、なるべく控えるようにした。本書はそうでなくとも大部であり、また付け出すとキリがないからである。先に述べた英独両版の形式上の違い（主に段落分けの変更）のほか、英語版に比してのドイツ語版の特色を、章や節のタイトルから窺えるもの、つまり基本用語に関するものを中心に、またドイツ語版で追補されたものに関して、注記する程度とした。だから訳注は、そういう立ち入った点に関心のある人向きである。邦訳者としては、あくまで、著者の面目躍如たる本文そのものを――アフォリズム集のような原注もだが――読者に日本語で味読していただきたいと、訳文の彫琢に精魂を傾けた。ついては、訳注とは別に、訳語に関する方針というか若干の断り書きを、若干記させていただく。（個々の訳語選定に関しては、事項索引に原語を逐一添えたので、そちらを参照されたい。）

まず、日本の一般読者は、英語版からの志水速雄訳『人間の条件』（一九七三年、中央公論社、一九九四年、ちくま学芸文庫）に親しんでいると思われるので、その違いについて。当然ながら、英語版とドイツ語版とでは、基本語レベルですでに大きなズレがある。たとえば、英語の work（仕事）は、ドイツ語では Herstellen であり「制作」と訳した。また action（活動）は、Handeln であり「行為」と訳した。「仕事」や「活動」は、英語の含みを活かした優れた日本語訳だと思うが、ドイツ語からの訳語としては、より一般的な表現を採用した。ただし、アーレントはドイツ語の Werk も用いており、こちらは「仕事」と訳した。同義の「制作」と並存しているが、混乱は生じないと思う。これに対し、ドイツ語版に頻出する Tätigkeit (-en) という語に、本訳書では「活動」という訳語をあてたが、こちらは英語版の activity, -ties（志水訳では「活動力」という訳だが、むしろ「活動的あり方」くらいがよい）に相当する。つまり、「活動的生 vita activa, das tätige Leben」の存在様式を一般的に表わす言葉である。action の訳語としての「活動」とは別物である点に留意されたい。

次に、いわゆる外来語について若干。アーレントは普段、ドイツ語で物を考えていたはずだが、米国に住み英語を用いることに馴染むうちに、英語の言葉遣いにもとづいて話を進めることも少なくなかったであろう。それゆえアーレントのドイツ語には、「英語表現のドイツ語表記」とおぼしき言い回しが出てくる。（日本語使用者でも、ある事柄を表わすのにピッタリの表現が日本語に見当たらないためカタカナ表記の外来語に頼ることが、ままある。ドイツ語と英語は、もともと同系語なので融通無碍なところがあるが。）たとえば、本書で出てくる重要語 Realität がその一つ。特殊な哲学専門用語として用いられる場合以外は、これを「実在性」「事象性」と訳したのではピンと来ない。だからといって、「現実」という訳では、普通すぎて足りない。それに、「現実」――もしくは「現実味」――は、別のドイツ語 Wirklichkeit の訳語に取っておきたいという事情もある。この場合、アーレントは reality という英語を思い浮かべ、かつその含みを活かしつつ、Realität というドイツ語表記を用いているように思われる。それゆえ、これを日本語に移す場合は、「リアリティ」とカタカナ表記したほうが、適切なのである。日本語でも外来語として定着しており、このさいカタカナ書きを採用することにした。ドイツ語からの訳なのになぜ英語のカタカナ表記が出てくるのか、と訝しむ向きもあろうが、安直にそうしているわけではないのである。

それと似て、しかしもう少し別の事情もあるのが、「プロセス」である。Prozeß も本書の最重要語の一つだが、英語の process の含蓄がそこには込められているように思われる。とはいえ、「過程」という標準訳でもよさそうに見えるし、じっさい志水訳『人間の条件』ではそうなっている。だが、次の理由から、本訳書では「英語からの外来語」と見なして「プロセス」というカタカナ書きを採用した。（1）ドイツ語版には、ほぼ同義の Vorgang という語も頻出し、こちらに「過程」という訳語をあてるため。（2）アーレントはホワイトヘッド（*Process and Reality* の著者）を強く意識して Prozeß という語を用いているが、ホワイトヘッド哲学の基本概念として――「過程」という一般的語彙ではなく――「プロセス」という表記が通用しているため。（3）Prozeß というドイツ語には、「訴訟」「審理」「裁判沙汰」といった意味もあり、アーレントがその語感を響かせている文脈に留意するうえでも、「過程」という訳では物足りないため。

外来語のカタカナ書きという点では、「ヒーロー」という表記にも注意を促しておきたい。この場合は、英語の hero そのものが「外来語」であり、古代ギリシア語の *hērōs* から来ている。このホメロス以来の由緒をもつ語源に、アーレントが立ち返ろうとしている以上、これを「英雄」とか「主人公」とかと訳したのでは、もったいない。ドイツ語の Held が用いられている場合でも、ギリシア語がもっぱら念頭に置かれているのである。そこでこの事情を示唆するために、ただしギリシア語そのままの「ヘーロース」ではなく、英語のカタカナ表記の「ヒーロー」を用いることにした。日本語としても十分すぎるほど定着しているし、まさにその語源が問題になっていることは注目されてよい。

もう一点、用語にまつわる留意事項を記す。ドイツ語版を読むメリットの一つに、ハイデガーとアーレントの哲学上の対決の現場を、そこにたやすく見出すことができる、ということがある。英語版には皆無だったハイデガーへの言及が、ドイツ語版の注に二箇所、明示的に見出せるが、それはかりではない。たとえば、『活動的生』にHerstellenという基本語を見出す者は、古代ギリシア以来の存在論の伝統に「制作」本位の発想がある、とした若きハイデガーの議論が髣髴としてくる、といった具合なのである。Befindlichkeit（情態性）やVerlassenheit（見捨てられた状態）といった含蓄に富んだドイツ語も、両哲学者の交叉地点を印づけるものである。Ereignis（出来事）という本書の重要語が、中期以降のハイデガーの思索の鍵語であったことも示唆深い。その場合、アーレントはハイデガーから学んだ概念を「応用」しているだけと見るのは、ありがちな初歩的誤解である。資本主義の起源を説明するためにアーレントの用いるEnteignung（土地収用・財産没収・脱固有化の出来事）という語も、まるで無関係に見えるハイデガーの用語Enteignisと並べてはじめて、その射程の思いがけない広大さが見えてくる。そういう関連を暗示すべく、訳文中にドイツ語の原語を添えた場合も少なくない。読者にはご賢察のうえご理解いただきたいと思う。

本書の内容についての解説は、これもやり始めるとキリがないので自制したいと思うが、アーレントの哲学的主著をどう読むか、の訳者の基本方針のみ述べておこう。思い切って単純化するとこういう見方もできる、といった程度のものと理解していただければと思う。

本書『活動的生』は、未完に終わったハイデガー『存在と時間』の存在論と哲学史再考のプロジェクトを批判的に続行する試みである。『活動的生』の序論と第一章は、総序と言えるもので、「観想的生」に比して伝統的に軽んじられてきた「活動的生」を取り上げる趣旨説明をしている。第二章では、「公的／私的」という現世的な領域区分が、「現われ／隠れ」というギリシア的現象概念を背景にして究明される。『活動的生』の以上の最初の部分は、存在問題の優位と現象学の方法を素描した『存在と時間』の序論に相当する。

『活動的生』の第三、四、五章は、『存在と時間』の第一部に相当する。つまり、「時間」にもとづいて「存在」が理解されるしくみを明らかにする部分である。労働、制作、行為の時間性格がそれぞれ、同じことの永遠回帰、永続的現前性、瞬間と歴史性として浮き彫りにされてゆく。現象学的存在論の本格的展開と言えよう。周知の通り、ハイデガーの主著は、第一部の第一篇から始まり第二篇までで途絶しており、核心部たる第三篇「時間と存在」が抜けている。これに対して、アーレントの主著の核心をなすのは、第五章「行為」であり、アリストテレスのエネルゲイア概念の奪還にきわまる「活動的生」の分析の絶頂を、われわれはじかに読むことができる。同時にそこでは、プラトン以来の制作本位の政治思想との対決が企てられ、イデア論批判を経由して西洋哲学史の解体へとすでに踏み出している。本書の前半ですでに折りにふれ論及されていたこの歴史的省察を、とくに近代に絞って展開したのが、第六章「活動的生と近代」である。この部分は、『存在と時間』の第二部に相当する。ただしアーレントの場合、起点となるのは、カントでもデカルトでもなく、ガリレイである――フッサールにおいてそうだったように。

そう見た場合、ハイデガーにおいてはついに未完に終わったプロジェクトが、アーレントでは完遂されていることになる。しかしだからといって、アーレントの企てがそれで終了してしまったわけではない。もちろん、晩年の『精神の生』*The Life of the Mind* も一幅対のプロジェクトをなすが、そればかりではない。『活動的生』第五章の「行為」の問題、とりわけ「始まり」と「約束」という主題の掘り下げは、哲学者アーレントの第二の主著『革命について』*Über die Revolution* で、大規模に続行されるのである。これに匹敵するものをハイデガーのテクストにあえて探すとすれば、『哲学への寄与（出来事について）』であろう。アーレントの「出来事」論――「革命への寄与」――を、ハイデガーのそれとの対比において読解することは、『活動的生』を『存在と時間』の換骨奪胎として解釈する者にとって、次なる課題となるにちがいない。

だがそれは、少し先の話である。本訳書により、日本の読者は、アーレントの「第一の主著」を、英語版からの翻訳に加えて、ドイツ語版からの翻訳でも、読むことができるようになった。おそらく英語圏でもドイツ語圏でも、たいていの読者は、彼らにとっての母語の言葉でしか接することはないだろう。ちなみに、フランスでは、英語版からの翻訳『現代人の条件』*Condition de l'homme moderne*, traduit de l'anglais par Georges Fradier, Calmann-Lévy, 1961が早くから出ており、一九八三年の新版にポール・リクールが優れた序文を寄せているほどで（合田正人訳『レクチュール　政治的なものをめぐって』みすず書房、所収）、専門研究者でもないかぎり、ドイツ語版を繙くことはなさそうである。だからこそ、日本の一般読者が、この二十世紀の古典に二通りの通路から近づけるチャンスを満喫されることを、訳者としては念願している。

訳文は、初校ゲラの段階で、陶久明日香さん、阿部里加さん、橋爪大輝さんに、分担して検討いただいた。拙訳はそのおかげで大いに改善された。古典語、ドイツ語、フランス語に関しては、篠澤和久さん、窪俊一さん、村山達也・神山薫さんに、相談に乗っていただいた。また、全体にわたって守田省吾さんに詳細に検討していただき、非常に助けられた。人名索引も守田さんの尽力の賜物である。以上の方々のご協力に感謝申し上げたい。ただし訳文の責任は、むろんすべて森にある。漢字表記にするか平仮名に開くかでゆれが見られるなど（たとえば、形／かたち、間／あいだ、内／うち）、訳者の非力ゆえの不統一も目立つが、読者のご海容を乞う。

最後に、私事を少し述べることをお許しいただきたい。

この翻訳を思い立ったのは、二〇〇三年度、研究休暇でフライブルク大学に滞在したおりだった。ドイツ人はアーレントを *The Human Condition* ではなく *Vita activa oder Vom tätigen Leben* で普通に読んでいる、というごく当たり前のことが新鮮に感じられ、その目でもって読み直すうちに、ドイツ語版特有のしつこさと迫力に惹かれるようになった。「可死性 Sterblichkeit」との対比で「出生性 Natalität」または「誕生性 Gebürtlichkeit」について考えをめぐらせていた時期でもあり、ドイツ語版の豊かさを日本語に再現しよう、と一念発起するに至った。そこで、みすず書房の守田省吾さんに、面識もないのにドイツから手紙を書き、序論と第一章の試訳を送った。——それからもう十一年以上が経った。自分の仕事の遅さに恥じ入りつつ、積年の宿題が果たせたことを嬉しく思う。その間ねばり強く見守ってくださった守田さんに、安堵していただけるのも喜びである。何より、畏敬すべき渡邊二郎訳のフッサール『イデーン I』の出版元から、拙訳を出せたことを誇りとする。かの超人的訳業の足元にも及ばないものの、訳注が少なめなのは取り柄となろうか。旧師には黙って始めた仕事で、とうに他界されてしまった以上、墓前に恐る恐る報告するほかない。他方、こわい父親のような存在が亡くなったあと、私をたえず激励してくださった方がいる。その暖かい励ましが、この間どんなに心の支えとなったかは、言葉にならないほどである。私の敬愛するその方、渡邊邦美さんに、胸いっぱいの感謝をこめて、拙い本訳書を捧げる。

二〇一五年三月

森　一郎

人名・著作名索引

＊　本訳書の頁付けを記す．訳注，章・節のタイトルは拾わなかった（以上，事項索引も同様）．古代の人名（神名）のつづりはドイツ語表記を原則とした．

ア　行

アインシュタイン　Albert Einstein　346, 373, 500
アウグスティヌス　Augustin　16, 18, 20, 65, 219, 427, 428, 430, 443, 448, 478, 488, 492, 498, 505
『神の国』　427, 428, 430, 443, 478, 505
『告白』　428
『自由意志論』　498
『書簡』　488, 505
『マニ教徒ファウストゥスを駁す』　441
アウグストゥス　Augustus　433
アウゲイアス　Augias　119
アキレウス　Achill　34, 248, 249, 433
アシュレー，ウィンストン　Winston Ashley　463
『自然的奴隷制の理論　アリストテレスと聖トマスに拠る』　463
アシュレー, W・J　W. J. Ashley　432, 437, 438, 445-447, 474, 476
『イギリス経済史・経済学説入門』　432, 437, 438, 445-447, 474, 476
アダム　Adam　12, 13, 166, 411, 459
アブラハム　Abraham　320, 321
アベル　Abel　412
アポロン　Apollo　229, 479
アリスタルコス　Aristarch　359, 493, 496
アリストテレス　Aristoteles　18-21, 27, 32, 33, 35, 36, 45, 46, 69, 100, 101, 116, 145, 190, 192, 237-239, 248, 251, 252, 268, 269, 280, 288, 295, 299, 319, 358, 381, 394, 395, 414, 428, 431, 433, 435, 437, 444, 445, 448-450, 452, 463, 470, 479-483, 486, 487, 493, 502
『アテナイ人の国制』　486
『エウデモス倫理学』　429
『経済学』（擬アリストテレス）　431, 434
『形而上学』　394, 395, 470, 481, 483, 486, 502
『詩学』　449, 480, 482
『政治学』　428, 429, 435, 437, 438, 448, 450, 452, 456, 463, 479, 486, 493
『動物発生論』　448
『ニコマコス倫理学』　428, 429, 433, 442, 481-483, 485, 486, 500
『プロトレプティコス（哲学の勧め）』　487
『弁論術』　433
『問題集』　480
『霊魂論』　431
アルキメデス　Archimedes　17, 328, 341, 343-346, 351-353, 355, 372, 375, 378, 402, 415, 416, 421, 499
アルクマイオン　Alkmaion　26, 431
アルブヴァクス　M. Halbwachs　484
『労働者階級と生活水準』　484
アレヴィ　Elie Halévy　503
『哲学的急進主義の形成』　503
アーレント　Hannah Arendt
「近代における歴史と政治」　488
「自然と歴史」　488
『ハンガリー革命と全体主義的帝国主義』　485
アロ　Bernard Allo　504
『聖パウロの労働観』　504
アンダース　Günther Anders　473
『時代遅れの人間』　473

アンドロマケ　Andromache　467
アンブロシウス　Ambrosius　442
『聖職者の義務』 442

イェーガー　Werner Jäger　432, 487
『パイデイア』 432, 487
イエス　Jesus von Nazareth　90, 91, 220, 313, 314, 316-318, 326, 343, 415, 427, 489-491

ヴァイツゼッカー，ヴィクトル・フォン　Viktor von Weizsäcker　464, 484
「労働の概念について」 464, 484
ヴァイツゼッカー，カール　Carl Weizsäcker　427
ヴァレリー　Paul Valéry　483
『あるがまま』 484
ヴィーコ　Giambattista Vico　303, 390, 499, 501
『新しい学』 501
『われわれの時代の学問方法について』 499, 501
ウィルソン　Edmund Wilson　459
『フィンランド駅へ』 459
ヴェイユ　Simone Weil　155, 466, 467, 500
「量子論についての考察」 500
『労働の条件』 466, 467
ウェスタ　Vesta　432, 433
ウェスターマン　William L. Westermann　428, 443, 466, 485
「奴隷制」 443, 466, 485
「奴隷と自由の間」 428
ヴェーバー　Max Weber　141, 332, 335, 446, 463, 492, 497
『古代農業事情』 438, 463
『プロテスタンティズムの倫理と資本主義の精神』 492
ヴェブレン　Thorstein Veblen　120, 193, 457, 463
『有閑階級の理論』 457, 463
ウェルギリウス　Vergil　437
『アエネーイス』 437
ヴェルナン　J.-P. Vernant　440, 449
「古代ギリシアにおける労働と自然」 440, 449
ヴュイユマン　Jules Vuillemin　458, 502
「存在と労働」 458, 502

エヴァ　Eva　13
エウテロス　Eutherus　435
エウマイオス　Eumaios　440
エウリピデス　Euripides　452
エッシェンブルク　Theodor Eschenburg　435
『ドイツの国家と社会』 435
エディントン　Arthur S. Eddington　344
エピクロス（派）　Epikur　133, 134, 307, 404-406, 461
エリアーデ　Mircea Eliade　490
『宗教史概論』 490
エルヴェシウス　Claude Helvétius　503
『精神について』 503
エルゼ　Gerard F. Else　470
「イデアという語」 470
エンゲルス　Friedrich Engels　105, 137, 452, 453, 467
『家族・私有財産・国家の起源』 453
エンデマン　W. Endemann　447
『私法における労働の取り扱い』 447

オークショット　Michael Oakeshott　501, 502
「『リヴァイアサン』への序論」 501, 502
オジアンダー　Osiander von Nürnberg　494
「『天球の回転について』への序論」 494
オタネス　Otanes　435
オデュッセウス　Odysseus　451
オニアンズ　R. B. Onians　445
『ヨーロッパ思想の起源』 445
オブライエン　George O'Brien　476
『中世経済学説についての試論』 476, 477

カ　行

カイン　Kain　412
カウツキー　Karl Kautsky　458, 459
『初期のマルクス主義から』 459
カッシーラー　Ernst Cassirer　494, 499, 500
『アインシュタインの相対性理論』 494, 499, 500

カトー　Cato　424
カフカ　Franz Kafka　328, 421
カペレ　C. Capelle　480
『ホメロスとホメロス的世界に関する辞典』　480
ガリアーニ　Abbé Galiani　475
ガリレイ　Galileo Galilei　329, 340-346, 354-357, 375, 383, 384, 386, 408, 416, 462, 491, 493, 494, 496
『星界の報告』　491
『偽金鑑識官』　462
『二大世界体系に関する対話』　496
カリグラ　Caligula　466
カルヴァン　Jean Calvin　332
ガルブレイス　John Kenneth Galbraith　468
『ゆたかな社会』　468
『慣習の書』　445
カント　Immanuel Kant　187-190, 234, 235, 316, 356, 385, 387, 489, 496, 501
『実践理性批判』　187
『天界の一般自然史と理論』　496, 501
『判断力批判』　187, 474

キケロ　Cicero　411, 444, 452, 454, 455, 460, 461, 504
『義務について』　454, 460
『国家について』　452, 504
ギゴン　O. Gigon　479
『ソクラテス』　479
『技術時代の人間と労働――合理化の問題について』（ティーリケ／ペンツリン）　471
『旧約聖書』　12, 126, 259, 414, 459, 469
『創世記』　12, 427, 459
『伝道の書（コヘレトの言葉）』　265
キルケゴール　Sören Kierkegaard　361, 384, 416, 497, 504
「ヨハンネス・クリマクス，もしくは，すべてを疑うべし」　497
キーンレ　Hans Kienle　506
「原子と宇宙」　506

クーゲルマン　Ludwig Kugelmann　506
クザーヌス　Nikolaus Cusanus　340, 342
クセノフォン　Xenophon　435, 436, 440, 450, 479, 486
『アナバシス』　486
『家政術』　440
『ギリシア史』　436
『ソクラテスの思い出』　435, 479
クーランジェ　Fustel de Coulanges　429, 432, 434, 435, 443-445
『古代都市』　429, 432, 434, 435, 443-445
クリートン　Glen W. Cleeton　464
『仕事を人間的にする』　464
クルースト　Anton-Hermann Chroust　442
『中世の団体観』　442
グレイヴズ　Robert Graves　433
『ギリシア神話』　433
クロノス　Kronos　287

ゲオルゲ　Stefan George　441
ゲーテ　Johann Wolfgang von Goethe　154, 235, 441
ケプラー　Johannes Kepler　340, 342
ケレーニイ　Karl Kerenyi　444
『ヘレネの誕生』　444
ゲーレン　Arnold Gehlen　478
『人間――その本性および世界における位置』　478

コイレ　Alexandre Koyré　491, 493, 494, 498
『閉じた世界から無限宇宙へ』　493, 494, 498
コペルニクス　Nikolaus Kopernikus　340-342, 346, 347, 352, 359, 373, 494, 496
『天球の回転について』　494
ゴリアテ　Goliath　259, 260
コンスタン　Benjamin Constant　97
「古代的自由と近代的自由との比較考察」　449
コーンフォード　M. Cornford　430, 470
『プラトンとパルメニデス』　470
「プラトンの国家」　430

サ　行

サリヴァン　J. W. N. Sullivan　494, 495
『科学の限界』　494, 495

タ　行

ナ　行

ハ　行

ブレヒト　Bertolt Brecht　1
ブロシャール　V. Brochard　461
『古代哲学と近代哲学の研究』 461
プロタゴラス　Protagoras　190, 191, 203, 215, 474
ブロノフスキー　J. Bronowski　495, 498, 503
「科学と人間的価値」 495, 498, 503
プロメテウス　Prometheus　167, 451, 469

ペイシストラトス　Peisistratos　287, 486
ペイン　Thomas Paine　460
『コモン・センス』 460
ヘクトル　Hektor　467
ヘーゲル　Georg Wilhelm Friedrich Hegel　123, 370, 383, 385, 393, 452, 453, 493, 502
ヘシオドス　Hesiod　100, 432, 433, 440, 449-451, 460, 467
『神統記』 432, 440
ヘスティア　Hestia　433
ベッカリーア　Cesare Beccaria　503
ペナーテース　Penates　39
ヘパイストス　Hephästus　145
ヘーベル　Johann Peter Hebel　326
「クリスマス説教」 491
ヘラクレイトス　Heraklit　27, 164, 229, 444, 474, 478, 479, 482
ヘラクレス　Herkules　119
ベラルミーノ　Roberto Bellarmino　342, 346
ペリアンドロス　Periander　287
ペリクレス　Perikles　158, 254, 266-268, 430, 480, 482, 483
ベル　Daniel Bell　473
『仕事とその不満』 473
ベルクソン　Henri Bergson　138, 211, 462, 502-504
『創造的進化』 502
ヘルクナー　H. Herkner　468
「労働時間」 468
ヘルダーリン　Friedrich Hölderlin　34
ヘルツォーク－ハウザー　G. Herzog-Hauser　440, 447
「ポノス」 440, 447
ベルト　Edouard Berth　462, 502
『知識人の悪行』 462
ペレウス　Peleus　433
ヘロドトス　Herodot　25, 142, 430, 435
『歴史』 430, 435, 463
ベンサム　Jeremy Bentham　403-405, 503
『道徳と立法の諸原理序説』 503

ポイニクス　Phoinix　433
ボダン　Jean Bodin　81, 479
ホッブズ　Thomas Hobbes　39, 70, 264, 356, 370, 391-393, 435, 491, 501
『市民論』 491
『リヴァイアサン』 435, 501, 502
ホフマンスタール　Hugo von Hofmannsthal　441
『チャンドス卿の手紙』 441
ホメロス　Homer　34, 79, 145, 222, 237, 241, 249, 254, 267, 382, 431-433, 438, 440, 449, 451, 467, 477, 480, 486, 501
『イリアス』 223, 433, 438
『オデュッセイア』 432, 440, 501
ホワイトヘッド　Alfred N. Whitehead　340, 370, 380, 494-496, 499, 501
『科学と近代世界』 493, 494, 500, 501
『教育の目的』 496
『自然という概念』 499

マ　行

マイケルソン　Albert A. Michelson　386
マイヤー　Eduard Meyer　438
「古典古代における奴隷制」 438
マキアヴェッリ　Niccolò Machiavelli　44, 94, 95, 437
『君主論』 437, 448
『「ローマ史」論（ディスコルシ）』 437, 448
マーシャル　Alfred Marshall　475
『経済学原理』 475
マディソン　James Madison　460
『フェデラリスト』 460
マルクス　Karl Marx　24, 39, 42, 54, 55, 74, 81, 83, 84, 97, 103-106, 111, 117, 120, 121, 123-126, 128, 129, 132, 137, 139, 140, 155, 158, 162, 170, 192, 196, 200, 201, 211, 231,

ヤ　行

ラ　行

ワ　行

事項索引

＊ 項目として挙げた語が，原書 *Va* に出てくる頁を拾うようにした（本訳書に出てくる頁が網羅されているとは限らない）．頻出語の「労働」「制作」「物」「活動」「人間」「生」「科学」は，単独では拾わない代わりに，「労働力」「制作プロセス」「世界の物」「活動的生」「人間種属」「自然科学」といった語句の形で取り込んだ（「世界」「自然」「行為」は拾った）．下位項目の並べ方は，意味上のつながりを優先したので，五十音順にはなっていない．下位項目で拾ったものは，上位項目では拾っていない．

ア 行

愛　Liebe　63, 65, 66, 252, 318-320, 490
　隣人愛　Nächstenliebe　65, 66, 74, 94, 430, 443, 505
　同胞愛　Bruderschaft　65, 66, 441
　知への愛　Liebe zur Weisheit　91-93
　善への愛　Liebe zum Guten　91-93
　世界への愛　Weltliebe　347
間《あいだ》　Zwischen　65, 230, 256, 266, 318
　間の空間　Zwischenraum　230, 318, 445
遊び　Spiel　152, 153, 464, 465
現われの空間　Erscheinungsraum　92, 256-259, 263, 265, 266, 272, 278, 286, 322
アルケイン　*archein*　219, 240, 241, 288, 289

偉大さ　Größe　26, 34, 64, 124, 248, 266-268, 274-276
異他性　Fremdheit　225
イデア／理念　Idee, *idea*　16, 92, 170, 194, 213, 293-296, 349, 396, 470, 487
意味　Sinn　7, 53, 184-186, 188, 209, 234, 236, 240, 267, 268, 309, 391, 424
　無意味さ　Sinnlosigkeit　185, 186, 189, 309, 382
威力　Kraft　259-262, 292

宇宙　Universum　2, 10, 16, 17, 26, 178-180, 220, 301, 302, 328, 329, 342-344, 346, 348, 349, 351, 353, 354, 373-375, 377, 379, 380, 388, 411, 430
　宇宙的／普遍宇宙的　universal　345, 347, 349, 352, 354, 409
宇宙　Weltall　1-3, 5, 179, 341, 342, 345-349, 351, 352, 354, 355, 362, 368, 374, 377, 388, 391, 411, 423
　宇宙の住人　Weltallbewohner　346
宇宙　Kosmos　3, 352, 354, 357
　宇宙的　kosmisch　22, 344, 345, 347-349, 352, 354, 422
生まれ出ずる者たち　die Geborenen　244, 326

永遠回帰　ewige Wiederkehr, immer wiederkehren　58, 115, 116, 135, 156, 303, 308, 324
永続性　Beständigkeit　81, 82, 111, 112, 114, 115, 119, 142, 157, 161, 162, 166, 170, 204, 205, 212, 214, 310, 341, 384, 396
エウダイモニア／冥福　*eudaimonia*　40, 249, 481
　エウダイモーン　*eudaimōn*　247, 248
エネルゲイア　*energeia*　268, 269, 482　→「現実活動態」も見よ
円環運動　kreisende Bewegung　115, 116, 128, 164
遠近法　Perspektive　70-72

負い目　Schuld, schuldig　305, 314, 317, 320
オートメーション　Automation　7, 155, 156, 176-178, 180, 183, 472, 473

カ　行

懐疑　Zweifel　343, 358-362, 364-366, 368, 369, 372-375, 377, 378, 384, 391, 398, 405, 416, 497-499
開示　Enthüllung, Aufschluß　224-226, 229-231, 238, 250, 318, 350, 424, 478
快楽主義　Hedonismus　134, 382, 404-406, 441, 461
画一主義　Konformismus　49-52, 54, 57, 71, 279
隠されていること／隠された状態／秘匿性　Verborgenheit　62, 77, 86, 88, 95, 257
　隠れなき真相　Unverborgenheit　478
確実性　Gewißheit　295, 342, 363, 365, 366, 372, 379, 387, 390, 404, 406, 494, 497, 499
革命　Revolution　55, 123, 155, 281, 282, 297, 329, 356, 386, 402, 459, 493
　産業革命　industrielle Revolution　59, 143, 149, 175, 176, 178, 336, 467, 472, 473
　アメリカ革命　Amerikanische Revolution　297
　フランス革命　Französische Revolution　283, 328, 453
　ハンガリー革命　Ungarische Revolution　281, 282, 285
家政　Haushalt　35-39, 41-43, 45, 46, 50, 52, 56, 59, 73, 77, 78, 81, 88, 102, 140, 154, 290, 291, 295, 434-437, 474, 479, 486, 487
　家政術　Haushaltskunst　153, 154
　家長　Haushaltsvorstand, Familienoberhaupt　35, 36, 49, 290, 436, 437, 443, 466
　家父長　pater familias　36, 43, 433, 443
家族　Familie　33, 35-38, 40, 42, 43, 49-51, 57, 66, 71-73, 76, 78, 79, 82, 88, 111, 139, 274, 290, 337-339, 419, 432-434, 436, 437, 442, 443, 474
語り　Rede　222, 226, 381, 395, 433, 459　→「言論」も見よ
価値　Wert　84, 103, 122-124, 138, 161, 162, 180, 187, 196, 198-204, 279, 304, 401, 403, 407, 413, 447, 455, 475-477, 488
　価値剝奪／価値転倒　Entwertung　189, 201, 202, 309, 383, 401
　使用価値　Gebrauchswert　84, 197-202, 401
　交換価値　Tauschwert　84, 197-201, 401, 453
　剰余価値　Mehrwert　121, 125
活動的生　vita activa　10-12, 14, 18-24, 27-29, 31, 89, 96, 102, 103, 153, 157, 169, 215, 218, 267, 297, 378, 381, 386, 394, 398, 399, 401, 402, 409, 413, 415, 417, 424, 429-431, 443
過程　Vorgang　28, 107, 115-117, 127, 131, 167, 177, 179, 180, 183, 184, 220, 230, 236, 238, 243, 258, 277, 301, 302, 304, 325, 326, 341, 365, 366, 369, 374, 380, 384, 387, 388, 391, 399, 408, 422, 464, 471, 501　→「プロセス」も見よ
貨幣　Geld　82, 84, 121, 124, 148, 202, 203, 280, 447
神　Gott, Götter　3, 7, 12, 13, 16, 17, 22, 23, 25, 32, 39, 54, 91, 93, 94, 103, 131, 135, 142, 145, 167, 191, 203, 215, 220, 221, 235, 262, 280, 296, 298, 307, 314, 315, 321, 335, 342, 353, 363, 365, 367, 368, 372, 387, 390, 391, 411, 412, 428, 430-433, 435, 444, 445, 451, 459, 460, 467, 478, 487, 489-491, 497, 499, 501
　欺く神　Dieu trompeur　363, 367, 498, 499
我有化　Aneignung　129-133, 136, 148, 333, 334, 336
関係の網の目　Bezugsgewebe　232, 240, 243, 245, 246, 249, 252, 265, 278, 296, 300, 305, 306, 315, 321, 423
観照　Theorie, *theōria*　21, 379-381, 399, 401, 417, 482　→「理論」も見よ
　観照的生　*bios theōrētikos*　20, 21, 27
観想　Kontemplation　20-24, 28, 29, 36, 102, 103, 297, 302, 380, 381, 386, 394-399, 402, 415, 420, 429, 430, 443, 472, 505
　観想的生　vita contemplativa　10, 20-24, 28, 29, 69, 96, 102, 378, 381, 386, 397, 398, 409, 415, 417, 431

間人間的（なもの）　das Zwischenmenschliche, zwischenmenschlich　194, 195, 302, 306, 316
官僚制　Bürokratie　50, 56, 109, 455

機械　Maschine　5, 6, 59, 121, 145, 149, 150, 157, 173-176, 178, 180-182, 195, 198, 210, 211, 467, 469, 471, 472, 475
機械化　Mechanisierung, mechanisieren　59, 145, 156, 157, 172, 174, 175, 178, 195, 472
幾何学　Geometrie　348-350, 500
機具／器械　Gerät　144, 145, 172-176, 179, 180, 182, 183, 186, 214, 329, 332, 340, 342, 347, 360, 379, 386　→「労働機具」も見よ
危険　Gefahr　45, 67, 85, 86, 95, 119, 144, 156, 158, 160, 161, 261, 262, 299, 324, 325, 405, 411, 447, 468, 485
技術　Kunst　34, 108, 153-156, 161, 171, 215, 254, 268, 270, 289, 296, 301, 391, 433, 465　→「芸術」も見よ
技術　Technik　2, 60, 144, 176, 178-180, 183, 312, 352, 364, 376-379, 386, 389, 417, 466, 500
奇蹟　Wunder　70, 82, 221, 309, 326, 327, 333, 334, 353, 415, 489, 491
客観性　Objektivität　12, 14, 70, 164, 495, 506
救済の確かさ　certitudo salutis　363, 497
協業　Zusammenarbeit　174, 195, 279
共産主義　Kommunismus, kommunistisch　39, 55, 87, 130, 439, 459, 463, 467
　共産主義的虚構　kommunistische Fiktion　54, 55, 57, 338, 439
共生　Zusammenleben, zusammenleben　20, 31, 33, 35, 39, 64, 66, 78, 146, 192, 193, 231, 243, 244, 253, 256, 437, 479
驚嘆　Staunen, *thaumazein*　358, 395-398, 502
共通感覚　Gemeinsinn　272, 273, 360, 370, 371, 499
キリスト教　Christentum　3, 21-23, 66, 74, 89, 90, 102, 154, 266, 280, 319, 361, 398, 405, 410-416
　原始キリスト教　Urchristentum　66, 142, 410, 411, 505
近代　Neuzeit　8, 10, 22-24, 29, 37, 41, 42, 47, 49, 52, 54, 55, 59, 60, 62, 68, 69, 74-76, 78-80, 84, 87, 88, 98, 103-105, 109, 110, 124, 125, 127, 130, 132, 138, 154, 182, 192, 194, 196, 203, 235, 257, 264, 266, 267, 270, 274, 275, 280, 285, 286, 297, 299, 301, 302, 328-332, 334-336, 339, 343, 345, 347-349, 352, 357, 358, 362-365, 368, 369, 371, 381, 382, 384-388, 390, 394, 399-402, 404, 405, 407, 415, 416, 418, 419, 421, 424, 434, 445, 460, 466, 476, 480, 488, 493, 497, 501, 502, 504
近代　Moderne　110, 111, 155, 406, 418, 423

空談　Gerede　192, 226, 284, 299
苦痛　Schmerz　59, 62, 133-136, 138, 404, 405, 440, 441, 461, 462, 503
君主制　Monarchie　50, 287, 288, 434, 486

経済　Wirtschaft　52, 56, 76, 82, 148, 160, 200, 273, 285, 332-334, 432, 445-447, 472, 486
　経済生活　Wirtschaftsleben　198, 236, 283, 446
　国民経済学　National-Ökonomie, Volks-Wirtschaft　38, 52, 56, 202, 236, 427, 434, 436, 438, 439
　政治経済学　politische Ökonomie　38, 42, 436
　古典派経済学　klassische Nationalökonomie, klassische politische Ökonomie　54, 57, 105, 106, 157, 200, 211, 338, 400, 439
　現代経済　moderne Wirtschaft　149, 150, 160, 334
計算機　Rechenmaschine　210, 211, 245, 420
形而上学　Metaphysik　23, 290, 359, 384
芸術　Kunst　49, 61, 74, 108, 188, 204, 207, 208, 212, 238, 239, 256, 477, 480, 506　→「技術」も見よ
　芸術家　Künstler　110, 152, 153, 209, 264, 271, 274-276, 397, 424, 468, 482, 506
　芸術作品　Kunstwerk　144, 187, 188, 204-207, 209, 212, 227, 232, 236, 238, 275,

276, 449
権威　Autorität　296, 297, 363
原子　Atom　2, 344, 354, 422
原子論　Atomtheorie　342, 494
原子爆弾　Atombombe　6, 7, 178, 473
原子爆弾の炸裂／爆発　atomare Explosion, Atomexplosion　10, 473
原子力　Atomenergie　178, 179
原子力時代　Atomzeitalter　178
原子力革命　atomare Revolution　143
現実（味）／現実性　Wirklichkeit　14, 54, 55, 61, 62, 70-73, 112, 114, 127, 142, 155, 157, 158, 230-232, 255-257, 259, 272, 296, 307, 308, 333, 340, 343, 344, 346, 356, 357, 359-367, 369, 372, 374, 384, 385, 393, 394, 405, 408, 409, 418, 462, 464, 489, 495　→「リアリティ」も見よ
現実存在　→「実存」を見よ
現実に活動している状態／現実活動態　Aktualität　258, 269, 270, 272, 282　→「エネルゲイア」も見よ
権力　Macht　35, 36, 40, 49, 57, 95, 258-267, 269, 281, 285, 288, 297, 322, 323, 423, 424, 437, 443, 482, 485, 486, 495
権力の分割　Machtteilung　261
権力への意志　Wille zur Macht ／権力意志　Machtwille　244, 264, 292, 482
言論　Sprechen　22, 34, 35, 42, 112, 113, 116, 207, 214, 215, 217, 218, 221-226, 228-231, 233, 237, 238, 240, 244, 247, 248, 255, 256, 269-272, 275, 309, 320, 324, 478, 482
言論　Reden　33, 53, 253　→「語り」も見よ

行為　Handeln　9, 11-15, 19-21, 24, 29, 31-35, 42, 50, 51, 53-55, 77, 89, 90, 94, 96, 102, 103, 112, 113, 116, 146, 171, 187, 207, 214, 215, 217, 218, 221-236, 238-256, 260-263, 266, 267, 269-272, 275, 285-291, 293, 296-300, 302-306, 309-317, 320-322, 324-327, 347, 364, 380, 386, 392-395, 400-402, 413, 415, 419, 420, 423, 427, 431, 439, 478-482, 489, 495, 496, 504　→「プラクシス」も見よ
公的なものの領域　Bereich des Öffentlichen ／公的領域　öffentlicher Bereich　38, 43, 51, 53, 58, 59, 62, 75, 81, 87, 89, 94, 95, 102, 105, 132, 139, 152, 158, 159, 192, 193, 196, 199, 250, 253, 258, 259, 263, 271, 273, 274, 278, 280, 283, 285, 286, 291, 311
公的なものの空間　Raum des Öffentlichen ／公的空間　öffentlicher Raum　21, 42, 45, 51, 52, 56-58, 60, 63-67, 69, 70, 72-74, 78, 81, 88, 95, 193, 201, 255, 256, 265, 284, 322, 446, 485
公的事柄／公共の事柄／公共の関心事　öffentliche Angelegenheiten　46, 56, 74, 79, 81, 82, 100, 102, 193, 271, 274, 291, 299, 430, 443, 451, 455
公共性　Öffentlichkeit　57, 61-64, 67-70, 73, 77, 82, 83, 86, 88, 90, 133, 136, 140, 159, 194, 199, 274, 286, 423
行動主義　Behaviorismus　54, 56, 421
幸福　Glück, glücklich　40, 54, 92, 127, 128, 134, 159, 160, 249, 307, 404, 406, 461, 480
幸福計算　Glückskalkül　402, 406
最大多数の幸福　Glück für die größte Anzahl　127, 157, 159, 402
傲慢　Hybris　244, 262
拷問　Folter　154, 449, 465, 466
功利主義　Utilitarismus, utilitaristisch　180, 184-188, 190, 209, 211, 439, 503
功利の原理　Nützlichkeitsprinzip　400, 402, 403, 503
国家　Staat　39, 40, 48, 55, 74, 75, 83, 87, 130, 243, 258, 288, 289, 291, 296, 297, 312, 314, 335, 339, 391, 411, 433, 434, 447, 460, 466, 486, 488, 504
国家形態　Staatsform　35, 50, 258, 262-264, 281, 282, 287, 288, 296, 322, 435, 481, 486
都市国家　Stadt-Staat　20, 34, 37, 38, 41, 51, 53, 77, 78, 243, 250, 253, 254, 260, 432, 454, 467　→「ポリス」も見よ
国民国家／民族国家　Nationalstaat　37, 50, 55, 284, 338, 434
子ども　Kind　88, 135, 194, 252, 277, 318, 319, 327, 412, 434, 490

個別性　Besonderheit　217, 218
孤立（化）　Isolierung　134, 196, 239, 261, 263, 265, 273, 274, 324
　孤立（状態）　Isoliertheit　194, 195, 198, 263
根本悪　das radikal Böse　316
根本経験　Grunderfahrung　112, 133, 167

サ　行

際限のなさ　Schrankenlosigkeit　244, 245, 251
財産　Eigentum　38, 64, 75-81, 83-88, 120, 121, 123, 124, 129-133, 135-137, 139, 148, 162, 282, 291, 329, 333, 336-339, 434, 435, 443, 444, 446, 447, 460, 466
財産没収　→「脱固有化」を見よ
最終生産物　Endprodukt　170, 174, 189, 230, 250, 304, 337, 390, 403, 481
作品　Werk　99, 123, 153, 193, 232, 237, 269, 271, 275-277　→「仕事」も見よ

死　Tod, Sterben　12, 18, 28, 62, 76, 77, 101, 115-117, 126, 127, 141, 147, 209, 214, 218, 221, 233, 245, 249, 280, 304, 325, 326, 382, 411, 435, 437, 441, 444, 459
　死すべき者たち　die Sterblichen　22, 25, 26, 29, 40, 68, 76, 142, 205, 214, 255, 257, 303, 325, 410, 417, 432, 481
　可死性　Sterblichkeit　13, 14, 17, 25, 26, 349, 410
詩　Gedicht　207, 208, 252, 441, 477
　詩人　Dichter　8, 208, 214, 249, 252, 254, 255, 267, 343, 432, 433, 438, 451, 477, 482, 490
　詩作　Dichtung　69, 70, 207, 254, 267, 450, 477
此岸性　Diesseitigkeit　94
思考　Denken　3, 5, 9, 14, 15, 21-25, 27-29, 34, 36, 42, 92, 93, 107, 108, 113, 125, 186-188, 202, 205-211, 227, 236, 290, 293, 298, 309, 326, 355, 357, 358, 361, 365, 366, 370, 376, 377, 380, 381, 384, 385, 388, 390, 392-395, 400, 402, 416, 419, 420, 424, 453, 495, 496, 498, 502
自己疎外　Selbstentfremdung　197, 274, 336, 454
仕事　Werk ／仕事という活動　Werktätigkeit　26, 45, 98, 99, 103, 107-112, 114, 122, 131, 145, 149, 151, 153, 162, 166-168, 172, 188, 194, 195, 199, 206, 207, 246, 250, 252, 272, 273, 275, 277, 292, 324, 398, 431, 442, 445, 450, 451, 469, 471, 472, 485　→「作品」も見よ
　仕事道具　Werkzeug　143-146, 149, 168, 172-177, 179, 180, 182, 183, 186, 194, 329, 445
　原仕事道具　Urwerkzeug　139, 206
自己反省　Selbstreflexion　137, 365, 366, 368, 384, 391, 392, 404, 408, 504
市場　Markt　88, 162, 193, 194, 198, 199, 201, 203, 273, 274, 279
　市場経済　Marktwirtschaft　285, 476, 477
　交換市場　Tauschmarkt　193, 201, 273
　商品市場　Warenmarkt　196, 201, 203, 256, 273, 274, 285
　労働市場　Arbeitsmarkt　40, 106
自然　Natur　4, 7, 11, 12, 17, 25, 27, 33, 39, 58, 60, 64, 71, 88, 101, 115-119, 121, 122, 124-128, 130, 132, 135, 139, 149-151, 154, 155, 159-161, 163-168, 172, 174, 175, 177-180, 182, 183, 187-189, 202, 210, 214, 218, 234, 235, 240, 248, 273, 279, 298, 300-303, 311, 312, 325, 344, 345, 348, 349, 351-354, 364, 367, 374-377, 379, 380, 384, 387, 388, 390, 391, 398, 400, 401, 406, 414, 417, 423, 431, 456-458, 461, 465, 469, 471, 482, 494, 495, 500, 501, 503
　自然学　Physik　340, 348, 409　→「物理学」も見よ
　自然科学　Naturwissenschaft　4, 5, 17, 60, 124, 137, 302, 303, 312, 325, 340, 343, 345, 347, 354, 366, 369, 373, 376, 377, 385-390, 392, 393, 400, 409, 418, 422, 423, 488, 501
　自然に介入する　in die Natur eingreifen　166, 177, 380, 423
　自然に介入しつつ行為する　in die Natur hineinhandeln　301, 312, 423

自然主義 Naturalismus 128, 408
地上的自然／地上の自然 irdische Natur 3, 4, 151, 179, 301, 302, 344, 345, 352, 469
反自然的 widernatürlich 11, 128, 452
不自然 unnatürlich 26, 58, 59, 151
脱自然化 denaturieren 201, 177, 493
持続性 Dauerhaftigkeit 28, 67, 112, 114, 115, 142, 161-163, 173, 199, 204, 205, 207, 212, 293, 303, 305, 308, 309
実験 Experiment 301, 340, 342, 344, 348, 376-379, 384, 386-388, 392, 408, 473, 480
実存／現実存在 Existenz 10, 12, 14, 15, 17, 25, 26, 48, 54, 57, 60, 86, 94, 113, 114, 121, 123, 133, 134, 140, 142, 163, 169, 175, 179, 204, 209, 212, 214, 231, 233, 244, 248, 258, 259, 261, 267, 272, 273, 286, 308, 325, 327, 335, 363, 366, 375, 376, 389, 391, 401, 422-424, 427, 430, 456, 489, 498
実体性 Substanzialität 168, 278, 368
私的なものの領域 Bereich des Privaten ／私的領域 privater Bereich 38-40, 42-44, 47, 56, 58, 73-75, 77, 78, 81-83, 85-87, 89, 96, 102, 105, 199, 238, 251, 274
私生活 Privatleben, privates Leben 33, 38, 45, 63, 72, 73, 194, 414
私的性格化／私秘化 Privatisierung 43, 72
脱私秘化／私秘性の剝奪 Entprivatisierung 61, 88
自動機構 Automatismus 54, 137, 182, 316
支配 Herrschaft 20, 25, 36, 37, 40, 41, 46, 50, 53, 56, 143, 154, 194, 285, 287, 288, 291, 292, 295, 297, 299, 306, 307, 311, 312, 322, 424, 432, 435-437, 447, 452, 486, 488
しぶとさ Zähigkeit 303, 305, 312
資本 Kapital 76, 80, 82, 120, 197, 199, 336, 446, 447
資本主義 Kapitalismus 76, 80, 335
資本主義的 kapitalistisch 82, 85, 105, 157, 197, 198, 283, 332, 337, 454, 492, 493
社会 Gesellschaft 8, 10, 33, 37-39, 41, 42, 44, 48-52, 54-58, 60, 65, 69, 75, 79-81, 83, 86-88, 105, 109, 120, 130, 132, 136, 143, 148, 152, 153, 156, 158, 161, 181, 192, 194, 196-198, 200, 201, 273, 279, 281, 283-285, 290, 297, 299, 337, 338, 356, 364, 410, 419, 420, 423, 434-436, 439, 447, 453, 455-457, 460, 465-467, 476, 484, 493, 495
社会的なもの das Gesellschaftliche 32, 37, 39, 41, 42, 46-49, 51, 57, 59, 286
社会的領域 gesellschaftlicher Bereich 48, 283
社会的生産力 gesellschaftliche Produktivkräfte 80, 128, 139, 152, 192, 273
社会科学 Gesellschaftswissenschaft 54, 56, 60, 460, 480
社会化された人類 vergesellschaftete Menschheit 131, 137, 140, 148, 419
社会化された人間 vergesellschafteter Mensch 438, 454
社会人 gesellschaftlicher Mensch 284, 419
社会人類 gesellschaftliche Menschheit 106, 454
現代社会／近代社会 moderne Gesellschaft 50, 60, 80, 88, 104, 108-110, 148, 151, 157, 168, 173, 264, 270, 274, 281, 282, 339, 347, 364, 417, 421, 447, 487
大衆社会 Massengesellschaft 51, 56, 57, 65, 71-73, 140, 159, 282, 284
消費社会 Konsumgesellschaft 151, 160, 279
消費者社会 Gesellschaft von Komsumenten, Konsumentengesellschaft 157, 159-161, 193
労働社会 Arbeitsgesellschaft 8, 57, 151, 152, 159, 161, 182, 185, 193, 196-198, 273, 275, 279, 285, 420, 464, 465
生産者社会 Produzentengesellschaft 193, 196, 274, 278
商業社会 kommerzielle Gesellschaft, Handelsgesellschaft 185, 196-198, 201, 202, 274
商品社会 Warengesellschaft 274-276, 401
人間社会／人類社会 Menschengesellschaft 31, 154, 201, 339, 419

社会主義　Sozialismus, sozialistisch　39, 74, 76, 87, 130, 201, 439, 454, 463, 466
自由　Freiheit　19, 21, 39-41, 44, 55, 79, 80, 82, 86, 89, 104, 123, 124, 133, 141, 143, 152, 154, 155, 158, 220, 238, 282, 292, 305-308, 315, 316, 322, 325, 348, 424, 428, 429, 434, 435, 437, 447, 454, 458, 464-466, 485, 489
　自由時間　Freizeit　139, 157, 158, 429, 464, 467
　自由解放　Befreiung　58, 139, 151, 153-155, 175, 197, 316, 467
自由学芸　artes liberales　108, 152, 450
宗教改革　die Reformation　80, 95, 328, 329, 332, 335
衆愚制　Ochlokratie　264
主観性　Subjektivität　48, 62, 71, 72, 83, 86, 111, 164, 186, 272, 441, 496, 506
主権　Souveränität, souverän　289, 306-308, 322-324
十戒　die Zehn Gebote　77, 412, 497
出生性　Natalität　13, 14, 17, 221, 324, 326
受動的抵抗　passive Widerstand　260
趣味　Hobby　139, 153, 463, 465
循環運動　Kreislauf　26, 115, 117, 118, 126-128, 135, 141, 142, 149, 150, 163-165, 169, 171, 308, 309, 325, 456
使用　Gebrauch, Gebrauchen　82, 85, 112, 131, 148-150, 162-165, 176, 180, 190, 191, 199, 200, 203, 204, 206, 209, 212-215, 474
　使用対象物　Gebrauchsgegenstand　112, 144, 148-150, 162-164, 166, 171, 184-186, 189, 191, 198, 199, 204, 205, 212, 214, 227, 232, 300, 309, 403, 492, 493, 503
蒸気機関　Dampfmaschine　176
正直（さ）　Wahrhaftigkeit　363-365
情態性　Befindlichkeit　248, 249, 484
消費　Konsum, Konsumieren, Konsumtion, Verbrauch, Verbrauchen　85, 67, 103, 117, 118, 122, 128, 129, 141, 144, 148, 150, 151, 155, 156, 158, 159, 164, 165, 170, 193, 213, 214, 403, 456, 463, 467
　消費財　Konsumgüter, Verbrauchsgüter　110, 112, 114, 115, 128, 137, 144, 148-150, 160, 162, 163, 165, 198, 199, 212, 213, 273, 300, 447
　消費能力　Konsumkapazität, Konsumfähigkeit　147, 148, 156, 181, 198, 334
将来　→「未来」を見よ
職人　→「手仕事職人」を見よ
進化　Evolution　137, 220, 344, 353, 388, 407, 408, 421
人格　Person　50, 196, 198, 223, 224, 226, 228, 229, 231, 233, 234, 237, 239, 240, 247, 248, 264, 274-278, 282, 283, 285, 296, 306, 317-320, 335, 424, 428, 440, 451, 455, 466, 473, 491
　脱人格化　Entpersonalisierung　319
真理　Wahrheit　5, 7, 22, 23, 54, 80, 94, 297, 341, 351, 356, 359-361, 363-367, 369, 371, 372, 376, 379-381, 383-385, 395, 399, 405, 416, 430, 478, 497, 499, 500, 504, 505

遂行　Vollzug　241, 269, 270, 482
数学　Mathematik　223, 347-351, 369, 372, 373, 376
スコレー　*scholē*　21, 99, 429, 450, 467
スタイル　Stil　275, 276

制作する人　homo faber　32, 100, 103, 104, 107, 108, 139, 143, 144, 146, 151, 161, 162, 166, 167, 172, 173, 177, 180, 183-188, 190-193, 197-199, 202, 209, 212, 214, 266, 271, 273, 275, 297, 299, 308, 309, 359, 386-390, 392, 394, 397-403, 407-409, 468, 502
生産性　Produktivität　59, 103-106, 108, 110, 111, 120, 121, 126, 132, 138, 145, 156, 158, 162, 167, 181, 192, 209, 212, 229, 281, 282, 286, 288, 299, 336, 387, 393, 399, 400, 403, 453, 504
政治　Politik　6, 9, 12, 21, 29, 32, 39, 41, 46, 53, 67, 192, 220, 225, 229, 253, 267, 269, 285, 288, 291, 298, 299, 311, 335, 391, 392, 394, 423, 448, 487
　政治的なもの　das Politische　12, 20, 28, 37, 39, 41, 42, 44, 47, 49, 58, 73-75, 78,

82, 93, 187, 225, 231, 251, 267, 271, 286, 289, 291, 293, 295, 298-300, 429, 444, 481, 488 →「ポリス的」も見よ
政治的領域　politischer Bereich　7, 25, 34, 36, 43, 46, 48, 56, 68, 146, 192, 239, 243, 244, 263, 265, 282, 283, 287, 292, 296, 297, 311, 313, 320, 324
政治思想　politisches Denken　18, 37, 40, 44, 75, 89, 289, 292, 296-299, 306, 321, 382 →「政治哲学」も見よ
非政治的／非ポリス的　unpolitisch　38, 41, 53, 66, 99, 134, 194, 240, 263, 271, 278, 282, 288, 319, 451
反政治的　antipolitisch　66, 278-280, 282, 319
生殖　Zeugung, Zeugen, Fortpflanzung, Gebären　26, 125, 131, 135, 138, 337, 454
生命それ自体　Leben selbst　4, 11, 17, 18, 28, 39, 84, 104, 107, 112, 113, 122, 125, 140-142, 152, 155, 159, 201, 207, 211, 337, 406-408, 417, 418
世界　Welt　1, 4, 6, 7, 10-14, 25, 26, 29, 31, 32, 35, 40, 48, 53, 58, 60-68, 73, 74, 76, 79, 81, 82, 84-86, 89-94, 103, 110-121, 128, 132-136, 138-140, 142-145, 148-151, 153, 156, 157, 160-167, 169-171, 173-175, 177-182, 184-186, 188, 189, 191, 193, 198, 203-215, 217-221, 224, 230-233, 238-240, 255-257, 265, 266, 269-272, 280, 282, 300, 307-309, 318, 319, 321, 325, 326, 331-337, 342-344, 347, 350, 352, 355-357, 362, 363, 365, 367, 368, 370-372, 376, 377, 382-384, 387, 389, 391, 392, 394, 402-405, 408, 410-412, 415-418, 420, 422-424, 430-432, 440, 441, 471, 473, 478, 482, 490, 492, 499, 503, 504, 506
世界性　Weltlichkeit　12, 17, 114, 179, 182, 186, 205, 308, 334, 337, 420, 506
世界化　Verweltlichung　335, 417, 418
世界像　Weltbild　5, 340, 341, 346, 356, 359, 362, 368, 371, 374, 389, 390, 408, 419
世界喪失　Weltverlust　135, 344, 384
世界疎外　Weltentfremdung　10, 90, 272, 332-334, 336-339, 347, 356, 394, 400, 402, 405, 492, 493
世界の物　Weltding　108, 114-117, 131, 149, 160, 163, 164, 189, 208, 215, 378, 402, 506
環境世界　Umwelt　183, 214, 240, 403
共通世界　gemeinsame Welt　37, 38, 47, 65, 67, 70-72, 77, 79, 82, 83, 85, 87, 95, 130-132, 136, 139, 334, 370, 482
共同世界　Mitwelt　32, 229, 237, 239, 240, 257, 278, 307, 311, 312, 320, 335, 370
現代世界　moderne Welt　10, 42, 51, 73, 257, 328, 330, 379, 389, 401, 402, 415, 420, 423
物の世界／物世界　Dingwelt　12, 31, 62, 64, 65, 67, 72, 93, 112, 115, 117, 123, 144, 161, 163, 172, 173, 187, 205, 207, 213, 214, 218, 229-231, 265, 266, 273, 278, 300, 301, 303, 324, 479
転倒した世界　verkehrte Welt　369-372, 389
無世界性　Weltlosigkeit　65, 67, 93, 133, 135, 136, 140, 193, 418
無世界的　weltlos　63, 66, 140, 160, 211, 318, 319, 371, 372
非世界性　Unweltlichkeit　90, 94
非世界的　unweltlich　66, 115, 205
世俗化　Säkularisierung　74, 335, 410, 417, 418
世代　8, 13, 67, 68, 82, 97, 111, 163, 232, 244, 255, 266, 298, 310, 330, 336, 348, 352, 355, 369, 383, 443
善意の活動　das tätige Güte　90-94, 96, 140, 224, 314
善行　gutes Werk　89-91, 93, 94, 96, 140, 224, 225
僭主制　Tyrannei　80, 262-264, 287, 288, 446
専門化　Spezialisierung　146, 278, 484, 485
占有物　Besitz　75, 76, 78-85, 124, 130, 132, 136, 334, 336, 434, 435, 443, 444, 447

相異性　Verschidenheit　217, 218, 221, 253,

280
相互共存　Miteinander　225, 226, 228-230, 254-256, 258, 260-263, 272, 273, 286, 296, 314, 324
　相互共同存在　Miteinandersein　230
創設　Gründung　33, 34, 251, 253, 255, 258, 260, 263, 297, 443, 479, 481, 495
組織化　Organisation　59, 146, 446, 475, 495, 496
率先行動　Initiative　14, 85, 138, 218, 219, 236, 238, 242, 289, 438, 439
尊敬　Respekt　319, 320

タ　行

耐久性　Haltbarkeit　82, 162, 163, 173, 212
対象物　Gegenstand　2, 71, 82, 93, 105, 106, 114, 117, 118, 121, 122, 129, 144-146, 149, 160, 162-164, 166, 168-170, 173, 179-181, 183, 184, 186, 189, 194, 195, 197-203, 206, 213, 227, 232, 236, 265, 295, 299, 313, 333, 334, 390, 396, 399-401, 403, 453, 458, 469, 471, 472
　対象性　Gegenständlichkeit　12, 83, 111, 164, 166, 197, 198, 506
　対象化　Vergegenständlichung　107, 113, 121, 168, 188, 206, 207, 232, 276, 394, 396, 397, 458, 493
大地　Erde　1-4, 10, 17, 64, 118, 122, 127, 143, 150, 160, 161, 165-168, 176, 188, 328, 330, 332, 340, 341, 347-349, 355, 360, 371, 372, 374, 377, 382, 418, 435, 453, 469, 490, 493　→「地球」も見よ
　大地からの疎外　Erd-Entfremdung, erd-entfremdet　332, 347, 348, 418
態度ふるまい　Sich-Verhalten, Verhalten　50-52, 54-56, 268, 294, 295, 324, 364, 406, 422, 453
多産性　Fruchtbarkeit　125, 126, 128, 133, 137-139, 144, 148, 150, 151, 157, 161, 337, 417, 490, 504
他者／他人／他の人びと　andere, andere Menschen　8, 21, 31, 34, 35, 59, 61-63, 70-73, 87, 91, 92, 95, 101, 133, 140, 141, 193, 194, 196, 217-219, 224, 241, 242, 247, 255, 261, 273, 276, 278, 280, 283, 286, 289, 291, 292, 307, 311, 312, 318, 322, 324, 435, 438, 440, 481, 484
脱固有化（の出来事）／土地収用／財産没収　Enteignung　76, 80, 84, 85, 87, 197, 328, 332, 334, 336, 338, 347
誰　Wer ／誰か　Jemand　16, 17, 220-230, 237, 238, 248, 253, 274, 276, 318-321, 428, 478
誕生　Geburt　13, 14, 76, 77, 115, 116, 141, 147, 209, 214, 218, 219, 221, 225, 233, 245, 325, 326, 343, 412, 435, 444
　誕生性　Gebürtlichkeit　221, 326

地球　Erde　2, 4, 5, 10, 15-17, 102, 178, 220, 301, 302, 304, 328-332, 338-342, 344-347, 349, 352-355, 357, 368, 372, 374, 388, 419, 473, 494　→「大地」も見よ
　地球収縮　Erdschrumpfung　330-332, 338
知性　Verstand　210, 211, 236, 272, 346-350, 355, 359-361, 369-373, 376, 377, 379, 380, 391, 418, 496, 499, 501
　健全な人間知性　gesunder Menschenverstand　272, 369-371, 499
知能　Intelligenz　108, 210, 211, 260, 302
チームワーク　teamwork　194, 195

定職者　Jobinhaber, jobholder　39, 57, 136, 284, 420
出来事　Ereignis　2, 7, 52-54, 91, 113, 116, 220, 235, 246, 297, 305, 328, 329, 332, 333, 335, 341, 343, 344, 357, 383, 393, 399, 409, 410, 416, 479, 501
　原始の出来事　Urereignis　220
手仕事職人／職人　Handwerker　19, 98, 100, 107, 110, 145, 147, 170, 171, 193, 194, 196, 246, 257, 295, 296, 299, 428, 445, 446, 449, 468, 470-472, 474, 481
哲学　Philosophie　3, 17, 24, 28, 65, 69, 70, 102, 187, 200, 208, 228, 234, 251-253, 267, 293, 294, 311, 335, 349, 356-358, 361, 362, 368, 370, 381-385, 391, 395-400, 404, 407, 408, 414, 428, 491, 493, 498, 502-504
　哲学者　Philosoph　3, 16, 18-21, 23-25,

27-29, 39, 40, 46, 74, 91-93, 102, 185, 209, 237, 279, 286, 294, 295, 299, 329, 340, 341, 355-357, 359, 382-385, 394, 397, 398, 404, 429-431, 461, 485, 487, 488, 491, 502-504
哲人王　Philosophen-König　287, 291, 296
政治哲学　politische Philosophie　18, 20, 23, 24, 35, 45, 77, 189, 219, 234, 251, 267, 270, 290, 294, 295, 297, 299, 313, 326, 391, 393, 394, 441, 479, 487, 488, 491, 501　→「政治思想」も見よ
歴史哲学　Geschichtsphilosophie　233-236, 288, 388, 393, 501
労働の哲学　Arbeitsphilosophie　138, 211, 415, 462
生（命）の哲学　Lebensphilosophie　116, 138, 211, 407, 454, 462, 503, 504
ギリシア哲学　griechische Philosophie　25, 395, 415, 469
中世哲学　mittelalterliche Philosohie ／スコラ哲学　Scholastik　18, 217, 231, 347, 384, 415, 469
近代哲学　neuzeitliche Philosophie　134, 137, 234, 335, 343, 347, 356-358, 361, 366, 373, 380, 384, 385, 388, 393, 400, 401, 409, 502, 504
デュナミス　*dynamis*　259, 266, 482
天空　Himmel　1, 2, 25, 92, 294, 340, 341, 349, 355, 377, 382, 490
天才　Genie　274-277
天文学　Astronomie　340, 346-348, 374
天文物理学　Astrophysik　340, 345, 354, 409
電力　Elektrizität　144, 177, 178

道具手段　Instrument　144, 146, 173, 174, 180, 203, 359, 386, 402, 409
道具（手段）的　instrumental　173, 174, 203, 297
統計学　Statistik　52-54
同種性　Gleichartigkeit　279, 280
同等（性）／平等　Gleichheit　41, 49, 51, 217, 279, 280, 435, 440, 442
道徳　Moral　74, 298, 306, 307, 312, 323, 324, 363, 364, 406, 414, 466, 492
動物種としての人類　→「人間種属」を見よ
独創性　Originalität　281, 288, 329, 387, 388
土地収用　→「脱固有化」を見よ
独居　Einsamkeit　92-94, 414
とてもありそうにない／無限に非蓋然的　unendlich unwahrscheinlich　220, 221, 326, 393
富　Reichtum　74-76, 78-82, 84, 85, 120, 124, 132, 136, 148, 157, 330, 334, 336, 337, 404, 443, 445
社会的富　gesellschaftlicher Reichtum　81, 85, 129, 132, 328, 337, 339
取り返しのつかなさ　Unwiderruflichkeit　305, 310, 312, 315
奴隷制／奴隷状態　Sklaverei　101, 105, 133, 140, 141, 287, 428, 452, 485

ナ　行

内面的なもの　das Intime　48, 49, 56, 58, 60, 61, 85
内面性　Intimität　47, 48, 56, 62, 83, 87, 319

人間事象　menschliche Angelegenheiten　2, 6, 28, 33, 52, 54, 69, 83, 92, 112, 113, 225, 229-231, 234, 240, 242, 244, 251, 253, 265, 268, 286, 288, 291, 293, 294, 300, 302-306, 312, 313, 316, 319, 322, 324, 325, 391-393, 410, 423, 431, 504
人間種属／動物種としての人類　Menschengeschlecht　33, 57, 64, 106, 116, 136, 137, 140, 156, 182, 183, 352, 370, 407, 432, 439
人間の条件　Condition humaine　14, 140　→「被制約性」も見よ
認識　Erkenntnis　16, 91, 208-211, 229, 297, 342, 348, 351, 352, 359, 360, 369, 375, 376, 379, 380, 386-391, 394, 395, 487, 497-499, 501
認識能力　Erkenntnisvermögen　6, 348, 357, 369, 371, 372, 375, 377, 379
認識論　Erkenntnistheorie　357, 369, 370, 384, 385, 390, 504

ハ 行

始まり　Anfang　13, 14, 26, 77, 115-117, 171, 179, 182, 209, 219-221, 231, 233, 244, 245, 249, 266, 289, 292, 306, 315, 327, 340, 343, 348, 397, 413, 444, 478, 502
場所指定／局所化　Lokalisierung, lokalisieren　31, 39, 48, 89, 96, 168, 185
罰　Strafe　316, 411, 414, 459, 497, 505
発見　Entdeckung, entdecken　3, 17, 23, 25, 27, 29, 42, 44, 48, 49, 56, 83-85, 87, 93, 105, 120, 123, 126, 128, 129, 137, 176, 186, 201, 233, 234, 262, 276, 286, 313, 320, 328-332, 335, 340-345, 347, 348, 352, 355-357, 359, 361-364, 369, 371, 373-375, 378, 383-385, 391, 399, 406, 408, 415, 416, 421, 472, 491-493, 499, 501, 505
反復　Wiederholung　117, 119, 149, 150, 169, 171, 174, 238, 239, 302, 307

美　Schönheit　22, 181, 213, 293-295, 398, 430, 482, 487
悲劇　Tragödie　186, 239, 282, 480, 489
被制約性　Bedingtheit ／制約された　bedingt　10, 12-15, 31, 86, 140-142, 175, 279, 286, 316, 341, 372, 422
　人間の被制約性　menschliche Bedingtheit　12, 14-16, 23, 306, 409　→「人間の条件」も見よ
必然（性）　Notwendigkeit　7, 39-41, 46, 59, 78, 85, 86, 89, 101, 102, 104, 121, 123, 126, 133, 137, 140-144, 149, 154, 155, 158, 159, 161, 219, 293, 278, 306, 308, 309, 325, 374, 413, 451, 452, 456, 458, 464, 465, 467, 478
秘匿性　→「隠されていること」を見よ
評議会　Räte　282, 285
平等　Egalität　41, 52　→「同等」も見よ
平等解放　Emanzipation　57, 58, 151, 154, 155, 158, 283
ヒーロー　Held　232-234, 237, 238, 249, 479, 480

復讐　Rache　315, 316
複数性　Pluralität　12, 13, 17, 28, 71, 94, 112, 217, 218, 221, 261-263, 278, 280, 286, 306, 307, 311, 312, 321, 427
複製（化）　Vervielfältigung　13, 137, 168, 169
不死（性）　Unsterblichkeit　25-30, 67-69, 205, 303, 335, 397, 410-413
　不死の名声　unsterblicher Ruhm　127, 248, 253
物質交替　Stoffwechsel　117-119, 121, 122, 126, 135, 139, 148, 150, 154, 155, 174, 210, 214, 218, 273, 279, 352, 402, 408, 417, 419, 479
物理学　Physik　178, 343, 344, 347, 350, 354, 373, 375, 377, 388　→「自然学」も見よ
プラクシス／行為　Praxis, *praxis*　33, 116, 251, 379, 380, 398, 399, 401, 417, 478, 480　→「行為」も見よ
プラグマティズム　Pragmatismus ／プラグマティック　pragmatisch　23, 357, 378, 379, 400
プラッテイン　*prattein*　19, 234, 241, 252, 288, 431, 443
故郷《ふるさと》　Heimat　5, 12, 151, 162, 205, 214, 215, 253, 256, 341-343
プロセス　Prozeß　11, 53, 54, 58, 80, 82, 83, 87, 107, 108, 114, 115, 117, 118, 121, 122, 124, 128-130, 132, 136, 137, 151, 160, 161, 164, 166, 168, 170, 171, 176, 177, 179, 181, 182, 189, 201, 208-211, 269, 285, 286, 301-305, 309, 316, 324-326, 328, 331, 333, 334, 336-339, 344, 347, 352, 354, 357, 368, 370, 372, 377, 384, 388-390, 392, 394, 395, 401, 402, 408, 418, 419, 421, 423, 435, 457, 458, 472, 501　→「過程」も見よ
　生命プロセス　Lebensprozeß　12, 26, 42, 45, 56-58, 70, 82, 87, 106, 110, 111, 115-118, 121, 124, 125, 128, 130, 131, 137, 138, 143, 145, 147, 153, 156, 157, 160, 163-165, 168, 171, 173, 174, 180-182, 189, 201, 211, 214, 215, 279, 308, 326, 336-338, 406, 408, 413, 417-420, 430, 456, 457
　自然プロセス　Naturprozeß ／自然的プロ

セス　natürlicher Prozeß　26, 117, 150, 151, 176-179, 182, 204, 301, 312, 336, 387, 419
生物学的プロセス　biologischer Prozeß　11, 137, 138, 336, 408, 435
成長プロセス　Wachstumsprozeß　56, 118, 124, 132, 136, 179, 337, 339
蓄積プロセス　Akkumulationsprozeß　80, 87, 132, 136, 137, 328, 334
社会プロセス　Gesellschaftsprozeß ／社会的プロセス　gesellschaftlicher Prozeß　51, 83, 84, 125
労働プロセス　Arbeitsprozeß　59, 82, 107, 121, 128, 136, 138, 144, 146, 147, 149, 150, 170, 171, 173, 174, 197, 273, 279, 300, 457, 485
消費プロセス　Konsumprozeß　144, 145, 173, 279, 334, 392
制作プロセス　Herstellungsprozeß　107, 118, 145, 146, 149, 169-171, 174, 175, 177, 178, 183, 184, 189, 194, 195, 209, 213, 227, 246, 293, 304, 337, 389, 395, 396, 398, 401, 402, 458
生産プロセス　Produktionsprozeß ／製造プロセス　Fabrikationsprozeß　148, 180, 181, 333, 334, 403
行為のプロセス　Handlungsprozeß　246, 312, 315
分業　→「労働分割」を見よ
分節化　Gliederung, Artikulation, Artikulierung　22, 23, 25, 36, 89, 96, 169, 241, 242, 272, 276, 292, 297, 324, 358, 359, 413

弁神論　Theodizee　367, 368

法／法律　Gesetz　43, 58, 73, 76-78, 240, 244, 250, 251, 255, 295, 296, 402, 429, 434, 436, 437, 444, 445, 481, 488, 493
望遠鏡　Teleskop　328, 340-342, 344, 359, 368, 379, 493
暴力　Gewalt　34, 35, 39, 40, 101, 105, 133, 140, 141, 154, 155, 167, 183, 223, 226, 235, 258, 260, 262-264
ポリス　Polis, *polis*　18-20, 23, 25, 28, 29, 33-39, 41, 44-46, 51-53, 69, 74, 77-79, 99-102, 192, 250, 251, 253-257, 266-268, 290, 296, 394, 429, 430, 432-434, 445, 450, 451, 479, 482, 486
ポリス的／政治《ポリス》的　politisch　19-21, 27, 32-37, 39, 41, 44-46, 99, 193, 239, 250, 251, 319, 410, 429, 435, 450　→「政治的なもの」も見よ
ポリス的生　*bios politikos*　18, 19, 21, 27, 29, 33
ポリス以前の　präpolitisch　35, 39-41, 251
ポリスに先立つ　vorpolitisch　34, 233, 445
本義ゆえに　Um-willen, um...willen　184, 185, 188, 256

マ　行

見捨てられた状態　Verlassenheit　73, 92-94, 225, 280, 339, 443, 484
未来／将来　Zukunft　10, 13, 68, 245, 246, 288, 301, 310, 311, 315, 320-323, 355, 401, 424, 467
民主制　Demokratie　264, 286, 288, 467, 486

名人芸　Virtuositäten　270

目的－手段のカテゴリー　Zweck-Mittel-Kategorie　170, 173, 177, 181, 184-187, 203, 269, 298, 309, 312, 400
目的自体　Zweck an sich　184-188, 191
目的有用性　Zweckdienlichkeit　183, 184, 189
物　Ding
物化　Verdinglichung　93, 108, 113, 114, 116, 161, 166, 169, 206, 207, 230, 232, 238, 239, 266, 276, 394, 458, 477, 506
脱物象化　Entdinglichung　84
物想う　Sinnen, sinnen　205-207, 209
物語　Geschichte　26, 91, 116, 119, 127, 141, 214, 227, 232-239, 242, 245, 246, 248, 249, 255, 259, 260, 262, 265, 309, 319, 326, 333, 412, 424, 432　→「歴史」も見よ
もろさ　Zerbrechlichkeit　244, 251, 253, 303

ヤ　行

約束　Versprechen　310-313, 320-324

唯一無比性　Einzigartigkeit ／唯一無比の einzigartig　4, 27, 218, 221-223, 237, 249, 268, 271, 275, 293, 427, 467
唯物論　Materialismus　231, 357, 382, 408, 416, 479
勇気　Mut　44, 45, 119, 238, 249, 384, 437, 489
有用性　Nutzen, Nützlichkeit　109, 181, 184-186, 189, 203, 210, 212-214, 453, 454
ユートピア　Utopie　155, 157, 291, 296, 312, 339
　ユートピア的　utopisch　20, 38, 106, 155, 156, 240, 284, 291, 296, 466, 467
赦し　Verzeihen ／許し　Vergeben　310-320, 324, 326, 489-491

良き事物　gute Dinge　114, 118, 122, 143, 150
よく生きる　gut leben, *eu zēn*　46, 248, 269, 479
予測のつかなさ　Unvorhersehbarkeit　220, 245, 250, 251, 305, 310-313, 321

ラ　行

リアリティ　Realität　55, 60-62, 71, 73, 142, 143, 257, 259, 272, 278, 296, 308, 311, 312, 333, 367, 368, 371, 418, 450　→「現実」も見よ
力量　Stärke　167, 240, 242, 259, 261-264
リスク　Risiko　225, 228, 242, 253, 299, 322, 324, 345, 352, 488, 497
理性　Vernunft　15, 103, 234, 292, 295, 297, 302, 355, 359-363, 365, 367, 370, 380, 393, 405, 418, 453, 489, 497
理性的動物　animal rationale　35, 102, 103, 210, 297, 371, 452
理論　Theorie　342, 345, 346, 353, 364, 373, 376, 480　→「観照」も見よ

類的存在　Gattungswesen　128, 137, 140, 454, 458
ルサンチマン　Ressentiment　240, 264, 430

歴史　Geschichte　7, 13, 53, 66, 89-91, 96, 155, 178, 214, 215, 220, 226, 231, 233-236, 243, 246, 258, 260, 262, 266, 270, 282, 283, 285, 288-291, 298, 303, 305, 309, 325, 329, 333, 335, 341, 382, 383, 388, 391, 401, 409, 416, 446, 447, 449, 479, 488, 495, 501, 503, 504　→「物語」も見よ
　歴史科学　Geschichtswissenschaft　124, 137, 302, 303, 385, 388, 390, 488, 501
歴史家　Historiker　100, 123, 176, 246, 249, 341, 497
レス・プブリカ　res publica　47, 90, 102, 192, 455　→「公共の事柄」も見よ

労働　Arbeit
　労働力　Arbeitskraft　84, 105-107, 111, 118, 121, 125, 126, 128, 132, 139, 144, 146, 147, 151, 156-158, 170, 175, 181, 196-198, 201, 210, 336, 454, 472, 485
　労働分割／分業　Arbeitsteilung　59, 106, 146, 147, 149, 151, 195, 211, 439, 440, 454, 475, 485
　労働運動　Arbeiterbewegung　158, 281-285, 467
　労働階級　arbeitende Klasse　123, 139, 192, 282, 446
　労働者階級　Arbeiterklasse　57, 58, 88, 151, 154, 155, 281-285, 336, 400, 446, 447
　労働機具　Arbeitsgerät　143-146, 149, 174
　労働時間　Arbeitszeit　139, 157, 214, 456, 467
　労働班　Arbeitstrupp　278, 279
　生産的労働　produktive Arbeit　103, 104, 120, 129, 453
　熟練労働　gelernte Arbeit　103, 106, 107, 129
　知的労働／頭脳労働　Kopfarbeit, Geistesarbeit, geistige Arbeit　8, 103, 106-109, 195
労働組合　Gewerkschaft　281, 282
労働する動物　animal laborans　32, 102-104,

著者略歴

(Hannah Arendt, 1906-1975)

ドイツのハノーファー市リンデンでユダヤ系の家庭に生まれる．マールブルク大学でハイデガーとブルトマンに，ハイデルベルク大学でヤスパースに，フライブルク大学でフッサールに学ぶ．1928 年，ヤスパースのもとで「アウグスティヌスの愛の概念」によって学位取得．ナチ政権成立後（1933）パリに亡命し，亡命ユダヤ人救出活動に従事する．1941 年，アメリカに亡命．1951 年，市民権取得，その後，バークレー，シカゴ，プリンストン，コロンビア各大学の教授・客員教授などを歴任，1967 年，ニュースクール・フォー・ソーシャル・リサーチの哲学教授に任命される．著書に『アウグスティヌスの愛の概念』（1929，みすず書房 2002）『全体主義の起原』全 3 巻（1951，みすず書房 1972，1974，2017）『人間の条件』（1958，筑摩書房 1994，ドイツ語版『活動的生』1960，みすず書房 2015）『ラーエル・ファルンハーゲン―ドイツ・ロマン派のあるユダヤ女性の伝記』（1959，みすず書房 1999，2021）『エルサレムのアイヒマン』（1963，みすず書房 1969，2017）『革命について』（1963，筑摩書房 1995，ドイツ語版『革命論』1965，みすず書房 2022）『暗い時代の人々』（1968，筑摩書房 2005）『過去と未来の間』（1968，みすず書房 1994）『暴力について――共和国の危機』（1969，みすず書房 1973，2000）『精神の生活』全 2 巻（1978，岩波書店 1994）ほか．没後に編集されたものに『アーレント政治思想集成』全 2 巻（みすず書房 2002）『思索日記』全 2 巻（法政大学出版局 2006）『責任と判断』（筑摩書房 2007）『政治の約束』（筑摩書房 2008）『反ユダヤ主義――ユダヤ論集 1』『アイヒマン論争――ユダヤ論集 2』（みすず書房 2013）など．またヤスパース，ハイデガー，メアリー・マッカーシー，ハインリヒ・ブリュッヒャー，ゲルショム・ショーレムとの往復書簡集も邦訳されている．

訳者略歴

森 一郎〈もり・いちろう〉1962 年生まれ．東京大学大学院人文科学研究科博士課程中退．現在　東北大学情報科学研究科教授．著書に『死と誕生』『死を超えるもの』（以上，東京大学出版会，2008，2013）『世代問題の再燃』（明石書店，2017）『ハイデガーと哲学の可能性』（法政大学出版局，2018）『ポリスへの愛』（風行社，2020）『アーレントと革命の哲学』（みすず書房，2022）『快読 ニーチェ『ツァラトゥストラはこう言った』』（講談社，2024）『アーレントと赦しの可能性』（春風社，2024）『ニーチェ 哲学的生を生きる』（青土社，2024）ほか．訳書にニーチェ『愉しい学問』『ツァラトゥストラはこう言った』，ハイデガー『技術とは何だろうか』（以上，講談社，2017，2023，2019）アーレント『革命論』（みすず書房，2022）ほか．

ハンナ・アーレント
活動的生
森 一郎訳

2015年 6月25日 第1刷発行
2024年12月24日 第10刷発行

発行所 株式会社 みすず書房
〒113-0033 東京都文京区本郷2丁目20-7
電話 03-3814-0131(営業) 03-3815-9181(編集)
www.msz.co.jp

本文組版 キャップス
本文印刷・製本所 中央精版印刷
扉・カバー印刷所 リヒトプランニング

ISBN 978-4-622-07880-7
[かつどうてきせい]